(제4판)

사모펀드 해설

– Regulation of Private Funds and Their Managers –

박 삼 철

차 태 진

김 건

이 화 석

知元出版社

저자 및 도움주신 분들

■ 저 자

· **박삼철**, 법무법인(유) 율촌의 고문이며 기업금융그룹 소속이다. 고려대학교 법과대학과 동대학교 대학원을 졸업했다(법학박사). 금융감독원에서 자산유동화팀장, 자산운용업무팀장, 자산운용총괄팀장, 법무실장을 역임했다. 저서로는 투자신탁해설(2001), 뮤추얼펀드산업 핸드북(공역, 2008)이 있다.

· **차태진**, 법무법인(유) 율촌의 파트너 변호사이며 기업금융그룹 소속이다. 서울대학교 법과대학을 졸업하고 미국 버지니아주립대학교에서 법학석사학위(LLM)를 받았다. 주된 업무분야는 자본시장, 집합투자, 인수금융, 부동산펀드 등을 통한 국내 및 해외 부동산투자와 관련한 자문 및 송무 등이다.

· **김 건**, 법무법인(유) 율촌의 파트너 변호사이며 기업금융그룹 소속이다. 서울대학교 법과대학을 졸업하고 미국 조지타운대학교에서 법학석사학위(LLM)를 받았다. 주된 업무분야는 M&A, 자본시장, 집합투자, PEF 등 사모펀드, 기타 금융규제 관련 법률 자문 등이다.

· **이화석**, 법무법인(유) 율촌의 파트너 변호사이며 기업금융그룹 소속이다. 전남대학교 법과대학을 졸업하고 고려대학교 법무대학원에서 금융석사학위를 취득하였다. 한국투자신탁운용과 금융감독원에서의 실무경험을 바탕으로 금융기관 인·허가, 금융규제, 자산운용, 집합투자 등의 분야에서 주된 업무를 수행하고 있다.

■ 도움주신 분들

· **최진석**, 법무법인(유) 율촌의 파트너 변호사이며 기업금융그룹 소속이다. 서울대학교 법과대학을 졸업하고 사법연수원을 34기로 수료하였으며, 호주 University of New South Wales의 Master of Law 과정을 수료하였다. 주된 업무분야는 부동산금융, 집합투자, 기업일반, 도산 및 기업구조조정 등이다.

· **김민규**, 법무법인(유) 율촌의 파트너 변호사이며 기업금융그룹 소속이다. 고려대학교 법과대학을 졸업하고 사법연수원을 35기로 수료하였으며, 서울대학교 경영전문대학원에서 Executive MBA 경영전문석사학위를 취득하였다. 주된 업무분야는 부동산거래 및 개발 자문, 부동산금융, 자본시장, 집합투자, 리츠, PFV, 인수금융 등에 관한 자문이다.

· **표정률**, 법무법인(유) 율촌의 파트너 변호사이며 송무그룹 소속이다. 서울대학교 법과대학을 졸업하고 사법연수원을 38기로 수료하였다. 서울대학교에서 상법전공으로 석사과정을 수료한 후 영국 Queen Mary University of London에서 LLM을 취득하였다. 주된 업무분야는 금융 관련 민형사 송무와 자본시장, 보험, 핀테크 등에 관한 자문 등이다.

· **황병훈**, 법무법인(유) 율촌의 파트너 변호사이며 기업금융그룹 소속이다. 서울대학교 경제학부를 졸업하고 삼성생명보험 및 예금보험공사에서 근무하다가 고려대학교 법학전문대학원에 진학하여 법학전문석사학위를 취득하고 제1회 변호사시험에 합격하였다. 주된 업무분야는 M&A, 자본시장, 집합투자, PE 등에 관한 자문 등이다.

· **양선미**, 법무법인(유) 율촌의 파트너 변호사이며 송무그룹의 금융분쟁 및 행정분쟁팀 소속이다. 연세대학교 법학전문대학원을 졸업하고 제1회 변호사시험에 합격하였으며, 주된 업무분야는 금융분쟁, 금융기관 제재 대응, 행정분쟁 및 각종 처분 대응, 플랫폼산업 관련 자문 등이다.

(제4판)

머 리 말

사모펀드 해설 제3판이 출간된 지 4년 만에 다시 개정판을 내게 되었다.

지난 4년간의 자본시장법등 관련 법령의 개정내용과 금융위원회의 유권해석, 관련 판례 등을 반영하였다. 그리고 가독성을 높이거나 보다 체계적으로 서술하기 위해 기존의 내용 중에서도 적지 않은 부분을 수정하거나 보완하였다. 사항색인까지도 충실히 반영하였다. 그러다 보니 또 분량이 늘었다.

개정판이 나올 수 있도록 여러모로 애써주신 지원출판사 정종률 대표님께 감사드린다.

2025년 10월

저자 일동

(제3판)

머 리 말

사모펀드 해설 전면개정판이 출간된 지 4년 만에 아래와 같은 이유로 사실상 두 번째 전면개정판을 다시 내게 되었다. 지난번 전면개정판에 비해 분량도 약 200페이지 이상 늘어났다.

첫째, 자본시장법 개정으로 사모펀드 제도가 대폭 개편되었다(시행일: 2021.10.21.). 종전의 전문투자형사모펀드·경영참여형사모펀드로 이원화되어 있던 사모펀드제도가 일반사모펀드로 일원화되면서 한편으로 기관투자자등으로만 구성되는 기관전용사모펀드가 신설되었고, 경영참여목적 투자 관련 규제가 폐지되는 등 사모펀드 관련 규제가 합리적으로 정비되었다.

둘째, 개별 금융법령법에 산재되어 있던 금융소비자보호 제도가 금융소비자 보호에 관한 법률로 통합되었다(시행일: 2021.3.25.). 이에 따라 종전에 자본시장법에 있던 금융투자상품의 판매와 관련된 규정 대부분과 「금융위원회 설치 등에 관한 법률」에 있던 금융분쟁조정 등에 관한 사항이 「금융소비자 보호에 관한 법률」로 이관되었으며, 금융상품의 판매와 관련한 사전규제 및 사후구제 제도가 대폭 정비되었다.

셋째, 자본시장법 개정으로 집합투자업자에 대한 다른 업무영위 관련 규제, 업무위탁 관련 규제 및 정보교류 차단 규제가 합리적으로 정비되었다(시행일: 2021.5.19.).

넷째, 지난 전면개정판 이후 제정 또는 변경된 사모펀드 관련 법령 및 감독규정, 대법원 판례, 금융위원회 유권해석, 금융감독원 비조치의견서 등을 반영하였다.

다섯째, 자본시장법상 사모펀드 관련 법령 내용은 아니지만, 사모펀드 설립 및 운용 과정에서 적용받게 되는 각종 보고의무(예: 자본시장법에 따른 5% 보고, 외국환거래법에 따른 신고) 등에 대해서도 간략하게 소개하였다.

개정판이 나올 수 있도록 여러모로 애써주신 지원출판사 정종률 대표님께 감사드린다.

2021년 12월

저자 일동

(전면개정판)

머 리 말

사모펀드해설 초판이 나온 지 만 2년이 되지 않았지만 다음과 같은 여러 이유로 부득이 전면개정판을 내게 되었다.

첫째, 초판에서 다루지 못했던 '경영참여형 사모집합투자기구(PEF)'에 관한 내용을 제4편으로 추가하였다. 이에 따라 책의 제목도 '사모펀드해설(전문투자형 사모집합투자기구)'에서 '사모펀드해설'로 바꾸었고, 책의 성격에 부합하는 영문 제목을 'Regulation of Private Funds and Their Managers'으로 추가했다.

둘째, 초판이 나온 후 새로이 제정되거나 개정된 법령 및 감독규정을 반영하였다.

셋째, 초판에서 설명이 부족했던 사항을 보완하고 의미전달이 불명확한 부분을 다듬었다.

넷째, 초판에서 다루지 못했던 판례, 금융위원회 유권해석 및 가이드라인, 실무관행을 반영하였다.

다섯째, 자간 및 줄 간격이 좁아 읽기 불편하다는 의견을 반영하여 편집을 달리하였다.

여섯째, 초판에 있던 전문사모집합투자기구 세제 부분을 삭제했다. PEF를 포함한 사모펀드 세제 전반을 다음 기회에 보다 충실한 내용으로 보완할 예정이다.

개정판이 나올 수 있도록 여러모로 애써주신 지원출판사의 정종률 대표님께 감사드린다.

2017년 10월
저자 일동

(초판)

머 리 말

이 책은 2015년 개정 자본시장법상의 사모펀드 중에서 "전문투자형 사모집합투자기구"와 그 운용자(전문사모집합투자업자)에게 적용되는 규제내용을 체계적으로 알기 쉽게 설명하기 위한 목적으로 쓴 것이다. 경영참여형 사모집합투자기구(PEF)와 그 운용자에 대한 규제내용은 자본시장법의 하나의 절(제5편제7장제2절)에 대부분 들어있고 그 내용도 많지 않아 큰 어려움 없이 그 전체적인 내용을 파악할 수 있다.

반면에, 전문투자형사모집합투자기구와 그 운용자에 대한 규제내용을 전부 파악하려면 법률지식외에도 상당한 시간과 인내가 필요하다. 공모펀드를 전제로 만들어진 규정 중 일부는 적용배제하고 일부 특례규정을 두는 규제방식을 취하고 있기 때문이다. 어떤 규정이 적용되는지를 확인하는 것도 번거로운 일이며 특례규정과 관련하여 규정 간 상충소지가 있거나 의미가 불분명한 경우도 있다. 전문투자형 사모집합투자기구의 운용자(전문사모집합투자업자)에 대한 규제도 금융투자업자에 대한 공통규제와 집합투자업자에 대한 규제가 모두 적용되고 관련 조문들이 여러 장에 걸쳐 산재하기 때문에 전체 규제내용을 파악하기가 쉽지 않다.

이 책은 전문투자형 사모집합투자기구와 그 운용자에게 적용되는 자본시장법의 규제 전반을 일목요연하게 파악할 수 있도록 자본시장법상의 편제에 관계없이 실제 펀드 설립·운영의 시계열에 맞추어 자본시장법과 그에 따른 하위 규정의 내용을 규제취지에 입각하여 객관적으로 설명하고 불분명하거나 논란의 여지가 있는 사항에 대해서는 외국입법례등을 참조하여 나름의 해석론을 제시하였다. 특히 이해를 돕기 위해 각 부분별로 해당규제를 개관할 수 있도록 앞부분에 총론파트를 두었다.

이 책이 책상 위에 두고서 필요할 때마다 펼쳐 관련 규제의 내용과 의미를 확인해 볼 수 있는 "핸드북"으로 활용되기를 기대한다.

이번 사모펀드 규제개선으로 전문투자형 사모집합투자기구의 제조나 운용과 관련하여 특정행위를 금지하거나 제한하는 규제는 상당부분 폐지되거나 완화되었다. 앞으로도 사모펀드에 대한 규제는 특정행위를 명시하여 금지·제한하는 방식에서 원칙중심의 규제방식으로 더욱 진전될 것이다. 그러나 개별적인 행위규제가 없어진다고 하여 사모펀드운용사의 투자자보호의무의 범주나 정도가 달라지지 않는다. 개별적인 사전규제가 줄어들수록 자본시장법의 일반규정이나 원칙적 규정들(예: 집합투자업자의 선관의무와 충실의무)이 제 역할을 하기 시작할 것이기 때문이다. 사모펀드운용사도 이러한 규제 패러다임의 변화에 맞추어 법률위험관리와 컴플라이언스에 대한 인식을 근본적으로 전환할 필요가 있다. 이 책이 이러한 이슈에 대해서 고민하고 적절한 해결책을 찾는 작은 단서가 되기를 희망한다.

이 책의 제1편에서는 사모펀드 전반에 대한 이해를 돕기 위해 사모펀드의 일반적 개념, 글로벌 시장에서 통용되는 사모펀드의 유형과 특징, 금융위기를 전후로 한 미국 및 유럽연합의 사모펀드에 대한 규제변화 등을 간략하게 소개한다. 사모펀드와 관련한 용어사용에 대한 나름의 제안도 포함되어 있다. 부적절한 용어사용은 개념의 혼란을 초래하고 원활한 의사소통에도 방해가 된다. 이 책이 실무상의 사모펀드 관련 용어사용 관행에 대해 함께 생각해 보는 계기가 될 수 있다면 저자들에게는 망외의 기쁨이 될 것이다.

마지막으로 이 책을 기획하고 출간할 수 있도록 배려해주신 법무법인(유) 율촌의 우창록 대표변호사님, 윤세리 대표변호사님, 윤희웅 기업금융그룹 대표변호사님께 감사드린다. 이런저런 요구사항을 다 반영하면서도 짧은 시간에 깔끔하게 책을 만들어 주신 지원출판사의 정종률 대표님께 이 자리를 빌어 감사드린다.

2015년 12월

저자 일동

Regulation of Private Funds and Their Managers

사모펀드 해설

◈ 목 차 ◈

제1편 사모펀드 일반론

제2편 일반사모집합투자기구

제3장 집합투자증권의 발행 161

제4장 집합투자증권의 판매 및 환매 171

제4편 기관전용사모집합투자기구

제5편 외국사모펀드의 국내판매

◇ 참고문헌 ◇

[단행본]

김건식·정순섭, 자본시장법(제3판), 두성사(2013)
박임출, 전자증권법의 이해, 율곡출판사(2020)
박준·한민, 금융거래와 법(제3판), 박영사(2022)
변제호 외 5인, 자본시장법(제2판), 지원출판사(2015)
이중기, 신탁법, 삼우사(2022)
이철송, 회사법강의(제20판), 박영사(2012)
임재연, 자본시장법, 박영사(2021)
정순섭, 신탁법, 지원출판사(2021)
정순섭, 은행법, 지원출판사(2017)
한국예탁결제원, 증권예탁결제제도(개정증보제4판), 박영사(2018)

[기타 참고자료] (연도순)

금융위원회·금융감독원·금융투자협회, 사모펀드 제도개편 관련 주요 질의응답(2021)
금융위원회, 스튜어드십코드 관련 법령해석집(2017)
금융위원회, 금융회사지배구조에 관한 법률 설명서(2016)
금융위원회, PEF 운영 관련 법령해석 안내(2015)
공정거래위원회, 기업결합신고 가이드북(2019)
금융감독원, 개정 자본시장법 시행에 따른 유의사항 안내(2021)
금융감독원, 기업공시실무안내(2017)
금융감독원, 경영참여형 사모집합투자기구 실무안내서(2016)
금융감독원, 증권회사 영업행위법규 실무안내(2016)
금융감독원, 전문사모집합투자업 신규등록신청 업무설명회(2015)
금융감독원, 금융투자업자의 업무위탁 매뉴얼(2015)
금융투자협회, 사모펀드 업무매뉴얼(2020)
금융투자협회, 금융투자회사(자산운용)의 Compliance Manual(2024)
한국기업지배구조원, 한국 스튜어드십코드 제1차 해설서(2017)
김자봉, ICO(Initial Coin Offering) 토큰은 자본시장법상 증권인가? 증권법연구 제20권 제3호(2019)
박삼철, 사모펀드 규제정비의 현황과 과제, BFL 제71호(2015)
박삼철·이규림·황규상, 투자펀드에서의 관계인거래에 대한 미국의 규제와 시사점. 증권법연구 제16권 제1호(2015)
박삼철·이중기, 제도로서의 투자신탁법제의 기본구조와 발전전략, 홍익법학 제15권 제1호(2014)

박정훈, 사모투자전문회사(Private Equity Fund) 도입배경 및 경과, BFL 제10호(2005)
박정훈, 사모투자전문회사의 개념 및 도입배경과 간접투자자산운용업법 주요 개정내용 해설, 투신 제48호(2004)

[외국 참고문헌] **(연도순)**

FSB, Crypto-asset markets: potential channels future financial stability implications(2018)
Nora M. Jordan 외 3인, Advising Private Funds: A Comprehensive Guide to Representing Hedge Funds, Private Equity Funds and Their Advisers Chap.2, Chap.16, Chap.20(2014)
Stephanie Breslow 외, Private Equity Funds(2014), §2:8 of chapter 2.
Techinical Committee of IOSCO, Private Equity Conflicts of Interests: Final Report(2010)
Thomas P. Lemke 외 3인, Hedge Funds and Other Private Funds(2009-2010 Edition)
Techinical Committee of IOSCO, Hedge Funds Oversight: Final Report(2009)
Techinical Committee of IOSCO, Private Equity Conflicts of Interest Consultation Report(2009)
White Paper on Enhancing Single Market Framework for Investment Funds(2006)
Green Paper on the Enhancement of the EU Framework for Investment Funds(2005)

제 1 편

사모펀드 일반론

제1장 사모펀드 개관

제1절 사모펀드의 일반적 개념

펀드(fund)의 일반적 의미는 일정한 목적을 위해 조성된 자금 혹은 기금을 말한다. 국민주택기금, 국민행복기금 등이 그것이다. 이러한 의미의 펀드 중에서 펀드 운용사가 주식등에 투자할 목적으로 투자자들로부터 자금을 모아서 조성한 펀드는 투자를 목적으로 조성되었으므로 '투자펀드(investment fund)'라고 할 수 있다. 이 책에서 사용하는 '펀드'라는 용어는 이러한 '투자펀드'를 의미한다.

펀드는 일반 대중이 제한 없이 참여할 수 있는 공모펀드(public fund)와 그렇지 못한 사모펀드(private fund)로 구분할 수 있다. 사모펀드는 투자대상이나 투자전략 등에 따라 다양한 유형이 있고 그에 따라 펀드의 성격이나 특징도 달라서 하나의 개념으로 정의하기 어렵지만, 제한된 방법으로 투자자를 모으고 일반투자자의 참여가 제한된다는 점에서는 공통점이 있다. 따라서 사모펀드의 일반적 개념은 '사모(private placement)로 조직되고, 전문적인 운용자가 운용하며, 일반대중이 널리 이용할 수 없는 펀드'라고 할 수 있다. 간단하게는 공모펀드가 아닌 펀드를 사모펀드라고 해도 무방하다.

제2절 사모펀드산업의 역사[1)]

사모펀드산업(private fund industry)은 20세기 들어 미국에서 헤지펀드 투자 및 Private Equity(PE) 투자와 함께 시작되었다.[2)]

---

1) 사모펀드산업의 역사, 성장, 영향 등에 대한 보다 상세한 내용은 Nora M. Jordan 외 3인, Advising Private Funds: A Comprehensive Guide to Representing Hedge Funds, Private Equity Funds and Their Advisers Chap.2(2014) 참조.

2) 미국에서 사모펀드산업이 1900년대 초부터 발전해 온 반면에 유럽에서는 1980년대 이전까지는 사모펀드산업이 본격적으로 발전하지 않았다. 이는 유럽의 경우 시장이 여러 나라로

PEF(Private Equity Fund)의 역사를 보면 미국의 JP 모건이 1901년에 카네기철강을 인수한 것이 최초의 현대적 buyout으로 알려져 있다. 벤처캐피탈투자의 경우도 1946년에 미국의 George Frederic Doriot[3]이 현대적 의미의 벤처캐피탈회사(American Research and Development: ARD)를 설립한 것이 현대적 의미의 벤처캐피탈 투자의 시초로 알려져 있다.[4]

헤지펀드의 경우 미국의 Alfredo Winslow Jones가 1949년에 최초의 헤지펀드를 설립한 것으로 알려져 있다. Jones의 헤지펀드는 레버리지와 공매도를 투자전략으로 사용하여 어떠한 시장조건 하에서도 수익을 확보할 목적으로 특정주식에 대해 롱 및 숏 포지션(long & short position)을 취함으로써 펀드 포트폴리오를 중립화시키는 것을 추구했다. Jones의 헤지펀드가 거둔 성공(10년간 670% 수익)이 1966년에 포춘(Fortune)에 대서특필되면서 '헤지펀드'라는 용어는 펀드 투자전략을 설명하는 것으로 인식되게 되었다.[5] Jones가 첫 번째 헤지펀드를 출범시킨 이후 수십 년간 '헤지펀드'라는 명칭을 사용한 사모펀드들은 Jones의 투자전략과 유사한 롱·숏포지션전략을 사용해 왔다. 헤지펀드의 역사에서 볼 수 있듯이 헤지펀드라는 명칭은 당해 펀드가 투자위험관리를 위해 포지션헤징을 한다는 것을 의미하는 것이다. 하지만 오늘날에는 자신의 투자물을 헤지하지 않는 헤지펀드가 많이 존재한다. 그리고 아직도 적지 않은 헤지펀드가 롱·숏포지션전략을 사용하지만 많은 헤지펀드는 다른 투자전략을 사용한다.

제3절 사모펀드산업의 성장, 영향

제1관 성장

20세기 초에 PEF와 헤지펀드가 출범한 후 수십 년간 사모펀드산업은 대단한 성장을 보였으며 특히 2008년 금융위기 이전 십여 년간 가장 폭발적인 성장을 경험

분할되어 있고 유럽인들이 상대적으로 위험회피성향이 강한 점 등이 복합적으로 작용한 결과라고 할 수 있다.

3) Doriot은 'B급 아이디어를 가진 A급 사람에게 투자해야지, A급 아이디어를 가진 B급 사람에게 투자해서는 안 된다'라는 말을 남기기도 했다.

4) ARD가 신생기업에 투자하여 높은 수익을 올리면서 미국의 비즈니스 지형이 기존의 대규모 기업집단에서 신속하게 성장하는 신생기업(start-up companies)으로 바뀐 것으로 평가되고 있다. ARD의 성장에 고무받은 미국 의회는 성장동력으로서의 ARD모델에 관심을 가지고 1958년에 소규모기업에 대한 투자를 지원하는 법률(Small Business Investment Act)을 제정했고, 1980년에는 SBICs 활성화를 위해 Small Business Investment Incentive Act를 제정한 바 있다. 또한, 의회는 장기투자에 대해 세제혜택을 부여하는 입법(1978년의 Revenue Act, 1981년의 Economic Recovery Tax Act)을 하여 PEF산업의 성장을 지원했다.

5) 원래는 'Hedged Fund'인데 발음하기 불편하다고 Fortune에서 'd'를 생략하여 기사를 쓴 후 'Hedge Fund'로 쓰인다.

했다. 금융위기로 심각한 침체를 겪은 후 사모펀드산업은 다시 성장을 계속하고 있다.

사모펀드산업의 성장 경과를 PEF와 헤지펀드로 구분하여 간략히 살펴보면 다음과 같다.

먼저, PEF산업의 경우에는, 1980년 차입인수(LBO) 붐,[6] 1990년대 말의 벤처(venture) 붐, 2000년대 중반의 파생금융상품[7]과 결합한 인수합병 붐을 계기로 세 번에 걸쳐 도약했다. 2008년 금융위기로 심각한 침체를 겪었지만 이후 PEF는 성장을 계속하고 있다. HFR[8]에 따르면 2024년말 현재 글로벌 PEF 운용자산규모(AUM)는 약 10조 8천억 달러에 달한다.

헤지펀드산업의 경우 2000년대 초반에 폭발적으로 성장하여 글로벌 금융위기 직전인 2007년에 AUM 1조 8천억 달러로 정점에 달했다. 이후 2008년 금융위기로 AUM이 대폭 감소했으나 곧바로 2010년에 2007년 수준을 회복했고, 2024년말 현재 글로벌 헤지펀드 AUM은 약 4조 5천억 달러에 달한다.

사모펀드산업의 성장요인으로는 금융시장의 우호적인 조건(예: 투자등급 부채와 투기등급 부채 간의 미미한 차이로 인한 인수자금 차입비용의 절감 등), 사모펀드에 대한 규제 면제 또는 완화, 기관투자자의 사모펀드 투자에 대한 규제 완화,[9] 증가하는 대체투자(alternative investment) 수요,[10] 사모펀드에 투자하는 펀드(Fund of Private Funds)의 활성화,[11] 공개

---

6) 미국의 경우 1980년대 들어 투자은행을 통한 기업인수자금 조달이 가능해지면서 차입인수(leveraged buy-out: LBO) 시대가 본격적으로 열렸고 그와 함께 적대적 인수합병도 크게 늘어났다. 하지만 이 시기에 유행했던 PEF의 적대적 인수합병은 막대한 차입을 이용한 차입인수방식으로 이루어졌기 때문에 여론의 질타를 받았을 뿐 아니라 한편으로는 기업들이 적대적 기업인수합병을 방어하기 위해 각종 방어장치(예: Poison Pills, Crown Jewel, Golden Parachute 등)를 도입하는 계기가 되었다. 나아가 연방 및 주 차원의 반M&A입법도 이루어졌는데, 일정규모 이상 기업의 지분을 취득하는 경우 법무부와 공정거래위원회에 보고하도록 하는 규제가 도입되었고(section7 of Clayton Act), 기존의 기업경영진을 보호하는 반M&A 조항이 경쟁적으로 州法에 도입되었다.

7) 기업인수 과정에서 차입한 자금 중 선순위대출과 메자닌대출을 묶어(pooling) 구조화한 대출채권담보부증권인 CLO(Collateralized Loan Obligation)를 말한다.

8) Hedge Fund Research, Inc.

9) 예컨대, 미국의 경우 1979년에 종업원퇴직소득보장법(ERISA)을 개정하여 자금수탁자(fiduciary)의 책임판단 기준을 종전의 '신중인 원칙(Prudent Man Rule)'에서 '신중한 전문가 원칙(Prudent Expert Rule)'으로 변경하여(section 404a1B), 자금수탁자(fiduciary)의 운용상의 재량권한을 확대하였다. 이에 따라 연기금과 같은 대형 기관투자자들이 대규모 자금을 사모펀드에 투자할 수 있게 되었고, 이는 사모펀드의 대형화를 촉진하는 중요한 계기로 작용하였다. Prudent Expert Rule에 따르면 사모펀드 등에 대한 투자가 시장상황에 맞게 수익률을 극대화하기 위한 능동적인 자산배분으로 행해진 경우에는 그 투자실패에 대해 책임을 묻지 않기 때문이다. 참고로, 미국에서 Prudent Expert Rule은 1992년에 Uniform prudent Investor Act(UPIA)에도 반영되었다. Prudent Expert Rule의 이론적 배경은 "현대포트폴리오이론(modern portfolio theory)"과 "총수익(total return)"이라고 할 수 있다.

10) 금융회사등 전통적인 기관투자자 외에도 각종 공적·사적 연금플랜, 대학기금 기타 자선단체들이 더 나은 수익과 수익원의 분산을 위해 헤지펀드, PEF, REF 등의 사모펀드에 대한 투자

회사의 사적 회사화 증가[12] 등을 들 수 있다. 그러나 금융위기를 거치면서 사모펀드 산업은 신용시장 악화, 수익률 하락, 사모펀드에 대한 규제 강화 등의 요인으로 인해 도전을 받고 있다.

제2관 영향

이처럼 사모펀드산업의 규모가 커지면서 사모펀드의 활동은 넓은 경제영역에서 중대한 영향을 미치며 나아가 사회적인 이슈를 낳기도 한다.

헤지펀드의 경우 무엇보다 브로커에게 막대한 거래량을 창출해 줄 뿐 아니라[13] 프라임브로커리지(prime brokerage)라는 새로운 시장을 제공한다. 한편으로 헤지펀드는 과도한 레버리지 투자로 금융시스템 리스크를 증폭시키는 부작용을 야기하기도 한다. 그리고 헤지펀드는 주주행동주의 투자전략(shareholder activist investing strategy)을 구사하여 투자대상기업의 경영 및 전략에 중대한 영향을 미치기도 한다. 즉, 이러한 헤지펀드는 투자대상기업의 경영진 교체·참여 혹은 이사추천·주주제안·대중압력 등의 방법을 통해 투자대상기업으로 하여금 사업전략 변경·배당 실시 등의 기업행위(corporate actions)를 추구한다.[14] 헤지펀드의 주주행동주의 투자전략은 규제 및 법률 측면에서 여러 가지 이슈를 일으키게 된다.

PEF의 경우 기업인수에 있어 전략적 투자자(strategic investor)[15]와 경쟁하는 경우가

배분을 늘린 것이 사모펀드산업의 성장요인 중 하나다.

11) Fund of Private Funds(FoPFs)는 헤지펀드, PEF 등의 다양한 사모펀드에 투자하는 펀드다. 이러한 FoFs는 투자자가 직접 사모펀드에 투자하는 것에 비해 더 많은 위험분산을 하고 최저 투자제한으로 인해 투자가 불가능할 수 있는 사모펀드에 투자할 수 있는 기회를 제공한다. 한편으로는 많은 투자자로부터 자금을 모음으로써 투자대상 사모펀드로 하여금 추가적인 자금원(funding source)을 확보할 수 있게 하여 사모펀드산업의 성장을 도왔다.

12) 미국의 경우 2002년 Sarbanes-Oxley Act의 준수를 위한 관리비용이 증가함에 따라 많은 공개회사를 대상으로 한 '공개회사의 사적 회사화를 위한 인수'가 증가했다.

13) 예컨대 미국의 경우 2012년에 전체 채권거래량의 약 24%(2011년에는 18%), 부실채권 및 고위험·고수익 신용파생상품의 70% 이상, 미국 정부채 총거래량의 약 24% 이상을 헤지펀드가 창출했다.

14) 행동주의 투자전략을 추구하는 헤지펀드(Activist Hedge Fund)가 행하는 일반적인 기업행위(corporate actions)에는 다음과 같은 것들이 있다: ⓐ 대상회사의 경영진 및 지배구조 변경, ⓑ 'poison pill' 등 기업인수에 방해되는 장치 제거, ⓒ 대상회사 자산의 매각 또는 자사주 매입, ⓓ 대상회사의 사업전략 변경, ⓔ 대상회사의 사업운영 변경(예: 비용절감), ⓕ 대상회사 주주에 대한 배당실시 등. 그리고 차입매수와 같이 대량거래(block transactions)를 시도하기도 하며 기업의 전략·정책에 불만이 있다는 것을 표시하기 위해 경쟁이 없는 이사 선임에서 투표를 보류하기도 한다('just say no' 캠페인). 또한, 다른 기관투자자의 지원을 받는 경우가 많고, 이러한 행동과 함께 투자대상기업의 경영진에게 편지를 보내고 구두로 장부기록의 제출을 요구하는 경우도 적지 않다.

15) 실제 해당 사업을 영위할 목적으로 회사를 인수하는 자를 말한다. 매각차익을 목적으로 회사를 인수하는 자는 재무적 투자자(financial investor)라고 한다.

많으며, 한편으로 인수기업에 대한 자산약탈(asset stripping)[16]과 공격적 구조조정 등으로 인해 경제적 관점은 물론이고 사회적 관점에서 여러 가지 논란을 야기하기도 한다. 또한, 주주행동주의 투자전략을 취하는 PEF의 경우 헤지펀드와 동일한 이슈를 야기한다.

공적·사적 연금플랜의 대체투자[17]에 대한 투자배분이 증가함에 따라 개인투자자의 사모펀드에 대한 간접적인 익스포저도 함께 증가하고 있고, 이는 사모펀드에 대한 입법 및 규제활동 강화의 또 다른 배경으로 작용하고 있다. 각종 연금(특히 공적연금)이 직접 또는 사모펀드를 통해 적극적으로 주주행동주의 투자전략을 취하는 경우에는 사회적·정치적 이슈를 야기할 수도 있다.

제4절 사모펀드의 유형 및 특징[18]

제1관 총설

사모펀드는 여러 가지 기준으로 구분할 수 있지만, 주된 투자대상 및 투자전략을 기준으로 헤지펀드와 PEF로 대별할 수 있다.[19]

---

16) 인수부채의 조기상환이나 조기수익실현을 위해 배당, 감자, 주식상환, 자기주식취득 등의 방법을 통해 주주에게 부적절한 배분을 하는 것을 말한다.

17) 일반적으로 대체투자라고 하면 PEF, 헤지펀드, 부동산투자를 말한다.

18) 여기서의 '사모펀드의 유형 및 특징'은 글로벌 시장에서 일반적으로 통용되는 내용을 기술한 것이므로 우리 자본시장법이나 우리 시장에서 사용되는 용어나 개념과 차이가 있을 수 있다. 글로벌 시장에서의 사모펀드의 유형 및 특징에 대한 보다 상세한 내용은 Thomas P. Lemke 외 3인, "Hedge Funds and Other Privates: Regulation and Compliance" Chap.1 (2009); Nora M. Jordan 외 3인, "Advising Private Funds: A Comprehensive Guide to Representing Hedge Funds, Private Equity Funds and Their Advisers" Chap.16, Chap.20(2014) 참조.

19) 전형적인 헤지펀드와 PEF의 핵심적 차이는 성과보수 지급방식, 환매제한(lock-up) 여부, 단기거래(trading) 및 공매도(short selling) 수행 여부 등에 있다고 할 수 있다. 양자의 차이를 구체적으로 살펴보면 다음과 같다: ⓐ (투자자 모집) 헤지펀드는 펀드의 존속기간 동안에는 수시로 투자자를 모집하는 경우가 많은데 반해, PEF는 일정 기간 동안 투자자를 모집하고 나면 추가모집을 하지 않는 경우가 일반적이다. ⓑ (출자 이행) 헤지펀드의 경우 펀드 투자 시 출자를 이행하는 경우가 많은데 반해, PEF의 경우는 펀드 설립 시에는 투자약정만 하고 실제 출자이행은 투자대상이 확정되어 투자가 필요한 시점에 이루어지는 경우가 많다 (capital call). ⓒ (존속 기간) 헤지펀드는 존속기간을 특별히 정하지 않는 경우가 많은 반면에, PEF는 투자대상기업의 발굴·투자·투자회수에 걸리는 시간을 고려하여 존속기간을 짧게는 3년 길게는 10년 이상으로 정하는 경우가 많다. 헤지펀드는 존속기간을 정하는 경우 20년 이상으로 하는 것이 통상적이며, PEF는 10년 전후로 정하는 것이 일반적이다. ⓓ (환매 허용) 헤지펀드는 일정한 환매제한기간(lock-up period)이 지나가면 환매를 허용하는 것이 일반적인 반면에, PEF는 그 투자방식으로 인해 중도에 환매를 청구할 수 없는 것이 일반적이다. ⓔ (운용 보수) 헤지펀드 운용자는 펀드의 순자산가치를 기준으로 매년 기본 운용보수와 함께 미실현이익을 기초로 성과보수를 받는 것이 일반적인 반면에, PEF 운용자는 출자약정금액을

PEF는 다시 벤처캐피탈펀드(Venture Capital Fund), 기업인수펀드(Buy-out Fund), 메자닌펀드(Mezzanine Fund), 부실증권펀드(Distressed Fund)로 세분하는 것이 일반적이며, 사모부동산펀드(Private Real Estate Fund)도 PEF의 한 유형으로 분류하기도 한다.[20)]

넓은 의미의 사모펀드의 범주에는 위와 같은 펀드 외에 '사모펀드에 투자하는 재간접펀드'(fund of private funds),[21)] '이차펀드'(secondary funds)[22)]도 포함된다.

최근에는 헤지펀드를 표방하면서도 전통적인 PEF의 투자전략을 사용하거나, PEF를 표방하면서도 헤지펀드의 투자전략을 사용하는 경우도 적지 않다.[23)] 이러한

기준으로 일정비율의 기본운용보수를 받고 실현된 이익을 기준으로 일정비율의 성과보수를 받는 것이 일반적이다. ⓕ (펀드 조건) 헤지펀드의 경우 운용자와 투자자 간에는 운용자가 미리 정한 펀드조건을 투자자가 수락할지 여부만 결정하는 것이 일반적인 반면에, PEF의 경우는 보수, 각종 투자제한, 투자자로 구성되는 자문위원회 구성·역할 등에 대해 운용자와 투자자 간에 상당기간 동안 실질적인 협상이 이루어지는 것이 일반적이다. ⓖ (펀드 차입) 헤지펀드는 단기간에 수익률을 높이기 위해 대규모 차입을 하는 경우가 많은 반면에, PEF는 법령 또는 투자자와의 약정에 따라 차입을 제한하는 경우가 많다. ⓗ (공매도 및 단기거래 수행 여부) 헤지펀드는 공매도를 수행하는 경우가 많고 단기거래(trading)를 하는 것이 일반적인 반면에 PEF는 그렇지 않다.

20) REF를 PEF의 한 유형으로 분류하는 이유는 펀드에서 부동산을 직접 투자하지 않고 투자목적회사(SPC) 등을 통해서 지분에 투자하는 형식을 취하는 경우가 많기 때문이다. 우리나라에서는 자본시장법에서 공모펀드의 경우 직접 부동산을 투자하는 경우는 물론이고 투자목적회사를 통해 부동산을 투자하는 경우도 부동산펀드로 분류하고 있어(법 제229조제2호), 사모부동산펀드의 경우도 이러한 분류를 따르고 있다.

21) 사모펀드에 투자하는 재간접펀드(fund of private funds)란 다수의 다른 사모펀드에 투자하는 펀드를 말한다. 재간접펀드는 특정한 유형의 펀드, 예컨대 벤처캐피탈펀드나 헤지펀드만을 투자하거나 혹은 다양한 유형의 펀드에 자산을 배분하여 투자하기도 한다. 통상 재간접펀드 운용사는 투자대상펀드의 운용사에 대한 충실한 실사로 재간접펀드시장에서 다른 경쟁자와 차별화하려고 노력한다. 재간접펀드의 환금성은 투자대상펀드의 성격에 따라 달라진다. 헤지펀드에 투자하는 경우 당해 재간접펀드와 투자대상 헤지펀드 간의 환매 관련 조항의 불일치가 발생하면 환매에 응하기 어려울 수 있다. 이러한 불일치는 투자대상펀드에서 환매중지를 하였으나 당해 재간접펀드에서는 그에 상응하는 수준의 환매중지를 할 수 있도록 되어 있지 않을 때 주로 발생하게 된다. 재간접펀드는 통상 상당히 높은 최저투자금액 제한을 두기 때문에 거액자산가, 고소득자 및 소규모 기관투자자가 이용하는 경우가 많다.

22) 이차펀드(secondary funds)란 기존의 사모펀드 투자자로부터 당해 사모펀드 지분을 매수하거나 기존 사모펀드에서 보유하는 주식등을 매수하거나, 혹은 동시에 이러한 두 가지 전략을 추구하는 펀드를 말한다. 이차펀드는 재간접펀드와 유사하게 그 투자자들에게 분산투자를 제공한다. 통상 투자자들에게 환매권을 부여하는 헤지펀드의 경우, 환매를 통해 펀드지분을 현금화하는 것이 이차펀드에게 지분을 양도하는 것보다 절차나 비용에서 유리하기 때문에 이러한 이차펀드의 투자대상이 되는 경우는 드물다. 하지만 헤지펀드의 환매제한기간이 장기로 설정된 경우나 환매중지를 하는 등의 경우에는 현금을 필요로 하는 투자자는 자신이 보유하는 헤지펀드 지분을 이차펀드에 양도하기도 한다. 2008년 글로벌 금융위기 때 많은 이차펀드들은 대폭 할인된 가격으로 사모펀드 지분을 사들인 바 있다.

23) 2008년 금융위기 이후 PEF 투자전략 추세 중 특기할 만한 것은 종래 주로 헤지펀드가 취하던 투자전략을 취하는 PEF가 증가하고 있다는 점이다. 즉, ⓐ 은행에 대한 대출규제 강화로 자금조달 갭(funding gap)이 발생하면서 직접대출전략(direct lending)을 취하는 PEF가 증가하고 있으며, ⓑ 상장기업을 대상으로 대량지분을 매입하는 소위 파이프(PIPE: Private Investment in Public Equity) 전략에 관심을 가지는 PEF도 증가하고 있고, ⓒ 주주행동

현상을 헤지펀드와 PEF의 융합(convergence)이라고도 하며, 이러한 펀드를 '크로스 오버펀드'(Crossover Funds)라고 한다. 사모펀드의 설립지로 많이 이용되는 조세 피난처(tax haven)는 물론이고 미국 등 많은 나라에서는 사모펀드의 유형을 법령에서 구분하지 않으므로 헤지펀드와 PEF의 융합은 자연스러운 현상이라고 할 수 있다.

사모펀드의 스펙트럼은 다양하며 각각의 특징을 가지고 있다. 사모펀드의 유형별 특징은 대체로 투자대상자산의 유형, 관련 세제 및 규제체계에 부응하는 과정에서 자연스럽게 형성된 것이다. 미국의 경우 사모펀드는 투자자의 유한책임, 펀드의 세제상 도관취급(flow-through tax treatment: 펀드단계에서 투자수익 비과세), 규제 등을 고려하여 "LP(Limited Partnership)" 또는 "LLC(Limited Liability Company)" 형태로 조직되는 것이 일반적이다.[24] 그에 따라 사모펀드의 이러한 조직 형태를 사모펀드의 특징 중 하나로 언급하는 경우가 많다. 하지만 우리나라는 공모펀드와 사모펀드에 대한 세제가 다르지 않고, 다른 이슈들도 대부분 입법적으로 해결하고 있으므로 사모펀드를 특별히 공모펀드와 다른 조직 형태로 만들 유인은 크지 않다.[25]

제2관 헤지펀드

헤지펀드는 전통적인 롱·숏(long-short) 전략을 포함하여 하나 이상의 다양한 투자전략을 이용하며 적극적으로 운용하는 개방형 사모펀드(open-ended private fund)라고 할 수 있다.[26] 미국의 SEC는 다른 유형의 사모펀드와 구분되는 헤지펀드의 주된 특성으로 "미실현이익을 기준으로 한 성과보수 수취"와 "펀드 순자산의 200%를

주의(Shareholder Activism) 전략을 취하는 PEF 또한 증가 추세에 있다.

24) LP는 법인격이 없으므로 펀드단계에서 비과세되고 펀드채무에 대해 투자자(Limited Partner)는 유한책임을 지지만 운용자(General Partner)는 무한책임을 진다. LLC는 법인격이 있지만 펀드차원에서 과세되지 않을 뿐 아니라 투자자와 운용자 모두 유한책임을 진다.

25) 우리나라의 경우 공모펀드와 일반사모펀드는 펀드의 법적 형태와 관계없이 펀드단계에서는 비과세되고 운용자도 유한책임을 지는 것으로 되어 있지만, 기관전용사모펀드는 펀드단계에서의 비과세는 동일하지만 운용자(GP)는 당해 펀드의 채무에 대해 무한책임을 지도록 되어 있다. 이 외에도 기관전용사모펀드의 경우는 펀드의 조직 등에 있어 일반사모펀드와 다른 점이 적지 않다. 자세한 내용은 제4편 참조.

26) 헤지펀드는 하나의 투자전략만을 사용하는 경우도 있지만 여러 가지 투자전략을 함께 사용하는 경우도 적지 않다. 헤지펀드가 주로 사용하는 투자전략은 다음과 같다: Long Only, Long·Short, Market Neutral, Short-Bias, Macro(글로벌 경제·금융 트렌드의 주요변화로부터 수익 추구), Sector(특정산업, 경제·금융 섹터에 투자), Convertible Bond and Convertible Arbitrage, Fixed Income Arbitrage(다양한 부채상품간의 가격 비효율성을 이용), Credit Funds(분쟁회사등에 대한 단기금융제공), Event-Driven Arbitrage(특정기업 이벤트에 관련된 증권등의 가격차이를 이용), High Frequency Trading, Distressed Securities, Energy Funds, Emerging Markets, Crossover Funds, Managed Futures (선물·옵션에 투자: Commodity Pool).

초과하는 레버리지 이용"을 제시하고 있다.[27] 헤지펀드는 일반적으로 유동성 있는 자산을 대상으로 단기 투자하므로 환매제한기간(lock-up period) 경과 후에는 주기적으로 투자자에게 환매를 허용한다.[28] 헤지펀드 투자자는 주기적인 환매청구권 행사를 통해 자금을 회수할 수 있기 때문에 PEF와 달리 펀드 조건(운용정보 제공, 환매통지기간 단축 등)을 두고 펀드 운용사와 협상하는 경우(소위 "side letter"의 투자자별 작성 및 체결)는 매우 드물다.

글로벌 시장에서 활동하는 대부분의 헤지펀드는 대체로 다음과 같은 특징을 가진다:

ⓐ 투자자 자격제한 등의 이유로 헤지펀드는 일반적으로 뮤추얼펀드(공모펀드)에 비해 규모가 적다. 이처럼 적은 규모가 각각의 헤지펀드의 투자전략에 적합할 수도 있다.

ⓑ 헤지펀드는 어떠한 시장상황에서도 수익을 내면서도 리스크 및 변동성을 제한하는 것을 추구한다. 헤지펀드는 벤치마크 대비 수익률로 평가되는 전통적인 투자상품(예: 뮤추얼펀드, wrap-fee프로그램, 투자일임)과 달리 어떠한 시장상황에서도 수익을 창출하는 능력으로 평가된다. 이런 이유로 '절대수익(absolute return)' 펀드로 불린다.

ⓒ 분산투자 규제를 받는 뮤추얼펀드(공모펀드)와 달리, 헤지펀드는 자체적인 투자가이드라인 외에는 투자활동에 제한을 받지 않으므로 아주 유연하게 투자할 수 있다. 수익 획득이나 위험감소를 위해 다양한 투자물을 이용할 수 있고, 투자하지 않는 것이 적합하다고 판단하는 경우 대규모의 현금을 보유할 수도 있다.

ⓓ 헤지펀드는 투자전략의 일환으로 레버리지를 이용하는 경우가 많다. 신용거래, 공매도, 금융기관 등으로부터의 차입, RP거래, 다양한 파생·합성상품(derivative or synthetic instruments) 등을 통해 레버리지를 얻게 된다.

ⓔ 헤지펀드 운용사는 운용자산에 기초한 기본보수(fee based on assets under management)를 받는 외에, 운용성과에 기초한 이익배분이나 보수(performance-based allocation or fee)를 받는 것이 일반적이다.[29] 헤지펀드는 기본보수·성과

27) 제1편제2장제2절제3관 참조.

28) 글로벌 시장에서 활동하는 헤지펀드는 일반적으로 최초 투자일부터 1년 내지 3년 기간은 환매를 허용하지 않고, 이후부터는 분기·반기·매년 기준으로 환매를 허용하며, 환매를 원하는 경우 30일 내지 90일 전에 미리 통지하도록 요구한다.

29) 글로벌 시장에서 활동하는 헤지펀드의 경우 기본보수(base management fee)는 펀드자산의 일정비율(예: 연간 1% 내지 2%)을 받고 성과보수(performance component)는 펀드수익의

보수 산정의 목적으로 자산의 일정비율(일반적으로 10% 내지 30%)을 분리계정(side-pockets)을 통해 비유동성 자산이나 장기 투자물에 투자하기도 한다.[30)]

ⓕ 헤지펀드운용사(fund manager)와 그 운용역(individual portfolio manager)은 헤지펀드에 자신의 자산을 상당부분 투자함으로써 고객과 파트너관계를 맺는 것이 일반적이다. '자신이 한 요리를 먹는 것'(eating your own cooking)으로도 알려져 있는 이러한 접근방식은 운용사의 이익과 외부투자자의 이익을 일치시켜 운용사도 똑같은 투자위험에 노출시키기 때문에 이익상충소지를 줄일 뿐 아니라 외부투자자를 끌어들이는 데에도 도움이 된다.

제3관 PEF

1. 벤처캐피탈펀드(Venture Capital Fund)

벤처캐피탈펀드는 모험(venture)이라는 용어에서 볼 수 있듯이 상대적으로 위험하지만 보다 높은 잠재수익을 가진 투자를 하는 펀드이다. 통상적으로 "창업 또는 초기단계의 회사로서, 성장 가능성은 크지만 그 사업 성장에 필요한 자금을 은행으로부터 차입하는 것이 곤란한 회사"에 투자한다. 벤처캐피탈투자는 투자대상회사의 라이프사이클에 따른 투자시점을 기준으로 전기투자(seed stage or early-stage investments)와 후기투자(late-stage investments)로 구분할 수 있다. 전기투자는 성장성 있는 사업계획은 있지만, 아직 수익을 내지 못하고 있는 회사를 대상으로 한다. 이러한 회사의 경우 기술이 검증되지 않고 시장테스트를 거치지 않은 경우가 많으므로 시장에 상품·서비스를 출시하기 전에 추가적인 연구·개발을 필요로 하는 경우가 많고, 따라서 이러한 회사에 대한 투자는 리스크가 큰 반면에 수익성도 크다. 후기투자는 상품이나 서비스 개발은 완료하였으나 아직 생산증대, 판매증대 또는 수익성 제고를 위해 추가로 자금이 필요한 회사를 대상으로 한다. 이러한 후기투자는 리스크가 적은 만큼 수익도 상대적으로 적다. 개개의 투자가 상대적으로 위험한 속성을 가지고 있으므로 다수의 투자대상기업을 분산하는 것이 벤처캐피탈펀드의 장기적 성공을 위해 매우 중요하다.

벤처캐피탈펀드는 투자대상회사가 발행한 주식을 상당한 비중으로 취득하여 당해 회사의 사업에 적극적으로 영향력을 행사하고 추가적 자금지원 등을 하여 당해

일정비율(예: 적극수익의 20% 내지 50%)을 받는 것이 일반적이다.

30) 헤지펀드가 이러한 분리계정투자(side-pocket investments)를 하는 경우에는, 분리계정투자에서 나오는 손익을 투자자들의 지분에 따라 귀속시키기 위해 별도계정(side-pocket account)을 만들거나 별도 종류의 주식(side-pocket share)을 발행한다. 통상 분리계정투자가 행해진 후에 펀드에 가입한 투자자는 당해 분리계정투자에서 발생하는 손익에는 참여하지 않는다.

회사를 성장·발전시켜 기업공개(initial public offering: IPO)를 하거나 전략적 매수자에게 매각하는 방법으로 수익을 얻는다. 이를 위해 벤처캐피탈펀드 운용사는 투자대상 회사의 고위 경영진을 교체·보충하거나 전략적 자문을 제공하는 것이 일반적이다. 그리고 미래의 지분가치 희석을 방지하기 위하여 증자나 지분연계증권 발행에 동의권을 가지는 경우가 많고, 안정적인 투자금 회수(exit)를 위해 우선주 형태로 투자하거나 대주주에 대해 매도선택권(put option)을 가지는 방식으로 투자하는 경우가 많다.

이처럼 모험자본의 성격을 가진 벤처캐피탈투자를 장려하기 위해 국가적 차원에서 벤처캐피탈펀드에 대해 규제를 완화하거나 출자나 세제혜택 등의 지원이 이루어지는 것이 일반적이다.

2. 기업인수펀드(Buy-out Fund)

기업인수펀드는 대상기업의 주식 전부 또는 일부를 매수하여 당해 기업의 실적을 개선한 후 매도하거나 당해 기업으로 하여금 주식을 발행하도록 하여 수익을 얻는다. 기업인수는 증권관계법상의 공개기업에 적용되는 규제 회피를 위해서, 특정주주가 그 보유지분을 현금화하기 위해서 혹은 행동주의 헤지펀드와 같은 주주가 경영진·회사조직 변경을 원해서 이루어지는 경우가 많다. 당해 기업의 경영진이 기업인수의 주체가 되는 경우가 많은데, 이러한 방식의 기업인수를 경영진인수(management buy-out: MBO)라고 한다.

기업인수펀드는 잠재수익을 높일 목적으로 신규법인을 신설하여 특정기업 주식 매수에 사용할 대규모 자금을 차입하도록 하고 당해 신설법인을 통해 인수를 하는 경우가 많다.[31] 이런 경우 기업인수펀드의 실제 투자는 레버리지로 늘어나기 때문에 '레버리지·차입매수(leveraged buy-out: LBO)'라고 한다. 레버리지로 인한 투자리스크 상승 때문에 LBO펀드는 안정적인 수익과 현금흐름 그리고 적절한 시장점유율을 확보하고 있는 기업에 투자하는 경향이 있다.

3. 메자닌펀드(Mezzanine Fund)

메자닌펀드는 대상기업에 소위 '메자닌금융(mezzanine financing)'을 제공한다. 메자닌이란 '중간(middle)' 또는 '사이(between)'를 의미하는데, 메자닌금융은 창업

---

31) 인수자가 피인수기업의 자산이나 미래현금흐름을 담보로 금융기관으로부터 대출을 받아 인수자금을 마련하기 때문에 피인수기업의 기존 주주나 채권자의 이익을 침해할 소지가 있다. 인수자가 이 과정에서 피인수기업에 손해를 입힐 경우 배임죄로 처벌받을 수 있다.

(start-up)과 공개임박(becoming a public company) 사이에 있는 기업에 선순위부채(senior debt)와 지분(equity) 중간 정도의 금융(high yield debt)을 제공하는 것을 의미한다. 즉, 메자닌금융에서의 '메자닌(중간)'은 투자대상기업의 성숙단계에서의 중간이라는 의미와, 투자위험정도에서의 중간이라는 두 가지 측면에서의 중간이라는 의미를 내포한다. 메자닌금융은 은행차입에 필요한 추가담보가 없는 기업이 필요로 하는 경우가 많으며, 다른 유형의 부채에 비해 만기가 다소 길어서 통상 6년에서 10년이다.

메자닌금융은 선순위부채에 비해서는 위험하지만 순수한 벤처캐피탈이나 PE 투자에 비해서는 덜 위험하다. 메자닌금융의 예로는 전환사채(CB), 신주인수권부사채(BW), 우선주 투자를 들 수 있다. 보통주에 투자하는 경우도 매도선택권(put option) 등이 붙어 있으면 메자닌금융으로 볼 수 있을 것이다.

4. 부실증권펀드(Distressed Securities Fund)

부실증권펀드는 부실증권(distressed securities) 즉, 심각한 경제적 곤경에 처하여 파산·조직개편·자본조정 등의 위기에 직면한 기업의 채권·대출·지분채권 등을 아주 싼 값에 취득하여 당해 기업의 구조조정으로부터 수익창출의 기회를 추구한다. 'Vulture Fund'로도 불리며, PEF는 물론이고 헤지펀드 중에도 이러한 투자전략을 취하는 펀드가 적지 않다. 부실증권펀드 운용사는 채권단 회의를 대표할 정도의 충분한 채권이나 대출을 인수하여 구조조정 등을 주도하거나 저지함으로써 당해 기업에 적극적인 역할을 하기도 한다. 이러한 투자활동은 헤지펀드 행동주의 투자전략의 하나에 해당한다.

제4관 PREF(Private Real Estate Fund)

부동산펀드는 통상 부동산임대를 통한 순현금 흐름이나 부동산시장가치 증가의 두 가지 방법으로 수익을 추구하며, 어떤 방법을 택할지는 부동산시장과 금리환경, 펀드·투자자의 투자목적·전략에 좌우된다. 부동산펀드는 다수의 부동산 관련 서비스 공급자(leasing agents, property manager 등)로 하여금 그 소유 부동산을 운영·관리하도록 하고 보수를 지급하는 경우가 많다. 부동산펀드에서는 자금의 차입이 매우 중요한 의미를 가지며, 기업인수를 하는 PEF에 비해 자금차입을 하는 경우가 훨씬 많다.

사모부동산펀드(Private Real Estate Fund: PREF)는 대중적인 부동산투자수단인 리츠(Real Estate Investment Trusts: REITs)[32]와 차이가 있다. 예컨대 미국의 경우 REITs에는

32) REITs는 글자 그대로 번역하면 '부동산투자신탁'을 의미하지만 회사 등 다른 형태의 부동산

내국세법(Internal Revenue Code)에 따른 규제가 적용되며 그에 따라 REF에 비해 다음과 같은 차이가 있다: ⓐ REITs는 수익을 투자자에게 배분해야 하지만 REF는 수익을 재투자할 수 있다. ⓑ REITs는 부동산을 소유하고 운영(operate)해야 하나, REF는 부동산을 매입·운영, 개발, 재매각할 수 있다. ⓒ REF는 일반적으로 REITs에 비해 고수익을 목표로 하고 고위험전략을 추구한다.[33] ⓓ REITs는 공모하여 시장에 상장되어 거래되는 것이 일반적이다.

참고로, 우리나라도 공모부동산펀드와 사모부동산펀드에 대해 펀드규제와 세제[34] 에서 일부 차이를 두고 있다.

제5절 사모펀드 관련 용어

제1관 PEF

사모펀드(private fund)와 관련된 용어 사용을 보면 글로벌 시장과 우리나라에 적지 않은 차이가 있다. 우리나라에서는 PEF를 '사모펀드'로 부르는 경우가 많다. 앞에서 본 바와 같이 '사모펀드'라는 용어는 헤지펀드, PEF, REF 등을 모두 포괄하는 상위개념의 용어다. 따라서 PEF를 사모펀드로 부르는 것은 오해의 소지가 있으므로 적절한 용어를 만들 필요가 있으며, 적절한 용어를 만들기 어렵다면 차라리 그냥 'PEF'로 부르는 것이 나을 것으로 생각된다.

펀드를 포함하는 용어로 사용되고 있다. 부동산펀드가 초기에 투자신탁 형태를 취하고 있었기 때문에 대중에게 익숙한 용어를 계속 사용하게 된 사례라고 할 수 있다.

33) PREF가 주로 사용하는 투자전략은 다음과 같다: property-Specific Funds vs. Pools(특정 부동산투자·블라인드투자), Equity vs. Mortgage, Sector-Specific vs. Diversified(오피스 등 특정부문·여러 부문), Geographic Focus vs. Diversified, Core vs. Value Added vs. Opportunistic. "Core" 전략은 이미 수익을 창출하고 있는 prime property에 초점을 맞추는 것으로 REITs의 투자전략과 유사하다. "Value Added" 전략은 수익과 자본차익 모두를 추구하는 것으로, 개발이 덜 된 부동산 또는 이미 개발되었지만 관리문제나 레노베이션 필요 등의 이유로 저평가된 부동산 모두 투자대상이 된다. "Opportunistic(Opportunity)" 전략은 보다 공격적인 전략을 취하며, 공격적으로 레버리지를 활용하며, 개발도상국 부동산, 무수익여신, 비전통적 부동산(예: 주차장, 민간교도소) 등에 투자한다.

34) 부동산펀드가 보유하는 토지에 대한 재산세의 경우 그동안 공모펀드·사모펀드 구분없이 분리과세하였으나, 지방세법시행령이 개정(제102조제8항제9호)되어 2021년부터는 사모부동산펀드에 대해서는 보유토지에 대한 재산세 분리과세(0.24% 단일세율) 특례가 적용되지 않는다. 이처럼 사모부동산펀드 보유 토지가 별도 합산과세 대상이 됨으로써 세율이 올라갈 뿐 아니라 종합부동산세도 납부해야 하므로 세금 부담이 대폭 늘어나게 된다. 다만, 사모펀드의 투자자가 공모부동산펀드(공모리츠등 포함)로만 구성되어 있는 경우에는 종전과 같이 분리과세 특례가 적용된다. 부동산투자회사법에 의한 부동산투자회사(소위 리츠)의 경우도 동일하다.

제2관 리츠(REITs)

우리나라에서는 부동산투자회사법에 의한 부동산펀드(부동산투자회사)를 '리츠(REITs)'로, 자본시장법에 의한 부동산펀드는 '부동산펀드' 또는 'REF'로 부르는 경우가 많다. 부동산투자회사법에 의한 부동산펀드(부동산투자회사)를 '리츠'로 부르게 된 것은, 동법이 부동산펀드에 관한 최초의 규제법이었고 동법의 부동산투자회사는 REITs와 유사하게 실물부동산을 소유하여 임대수익을 얻는 방식의 투자를 원칙으로 하고 그 펀드지분을 상장하도록 하였기 때문인 것으로 보인다. 그러나 이후 제정된 간접투자자산운용업법과 자본시장법에 따른 부동산펀드에서도 부동산을 소유하여 임대수익을 추구하며 그 펀드지분을 시장에 상장하는 것이 가능하고, 한편으로는 부동산투자회사법이 개정되어 동법에 따른 부동산투자회사도 부동산 개발등의 방법으로 투자할 수 있게 되었다. 또한, 앞에서 보았듯이 통상 REF는 사모부동산펀드를 지칭하는 용어다. 따라서 부동산투자회사법에 의한 부동산투자회사를 리츠라고 부르고, 자본시장법에 의한 부동산펀드를 부동산펀드(REF)로 부르는 것은 오해의 소지가 있다. 근거법률을 기준으로 "부동산투자회사법에 의한 부동산펀드"와 "자본시장법에 의한 부동산펀드"로 구분하여 부르거나, 근거법률과 관계없이 그 특성을 기준으로 "REITs"와 "PREF"로 구분하여 부르는 것이 바람직하다.

제3관 대체투자펀드(Alternative Investment Fund)

대체투자펀드(Alternative Investment Fund: AIF)라는 용어는 부동산·원자재·인프라스트럭처 등과 같은 비전통적인 투자대상에 주로 투자하는 펀드를 지칭하는 용어로서, 주식이나 채권 등의 전통적인 투자대상에 주로 투자하는 '증권펀드'에 대응하는 용어로 사용된다. 이러한 의미에서의 대체투자펀드는 주로 사모펀드 형태를 취하겠지만, 리츠와 같이 공모펀드 형태를 취하는 경우도 있다. 따라서 엄밀한 의미에서는 대체투자펀드가 곧 사모펀드인 것은 아니다.

우리 금융투자협회가 정한 '대체투자펀드 리스크관리 모범규준'에서는 대체투자펀드를 '펀드재산의 50% 이상을 부동산 또는 특별자산에 투자하는 펀드'로 정의하고 있다(동모범규준 제2조제1항).

유럽연합은 투자펀드를 넓은 의미에서의 증권펀드(UCITS: 공모펀드)와 대체투자펀드(AIF: 사모펀드 & 공모펀드)로 구분하여 각기 다른 규제를 한다. 반면에, 미국과 우리나라는 투자펀드를 공모펀드와 사모펀드로 구분하여 각기 다른 규제를 한다.

제4관 뮤추얼펀드(Mutual Fund)

뮤추얼펀드(Mutual Fund)란 원래 미국에서 연방 펀드규제법(1940년 투자회사법)의 적용을 받는 공모·개방형 투자회사(open-end investment company)를 지칭하는 용어인데, 공모·폐쇄형 투자회사(closed-end investment company)를 포함하여 사용되는 경우도 가끔 있다. 금융의 개방화·세계화가 진전되면서 뮤추얼펀드라는 용어는 이제 미국 외의 나라에서도 개방형 공모펀드(좁게는 개방형·공모형 증권펀드)를 지칭하는 용어로 광범위하게 사용되고 있다.

유의할 점은 뮤추얼펀드 즉, 개방형 투자회사는 '투자회사'라는 용어에도 불구하고 그 법적 형태는 회사는 물론이고 신탁(business trust)도 있으며, 실제 미국의 경우 신탁형태가 절반 이상을 차지한다는 점이다. 즉, 뮤추얼펀드는 회사형펀드만을 지칭하는 용어가 아니라는 점이다.[35]

참고로, UCITS(Undertaking for Collective Investment in Transferable Securities)라는 용어는 유럽연합에서 개방형 공모펀드(정확하게는 개방형·공모형 증권펀드)를 지칭하는 법적 용어다.

대체적으로 뮤추얼펀드와 UCITS는 개방형 공모펀드를 지칭하는 것으로 이해해도 무방하다.

제5관 Alternative UCITS

Alternative UCITS란 UCITS 규제에서 허용하는 헤지펀드 투자전략을 사용하는 유싯(UCITS)[36]을 칭하는 용어로서, "뉴싯(Newcits)"으로 불리기도 한다.

Alternative UCITS는 헤지펀드처럼 절대수익 창출을 목표로 헤지펀드에서 사용하는 투자기법을 사용하지만 UCITS 규제를 적용받는 '공모펀드'에 해당한다. 2008년 금융위기 이후 UCITS 규제완화와 변화된 시장환경에 맞추어 등장한 새로운 유형의 UCITS라고 할 수 있다.

Alternative UCITS는 long 및 합성short 익스포저를 모두 취할 수 있게 해주는 금융파생상품에 투자하는 것이 일반적이다.

---

35) 미국 연방 펀드규제법(1940년 투자회사법)에서 투자펀드의 법적 형태(회사, 신탁, 조합등)를 불문하고 투자펀드를 투자회사로 정의한 것은 펀드의 법적 형태와 관계없이 투자펀드에 대해 동일한 규제를 적용하기 위한 것으로 이해할 수 있다.

36) UCITS에 대한 자세한 내용은 제1편제2장제3절 참조.

제6관 기업성장펀드(BDC)

기업성장펀드란 벤처기업·혁신기업 등에 주로 투자하는 '폐쇄형 공모펀드'로서 그 펀드지분이 거래소에 상장되어 거래되는 펀드를 말한다.

우리나라도 벤처투자시장에 민간자본 유입을 증대하는 한편 벤처기업등에 대한 개인 투자기회를 확대할 목적으로 미국 투자회사법(Investment Company Act of 1940) 상의 BDC(Business Development Company)를 참조하여 자본시장법에 기업성장펀드 제도의 도입을 추진 중이다.[37] 금융위원회에서 도입을 추진 중인 기업성장펀드는 통상적인 폐쇄형 공모펀드에 비해 펀드운용 관련 규제(벤처기업등 투자 의무, 차입·대출 허용, 분산투자 규제 완화 등), 운용사 관련 규제(운용사 자격을 벤처캐피탈과 증권사로 확대), 투자자보호 관련 규제(펀드 상장 의무, 운용사 출자의무 등) 측면에서 차이가 있다.[38]

---

37) 2022년 5월에 BDC 도입을 위한 자본시장법 개정안이 국무회의를 통과하였으나 국회 문턱을 넘지 못하였다. 최근 금융위원회는 2025년 업무계획에 BDC 도입을 포함하고 입법을 재추진하기로 한 바 있다.

38) 금융위원회 보도자료(2022.5.26.) 참조.

제2장 사모펀드에 대한 글로벌 규제동향

제1절 총설[39)]

2007년 미국의 서브프라임모기지 사태를 계기로 촉발된 글로벌 금융위기 이후 세계적으로 사모펀드 특히 헤지펀드의 과도한 레버리지 투자와 규제받지 않는 그림자 금융(shadow banking) 등이 금융시스템 리스크를 증폭시킨다는 인식 하에 사모펀드 규제강화 필요성이 강하게 제기되었다.

이에 따라 2007년 중반부터 2010년 말까지의 기간 동안 G7·G8 및 G20은 시스템적으로 중요한 모든 금융기관과 시장 및 상품은 적절한 수준의 규제 및 감시를 받아야 한다는 데에 합의했다.

그와 함께 국제증권감독기구협의회(IOSCO) 기술위원회도 2009년에 헤지펀드 규제에 관한 원칙[40)]을, 2010년에는 PEF와 관련된 이해상충방지 규제에 관한 원칙[41)]을 제시한 바 있다. IOSCO가 제시한 사모펀드 규제원칙의 핵심은 투자자보호와 시스템 리스크방지이며, 이를 위해 사모펀드나 그 운용자에 대해 적절한 조직 규제, 공시 규제 및 영업행위 준칙이 마련되어야 한다는 것이다.

(미국, 유럽연합) 미국과 유럽연합(EU)은 G7·G8 및 G20 합의 내용과 IOSCO가 제시한 원칙에 기초하여 상당한 기간 동안 심도 있는 논의 절차를 거쳐 사모펀드 관련 규제를 강화하는 내용의 입법을 했다.

미국은 2010년 7월 21일에 도드-프랭크법(Dodd-Frank Wall Street Reform and Consumer Protection Act)을 제정했고, 유럽연합은 2012년 12월 19일에 대체투자펀드

39) 사모펀드에 대한 글로벌 규제동향의 보다 자세한 내용은 박삼철, 사모펀드 규제정비의 현황과 과제, BFL 제71호(2015.5), 참조.

40) Techinical Committee of IOSCO, Hedge Funds Oversight: Final Report, June 2009.

41) Techinical Committee of IOSCO, Private Equity Conflicts of Interests: Final Report, November 2010.

운용자지침(Alternative Investment Fund Manager Directive. 이하 'AIFM지침')을 제정했다.

유럽연합에서는 사모펀드와 그 운용자 모두를 직접 규제대상으로 하는 방안도 유력하게 논의되었으나 미국이 사모펀드 운용자만을 규제하는 방향으로 먼저 법률을 제정하면서 유럽연합도 그에 맞추어 입법을 하였다. 즉, 미국과 유럽연합은 종전과 마찬가지로 사모펀드 자체는 직접 규제하지 않고 운용자 규제를 통해 간접적으로 사모펀드를 규제하는 방식을 택했으며, 그 규제의 핵심은 사모펀드 활동의 모니터링과 리스크분석 등을 통한 시스템리스크의 사전방지와 투자자보호에 있다. 미국과 유럽연합의 사모펀드 규제강화가 이렇게 마무리된 것은 사모펀드의 역기능(부작용)은 최소화하되 그 순기능[42]은 충분히 발휘될 수 있도록 할 필요가 있다는 정책적 인식과 특정 국가에서 다른 국가에 비해 사모펀드 규제를 지나치게 강화하면 사모펀드는 보다 규제가 약한 곳으로 이동하게 된다는 규제 실효성에 대한 현실적 인식이 함께 작용한 결과로 이해된다.

(우리나라) 우리나라도 금융위기 이후 사모펀드 활동과 관련된 시스템리스크 모니터링을 위해 감독당국에 대한 보고의무 등을 강화하였고, 한편으로는 과도한 사모펀드 규제로 인해 금융시장에 미치는 사모펀드의 순기능이 제대로 발휘되지 않고 있는 현실을 고려하여 한국형 헤지펀드제도를 도입하였다. 그리고 2015년에는 사모펀드에 대한 불필요한 규제를 철폐하는 등 규제 전반을 합리적으로 정비하기 위한 목적의 자본시장법 개정안이 2015년 7월 국회를 통과하여 10월 25일부터 시행되었다. 이후 2021년에는 사모펀드 규제체계 합리화와 운용규제개선을 주요내용으로 하는 개정이 이루어졌다.

이처럼 금융위기를 계기로 미국과 유럽연합은 사모펀드에 대한 규제를 강화하는 방향으로 가고, 우리나라는 전체적으로 사모펀드에 대한 규제를 완화 내지 합리화하는 방향으로 가고 있다. 이는 금융위기 이전에 미국과 유럽연합은 사모펀드 그 자체에 대해서는 사실상 규제를 하지 않았던 반면에, 우리나라는 사모펀드 자체에 대해서도 공모펀드에 준하여 상당한 수준의 규제를 하고 있었던 데에 따른 것이다.[43]

---

42) 사모펀드(특히 헤지펀드)의 순기능으로는 차익거래 등을 통한 금융시장의 효율성 제고, 자본과 위험의 효율적 재배분, 유동성 공급, 다양한 자산배분의 기법 개발, 기업의 지배구조개선 등이 거론된다.

43) 금융위기 이전에도 PEF와 한국형 헤지펀드 자체에 대한 규제는 상대적으로 많이 완화되어 있었지만, 일반사모펀드에 대해서는 공모펀드에 적용되는 운용제한 등의 규제가 상당 부분 적용되고 있었다. 한국형 헤지펀드의 경우도 운용자 진입규제가 지나치게 엄격하여(자본금 70억원, 인가) 결과적으로 한국형 헤지펀드산업의 활성화를 저해하는 요인으로 작용하고 있었다.

글로벌화된 금융시장 특히 사모펀드시장의 현실을 고려하면, 미국·유럽연합과 우리나라의 사모펀드 규제는 각기 다른 방향으로 향하여 적정 수준에서 조화를 이루게 될 것으로 보인다.

제2절 미국

제1관 금융위기 이전

미국에서 투자펀드에 관해 직접적으로 규제하는 연방법으로는 투자회사법(Investment Company Act), 투자자문업자법(Investment Adviser Act) 및 상품거래법(Commodity Exchange Act)이 있다. 투자회사법은 투자회사(투자펀드)를 규제하는 법으로서 정확하게는 증권에 주로 투자하는 투자회사를 규제하는 법이다. 투자회사법에서 정의하는 투자회사에 해당하면 SEC에 등록하고 동법의 규제를 받아야 한다. 투자자문업자법은 증권에 대한 투자자문서비스(일임서비스 포함)를 영업으로 하는 자를 규제하는 법인데, 동법에서 정의하는 투자자문업자에 해당하면 SEC에 등록하고 동법의 규제를 받아야 한다. 투자자문업 라이선스를 받은 자는 투자일임의 방법으로 투자펀드를 운용할 수 있다. 상품거래법은 상품펀드(Commodity Pool)와 상품펀드오퍼레이터(Commodity Pool Operator) 및 상품거래자문업자(Commodity Trading Advisor)를 규제하는 법이다.

금융위기 이전, 정확하게는 도드-프랭크법 시행 이전에는 '사모펀드'는 투자회사법 section3(c)(1) 또는 (7)의 등록 면제규정에 따라 SEC 등록을 면제받음으로써 투자회사법의 규제를 받지 않았다. 따라서 사모펀드의 법적 형태, 조직 구성, 투자대상 및 투자전략, 공시, 환매, 수익배분 등 펀드 설립에서 청산에 이르는 모든 사항에 대해서 일반법규(회사법, 신탁법, 증권관계법 등)의 적용을 받았다. '사모펀드 운용자(투자자문업자)'는 운용하는 사모펀드의 수가 15개 미만인 경우에는 투자자문업자법 section 203(b)(3)의 규정에 따라 SEC 등록을 면제받음으로써 투자자문업자법의 규제를 받지 않았다. 실제 대부분의 사모펀드 운용자는 펀드 수를 15개 미만으로 유지함으로써 등록 의무를 회피하고 있었다. 요약하면, 도드-프랭크법 시행 이전에는 사모펀드는 실질적으로 아무런 규제를 받지 않았고, 사모펀드 운용자도 운용하는 사모펀드 수가 15개 이상인 경우에만 투자자문업자법의 규제를 받았다. 투자회사법은 공모형 증권펀드만을 규제하는 법으로 기능한다.

미국의 부동산펀드에 대한 규제는 다소 복잡하게 되어 있다. 먼저, 실물부동산을 취득하는 부동산펀드는 투자회사법의 적용대상이 아니다.

REITs로 조직하여 세제혜택을 받고자 하는 경우에는 REIT법(the Real Estate Investment Trust Act of 1960)과 연방소득세법(Internal Revenue Code) 상의 REIT 요건을 적용받게 된다. PREF로 조직하는 경우에는 이러한 법이 적용되지 않는다. 부동산 관련 자산(모기지·MBS, 대출·담보권)을 취득하는 부동산펀드의 경우 투자회사법 section 3(c)(5)(C)의 요건을 충족하면 투자회사에서 제외된다. 이러한 요건을 충족하지 못하면 투자회사에 해당하게 되지만, section 3(c)(1)·(7)의 사모펀드 면제에 따라 투자회사법의 적용을 면제받을 수 있다. 요약하면, 부동산 관련 자산에 투자하면서 투자회사법 section 3(c)(5)(C)의 요건을 충족하지 못하는 공모펀드만 투자회사법의 적용을 받게 된다.

제2관 금융위기 이후

금융위기 이후 전 세계적으로 G7·G8 및 G20 중심으로 금융시스템 안정성 제고 차원에서 사모펀드 규제강화에 관한 논의가 이루어지고 있었다. 그 와중에 미국에서는 2008년 11월의 매도프(Bernard L. Madoff Investment Securities, LLC) 폰지스킴을 시작으로 사회적 물의를 일으킨 일련의 사모펀드 관련 내부자거래 스캔들이 발생하여 사모펀드에 대한 규제강화 여론에 기름을 부었다.[44] 그 결과 미국은 2010년 7월에 도드-프랭크법을 제정하였는데 동법의 제4장(Title Ⅳ-Regulation of Advisers to Hedge Fund and Others)은 사모펀드 운용자에 대한 규제를 강화하는 내용을 담고 있다(이는 1940년 투자자문업자법을 개정한 것이다). 그리고 도드-프랭크법 제6장(Title Ⅵ-Improvements to Regulation of Bank and Savings Association Holding Companies and Depositary Institutions)은 소위 '볼커룰'(Volcker Rule)로서 은행과 그 관계사의 사모펀드 투자등을 규제하는 내용을 담고 있다(이는 은행지주회사법을 개정한 것이다).

한편, 도드-프랭크법과 별도로 2012년에 제정된 JOBS법(the Jump-start Our Business Startups Act: JOBS Act)에서는 사모펀드의 판매 관련 규제를 완화하는 내용이 포함되어 있다(이는 34년 증권거래법 section 12(g) 및 33년 증권법 Rule 506 of Regulation D를 개정한 것이다).

1. 투자자문업자법 개정내용

사모펀드 운용자는 자신이 운용하는 사모펀드의 수와 관계없이 운용하는 사모펀드의 운용자산규모(Asset Under Management: AUM)가 1억 5천만 달러 이상이면 투자자문업자법에 따라 SEC에 등록하고 동법의 규제를 받아야 한다.[45] 등록 면제를 받으려면

44) Nora M. Jordan 외 3인, Advising Private Funds: A Comprehensive Guide to Representing Hedge Funds; Private Equity Funds and Their Advisers(2014), 2:12.

AUM이 1억 5천만 달러 미만이고 고객이 전부 사모펀드(private funds)여야 한다. 종전에는 사모펀드 AUM이 아무리 크더라도 펀드 수가 15개 미만이면 등록이 면제되었지만 이제는 하나의 사모펀드를 운용하더라도 그 AUM이 1억 5천만 달러 이상이면 등록하도록 한 것이다. 다만, 벤처캐피탈펀드의 경우는 AUM에 관계없이 등록이 면제된다.[46]

사모펀드 운용자의 SEC 등록과 관련하여 몇 가지 유의할 점이 있다: (i) 운용자에게 SEC 등록의무를 초래하는 사모펀드(private fund)가 모든 종류의 사모펀드를 다 포함하는 것이 아니라는 사실이다. 사모펀드는 '투자회사법 section 3(c)(1) 혹은 (7)의 면제규정(사모·소수투자자, 사모·적격투자자)이 없으면 투자회사로 간주될 펀드'이며, '투자회사'는 주로 증권에 투자하는 것으로 정의되어 있으므로,[47] 투자대상이 증권이 아니면 투자회사의 정의에서 제외된다. 투자회사법상 증권은 이익분배약정(profit-sharing agreement)·투자계약(investment contract) 등이 포함되는 매우 넓은 개념이지만, 부동산이나 광물권에 관한 이익 등을 주로 취득하는 경우는 투자회사의 정의에서 제외된다.[48] 따라서 예컨대 부동산에 관한 이익 등에 주로 투자하는 사모펀드(REF)는 section 3(c)(1) 혹은 (7)의 면제규정이 없어도 투자회사법에 의한 SEC 등록의무가 없고 사모펀드에 해당하지 않는다. 그럼에도 불구하고 많은 REF운용자는 종업원퇴직급여보장법(ERISA)에 따른 연기금자산관리자 자격을 얻기 위한 목적 등으로 자발적으로 투자자문업자법에 따라 SEC에 등록을 한다. (ii) 하나 이상의 벤처캐피탈펀드만을 운용하는 투자자문업자도 SEC 등록이 면제된다는 점이다. (iii) AUM이 1억 5천만 달러 미만이거나 벤처캐피탈펀드만을 운용하는 사모펀드 운용자는 등록의무는 없지만 자신이 원하면 SEC에 등록할 수 있다.

SEC에 등록한 사모펀드 운용자(투자자문업자)는 투자자문업자법 및 동법에 따른 SEC 규정(Rules)을 준수하고 SEC의 주기적 검사(examination)를 받아야 한다. 그리고 자신이 운용하는 사모펀드와 관련한 중요정보(레버리지, 신용위험, 보유자산종류 등)를 주기적으로 SEC에 보고해야 한다.[49]

SEC 등록이 면제된 사모펀드 운용자(exempt reporting advisers)도 일정한 기록유지 및 보고의무를 이행해야 한다(SEC Rule 204-4). 그리고 종전과 마찬가지로 투자자문업자법 section 206의 사기금지 규정 등이 적용되며,[50] 해당 주(州)의 감독당국에 등록

---

45) Investment Adviser Act section 203(m).
46) Investment Adviser Act section 203(1).
47) Investment Company Act section 3(a) 및 (b).
48) Investment Company Act section 3(c)(5)(C) 및 3(c)(9).
49) Investment Adviser Act Rule 204(b)-1.

하고 주(州) 법의 규제를 받아야 하는 점은 도드-프랭크법 시행 이전과 동일하다.[51]

2. 은행지주회사법 개정(볼커룰)

볼커룰(동법의 이행을 위해 은행규제당국, SEC, CFTC가 제정한 규칙 포함)은 은행(banking entity: FDIC 부보 금융기관, 1978년 국제은행법 제8조의 취지상 은행지주회사로 간주되는 회사, 이들의 관계사 혹은 자회사)이 '커버드펀드'(covered fund: 일반적으로 1940년 투자회사법 section 3(c)(1)·(7)이 없었으면 동법에서 정의하는 투자회사에 해당할 펀드, 즉, 사모펀드를 포함한다)의 지분(ownership interest)을 취득·보유하거나 스폰(sponsor)하는 것을 금지한다. 구체적으로는 은행이 ⓐ 커버드펀드의 general partner·managing member, 투자재량권을 보유한 수탁자, 또는 commodity pool operator가 되는 것, ⓑ 커버드펀드의 이사·수탁자·경영진을 선임하거나 지배하는 것, ⓒ 커버드펀드와 같거나 비슷한 이름을 사용하는 것을 금지한다. 나아가 볼커룰은 은행(및 그 관계인)이 당해 은행(및 그 관계인)을 스폰·관리하거나 자문하는 펀드 혹은 그러한 펀드에 의해 지배되는 헤지펀드나 PEF와 특정거래(covered transactions)를 하는 것도 금지한다.

다만, 은행은 다음과 같은 특정한 '면제규정'(permited activity exemptions)에 따라서 커버드펀드에 투자하거나 스폰서(sponsor)가 될 수 있다: ⓐ 자산관리(asset management) 혹은 유사한 고객서비스와 관련하여 커버드펀드를 조직하거나 판매하는 경우, ⓑ 커버드펀드 지분을 인수하거나 시장조성하는 경우. 은행이 이러한 면제를 적용받으려면 다른 요건은 차치하고라도 펀드별로 당해 은행 Tier1자본의 3% 투자제한을 준수해야 한다. 그리고 이러한 면제사유에 해당하더라도, ⓐ 당해 은행과 고객·소비자·상대방 간에 중대한 이익충돌이 발생할 수 있거나, ⓑ '고위험자산 혹은 고위험거래전략'에 따른 중대한 익스포저가 발생할 수 있거나, ⓒ 당해 은행의 안전성 및 건전성이나 미국의 금융안정성에 위해를 가할 수 있으면 볼커룰에 의해 금지된다.

볼커룰은 은행이 스폰하거나 자문하는 펀드에 심대한 영향을 미칠 것으로 예상된다. 볼커룰은 2012년 7월 12일 시행되었으나, 도드-프랭크법은 2년간의 순응기간을

50) SEC 등록이 면제된 투자자문업자에게도 다음과 같이 투자자문업자법이 적용된다: ⓐ 투자자문업자법 section 206(1)에 따른 자금수탁자의무(fiduciary duties), ⓑ 투자자문업자법 section 206(1) 및 206(2), SEC Rule 206(4)-8의 사기금지규정(antifraud provisions), ⓒ 투자자문업자법 section 206(3) 및 SEC Rule 206(3)-2의 자기거래·대리인거래(principal and agency cross transactions) 금지규정, ⓓ 투자자문업자법 section 206(1) 및 206(2)에 따른 자금수탁자의무(fiduciary duties)에 저촉되는 집합거래(aggregation of client trades).

51) 따라서 미국의 투자자문업자는 ⓐ 주법에 따른 등록 및 감독을 받으며, ⓑ 나아가 AUM이 1.5억 달러 이상인 투자자문업자는 연방 투자자문업자법에 따라 SEC에 등록하고 동법의 규제 전부를 적용받고, AUM이 1.5억 달러 미만인 투자자문업자는 연방 투자자문업자법에 따른 등록은 면제되지만 동법의 일부를 적용받는다.

주었고 나아가 연방중앙은행이 다시 2015년 7월 12일까지 순응기간을 연장한 바 있다.

3. 증권관계법 개정(JOBS법)

잡스법은 사모펀드 판매(offerings)와 관련하여 두 가지 측면에서 상당한 영향을 미친다.

첫째, 사모펀드가 공개회사 보고의무(사업보고서 제출의무등)를 회피하기 위해서는 34년 증권거래법 section 12(g) 규정을 준수해야 하는데, 잡스법은 동규정상의 최소주주수요건(record holder limit)을 상향 조정하였다.[52] 이에 따라 사모펀드도 공개회사 보고의무를 부담하지 않으면서도 종래보다 더 많은 투자자를 모을 수 있게 되었다.

둘째, 잡스법은 SEC로 하여금 모든 매수자가 적격투자자(accredited investors)인 경우에는 Rule 506 of Regulation D[53]에 따라 행해진 사모발행(private offerings)에서의

---

52) 잡스법 시행 이전에는 총자산이 1,000만 달러를 초과하고 주주 수가 500인 이상인 발행인은 SEC에 등록하고 Securities Exchange Act(SEA) section 12(g)에 따른 계속공시의무 등의 규제를 준수하도록 되어 있었다. 이러한 기준을 충족하는 발행인은 계속공시의무 외에도 SEA section 13, 14, 16에 따른 위임장권유규제(proxy rules), 단기매매차익규제(short-swing rules) 등을 준수해야 한다. 잡스법에서는 이러한 계속공시의무 등의 규제를 받게 되는 발행인의 기준을 다음과 같이 완화했다: ⓐ 총자산 1,000만 달러 이상이고, ⓑ 주주명부상의 주주 수(record holder)가 2,000인 이상이거나 혹은 비적격투자자(non-accredited investors) 수가 500인 이상인 경우.
미국법상 사모펀드와 관련하여 이러한 문제가 제기되는 이유는 사모펀드라 하더라도 총자산 및 투자자 수가 일정수준 이상인 경우에는 SEA에 따른 엄격한 공시규제가 적용되기 때문이다. 그리고 미국의 투자회사법에서는 펀드의 법적 형태를 불문하고 투자회사의 정의에 해당하면 투자회사로 간주하면서 '…증권의 발행인'으로 정의하고 있다. 따라서 예컨대 신탁형펀드(business trust)도 펀드 자체가 증권의 발행인으로서 증권법이나 증권거래법의 규제를 받게 된다.
참고로 우리 자본시장법은 집합투자기구에 대해서는 동법 제3편제3장(상장법인등의 계속공시의무등)을 적용하지 않으므로 이러한 문제가 발생하지 않는다(투자회사의 경우는 법 제205조제1항, 기타 형태의 집합투자기구의 경우는 법 제159조제1항 및 동법시행령 제167조제1항 제1호 가목).

53) Regulation D(소액발행 및 사모발행에 대한 적용면제 규정)는 미국 연방증권법(Securities Act of 1933)에 의한 공모(public offerings) 규제의 적용이 면제되는 거래에 대한 구체적인 기준을 정하고 있는 소위 안전항(safe harbor)으로서 연방증권거래위원회(Securities and Exchange Commission)가 제정한 규정이다. Regulation D는 Rule 504·505·506으로 구성되어 있는데, '사모'에 관한 규정이 Rule 506이고 '소액공모'에 관한 규정이 Rule 504 및 Rule 505이다.
사모펀드의 경우 발행금액 제한이 없고 일반적 권유·광고가 허용되는 Rule 506에 따라 펀드 지분을 발행하는 것이 일반적이다. Rule 506에 따르는 경우에도 ⓐ 비적격투자자(nonaccredited investors)의 수는 35인 이하로 제한되고, ⓑ 비적격투자자는 일정한 전문성요건(sophistication requirement)을 충족해야 하며, ⓒ 비적격투자자에게는 Rule 502(b)에서 정하는 상세한 정보를 제공해야 한다. 따라서 사모펀드의 경우 이러한 규제부담을 피하기 위해 그 대상을 적격투자자로 한정하는 것이 일반적이다.

일반적 권유 및 일반적 광고에 대한 규제를 완화하도록 명령하였다. 이에 따라 SEC는 2013년 7월에 Rule 506을 개정하여, 발행인 또는 그 대리인이 "Rule 506에 따라 행해진 사모발행에서 증권을 매수한 자가 적격투자자라는 것을 검증하기 위한 합리적 절차를 취한 경우"에는 일반적 광고(general advertising) 및 기타 형태의 일반적 권유(general solicitation)를 허용하였다.[54] 이는 사모발행의 경우도 투자권유는 광범위하게 허용하되, 실제 판매만 적격투자자로 한정하겠다는 것으로 이해된다. 여기서의 일반적 권유 및 일반적 광고에는 ⓐ 광고, article, notice, 신문, 잡지, 인터넷, 유사미디어나 TV방송에 의한 커뮤니케이션, ⓑ 프로모셔널 세미나 혹은 미팅 참여 권유 등이 포함된다.

사모펀드도 개정된 Rule 506 of Regulation D에 따라 그 발행증권을 판매함에 있어 적격투자자만을 판매대상으로 하는 경우에는 일반적 권유 및 일반적 광고를 하는 것이 가능해졌다.

제3관 미국법상 사모펀드의 유형

도드-프랭크법에 따라 설립된 금융안정감시위원회(Financial Stability Oversight Council: FSOC)는 시장의 시스템리스크를 분석할 수 있는 정보가 담긴 보고 양식을 만들도록 SEC와 CFTC에 요청하였다. 이에 따라 SEC와 CFTC는 FSOC와의 논의를 거쳐 2011년 10월에 사모펀드 정보보고 양식인 Form PF를 채택하였다.[55] 이에 따라 하나 이상의 사모펀드를 운용하는 등록 투자자문업자가 최근 사업연도말 현재 사모펀드 운용자산규모(AUM)가 1억 5천만 달러 이상인 경우 Form PF를 제출하여야 한다.

한편, Regulation D에 따라 증권을 발행(사모발행 또는 소액공모발행)한 경우에는 최초 증권 판매일부터 15일 이내에 SEC에 보고하고(Form D), 판매종료 15일 이내에 SEC에 보고하여야 한다(Post-Sale Form D). Regulation D에 따라 발행된 증권은 별도의 공모규제 면제가 없는 한 재판매할 수 없다(원칙적으로 1년간 전매제한). 따라서 Rule 506에 따라 사모발행한 경우에는 원칙적으로 1년간 전매가 제한된다.

참고로, 미국 연방증권법상 공모규제 면제에 관한 규정은 Regulation D 외에도 Regulation A·Rule 701·Rule 1001, 증권법 §4(6) 등이 있다. Regulation A는 미국·캐나다 비상장기업에만 인정되는 소액공모 면제규정이고, Rule 701은 비상장기업의 종업원보상계획에 따른 소액주식발행에 대한 면제규정이며, Rule 1001은 주법에서 적용면제되는 증권공모를 연방증권법에서도 적용면제하는 규정이다.

54) Rule 506(c). 이처럼 Rule 506(c)에 따라 일반적 권유를 하는 경우에는 적격투자자(accredited investors)만을 대상으로 하여야 하며 사전에 SEC에 보고하여야 한다(Advance Form D). 일반적 광고·일반적 권유를 이용하지 않는 경우에는 종전과 마찬가지로 Rule 506(b)에 따라 매수자의 적격투자자 지위 검증의무가 없고 판매시점에 매수자가 적격투자자라는 것을 '합리적으로 믿었으면(reasonably believe)' 된다.

55) SEC Rule 204(b)-1. 참조

Form PF에서는 사모펀드를 아래와 같이 여섯 가지 유형으로 구분하여 각각에 대해 간략히 정의하고 있는데, 이러한 분류 및 정의는 보고서 제출 목적을 위한 것이지만 사모펀드의 유형별 특성을 이해하는 데에 도움이 될 것으로 보인다.

1. **헤지펀드**(hedge fund)

헤지펀드란, ⓐ 미실현이익을 고려하여 산정한 성과보수·배당을 받을 수 있고, ⓑ 펀드순자산(출자약정금액 포함)의 50% 초과 금액을 차입할 수 있거나, 혹은 펀드순자산(출자약정금액 포함)의 200%를 초과하여 총이론익스포저(gross notional exposure)를 취할 수 있고 증권 기타 자산을 공매도나 그와 유사한 방식으로 거래할 수 있는 사모펀드를 말한다.

2. **유동성펀드**(liquidity fund)

유동성펀드란, 투자자에게 안정적인 펀드 순자산가치(NAV) 유지 혹은 원금변동성 최소화 요구를 맞춰주기 위해 단기채무증서(short term obligations)에 투자하는 사모펀드를 말한다.

투자회사법 Rule 207-a의 적용을 받는 MMF에 해당하지 않지만, MMF와 그 경제적 기능이 유사한 사모펀드가 여기에 해당한다.

3. **부동산펀드**(real estate fund)

부동산펀드란 헤지펀드가 아니면서 통상적인 경우 투자자에게 환매권을 주지 않고 주로 부동산 및 부동산 관련 자산에 투자하는 사모펀드를 말한다.[56]

4. **유동화자산펀드**(securitized asset fund)

유동화자산펀드란 펀드의 주된 목적이 유동화증권(Asset Backed Security: ABS)을 발행하는 것이고 펀드 투자자들이 주로 채무증권 소유자인 사모펀드를 말한다. 주로 채무증권 형태의 ABS를 발행하는 자산유동화기구가 여기에 해당한다.[57]

---

56) 여기서의 부동산펀드는 투자회사법 section 3(c)(5)(C)에서 정하는 요건을 충족하지 못하여 투자회사에 해당하지만 투자회사법 section 3(c)(1)·(7)에 따라 면제되는 사모펀드이거나 투자회사법 section 3(c)(5)(C)에서 정하는 요건을 충족하여 투자회사에서 제외됨에도 불구하고 그 운용자가 자발적으로 SEC에 등록한 경우에 해당할 것이다.

57) 여기서의 유동화자산펀드는 투자회사법 Rule 3a-7에서 정하는 요건을 충족하지 못하여 투자회사에 해당하지만 투자회사법 section 3(c)(1)·(7)에 따라 면제되는 사모펀드이거나, 투자

5. 벤처캐피탈펀드(venture capital fund)

벤처캐피탈펀드란 다음과 같은 투자자문업자법 Rule 203(1)-1의 정의에 부합하는 사모펀드를 말한다: ⓐ 비적격투자자산(예: 상장증권, 전환권 없는 사채, 다른 PEF지분 등)의 비중이 펀드 총자본(aggregate capital commitments)의 20% 미만이고, ⓑ 제한적인 단기 차입을 제외하고는 원칙적으로 차입을 하지 않으며, ⓒ 예외적인 경우를 제외하고는 투자자에게 환매 기타 중도 자금환수 기회를 제공하지 않으며, ⓓ 투자자에게 벤처캐피탈전략을 추구한다는 것을 표시하여야 하며, ⓔ 투자회사법 3(c)(1) 또는 3(c)(7)에 따른 사모펀드여야 한다.

벤처캐피탈펀드만을 운용하는 투자자문업자는 SEC에 투자자문업자 등록은 하지 않아도 되지만 Form PF에 따른 보고서는 제출해야 한다.

6. PEF(private equity fund)

PEF란 헤지펀드, 유동성펀드, 부동산펀드, 유동화자산펀드, 벤처캐피탈펀드에 해당하지 않고 투자자에게 환매권을 부여하지 않는 사모펀드를 말한다. 따라서 PEF의 범주에는 다양한 투자전략이나 특성을 가진 사모펀드가 포함될 수 있다.

이처럼 PEF에 대해서는 적극적으로 정의하지 않고 다른 유형의 사모펀드에 해당하지 않는 사모펀드로서 환매권을 부여하지 않는 펀드로 정의하고 있으므로 다른 펀드(특히 헤지펀드)와의 구분이 다소 모호해질 수 있다. 레버리지(공매도) 이용 여부에 따라 헤지펀드와 구분되므로 사모펀드 운용자 스스로가 PEF로 분류하더라도 당해 펀드 서류에 거액의 레버리지나 공매도를 이용하는 것으로 되어 있으면 Form PF의 규제 목적상 헤지펀드로 분류된다.

제3절 유럽연합

제1관 금융위기 이전

금융위기를 계기로 대체투자펀드운용자지침(Alternative Investment Fund Manager Directive: AIFM Directive)이 제정되기 이전에는 유럽연합 차원에서의 투자펀드에 관한 규제법(지침)은 '양도성 증권에 투자하는 집합투자기구에 관한 지침'(Undertakings for Collective Investment in Transferable Securities Directive[58]): 이하 "UCITS지침")만 존재했다.

회사법 Rule 3a-7에서 정하는 요건을 충족하여 투자회사에서 제외됨에도 불구하고 그 운용자가 AUM 1억 5천만 달러 이상이어서 혹은 자발적으로 SEC에 등록한 경우에 해당할 것이다.

UCITS지침은 증권 기타 금융상품(파생상품 포함)에 투자하는 개방형 투자펀드에 대한 유럽연합 회원국 간의 규제조화 및 유럽단일시장 형성(European Passport)을 위해 유럽의회가 제정한 지침이다. UCITS지침은 증권 기타 금융상품에 주로 투자하는 개방형·공모형 투자펀드와 그 운용자(management companies) 모두를 규제한다.

요약하면, AIFM지침 제정 이전에는 유럽연합 차원에서는 증권 기타 유동성 있는 자산에 투자하는 개방형 공모펀드와 그 운용자를 규제하는 지침만 있었고 사모펀드나 그 운용자를 규제하는 지침은 따로 없었다. 그리고 공모펀드지만 환매를 하지 않는 폐쇄형펀드이거나 UCITS에서 허용되지 않는 자산(예: 부동산)에 투자하는 펀드에 대한 지침도 없었다. 유의할 점은 금융위기 이전에도 유럽연합 차원에서의 지침과 별도로 유럽연합 회원국이 개별적으로 사모펀드나 그 운용자를 규제하는 규제법을 두고 있는 경우는 있었다는 점이다.

제2관 금융위기 이후

유럽연합은 금융위기 이전부터 사모펀드산업에 대한 효율적 규제체계 마련을 통해 부작용을 최소화하면서 금융산업 발전의 계기로 삼기 위해 노력해 왔다.[59] 여기에는 UCITS산업의 발전과 그 규제체계가 기대 이상의 성과를 내어 UCITS가 글로벌 브랜드로 자리매김했지만 한편으로는 UCITS의 상품 규제(특히, 투자대상자산 제한, 유동성 규제, 환매 규제 등) 때문에 UCITS만으로는 다양한 투자전략을 가진 투자펀드 제조에 한계가 있다는 문제인식에 따른 것이다. 이러한 상황에서 발생한 금융위기는 사모펀드산업에 대한 유럽연합의 지침 제정에 박차를 가하는 계기가 되었고, 유럽연합 의회는 2011년 6월에 AIFM Directive를 제정했다. 동 지침의 제정목적은 시스템 리스크 방지 및 투자자보호와 함께 유럽 역내 사모펀드 단일시장 조성에 있다.

AIFM지침이 제정됨에 따라 유럽연합 차원에서의 투자펀드 규제체계는 '증권 기타 금융자산에 투자하는 개방형 공모펀드'(UCITS) 및 그 운용자를 규제하는 UCITS지침과, UCITS에 해당하지 않는 모든 투자펀드(대체투자펀드: AIF)의 운용자를 규제하는 AIFM 지침으로 이원화되었다.[60] 즉, 개방형·증권형 공모펀드는 펀드와 그 운용자 모두 규제

---

58) UCITSD는 1985년에 제정된 이후 2001년(UCITS Ⅲ), 2009년(UCITS Ⅳ), 2014년(UCITS Ⅴ), 2024년(UCITS Ⅵ)에 개정되었다. 1990년대 초에 마련되었던 UCITS Ⅱ는 최종적으로 지침으로 승인되지 못했다.

59) Commission of the European Comminities가 2005년과 2006년에 작성한 아래 두 개의 투자펀드에 관한 보고서 참조: Green Paper on the Enhancement of the EU Framework for Investment Funds(2005): White Paper on Enhancing Single Market Framework for Investment Funds(2006).

대상이 되는 반면에, 대체투자펀드는 그 운용자만 직접적인 규제 대상이 된다.

참고로, 대체투자펀드운용자(AIFM)는 개방형 공모펀드인 UCITS 운용업 면허를 받을 수 있으며 투자일임업 겸영도 가능하다. 즉, 유럽연합은 AIFM을 사모펀드, 공모펀드, 투자일임 등 모든 자산운용업을 영위하는 종합유럽자산운용회사로 육성해 나가려는 의도로 AIFM지침을 제정한 것이다.

1. 대체투자펀드(Alternative Investment Fund: AIF)

AIFM지침은 대체투자펀드(Alternative Investment Fund: AIF)를 '투자자의 이익을 위해 마련된 투자정책에 따라 투자할 목적으로 다수 투자자로부터 자본을 모으는 집합투자기구로서 UCITS지침에 의한 인가를 요하지 않는 집합투자기구'로 정의하고 있다.[61] 따라서 UCITS에 해당하지 않는 투자펀드(헤지펀드, PEF, 부동산펀드, 인프라펀드, 기관투자자펀드 등)는 모두 AIF에 해당하며, 개방형·폐쇄형 여부, 공모펀드·사모펀드 여부, 펀드의 법적 형태, 상장펀드·비상장펀드 여부는 묻지 않는다. 이처럼 유럽연합의 대체투자펀드(AIF)는 사모펀드 외에 공모펀드도 포함하는 개념이지만 애당초 유럽연합이 주된 규제대상으로 생각했던 것이 헤지펀드와 PEF였으므로 실제로도 대부분의 AIF가 사모펀드일 것이다.

2. 대체투자펀드운용자지침(Alternative Investment Fund Manager Directive: AIFM Directive)[62]

AIFM지침은 그 명칭에 나와 있듯이 대체투자펀드(AIF) 운용자를 규제한다. AIF 운용자는 당해 회원국 감독당국으로부터 AIF의 운용·마케팅에 대한 인가를 받아야 하며(AIF 운용자산규모 즉, AUM이 소규모인 운용자는 '등록'하도록 하고 완화된 규제 적용), AIFM 지침에서 정하는 각종 규제를 준수해야 한다. AIFM지침은 AIF운용자를 직접적인 규제대상으로 하고 있지만 사실상 간접적으로 AIF에게도 영향을 미치는 사항도 적지 않다. 예컨대 depositary 선임에 관한 사항, 유동성 관리 및 레버리지 제한, 최초 투자자정보공시 및 계속적 투자자공시 등이 그것이다. AIFM지침이 제정·시행됨에

60) AIFM지침과 UCITS지침의 시행 주체는 유럽증권감독청(ESMA: European Securities and Markets Authority)이다.
61) Article 4(1) of AIFMD.
62) AIFM Directive는 2024년에 개정(AIFMD Ⅱ)되었는데 개정규정의 대부분은 2026년부터 시행된다. 주요 개정내용은 대출펀드(Loan-originating AIFs) 관련 규제강화, 개방형펀드 유동성리스크 관리강화, 투자자 대상 정보공시강화 등이다.

따라 이제 UCITS 펀드만큼은 아니지만 AIF에 대해서도 적지 않은 규제가 행해지게 되었다.

AIFM지침 내용 중 눈여겨볼 필요가 있는 것이 비상장회사 지분취득 공시규제[63]와 자산약탈(asset stripping) 방지 규제[64]인데, 우리나라는 물론이고 미국이나 일본에서는 찾아보기 어려운 규제다. 이러한 규제는 EU회원국 법률에 따라 설립된 사모펀드에만 적용되는 것이 아니고 EU회원국이 아닌 국가에서 설립된 사모펀드를 포함한 누구에게나 적용된다는 점에 유의할 필요가 있다.[65]

AIFM지침은 유럽연합 회원국이 자국에서 설립된 AIF에 대해 자국법에 따른 규제를 적용하는 것을 막지는 않는다. 그러나 AIFM지침은 뒷문(back door)을 통해 보호주의를 도입하는 것을 방지하기 위해 회원국으로 하여금 다른 회원국에서 인가받은 AIFM의 국경 간 AIF 마케팅 및 운용을 막지 못하도록 하고 있다. 따라서 특정 회원국에서 AIF에 대한 규제를 하더라도 다른 회원국에서 설립된 AIF에 대해 그러한 규제가 실질적으로는 적용될 여지가 없게 된다.

---

63) AIF가, 비상장회사의 의결권 있는 지분을 일정비율 이상 취득하는 경우 회원국 감독당국에 통지해야 하고, 비상장회사의 의결권 있는 지분 50% 초과취득하여 지배권을 취득한 경우 해당 회사와 그 사원(주주) 및 회원국 감독당국에 통지하여야 한다〔AIFMD Article 27(1) 및 (2)〕.

64) AIF가 회사(상장, 비상장)의 지배권 취득 후 2년 이내에는 지분을 매각하거나 자산약탈적 행위(배당, 감자, 주식상환, 자기주식취득)를 하거나 이를 용이하게 하거나 지원하는 행위를 할 수 없다〔AIFMD Article 30(1)(a)〕.

65) 따라서 우리나라에서 설립된 사모펀드 혹은 케이만에서 설립된 사모펀드가 EU 회원국 기업을 인수하는 경우에는 AIFM지침의 비상장회사 지분취득 공시규제와 자산약탈방지 규제의 적용을 받게 된다.

제3장 우리나라의 사모펀드 규제

제1절 총설

투자펀드의 법적 형태, 설립, 운용, 해산 등에 대해 직접적으로 규제하는 일반적인 법률은 자본시장법(이하 '법')이다. 공모펀드는 예외없이 자본시장법의 규제를 받아야 하지만, 사모펀드의 경우에는 자본시장법 외에도 사모펀드의 설립·운용 등을 규제하는 다른 법률(이하 '개별법')이 적지 않게 존재한다. 투자펀드에 관한 일반법인 자본시장법이 있음에도 불구하고 다른 개별법에서 사모펀드를 따로 규제하는 이유는 벤처기업 지원, 문화산업 지원 등과 같은 정책적 목적을 달성하기 위한 수단으로 사모펀드를 활용하기 위한 것이다.

투자펀드는 자본시장법이나 개별법의 펀드규제 외에도 자본시장법의 금융투자상품 거래 등과 관련한 각종 규제 및 기타 다른 법률에 의해서도 규제를 받는다. 우선, 펀드에서 주식 기타 금융투자상품의 매매 등과 관련하여 자본시장법의 관련 규제(내부자거래, 시세조종, 부정거래행위, 5% 보고 등)를 적용받는다. 그리고 「금융소비자보호에 관한 법률」(이하 '금융소비자보호법'), 「주식·사채등의 전자등록에 관한 법률」(이하 '전자증권법'), 「전자금융거래법」, 「독점규제 및 공정거래에 관한 법률」(이하 '공정거래법'), 「표시·광고의 공정화에 관한 법률」, 「특정금융거래정보의 보고 및 이용 등에 관한 법률」(이하 '자금세탁방지법'), 「개인정보보호법」, 「금융실명거래 및 비밀보장 등에 관한 법률」, 「외국환거래법」, 「금융산업 구조개선에 관한 법률」(이하 '금산법') 등의 규제를 받는다. 한편, 펀드 과세와 관련하여 「소득세법」 등 각종 세법이 적용된다.

자본시장법상 사모펀드 및 사모펀드 운용자에 대한 주된 감독기관은 금융위원회 및 금융감독원이다. 금융위원회의 권한 중 등록 심사, 신고사항 검토, 보고 접수, 승인 심사, 자료제출 요구, 일부 조치 등은 금융감독원장에게 위탁되어 있다.[66]

---

66) 자본시장법 제438조제4항 및 동법시행령 제387조제3항에서 동법시행령 별표 20 각 호에 따른 금융위원회의 권한을 금융감독원장에게 위탁하고 있다.

제2절 사모펀드 규제법

제1관 자본시장법

우리나라에서 투자펀드를 규제하는 기본법은 자본시장법이다. 자본시장법의 적용을 받는 투자펀드에는 공모펀드와 사모펀드, 개방형펀드와 폐쇄형펀드, 증권펀드와 증권 외의 자산에 투자하는 펀드(부동산펀드, 특별자산펀드 등)가 모두 포함된다. 자본시장법은 투자펀드(집합투자기구)와 그 운용자(집합투자업자)를 규제대상으로 한다.

자본시장법상 펀드규제 관련 규정은 1969년에 제정된 증권투자신탁업법, 1998년에 제정된 증권투자회사법, 이들 두 법을 통합하여 2003년에 제정된 간접투자자산운용업법의 규제 틀과 내용을 큰 수정없이 계수한 것이다. 사모펀드 규제도 마찬가지다. 즉, 1998년에 증권투자신탁업법 개정을 통해 사모펀드제도가 처음 도입될 때부터 사모펀드에 대해서는 공모펀드를 전제로 한 규정들 중 일부를 적용배제하는 방식을 취했고 이러한 규제체계가 큰 변화없이 간접투자자산운용업법을 거쳐 자본시장법에까지 이어져 왔으나, 소위 M&A펀드(종전의 사모투자전문회사, 경영참여형사모집합투자기구)에 대해서는 규제가 필요한 사항을 최소한으로 직접 규정하는 방식을 취하고 있었다.

자본시장법상 사모펀드는 여러 번에 걸쳐 규제체계가 변경되었다. 우선, 2007년 자본시장법 제정 시에는 사모펀드를 일반사모펀드와 사모투자전문회사 두 가지 유형으로 구분했으나, 2009년 개정 시 일반사모펀드·적격투자자만을 대상으로 하는 사모펀드(소위 '한국형 헤지펀드')·사모투자전문회사의 세 가지 유형으로 구분하였다. 이후 2015년 개정 시 전문사모펀드(전문투자형사모집합투자기구)와 PEF(경영참여형사모집합투자기구)로 구분하였으며 2021년 개정 시 다시 일반사모펀드(일반사모집합투자기구)와 기관전용사모펀드(기관전용사모집합투자기구)로 구분하였다.[67]

제2관 자본시장법 외의 개별법

1. 총설

자본시장법 외에도 투자펀드의 설립·운용을 규제하는 다른 법률들이 적지 않다. 이러한 개별법으로는, 벤처투자촉진에 관한 법률(벤처투자조합, 개인투자조합), 여신전문금융업법(신기술사업투자조합), 부동산투자회사법(부동산투자회사), 선박투자회사법(선박투자

---

67) 우리나라가 이처럼 복잡한 사모펀드 규제체계를 갖게 된 것은 M&A펀드, 한국형 헤지펀드 육성이라는 그때그때의 정책목적 달성을 위해 관련 규제를 별도로 도입한 것이 주된 이유라고 할 수 있다. 예컨대, 2004년에 해외 PEF의 국내기업 인수에 대응하기 위해 사모투자전문회사를, 2009년에는 해외 헤지펀드에 대응하기 위해 '적격투자자사모펀드'를 도입하였다.

회사), 문화산업진흥기본법(문화산업전문회사), 산업발전법(기업구조개선 기관전용사모집합투자기구), 소재·부품·장비산업 경쟁력 강화를 위한 특별조치법(소재·부품·장비 전문투자조합), 농림수산식품투자조합 결성 및 운용에 관한 법률(농식품투자조합등), 사회기반시설에 대한 민간투자법(인프라투융자집합투자기구), 해외농업산림자원개발협력법(해외농업자원개발투자회사등) 등이 있다.

1) 개별법에 따른 '공모펀드'

개별법에 따른 공모펀드는 자본시장법의 집합투자에 해당하므로 원칙적으로 자본시장법의 적용을 받지만 해당 개별법에서 자본시장법의 일부 규정을 적용배제하거나 특례를 두고 있다.[68] 따라서 개별법에 의한 공모펀드의 경우는 자본시장법과 해당 개별법상의 규제를 모두 준수해야 하지만 해당 개별법에서 자본시장법의 관련 규정 상당부분을 적용배제하고 있으므로 실제 자본시장법이 적용되는 것은 상당히 제한적이다. 하지만 집합투자증권 공모발행 관련 증권신고서 규정이나 펀드 간 거래제한 규정과 같이 펀드 투자자보호에 중대한 영향을 미칠 수 있는 규정은 개별법에 의한 공모펀드에도 적용된다. 따라서 자본시장법에 의한 펀드운용과 개별법에 의한 펀드운용을 할 수 있는 라이선스를 모두 가지고 있는 경우에는 이러한 점에 유의할 필요가 있을 것이다.

2) 개별법에 따른 '사모펀드'

개별법에 따른 사모펀드는 대부분 자본시장법의 집합투자의 정의에서 제외되므로(자본시장법 제6조제5항제1호), 자본시장법상의 집합투자기구가 아니며 그 집합투자증권은 자본시장법상의 집합투자증권에 해당하지 않는다. 따라서 자본시장법상의 집합투자기구 관련 규제의 적용을 받지 않고 해당 개별법의 적용만 받는다. 그리고 이러한 개별법에 따른 사모펀드는 금융소비자보호법의 적용도 받지 않는다.[69]

개별법에 따른 사모펀드 중에 '사회기반시설에 대한 민간투자법'에 따른 '사회기반시설투융자집합투자기구'(소위 '인프라펀드') 등은 자본시장법의 집합투자기구에 해당

---

68) 공모부동산투자회사 및 자산관리회사에 대한 특례(부동산투자회사법 제49조의3), 공모문화산업전문회사 및 사업관리자에 대한 특례(문화산업진흥기본법 제56조의2), 공모선박투자회사 및 선박운용회사에 대한 특례(선박투자회사법 제55조의2), 공모벤처투자조합에 대한 특례등(벤처투자촉진법 제63조), 공모신기술사업투자조합 및 신기술사업금융업자에 대한 특례(여신전문금융업법 제44조의2), 공모식품투자조합 및 업무집행조합원에 대한 특례(농수산식품투자조합 결성 및 운용에 관한 법률 제19조).

69) 금융소비자보호법은 자본시장법 제6조제5항제1호(개별법에 따른 사모펀드)에 해당하는 경우에는 적용하지 않는다(동법 제5조).

하며[70], 이러한 사모펀드에 대한 출자지분은 자본시장법에 따른 집합투자증권에 해당한다. 따라서 이러한 사모펀드는 해당 개별법과 함께 자본시장법상 집합투자기구 관련 규제의 적용을 받게 된다.

아래에서 개별법에 의한 사모펀드 중 벤처캐피탈펀드, 리츠(부동산투자회사) 및 인프라펀드에 대해서 간략히 살펴본다.

2. 벤처캐피탈펀드(Venture Capital Fund)

여기서의 벤처캐피탈펀드란 자본시장법 외의 개별법에 따라 벤처투자(창업기업, 벤처기업, 중소기업 등에 투자)를 목적으로 하는 펀드로서 펀드출자나 세제에 있어 정책적 지원이 이루어지는 펀드를 지칭하는 용어다. 자본시장법에 따른 사모펀드도 벤처기업 등에 투자할 수는 있지만 출자나 세제지원과 같은 혜택이 주어지지 않으므로 이러한 의미에서의 벤처캐피탈펀드에는 포함되지 않는다.

벤처투자 촉진에 관한 법률(이하 '벤처투자촉진법')[71]에 따른 「벤처투자조합」[72] 및 「개인투자조합」[73], 여신전문금융업법(이하 '여전법')에 의한 「신기술사업투자조합」[74]등이 '벤처캐피탈펀드'에 해당한다. 그리고 벤처투자촉진법에 의한 「벤처투자모태조합」[75]등은 벤처캐피탈펀드에 투자하는 펀드(Fund of Venture Capital Funds)로서 넓은 의미의 벤처캐피탈펀드에 해당한다.

1) 펀드의 성격 등

(공모펀드, 사모펀드) 개인투자조합은 사모펀드로만 조직해야 한다.[76]

---

70) 해외건설촉진법에 따른 해외건설집합투자기구(동법 제19조제3항), 해외자원개발사업법에 따른 해외자원개발투자전문회사(동법 제13조제3항), 해외농업개발협력법에 따른 해외농업개발투자전문회사(동법 제11조제3항), 산업발전법에 따른 기업구조개선 경영참여형사모집합투자기구(동법 제20조제2항)는 사모펀드라고 하여도 자본시장법상의 집합투자기구에 해당한다. 따라서 이러한 개별법상 사모펀드도 2021년 개정자본시장법에 따른 투자자수 확대(일반투자자등의 수 49인 이하에서 100인 이하)가 동일하게 적용된다.

71) 기존의 벤처기업 육성에 관한 특별조치법과 중소기업창업지원법에 분산되어 있던 벤처캐피탈펀드 관련 내용들을 통합하여 2020년 8월에 제정된 법률이다. 이 법이 제정됨에 따라 종전의 '한국벤처투자조합'과 '중소기업창업투자조합'은 '벤처투자조합'으로 통합되었다.

72) 벤처투자회사등이 벤처투자와 그 성과의 배분을 주된 목적으로 결성하는 조합을 말한다(벤처투자촉진법 제2조제11호).

73) 벤처투자를 목적으로 개인등이 업무집행조합원이 되어 결성·운용하는 투자조합을 말한다(벤처투자촉진법 제2조제8호).

74) 신기술사업자에게 투자하기 위하여 설립된 조합을 말한다(여전법 제2조제14의5호).

75) 한국벤처투자가 정부·기금등과 함께 출자하여 결성하는 투자조합으로서 벤처투자조합·개인투자조합·신기술사업투자조합·기업구조개선 기관전용사모집합투자기구등에 출자하는 것을 목적으로 한다(벤처투자촉진법 제70조).

벤처투자조합과 신기술사업투자조합은 해당 법에 공모펀드로 조직하는 것도 가능하도록 되어 있지만 투자자보호 문제 등으로 실제 공모펀드로 결성된 사례는 찾기 어렵다.[77]

벤처투자모태조합의 경우 명시적인 규정은 없지만 그 역할이나 성격상 사모펀드로 조직하는 것이 전제되어 있다고 할 수 있다.

(유한책임조합) 벤처투자조합과 개인투자조합의 경우 벤처투자촉진법에서 유한책임투자조합으로 구성하도록 하는 규정을 두고 있다. 즉, 이들 조합은 조합의 업무집행자로서 조합의 채무에 대하여 무한책임을 지는 1인 이상의 조합원과 출자가액을 한도로 하여 유한책임을 지는 유한책임조합원으로 구성하도록 되어 있다.[78]

신기술사업투자조합과 벤처투자모태조합의 경우에는 해당 법에서 유한책임조합과 관련하여 아무런 규정을 두고 있지 않다. 실무에서는 당사자간의 조합계약으로 유한책임을 지는 조합원과 무한책임을 지는 조합원으로 구분하여 손실분담에 대하여 규정하는 유한책임조합계약을 체결하는 것이 일반적이다.[79]

2) 펀드 운용자(fund manager)

벤처투자조합등과 같은 벤처캐피탈펀드를 운용할 수 있는(투자조합의 업무집행조합원이 될 수 있는) 자격은 벤처캐피탈펀드의 종류에 따라 다르다.

자본시장법에 따른 일반사모집합투자업자는 벤처투자촉진법이나 여전법에 따라 벤처투자회사나 신기술사업금융회사로 등록하면 해당 법에 따라 벤처캐피탈펀드를 결성하여 운용할 수 있다(법 제40조제1항, 영 제43조제3항제3호·제9호).[80] 즉, 단독으로 벤처투자조합등의 업무집행조합원이 될 수 있다.

(벤처투자조합) 벤처투자회사[81], 신기술사업금융업자[82], 창업기획자(액셀러레이터),[83]

---

76) 개인투자조합은 사모방식으로만 조합가입을 권유하여야 하며(동법 제12조제4항), 조합원 수가 49인 이하여야 한다(동법시행령 제6조제2항제3호).

77) 벤처투자촉진법 제63조, 여전법 제44조의2.

78) 벤처투자촉진법 제12조제3항, 제50조제3항.

79) 하지만 법률에 조합의 성격에 대한 명문의 규정이 없으면 민법의 조합에 관한 규정이 조합의 기본규정으로 준용되므로 투자조합의 운영과 관련하여 여러 가지 예상하지 못한 문제점이 발생할 수 있다. 입법적으로 해결이 필요한 사항으로 보여진다.

80) 벤처투자회사 및 신기술사업금융회사 업무는 집합투자업자가 겸영할 수 있는 업무로 규정되어 있다(법 제40조제1항제1호, 영 제43조제2항 및 제3항). 참고로, 벤처투자회사 등록 시 자본금요건은 20억원 이상이며(벤처투자촉진법시행령 제23조제3항제8호·제9호), 신기술사업금융회사 등록 시 자본금요건은 100억원 이상이다(여전법 제5조).

81) 2023년 벤처투자촉진법 개정으로 종전의 중소기업창업투자회사가 벤처투자회사로 명칭이

한국벤처투자[84], 외국투자회사[85] 외에 '일정한 요건을 갖춘 일반회사'(상법상 유한회사 또는 유한책임회사)[86]도 업무집행조합원이 될 수 있다.[87]

자본시장법에 따른 투자매매업자, 투자중개업자, 집합투자업자는 벤처투자조합 운용사 자격요건을 갖추지 못하면 단독으로는 벤처투자조합의 업무집행조합원이 될 수 없지만 벤처투자조합 운용사 자격요건을 갖춘 자와 함께 공동업무집행조합원이 될 수는 있다.[88] 즉, 집합투자업자는 벤처투자회사나 신기술사업금융업자로 등록하지 않고도 벤처투자조합의 공동업무집행조합원이 될 수 있다. 이 경우 집합투자업자는 공동운용 개시일부터 2주 이내에 금융위원회에 겸영업무 보고를 하여야 한다(법 제40조제1항).

(신기술사업투자조합) 단독으로 신기술사업투자조합의 업무집행조합원이 될 수 있는 자는 여전법에 따른 신기술사업금융업자다.

신기술사업금융업자로 등록하지 아니한 자도 신기술사업금융업자가 업무집행조합원인 신기술사업투자조합의 공동업무집행조합원으로 참여할 수 있다.[89] 따라서 집합투자업자는 여전법상 신기술사업금융업자로 등록하지 않은 경우에도 신기술사업

변경되었다. 벤처투자회사가 되려면 벤처투자촉진법에 따라 자본금등 요건을 갖추어 중소벤처기업부장관에게 등록하여야 한다(벤처투자촉진법 제37조).

82) 신기술사업금융업자가 되려면 여신전문금융업법에 따라 자본금등 일정한 요건을 갖추어 금융위원회에 등록하여야 한다(여신전문금융업법 제3조, 제2조제14호, 제44조제1항).
참고로, 신기술사업금융업자로서 신용카드업·시설대여업·할부금융업 등을 함께 하지 아니하는 자를 신기술사업금융전문회사라고 한다(여신전문금융업법 제2조제14의4호).

83) 초기창업기업에 대한 전문보육 및 투자를 주된 업무로 하는 자(법인·비영리법인)로서 벤처투자촉진법 제24조에 따라 중소벤처기업부장관에게 등록한 자를 말한다(벤처투자촉진법 제2조제9호).

84) 벤처기업등의 성장·발전을 위한 투자촉진등을 효율적으로 추진하기 위하여 국가·지방자치단체·공공기관이 출자하여 설립한 법인으로서 벤처투자모태조합의 결성·업무집행등의 사업을 한다(벤처투자촉진법 제66조·제67조).

85) 국내지점과 전문인력등 법정요건을 갖춘 것으로 중소벤처기업부장관이 인정하는 외국투자회사. 외국투자회사가 벤처투자회사등과 함께 벤처투자조합을 결성하는 경우에는 이러한 법정요건이 요구되지 않는다(벤처투자촉진법 제50조제1항제6호).

86) 당해 벤처투자조합에 대한 출자금총액이 조합결성금액의 1% 이상일 것, 벤처투자회사등에서 투자 관련 업무에 종사한 경력이 있는 인력 2인(3인) 이상일 것, 부채비율이 200% 미만일 것, 투자심사업무 전담 전문인력 중 1인은 당해 유한회사·유한책임회사의 사원일 것(벤처투자촉진법 제50조제1항제5호, 동법시행령 제33조, 벤처투자조합 등록 및 관리 규정 제4조제1항).

87) 벤처투자촉진법 제50조.
이처럼 벤처투자조합의 경우는 펀드운용과 관련한 라이선스(인가·등록등)를 따로 받지 않은 일반회사도 법령에서 정하는 일정한 요건만 갖추면 벤처투자조합을 결성·운용할 수 있다(다만, 개인이 운용자가 될 수 있는 개인투자조합과 달리 법인이어야 한다). 이는 벤처투자 육성 차원에서 그 운용자의 자격제한을 최소화한 것으로 볼 수 있다.

88) 벤처투자촉진법 제50조제3항, 동법시행규칙 제24조제5항.

89) 금융위원회 유권해석(2021.11.24.).

금융업자와 공동으로 신기술사업투자조합의 업무집행조합원으로 참여할 수 있다. 이 경우 공동운용 개시일부터 2주 이내에 겸영업무 보고를 하여야 한다(법 제40조제1항).

(개인투자조합) 개인, 창업기획자(액셀러레이터), 신기술창업전문회사[90] 등이 업무집행조합원이 될 수 있다.[91]

개인투자조합은 현행 법체계상 개인(자연인)이 별도의 라이선스 없이 투자자를 모아서 펀드(벤처캐피탈펀드)를 운용하는 것이 허용되는 유일한 사모펀드 유형이라는 점에서 의미가 있다.

3) 펀드재산의 보관

벤처투자조합과 개인투자조합 재산의 보관·관리는 신탁업자에게 위탁하여야 한다(벤처투자촉진법 제53조·제15조).

신기술사업투자조합의 경우 감독당국의 행정지도에 따라 신탁업자에게 조합재산의 보관을 위탁하고 있다.

4) 출자·세제지원 등

벤처캐피탈펀드에 대해서는 벤처투자모태조합이나 기금등의 출자,[92] 일정한 세제지원[93] 등의 정책적 혜택이 주어진다.

3. 리츠(부동산투자회사: REITs)

<u>부동산투자회사법에 의한 부동산투자회사</u>는 자산운용전문인력을 상근으로 두고 자산의 투자·운용을 직접 수행하는지 여부에 따라 자기관리부동산투자회사와 위탁관리부동산투자회사로 구분된다.

위탁관리부동산투자회사는 다시 투자대상을 기준으로 (일반)위탁관리부동산투자회사와 기업구조조정부동산투자회사로 구분된다. 위탁관리부동산투자회사는 회사재산의 70% 이상을 부동산(기업구조조정부동산투자회사는 기업구조조정 관련 부동산)에 투자

---

90) 대학이나 연구기관이 보유하고 있는 기술의 사업화와 이를 통한 창업촉진을 주된 업무로 하는 회사로서 중소벤처기업부장관에게 등록한 회사를 말한다(벤처기업육성에관한특별조치법 제2조제8항). 대학(산학협력단 포함), 국공립연구기관, 정부출연연구기관등이 신기술창업전문회사를 설립할 수 있다. 신기술창업전문회사에게는 기금이 우선 지원되며(동법 제11조의4), 대학·연구기관의 교원·연구원 등에게는 휴직·겸직·겸임의 특례가 주어진다(동법 제11조의5).

91) 벤처투자촉진법 제12조.

92) 벤처투자촉진법 제70조제1항, 제71조.

93) 예컨대, 신기술사업투자조합의 경우 여전법 제43조.

하여야 한다(부동산투자회사법 제25조, 제49조의2 제1항).

실무에서는 (일반)위탁관리부동산투자회사를 리츠(REITs)로, 자기관리부동산투자회사를 자기관리리츠로, 그리고 기업구조조정부동산투자회사를 구조조정리츠(CR-REITs)로 부른다.

1) 펀드의 유형 등

기업구조조정부동산투자회사는 특별한 제한 없이 공모펀드나 사모펀드로 조직·운영할 수 있다(부동산투자회사법 제49조의2 제3항).

(일반)위탁관리부동산투자회사는 원칙적으로 공모펀드로 조직해야 하고, 다음과 같은 경우에 해당할 때만 예외적으로 사모펀드로 조직할 수 있다: ⓐ 연기금등이 단독·공동으로 인수·매수한 주식의 합계가 당해 부동산투자회사가 발행하는 주식총수의 50% 이상인 경우, ⓑ 부동산투자회사 총자산의 70% 이상을 임대주택[94]으로 구성하는 경우(부동산투자회사법 제14조의8).

앞에서 본 바와 같이 공모펀드인 부동산투자회사는 자본시장법상의 집합투자기구에 해당하므로 원칙적으로 자본시장법의 적용을 받게 된다는 점에 유의하여야 한다.

2) 펀드 운용사

부동산투자회사법에 의한 (일반)위탁관리부동산투자회사나 기업구조조정부동산투자회사로부터 그 자산관리를 위탁받아 수행하는 자를 자산관리회사라고 한다. 자산관리회사를 설립하려는 자는 국토교통부장관의 인가를 받아야 한다.

부동산투자회사법에 따른 자산관리회사는 자본시장법에 의한 부동산집합투자업을 겸영할 수 있고,[95] 자본시장법에 따른 부동산집합투자업자[96]도 부동산투자회사법에 의한 자산관리회사 업무를 겸영할 수 있다.[97]

3) 펀드재산의 보관

부동산투자회사는 자산의 보관 관련 업무를 자산보관기관[98]에 위탁하여야 한다

---

94) '민간임대주택에 관한 특별법'에 따른 민간임대주택 및 공공주택특별법에 따른 공공임대주택을 말한다.

95) 부동산투자회사법 제22조의3 제3항제3호, 동법시행령 제21조제1의2호.

96) 자본시장법에 따른 부동산집합투자기구를 설정·설립하여 운용할 수 있는 집합투자업자를 말한다. 금융위원회로부터 종합집합투자업 또는 부동산집합투자업을 인가받은 자, 금융위원회에 일반사모집합투자업을 등록한 자가 여기에 해당된다.

97) 법 제40조제1항, 영 제43조제2항 및 제3항.

(부동산투자회사법 제35조, 동법시행령 제37조).

부동산투자회사가 취득한 부동산(지상권·전세권등 포함)은 부동산투자회사의 명의로 이전등기와 함께 신탁업자등에게 신탁하여야 한다. 여기서의 부동산의 신탁은 자산보관계약을 체결하는 방법으로 한다(부동산투자회사법시행령 제37조제1항·제2항).

4) 자본시장법상 부동산펀드와의 차이

부동산투자회사법에 의한 부동산투자회사와 자본시장법에 의한 부동산펀드(부동산투자신탁 등)는 그 적용받는 규제에 있어 많은 차이가 있다.

즉, 부동산투자회사법에 의한 부동산투자회사는,

ⓐ 자기관리 방식으로도 조직·운용할 수 있고,[99]

ⓑ 사채발행이 가능하며,[100]

ⓒ 주주 1인당 주식소유한도가 있으며(부동산투자회사법 제15조),

ⓓ 투자자(주주)가 주주총회 및 이사회를 통해 사실상 운용에 관한 사항을 결정할 수도 있고(부동산투자회사법 제12조·제13조),[101]

---

98) 자본시장법에 따른 신탁업자 또는 신탁업을 겸영하는 금융기관, 한국토지주택공사, 한국자산관리공사, 주택도시보증공사, 외국신탁업자로서 국토교통부장관이 인정하는 기관을 말한다.

99) 자기관리부동산투자회사란 자산운용전문인력을 포함한 임직원을 상근으로 두고 자산의 투자·운용을 직접 수행하는 부동산투자회사를 말한다(부동산투자회사법 제2조제1호 가목).
기업구조조정부동산투자회사는 자본시장법상의 투자회사와 마찬가지로 그 운용을 자산관리회사에 반드시 위탁해야 하지만(위탁관리부동산투자회사), 일반부동산투자회사는 자산관리회사에 위탁하거나(위탁관리부동산투자회사) 또는 상근 임직원을 두고 자산의 투자운용을 직접 수행할 수도 있다(자기관리부동산투자회사).
참고로, 자본시장법상 집합투자기구는 자기관리방식이 허용되지 않는다.

100) 부동산투자회사는 자산을 투자·운용하기 위하여 또는 기존 차입금·발행사채를 상환하기 위하여 자기자본의 10배 범위 내에서 주주총회 특별결의를 통해 사채를 발행할 수 있다(동법 제29조).
참고로, 자본시장법상 집합투자기구는 사채발행이 허용되지 않는 것으로 이해되고 있다.

101) 부동산투자회사법은 부동산투자회사의 해당연도 사업계획·자금조달계획, 자산의 투자운용에 관한 중요한 계약의 체결 또는 변경체결에 관한 사항을 주주총회 결의를 거치도록 하고 있고(동법 제12조), 부동산의 취득·처분등 운용에 관한 사항 및 자금조달에 관한 사항을 이사회 결의사항으로 규정하고 있다(동법 제13조). 한편, 위탁관리부동산투자회사(기업구조조정부동산투자회사 포함)의 경우 다음의 두 가지 지배구조 중 하나를 선택할 수 있다(부동산투자회사법 제14조의3 및 제14조의5 제2항): ⓐ 법인이사 주도 방식-자산관리회사를 당해 부동산투자회사의 법인이사로 두며, 사실상 펀드운용권한을 자산관리회사가 행사하는 구조(이 경우는 이사회 결의에 관한 부동산투자회사법 제13조가 적용되지 않는다), ⓑ 이사회 주도 방식-부동산투자회사에 일반회사와 같이 이사와 감사를 두고, 이사로 구성되는 이사회가 사실상 펀드운용권한을 가지는 구조(자산관리회사는 부동산투자회사의 수임인으로서 수동적인 관리역할만 수행하게 된다). 따라서 1인당 주식소유한도(50%) 규제의 적용을 받지 않는 연기금등은 주주총회와 자신이 선임한 이사(이사회)를 통해 사실상 부동산투자회사의 자산운용에 관한 사항을 결정할 수 있게 된다는 점에서 이를 허용하지 않는 자본시장법상의 부동산펀드와 차이가 있다(동법 제15조, 제16조).

ⓔ 국토교통부 장관의 영업인가를 받거나 등록하여야 하며,
ⓕ 주식의 판매는 일반사업법인과 동일한 방식으로 이루어지고[102)]
ⓖ 공모부동산투자회사의 경우는 자본시장법의 일부 조항의 적용이 배제되는 등 많은 점에서 자본시장법상의 부동산펀드와 차이가 있다(부동산투자회사법 제49조의3).

4. 인프라펀드(사회기반시설투융자집합투자기구: Infra Fund)

사회기반시설투융자집합투자기구는 사회기반시설사업[103)]에 투자하는 펀드로서 「사회기반시설에 대한 민간투자법(이하 '민투법')」의 관련 규정을 적용받는 펀드를 말한다. 앞에서 언급한 바와 같이 사회기반시설투융자집합투자기구는 자본시장법상의 집합투자(집합투자기구)로 보므로(민투법 제41조제2항), 민투법에서 특별히 정하는 경우를 제외하고는 자본시장법이 적용된다(민투법 제41조제4항).[104)]

사회기반시설사업에 투자하더라도 민투법의 적용을 받지 않고 자본시장법의 적용만 받는 펀드는 인프라펀드에는 해당하지만 민투법상 '사회기반시설투융자집합투자기구'에는 해당하지 않는다.

1) 펀드 운용사

민투법에서는 사회기반시설투융자집합투자기구의 운용사에 대해서는 따로 규정하고 있지 않으므로, 사회기반시설투융자집합투자기구를 운용하려면 자본시장법에

---

102) 예컨대, 부동산투자회사는 그 주식의 판매를 투자매매중개업자에게 위탁할 의무가 없으며, 투자매매중개업자에게 판매를 위탁하는 경우에도 판매보수(투자회사재산의 일정비율 해당 금액을 판매회사에 정기적으로 지급) 형태의 보상을 할 수 없다.

103) 사회기반시설사업이란 사회기반시설의 신설·증설·개량·운영에 관한 사업을 말한다(민투법 제2조제3호). 여기서 사회기반시설이란 각종 생산활동의 기반이 되는 시설, 해당 시설의 효용을 증진시키거나 이용자의 편의를 도모하는 시설 및 국민생활의 편익을 증진시키는 시설로서 민투법 제2조제1호에서 열거하는 시설인데, 여기에는 다음과 같은 시설이 포함된다: 도로, 철도, 항만, 공항, 다목적댐, 중수도, 하천시설, 폐기물처리시설, 여객자동차터미널, 물류터미널 및 물류단지, 생활체육시설, 공원, 도서관, 미술관, 청소년수련시설, 국제회의시설, 공공임대주택, 어린이집, 수목원, 장애인복지시설, 공영차고지 등.

104) 민투법에 따른 인프라펀드처럼, 해당법에서 펀드 관련 규정을 두고 있지만 자본시장법상의 집합투자(집합투자기구)로 보는 사례는 더 있다. 해외자원개발사업법에 따른 해외자원개발투자회사와 해외자원개발투자전문회사는 각각 자본시장법에 따른 투자회사, 기관전용사모집합투자기구로 본다(해외자원개발사업법 제13조제3항). 그리고 해외건설촉진법에 따른 해외건설투자회사·해외건설투자신탁·해외건설기관전용사모집합투자기구는 각각 자본시장법에 따른 투자회사·투자신탁·기관전용사모집합투자기구로 본다(해외건설촉진법 제19조제3항). 이들 법은 민투법과 같이 펀드운용사 자격요건(자본금, 인력) 등에 대한 특례를 두고 있다(해외자원개발사업법 제13조의7, 해외건설촉진법 제19조의5).

따라 금융위원회로부터 집합투자업 인가를 받거나(공모펀드) 금융위원회에 일반사모집합투자업 등록을 하여야 한다(사모펀드).[105]

2) 펀드의 형태 등

사회기반시설투융자집합투자기구는 폐쇄형으로 조직해야 하며(민투법 제41조제3항), 투자신탁형(투융자신탁)과 투자회사형(투융자회사)만 인정된다(민투법 제41조제1항). 공모펀드는 물론이고 사모펀드(일반사모집합투자기구)로도 조직할 수 있다(민투법 제41조의5 제2항 참조).

민투법에 따라 설립·운용되는 사회기반시설투융자집합투자기구가 사회기반시설사업에 투자하는 경우에는 민투법에서 규정하는 규제특례 외에 정부등으로부터 각종 지원을 받을 수도 있다.[106] 따라서 사회기반시설에 투자하고자 하는 경우에는 민투법에 따른 사회기반시설투융자집합투자기구로 조직하는 것이 일반적이다.

제3절 자본시장법의 사모펀드 규제 연혁

제1관 2015년 개정 이전

자본시장법상 사모펀드는 세 가지 유형으로 구분되고 각각에 대해 적용되는 규제에 차이가 있었다. 즉, 사모펀드는 사모방식으로 투자자를 모으는 펀드로서 ⓐ 적격투자자로만 구성되는 펀드(소위 '한국형 헤지펀드'), ⓑ 경영참여투자를 목적으로 하고 투자방식 및 투자대상에 제한이 있는 펀드(소위 'PEF'), ⓒ 투자자나 투자전략에 제한이 없는 펀드(소위 '일반사모펀드')의 세 종류로 구분되었다. 이러한 사모펀드 유형에 따라 그 운용자에 대한 진입규제 및 기타 규제에도 차이가 있었다. 예컨대 진입규제의 경우 일반사모펀드와 한국형 헤지펀드의 운용자에 대해서는 인가를 받도록 한 반면에, 소위 PEF 운용자에 대해서는 단순 등록만 하면 되도록 하였다. 사모펀드 및 그 운용자에 대해

105) 민간투자법에 따른 사회기반시설에 투자하는 집합투자기구를 운용하고자 하는 경우에는 인가 또는 등록시 운용인력 중 2인이 사회기반시설운용전문인력이어야 한다(규정 별표2. 1. 마. 비고. 7. 참조). 여기서 '민간투자법에 따른 사회기반시설에 투자하는 집합투자기구'에는 ⓐ 민간투자법의 적용을 받는 사회기반시설투융자집합투자기구와 ⓑ 민간투자법의 적용을 받지 않는 집합투자기구지만(즉, 민간투자법상의 사회기반시설투융자집합투자기구가 아니지만) 사회기반시설에 투자하는 집합투자기구가 모두 포함된다. 참고로, 해외건설촉진법에서도 동법에 따른 해외건설투자회사나 해외건설투자신탁의 자산만을 운용하기 위하여 자본시장법에 따른 집합투자업을 인가받고자 하는 자에 대해 인가요건 중 자본금요건 및 인력요건에 대한 특례를 규정하고 있다(해외건설촉진법 제19조의5 제1항).

106) 민간투자법 제52조 내지 제59조에서 사회기반시설사업과 관련한 재정지원, 조세감면 등 각종 지원에 관한 사항을 규정하고 있다.

서는 공모펀드 및 그 운용자를 전제로 마련된 자본시장법상의 펀드 관련 규정을 원칙적으로 적용하되 일부 규정을 적용배제하는 한편 사모펀드 특성을 고려한 별도 규정을 두는 방식으로 규제했다.

제2관 2015년 개정

1. 개설

금융위기 이후 우리나라도 사모펀드 관련 규제를 정비했다. 2011년 7월에 한국형 헤지펀드 제도를 도입하여 펀드운용 관련 규제 등을 일부 완화(금전차입 및 파생상품 거래 제한 완화 등)하는 한편, G20 합의사항을 반영하여 한국형 헤지펀드에 관한 감독당국 보고의무(금전차입·파생상품매매·채무보증·담보제공 현황, 투자전략·투자대상자산, 투자에 따른 위험관리 사항)를 신설했다. 이후 2015년에는 사모펀드의 부작용은 최소화하면서 사모펀드를 활성화시키기 위해 사모펀드 규율체계를 단순 명료화하고 규제를 완화하는 내용의 자본시장법 개정안이 국회를 통과하여 2015년 10월 25일부터 시행되었다.

개정 자본시장법은 종래의 사모펀드 규제방식, 즉, 공모펀드를 전제로 한 자본시장법상의 펀드규제를 원칙적으로 적용하고 예외적으로 적용배제하면서 일부 별도 규정을 두는 방식은 계속 유지하되 종전의 사모펀드 규제의 상당부분을 폐지·완화·정비했다.

1) 사모펀드 관련 주요 개정내용

사모펀드(product)와 관련한 주요 개정내용은 다음과 같다: ⓐ 사모펀드를 '전문투자형사모집합투자기구'(종전의 일반사모펀드와 한국형 헤지펀드를 통합한 것이다[107])와 '경영참여형사모집합투자기구'(종전의 PEF)로 단순화했다. ⓑ 주된 투자대상자산에 따른 펀드 종류의 법적 구분을 폐지했다. 따라서 전문투자형사모집합투자기구는 운용사가 투자대상·투자전략 등을 펀드서류 등에 반영함으로써 사후적으로 펀드의 종류가 정해지게 된다. 글로벌 기준으로 보면 헤지펀드, 부동산펀드, 인프라펀드, 특별자산펀드, 파생펀드, 유동성펀드, 기타펀드 등으로 구분될 것이다. ⓒ 전문투자형사모집합투자기구에 대한 운용규제를 대부분 폐지했으며, 레버리지 규제를 개선했다[차입·채무보증·담보제공·파생상품을 통한 레버리지 총액이 펀드 순자산의 400%(전문투자형 사모집합투자기구)·10%(PEF)[108]].

---

107) 종전의 일반사모펀드의 경우 투자자 총수가 49인 이내이면 투자자 자격에 대해서는 아무런 규제가 없어 투자자보호 이슈가 제기될 수 있는 점을 고려하여 개정법에서는 사모펀드에 대한 규제를 완화하면서 한편으로 투자자의 자격을 제한하여 적격투자자 사모펀드로 통합한 것으로 이해할 수 있다.

ⓓ 사모펀드 설립 시 사전 등록제를 사후 보고제로 변경했다(종전에는 한국형 헤지펀드만 사후 보고). ⓔ 사모펀드재산의 제삼자(신탁업자) 보관을 의무화했다. ⓕ PEF 투자방법에 대한 규제를 완화했다(SPC의 주주·사원자격 완화, 영업 양수도 방식 허용등), ⓖ 사모펀드를 통한 이해관계인과의 거래에 대한 규제를 강화했다.

2) 사모펀드 운용자 관련 주요 개정내용

사모펀드 운용자(manager)와 관련한 주요 개정내용은 다음과 같다: ⓐ 전문투자형 사모집합투자기구 운용업을 '전문사모집합투자업'으로 분리하여 등록제로 하였다(PEF 운용자는 종전에도 등록제). ⓑ 전문사모집합투자업자의 경우 투자매매·중개업 인가 없이도 자신이 설립·운용하는 전문투자형사모집합투자기구의 집합투자증권을 판매할 수 있도록 하고,[109] 전문투자형사모집합투자기구에 대해서는 제한적으로 광고를 할 수 있도록 허용했다. ⓒ 금융전업그룹에 속한 GP[110] 등이 운용하는 PEF에 대한 공정거래법상 규제('비금융회사' 투자 시 의결권 제한, 대규모 내부거래 공시 등)를 일부 완화했다.

2015년 자본시장법 개정에 따라 투자펀드 규제는 비록 자본시장법 내에서 이긴 하지만 공모펀드(운용자)에 대한 규제와 사모펀드(운용자)에 대한 규제로 구분된다. 사모펀드만을 운용하는 라이선스가 신설되고 사모펀드(운용자)와 공모펀드(운용자) 간의 규제 내용에도 적지 않은 차이가 있게 된다.

2. 2015년 자본시장법 개정에 따른 적용례 등

1) 종전법에 따른 일반사모펀드의 한시적 설정·설립에 관한 적용례

2015년 자본시장법 개정법(이하 '개정법') 시행 전에 법 제182조에 따라 등록된 일반사모펀드를 2015년 개정법 시행 당시 운용하는 집합투자업자는 개정법 시행일부터 3년까지는 종전의 규정에 따른 일반사모펀드를 설정·설립할 수 있다(개정법 부칙 제4조제1항). 이 경우 일반사모펀드의 존속기한은 2015년 개정법 시행일부터 4년 이내의 범위에서 정해야 한다(개정법 부칙 제4조제2항).

집합투자업자등이 발행하는 일반사모펀드 집합투자증권의 합계액은 개정법 시행 당시 운용하는 일반사모펀드의 집합투자재산 중 개정법 시행 후 해지·해산되는 일반사모펀드의 집합투자재산의 합계액을 초과할 수 없다(개정법 부칙 제4조제3항). 다만, 투자

108) PEF가 투자목적회사(SPC)를 이용해서 차입하는 경우는 300%.
109) 법 제7조제6항.
110) 자본시장법 제249조의18 제2항에 해당하는 상호출자제한기업집단을 말한다.

약정(capital call agreement)에 따르는 경우, 재투자로 발행하는 경우 및 환헤지 계약 이행을 위해 발행하는 경우는 발행가능 집합투자증권 합계액 산정 시 제외된다(개정법 시행령 부칙 제2조제1항).

2) 종전 사모펀드에 관한 경과조치

① 일반사모펀드

개정법 시행 전에 법 제182조에 따라 설정·설립되어 등록된 일반사모펀드에 대해서는 종전의 규정에 따른다(개정법 부칙 제10조제1항).

② 한국형 헤지펀드

개정법 시행 전에 법 제249조의6의 규정에 따라 설정·설립되어 보고된 한국형 헤지펀드는 개정법 제249조의6에 따라 설정·설립되어 보고된 전문사모집합투자기구로 본다(개정법 부칙 제10조제2항). 즉, 개정법이 적용된다.

이처럼 개정법 부칙 제10조제2항에 따라 개정법에 따른 전문사모집합투자기구로 간주되는 한국형 헤지펀드의 경우, ⓐ 법 제249조의7 제1항의 개정규정(레버리지 400% 한도 제한)에 적합하지 아니한 경우 이 법 시행일부터 1년까지는 같은 개정규정에 적합한 것으로 보며(개정법 부칙 제11조제1항), ⓑ 법 제249조의7 제2항의 개정규정(부동산 처분 기간 등에 대한 제한)은 개정법 시행 후 부동산을 취득하는 경우부터 적용한다(개정법 부칙 제11조제2항).

3) 종전 집합투자업자의 전문사모집합투자업 등록의 특례

① 종전에 종합운용업·한국형 헤지펀드 운용업 인가 받은 자: 등록 신고

개정법 공포 당시에 집합투자업 전부를 인가받은 자(소위 종합운용사)와 한국형 헤지펀드 운용업 인가를 받은 자는 개정법 제249조의3 제8항의 개정규정에 따른 등록 유지요건을 갖추어 개정법 공포 후 2개월 이내에 금융위원회에 신고할 수 있다(개정법 부칙 제5조제1항). 금융위원회로부터 등록 유지요건을 갖춘 것으로 통보받은 자는 개정법 시행일에 전문사모집합투자업 등록을 한 것으로 본다(개정법 부칙 제5조제2항).

금융위원회로부터 등록 유지요건을 갖추지 못한 것으로 통보받은 자와 등록 신고를 하지 않은 자는 2015년 개정법 시행 후 5년까지는 개정법 시행 전에 설정·설립된 사모집합투자기구에 관한 업무를 종전의 규정에 따라 영위할 수 있다(개정법 부칙 제5조제3항).

② 종전에 기타 운용업 인가받은 자: 등록 신청

개정법 공포 당시 종합운용업·헤지펀드운용업을 제외한 인가를 받은 자(부동산펀드 운용업 등 소위 단종운용업)는 개정법 공포 후 2개월 이내에 전문사모집합투자업 등록을 신청할 수 있다(개정법 부칙 제6조제1항). 등록의 요건 등에 관하여는 2015년 개정법 제249조의3 제1항부터 제7항이 준용된다(개정법 부칙 제6조제2항). 이 경우 대주주요건은 등록요건(개정법시행령 제271조의2 제5항)이 아니라 등록 유지요건(개정법시행령 제271조의3 제2호)을 적용한다(개정법시행령 부칙 제6조).

금융위원회로부터 등록이 거부된 자와 등록 신청을 하지 않은 자는 개정법 시행 후 5년까지는 개정법 시행 전에 설정·설립된 사모집합투자기구에 관한 업무를 종전의 규정에 따라 영위할 수 있다(개정법 부칙 제6조제3항).

제3관 2021년 개정

1. 개요

2021년에 사모펀드 규제체계 개선 및 일반투자자보호 강화를 주요내용으로 하는 자본시장법 개정이 이루어졌다(2021년 10월 21일부터 시행되었다).

1) 규제체계 개편

사모펀드를 투자자구성에 따라 기관전용사모펀드와 non-기관전용사모펀드로 구분하고 각각의 펀드의 성격에 맞게 규제를 합리적으로 정비하였다.[111]

종전에는 펀드의 운용방법에 따라 사모펀드를 경영참여형(경영참여목적방법 투자: PEF)과 전문투자형(기타방법 투자: 전문사모펀드)으로 구분하고, 운용규제등을 달리하고 있었다. 즉, ⓐ 의결권 행사제한 규정(법 제87조)은 전문사모펀드에만 적용되었고, ⓑ 경영참여목적 투자의무규정, 상호출자제한기업집단 관련 규제, 지주회사규제특례 등은 PEF에만 적용되었으며, ⓒ 전문사모펀드와 PEF에 대한 대출·차입 규제내용이 달랐으며, ⓓ 사모펀드의 조직·운영 등에 대한 규제와 그 운용사(전문사모집합투자업자, 업무집행사원)에 대한 규제도 크게 달랐다. 또한, 종전에는 사모펀드에 가입할 수 있는 일반투자자등의 수가 49인으로 제한되었다.

---

111) 예컨대, 경영참여형사모집합투자기구의 경우 의결권 있는 지분 10% 이상을 투자해야 하는 규제에 따라 중장기 성장자본(Growth Capital) 투자에 적합한 메자닌투자가 제한되는 측면이 있고, 국내 대기업에 대한 경영·지배구조 개선 논의에 참여가 어려우며, 대출규제 등으로 다양한 금융구조를 활용한 자금조달이 쉽지 않아 적극적 M&A 추진에 한계가 있다는 지적이 있었다.

2021년 개정법에서는, ⓐ 의결권 행사제한 규정과 경영참여목적 투자규정 폐지 등을 통해 사모펀드 운용규제를 일원화하고,[112] ⓑ 사모펀드를 사모펀드에 가입할 수 있는 투자자 범위에 따라 일반사모펀드(개인투자자등도 가입 가능)와 기관전용사모펀드(기관투자자등만 가입 가능)로 구분하여 후자에 대해서는 그 운용업자에 대한 규제를 대폭 완화하고 펀드의 조직 및 운영등에 대한 규제를 달리하였으며, ⓒ 사모펀드에 가입할 수 있는 일반투자자등의 수를 100인 이하로 확대했다.

종전에는 사모펀드가 PEF vs. non-PEF(전문사모펀드)로 구분되었다면, 이제는 기관전용사모펀드 vs. non-기관전용사모펀드(일반사모펀드)로 구분된다. 2021년 개정법 하에서는 일반사모펀드와 기관전용사모펀드 모두 집합투자규약의 내용(투자목적, 투자전략등)에 따라 PEF, Hedge Fund, REF 등으로 구분된다. 예컨대, 일반사모펀드를 PEF로, 기관전용사모펀드를 REF로 조직할 수 있다.

사모펀드를 PEF로 조직하는 경우와 관련하여, ⓐ 일반사모펀드와 기관전용사모펀드 모두 PEF로 조직할 수 있으므로 지주회사규제 특례규정은 일반사모펀드와 기관전용사모펀드 모두에 적용되며, ⓑ 다른 회사에 대한 경영참여투자를 하는 경우[113] 일반사모펀드는 물론이고 기관전용사모펀드도 15년 이내에 그 지분증권을 제삼자에게 처분해야 하며, ⓒ 일반사모펀드와 기관전용사모펀드 모두 기업재무안정 PEF와 창업벤처전문 PEF로 조직할 수 있다.

요약하면, 경영참여형과 전문투자형으로 이원화되어 있던 자본시장법의 사모펀드(private fund)는 2021년 개정으로 통합·일원화되었고(일반사모펀드), 다만 기관투자자로만 구성되는 특별한 사모펀드(special private fund)에 대해서는 펀드의 법적 형태와 조직·운영, 펀드운용등에 대해 특례를 두는 것으로 이해할 수 있다.

2) 일반투자자보호 강화

개정법은 일반투자자가 포함된 일반사모펀드에 대해서는 집합투자증권의 판매, 펀드 관련 공시, 펀드 지배구조등과 관련하여 강화된 규제를 적용한다. 자세한 내용은 각각의 해당 부분에서 보기로 한다.

---

112) 구체적으로 보면, ⓐ 전문사모펀드에만 적용되던 의결권 행사제한 규정(법 제87조)을 폐지하여 일반사모펀드로도 PEF를 조직할 수 있도록 하였고, ⓑ PEF에만 적용되던 경영참여목적 투자의무 및 차입·대출제한 규정(법 제249조의12)을 폐지하여 기관전용사모펀드도 헤지펀드나 REF로 조직할 수 있도록 하고 대출·차입에 대한 규제도 일반사모펀드와 동일하게 하였다. 한편, 개정법에서는 사모펀드에서 개인등에 대한 대출을 금지하는 규정도 신설하였다.

113) 다른 회사의 의결권 있는 지분을 10% 이상 투자하거나 사실상 지배력 행사가 가능한 투자를 말한다.

2. 사모펀드: 일반사모펀드 vs 기관전용사모펀드

1) 일반사모펀드

일반사모펀드는 투자신탁등 법에서 허용하는 7가지 법적 형태로 조직할 수 있으며, 펀드의 설립·운영등에 관한 사항은 2021년 개정 전 전문사모펀드에 적용되는 규제가 대부분 그대로 적용된다.

2) 기관전용사모펀드

종전의 PEF와 같이 합자회사 형태로만 조직해야 하며, 펀드의 조직·운영등에 대해서도 종전에 PEF에 적용되던 규정이 거의 그대로 적용된다.

종전 PEF의 경우 시스템리스크 방지목적의 금전차입 현황등의 보고를 펀드별로 각각 하도록 되어 있었으나 기관전용사모펀드는 운용사별로 보고하면 되는 것으로 변경되었다.

종전 PEF의 경우 금융위원회가 투자자보호·건전거래질서유지등을 위해 PEF 자체에 대해서 그 운용·공시등에 필요조치를 명할 수 있도록 되어 있었으나(법 제252조), 개정법에서는 기관전용사모펀드가 아니라 기관전용사모펀드 업무집행사원에 대한 감독명령제도로 변경하였다.

종전에 PEF에 적용되던 상호출자제한기업집단의 지배력확장 방지목적의 규정(계열사 지분취득금지, 다른 회사 계열사 편입시 5년·7년 내 처분의무)은 기관전용사모펀드에만 적용된다. 개정법에서는 상호출자제한기업집단계열 운용사가 일반사모펀드를 통해 다른 회사 주식 10% 이상을 취득하는 경우에는 10% 초과분에 대한 의결권 행사 제한 규정이 적용되도록 하고 있으므로, 상호출자제한기업집단계열 운용사가 다른 회사 주식을 10% 이상 취득하는 사모펀드를 설립·운용하고자 하는 경우에는 사실상 기관전용사모펀드를 통해서 하도록 되어 있다.

3. 사모펀드운용사

1) 일반사모집합투자업자

개정법에서는 일반사모펀드를 설정·설립하여 운용하는 자를 일반사모집합투자업자라 한다. 일반사모집합투자업자에 대한 규제(진입, 영업행위, 지배구조등)는 종전의 전문사모집합투자업자에 대한 규제와 동일하다. 집합투자업자 등록(자기자본 10억원)을 해야 하며, 자본시장법상 금융투자업자 규제(영업행위, 건전성) 및 금융회사지배구조법의 적용을 받는다.

2) 기관전용사모펀드 업무집행사원

(법적 지위 등) 종전의 PEF GP와 마찬가지로 자기자본 1억원으로 금융위원회에 등록해야 하며(금융투자업자 등록 아님), 자본시장법상 금융투자업자 규제(영업행위, 건전성) 및 금융회사지배구조법의 적용을 받지 않고 기관전용사모펀드편에서 따로 정하는 규제만 적용된다.

(금융위원회의 감독명령) 금융위원회가 금융시장안정·건전거래질서유지를 위해 필요한 경우 기관전용사모펀드의 업무집행사원에 대해 당해 기관전용사모펀드의 운용에 관해 필요조치를 명할 수 있도록 하였다.

(금융감독원 검사) 금융감독원이 금융시장안정·건전거래질서유지를 위해 필요한 경우 기관전용사모펀드의 업무와 재산상황에 대하여 당해 펀드와 그 운용사를 검사할 수 있는 근거를 명시하였다.

(유한책임사원의 펀드 업무재산상황 검사) 기관전용사모펀드의 투자자(유한책임사원)는 금융위원회의 승인을 받지 않고도 당해 펀드의 업무·재산상황을 검사할 수 있도록 하였다.

4. 경과조치

1) 전문사모집합투자업자

개정법 시행 당시 전문사모집합투자업을 영위하고 있는 자는 법 제249조의3의 개정규정에 따라 '일반사모집합투자업'을 등록한 것으로 본다(개정법 부칙 제5조).

2) 전문투자형사모집합투자기구

개정법 시행 전에 종전의 법 제249조의6의 규정에 따라 설정·설립되어 보고된 전문투자형사모집합투자기구는 법 제249조의6의 개정규정에 따라 설정·설립되어 보고된 '일반사모집합투자기구'로 본다(개정법 부칙 제6조제1항).

3) 경영참여형사모집합투자기구의 업무집행사원

개정법 시행 당시 등록된 경영참여형사모집합투자기구의 업무집행사원은 법 제249조의15의 개정규정에 따라 등록한 업무집행사원으로 본다(개정법 부칙 제9조제1항).

개정법 시행 당시 등록된 경영참여형사모집합투자기구의 업무집행사원에 대하여는 개정법 시행일부터 1년이 되는 날까지는 법 제249조의15 제1항제3호(투자운용전문인력)의 개정규정에도 불구하고 종전의 규정에 따른다(개정법 부칙 제9조제2항).

4) 경영참여형사모집합투자기구

개정법 시행 전에 종전의 법 제249조의10에 따라 설립되어 보고된 경영참여형사모집합투자기구와 그 경영참여형사모집합투자기구가 출자한 투자목적회사는 법 제249조의10의 개정규정에 따라 설립되어 보고된 기관전용사모집합투자기구와 그 기관전용사모집합투자기구가 출자한 투자목적회사로 본다(개정법 부칙 제8조제1항). 다만, 그 경영참여형사모집합투자기구의 유한책임사원 중 법 제249조의11 제6항의 개정규정에 따른 자가 아닌 자가 있는 경우에는 종전의 법 제249조의12 및 제249조의13에 따른다(개정법 부칙 제8조제2항).[114]

개정법 시행 전에 종전의 법 제249조의22에 따라 설립되어 보고된 기업재무안정 경영참여형사모집합투자기구와 그 기업재무안정 경영참여형사모집합투자기구가 출자한 투자목적회사는 법 제249조의22의 개정규정에 따라 설정·설립되어 보고된 기업재무안정 사모집합투자기구와 그 기업재무안정 사모집합투자기구가 출자한 투자목적회사로 본다(개정법 부칙 제8조제3항).

개정법 시행 전에 종전의 법 제249조의23에 따라 설립되어 보고된 창업·벤처전문 경영참여형사모집합투자기구와 그 창업·벤처전문 경영참여형사모집합투자기구가 출자한 투자목적회사는 법 제249조의23의 개정규정에 따라 설정·설립되어 보고된 창업·벤처전문 사모집합투자기구와 그 창업·벤처전문 사모집합투자기구가 출자한 투자목적회사로 본다(개정법 부칙 제8조제4항).

(추가출자약정) 개정법 부칙 제8조제1항부터 제4항에 따른 '경영참여형사모집합투자기구'와 '투자목적회사', '기업재무안정 경영참여형사모집합투자기구'와 '투자목적회사', '창업벤처전문 경영참여형사모집합투자기구'와 '투자목적회사'는 개정법 시행일부터는 추가로 출자약정을 받을 수 없다.[115] 다만, 법 제249조의11 제6항제1호의 개정규정에 따른 투자자[116]로부터의 출자약정은 받을 수 있다(개정법 부칙 제8조제5항).

---

114) 기관전용사모집합투자기구이지만 펀드 운용과 관련하여서는 종전법 제249조의12(경영참여형사모집합투자기구 집합투자재산의 운용방법등) 및 제249조의13(투자목적회사)의 적용을 받게 된다는 뜻이다.

115) 개정법 시행 전에 이루어진 출자약정에 따라 개정법 시행 후에 납입을 하는 것은 가능하다.

116) 전문투자자로서 대통령령으로 정하는 투자자를 말한다. 구체적인 내용은 제4편제3장제4절제1관 참조.

제4장 자본시장법상 사모집합투자기구의 정의 및 종류

제1절 총설

제1관 집합투자와 집합투자기구

「집합투자」란 '2인 이상의 투자자로부터 모은 금전등을 투자자로부터 일상적인 운용지시를 받지 아니하면서 재산적 가치가 있는 투자대상자산을 취득·처분 그 밖의 방법으로 운용하고 그 결과를 투자자에게 배분하여 귀속시키는 것'을 말한다(법 제6조제5항).

「집합투자기구」란 '집합투자를 수행하기 위한 기구로서 투자신탁, 투자회사, 투자유한회사, 투자합자회사, 투자유한책임회사, 투자합자조합, 투자익명조합'을 말한다(법 제9조제18항). 이 중 투자신탁에 대해서는 '집합투자업자인 위탁자가 신탁업자에게 신탁한 재산을 신탁업자로 하여금 그 집합투자업자의 지시에 따라 투자·운용하게 하는 신탁 형태의 집합투자기구'로 정의하고 있다(법 제9조제18항제1호).

이처럼 자본시장법은 집합투자와 집합투자기구를 구분하여 '집합투자'를 중심으로 정의하고 있다. 반면에, 미국이나 유럽연합의 투자펀드 관련법에서는 '집합투자기구'만을 정의하고 있다.[117] 자본시장법이 이처럼 집합투자기구와 별도로 집합투자를 정의하는 이유는 법률의 명칭('자본시장과 금융투자업에 관한 법률')에서 볼 수 있듯이 금융투자업(금융투자업자) 중심의 규제체계를 갖고 있기 때문으로 보인다. 즉, '집합투자업·집합투자업자'[118]의 전제가 되는 '집합투자'에 대한 정의가 필요하기 때문이다.

---

117) 미국 1940년 투자회사법상의 투자회사(investment company), 유럽연합 대체투자펀드 지침상의 대체투자펀드(Alternative Investment Fund: AIF).

118) 집합투자를 정의한 후 순차적으로 집합투자업과 집합투자업자를 정의하는 방식은 일견 당연해 보이지만, 회사형펀드(예: 투자회사)의 경우 누가 집합투자업자인가 하는 문제를 야기할 수 있다. 투자회사의 경우 펀드운용사는 당해 투자회사의 법인이사일 뿐이고, 집합투자를 업으로 영위하는 것은 당해 투자회사이다. 따라서 집합투자업자는 '집합투자업을 영위하는 자(법 제8조제4항)'로 정의하기보다는 다음과 같이 정의하는 것이 타당하다: 투자신탁의 위탁자·투자익명조합의 영업자·투자합자조합의 업무집행조합원·투자합자회사의 업무집행

제2관 집합투자 정의규정의 의의

집합투자의 정의규정은 규제 측면에서 다음과 같은 두 가지 중요한 의의가 있다.

첫째, 집합투자에 해당하는 행위를 영업으로 하려면 사전에 금융위원회로부터 집합투자업 인가를 받거나 금융위원회에 일반사모집합투자업 등록 또는 기관전용사모집합투자기구 업무집행사원 등록을 해야 한다는 사실이다(법 제11조, 법 제249조의15). 인가를 받거나 등록을 하지 않고 집합투자업을 영위하거나, 업무집행사원 등록을 하지 아니하고 기관전용사모집합투자기구의 집합투자재산 운용업무를 영위한 자는 형사처벌의 대상이 된다(법 제444조제1호, 법 제445조제25의2호·제32의2호).

둘째, 집합투자업 인가를 받거나 등록을 한 자가 집합투자업을 영위하는 경우에도 집합투자의 정의에 부합하는 방식으로 해야 한다는 사실이다. 즉, 집합투자의 정의규정은 집합투자와 일반사업(business)을 개념적으로 구분하는 기능을 한다.

제3관 유사개념·제도와의 구분 등

1. 집합투자와 투자계약

집합투자가 투자계약 형태로 이루어지는 경우에는 자본시장법상의 투자계약증권[119]과의 구분이 문제 될 수 있다.

투자계약 형태로 이루어지는 집합투자는 개념적으로는 투자계약증권의 전제가 되는 투자계약(investment contract)의 범주에 포함되는 것으로 이해할 수 있다. 따라서 투자자가 타인이 수행하는 공동사업(common enterprise)에 금전등을 출자하고 그에 따른 손익을 귀속받는 것은 경우에 따라서는 집합투자의 개념에 포섭될 수도 있고 집합투자에 해당하지 않는 단순한 투자계약에 해당할 수도 있을 것이다.[120] 구체적으로는 투자자로부터 모은 금전등으로, '재산적 가치있는 투자대상자산'에 투자하는 경우에는

사원·투자회사 또는 유한회사의 법인이사가 되어 집합투자재산의 운용을 업으로 하는 자.

119) 투자계약증권이란 특정투자자가 그 투자자와 타인(다른 투자자를 포함한다) 간의 공동사업에 금전등을 투자하고 주로 타인이 수행한 공동사업의 결과에 따른 손익을 귀속받는 계약상의 권리가 표시된 것을 말한다(자본시장법 제4조제6항). 참고로, 투자계약증권인지 여부를 판별하는 기준에 관한 질의에 대해 금융위원회는 다음과 같은 기준을 모두 충족하면 투자계약증권으로 판별한다는 해석을 한 바 있다(2014.3.16.): ⓐ 투자자의 이익획득 목적이 있을 것, ⓑ 금전등의 투자가 있을 것, ⓒ 주로 타인이 수행하는 공동사업에 투자할 것, ⓓ 원본까지만 손실발생 가능성이 있을 것, ⓔ 지분증권, 채무증권, 집합투자증권등 정형적인 증권에 해당되지 않는 비정형증권일 것.

120) 금융위원회 유권해석(2014.3.16.)도 자본시장법상 투자계약증권이 적용되는 것은 주로 집합투자적 성격을 가진 계약 가운데 자본시장법에 규정된 집합투자기구를 이용하지 않는 투자구조라고 밝히고 있다.

집합투자로, '사업'에 투자하는 경우에는 투자계약으로 보아야 할 것이다.[121] 다만, 부동산개발이나 대출과 같이 그 기본성격이 '사업'에 해당함에도 자본시장법에서 집합투자재산의 운용방법으로 인정되고 있는 '사업'에 투자하는 경우는 집합투자로 보아야 할 것이다.

집합투자에 해당하든 투자계약에 해당하든 투자자로부터 자금등을 모으기 위해서 집합투자증권이나 투자계약증권을 공모(public offering)하는 경우에는 자본시장법의 공모규제[122]를 적용받게 되는 점에서는 차이가 없다. 하지만 공모규제를 제외한 나머지 자본시장법 규정의 적용범위는 투자계약과 집합투자에서 차이가 있다.[123] 한편, 집합투자의 경우에는 공모규제등 일반적인 증권규제 외에 집합투자업에 관한 규제(진입규제, 영업행위규제등) 및 집합투자기구에 관한 규제(집합투자기구의 설정·설립, 운용, 공시등) 등도 적용받게 된다.[124]

2. 집합투자와 가상자산

1) 가상자산의 개념

가상자산(virtual asset)[125]은 소위 암호화폐(crypto-currency) 또는 암호자산(crypto-asset)을 포함하는 넓은 범주의 개념이지만 그 주류는 암호자산이라고 할 수 있다.

암호자산은 블록체인으로 대표되는 분산원장기술(distributed ledger technology: DLT)을 근본적인 속성으로 하며, 가상화폐(Virtual Currency)·가상통화(Virtual Currency)·코인(coin)·토큰(token)으로 불리기도 한다.

G20이 참여하는 금융안정위원회(FSB)에서는 암호화폐·암호자산을 그 성격에 따라

121) 따라서 예컨대, 투자자로부터 모은 금전등을 ⓐ 영화제작사업에 투입하는 경우에는 투자계약에 해당하겠지만, ⓑ 영화제작업자와 영화제작을 위한 투자계약을 체결하고 그 금전등을 제공한 경우에는 집합투자에 해당할 것이다. 즉, ⓐ의 경우는 투자자로부터 모은 금전등을 영화제작이라고 하는 '사업'에 투자하는 것이므로 투자계약에 해당하지만, ⓑ의 경우는 투자자로부터 모은 금전등으로 투자계약증권이라고 하는 투자대상자산에 투자하는 것이므로 집합투자에 해당하게 된다.

122) 자본시장법 제3편제1장 증권신고서 규제를 말한다.

123) 투자계약증권은 자본시장법 제2편제5장(온라인소액투자중개업자 등에 대한 특례), 제3편제1장(증권신고서), 제8편(감독 및 처분)·제9편(보칙)·제10편(벌칙) 중 제2편제5장, 제3편제1장의 규정에 따른 의무위반행위에 대한 부분, 제178조(부정거래행위등의 금지), 제179조(부정거래행위등의 배상책임)를 적용하는 경우에만 증권으로 본다(법 제4조제1항 단서).

124) 자본시장법에서 허용하는 7가지 법적 형태(투자신탁, 투자회사, 투자유한회사, 투자유한책임회사, 투자합자회사, 투자합자조합, 투자익명조합)로만 집합투자기구를 조직하여야 한다. 따라서 독일이나 프랑스 등에서 이용되는 계약 형태의 집합투자기구로는 조직할 수 없다.

125) 가상자산(virtual asset)이라는 용어는 자금세탁방지국제기구(Financial Action Task Force, FATF)에서 '가치의 디지털적 표상으로 전자적으로 교환되거나 이전될 수 있으며 지불 또는 투자의 목적으로 사용될 수 있는 것'을 지칭하는 용어로 사용하고 있다.

ⓐ 지급수단으로 기능하는 것(지급형), ⓑ 특정서비스나 플랫폼 내의 이용에 대한 권리를 나타내는 것(유틸리티형), ⓒ 증권으로서의 속성을 가지는 것(증권형), ⓓ 자산이 담보되는 것(자산담보형)으로 구분한다.[126] 자산담보형은 증권형의 범주에 속하는 것으로 볼 수 있으므로 암호화폐·암호자산의 유형은 지급형·유틸리티형·증권형의 세 가지 유형으로 구분할 수 있다.[127]

2) 가상자산 관련 규제

세금 문제를 별론으로 하면 가상자산 관련 규제는, 비증권형(지급형, 유틸리티형)은 거래와 관련한 면허규제와 자금세탁방지규제가 주로 문제 되며, 증권형은 증권관계법(자본시장법, 자산유동화법)의 적용(특히 공모규제) 여부가 주로 문제 된다.[128]

가상자산 규제와 관련하여 가장 먼저 입법화된 것은 2021년에 개정된 특정금융거래정보의 이용등에 관한 법률(이하 '특금법')이다. 동법은 ⓐ '경제적 가치를 지닌 것으로서 전자적으로 거래 또는 이전될 수 있는 전자적 증표(그에 관한 일체의 권리 포함)'를 '가상자산'으로 정의하고,[129] '가상자산거래'를 동법의 적용대상인 '금융거래등'에 포함시키고, ⓑ 가상자산사업자 및 가상자산사업자와 거래하는 금융회사에 대하여 자금세탁 방지 등 일정한 의무를 부과하고 있다.[130] 이러한 특금법 규정은 가상자산과

---

126) FSB, "Crypto-asset markets: potential channels future financial stability implications", (2018.10.10.).

127) 국회 입법조사처에서도 2021.5월 암호화폐의 법적 지위를 증권형·지급형(교환형)·유틸리티형으로 명확히 구분해야 한다는 보고서를 낸 바 있다.

128) 하나의 암호자산이 여러 유형의 성격을 동시에 지닐 수 있으며, 이러한 경우에는 관련 규제 모두가 적용될 수 있다. 순수한 유틸리티형 암호자산에는 특별한 규제가 없으므로 각국의 금융당국이 암호자산 최초공모(ICO:Initial Public Offering)를 증권법으로 규제하려는 움직임을 보이자 신규 ICO회사들이 유틸리티형 암호자산 발행에 몰리는 경향이 있었다.

129) 다만, 화폐·재화·용역 등으로 교환될 수 없는 전자적 증표(또는 그 증표에 관한 정보)로서 발행인이 사용처와 용도를 제한한 것, 그리고 전자화폐·전자어음 등과 같이 발행등에 대해 규제하는 별개의 법률이 있는 것 등은 가상자산의 정의에서 제외된다(특금법 제2조제3호). 참고로, 2023년 6월 30일에 제정된 (비증권형 가상자산의 규제를 목적으로 하는 일반법에 해당하는) '가상자산 이용자 보호등에 관한 법률'에서 가상자산을 정의함에 따라 특금법에서는 '가상자산 이용자 보호등에 관한 법률'의 가상자산 정의를 그대로 따르는 것으로 개정되었다(특금법 제2조제3호).
한편, 대체불가토큰(NFT: Non-Fungible Token)은 특정자산의 소유권과 거래내역을 블록체인으로 저장한 디지털자산의 일종으로 토큰마다 별도의 고유한 인식값을 부여하여 상호교환이 불가능하며 거래는 이더리움등 암호화폐로 이루어진다. 이처럼 NFT는 그 자체로서 독립적인 경제적 가치를 지닌다기보다는 경제적 가치를 지닌 기초자산에 대한 일종의 등기권리증 역할을 수행한다고 볼 수 있어 특금법상의 가상자산에 포섭되는지 여부가 불분명하다. 금융위원회의 2021.11.23.자 보도설명자료에 따르면 NFT는 일반적으로 가상자산으로 규정하기 쉽지 않은 측면이 있으나 개별 사안별로 봤을 때 결제·투자등의 수단으로 사용되는 경우에는 가상자산에 해당될 수 있다.

130) 가상자산사업자에 대해서는 FIU에 대한 사업자 신고의무, 기본적 자금세탁방지 의무 및

관련한 자금세탁방지 등을 규제하기 위한 것으로서 가상자산 투자자 보호에는 별다른 의미를 가지지 못하였고, 특히 '증권형 가상자산'을 규제하기 위해서는 규제당국의 증권관계법에 대한 적극적 해석[131]이나 입법적 보완[132]이 필요한 실정이었다.

이에 따라 금융위원회는 2022년 8월에 업무보고 형식을 통해 가상자산을 경제적 실질에 따라 '증권형'과 '비증권형(유틸리티형, 지불형)'으로 구분하여 각각 그에 맞는 규제체계를 마련하는 내용의 정책방향을 발표하였다. 즉, ⓐ 증권형 가상자산은 투자자보호장치가 마련된 자본시장법 규율체계에 따라 발행될 수 있도록 제도를 정비하고, ⓑ 비증권형 가상자산의 경우 국회 계류 중인 법안 논의를 통해 발행·상장·불공정거래 방지 등 규율체계를 마련하기로 하였다.

이후 금융위원회는 2023년 2월에 증권형 가상자산에 대한 규율체계 마련을 위한

이용자별 거래내역 분리의무를 규정하고 있으며, 신고수리요건으로 금융회사의 사업자에 대한 실명확인 입출금계정 발급, 정보보호 관리체계 인증(ISMS)등을 규정하고 있다. 가상자산사업자와 거래하는 금융회사에 대하여는 고객인 가상자산사업자의 기본사항(대표자·거래목적등), 가상자산사업자의 신고수리 여부 및 예치금 분리보관등을 확인할 의무를 규정하는 한편, 가상자산사업자가 미신고하거나 자금세탁 위험이 특별히 높다고 판단되는 경우 금융거래를 의무적으로 거절(종료)하도록 규정하고 있다.

131) 미국의 경우 증권규제당국(SEC)이 ICO토큰을 증권(투자계약)에 해당한다는 해석을 한 바 있다. 이에 따라 우리 자본시장법상 투자계약증권이 미국 증권법의 투자계약을 수용한 것이므로 국내에서도 ICO토큰을 투자계약증권으로 볼 수 있는지 여부에 대해 학술적인 논의가 이루어지고 있으나 통일된 의견은 나오지 못하고 있다. 이와 관련한 자세한 논의는, 김자봉, ICO(Initial Coin Offering) 토큰은 자본시장법상 증권인가? -비정형적 디지털자산에 대한 증권법리와 원칙중심 적극규제의 필요성-, 증권법연구 제20권 제3호(2019). 참조.
싱가포르, 스위스 등은 금융감독당국이 디지털토큰의 발행에 관한 가이드라인을 제정·운영하고 있다. 싱가포르 금융감독당국(MAS)이 제정한 'A GUIDE TO DIGITAL TOKEN OFFERINGS'에 따르면 디지털토큰에 증권법과 자금세탁·테러방지규제법이 적용되는 것으로 되어 있다. 증권법의 적용과 관련한 내용은 다음과 같다: ⓐ 디지털토큰은 그 실질에 따라 주식·채권·신탁수익권·파생결합증권·집합투자증권에 해당될 수 있으며, 증권에 해당하는 경우 증권법상의 공모규제를 준수해야 하며 집합투자증권에 해당하는 경우에는 펀드 관련 규제도 준수해야 한다. ⓑ 디지털토큰의 발행·유통을 위한 플랫폼(primary platform·trading platform)을 운영하거나 디지털토큰에 대해 금융자문을 하는 자는 라이선스(증권업, 거래소개설, 금융자문업) 규제를 준수해야 한다.

132) 유럽연합의 경우 2022년 3월에 유럽의회가 「Regulation of the European Parliament and of the Council on Markets in Crypto-Assets, and amending Directive(EU) 2019/1937 Regulation」(MiCA) 법안을 발표한 바 있다. 이 법안에서는 암호자산(Crypto-Assets)을 '분산원장등 암호화기술을 사용하여 전자적으로 이전·저장될 수 있는 디지털 가치 및 권리'로 정의하고, 그 지급수단 및 투자수단으로서의 수용성 및 그에 따른 소비자·투자자보호 필요수준 등에 따라 증권형토큰, 유틸리티토큰, 자산준거토큰, 전자화폐토큰 등으로 유형화하여 그 규제내용을 달리하고 있다. 자산준거토큰 및 전자화폐토큰에 대해서는 엄격한 진입규제와 행위규제를 하고, 유틸리티토큰에 대해서는 백서를 공시할 경우 신고만으로 암호자산 발행 및 공개를 가능하도록 규제를 최소화하고 있다. 증권형토큰은 '금융투자상품지침'에 따른 EU회원국의 법률을 적용하도록 하고 MiCA적용대상에서는 제외한다. 그리고 비트코인과 같이 발행자가 특정되지 않는 암호자산, 대체불가토큰(NFT) 등도 MiCA 적용대상에서 제외한다〔자세한 내용은 한국은행, EU 암호자산시장 법률안(2022.8). 참고〕.

'토큰증권(security token) 발행·유통 규율체계 정비방안'을 발표하였다.[133] 이후 금융위원회는 동방안에 따라 자본시장법 및 전자증권법 개정안을 국회에 제출하여 논의가 진행되었으나 제21대 국회 임기만료('24.5.29)로 자동 폐기된 바 있다.

한편, 2023년 6월 30일에는 (비증권형 가상자산 관련 규제를 위한) '가상자산 이용자 보호등에 관한 법률'이 국회 본회의를 통과하였다(시행: 2024년 7월). 동법의 주요 내용은 ⓐ 가상자산[134] 이용자의 자산보호, ⓑ 가상자산시장의 불공정거래행위 규제, ⓒ 가상자산사업자에 대한 금융당국의 감독·제재 등이다. 관련하여, 금융위원회는 가상자산 관련 회계처리의 불확실성을 해소하기 위하여 2023년 7월에 ⓐ 가상자산 관련 거래별 회계처리에 대한 감독지침(유권해석)을 마련하고, ⓑ 가상자산 거래에 대한 주석공시를 의무화하는 회계기준서를 개정한 바 있다.

3) 가상자산과 집합투자[135]

가상자산은 재산적 가치가 있는 자산이므로 집합투자와 관련하여 일응 현물납입대상(금전등)[136] 또는 운용대상(재산적 가치가 있는 투자대상자산)[137]이 될 수 있을 것이다.[138]

가상자산을 집합투자의 펀딩대상 또는 운용대상으로 하고자 하는 경우에는 가상자산의 평가와 보관이 주로 문제 될 수 있다. 가상자산이 가상자산거래소에 상장되어 거래되는 경우에도 해당 거래소에서의 거래를 시가로 보기는 어렵다.[139] 따라서 가상

---

133) 동 방안의 주요내용은 다음과 같다: ⓐ 증권형 가상자산을 '토큰증권'으로 명명(실물증권과 전자증권에 이은 새로운 발행 형태라는 점에서 '토큰증권'으로 명명), ⓑ 가상자산의 증권 여부 판단에 대한 원칙을 제시, ⓒ 토큰증권을 전자증권의 한 형태로 수용하고(전자증권법 개정), 공모규제를 일부 완화하는 한편 토큰증권 수요가 많은 투자계약증권·수익증권의 유통시장을 마련(자본시장법령 개정).

134) 가상자산 이용자 보호등에 관한 법률 제2조는 가상자산을 '경제적 가치를 지닌 것으로 전자적으로 거래 또는 이전될 수 있는 전자적 증표(그에 관한 일체의 권리를 포함한다)'로 정의하고 있다.

135) 2018년에 집합투자업 라이선스가 없는 지닉스(한중합작 가상화폐거래소)라는 회사가 투자자로부터 가상화폐(이더리움)를 모아서 ICO 및 기존 가상화폐에 투자하는 '가상통화펀드'를 조직·운용한 사례가 있었다. 이에 대해 금융감독당국은 가상통화의 펀딩 및 운용대상 가능 여부에 대한 명시적인 판단은 유보하고 해당 펀드의 판매·운용·보관 등을 수행하는 자가 자본시장법상 요구되는 라이선스를 보유하지 않았다는 점을 이유로 자본시장법 위반소지가 있으니 투자에 유의하라는 내용의 보도자료를 배포한 바 있다(2018.10.24.).

136) 집합투자업자는 투자신탁을 설정하는 경우 신탁원본 전액을 금전으로 납입하는 것이 원칙이다(법 제188조제4항). 하지만 일반사모집합투자기구의 투자자는 객관적인 가치평가가 가능하고 다른 투자자의 이익을 해칠 우려가 없는 경우에는 증권, 부동산, 실물자산 등 금전 외의 자산으로 납입할 수 있다(법 제249조의8 제4항).

137) 집합투자재산을 주로 가상자산에 투자하는 경우에는 이를 '가상자산펀드'라고 부를 수 있을 것이다.

138) 가상자산을 기초로 하는 상장지수집합투자기구(ETF)의 경우에는 해당 가상자산이 자본시장법 제4조제10항 각 호에서 열거하는 기초자산에 해당하여야 한다.

자산을 집합투자기구의 납입대상이나 투자대상자산으로 하려는 경우에는 무엇보다 해당 가상자산의 공정한 평가가 가능해야 한다. 이를 위해 집합투자업자는 집합투자재산평가기준에 가상자산을 객관적이고 공정하게 가치를 평가할 수 있는 기준을 미리 마련하고 그에 따라 평가를 해야 한다.

가상자산을 집합투자재산의 투자대상자산으로 하는 집합투자기구의 경우 그 집합투자재산을 보관·관리하는 신탁업자는 해당 가상자산을 수탁 및 관리할 수 있는 법적 근거와 함께 해당 가상자산의 특성에 맞는 안전한 보관·관리를 위해 필요한 수단을 갖추고 있어야 할 것이다.

3. 집합투자와 조각투자

조각투자란 2인 이상의 투자자가 실물자산, 그 밖에 재산적 가치가 있는 권리를 분할한 청구권에 투자·거래하는 신종 투자 형태를 말한다.[140] 조각투자도 2인 이상의 투자자를 전제로 하지만 주로 투자계약증권 해당 여부가 문제 된다.

조각투자를 주관하는 사업자가 투자자로부터 일상적 운용지시를 받지 않고 조각투자 대상을 운용(취득·처분 등)해 그 결과를 배분하는 경우에는 집합투자에 해당할 소지도 있다.[141]

(실물자산 조각투자) 조각투자 대상이 되는 실물자산(미술품, 한우등)에 대한 소유권등 물권, 준물권등 이와 동등한 권리를 실제로 분할해 투자자에게 직접 부여하거나 개별적으로 사용·수익·처분이 가능한 경우에는 자본시장법상 '증권'에 해당할 가능성이 상대적으로 낮으며, 민법·상법이 적용된다.

하지만 투자자가 민법상 공동소유권을 보유하는 조각투자의 경우에도 투자자의 수익에 사업자의 전문성이나 사업활동이 중요한 영향을 미치는 경우[142]에는 (투자계약)

139) 증권시장이나 파생상품시장에 상장되어 거래되는 증권이나 파생상품은 시가로 평가할 수 있는데, 가상자산거래소는 이에 해당하지 않는다(영 제260조제1항 본문).

140) 금융위원회 보도자료(2022.11.29.).

141) 금융위원회 보도자료(2022.4.28.).

142) 투자자가 얻게 되는 수입에 사업자의 전문성이나 사업활동이 중요한 역할을 하는 경우로서, ⓐ 사업자 없이는 투자자가 조각투자 수익의 배분을 기대하기 어려운 경우 또는 사업자의 운영·노력 없이는 투자자의 손실이 발생하는 경우, ⓑ 사업자가 투자자가 갖는 권리에 대한 유통시장을 개설하여 운영하는 등 거래 여부·장소를 결정하고, 유통시장의 활성화 정도가 투자자의 수익에 영향을 크게 미치는 경우, ⓒ 투자자 모집 과정에서 해당 사업의 성과와 연계된 수익, 가치·가격상승 또는 투자손실 방지에 대한 합리적 기대를 갖도록 하는 경우. 특히 이러한 수익, 가치·가격상승 또는 손실방지를 가져올 수 있는 사업자의 노력·경험과 능력등과 관련된 내용이 홍보 포인트로 제시된 경우 등(금융위원회 보도자료: 2022.4.28. 및 2022.11.29.).

증권에 해당한다.[143]

(청구권 조각투자) 자산에서 발생하는 수익에 대한 청구권(저작권료 참여 청구권 등) 형태의 조각투자 상품의 경우 권리구조, 세부계약내용등 개별상품의 실질에 따라 증권에 해당할 가능성이 있다. 특히 증권 유형 중 투자계약증권은 그 적용범위가 폭넓게 인정될 수 있다. 실물자산 조각투자의 경우와 마찬가지로 투자자의 수익에 사업자의 전문성이나 사업활동이 중요한 영향을 미치는 경우 투자계약증권에 해당할 가능성이 높다.

4. 집합투자와 집합주문

1) 투자일임·신탁에서의 집합운용 금지

자산운용전문가가 타인의 재산을 운용해 주는 제도로는 집합투자 외에 투자일임과 신탁이 있다. 집합투자는 다수 투자자의 재산을 집합적으로 운용해 주는 '집단적·간접적 투자'를 목적으로 하지만 법률적으로는 하나의 투자신탁계약만 존재한다. 반면에, 투자일임이나 신탁은 투자자와 자금수탁자(투자일임업자, 신탁업자)의 개별적인 신뢰관계를 전제로 개개의 투자자별로 계약(투자일임계약, 신탁계약)이 존재하고 투자자별로 재산을 운용하게 된다.

하지만 다수의 투자자로부터 투자일임(신탁) 받은 금전을 집합하여 운용하게 되면 사실상 집합투자수단으로 기능하게 된다. 투자일임이나 신탁을 이용한 사실상의 집합투자를 방치하게 되면 규제 형평성 문제와 그에 따른 투자자보호등의 문제가 발생하게 된다. 이에 자본시장법에서는 투자일임재산이나 신탁재산을 집합하여 운용하는 것을 원칙적으로 금지한다.

(투자일임) 투자일임재산을 각각의 투자자별로 운용하지 아니하고 여러 투자자의 자산을 집합하여 운용하는 행위는 투자일임업자의 불건전영업행위로 금지된다(법 제98조제2항제8호).

---

143) 금융위원회는 한우 조각투자와 관련하여 ㈜스탁키퍼가 송아지의 고유지분(소유권)과 함께 사육·매각·손익배분을 전적으로 수행하는 서비스계약을 결합하여 판매하였으며 이는 자본시장법상 투자계약증권에 해당한다고 판단한 바 있다. 그리고 미술품 조각투자와 관련하여 ㈜테사·(주)서울옥션블루·(주)투게더아트·(주)열매컴퍼니가 미술품의 공유지분(소유권)과 함께 미술품의 보관·관리·매각·손익배분을 전적으로 수행하는 서비스계약을 결합하여 판매하였으며 이는 자본시장법상 투자계약증권의 요건에 해당한다고 판단한 바 있다. 이는 민법상 공동소유권을 부여하는 조각투자에 대해 증권성을 판단한 최초 사례라는 점등을 고려하여, 금융위원회는 이들 사업자에 대해 투자자보호장치 구비 및 사업구조재편을 조건으로 제재절차를 보류·유예했다(금융위원회 보도자료, 2022.11.29.).

불특정다수의 투자일임재산을 통합하여 운용할 목적으로 설계된 상품을 불특정다수의 투자자에게 제공하는 행위도 불건전영업행위로 금지된다(규정 제4-77조제1호).

(신탁) 신탁재산을 각각의 신탁계약에 따른 신탁재산별로 운용하지 아니하고 여러 신탁계약의 신탁재산을 집합하여 운용하는 행위는 신탁업자의 불건전영업행위로 금지된다(법 제108조제9호, 영 제109조제3항제5호).

여러 신탁재산을 집합하여 운용한다는 내용을 밝히고 신탁계약의 체결에 대한 투자권유를 하거나 투자광고를 하는 행위도 불건전영업행위로 금지된다(법 제108조제9호, 영 제109조제3항제6호).

2) 집합주문의 제한적 허용

투자일임이나 신탁에서의 집합주문, 즉 다수의 투자일임재산이나 신탁재산에서 특정 증권등의 취득과 처분을 각 계좌재산의 일정비율로 정한 후 여러 계좌의 주문을 집합하는 행위도 기본적으로 집합운용의 범주에 속한다.[144] 따라서 자본시장법은 원칙적으로 이러한 집합주문도 금지하고 투자일임재산·신탁재산의 효율적 운용을 위한 경우에 한해 제한적으로 허용하고 있다.

(투자일임) 개별 투자일임재산을 효율적으로 운용하기 위하여 투자대상자산의 매매주문을 집합하여 처리하고 그 처리결과를 투자일임재산별로 미리 정하여진 자산배분명세에 따라 공정하게 배분하는 경우는 투자일임재산의 집합운용으로 보지 아니한다(영 제99조제2항제4호). 이에 따라 금융투자업감독규정에서는 투자자의 연령·투자위험·투자위험 감수능력·투자목적·소득수준·금융자산의 비중 등 재산운용을 위해 고려가능한 요소를 조사[145]하여 투자자를 유형화하고 각 유형에 적합한 방식으로 투자일임재산을 운용하는 경우에는, 특정 증권등의 취득과 처분을 각 투자일임계좌재산의 일정비율로 정한 후 여러 투자일임계좌의 주문을 집합하는 행위(즉, 집합주문)를 할 수 있도록 규정하고 있다(규정 제4-77조제4호 및 제5호).

---

144) 투자일임(신탁)의 경우에는 투자일임계약(신탁계약)의 개별성을 유지하기 위한 규정들이 있다. 예컨대, 투자일임의 경우, 투자자는 투자일임재산의 운용방법을 변경 요구할 수 있고(법 제97조제1항제7의2호), 투자일임재산의 운용내역 및 자산 평가가액을 언제든지 조회할 수 있으며(규정 제4-77조제3호), 투자일임업자는 (일반투자자의 경우) 주기적으로 투자자의 재무상태·투자목적등의 변경내용을 확인하여 변경된 내용에 부합하게 투자일임재산을 운용하여야 한다(규정 제4-73조제2호).

145) 전문투자자가 투자자를 유형화하기 위한 조사를 원하지 아니할 경우에는 조사를 생략할 수 있으며, 이 경우 전문투자자는 자기의 투자유형을 선택할 수 있다(규정 제4-77조제4호 단서).

(신탁) 특정증권등의 취득과 처분을 각 계좌재산의 일정비율로 정한 후 여러 계좌의 주문을 집합하는 행위를 원칙적으로 불건전영업행위로 금지하면서 투자자를 유형화하여 각 유형에 적합한 방식으로 신탁재산을 운용하는 행위는 허용하고 있다(규정 제4-93조제21호). 즉, 불특정금전신탁으로서[146] 투자자의 연령·투자위험·투자위험 감수능력·투자목적·소득수준·금융자산의 비중 등 재산운용을 위해 고려가능한 요소를 반영하여 투자자를 유형화하고 각 유형에 적합한 방식으로 신탁재산을 운용하는 것은 허용된다. 이 경우 전문투자자가 투자자를 유형화하기 위한 조사를 원하지 아니할 경우에는 조사를 생략할 수 있으며, 이 경우 전문투자자는 자기의 투자유형을 선택할 수 있다(규정 제4-93조제26호 단서).

제2절 집합투자의 정의

집합투자란 '2인 이상의 투자자로부터 모은 금전등을 투자자로부터 일상적인 운용지시를 받지 아니하면서 재산적 가치가 있는 투자대상자산을 취득·처분, 그 밖의 방법으로 운용하고 그 결과를 투자자에게 배분하여 귀속시키는 것'을 말한다(법 제6조제5항).

집합투자의 정의와 관련하여서는 '2인 이상의 투자자'(collective), '금전등을 모아'(pooling), '운용'(investment), '일상적 운용지시'(day-to-day control), '투자대상자산', '운용결과의 투자자 귀속' 등에 대한 합리적인 해석이 필요하다.

제1관 2인 이상의 투자자(collective)

집합투자에 해당하려면 2인 이상의 투자자가 있어야 한다.[147] 다만, 투자자가 법령에서 정하는 '기금·공제회등'[148]에 해당하는 경우에는 투자자가 1인이어도 집합투자로

146) 투자자 운용대상을 특정종목과 비중 등 구체적으로 지정하는 특정금전신탁은 해당 사항이 없다.

147) 과거에는 집합투자의 정의규정에서 '2인 이상에게 투자권유'를 하도록 되어 있었으므로 2인 이상의 투자자에게 투자권유를 하였으면 실제 펀드에 가입한 투자자가 1인에 불과하더라도 문제가 없었으나(소위 '단독펀드'가 사실상 허용되었으나), 2013년 자본시장법 개정 시 '2인 이상의 투자자'로 변경됨에 따라 2015.1.1.부터는 원칙적으로 단독펀드는 허용되지 않고 있다(법률 제11845호, 2013.5.28. 부칙 제8조).

148) 투자자가 1인인 경우에도 집합투자로 보는 투자자에는 다음과 같은 자가 포함된다(법 제6조제6항, 영 제6조제5항·영 제13조제2항 각 호, 영 제6조제6항).

1. 국가재정법 제9조제4항에 따른 기금관리주체(각 법률에 따라 기금을 관리·운용하는 자를 말하며, 기금의 관리·운용업무를 위탁받은 자는 제외한다), 외국 기금 등(외국법령에 따라 설정되거나 감독·관리되고 있는 기금·조합, 외국정부등에 의해 설정되거나 감독·관리되고 있는 기금·조합, 조약에 따라 설립된 국제기구에 의해 설정되거나 감독·관리되고 있는 기금·조합). 각종 기금의 설치근거법령은 국가재정법 제5조(별표2)에 명시

본다(법 제6조제6항).[149] 기금·공제회등은 그 자체가 다수의 구성원들의 자금을 통합하여 관리·운용하는 기구라는 점을 고려한 것으로 이해할 수 있다. 따라서 집합투자업자는 이러한 연기금·공제회 등을 1인 투자자로 하는 소위 '단독펀드'를 설정·설립하여 운용할 수 있다.[150]

이러한 특정한 연기금·공제회 등이 아닌 투자자 1인으로부터 금전등을 받아 자산에 투자운용하는 것을 영업으로 하는 것은 투자일임업이나 신탁업에 해당하는 것으로 보아야 할 것이다.

'투자자'는 외부투자자를 의미하는 것으로 보아야 하므로, 적어도 집합투자업자는 여기서의 투자자에 해당하지 않는 것으로 보아야 할 것이다.[151]

되어 있다.

2. 농업협동조합법에 따른 농업협동조합중앙회
3. 수산업협동조합법에 따른 수산업협동조합중앙회
4. 신용협동조합법에 따른 신용협동조합중앙회
5. 상호저축은행법에 따른 상호저축은행중앙회
6. 산림조합법에 따른 산림조합
7. 새마을금고법에 따른 새마을금고중앙회
8. 우체국예금·보험에 관한 법률에 따른 체신관서
9. 법 제251조에 제1항 전단에 따라 보험회사가 설정한 투자신탁
10. 경찰공제회법에 따른 경찰공제회
11. 과학기술인공제회법에 따른 과학기술인공제회
12. 교정공제회법에 따른 교정공제회
13. 군인공제회법에 따른 군인공제회
14. 대한소방공제회법에 따른 대한소방공제회
15. 대한지방행정공제회법에 따른 대한지방행정공제회
16. 한국교직원공제회법에 따른 한국교직원공제회
17. 한국지방재정공제회법에 따른 한국지방재정공제회
18. 전기공사공제조합법에 따른 전기공사공제조합
19. 최근 사업연도말 현재 운용자산이 2조원 이상이거나 가입자가 10만명 이상인 공제회 또는 공제조합
20. 그 밖에 법 제6조제7항에 따른 금융투자상품등에 대한 투자를 목적으로 2인 이상의 자로부터 금전등을 모아 설립한 기구 또는 법인등으로서 효율적이고 투명한 투자구조, 관리주체등 대통령령으로 정하는 요건을 갖춘 자(대통령령에서 정한 바 없음).

149) 종전(2018년 3월 28일 공표된 개정 자본시장법 시행일인 2018.9.28. 이전)에는 국가재정법 제81조에 따른 기금여유자금의 통합운용에 한해 집합투자로 보는 것으로 되어 있었고, 기금·공제회등은 '1인 투자자 펀드 의무 해지·해산규정(법 제192조제2항제2호, 제202조제1항제7호 등)의 적용을 면제하는 방법으로 사실상 단독펀드 설정·설립을 허용'하고 있었다.

150) 학교법인등 일정범위의 투자자의 경우에는, 펀드 설정·설립단계에서부터 단독펀드가 허용되지는 않지만, 환매등의 사유로 이러한 투자자 1인만 남은 경우에는 펀드를 해지·해산하지 않고 사실상 단독펀드로 계속 운용하는 것을 허용하고 있다(법 제192조제2항제5호 단서, 영 제224조의2).

151) 다음과 같은 규정들을 종합적으로 고려하면 투자자의 범주에 집합투자업자는 제외되는 것으로 보는 것이 타당할 것으로 생각된다. 첫째, 투자회사의 주주 총수가 1인인 경우 의무적으로 해산해야 하는데 이 경우 주주의 수를 산정할 때 법인이사(집합투자업자)인 주주는 제외된다(자본시장법 제202조제1항). 투자회사와 다른 법적 형태의 집합투자기구를 달리 취급할

제2관 금전등의 기금화(pooling)

집합투자에 해당하려면 투자자로부터 모은 금전등이 법적인 측면에서 '하나의 조직체(body)'에 귀속되어야 한다. 예컨대 신탁형펀드(투자신탁)에서는 투자자로부터 모은 금전등이 하나의 '신탁재산'이라는 'body'에 귀속되어 전체로서 운용된다. 투자회사와 같은 회사형펀드의 경우는 투자자로부터 모은 금전등이 당해 투자회사라는 'body'에 귀속되어 전체로서 운용된다.

이러한 의미에서의 'body'는 법인격이 있는지 여부는 중요하지 않다. 따라서 금전등의 기금화(pooling) 수단으로는 회사, 신탁, 조합은 물론이고 계약도 이용될 수 있다. 자본시장법은 정책적 이유 등으로 집합투자업을 인가받거나 등록한 집합투자업자가 이용할 수 있는 집합투자기구의 법적 수단에는 '계약'을 제외하고 있지만(즉, '계약형 집합투자기구'는 허용하지 않는다), 무인가·무등록 집합투자업 금지규정(법 제11조)의 적용대상에는 '계약'을 이용한 집합투자도 포함되는 것으로 보아야 할 것이다.

투자자의 금전등이 하나의 펀드에 속하지 않고 분리되어 있지만 하나의 통합계좌(joint account)에 모아져서 관리되는 경우가 집합투자에 해당하는지가 문제 될 수 있다. 이러한 통합계좌가 모든 투자자를 위한 하나의 신탁기금(trust fund)으로 볼 수 있는 경우는 집합투자에 해당하는 것으로 볼 수 있을 것이다. 이와 관련된 이슈가 투자일임이나 신탁에서의 집합운용인데, 자본시장법시행령(이하 '시행령' 또는 '영') 및 금융투자업규정(이하 '규정')에서 정하는 일정한 기준에 따르는 경우에 한해 집합주문이라는 이름하에 제한적으로 허용되고 있다(영 제99조제2항제4호, 영 제109조제1항제5호, 규정 제4-77조제4호·제5호·제13호, 규정 제4-93조제19호·제21호·제26호).

제3관 투자(investment)

자본시장법은 집합투자 정의규정에서 '투자'라는 표현을 쓰지 않고 '취득·처분 기타 방법으로 운용'이라는 표현을 사용하여 규정하고, 다른 규정에서 기타 운용방법으로 증권의 대여·차입, 부동산의 개발·임대 및 운영·관리·개량 등을 명시하고 있다. 투자신탁 정의규정에서는 '투자·운용'이라는 용어를 사용하고 있다.

합리적인 이유를 찾기 어려우므로 투자신탁 등의 경우에도 동일하게 보는 것이 타당하다. 둘째, 해지 또는 해산을 회피할 목적으로 투자자의 수가 1인인 집합투자기구가 발행한 집합투자증권을 해당 집합투자기구의 집합투자업자·판매회사·신탁업자 또는 그 임직원에게 판매하는 행위가 금지된다(법 제71조제7호, 영 제68조제5항제14호, 규정 제4-20조제1항제10호 바목). 이처럼, 집합투자업자의 임직원, 판매회사·신탁업자 및 그 임직원은 집합투자의 정의규정과 관련하여서는 투자자의 범주에 포함되지만, 집합투자기구의 해지·해산 회피목적으로 이러한 자에게 당해 집합투자증권을 판매하는 행위는 별도의 법규에 저촉된다.

(투자의 의미) 집합투자 정의규정에서의 '취득·처분 기타 방법으로 운용' 또는 투자신탁 정의규정에서의 '투자·운용'의 본질은 '투자'(investment)라고 할 수 있다. 하지만 우리 법에서는 투자가 구체적으로 무엇을 의미하는지에 대해 직접 설명하는 규정이 없다. 미국 판례는 투자를 '수익을 얻기 위해 위험한 곳에 자금을 투입하는 것'으로 본다.[152]

'투자'는 집합투자기구와 일반사업법인을 구분하는 핵심개념으로서 상행위(commercial activity)와 대비되는 것으로 이해할 수 있다. 즉, 집합투자기구는 '투자'를 하고 일반사업법인은 '사업(비즈니스)'을 한다는 의미이다. 예컨대, 지주회사의 경우 외관상으로는 주식에 주로 투자하는 주식펀드와 다를 바 없지만 주식취득의 목적이 자회사를 통한 사업을 영위하는 것이기 때문에(즉 지주회사의 사업자체가 다른 회사의 사업내용을 지배하는 것이기 때문에) 집합투자에 해당하지 않는 것으로 자리매김되어 있다.[153]

(투자와 사업) 투자(investment)와 사업(business)은 모두 부를 창출하는 수단이지만 그 참여방식과 책임, 위험 그리고 결과에 이르는 전 과정에서 본질적 차이가 있다. 투자는 자본을 맡기고 결과를 기다리는 간접적 참여이며 주로 자산의 가치변화에 따라 수익이 결정된다. 사업은 직접 경영에 참여하여 상품이나 서비스를 창출하는 직접적인 활동으로 자신의 역량과 전략에 따라 성패가 크게 달라진다. 투자와 사업으로 집합투자기구와 일반사업법인을 구분하는 것은 (펀드재산을 주로 증권에 투자하는)전통적인 '증권집합투자기구' 정도에서만 실질적인 의미를 가진다. 집합투자기구를 통해 사실상 사업(비즈니스)을 영위하는 것이 점차 확대되고 있기 때문이다.

집합투자기구의 투자대상이 종전의 증권에서 부동산등 실물자산 나아가 지적재산권과 같은 재산권으로 확대되고 운용방법 또한 단순한 취득 후 처분에서 나아가 부동산의 개발·운영·임대나 기업에 대한 금전대여 등으로 확대되고 있다. 집합투자기구를 통해 부동산을 개발하거나 기업을 상대로 금전을 대여하는 것은 그 실질이 부동산개발업 또는 대부업에 해당하므로 이는 사실상 사업을 영위하는 것과 다르지 않다. 이처럼 전통적으로 일반사업법인을 통해 영위되던 일부 사업들이 집합투자기구를 통해서도 가능해지면서 집합투자기구와 일반사업법인의 구분기준이 점점 모호해지고 있다. 해당 사업의 영위를 위해 통상적으로 필요한 인적·물적 설비를 갖추고 있는지 여부가 가장 중요한 구분지표가 될 것이다(영 제6조제4항제9호 참조). 집합투자기구는 집합투자를 위한 도구로서 상근 임직원·물적 설비를 갖추는 것이 허용되지

---

152) SEC v. Fifth Avenue Coach Lines, Inc〔289 F. Supp.3, 30(S.D.N.Y1969)〕.
153) 자본시장법 제6조제5항제3호, 동법시행령 제6조제4항제6호.

않기 때문이다. 집합투자기구가 사실상 사업을 영위하더라도 해당 사업에 상근 인력이나 물적 설비가 필요한 경우에는 외부 아웃소싱을 통해서 하여야 한다.

다른 측면에서 보면 일반사업법인이 사실상 집합투자기구처럼 활동하는 경우도 발견된다. 예컨대, 임직원을 둔 실체가 있는 주식회사가 정관에 기재된 특정사업은 형식적으로 영위하면서 회사 자산의 대부분을 주식투자로 운용하고 있다면 이러한 법인은 그 실질이 집합투자기구에 해당하는 것으로 볼 수 있다. 하지만 자본시장법은 이러한 경우는 집합투자의 범주에 포함시키고 있지 않다.[154)]

집합투자기구와 일반사업법인은 세제를 포함하여 많은 점에서 규제 차이가 있으므로 이를 어떻게 구분하여 자리매김할지, 집합투자기구를 통한 사업 영위를 어느 수준까지 허용할지 등에 대한 검토가 필요하다. 이러한 이슈는, 특정소수의 투자자로 구성되는 사모펀드의 경우에 더욱 중요한 의미를 가진다.

(집합투자기구에서 '사업'을 영위하는 경우에 발생하는 이슈) 집합투자기구에서 단순한 투자를 넘어 사실상 사업(예:부동산임대, 금전대여)을 영위하는 경우에는 다음과 같은 몇 가지 이슈가 제기될 수 있다.

첫째, 누구의 명의로 사업자등록을 하여야 하는지의 이슈가 있다. 특히 투자신탁의 경우 집합투자기구 자체는 법인격이 없고 투자신탁재산이 수탁자의 명의로 되어 있어 집합투자업자와 신탁업자 중 누구의 명의로 사업자등록을 하여야 하는지가 문제 될 수 있다. 부동산투자신탁을 통한 부동산임대의 경우 현재는 집합투자업자가 사업자등록을 하고 부가가치세를 처리하고 있다.

둘째, 해당 사업을 영위하기 위해 라이선스가 필요한 경우다. 자본시장법에서는 투자대상자산의 종류와 성격에 맞게 다양한 방법으로 운용할 수 있다는 선언적 의미의 규정을 두고 있을 뿐이다. 따라서 집합투자기구가 특정사업을 영위하려면 해당 사업 영위를 위해 해당 법에서 라이선스를 요구하는 경우에는 그에 따라 라이선스를 취득해야 한다. 투자신탁 형태의 집합투자기구의 경우 사업 영위에 필요한 라이선스를 누구 명의로 받아야 하는지도 문제가 될 것이다.

---

154) 미국은 이러한 회사도 투자회사(우리나라의 집합투자기구에 해당)로 분류한다. 즉, 유가증권에 대한 투자·재투자·소유·보유 또는 거래를 영업으로 하고 있거나 하고자 하는 자로서 총자산의 40% 이상이 투자증권(정부증권과 현금성 자산등은 제외)으로 구성되어 있는 발행인을 투자회사에 해당하는 것으로 정의하고 있다〔Investment Company Act section 3(a)(2)〕. 이는 소위 '자산보유기준'에 의한 투자회사 정의규정으로서 자산의 40% 이상이 투자증권으로 구성되는 회사의 경우 투자회사법상의 투자자보호가 필요하다는 판단에 따른 것이다. 참고로, 우리 자본시장법상 집합투자 정의규정에서는 이와 같은 '자산보유기준'을 고려하고 있지 않다.

셋째, 해당 사업 영위와 관련한 행위규제가 있는 경우에 집합투자기구에 대해서는 해당 사업 관련 규제를 어디까지 적용받도록 할 것인지가 문제 될 수 있다. 예컨대 집합투자기구에서 금전대여를 하는 경우에 금전대여와 관련한 대부업법 등의 규제를 어느 정도 적용받도록 할 것인지가 문제 될 수 있다.

제4관 일상적 운용지시

집합투자재산을 취득·처분 기타 방법으로 운용함에 있어 투자자로부터 '일상적인 운용지시'를 받지 않아야 한다.

(공모펀드의 경우) 공모펀드는 불특정다수의 투자자를 전제로 하므로 그 속성상 집합투자자총회를 통하는 것 외에는 개별 투자자가 운용등에 관여할 수 있는 여지는 사실상 거의 없다고 보아야 한다.

(사모펀드의 경우) 사모펀드는 소수의 특정투자자를 전제로 하므로 집합투자재산의 운용과 관련하여 투자자가 관여할 동기와 여지가 크다. 하지만 사모펀드에서의 투자자의 운용관여도 '일상적 운용지시'에 해당되지 않는 범위 내에서만 가능하므로 이와 관련하여 합리적인 해석이 필요하다. '일상적 운용지시'에서의 '운용지시'에는 직접적으로 운용에 관한 사항을 지시·명령·요청을 하는 경우 외에, 투자대상이나 거래조건 등 운용에 관한 중요사항을 사실상 투자자가 결정하고 집합투자업자는 수동적으로 집행만 하는 것으로 볼 수 있는 경우도 포함되는 것으로 보아야 할 것이다. 투자자가 이와 같은 의미에서의 운용지시를 운용기간 동안 계속적으로 하는 경우에 '일상적'으로 운용지시를 하는 것으로 볼 수 있을 것이다. '일상적 운용지시'에 해당하는지와 관련하여 주로 문제 되는 몇 가지 이슈를 살펴보면 다음과 같다.

첫째, 투자자의 의사를 반영하여 일반사모집합투자기구의 집합투자규약에 투자목적·대상·방법 등을 사전에 규정하여 집합투자업자가 그 정해진 범위 내에서 투자를 하도록 하는 것은 '일상적 운용지시'에 해당되지 않는다고 할 것이다. 투자자의 동의를 얻어 집합투자기구의 투자목적·대상·방법 등을 변경하는 것도 마찬가지다.

둘째, 집합투자기구 내에 투자자들로 구성되는 자문위원회(Advisory Board)를 두고, 동자문위원회가 운용등과 관련된 중요사안을 논의하더라도 그 논의결과가 집합투자업자와 당해 집합투자기구를 구속하지 않고 단순히 권고적 효력만 가지는 경우에는 '일상적 운용지시'에 해당되지 않는다고 할 것이다.

셋째, 운용행위가 집합투자업자(집합투자업자의 계열회사등 특수관계인 포함)와 투자자 간 또는 투자자와 투자자 간에 이해상충의 소지가 있는 경우에 전체 투자자의 의사를 물어서 처리하도록 하는 것도 '일상적 운용지시'에 해당되지 않는다고 할 것이다.

넷째, 집합투자기구 내에 투자자 또는 투자자가 지정하는 자로 구성되는 투자심의위원회를 두고 투자의사 결정 등을 수행하도록 하는 것은 '일상적 운용지시'에 해당할 소지가 크고 투자운용인력이 아닌 자에게 집합투자재산을 운용하게 하는 행위가 될 수도 있으므로 허용되기 어렵다고 할 것이다.

(OEM펀드) 자본시장법은 집합투자 정의규정과 별도로 투자자(판매회사)와 이면계약 등에 따라 그 투자자(판매회사)로부터 일상적으로 명령·지시·요청 등을 받아 집합투자재산을 운용하는 행위를 집합투자업자의 불건전영업행위의 한 유형으로 규정하고 있다.[155] 이처럼 투자자·판매회사의 명령·지시·요청 등을 받아 운용사가 형식적으로 운용하는 펀드를 OEM펀드[156]라고 한다. 판매회사의 경우는 '일상적으로' 요건이 없으므로 투자자의 경우에 비해 OEM펀드에 해당할 소지가 상대적으로 크다고 할 수 있다.

자본시장법이 OEM펀드를 불건전한 영업행위의 한 종류로 금지하는 것은, ⓐ 집합투자업자가 투자자·판매회사의 일상적인 지시등에 따라 집합투자재산을 운용하는 것은 투자펀드제도의 본질에 맞지 않을 뿐 아니라, ⓑ 이를 방치할 경우 사실상 무인가(무등록) 집합투자업 영위를 묵인하는 측면이 있고, ⓒ 운용결과에 대한 책임소재를 둘러싼 분쟁발생의 소지가 크기 때문이다. 이러한 OEM펀드는 투자자 1인으로만 구성되는 단독펀드나 판매회사가 스폰서(sponsor)로 참여하는 펀드에서 주로 발생하게 된다. OEM펀드에 대한 자세한 내용은 불건전영업행위 부분에서 보기로 한다.

제5관 투자대상자산

'재산적 가치있는 자산'으로 규정되어 있으므로 전통적인 펀드 투자대상인 증권, 부동산, 파생상품 등은 물론이고 이들 외에도 재산적 가치가 있는 자산은 모두 투자대상이 될 수 있다. 예컨대 지적재산권, 지상권과 같은 부동산 관련 권리, 광업권, 심지어 석유·와인·농산물·축산물과 같은 실물자산도 투자대상이 될 수 있다.

155) 자본시장법 제85조제8호, 동법시행령 제87조제4항제5호·제6호.
156) OEM(Original Equipment Manufacturing)이란 '주문자 상표 부착 생산'이라는 의미를 가지는 용어인데, 소위 OEM펀드는 주문자에 해당하는 투자자·판매회사의 상표를 붙이지 않고 운용사 자신의 상표를 붙인다는 점에서 OEM펀드의 속성을 정확히 나타내지는 못하는 용어라고 할 수 있다.

그러나 부동산을 제외한 나머지 실물자산은 투자의 개념과 관련한 이슈, 실물자산 관리의 어려움 등으로 인해 실제 집합투자의 대상이 되는 경우는 많지 않을 것으로 보인다. 예컨대 와인을 수입하여 수입가격에 일정한 이윤을 붙여 판매하는 것은 도소매업에 해당하는 '사업(비즈니스)'이지 투자가 아니다. 고가의 희귀와인을 취득하여 일정 기간 보관하였다가 가격이 오른 후에 판매하는 것은 '투자' 개념에는 부합하지만 이 경우는 보관·관리 등에 적지 않은 어려움이 따른다. 결국 자본시장법상으로는 실물자산을 직접 취득·처분하는 것도 집합투자의 범주에 포함되는 것으로 되어 있지만 실제에 있어서는 부동산을 제외한 나머지 실물자산은 펀드의 투자대상이 되기에 부적합한 것으로 보여진다.

제6관 전문적 운용자(third party investment manager)

집합투자 정의규정에 명시되어 있지는 않지만, '…투자자로부터 모은 금전등을… 운용하고…그 결과를 투자자에게 배분하여…'라는 문구와 '투자자로부터 일상적 운용지시를 받지 않으면서'라는 문구를 고려할 때 투자자와 분리된 별도의 운용자의 존재를 전제로 하고 있다고 보는 것이 합리적이다. 제삼자 운용자는 투자결정권한을 가지고 있어야 한다. 펀드 조직서류에 펀드의 투자전략이 구체적으로 기재되어 있더라도 그러한 전략수행과 관련하여 일정한 재량이 주어져 있으면 제삼자 운용자가 존재하는 것으로 볼 수 있다. 투자구조를 집합투자에 해당하지 않도록 조직하기 위한 목적에서 제삼자 운용자가 없이 투자자가 스스로 관리하는 것이라고 하려면 투자대상자산의 선정등과 관련하여 투자자가 객관적이고 제한없는 권한을 가지고, 그러한 내용이 조직서류에 명시되고 일상적 운용 시에 실행되어야 할 것이다.

제7관 운용결과의 투자자 귀속(실적배당원칙)

집합투자에 해당하려면 투자대상자산에 대한 운용결과가 투자자에게 귀속되어야 한다. 즉, 집합투자에 따른 이익과 손실 모두 투자자에게 귀속되어야 한다.

(유사수신과의 관계) 불특정다수의 투자자로부터 투자금의 원본 또는 이를 초과하는 금액을 지급할 것을 약정하고 금전을 모아 자산등에 운용하는 행위는 집합투자가 아니라 유사수신행위에 해당하는 것으로 보아야 한다.[157)]

157) 유사수신행위의 규제에 관한 법률 제2조 참조.

(이익보장·손실보전과의 관계) 금융투자업자가 금융투자상품의 매매 기타 거래 전후에 투자자에게 이익보장이나 손실보전을 하는 것을 금지하는 규정(법 제55조제1호 내지 제4호)은 집합투자증권에도 적용된다. 따라서 특정한 집합투자기구의 운용사(집합투자업자)나 판매회사(투자매매중개업자)가 사전에 투자자에게 이익보장이나 손실보전을 약속하거나 사후에 정당한 이유없이 이익제공이나 손실보전을 하는 것은 금지된다.

(펀드손익의 분배·순위 차등화) 일반사모집합투자기구는 집합투자규약에 따라 투자자에 대한 손익의 분배 또는 손익의 순위 등에 관한 사항을 정할 수 있다(법 제249조의8 제8항). 투자자별로 손익 분배·순위를 차등하게 되면 경제적으로는 후순위투자자가 선순위투자자에게 일정부분 이익을 보장하거나 손실을 보전해 주는 것으로 볼 여지가 있으므로 그 차등의 구조를 고안할 때 주의를 기울여야 한다. 투자자별 손익의 분배나 손익의 순위를 차등하는 것은 운용결과의 투자자 귀속이라는 원칙은 유지하면서, 투자자별로 손익의 분배와 순위를 달리할 수 있도록 하여 투자자의 다양한 위험선호 수요를 충족할 수 있도록 하기 위한 것이라고 할 수 있다. 따라서 투자자별 손익분배 또는 손익순위의 차등 내용은 투자에 따른 위험-수익구조(risk-return profile)에 기초하여 이루어지는 것이 바람직하다. 이런 방식으로 투자자별 손익 차등이 이루어지는 경우에는 운용사(집합투자업자)나 판매회사(투자매매업자)가 당해 집합투자기구의 후순위투자자로 참여하는 것도 가능하다고 할 것이다.

(원본초과손실 시 추가매입약정) 집합투자재산의 원본을 초과하는 손실이 발생하는 경우에 투자자가 해당 집합투자기구의 집합투자증권을 추가로 매입하도록 사전에 약정하는 행위는 불건전영업행위로 금지된다(규정 제4-63조제10호). 이러한 행위는 실적배당원칙과 건전한 거래질서에 반할 수 있기 때문이다.

제3절 집합투자에서 제외되는 경우

제1관 총설

자본시장법은 집합투자에서 제외되는 것을 법령에서 열거하는 한편, 금융위원회가 구체적 사안에 대해 집합투자에 해당하지 않는 것으로 인정할 수도 있도록 하고 있다(법 제6조제5항, 영 제6조제4항).

집합투자에서 제외되는 것으로 법령에 열거되어 있는 것 중에는 집합투자에 해당함에도 불구하고 정책적 이유 등으로 제외하는 것도 있고(예: 개별법상의 사모펀드), 그 성질상 집합투자에 해당하지 않는 것으로 보이지만 규제대상 및 집합투자 개념을 명확히 하는 등의 목적으로 제외하는 것도 있다(예: 투자자로부터 모은 금전등을 투자자 전원의 합의에 따라 운용·배분하는 경우).

제2관 개별법에 따른 사모펀드

자본시장법시행령 제6조제1항 각 호에서 정하는 법률(개별법)에 따라 사모(私募)의 방법으로 금전등을 모아 운용·배분하는 것으로서 일반투자자등[158]의 총수가 49인 이하인 경우는 집합투자에서 제외된다(법 제6조제5항제1호). 여기서 49인을 산정할 때 다른 집합투자기구[159]가 해당 집합투자기구의 집합투자증권 발행총수의 100분의 10 이상을 취득하는 경우에는 그 다른 집합투자기구의 일반투자자등의 수를 더하여야 한다(영 제6조제3항).[160]

자본시장법상의 집합투자에서 제외되는 사모펀드를 규정하고 있는 개별법은 다음과 같다:[161] 부동산투자회사법, 선박투자회사법, 문화산업진흥 기본법, 산업발전법, 벤처투자 촉진에 관한 법률, 여신전문금융업법, 소재·부품·장비산업 경쟁력 강화를 위한 특별조치법, 농림수산식품투자조합 결성 및 운용에 관한 법률.

이처럼 자본시장법상의 집합투자에서 제외되는 개별법에 의한 사모펀드는 자본시장법상 펀드 관련 규제의 적용을 받지 않고 당해 개별법만 적용받는다. 하지만, 개별법에 의한 사모펀드(정확히는 사모펀드 출자지분)는 집합투자증권에는 해당하지 않더라도 대부분의 경우 자본시장법상의 증권에는 해당할 것이므로 투자권유 등과 관련하여 자본시장법이 적용될 수 있는 점에 유의할 필요가 있다.[162]

제3관 자산유동화기구

자산유동화에 관한 법률(이하 '자산유동화법') 제3조의 자산유동화계획에 따른 금전

---

158) 영 제6조제2항에서 정하는 일부 전문투자자를 제외한 투자자를 말한다.

159) 다음과 같은 집합투자기구는 투자자 합산대상에서 제외된다(영 제6조제3항 괄호): ⓐ 법 제80조제1항제5의2호에 따른 사모재간접집합투자기구, ⓑ 법 제80조제1항제5의3호에 따른 부동산·특별자산 재간접집합투자기구, ⓒ 법 제80조제1항제5의3호 각 목의 어느 하나에 해당하는 집합투자기구등에 대한 투자금액을 합산한 금액이 자산총액의 100분의 80을 초과하는 '부동산투자회사법 제49조의3 제1항에 따른 공모부동산투자회사'

160) 사모집합투자기구의 정의(법 제9조제19항)에서 언급하고 있는 100인 기준과는 다르다.

161) 영 제6조제1항.

162) 회사 형태로 조직하는 경우는 물론이고, 합자조합 형태(무한책임조합원과 유한책임조합원으로 구성)를 취하는 경우에는 그 합자조합의 출자지분이 자본시장법상의 증권에 해당하게 된다(자본시장법 제4조제4항).

등의 운용·배분은 집합투자에서 제외된다(법 제6조제5항제2호). 이는 자산유동화법에 따라 자산유동화계획을 금융위원회에 등록한 '등록자산유동화'의 경우 그 실질이 집합투자의 정의에 해당하는지 여부를 묻지 않고 집합투자의 정의에서 제외하겠다는 것이다.

한편, 금융위원회에 자산유동화계획을 등록하지 않은 '비등록자산유동화'의 경우는 사안별로 그 실질이 집합투자에 해당하는지 여부를 판단하여야 한다. 집합투자와 자산유동화(집합투자에 속하지 않는 자산유동화)를 구분하는 명시적인 기준이 없으므로 집합투자에 해당하는지 여부는 해석에 맡겨져 있다.

(입법론) 자산유동화는 금융위원회 등록 여부와 관계없이 유동화기구가 발행하는 증권의 유형(출자지분, 확정수익지급증권)과 유동화 기초자산의 운용 속성(소극적 운용, 적극적 운용) 등에 따라 집합투자에 해당할 수 있다. 예컨대, 출자지분을 발행하고 기초자산을 교체하는 유동화는 집합투자의 정의에 해당하는 것으로 보아야 한다. 따라서 법적 안정성을 위해 법령에서 집합투자에 해당하지 않는 자산유동화의 개념과 조건에 관하여 명확한 기준을 제시할 필요가 있다.[163)]

제4관 증권금융회사, 종합금융투자사업자, 신탁업자, 종합금융회사

1. 증권금융회사의 투자자예탁금 통합운용

법 제74조에 따른 증권금융회사가 투자자예탁금을 예치 또는 신탁받아 운용·배분하는 것은 집합투자에서 제외된다(영 제6조제4항제1호).

---

163) 미국의 입법례와 같이 펀드 관련 법에서 자산유동화와 집합투자를 구분하는 명확한 기준을 설정하는 것이 바람직하다. 미국의 경우 ABS발행인이 SEC Rule 3a-7에서 정하는 일정한 요건을 충족하는 경우에 한해 투자회사(investment company)의 정의에서 제외되어 펀드 관련 법(투자회사법 및 투자자문업자법)의 적용을 받지 않게 된다. 이러한 요건을 하나라도 충족하지 못하는 자산유동화기구는 투자회사로 취급되어 펀드 관련 법의 적용을 받게 된다. ABS발행인이 투자회사에서 제외되기 위한 요건은 다음과 같다: ⓐ 적격자산(eligible assets)만을 취득·보유할 것. 적격자산이란 일정 기간 내에 현금으로 전환되어 주기적으로 현금지급되는 것으로 짜여있는 채무를 말한다. 주식 기타 지분은 적격자산에 포함되지 않는다. ⓑ ABS보유자가 주로(본질적으로) 적격자산으로부터의 현금흐름에 의한 상환금을 받도록 하는 확정수익형(fixed-income) 증권이나 기타 증권을 발행할 것. ⓒ 확정수익형증권은 1개 이상의 신용평가회사로부터 투자등급을 받을 것. 단, 자위능력있는 투자자(accredited investors)에게만 판매하는 경우에는 투자등급이 아니거나 등급이 없어도 됨. 확정수익형 증권이 아닌 기타 증권은 적격기관투자자(qualified institutional investors), 당해 ABS 발행인의 조직·운영에 관련된 자와 그 관계인에게만 판매할 것. ⓓ 적격자산의 추가취득, 기보유하고 있는 적격자산의 처분은 다음과 같은 요건을 충족하는 경우에만 할 것: ⅰ) 발행인의 증권 발행에 관한 약정·정관등에 정한 요건을 준수할 것, ⅱ) 기발행 확정수익형 증권의 신용등급 하락을 초래하지 않을 것, ⅲ) 시장가치 변동으로 인한 이익실현이나 손실방지가 주된 목적이 아닐 것. ⓔ 독립적인 수탁자(trustee)를 선임할 것.

투자매매업자 또는 투자중개업자는 투자자예탁금(투자자로부터 금융투자상품의 매매 기타 거래와 관련하여 예탁받은 금전)을 고유재산과 구분하여 증권금융회사에 예치 또는 신탁하도록 되어 있다(법 제74조제1항). 이처럼 증권금융회사가 다수의 투자매매업자등으로부터 예치 또는 신탁받은 투자자예탁금을 집합하여 운용·배분하는 것은 집합투자에서 제외된다.

2. 종합금융투자사업자의 종합투자계좌(IMA)

법 제77조의2에 따라 지정받은 종합금융투자사업자[164]가 영 제77조의6 제1항 제3호에 따른 종합투자계좌업무를 하는 경우는 집합투자에서 제외된다(영 제6조제4항 제1의2).

종합투자계좌(Investment Management Account: IMA)란 고객으로부터 예탁받은 자금을 통합하여 기업신용공여등 기업금융 관련 자산등에 운용하고 그 결과 발생한 수익을 고객에게 지급하는 것을 목적으로 종합금융투자사업자가 개설한 계좌를 말한다. 종합투자계좌의 수탁금 관리, 운용 등에 대해서는 영 제77조의6 제3항에서 정하고 있다.[165] 종합투자계좌 예수금은 종합금융회사 어음관리계좌와 유사하게 종합금융투자업자가 원금 지급의무를 지고 운용수익은 사전약정에 따라 투자자에게 배분된다. 다만, 어음관리계좌와 달리 예금보험공사에 의한 예금자보호는 제공되지 않는다.[166]

종합투자계좌는 개념상 집합투자에 해당하지만 기업금융 조장 차원에서 집합투자에서 제외한 것으로 이해할 수 있다.

3. 신탁업자의 신탁재산 공동운용

다음 중 어느 하나에 해당하는 경우로서 신탁업자가 신탁재산의 효율적 운용을 위해 수탁금전을 공동으로 운용하는 경우는 집합투자에서 제외된다(영 제6조제4항제2호):

ⓐ 법 제103조제2항에 따른 종합재산신탁으로서 금전수탁비율이 40% 이하인 경우,

---

164) 종합금융투자사업자는 자기자본규모에 따라 영위 가능한 업무의 범위에 차이가 있다. 자기자본 3조원 이상인 자가 영위할 수 있는 업무는 전담중개업무, 기업에 대한 신용공여업무, 다자간비상장주식매매중개업무이다. 자기자본 4조원 이상인 자는 이에 추가하여 단기금융업을 영위할 수 있다. 자기자본 8조원 이상인 자는 이에 추가하여 종합투자계좌업도 영위할 수 있다(영 제77조의3 참조).

165) 종합금융투자계좌 수탁금의 70% 이상은 기업금융 관련 자산에 운용해야 하며, 개인에 대한 신용공여는 할 수 없다.

166) 금융위원회 보도자료, 초대형투자은행 육성을 위한 종합금융투자사업자제도 개선방안(2016.8.2.).

ⓑ 신탁재산운용으로 발생한 수익금의 운용 또는 신탁해지나 환매에 따라 나머지 신탁재산을 운용하기 위해 불가피한 경우.

4. 종합금융회사의 어음관리계좌(CMA)

법 제336조에 따른 종합금융회사가 영 제329조에 따라 하는 어음관리계좌 업무는 집합투자에서 제외된다(영 제6조제4항제4호).

어음관리계좌(cash management account: CMA)는 종합금융회사가 다수의 고객으로부터 예탁받은 자금을 통합하여 어음등에 운용하며, 고객에게 원금 지급의무를 지고 운용수익은 사전약정에 따라 배분한다. 즉, 어음관리계좌는 일종의 원금보장형 실적배당상품이라고 할 수 있는데, 예금자보호 대상이다.[167]

제5관 특수목적회사(SPC)

1. 총설

특정한 투자등의 목적으로 설립·운용되는 실체가 없는 명목상의 회사, 즉, 특수목적회사(special purpose company, SPC) 중에서 자본시장법 제249조의13에 따른 '투자목적회사'와 자본시장법 제6조제5항제3호, 영 제6조제4항제14호에 따른 '기업인수목적회사(소위 SPAC)', 그리고 조세특례제한법에 따른 '프로젝트금융투자회사'는 집합투자에서 제외된다. 이러한 특수목적회사는 해당 법에서 정하는 바에 따라 조직·운영되어야 한다.

한편, 자본시장법에 따른 '부동산투자목적회사'와 '특별자산투자목적회사'[168], 사회

---

167) 예금자보호법 시행령 별표(보호대상예금) 참조.

168) 부동산투자목적회사란 다음의 두 가지 요건을 모두 갖춘 회사를 말한다: ⓐ 부동산(법 제229조제2호에 따른 부동산: 부동산, 부동산파생상품, 부동산개발법인에 대한 대출, 부동산의 개발·관리·임대·운영, 부동산 관련 권리취득, 금융기관이 채권자인 부동산담보부채권 취득, 부동산 관련 증권) 또는 다른 부동산투자목적회사의 증권, 기타 금융위원회가 정하여 고시하는 투자대상자산에 투자하는 것을 목적으로 설립될 것, ⓑ 해당 회사와 그 종속회사(외감법시행령 제1조의3 제1항에 따른 종속회사)가 소유하고 있는 자산을 합한 금액 중 부동산을 합한 금액이 100분의 90 이상일 것(영 제80조제1항제1호 사목).
특별자산투자목적회사란 다음의 두 가지 요건을 모두 갖춘 회사를 말한다: ⓐ 특별자산(법 제229조제3호에 따른 특별자산: 증권 및 부동산을 제외한 투자대상자산) 또는 다른 특별자산투자목적회사의 증권, 기타 금융위원회가 정하여 고시하는 투자대상자산에 투자하는 것을 목적으로 설립될 것, ⓑ 해당 회사와 그 종속회사(외감법시행령 제1조의3 제1항에 따른 종속회사)가 소유하고 있는 자산을 합한 금액 중 특별자산을 합한 금액이 100분의 90 이상일 것(영 제80조제1항제1호 타목).
참고로, 부동산투자목적회사와 특별자산투자목적회사는 공모펀드에서만 이용할 수 있다. 사모펀드에서는 법 제249조의13에 따른 투자목적회사를 이용할 수 있다.

기반시설에 대한 민간투자법에 따른 '사회기반시설투자법인'[169], 외국환거래법령에 따른 '역외금융회사'[170] 등도 투자목적의 명목상의 회사에 해당하지만 집합투자의 정의에서 제외되어 있지 않다. 따라서 이처럼 집합투자의 정의에서 제외되지 않는 투자목적의 명목상의 회사들은 집합투자의 정의에 해당하지 않는 방식으로, 즉, 일반사업법인과 같이 조직·운영되어야 할 것이다.[171]

투자목적회사는 형식적으로 회사 형태를 취하고 있지만 말 그대로 '투자'를 위한 도구(vehicle)에 불과하므로, 이러한 투자목적회사에 대해서는 일반사업법인을 전제로 한 규제(예: 법 제87조제4항의 의결권 행사제한 규정)는 적용되지 않는 것으로 보아야 할 것이다.

2. 법 제249조의13에 따른 투자목적회사

법 제249조의13에 따른 투자목적회사가 그 업무를 하는 경우는 집합투자에서 제외된다(영 제6조제4항제3호). 즉, 사모집합투자기구등이 주주·사원으로 참여하는 투자목적회사(SPC)가 주식등에 투자하는 것은 집합투자에서 제외된다.

3. 기업인수목적회사(SPAC)

다른 법인과 합병하는 것을 유일한 사업목적으로 하고 모집을 통하여 주권을 발행하는 법인(기업인수목적회사)이 영 제6조제4항제14호 각 목의 요건을 모두 갖추어 그 사업목적에 속하는 행위를 하는 경우는 집합투자에서 제외된다(영 제6조제4항제14호).[172]

4. 프로젝트금융투자회사(PFV)

조세특례제한법 제104조의31 제1항에 따른 요건을 갖춘 법인(프로젝트금융투자회사)이

---

169) 하나의 사회기반시설사업의 시행을 목적으로 하는 법인을 말한다(사회기반시설에 대한 민간투자법 제43조제1항제3호. 자본시장법시행령 제80조제1항제1호 차목).

170) 역외금융회사란 직접 또는 자회사등을 통하여 증권, 채권 및 파생상품에 투자하여 수익을 얻는 것을 주된 목적으로 외국법에 따라 설립된 회사(설립 중인 회사 및 계약 형태를 포함한다)로서 설립준거법령 지역에 실질적인 경영활동을 위한 영업소를 설치하지 않은 회사를 말한다(외국환거래규정 제1-2조제15호). 역외금융회사의 투자대상이 증권·채권·파생상품으로 제한되고 회사 형태가 아닌 신탁등도 포함된다는 점에 유의할 필요가 있다.

171) 다만, 해당 법에 회사의 조직·운영등과 관련한 규정이 있는 경우에는 그에 따르면 될 것이다.

172) 기업인수목적회사(special purpose acquisition company, SPAC)는 기업인수·합병을 유일한 목적으로 하는 주식회사 형태의 명목회사다. 투자매매업자가 발기인이 되어 투자자로부터 공모방식으로 자금을 모집하여 설립하고, 설립 후 공모자금은 합병 또는 해산할 때까지 증권금융회사등에 예치 또는 신탁한다. 기업인수목적회사는 최초 모집한 주권의 주금 납입일부터 90일 이내에 그 주권을 증권시장에 상장시켜야 하고, 36개월 이내에 다른 법인과의 합병등기를 완료하여야 한다. 이 기간 내에 인수합병을 완료하지 못하는 경우에는 투자자에게 투자금을 반환하여야 할 것이다.

금전등(금전 기타 재산적 가치가 있는 것)을 모아 운용·배분하는 경우는 집합투자에서 제외된다(영 제6조제4항제5호).[173)]

제6관 국내 지주회사

지분증권 소유를 통해 다른 회사의 사업내용을 지배하는 것을 주된 사업으로 하는 국내회사가 그 사업을 하는 경우는 집합투자에서 제외된다(영 제6조제4항제6호).

제7관 가맹사업, 다단계판매사업, 제조업 등

(가맹사업) 가맹사업거래의 공정화에 관한 법률 제2조제1호에 따른 가맹사업은 집합투자에서 제외된다(영 제6조제4항제7호).[174)]

(다단계판매사업) 방문판매등에 관한 법률 제2조제5호에 따른 다단계판매사업도 집합투자에서 제외된다(영 제6조제4항제8호).[175)]

(제조업등) 통계법에 따라 통계청장이 고시하는 한국표준사업분류에 따른 제조업 등의 사업도 집합투자에서 제외된다(영 제6조제4항제9호). 즉, 이러한 사업자가 직접

173) 프로젝트금융투자회사(project financing vehicle: PFV)란 조세특례제한법 제104조의31 및 법인세법 제51조의2 제1항에 근거한 일종의 명목회사로서 프로젝트금융기법을 이용하여 부동산개발사업, 사회간접자본시설, 주택개발, 자원개발 등 상당한 기간과 자금이 소요되는 특정사업을 한시적으로 운영하여 그 수익을 주주에게 배분하는 주식회사를 말한다.
참고로, 프로젝트금융투자회사가 세제혜택을 받으려면 법인세법 제51조의2 제1항제1호부터 제8호까지의 규정에 따른 투자회사와 유사한 투자회사로서 조세특례제한법 제104조의31 제1항 각 호에서 정하는 요건을 충족하여야 한다[본점 외의 영업소를 둘 수 없고, 직원과 상근 임원을 둘 수 없으며, 한시적으로 설립된 회사로서 존립기간이 2년 이상이어야 하고, 발기설립의 방법으로 설립하여야 하며, 금융회사등이 발기인으로서 자본금의 100분의 5 이상을 출자하여야 하고, 자본금이 50억(100억) 이상이어야 하며, 자산관리 및 자금관리 업무를 제3자에게 위탁하여야 한다].

174) 가맹사업거래의 공정화에 관한 법률 제2조제1호에 따른 가맹사업이란 가맹본부가 가맹점 사업자로 하여금 자기의 상표·서비스표·상호·간판 기타의 영업표지(영업표지)를 사용하여 일정한 품질기준이나 영업방식에 따라 상품(원재료 및 부재료 포함) 또는 용역을 판매하도록 함과 아울러 이에 따른 경영 및 영업활동 등에 대한 지원·교육·통제를 하며, 가맹점 사업자는 영업표지의 사용과 경영 및 영업활동 등에 대한 지원·교육의 대가로 가맹본부에 가맹금을 지급하는 계속적인 거래관계를 말한다.

175) 방문판매등에 관한 법률 제2조제5호에 따른 다단계판매란 다음 각 목의 요건을 충족하는 판매조직(다단계판매조직)을 통하여 재화등을 판매하는 것을 말한다: ⓐ 판매업자에 속한 판매원이 특정인을 해당 판매원의 하위 판매원으로 가입하도록 권유하는 모집방식이 있을 것, ⓑ 판매원의 가입이 3단계(다른 판매원의 권유를 통하지 않고 가입한 판매원을 1단계 판매원으로 한다) 이상 단계적으로 이루어질 것. 다만, 판매원의 단계가 2단계 이하라고 하더라도 사실상 3단계 이상으로 관리·운영되는 경우로서 대통령령이 정하는 경우 포함, ⓒ 판매업자가 판매원에게 후원수당(다른 판매원들의 재화등 거래실적·조직관리 및 교육훈련 실적과 관련하여 판매원에게 지급하는 경제적 이익)을 지급하는 방식을 가지고 있을 것.

임직원, 영업소 기타 그 사업을 하기 위하여 통상적으로 필요한 인적·물적 설비를 갖추고 투자자로부터 모은 금전등으로 해당 사업을 하여 그 결과를 투자자에게 배분하는 경우는 집합투자에서 제외된다.

다만, 사업자가 해당 사업을 특정하고 그 특정된 사업의 결과를 배분하는 경우는 집합투자에 해당한다.

제8관 비영리 목적의 계(契) 등

(비영리 목적의 계) 학술, 종교, 자선, 기예, 사교 기타 영리 아닌 사업을 목적으로 하는 계는 집합투자에서 제외된다(영 제6조제4항제10호).

(종중등을 위한 비영리사업) 종중 기타 혈연관계로 맺어진 집단과 그 구성원을 위해서 하는 영리 아닌 사업도 집합투자에서 제외된다(영 제6조제4항제11호).

(비영리법인의 행위) 민법에 따른 비영리법인, 공익법인의 설립·운영에 관한 법률에 따른 공익법인, 사회복지사업법에 따른 사회복지법인, 근로복지기본법에 따른 우리사주조합, 기타 관련 법령에 따라 허가·인가·등록 등을 받아 설립된 비영리법인 등이 해당 정관 등에서 정한 사업목적에 속하는 행위를 하는 경우도 집합투자에서 제외된다(영 제6조제4항제12호).

제9관 투자클럽 등

투자자로부터 모은 금전 등을 투자자 전원의 합의에 따라 운용·배분하는 경우는 집합투자에서 제외된다(영 제6조제4항제13호). 소위 투자클럽(investment club) 및 투자자운용펀드(investors self-managing a fund)가 여기에 해당한다.

투자클럽 등에 해당하려면 투자결정(investment decision)이 실질적으로 투자자 스스로에 의해 이루어져야 한다. 즉, 투자대상 선정에 관한 객관적이고 제한 없는 권한이 투자자에게 있다는 내용이 관련 서류에 명시되고 실제로 그렇게 운영되어야 할 것이다. 투자에 관련된 모든 사항에 대해 구체적이고 세부적인 가이드라인을 투자자들이 미리 정해 놓은 경우에는 이를 제삼자에게 집행하게 하더라도 투자클럽 등에 해당하는 것으로 볼 수 있을 것이다.

투자자 전원의 합의에 따라 운용되는 한 투자클럽 등이 어떤 법적 형태로 조직되는지는 상관없다고 할 것이다. 또한, 투자클럽 등이 자산운용과 관련하여 투자자문업자로부터 투자자문(investment advice)을 받는 것도 가능하다. 하지만, 투자자들의 충실한 사전검토(prior competent and diligent review) 없이 자문내용에 따라 투자결정이 이루어지는 경우에는 투자클럽 등이 아니라 집합투자에 해당하는 것으로 평가받을 수 있다.

제10관 금융위원회가 인정하는 경우

금융위원회가 자본시장법시행령에서 정하는 사항을 종합적으로 고려하여 집합투자에 해당하지 아니한다고 인정하는 경우에는 집합투자에서 제외된다(영 제6조제4항 제15호). 집합투자에 해당하지 않는다는 것을 금융위원회로부터 개별적으로 인정을 받아야 하므로 실제 이용 가능성은 높지 않을 것으로 생각된다.

금융위원회가 집합투자 해당 여부를 판정하는 기준이 되는 사항은 다음과 같다.

ⓐ 운용에 따른 보수를 받는 전문적 운용자의 존재 여부,

ⓑ 투자자의 투자동기가 전문적 운용자의 지식·경험·능력에 있는지, 투자자와 전문적 운용자 간의 인적관계에 있는지 여부,

ⓒ 운용결과가 합리적 기간 내에 투자금액에 따라 비례적으로 배분되도록 예정되어 있는지 여부,

ⓓ 투자자로부터 모은 재산을 전문적 운용자의 고유재산과 분리할 필요성이 있는지 여부,

ⓔ 집합투자로 보지 아니할 경우에는 투자자보호가 뚜렷하게 곤란하게 될 가능성이 있는지 여부.

제4절 사모집합투자기구의 정의

자본시장법상 사모집합투자기구는 ⓐ '집합투자증권을 사모(私募)로만 발행하는 집합투자기구로서, ⓑ 대통령령이 정하는 투자자(일반투자자등)의 총수가 대통령령으로 정하는 방법에 따라 산출한 100인 이하인 것'을 말한다(법 제9조제19항).

제1관 집합투자증권의 사모발행

'사모(私募)'란 새로 발행되는 증권의 취득의 청약을 권유하는 것으로서 모집에 해당하지 않는 것을 말한다(법 제9조제8항). '모집'이란 대통령령으로 정한 방법으로 산출한 50인 이상의 투자자에게 새로 발행되는 증권의 취득의 청약을 권유하는 것을 말한다(법 제9조제7항).

따라서 집합투자증권을 '사모'로 발행한다는 것은, 특정집합투자기구의 집합투자증권을 새로 발행함에 있어 50인 미만의 투자자에게 취득의 청약을 권유하는 것을

의미한다. 여기서 50인 산정 시 기관투자자등은 포함하지 않는다.

'사모발행'의 규제 측면에서의 실질적 의의는 자본시장법 제3편제1장의 공모규제(public offering)[176]를 적용받지 않는다는 데에 있다.

제2관 일반투자자 등의 수 100인 이하

사모집합투자기구에 해당하려면 집합투자증권을 사모로 발행하는 데에서 나아가 그 집합투자증권을 취득한 투자자 중에서 대통령령으로 정하는 투자자의 수가 100인 이하여야 한다.[177] 집합투자증권 발행 시점에 투자자 수 기준을 준수하고 이를 유지하여야 한다.[178]

자본시장법령에서는 100인 산정 시 포함해야 하는 투자자(이하 '100인 산정 투자자')를 적극적으로 규정하지 않고, 100인 산정 시 포함되지 않는 투자자(이하 '100인 비산정 투자자')를 열거하고 있다.

1. 100인 산정 시 포함되지 않는 투자자

자본시장법 제9조제5항에서 정하는 전문투자자[179] 중에서 다음의 자를 제외한 전문투자자는 100인 산정대상에 포함되지 않는다(영 제14조제1항, 영 제10조, 규정 제1-7조의2·제1-8조): ⓐ 주권상장법인, ⓑ 기금관리운용법인 및 공제법인 중에서 법인세법시행규칙 제56조의2 제1항 및 제2항에 해당하지 않는 기금 및 공제법인, ⓒ 해외에 주권을 상장한 국내법인, ⓓ 지방자치단체, ⓔ 금융투자상품 잔고 100억원 이상인 국내법인이나 단체(외부감사대상 주식회사는 50억원), ⓕ 개인전문투자자,[180] ⓖ 외국정부·국제기구·외국중앙은행등에 준하는 외국인.

달리 말하면, 일반투자자[181]와 위의 ⓐ 내지 ⓖ에 해당하는 전문투자자는 '100'인 산정시 포함된다.[182] 일반투자자는 '사모'의 개념상 49인까지만 사모펀드에 가입할

---

176) 집합투자증권을 공모로 발행하고자 하는 경우에는, 미리 금융감독원에 증권신고서를 제출해야 하고 투자권유는 법정 투자설명서를 통해서 해야 하며, 신고서·설명서 미제출 및 허위기재 등에 대해서는 형사벌칙이 있으며, 증권신고서 및 투자설명서의 허위기재 등에 대해서는 손해배상책임특례규정이 적용된다(법 제3편제1장, 법 제444조).

177) 다만, 일반투자자의 수는 49인 이내여야 한다.

178) 금융위원회·금융감독원·금융투자협회, 사모펀드 제도개편 관련 주요 질의응답(2021.12).

179) 전문투자자란 금융투자상품에 관한 전문성 구비 여부, 소유자산 규모등에 비추어 투자에 따른 위험감수능력이 있는 투자자로서 법 제9조제5항 각 호에 해당하는 자를 말한다.

180) 개인전문투자자란 투자경험과 전문성 또는 손실감내능력을 갖춘 개인을 말한다(영 제10조). 자세한 내용은 제2편제1장제1절제2관 참조.

181) 일반투자자란 전문투자자가 아닌 자를 말한다(법 제9조제6항).

수 있으므로, 일반투자자 49인에 위의 ⓐ 내지 ⓖ에 해당하는 전문투자자 51인을 합하여 100인까지 사모펀드 투자자로 모으는 것이 가능하다.

이처럼 '전문투자자의 범위'와 사모집합투자기구 개념에서의 '100인 비산정 투자자의 범위'가 같지 않으므로 투자자 구성에 있어 주의를 요한다. 특히, 전문투자자에 해당하는 기금(기금 관리·운영법인)[183]이나 공제법인의 경우에도 그중 일부는 '100인 산정 투자자'에 해당하며,[184] 개인과 일반법인은 금융투자상품 잔고나 상장 여부와 관계없이 모두 '100인 산정 투자자'에 해당한다는 점에 유의하여야 한다.

2. 집합투자기구가 투자자인 경우의 산정 특례

1) 단일펀드 기준(10%)

집합투자기구에 대해서는 100인 산정특례가 있다. 즉, 100인 산정 시 어떤 집합투자기구(A: 투자집합투자기구)가 다른 사모집합투자기구(B: 투자대상집합투자기구)의 집합투자증권 발행총수의 10% 이상을 취득하는 경우에는 그 투자집합투자기구(A)의 '100인 산정 투자자'의 수를 합하여 다른 사모집합투자기구(B)의 투자자 수를 산출하여야 한다(영 제14조제2항제1호).[185] 여기서의 투자집합투자기구(A)에는 공모집합투자

182) 100인 산정에서 제외되는 투자자를 구체적으로 살펴보면 다음과 같다: ⓐ 국가·한국은행, ⓑ 은행법에 의한 은행·산업은행·중소기업은행·수출입은행·농협중앙회·수협중앙회·보험회사·금융투자회사·증권금융회사·종합금융회사·자금중개회사·금융지주회사·여신전문금융회사·상호저축은행 및 중앙회·산림조합중앙회·새마을금고연합회·신협중앙회·이들에 준하는 외국인, ⓒ 예금보험공사 및 정리금융공사·자산관리공사·주택금융공사·한국투자공사·한국정책금융공사·예탁결제원·한국거래소·금융감독원·집합투자기구·신용보증기금·기술신용보증기금·이들에 준하는 외국인, ⓓ 외국정부·조약에 따라 설립된 국제기구·외국중앙은행, ⓔ 법인세법 시행규칙 제56조의2 제1항에서 정하는 기금관리·운용법인(공무원연금법에 의한 공무원연금관리공단, 사립학교교직원 연금법에 따른 사립학교교원연금관리공단, 국민체육진흥법에 따른 서울올림픽기념국민체육진흥공단, 신용보증기금법에 의한 신용보증기금, 기술보증기금법에 따른 기술보증기금, 무역보험법에 따른 한국무역보험공사, 중소기업협동조합법에 따른 중소기업중앙회, 농림수산업자신용보증법에 따른 농림수산업자신용보증기금을 관리운용하는 농업협동조합중앙회, 한국주택금융공사법에 따른 한국주택금융공사, 문화예술진흥법에 따른 한국문화예술위원회). ⓕ 법인세법시행규칙 제56조의2 제2항에서 정하는 공제사업 영위법인〔한국교직원공제회법에 따른 한국교직원공제회, 군인공제회법에 따른 군인공제회, 신용협동조합법에 따른 신용협동조합중앙회(공제사업에 한정), 건설산업기본법에 따라 설립된 건설공제조합 및 전문건설공제조합, 전기공사공제조합법에 따른 전기공사공제조합, 정보통신공사업법에 따른 정보통신공제조합, 대한지방행정공제회법에 따른 대한지방행정공제회, 새마을금고법에 따른 새마을금고연합회(공제사업에 한정), 과학기술인공제회법에 따른 과학기술인공제회, 소방산업진흥에 관한 법률에 따른 소방산업공제조합, 건축사법에 따른 건축사공제조합〕.

183) 국민연금법에 따른 국민연금기금이나 공무원연금법에 따른 공무원연금기금과 같이 별도의 법률에 따라 설립된 기금을 말하며, 공익법인의 설립·운영에 관한 법률에 따라 허가를 받은 기금은 여기에 해당하지 않는다(금융위원회 유권해석 2009.4.).

184) 예컨대, 국민연금관리공단은 전문투자자이지만 100인 산정 투자자에 해당한다.

기구와 사모집합투자기구가 모두 포함된다고 할 것이다. 그리고 최초 취득 시에는 10% 미만이었으나 추후 B집합투자기구의 다른 투자자들의 환매 등으로 인하여 A집합투자기구의 취득비율이 10% 이상 되는 경우에도 A집합투자기구의 '100인 산정 투자자' 수를 합산하여야 한다.[186]

그리고 복층구조(3-4층 이상)로서 하위펀드가 상위펀드에 각각 상위펀드의 집합투자증권 발행총수의 10% 이상씩 투자한 경우에는 상위펀드의 투자자수 계산 시 모든 하위펀드의 투자자수를 합산하여야 한다.[187]

사모집합투자기구의 '일반투자자등 100인 이하' 요건과 관련하여 '100인' 산정 시 외국인도 포함되는 점을 고려할 때 투자하는 집합투자기구에는 외국 집합투자기구도 포함된다고 보아야 할 것이다.[188]

이처럼 피투자집합투자기구의 투자자 수를 산정하여 일반투자자등의 수가 100인을 초과하는 경우에는 당해 피투자집합투자기구는 사모집합투자기구가 아닌 것으로(즉, 공모집합투자기구)로 취급된다. 따라서 공모규제 위반 이슈도 따라오게 된다.

(특정재간접집합투자기구가 투자자인 경우) 집합투자기구가 투자자인 경우의 산정 특례에 대해서는 또 특례가 있다. 즉, 사모집합투자기구에 투자하는 집합투자기구가 다음 중 어느 하나에 해당하는 경우에는 (투자대상 사모집합투자기구의 집합투자증권을 10% 이상 취득하더라도) 그 투자대상 사모집합투자기구의 '100인 산정 투자자'의 수에 그 투자하는 집합투자기구의 투자자 수를 합산하지 않는다(영 제14조제2항): ⓐ 사모투자재간접투자기구(영 제80조제1항제5호의2),[189] ⓑ 부동산·특별자산투자재간접투자기구'(영 제80조제1항제5호의3),[190] ⓒ 특정공모부동산투자회사.[191]

---

185) 이는 실질적인 투자자 수가 50인 이상이어서 공모펀드로 설정되어야 함에도 불구하고 사모펀드의 외관을 이용하여 공모규제를 회피하는 것을 방지하기 위한 것이다.

186) 금융위원회 유권해석(2016.11.2.).

187) 금융위원회 유권해석(2020.8.12.). 여기서 상위펀드란 자금이 최종 pooling되는 펀드를, 하위펀드는 상위펀드에 자금을 직·간접적으로 투자하는 펀드를 말한다.

188) 따라서 한국의 사모집합투자기구에 투자하는 외국 entity의 경우 집합투자기구에 해당하는지 여부에 대한 검토가 필요하다.

189) 일반사모집합투자기구(법 제249조의7 제5항 각 호의 방법 즉, 경영참여방법으로 집합투자재산을 운용하지 않는 일반사모집합투자기구로 한정) 또는 이와 유사한 집합투자기구로서 법 제279조제1항에 따라 등록한 외국 집합투자기구가 발행하는 집합투자증권에 자산총액의 100분의 50을 초과하여 투자한 집합투자기구를 말한다(영 제80조제1항제5의2호).

190) 다음 어느 하나에 해당하는 집합투자기구의 집합투자증권(ⓓ의 경우에는 부동산투자회사법 제14조의8 제3항에 따른 부동산투자회사, 즉 사모부동산투자회사가 발행한 지분증권을 포함한다)에 대한 투자금액을 합산한 금액이 자산총액의 100분의 80을 초과하는 집합투자기구를 말한다: ⓐ 부동산집합투자기구, ⓑ 특별자산집합투자기구(투자대상이 사회기반시설사업·선박·항공기 등으로 한정), ⓒ 부동산 또는 특별자산(사회기반시설·선박·항공기

2) 동일운용사 다수펀드 기준(30%)

그 집합투자기구를 운용하는 집합투자업자가 둘 이상의 다른 집합투자기구를 함께 운용하는 경우로서 해당 둘 이상의 다른 집합투자기구가 그 집합투자기구의 집합투자증권 발행총수의 100분의 30 이상을 취득(여유자금의 효율적 운용을 위한 취득으로서 금융위원회가 정하여 고시하는 경우의 취득은 제외한다)하는 경우에는 그 집합투자증권 발행총수의 100분의 10 미만을 취득한 다른 집합투자기구의 투자자의 수도 더해야 한다(영 제14조 제3항).

3) 특정금전신탁이 투자자인 경우

특정금전신탁의 경우 수탁자(신탁업자) 명의로 일반사모집합투자기구에 가입하게 되지만 100인 산정 대상에 포함되는지 여부를 판단할 때에는 해당 특정금전신탁의 위탁자를 기준으로 한다.[192] 특정금전신탁은 신탁재산의 운용방법을 위탁자가 지정하므로 신탁재산의 실질적인 운용주체가 위탁자이며, 운용결과에 따른 위험을 실질적으로 감수하는 자도 위탁자이기 때문이다. 따라서 예컨대, 일반사모집합투자기구에 가입한 특정금전신탁의 위탁자가 주권상장법인이면 100인 산정 시 해당 주권상장법인을 포함하여야 한다.

제5절 사모집합투자기구의 구분

제1관 기관전용사모집합투자기구

기관전용사모집합투자기구란 "법 제249조의11 제6항에 해당하는 자(기관투자자등) 만을 사원으로 하는 투자합자회사인 사모집합투자기구"를 말한다(법 제9조제19항제1호).

기관전용사모집합투자기구도 일반사모집합투자기구와 같이 투자전략이나 투자대상에 아무런 제한이 없으므로 집합투자규약으로 PEF, 헤지펀드, 부동산펀드 등으로 조직할 수 있다. 하지만 기관전용사모집합투자기구와 그 운용사에 대한 규제는 일반

등 한정)에 자산총액의 100분의 50을 초과하여 투자하는 일반사모집합투자기구, ⓓ 부동산투자회사법 제2조제1호에 따른 부동산투자회사(영 제80조제1항제5의3호).
참고로, 2021년 자본시장법 개정으로 기관전용사모집합투자기구도 자산총액의 100분의 50을 초과하여 부동산·특별자산에 투자할 수 있게 되었지만, 위의 부동산·특별자산투자재간접투자기구의 투자대상에는 포함되지 않았다.

191) 영 제80조제1항제5의3호 각 목의 어느 하나에 해당하는 집합투자기구 등에 대한 투자금액을 합산한 금액이 자산총액의 80%를 초과하는 부동산투자회사법 제49조의3에 따른 공모부동산투자회사를 말한다.

192) 금융위원회 유권해석(2017.10.25.).

사모집합투자기구와 많은 점에서 차이가 있다. 기관전용사모집합투자기구의 법적 형태는 투자합자회사로만 조직해야 하고, 투자자는 기관투자자 등으로만 구성해야 하며, 조직·운영등에 대해 일반사모펀드와 다른 규정이 적용된다. 기관전용사모집합투자기구의 운용사에 대한 규제도 일반사모집합투자기구 운용사에 비해 대폭 완화되어 있다.

제2관 일반사모집합투자기구

일반사모집합투자기구란 "기관전용사모집합투자기구를 제외한 사모집합투자기구"를 말한다(법 제9조제19항제2호). 일반사모집합투자기구는 투자신탁등 법에서 허용하는 7가지 법적 형태로 조직할 수 있다. 그리고 집합투자규약에 따라 PEF, 헤지펀드, 부동산펀드 등으로 조직할 수 있다. 다만, 일반사모집합투자기구를 PEF로 조직·운용하는 경우에는 기관전용사모집합투자기구에 비해 규제상 불리한 점이 있다.[193]

(일반투자자 대상 일반사모집합투자기구) 일반투자자가 포함된 일반사모집합투자기구의 경우 일반투자자 보호를 위해 보다 강화된 규제가 적용된다는 사실에 유의하여야 한다.[194]

---

193) 첫째, 일반사모집합투자기구는 투자합자회사나 투자합자조합으로 조직하더라도 캐피탈콜(capital call) 방식의 출자(블라인드펀드의 투자기본계약에 따른 민사법상 출자약정과는 다른 의미임)가 법적으로는 허용되지 않는다(법 제217조제3항, 법 제219조제1항). 둘째, 일반사모집합투자기구의 경우, ⓐ 그 운용사가 상호출자제한기업집단 계열회사이거나 ⓑ 같은 상호출자제한기업집단에 속하는 금융회사의 당해 일반사모집합투자기구 집합투자증권 투자비중이 30%를 초과하면, 당해 일반사모집합투자기구가 취득한 다른 회사 주식 중 10%를 초과하는 주식에 대해서는 의결권 행사가 제한된다(법 제249조의7 제6항).

194) 일반투자자가 포함된 일반사모집합투자기구에 대한 규제특례에 관한 자세한 내용은 제2편 제1장제2절 참조.

제5장 사모집합투자기구의 법적 형태 등

제1절 총설

제1관 법적 형태의 제한

자본시장법은 집합투자기구(사모집합투자기구 포함)의 법적 형태를 신탁 형태인 투자신탁, 주식회사 형태인 투자회사, 유한회사 형태인 투자유한회사, 유한책임회사 형태인 투자유한책임회사, 합자회사 형태인 투자합자회사, 합자조합 형태인 투자합자조합 및 익명조합 형태인 투자익명조합으로 매우 넓게 인정하고 있다(법 제9조제18항).[195] 공모집합투자기구와 일반사모집합투자기구는 위의 법적 형태 모두 사용할 수 있지만 기관전용사모집합투자기구는 투자합자회사 형태만 허용된다.

집합투자기구의 법적 형태는 그 성격에 따라 신탁형(투자신탁), 회사형(투자회사, 투자유한회사, 투자유한책임회사, 투자합자회사) 및 조합형(투자합자조합, 투자익명조합)으로 구분할 수 있다. 회사형집합투자기구는 법인격이 있으므로 당해 집합투자기구의 명의로 재산을 소유하고 투자·운용을 하게 된다. 신탁형집합투자기구와 조합형집합투자기구는 법인격이 없으므로 당해 집합투자기구 명의로 재산을 소유하고 투자·운용을 하지 못한다. 신탁형집합투자기구의 경우 투자신탁재산의 소유명의 및 대외적 법률행위의 주체는 수탁자가 된다. 조합형집합투자기구의 경우 투자조합재산은 조합원이 합유하며 대외적 법률행위는 전체 조합원을 대리하여 업무집행조합원이 하게 된다. 집합투자기구의 법적 형태에 따른 규제 차이등에 대해서는 제2편 일반사모집합투자기구의 설정·설립 부분에서 상세하게 살펴보기로 한다.

집합투자의 수단으로 활용되는 주식회사, 합자회사 등은 상법상의 회사제도로서 상법의 적용을 받게 된다. 그러나 상법규정은 상행위를 목적으로 하는 실체가 있는 사업법인을 전제로 한 것이기 때문에 "paper company" 형태로 '투자'만을 목적으로

195) 독일과 프랑스 등 대륙 유럽국가에서 볼 수 있는 계약 형태의 펀드는 허용되지 않는다.

하는 집합투자기구에는 적합하지 않은 규정들이 적지 않다. 따라서 자본시장법은 상법규정 중에서 집합투자의 성격에 맞지 않는 규정은 적용을 배제하거나 일부 규정은 수정하여 적용하도록 하고, 나아가 상법규정에는 없지만 집합투자 규제에 필요한 사항은 자본시장법에 따로 규정하고 있다.

제2관 향후 전망

투자펀드의 발전과정을 보면 신탁 형태의 펀드는 영국에서, 회사 형태의 펀드는 미국에서,[196] 계약 형태의 펀드는 독일과 프랑스에서 주로 발전했다. 이는 각 나라에서 익숙하고 잘 발달되어 있는 법제도를 투자펀드의 수단으로 활용하였기 때문이다. 1990년대 들어 금융의 글로벌화가 진전되면서 미국에서 발달한 회사형펀드제도가 빠르게 다른 나라로 전파되어 이제는 전 세계적으로 가장 일반적인 공모펀드의 법적 형태가 되었다.[197]

우리나라에서는 공모펀드는 물론이고 사모펀드도 신탁 형태의 펀드 즉, 투자신탁이 대부분이고 회사 형태의 펀드가 일부 이용되고 있다. 다만, 부동산투자회사법·벤처투자촉진법등과 같은 소위 개별법의 적용을 받는 펀드는 회사 형태 또는 조합 형태이며, 특히 벤처캐피탈펀드는 모두 조합 형태다.

신탁제도가 우리에게 익숙하거나 잘 발달된 것이 아님에도 불구하고 이처럼 신탁 형태의 펀드가 압도적으로 이용되고 있는 데에는 1969년에 증권투자신탁업법 제정을 통해 처음으로 투자펀드제도를 도입할 때 신탁형펀드(투자신탁)만을 허용하였던 역사적인 이유(경로의존성)가 가장 큰 영향을 미친 것으로 생각된다. 또 다른 이유로는 투자신탁은 펀드운용사와 수탁회사 간의 계약만으로 펀드를 조직하게 되므로 회사형펀드에 비해 펀드 조직에 드는 시간과 비용이 상대적으로 절감되고, 펀드 자체가 별도의 법인격이 없어 계열회사 편입 이슈 등이 발생하지 않는다는 점이 운용사 입장에서 선호하는 이유로 생각된다. 그리고 투자자 입장에서도 회계등 여러 가지 이유로 회사형

196) 미국의 투자펀드에 관한 연방차원의 규제법은 투자회사법(Investment Company Act of 1940)인데, 동법은 어떤 투자펀드가 그 법적 형태(회사, 신탁, 조합 등)에 상관없이 동법상의 투자회사의 정의에 해당하면 투자회사로 보고 동법의 적용을 받도록 한다. 따라서 어떤 투자펀드가 미국 투자회사법상의 투자회사라 하더라도 그 투자펀드의 법적 형태가 반드시 회사인 것은 아니라는 사실에 유의할 필요가 있다.

197) 우리나라는 1998년에 증권투자회사법을 제정하여 회사형증권펀드제도를 도입하였고, 이후 2001년에는 부동산투자회사법을 제정하여 회사형부동산펀드제도를 도입하였으며, 2002년에는 선박투자회사법을 제정하여 회사형선박펀드제도를 도입한 바 있다. 이때까지만 해도 회사형펀드는 증권, 부동산 및 선박을 투자하는 경우에 한해 인정되었다. 이후 2003년에 증권투자신탁업법과 증권투자회사법을 통합한 간접투자자산운용업법이 제정되면서 회사형펀드(주식회사 형태의 투자회사)에서 증권·부동산을 포함한 모든 자산에 투자할 수 있게 되었다.

펀드에 대한 투자를 꺼리는 점도 한 원인으로 작용하는 것으로 보인다.

합자회사 형태만을 채택해야 하는 기관전용사모집합투자기구(종전의 경영참여형사모집합투자기구)를 제외하면 자본시장법에서 인정하는 다양한 법적 형태 중에서 실제 사모집합투자기구로 활용되는 것은 신탁형(투자신탁)이 대부분이고 드물게 주식회사 형태나 유한회사 형태의 회사형펀드가 이용되고 있다. 아직까지 조합 형태의 집합투자기구(투자익명조합, 투자합자조합)는 사례를 찾기 어렵다.

앞으로도 일반사모집합투자기구의 법적 형태로는 투자신탁이 가장 많이 이용될 것으로 예상된다. 다만, 투자성격상 장기간 지속되어야 할 집합투자에서는 회사형이 선택될 가능성이 높다.[198)]

이 책에서는 편의상 실제 일반사모집합투자기구의 법적 형태로 주로 이용될 것으로 예상되는 투자신탁과 투자회사만을 대상으로 설명하고, 필요시 다른 형태의 집합투자기구에 대해서도 살펴보기로 한다.

제2절 투자신탁

제1관 정의 등

자본시장법은 투자신탁을 '집합투자업자인 위탁자가 신탁업자에게 신탁한 재산을 신탁업자로 하여금 그 집합투자업자의 지시에 따라 투자·운용하게 하는 신탁 형태의 집합투자기구'로 정의하고 있다(법 제9조제18항제1호).

이처럼 투자신탁은 신탁을 집합투자재산의 보유도구로 이용하는 집합투자기구의 한 유형이다. 투자신탁에서는 집합투자업자가 투자자를 모으고 펀드 운용등 관리를 하지만 펀드재산(신탁재산)은 신탁의 수탁자(trustee) 명의로 소유·보관된다. 투자신탁의 수익권은 신탁재산에 대한 비례적 지분으로 발행되고 수익증권 발행대금이 투자를 위해 현금으로 신탁재산에 더해지므로, 투자신탁의 수익권은 주식회사의 주식과 그리고 투자신탁의 신탁재산은 주식회사의 자본과 유사한 성격을 가지게 된다.

투자신탁은 신탁에서의 수탁자기능(신탁재산의 소유·보관, 신탁재산의 운용·관리)이 분리되어 신탁재산의 소유·보관기능은 신탁업자가 수행하고, 신탁재산의 운용·관리기능은 집합투자업자가 수행한다. 1800년대 후반에 영국에서 처음 출현한 최초의 투자신탁은 수탁자가 신탁재산의 소유·보관과 운용·관리를 모두 수행하는 전통적인 신탁의 한 유형으로 시작했으나, 운용자가 신탁재산의 소유·보관도 함께 하는 데 따른 폐해(횡령,

198) 투자회사와 투자유한회사 중에서 선택을 할 때는 공정거래법, 부동산개발 관련 법령 등 다른 법령의 제약 여부도 검토할 필요가 있다.

자기거래등)가 드러나면서 자연스럽게 수탁자기능이 분리되어 오늘날의 현대적 의미의 투자신탁(unit trust)으로 발전했다.[199]

현재 영국의 투자신탁(unit trust)은 운용사와 신탁회사 간의 신탁계약에 따라 설정되고, 신탁재산의 운용기능은 운용사가 수행하고 신탁재산의 보관 및 운용사 감시기능은 수탁자가 수행한다.

미국의 투자신탁은 사업신탁(business trust)[200] 형태이며 1인 또는 수인의 수탁자의 신탁선언으로 투자신탁이 설정되고 형식적으로는 수탁자가 신탁재산을 소유·보관하면서 운용도 하는 것으로 되어 있지만 실제에서는 신탁재산의 운용은 외부전문가(투자자문업자: 펀드운용사)에게 위탁하고 신탁재산의 보관은 자산보관자(custodian)에게 위탁한다.

우리 자본시장법상의 투자신탁은 많은 점에서 영국의 투자신탁(unit trust)과 유사하다.

제2관 투자신탁관계[201]의 당사자

1. 집합투자업자(manager)

집합투자업자는 신탁계약의 체결 및 해지, 신탁재산의 투자결정 및 운용지시, 펀드편입자산의 평가, 수익증권 판매 및 환매등에 적용되는 기준가격의 산정, 수익증권의 발행(판매) 및 소각(환매), 펀드회계 등의 업무를 수행한다. 수익증권의 판매는 집합투자업자가 직접하거나 투자매매중개업자에게 판매를 위탁한다. 기준가격 산정등의 업무도 집합투자업자가 직접 수행하거나 외부전문가에게 위탁한다.

---

199) 투자신탁의 발전과정에 대한 자세한 내용은 박삼철·이중기, "제도로서의 투자신탁법제의 기본구조와 발전전략", 홍익법학 제15권 제1호(2014) 참조.

200) 사업신탁(business trust)은 사업을 수행할 목적으로 만들어진 기업조직의 한 형태로서의 신탁을 말한다. 19세기 말에 미국의 매사추세츠주에서 처음 출현하였기 때문에 매사추세츠 신탁(Massachusetts Trust)이라고도 한다. 사업신탁의 수익권은 신탁재산에 대한 비례적 지분으로 발행되고 제삼자에게 양도될 수 있다는 점에서 주식과 유사하다. <u>투자펀드로 이용되는 사업신탁</u>은 일반적인 사업신탁과 달리 수탁자가 직접 신탁재산을 운용하지 않고 외부전문가에게 운용을 맡기고 자신은 그자를 감시하는 역할만 수행하는 것으로 변용되었다. 미국의 business trust 형태의 투자펀드는 영국의 투자신탁이 현대적 투자신탁으로 발전하는 데에 상당한 영향을 끼쳤다. 즉, 투자신탁은 영국에서 탄생하여 미국으로 건너가서 발전하여 다시 영국의 투자신탁 발전에 영향을 끼친 것이다.

201) 투자신탁의 법률관계에 대해서는 이를 신탁법리로만 파악하는 법적 신탁관계설(이중신탁설)과 신탁을 포함하는 조직계약관계로 파악하는 조직계약설이 있다.
법적 신탁관계설은 투자자로부터 투자관리를 신탁받은 집합투자업자가 그 업무의 일부인 신탁재산의 보관과 관리업무만을 신탁업자에게 신탁한 것으로 파악하고, 투자자는 집합투자업자에 대해서는 위탁자의 지위에 있고 신탁업자와의 관계에서는 수익자의 지위에 있는 것

2. 신탁업자(trustee)

신탁업자는 펀드재산의 소유 및 보관, 집합투자업자의 운용지시에 따른 거래집행, 운용자 감시등의 업무를 수행한다.

일반사모집합투자기구에서 신탁업자의 집합투자업자에 대한 감시기능은 공모펀드에 비해 대폭 축소되어 있지만(법 제249조의8의 규정에 따라 일반사모집합투자기구에 대해서는 법 제247조제5항제4호 및 제5호만 적용), 일반투자자가 투자자로 참여하는 경우에는 공모펀드의 경우와 동일한 수준의 감시기능을 수행하게 된다(법 제249조의8 제2항제5호).

3. 투자자(수익증권 보유자)

투자자는 투자신탁의 수익증권을 취득함으로써 집합투자업자와 신탁업자가 체결한 신탁계약에서의 수익자로서 당해 투자신탁관계의 당사자가 된다. 수익자는 자신이 취득한 수익증권 지분에 따라 투자신탁의 투자원본의 상환 및 이익분배를 받게 된다. 공모펀드의 경우 투자신탁의 수익자는 투자원본 상환 및 이익분배 등에 관하여 수익증권 좌수에 따라 균등한 권리를 가진다(법 제189조제2항). 그러나 일반사모집합투자기구의 경우 법 제189조제2항의 적용이 배제되므로 신탁계약에서 수익자에 대한 손익의 분배 또는 손익의 순위 등에 관해 (다르게) 정할 수 있다(법 제249조의8 제1항 및 제8항).

공모펀드에 적용되는 자본시장법상의 수익자총회 관련 규정(법 제190조 및 제191조)은 일반사모집합투자기구에는 적용되지 않으므로(법 제249조의8 제5항 본문),[202] 수익자가 수익자총회를 통해 투자신탁에 관한 중요한 사항을 결정할 수 있는 권리가 법적으로

으로 본다. 따라서 자본시장법을 신탁법의 특별법으로 보며, 자본시장법에 특별규정이 없는 경우에는 신탁법이 적용된다고 한다.

조직계약설은 투자신탁을 "구성 자산의 보유도구로서 '신탁'을 채택한 운용자와 수탁자 간의 투자신탁계획에 수익지분보유자가 참여한 집단적 조직계약관계"로 본다. 조직계약설에 따르면, 투자신탁의 당사자(집합투자업자, 수탁업자, 수익증권보유자)는 상호계약관계에 있게 되며, 수탁자는 계약상 의무 외에 신탁재산의 수탁자로서 수익자에 대해 신탁상의 의무도 부담하게 되는 것으로 보며, 신탁재산의 분리보유와 관련하여서는 신탁법이 적용된다고 본다.

자본시장법상의 투자신탁 관련 규정들은 체계적이지 못하여 법적 신탁관계설과 조직계약설 어느 설에 따르더라도 이론적으로 일관성있는 설명을 하기 어렵다. 투자신탁의 실질에 입각하여 입법적인 정비를 할 필요가 있다. 자본시장법상 투자신탁의 법률관계에 대한 자세한 논의는, 박삼철·이중기, "제도로서의 투자신탁법제의 기본구조와 발전전략", 홍익법학 제15권 제1호(2014), 542면 내지 546면 참조.

202) 일반투자자를 대상으로 하는 일반사모집합투자기구의 경우에는 법 제237조가 적용된다. 즉, 환매의 연기와 관련한 사항을 수익자총회에서 결의하여야 한다(법 제249조의8 제5항 단서).

보장되지는 않는다. 그러나 일반사모집합투자기구의 경우도 신탁계약에서 수익자총회를 설치하고 특정한 중요사항을 수익자총회에서 결정하도록 하거나 투자자의 동의를 받도록 하는 방법으로 투자자의 통제장치를 마련하는 것은 가능할 것이다. 한편, 투자자는 집합투자업자(판매회사)에 대해 당해 집합투자재산에 관한 장부·서류의 열람이나 등초본의 교부를 청구할 수 있다(법 제91조제1항·제2항).

제3관 적용법률 등

1. 신탁법 적용 이슈

집합투자기구는 자본시장법에서 특별히 정한 경우를 제외하고는 상법 및 민법의 적용을 받는다(법 제181조). 이 규정의 문언만 보면 신탁 형태의 집합투자기구 즉, 투자신탁에는 신탁법을 적용할 근거가 없는 것으로 해석될 여지가 있다.

그런데, 자본시장법은 투자신탁을 신탁 형태의 집합투자기구로 정의하고 있고(법 제9조제18항제1호), 자본시장법상 '신탁'이란 신탁법 제2조의 신탁을 말하므로(법 제9조 제24항), 투자신탁은 기본적으로 신탁관계이며, 이러한 신탁관계에 관한 사항 중 자본시장법에서 정하고 있지 않은 신탁에 관한 내용에는 신탁법이 적용되는 것으로 보는 것이 타당하다. 따라서 법 제181조는 단순한 주의적 규정으로 보아야 할 것이다.[203]

이처럼 투자신탁에 신탁법이 적용되는 것으로 보는 경우 신탁법의 적용범위가 다시 문제 된다. 자본시장법은 회사형집합투자기구와 조합형집합투자기구에 대해서는 상법·민법 중 적용이 배제되는 규정을 명시하고 있지만,[204] 투자신탁에 대해서는 '신탁법과의 관계'를 정하는 규정을 두고 있지 않기 때문이다. 따라서 투자신탁에 대한 신탁법 적용과 관련하여서는 신탁법의 어떤 규정이 투자신탁에 적용되는지가 실질적인 이슈라고 할 수 있다.[205] 이와 관련하여, '신탁법에 따른 투자신탁재산의 독립성'은 집합투자제도로서의 투자신탁의 본질적 요소라고 할 수 있으므로,[206] 신탁재산의

203) 자본시장법은 집합투자기구에 대해 상법 및 민법 규정의 일부를 적용배제하는 규정을 두고 있어 법 제181조가 없더라도 이들 규정에 따라 적용이 배제되지 않는 상법 및 민법 규정은 당연히 적용될 것이므로, 자본시장법 제181조를 주의적 규정으로 보더라도 별문제가 없을 것이다.

204) 자본시장법 제206조, 제212조, 제217조, 제217조의7, 제223조, 제228조.

205) 사견으로는 신탁재산의 독립성에 관한 사항을 제외한 나머지 사항은 가급적 자본시장법에서 집합투자기구로서의 투자신탁의 특성을 반영하여 완결적인 규정을 두는 것이 바람직할 것으로 생각한다.

206) 신탁이 집합투자기구의 재산보유 수단으로 이용되는 가장 중요한 이유는 투자자들의 자금이 신탁법에 따른 신탁재산이 되어 운용자 및 수탁자의 고유재산과 분리되어 안전하게 보관되기 때문이다. 이는 투자회사와 같은 회사형펀드에서 투자자들의 자금이 독립적인 법인격을 가진 투자회사의 자본이 되어 운용자의 고유재산과 법적으로 분리되어 안전하게 보관되는 것과

독립성에 관한 신탁법 규정은 당연히 투자신탁에 적용되는 것으로 보아야 한다.[207]

2. 집합투자업자·신탁업자의 유한책임

신탁법리에 따르면 신탁재산으로 거래를 한 경우 수탁자는 자기의 재산으로 수익자 외의 제삼자에 대하여 무한책임을 지므로,[208] 자본시장법에서는 투자신탁에서의 수탁자의 책임에 대한 특례를 규정하고 있다. 즉, 집합투자업자 및 신탁업자(수탁자)는 투자대상자산의 취득·처분 등을 한 경우 그 투자신탁재산으로 그 이행 책임을 부담한다.[209] 다만 법령·집합투자규약 등을 위반하여(법 제64조제1항) 손해배상책임을 지는 경우에는 그러하지 아니하다(법 제80조제2항). 집합투자업자의 경우에도 명시적인 규정을 둔 것은 집합투자업자가 실제 수탁자 기능의 일부를 수행하고 있는 점과 함께 자기 명의로 직접 거래하는 경우의 이행책임과 관련한 법적 논란의 소지를 없애기 위한 것으로 이해된다.

이처럼 투자신탁은 수탁자가 투자신탁재산으로만 책임을 지므로 일응 유한책임 신탁이라고 할 수 있다. 이는 투자신탁의 수탁자가 투자신탁재산으로 행한 거래에 따른 채무에 대하여 투자신탁재산만으로 책임을 진다는 의미이지 투자신탁이 신탁법 제114조에 따른 유한책임신탁이라는 것은 아니다.[210]

같은 기능을 수행한다.

207) 신탁재산의 독립성에 관해서는 신탁법 제20조 내지 제22조에서 규정하고 있다. 즉, 신탁재산은 수탁자 명의의 재산이 되지만 독립된 목적재산으로서 수탁자의 고유재산과 분별관리되고 계산도 독립적으로 이루어지며(신탁법 제20조 이하), 수탁자의 고유재산에 속하는 채무의 채권자가 신탁재산에 대해 강제집행·경매를 할 수 없고(신탁법 제22조제1항), 신탁재산은 수탁자가 파산하더라도 수탁자의 파산재단을 구성하지 아니하며(신탁법 제24조), 신탁재산에 속하는 채권과 신탁재산에 속하지 아니하는 채무를 상계할 수 없다(신탁법 제25조).

208) 대법원 2010. 6. 24. 선고 2007다63997 판결 등.

209) 다만, 대법원 2024. 2. 15. 선고 2019다208724 판결에 따르면 집합투자업자와 신탁업자가 민법 제758조제1항에 따라 투자신탁재산인 공작물의 점유자로서 공작물의 설치 또는 보존의 하자로 피해를 입은 제3자에게 손해배상책임을 부담하는 경우, 투자신탁재산을 한도로만 책임을 부담하는 것이 아니라 고유재산으로도 책임을 부담하여야 한다고 하므로 주의가 필요하다. 이에 관한 자세한 내용은 제2편제6장제3절제3관 참조.

210) 참고로, 신탁법에 따른 유한책임신탁의 경우 신탁법 제11장(제114조 내지 제139조)에서 설정, 거래 시 명시·교부, 등기, 청산 등에 대해 별도의 규정을 두고 있다. 예컨대, 유한책임신탁은 신탁등기를 해야 비로소 그 효력이 발생하고(신탁법 제114조제1항), 수탁자는 거래상대방에게 유한책임신탁이라는 뜻을 명시하고 그 내용을 서면으로 교부해야 한다(신탁법 제116조제1항).

제3절 투자회사

제1관 정의 등

자본시장법은 투자회사를 '상법에 따른 주식회사 형태의 집합투자기구'로만 정의하고 있다(법 제9조제18항제2호). 종전의 간접투자자산운용업법에서는 '회사의 재산을 자산에 운용하여 그 수익을 주주에게 배분하는 것을 목적으로 설립된 상법에 의한 주식회사인 간접투자기구'로 정의하고 있었다(동법 제2조제4호).

투자회사는 투자자가 납입한 자금등을 자본으로 하여 집합투자의 목적으로 설립되는 주식회사로서 대표적인 회사 형태의 집합투자기구다. 집합투자목적의 투자회사로서의 주식회사와 사업을 수행하는 일반 주식회사와의 가장 큰 차이는 환매를 해주는 개방형펀드 형태일 때 나타난다.[211] 일반 주식회사는 자기주식 취득에 관한 규정의 제한 하에서 또는 합병 등 특수한 사유가 발생한 경우에 한해 주주의 주식매수청구에 응해 회사 자금으로 주식을 매수할 수 있다. 반면에 투자회사인 주식회사는 일상적으로 주주(투자자)의 청구가 있으면 회사 자금으로 주식을 매수(환매)한다. 이는 일반 주식회사에서 중요한 의미를 가지는 자본유지·불변의 원칙에 대한 중대한 예외로서 집합투자기구로서의 투자회사의 특성이다. 이 밖에도 집합투자기구로서의 투자회사는 그 업무를 외부전문가에 위탁하고, 집합투자업자가 법인이사로 당해 투자회사의 기관이 되어 업무를 집행하고, 감사 등의 기관을 두지 않아도 되는 등 지배구조 측면 등에서도 일반 사업법인인 주식회사와 차이가 있다.

제2관 투자회사의 특징, 기관, 투자자

1. 집합투자목적의 명목회사: 업무의 외부위탁 등

투자회사는 집합투자목적의 특수목적기구이므로 상근 임원이나 직원을 고용할 수 없고 본점 외의 영업소도 둘 수 없다(법 제184조제7항). 따라서 투자회사의 업무는 집합투자업자등의 외부전문가가 수행하게 된다. 재산의 운용은 집합투자업자가, 주식의 판매 및 환매는 판매회사가, 재산의 보관·관리는 신탁업자가, 기타 회계처리 등 일반사무는 일반사무관리회사가 수행하게 된다(법 제184조). 집합투자업자는 투자회사의 법인 이사로서 투자회사의 내부기관이 된다는 점에서 다른 외부전문가와 법적 지위에 차이가 있다.

---

211) 투자회사의 경우 그 주식을 계속적으로 판매·환매하게 되면 그 자본금도 계속하여 변동하게 된다. 이러한 이유로 영국에서는 개방형투자회사를 '가변자본투자회사'(Investment Company with Variable Capital: ICVC)라고 부른다.

2. 투자회사의 기관

일반사모집합투자기구인 투자회사는 이사회·감사·주주총회와 같은 기관이 없이 집합투자업자가 법인이사가 되어 투자회사를 운용·관리할 수 있다. 투자회사는 주식회사 형태를 취하고 있지만 법인이사인 집합투자업자를 견제·감시하는 다른 내부기관이 없다는 점에서 지배구조 측면에서는 실질적으로 투자합자회사와 별 차이가 없다.

일반사모집합투자기구인 투자회사는 자본금 규모에 관계없이 집합투자업자인 법인이사 1인을 두며, 상법 제383조제1항에 불구하고 이사의 수를 1인 또는 2인으로 할 수 있다(법 제249조의8 제7항). 감독이사를 두지 않아도 되며(법 제249조의8 제1항에 따라 법 제197조, 제199조 적용배제), 이사회 관련 규정(법 제200조)도 적용되지 않는다. 공모집합투자기구의 경우는 법인 이사가 주요사항 집행 시 사전에 감독이사가 포함된 이사회 결의를 거쳐야 하는 등 이사회의 감독을 받도록 되어 있지만(법 제198조제2항·제3항), 일반사모집합투자기구에는 이러한 규정이 적용되지 않는다.

법 제249조의8 제7항에서 일반사모집합투자기구는 이사의 수를 1인 또는 2인을 둘 수 있다고 규정하고 있지만, 실제 이사를 2인 둘 이유는 없을 것이므로 대부분 법인이사 1인만 둘 것으로 보인다. 만약 이사를 2인 둔다면 법인이사 1인 외에 자연인 이사 1인을 감독이사로 두는 것으로 이해하여야 할 것이다. 참고로 자본시장법에서는 상법 이사회 관련 규정(제390조 내지 제393조의2)을 적용배제하지 않고 있다(법 제206조).

일반사모집합투자기구인 투자회사에는 자본시장법상 주주총회 및 그에 관련된 사항을 적용하지 않는다(법 제249조의8 제5항).[212] 그리고 투자회사에는 감사를 두지 않아도 된다(법 제206조에서 상법 제409조 등 적용배제). 공모펀드인 투자회사의 경우 상법상 감사를 두지 않도록 하는 대신 주식회사의 외부감사에 관한 법률(이하 '외감법')에 따른 회계감사인의 회계감사는 받도록 의무화하고 있지만(법 제240조제3항), 일반사모집합투자기구는 외감법에 의한 회계감사도 의무화되어 있지 않다(법 제249조의8 제1항, 제240조 제3항). 하지만, 앞에서 보았듯이 일반투자자가 포함된 일반사모집합투자기구의 경우에는 특례가 있다.

212) 일반투자자가 포함된 투자회사 형태의 일반사모집합투자기구에는 법 제237조가 적용된다(법 제249조의8 제5항 단서). 즉, 환매의 연기와 관련한 사항을 주주총회에서 결의하여야 한다.

3. 집합투자업자: 법인이사

일반사모집합투자업자는 투자회사의 정관작성 등 설립을 주도하고 당해 투자회사의 법인이사가 되어 투자회사를 대표하고 투자회사의 업무를 집행한다(법 제198조 제1항). 즉, 집합투자업자는 투자회사의 이사라는 지위에서 각종 업무위탁계약의 체결, 재산의 운용, 보수의 지급, 이익배분 등의 업무를 수행하게 된다. 집합투자업자는 자신의 임직원 중에서 투자회사의 법인이사 직무를 수행할 자를 선임하며, 이 자가 직무범위에서 행한 행위는 법인이사의 행위로 보게 된다(법 제198조제4항·제5항).

4. 투자자: 주주

투자자는 투자회사 주식을 취득하여 투자회사의 주주가 되며, 재산 분배 및 이익분배에 대한 권리를 가지며, 출자금액을 한도로 책임을 진다.

투자회사 주주는 투자신탁의 수익자와 마찬가지로 당해 투자회사 또는 판매회사에게 자기와 관련된 투자회사재산에 관한 장부·서류의 열람이나 등본·초본의 교부를 청구할 수 있다(법 제91조, 법 제186조제2항). 회계장부열람권 행사를 통해서도 투자회사재산에 관한 장부·서류의 열람 등을 할 수 있다(법 제205조제2항, 금융회사지배구조법 제33조).

자본시장법상의 투자회사 주주총회에 관련된 사항은 일반사모집합투자기구인 투자회사에는 적용되지 않는다(법 제249조의8 제5항). 그리고 일반사모집합투자기구인 투자회사는 정관에서 주주에 대한 손익의 분배 또는 손익의 순위등에 관한 사항을 정할 수 있다(법 제249조의8 제8항).

제3관 적용법률

1. 총설

집합투자기구는 자본시장법에서 특별히 정한 경우를 제외하고는 상법 및 민법의 적용을 받는다(법 제181조).

투자회사는 집합투자를 위한 일종의 특수목적회사이므로 사업법인을 전제로 하고 있는 상법규정이나 자본시장법의 규정 중에서 집합투자기구로서의 투자회사에 적용하는 것이 부적절한 사항은 그 적용을 배제하거나 수정하여 적용한다.

2. 자본시장법

투자회사에는 자본시장법 제3편제3장은 적용하지 않는다(법 제205조제1항). 법 제3편제3장은 사업보고서 제출대상법인(주권상장법인·주권등 공모법인·주주수 500인 이상인 외감법인)의 사업보고서, 반기보고서, 분기보고서 및 주요사항보고서의 제출의무와 그에 대한 책임, 해당 서류의 공시등에 대하여 규정하고 있다. 법 제205조는 일반사모집합투자기구에도 적용되므로, 투자회사 형태의 일반사모집합투자기구에는 자본시장법 제3편제3장이 적용되지 않는다.

투자회사의 주주에 대하여는 금융투자업자의 주주에 대하여 인정되는 소수주주권 관련 규정(금융회사지배구조법 제33조)이 준용된다.[213] 이에 따라 투자회사의 주주는 회계장부열람청구권, 대표소송제기권 등의 소수주주권을 상법상의 요건에 비해 완화된 요건으로 행사할 수 있다.

3. 상법

상법상 일반 주식회사의 설립, 업무 및 재산상태의 검사, 해산, 청산등에 대하여 인정되는 법원 및 검사의 권한을 투자회사의 경우는 금융위원회가 갖는 것으로 본다(법 제206조제1항). 이는 투자회사가 주식회사 형태를 취하고 있지만 집합투자기구로서 금융위원회의 감독을 받으므로 이러한 사항에 대해서도 금융위원회가 감독권한을 행사할 수 있도록 하는 것이 합리적이기 때문이다.

상법 중 투자회사에 적용하기에 적절치 않은 규정은 그 적용이 배제된다(법 제206조제2항). 예컨대, 상법 제19조(회사의 상호), 제330조(액면미달 발행의 제한), 제335조제1항 단서(주식의 양도성), 제341조(자기주식의 취득), 제365조(총회의 소집), 상법 제389조제1항(대표이사), 상법 제410조 내지 제412조 및 제420조의2 내지 제420조의5(감사 및 감사위원회), 상법 제417조 내지 제420조 및 제420조의2 내지 제420조의5(신주발행 관련 사항), 상법 제438조 및 제439조(자본감소), 제449조·제449조의2 및 제450조(재무제표 승인등), 제458조 내지 제461조(준비금) 등은 투자회사에는 적용되지 않는다.

213) 다만, 금융투자업자의 주주에게 인정되는 소수주주권에 비해 요건이 약간 강화되어 적용된다(법 제205조제2항).

제6장 사모집합투자기구의 주요 참여자

제1절 총설

집합투자에는 집합투자기구를 주도적으로 만들어 운용하는 집합투자업자 외에도 많은 전문가들이 참여한다. 집합투자재산을 보관·관리하는 신탁업자, 집합투자증권을 판매하는 투자매매·중개업자(판매회사), 회사형집합투자기구의 일반사무 등을 처리하는 일반사무관리회사, 집합투자재산에 속하는 자산에 대해 평가서비스를 제공하는 채권평가회사, 투자자에게 집합투자증권의 투자판단을 위해 펀드평가정보를 제공하는 집합투자기구평가회사가 있다.

또한, 집합투자와 관련한 업무전반에 걸쳐 표준화된 전산시스템을 제공하는 예탁결제원과 사모집합투자기구에 대해 판매·펀드재산보관·자금대여 등의 종합적인 서비스를 제공하는 프라임브로커(종합금융투자사업자)도 있다.

(손해배상책임) 금융투자업자(일반사모집합투자업자, 투자매매·중개업자, 신탁업자)는 법령·약관·집합투자규약·투자설명서(법 제123조제1항에 따른 투자설명서를 말한다)에 위반하는 행위를 하거나 그 업무를 소홀히 하여 투자자에게 손해를 발생시킨 경우에는 그 손해를 배상할 책임이 있으며, 관련되는 임원에게도 귀책사유가 있는 경우에는 그 임원이 연대하여 그 손해를 배상할 책임이 있다(법 제64조제1항·제2항).[214] 투자매매·중개업과 집합투자업을 함께 영위하는 금융투자업자(일반사모집합투자업을 겸영하고 있는 금융투자회사가 여기에 해당한다)의 경우에는 법 제64조 단서에 특례가 있다.[215]

---

214) 자본시장법상 금융투자업자의 영업행위규칙이 법 제64조(손해배상책임)를 통해 결과적으로 금융투자업자가 투자자에 대해 부담하는 의무가 된다는 점에서 법 제64조는 금융투자업자의 신의성실의무(법 제37조)의 내용을 구체화하는 중요한 기능을 수행한다.

215) 배상의 책임을 질 일반사모집합투자업자가 법 제37조제2항·제44조·제45조·제71조·제85조를 위반한 경우(투자매매업 또는 투자중개업과 집합투자업을 함께 영위함에 따라 발생하는 이해상충과 관련된 경우에 한한다)로서 그 일반사모집합투자업자가 상당한 주의를 하였음을 증명하거나 투자자가 금융투자상품의 매매 기타 거래를 할 때에 그 사실을 안 경우에는

자본시장법 제64조의 손해배상책임은 일반사무관리회사 및 채권평가회사에도 준용된다(법 제255조, 제265조).

(집합투자기구 참여자의 연대책임) 집합투자업자, 신탁업자, 판매회사, 일반사무관리회사, 채권평가회사 및 집합투자기구평가회사는 자본시장법에 따라 투자자에 대한 손해배상책임을 부담하는 경우 귀책사유가 있는 경우에는 연대하여 손해배상책임을 진다(법 제185조).

제2절 집합투자업자

일반사모집합투자업자는 일반사모집합투자기구를 조직하고 운용하는 주체로서, 일정한 요건을 갖추어 금융위원회에 일반사모집합투자업을 등록한 자여야 한다. 상세한 내용은 제3편에서 설명한다.

제3절 투자매매·중개업자(판매회사[216])

집합투자증권을 판매하기 위해서는 자본시장법에 따라 집합투자증권 투자매매·중개업 인가를 받은 자여야 한다. 집합투자증권을 판매할 수 있는 투자매매업·투자중개업의 인가는 증권회사, 은행, 보험회사등 공신력 있는 금융회사로 제한된다.[217]

일반사모집합투자업자가 자신이 운용하는 일반사모집합투자기구의 집합투자증권을 판매하는 경우에는 금융투자업(즉, 투자매매업·투자중개업)으로 보지 않으므로(법 제7조제6항제3호), 투자매매업·투자중개업 인가를 받지 않아도 된다. 이처럼 일반사모집합투자업자가 투자매매중개업 인가를 받지 않고 자신이 운용하는 일반사모집합투자기구의 집합투자증권을 판매하는 경우에도 집합투자증권의 판매와 관련하여 투자매매업자·투자중개업자에게 적용되는 자본시장법의 규정 중 일부가 준용된다는 점에 유의할 필요가 있다(법 제249조의8 제9항).

배상의 책임을 지지 아니한다.

216) 자본시장법은 집합투자증권의 판매 및 환매업무를 담당하는 자를 투자매매·중개업자로 부르지만 이 책에서는 이해의 편의등을 위하여 투자매매중개업자라는 용어와 함께 판매회사라는 용어도 함께 사용한다.

217) "집합투자증권 투자매매업·투자중개업" 인가 단위는 6개로 구분되어 있다. ⓐ 인수 포함 투자매매업(일반투자자+전문투자자, 전문투자자), ⓑ 인수 제외 투자매매업(일반투자자+전문투자자, 전문투자자), ⓒ 투자중개업(일반투자자+전문투자자, 전문투자자). ⓐ 유형의 투자매매업 인가를 받은 자가 있다면 이는 매출식 펀드 설정방식을 제도적으로 허용하는 의미를 가지는 것으로 이해하여야 할 것이다.

(운용사 감시·견제) 자본시장법에서 명시하고 있는 판매회사의 기능은 집합투자증권을 판매하고 환매하는 것이다. 그런데 2020년에 발생한 라임펀드 등 일련의 펀드스캔들을 계기로 2021년 개정 자본시장법에서는 <u>일반투자자가 포함된 일반사모집합투자기구</u>의 경우 그 판매회사로 하여금 펀드운용사를 견제·감시하도록 한다. 자세한 내용은 집합투자증권 판매 부분에서 보기로 한다.

제4절 신탁업자

투자신탁이나 투자익명조합의 집합투자업자 또는 투자회사등은 집합투자재산의 보관·관리업무를 신탁업자에게 위탁하여야 한다(법 제184조제4항). 이처럼 일반사모집합투자기구의 집합투자재산을 보관·관리하는 자가 신탁업자이다.

투자신탁의 경우 신탁업자는 집합투자업자와의 신탁계약을 통해 신탁의 수탁자(trustee)로서 투자신탁재산을 소유하고 보관·관리하게 된다. 회사형펀드(투자회사, 투자합자회사등)의 경우 신탁업자는 당해 회사형펀드와의 자산보관계약을 통해 보관수임인(custodian)으로서 회사재산을 보관·관리한다.

신탁업자는 집합투자재산을 보관·관리하는 데에서 나아가 자본시장법령에 따라 집합투자업자의 운용행위를 감시하는 기능도 수행하게 된다(법 제247조). 일반사모집합투자기구의 경우 법적 감시의무가 축소되어 있지만(법 제247조제5항제4호·제5호만 적용: 법 제249조의8 제1항), 일반투자자가 포함된 일반사모집합투자기구의 경우에는 그러하지 아니하다(법 제249조의8 제2항제5호). 자세한 내용은 집합투자재산의 보관·관리 부분에서 보기로 한다.

(자격) 집합투자재산을 보관·관리하는 신탁업자는 자본시장법에 따라 신탁업을 인가받은 자여야 한다. 자본시장법에서는 명시적으로 규정하고 있지 않지만 투자자들로부터 자금을 모아 운용하는 집합투자의 성격상 금전신탁업을 인가받아야 하는 것으로 보아야 할 것이다.

(명칭) 집합투자기구에서 수탁자(trustee) 또는 보관수임인(custodian)의 지위에서 집합투자재산을 보관·관리하고 운용사를 감시하는 기능을 수행하는 자를 '신탁업자'로 부르는 것은 적절치 않다. '신탁업자'라는 명칭은 단순히 '신탁업을 영위하는 자'라는 의미에 불과할 뿐이고 집합투자기구에서의 신탁업자가 수행하는 역할과 기능은 전혀 내포하고 있지 않기 때문이다.

신탁업자라는 명칭 대신 집합투자기구의 수탁자(보관수임인)의 역할과 기능에 걸맞은 적절한 용어로 변경할 필요가 있다.[218)]

제5절 일반사무관리회사

일반사무관리회사는 집합투자기구와 관련된 일반사무를 수행하는 자를 말한다.

투자회사의 경우 그 계산업무등과 같은 일반사무[219)]를 일반사무관리회사에 반드시 위탁하여야 한다(법 제184조제6항). 즉, 투자회사는 그 일반사무를 일반사무관리회사에게 위탁하는 것이 의무화되어 있다.

투자신탁의 경우 그 기준가격 산정 관련 업무를 일반사무관리회사에 위탁할 수 있으므로(법 제254조제1항), 집합투자업자가 자신이 직접 투자신탁의 '기준가격산정 관련 업무'를 수행할 수도 있고 일반사무관리회사에 위탁할 수도 있다.[220)]

(등록) 투자회사의 위탁을 받아 그 일반사무를 영위하거나, 투자신탁·투자익명조합의 집합투자업자 또는 투자유한회사 등의 위탁을 받아 기준가격산정 관련 업무를 영위하려는 자는 금융위원회에 일반사무관리회사로 등록하여야 한다(법 제254조제1항).[221)]

일반사무관리회사로 등록하려면 상법상 주식회사 또는 자본시장법상 명의개서대행회사(한국예탁결제원 포함)이거나 산업은행, 중소기업은행 등으로서 자본시장법에서 정하는 일정한 요건(전문인력, 자기자본 20억원 이상등)을 갖추어야 한다(법 제254조).

(감독 등) 일반사무관리회사는 금융투자업자(법 제8조제1항)는 아니지만 금융위원회 및 금융감독원의 감독·검사를 받는다(법 제256조·제257조).

---

218) 참고로 유럽연합의 대체투자펀드운용자지침(AIFM Directive)에서는 Depositary라는 용어를 사용하고 있다.

219) 투자회사 주식의 발행 및 명의개서(名義改書), 투자회사재산의 계산, 법령 또는 정관에 의한 통지 및 공고, 이사회 및 주주총회의 소집·개최·의사록 작성 등에 관한 업무, 투자회사의 운영에 관한 업무, 법 제238조제8항에 따라 위탁받은 기준가격산정업무(법 제184조제6항 각 호, 영 제212조).

220) 실무적으로는 대부분의 집합투자업자가 일반사무관리회사를 선임하여 투자신탁의 기준가격 산정업무 등을 위탁하고 있다.

221) 종전에는 투자신탁의 기준가격산정등의 업무를 위탁받아 수행하는 일반사무관리회사에는 자본시장법상 일반사무관리회사 관련 규정이 적용되지 않았다(금융위원회, 법령해석 회신문, 210009). 그런데 옵티머스펀드사태와 관련하여 투자신탁의 기준가격산정등을 위탁받아 수행하는 일반사무관리회사의 책임이 문제 되면서, 2021.6.8. 자본시장법이 개정되어 투자신탁의 기준가격산정 관련 업무를 위탁받아 수행하는 일반사무관리회사도 금융위원회에 등록하고 관련 규정을 적용받는 것으로 명시되었다.

그리고 금융투자업자의 공통영업행위규칙 중 일부규정, 즉 법 제42조(금융투자업자의 업무위탁), 법 제54조(직무 관련 정보의 이용 금지), 법 제60조(자료의 기록·유지) 및 법 제64조(손해배상책임)는 일반사무관리회사에게 준용된다(법 제255조).

참고로, 금융투자협회의 '금융투자회사의 영업 및 업무에 관한 규정' 제4-96조(계산업무)에서는 일반사무관리회사가 집합투자재산 계산업무를 수행함에 있어 지켜야 할 사항을 정하고 있다.[222)]

(손해배상책임) 일반사무관리회사는 투자회사등 또는 집합투자업자(투자신탁·투자익명조합)로부터 위탁을 받아 기준가격산정등의 업무를 수행하므로 원칙적으로 해당 집합투자기구의 투자자와는 직접적인 법률관계를 가지지 않는다. 그러나 자본시장법 제255조에 따라 일반사무관리회사에 자본시장법 제64조가 준용되므로 일반사무관리회사는 해당 집합투자기구의 투자자에 대해 직접 손해배상책임을 지게 된다.

따라서 일반사무관리회사는 법령·집합투자규약등에 위반하는 행위를 하거나 그 업무를 소홀히 하여 투자자에게 손해를 발생시킨 경우에는 해당 집합투자기구의 투자자에게 그 손해를 배상할 책임이 있다. 관련 임원에게도 귀책사유가 있는 경우에는 연대하여 손해배상책임이 있다(법 제64조).

일반사무관리회사가 법 제64조에 따라 투자자에게 손해배상책임을 지는 경우 귀책사유가 있는 경우에는 집합투자업자·신탁업자·판매회사·펀드평가회사·채권평가회사와 연대하여 손해배상책임을 진다(법 제185조).

---

222) 제4-96조(계산업무)
① 일반사무관리회사는 집합투자재산 계산업무와 관련하여 증권 회계처리지침을 문서 형태로 보유하고 승인된 지침에 의해서 계산업무가 이루어지도록 하여야 한다.
② 일반사무관리회사는 다음 각 호의 자료입력(전산으로 처리된 경우 포함)과 결과물의 대사는 별도의 담당자가 수행하도록 하여야 한다.
1. 집합투자재산정보
2. 주식, 채권등의 증권종목정보
3. 주가, 환율 등의 시세정보
4. 그 밖에 집합투자재산 평가에 영향을 미칠만한 수작업사항
③ 일반사무관리회사는 기준가격 산출이 완료된 집합투자기구에 대해서는 회계내역을 수정할 수 없도록 시스템을 제한하여야 한다.
④ 일반사무관리회사는 법 제238조제6항 및 영 제262조제1항에 따른 기준가격을 계산하는 경우 해당 집합투자기구의 운용지시 내역이 집합투자재산 명세서 및 재무상태표 등 회계자료에 적정하게 반영(기준가격의 적정성 포함)되었는지 여부를 매일 점검하고 그 관련 자료를 보관하여야 한다.
⑤ 일반사무관리회사는 집합투자재산의 계산업무와 관련하여 직접 또는 간접으로 취득한 모든 투자자정보와 운용정보는 비밀로 취급하여야 한다.

제6절 채권평가회사

채권평가회사는 '집합투자재산에 속하는 채권등 자산의 가격을 평가하고 이를 집합투자기구에 제공하는 업무를 영위하는 자'를 말하는데, 일정한 요건(전문인력, 자기자본 30억원 이상 등)을 갖추어 금융위원회에 등록하여야 한다(법 제263조).

채권평가회사는 법령에서 정하는 사항[223]이 포함된 업무준칙을 제정하여 그에 따라 업무를 영위하여야 한다(법 제264조제1항).

채권평가회사는 금융투자업자(법 제8조제1항)는 아니지만 금융위원회 및 금융감독원의 감독·검사를 받는다(법 제266조·제267조).

그리고 금융투자업자에게 적용되는 공통영업행위준칙 중 일부규정은 채권평가회사에도 준용된다(법 제265조). 즉, 자본시장법 제54조(직무 관련 정보 사용 금지), 제60조(자료 기록·유지) 및 제64조(손해배상책임)가 준용된다.

제7절 종합금융투자사업자(프라임브로커)

투자매매·중개업과 신탁업을 겸영하는 금융투자회사는 집합투자기구에 대해 판매회사로서 집합투자증권을 판매하면서 다른 한편으로 신탁업자로서 집합투자재산을 보관·관리하기도 한다. 그리고 집합투자기구에서 행하는 금융투자상품의 거래체결을 담당하고 나아가 집합투자기구에 금전이나 증권을 대여하기도 한다. 즉, 금융투자회사는 집합투자기구의 판매, 운용, 재산보관 등 펀드업무 전반에 걸쳐 필요한 대부분의 서비스를 제공한다. 이러한 기능을 수행하는 금융투자회사(투자은행)를 글로벌 시장에서는 프라임브로커(prime broker)라고 하며 프라임브로커가 제공하는 이러한 서비스를 프라임브로커리지(prime brokerage)라고 한다.[224]

우리나라에서는 프라임브로커에 해당하는 자를 종합금융투자사업자, 프라임브로커리지서비스에 해당하는 것을 전담중개업무라고 부른다. 종합금융투자사업자가 되려면 일정한 요건을 갖추어 금융위원회로부터 지정을 받아야 한다.

---

223) 보편타당하고 공정한 기준에 따라 채권등 자산의 가격평가업무를 일관성이 유지되도록 하기 위한 사항, 미공개정보의 이용을 금지하기 위한 사항, 채권 등 자산의 가격평가업무를 위하여 얻은 정보를 다른 업무를 하는 데에 이용하지 않도록 하기 위한 사항(영 제287조제1항).

224) 프라임브로커의 역할 확대는 헤지펀드산업의 본격적인 발전에 커다란 역할을 한 것으로 평가된다. 2008년 금융위기 이전에는 주요 프라임브로커가 헤지펀드를 선별하는 프라임브로커 위주의 시장이었으나 이후에는 프라임브로커와 헤지펀드 상호간에 힘의 균형이 맞추어지고 있는 추세라고 할 수 있다.

제 2 편

일반사모집합투자기구

제1장 일반사모집합투자기구의 의의, 유형 및 종류

제1절 일반사모집합투자기구의 의의

제1관 사모집합투자기구

일반사모집합투자기구는 『기관전용사모집합투자기구를 제외한 '사모집합투자기구'』를 말한다. '사모집합투자기구'이므로 집합투자증권을 사모로만 발행해야 하고 일반투자자등의 수가 100인 이하여야 한다. 이에 대해서는 1편에서 자세히 설명되어 있다.

제2관 투자자의 자격(적격투자자)

일반사모집합투자기구의 투자자는 ⓐ 전문투자자로서 대통령령으로 정하는 자와, ⓑ 1억원 이상으로서 대통령령이 정하는 금액[225] 이상을 투자하는 개인, 법인 기타 단체(국가재정법 별표2에서 정한 법률에 따른 기금과 집합투자기구를 포함한다)여야 한다. 이처럼 일반사모집합투자기구의 투자자가 될 수 있는 자를 '적격투자자'라 한다(법 제249조의2).

이 책에서는 편의상 위의 ⓐ에 해당하는 투자자를 '전문투자자인 적격투자자'로, 위의 ⓑ에 해당하는 투자자를 '기타 적격투자자'로 부르기로 한다.

1. 전문투자자인 적격투자자

'전문투자자인 적격투자자'는 전문투자자(법 제9조제5항, 영 제10조제2항 및 제3항) 중에서 일정한 자(영 제10조제3항제9호부터 제12호까지의 자)를 제외한 자를 말한다(영 제271조제1항).[226]

---

225) 일반사모집합투자기구의 레버리지 수준에 따라 3억원 또는 5억원으로 나뉘며 과거 전문사모집합투자기구의 경우는 1억원 또는 3억원이었다.

226) 국가도 '전문투자자인 적격투자자'에 포함되는데, 국가란 헌법과 정부조직법 등 법률에 따라 설치된 중앙행정기관, 국회·대법원·헌법재판소 및 중앙선거관리위원회 등을 말하며 노동부와 우정사업본부도 국가로서 중앙행정기관에 해당한다(금융위원회 유권해석, 2009.3.10.).

즉, 전문투자자 중에서 집합투자기구, 신용보증기금, 기술보증기금, 법률에 따라 설립된 기금 및 그 기금관리·운용법인[227]을 제외한 자가 '전문투자자인 적격투자자'에 해당한다. 전문투자자인 적격투자자에는 법령에서 정하는 일정한 요건을 충족한 개인(개인전문투자자)[228]도 포함된다.[229]

'전문투자자인 적격투자자'는 최저투자금액 제한이 없으므로 3억원 미만을 투자하더라도 일반사모집합투자기구의 투자자가 될 수 있다.

2. 기타 적격투자자

'전문투자자인 적격투자자'에 해당하지 않는 투자자로서 3억원(레버리지 수준에 따라서는 5억원)[230] 이상을 투자하는 투자자가 '기타 적격투자자'이다. 여기에는 전문투자자이지만

227) '국민연금법'에 따른 국민연금기금이나 '공무원연금법'에 따른 공무원연금기금 등과 같이 별도의 법률에 따라 설립된 것만 해당되고, '공익법인의 설립·운영에 관한 법률'에 따라 허가를 받은 기금은 이에 해당하지 않는다(금융위원회 유권해석, 2009.4.5.).

228) 개인투자자는 원칙적으로 일반투자자에 해당하지만 법령에서 정하는 일정한 요건을 충족하면 전문투자자로 인정된다(영 제10조제3항제17호). 개인투자자에게 금융투자상품을 판매하고자 하는 금융투자업자가 개인전문투자자요건 충족여부를 심사하여 요건 충족시 개인전문투자자로 지정하게 된다. 개인전문투자자 지정의 효력은 지정된 날부터 2년이다. 효력기간 만료시 해당 판매회사는 그 개인전문투자자를 일반투자자로 분류하고 그 사실을 당사자에게 즉시 통보하여야 한다. 개인투자자는 본인이 개인전문투자자로 지정하지 않은 판매회사에서는 별도의 의사표시가 없다면 일반투자자로 분류된다. 따라서 개인전문투자자로 지정하지 않은 다른 판매회사에서도 전문투자자 대우를 받기 위해서는 투자자가 직접 전문투자자 확인증을 제시하고 전문투자자로 분류해 줄 것을 요청하여야 한다(금융투자협회의 '금융투자회사의 영업 및 업무에 관한 규정' 제2-13조의2, 제2-14조 참조).
개인투자자가 전문투자자로 인정받으려면 다음 중 하나의 요건을 충족하여야 한다.
1. 아래와 같은 '투자경험'과 '위험부담능력'을 갖추고 있을 것
   (1) 투자경험: 최근 5년 중 1년 이상 투자계좌를 유지하고, 초저위험상품(국공채, RP 등)을 제외한 금융투자상품을 월말평균잔고기준 5천만원 이상 보유경험이 있을 것
   (2) 위험부담능력: 직전년도 소득액 1억원(부부합산시 1.5억원) 또는 순자산 5억원(거주주택 제외, 부부합산 가능) 이상
2. 아래와 같은 '투자경험'과 '금융 관련 전문지식'을 갖추고 있을 것
   (1) 투자경험: 최근 5년 중 1년 이상 투자계좌를 유지하고, 초저위험상품(국공채, RP 등)을 제외한 금융투자상품을 월말평균잔고기준 5천만원 이상 보유경험이 있을 것
   (2) 금융 관련 전문지식: 해당 분야에서 1년 이상 종사한 국가공인자격증보유자(회계사·변호사·변리사등), 금융투자 관련 시험합격자(투자운용·재무위험관리·금융투자상품분석)등.

229) 개인전문투자자에 대해서는 사모펀드 투자와 관련한 규제특례(최저투자금액규제 면제) 외에도 다음과 같은 규제특례가 인정된다.
1. (투자권유) 금융소비자보호법상 적합성원칙·적정성원칙·설명의무등 투자권유규제는 개인전문투자자에게 적용되지 않는다(동법 제17조, 제18조, 제19조).
2. (파생상품거래) 헤지목적 외에 투자목적 장외파생상품거래 가능(법 제166조의2).
3. (공모규제) 공모요건(50인) 합산대상자 산정시 개인전문투자자는 합산대상자에서 제외되며, 투자설명서의 교부의무도 면제(법 제9조제7항, 제124조제1항).
4. (고난도상품규제) 개인전문투자자에 대하여는 녹취·숙려제도 면제(영 제68조제5항 제2의2호 및 제2의3호).

'전문투자자인 적격투자자'에서 제외된 투자자와 일반투자자가 포함된다. 따라서 기금이나 집합투자기구등과 같이 전문투자자이지만 '전문투자자인 적격투자자'에 해당하지 않는 투자자는 일반투자자와 마찬가지로 일반사모집합투자기구에 투자하기 위해서는 3억원(5억원) 이상을 투자하여야 한다.231)

1) 레버리지 사용규모에 따른 최저투자금액 이원화: 3억원·5억원

'기타 적격투자자'의 최저 투자금액은 당해 일반사모집합투자기구의 레버리지등의 사용규모에 따라 다르게 설정되어 있다. 레버리지등의 사용규모가 NAV(펀드 순자산 총액)의 200%를 초과하지 않는 일반사모집합투자기구의 경우에는 3억원이며, 레버리지 사용규모가 200%를 초과하는 일반사모집합투자기구의 경우에는 5억원이다(영 제271조 제2항). 여기서 레버리지 사용규모는 법 제249조의7 제1항 각 호의 금액(파생상품 위험평가액, 채무보증·담보제공액, 차입금액등)을 합산한 금액을 말하는데 자세한 내용은 '제6장 집합투자재산 운용(2)' 부분에 설명되어 있다.

레버리지등의 사용규모에 따른 최저투자금액 제한 규제는 일반사모집합투자기구를 설정·설립하여 최초 투자자를 모집할 때부터 적용되는 것으로 보아야 할 것이다. 따라서 일반사모집합투자업자는 일반사모집합투자기구를 조직하는 단계에서 투자목적과 투자전략 등에 적합한 레버리지 사용규모를 정하여 그 내용을 집합투자규약 등 펀드서류에 반영하여야 한다.

2) 집합투자기구

집합투자기구는 '전문투자자'에 해당하지만 사모집합투자기구의 투자자 자격과 관련하여서는 '전문투자자인 적격투자자'가 아니라 '기타 적격투자자'로 분류된다.

---

230) 기타 적격투자자의 최저투자금액 규제는 2021년 2월 시행령 개정으로 종전의 1억원(3억원)에서 3억원(5억원)으로 상향조정되었다(법 제249조의2 제2호, 영 제271조제2항). 기타 적격투자자의 경우 일반사모집합투자기구에 최저투자금액 이상을 투자하는 경우에 한해 해당 일반사모집합투자기구의 집합투자증권이 '발행'될 수 있으므로, 최저투자금액 규제는 일반사모집합투자기구의 설정·설립시점이 아니라 '집합투자증권 발행시점'을 기준으로 적용된다. 따라서 개정 이전에 설정·설립된 추가형 사모펀드(종전의 전문사모펀드)의 경우에도 개정안 시행 이후에는 3억원(5억원) 이상 투자하는 기타 적격투자자(기존 3억원·5억원 미만 투자자가 투자금을 상향시키고자 하는 경우 포함)를 대상으로 집합투자증권을 발행하여야 한다(금융위원회 보도자료, 2021.2.2.).

231) 집합투자증권 취득 후 평가손실 또는 선취수수료 등으로 인하여 투자금액이 1억원 미만이 된 경우에는 적격투자자 자격이 유지되지만, 일부환매로 인해 투자금액이 1억원 미만이 된 경우에는 적격투자자 자격을 상실하게 된다(금융위원회 유권해석, 2016.6.13.).
집합투자규약에 따른 초과이익금 배분등의 사유로 최저투자금액 미만으로 투자금이 감소된 경우는 투자자의 위험감수능력에 변화가 있는 것으로 보기는 어려우므로 적격투자자의 지위는 유지된다(금융위원회 유권해석, 2018.5.3.).

여기서의 집합투자기구에는 공모집합투자기구와 사모집합투자기구 모두 포함된다.

따라서 집합투자기구가 다른 일반사모집합투자기구에 투자하려면 3억원(5억원) 이상을 투자하여야 한다.

(특정한 공모재간접집합투자기구에 대한 운용특례) 특정한 공모재간접집합투자기구('사모투자재간접집합투자기구' 및 '부동산·특별자산투자재간접집합투자기구')의 경우에는 일반사모집합투자기구에 대한 투자를 쉽게 할 수 있도록 관련 운용규제에 대한 특례가 마련되어 있다.232) 따라서 일반투자자도 이러한 공모재간접집합투자기구(FoFs)를 통해 일반사모집합투자기구에 간접적으로 투자할 수 있다.233)

제2절 투자자 구성에 따른 일반사모집합투자기구의 유형 및 일반투자자가 포함되는 경우의 규제특례

제1관 총설

일반사모집합투자기구는 '사모집합투자기구'이므로 일반투자자 등의 수가 100인 이하여야 한다. 전문투자자의 대부분은 100인 산정 시 포함되지 않는다(이처럼 100인 산정 시 포함하지 않는 투자자를 이 책에서는 '100인 비산정 투자자'라 하고 이에 해당하지 않는 투자자를 '100인 산정 투자자'라 한다). 따라서 '100인 비산정 투자자'로만 일반사모집합투자기구를 구성하는 경우에는 투자자의 수에 제한이 없다. 반면에 '100인 산정 투자자'가 포함되는 경우('100인 산정 투자자'만으로 구성되거나 '100인 산정 투자자'와 '100인 비산정 투자자'로 구성되는 경우)에는 '100인 산정 투자자'의 수가 100인 이하여야 한다. 그리고 '100인 산정 투자자'에는 전문투자자에 해당하는 자와 그렇지 않은 자가 다 포함된다.

---

232) 첫째, 특정한 공모재간접집합투자기구는 그 자산총액의 100%(일반공모집합투자기구는 5%)까지 일반사모집합투자기구에 투자할 수 있다(영 제80조제1항제8의3호 및 제8의4호).
둘째, 특정한 공모재간접집합투자기구는 그 자산총액의 100%(일반공모집합투자기구는 50%)까지 동일 운용사가 운용하는 집합투자기구에 투자할 수 있다(영 제80조제1항제5의2호 및 제5의3호).
셋째, 특정한 공모재간접집합투자기구는 같은 집합투자기구의 집합투자증권 총수의 50%(일반공모집합투자기구는 20%)를 초과하여 투자할 수 있다(영 제80조제1항제9의3호 및 제9의4호).
넷째, 부동산·특별자산투자재간접집합투자기구는 그 자산총액의 50%(일반공모집합투자기구는 20%)까지 같은 집합투자기구에 투자할 수 있다(영 제80조제1항제7의2호). 사모투자재간접투자기구는 이러한 특례적용 대상이 아니므로 그 자산총액의 20%까지만 같은 집합투자기구에 투자할 수 있다.

233) 종전에는 사모투자재간접집합투자기구의 최소가입금액이 500만원으로 되어 있었지만, 2019. 10월 자본시장법시행령·규정 개정으로 이러한 제한이 폐지되었다(영 제80조제1항제5의2 나목).

('100인 비산정 투자자'로만 구성되는 일반사모집합투자기구) '100인 비산정 투자자'로만 구성되는 일반사모집합투자기구는 투자자의 수에 제한이 없다.[234]

유의할 점은 전문투자자이지만 '100인 비산정 투자자'에 포함되지 못하는 주권상장법인·개인전문투자자 등은 일반사모집합투자기구의 투자자자격 판정에 있어서는 '적격투자자'로 분류되지만 사모집합투자기구 판정에 있어서는 '100인 산정 투자자'로 분류된다. 예컨대 개인전문투자자(금융투자상품 잔고 5억원 이상인 개인투자자)만으로 일반사모집합투자기구의 투자자를 구성하고자 하는 경우에도 이러한 개인전문투자자의 수는 100인 이하여야 한다.

반면에, 전문투자자이면서 '전문투자자인 적격투자자'에 포함되지 못하는 자(기금 등)는 일반사모집합투자기구의 투자자자격 판정에 있어서는 '전문투자자인 적격투자자'로 분류되지 못하지만, 사모집합투자기구 판정에 있어서는 '100인 비산정 투자자'로 분류된다. 예컨대 기금만으로 일반사모집합투자기구의 투자자를 구성하고자 하는 경우에는 기금의 수가 100인을 초과하더라도 상관이 없다.

('100인 산정 투자자'가 포함되는 일반사모집합투자기구) '100인 산정 투자자'로만 구성되거나 '100인 산정 투자자'와 '100인 비산정 투자자'가 함께 섞여 있는 경우에는 '100인 산정 투자자'의 수는 100인 이하여야 한다. '100인 산정 투자자'에는 전문투자자이면서 '100인 비산정 투자자'에 포함되지 못하는 자와 일반투자자가 포함된다. 한편, 일반사모집합투자기구는 공모의 방법으로 집합투자증권을 발행하지 않아야 하므로 투자권유대상이 되는 일반투자자의 수는 '49인' 이하여야 한다.

제2관 일반투자자가 포함된 일반사모집합투자기구에 대한 규제 특례

'100인 산정 투자자'가 포함된 일반사모집합투자기구는 다시 일반투자자가 포함된 경우와 일반투자자가 포함되지 않은 경우로 구분할 수 있다.

'일반투자자가 포함된 일반사모집합투자기구'에 대해서는 일반투자자의 보호를 위해 아래와 같이 보다 강화된 규제가 적용된다.

---

234) '100인 비산정 투자자'로만 구성되는 일반사모집합투자기구는 투자자의 총수에 제한이 없다는 점에서 미국 투자회사법 section 3(c)(7)에 따른 'qualified purchaser fund'와 유사하며, '100인 비산정 투자자'는 'qualified purchaser'〔section 2(a)(51)〕에 대응되는 개념이다. 그러나 미국의 'qualified purchaser'에는 순투자자산 오백만 달러 이상인 개인투자자가 포함되는 반면에, 우리나라의 '100인 비산정 투자자'에는 개인투자자는 제외된다. 그리고 미국의 'qualified purchaser fund'는 투자자 수가 2천명 이상이고 AUM이 천만 달러 이상인 경우는 증권거래법에 따라 등록하고 동법에 따른 공시의무등의 규제를 받게 된다. 반면에 우리나라의 '100인 비산정 투자자로만 구성되는 일반사모집합투자기구'에는 이러한 규제가 적용되지 않는다.

1. 공모집합투자기구에 적용되는 규정 중 일부 적용

일반사모집합투자기구에는 공모집합투자기구에 적용되는 자본시장법 규정의 상당수가 적용되지 않는다(법 제249조의8 제1항). 하지만 '일반투자자가 포함된 일반사모집합투자기구'에는 이러한 적용배제되는 규정 중 일부(법 제76조제2항, 법 제88조, 법 제230조제5항, 법 제237조, 법 제240조제3항 내지 제10항, 법 제247조)가 적용된다(법 제249조의8 제2항 및 제5항).

법 제247조(운용행위 감시등)의 경우, 다른 사모집합투자기구에 투자하는 집합투자기구로서 일반투자자를 대상으로 하는 집합투자기구(사모집합투자기구, 공모집합투자기구)는 일반투자자로 본다(법 제249조의8 제2항 각 호 외의 부분단서, 영 제271조의11 제1항).[235]

1) 판매 제한(법 제76조제2항)

판매회사는 집합투자업자로부터 환매연기의 통지 또는 적정의견이 아닌 감사의견의 통지를 받은 경우에는 해당 집합투자증권을 판매하여서는 아니 된다(법 제249조의8 제2항제1호, 법 제76조제2항).

2) 자산운용보고서 제공(법 제88조)

집합투자업자는 자산운용보고서를 작성하여 해당 집합투자재산을 보관·관리하는 신탁업자의 확인을 받아 3개월마다 1회 이상 해당 집합투자기구의 투자자에게 교부하여야 한다. 다만, 전문투자자에게는 자산운용보고서를 교부하지 아니할 수 있다(법 제249조의8 제2항제2호).

집합투자업자는 자산운용보고서에 기준가격, 운용경과의 개요 및 손익사항 등 법령에서 정하는 사항을 기재하여야 한다(법 제88조제2항).

자산운용보고서의 교부시기 및 비용부담은 대통령령에서(영 제92조제4항), 자산운용보고서의 서식과 작성방법 등은 금융투자업규정에서(규정 제4-66조) 정하고 있다.

3) 폐쇄형펀드 조직(법 제230조제5항)

집합투자업자등[236]은 집합투자기구의 투자대상자산을 현금화하기 곤란한 사정

---

235) 따라서 일반투자자를 대상으로 하는 A집합투자기구(사모집합투자기구, 공모집합투자기구)가 B사모집합투자기구에 투자하는 경우, (집합투자기구는 원래는 전문투자자로 분류됨에도 불구하고) A집합투자기구는 일반투자자로 보므로 B사모집합투자기구에 법 제247조가 적용된다.

236) 투자신탁·투자유한회사·투자합자회사·투자유한책임회사·투자합자조합 및 투자익명조합을 설정·설립하고자 하는 집합투자업자 또는 투자회사의 발기인을 말한다(법 제230조제1항).

등을 고려하여 대통령령으로 정하는 경우(금융위원회가 정하여 고시하는 자산에 펀드자산의 50%를 초과하여 투자하는 경우)에는 그 집합투자기구를 폐쇄형펀드로 조직하여야 한다(법 제249조의8 제2항제3호, 법 제230조제5항).

4) 회계감사(법 제240조제3항부터 제10항까지의 규정)

투자신탁이나 투자익명조합의 집합투자업자 또는 투자회사등은 집합투자재산에 대하여 회계기간의 말일 및 계약기간(존속기간)의 종료일(만료일) 또는 해지일(해산일)부터 2개월 이내에 회계감사인의 회계감사를 받아야 한다. 다만, 투자자 전원의 동의를 얻은 경우 및 투자자의 이익을 해할 우려가 없는 경우로서 대통령령으로 정하는 경우에는 이를 적용하지 아니한다(법 제249조의8 제2항제4호).

회계감사의 절차 및 방법 등에 관한 사항은 법 제240조제4항 내지 제10항에서 규정하고 있다.

5) 신탁업자의 운용행위 감시(법 제247조)

집합투자재산을 보관·관리하는 신탁업자는 집합투자업자의 운용지시 또는 운용행위가 법령, 집합투자규약 또는 핵심상품설명서 등을 위반하는지 여부를 확인하고 위반이 있는 경우에는 그 집합투자업자에 대하여 그 운용지시 또는 운용행위의 철회·변경 또는 시정을 요구하여야 한다(투자회사의 경우 신탁업자가 투자회사의 감독이사에게 보고하고 그 감독이사가 집합투자업자에게 철회등을 요구하여야 한다).

그리고 집합투자재산을 보관·관리하는 신탁업자는 핵심상품설명서의 법령·집합투자규약 부합 여부, 기준가격 산정의 적정성 여부 등 법 제247조제5항에서 정하는 사항을 확인하여야 한다.

(신탁업자가 다른 신탁업자에게 업무를 위탁한 경우) 집합투자재산을 보관·관리하는 신탁업자가 법 제42조제1항에 따라 다른 신탁업자에게 업무를 위탁한 경우에는 당사자간 합의가 있는 경우를 제외하고 위탁한 신탁업자가 법 제247조를 이행하여야 한다(법 제249조의8 제2항제5호).

6) 환매연기 관련 사항의 집합투자자총회 결의(법 제237조)

집합투자자총회 및 그와 관련된 사항은 일반사모집합투자기구에는 적용하지 아니한다. 다만, 제1항(법 제249조의8 제1항)에도 불구하고 일반투자자를 대상으로 하는 일반사모집합투자기구의 경우에는 제237조(환매의 연기)를 적용하며, 이 경우 집합투자자총회 결의일은 환매를 연기한 날부터 3개월 이내로 한다(법 제249조의8 제5항).

법 제237조에서는 집합투자업자 또는 투자회사등이 환매연기를 한 경우 환매연기와 관련한 일정한 사항[237]을 집합투자자총회에서 결의하도록 규정하고 있다. 따라서 일반투자자가 포함된 일반사모집합투자기구의 경우는 환매연기 관련 사항의 결의를 위해 집합투자자총회를 두어야 한다.

2. 판매규제 강화(핵심상품설명서)

판매회사가 일반투자자에게 일반사모집합투자기구의 집합투자증권을 투자권유 또는 판매하고자 하는 경우에는, 집합투자업자로부터 핵심상품설명서를 제공받아 집합투자규약과의 부합 여부 등을 미리 검증한 후, 그 핵심상품설명서를 일반투자자에게 교부하고 그 핵심상품설명서를 사용하여 투자권유 또는 판매하여야 한다(법 제249조의4 제2항 내지 제4항).

3. 판매회사의 운용사 감시의무

'일반투자자가 포함된 일반사모집합투자기구'의 판매회사는 그 집합투자업자의 운용행위가 핵심상품설명서에 부합하는지 여부를 감시하여야 한다(법 제249조의4 제5항 및 제6항).[238]

제3절 주된 투자대상에 따른 일반사모집합투자기구의 종류

제1관 총설

1. 자본시장법 제229조에 따른 집합투자기구의 종류

자본시장법 제229조에서는 집합투자기구를 그 운용대상자산을 기준으로 증권집합투자기구·부동산집합투자기구·특별자산집합투자기구·혼합자산집합투자기구·단기금융집합투자기구의 다섯 가지로 구분하고, 증권·부동산·특별자산·단기금융상품에 속하는 자산의 범위를 명시하고 있다. 법 제229조는 규제 측면에서 다음과 같은 의미를 가진다:

첫째, 집합투자기구는 동규정에서 정하는 다섯 가지 종류 중 하나에 해당해야

237) 환매연기총회 의결사항은 다음과 같다(영 제257조제1항).
ⓐ 환매를 재개하려는 경우에는 환매대금의 지급시기와 지급방법
ⓑ 환매연기를 계속하려는 경우에는 환매연기기간과 환매를 재개할 때의 환매대금의 지급시기 및 지급방법
ⓒ 법 제237조제5항에 따라 일부환매를 하는 경우에는 환매연기의 원인이 되는 자산의 처리방법

238) 자세한 내용은 제2편제4장제1절제1관2 참조.

한다는 점이다. 실무적으로는 다양한 기준에 따라 분류되더라도 법적으로는 이러한 기준에 따라 펀드의 종류를 구분하고 등록(보고)해야 한다는 것이다.

둘째, 법 제229조는 법 제183조[239]와 함께 펀드명칭 규제기능을 수행한다는 점이다. 예컨대 특별자산 집합투자기구에 대해서는 특별자산에 펀드자산의 50% 이상을 투자하도록 함으로써 투자대상자산과 펀드명칭 간의 불일치에 따른 투자자의 오인을 방지한다.

2. 일반사모집합투자기구의 경우

일반사모집합투자기구에는 법 제229조가 적용되지 않으며,[240] 운용대상자산과 관계없이 일반사모집합투자업 면허도 단일화되어 있다.

따라서 일반사모집합투자업자는 법 제229조에서 정하는 집합투자기구의 종류에 구애받지 않고 운용대상자산·투자전략 등을 기준으로 다양한 종류의 집합투자기구를 조직·운용할 수 있다. 다만, 법 제229조 적용배제와 관련하여서는 집합투자기구의 명칭 사용, 단기금융집합투자기구(MMF)와 관련하여 몇 가지 이슈를 살펴볼 필요가 있다.

제2관 집합투자기구의 명칭

집합투자기구의 명칭 사용을 규제하는 기능을 수행하는 법 제183조 및 법 제229조가 일반사모집합투자기구에는 적용이 배제됨에 따라 일반사모집합투자기구의 명칭 사용과 관련한 명시적인 법적 규제는 없다. 그러나 집합투자업자는 투자자에 대해 선관의무 및 충실의무를 지므로(법 제79조), 일반사모집합투자기구의 명칭을 정함에 있어서도 투자자를 오인케 할 소지가 없도록 해야 한다. 즉, 투자대상자산이나 투자지역 등을 집합투자기구의 명칭에 사용하는 경우에는 그 명실이 상부해야 하므로, 그러한 자산이나 지역에 대한 투자가 적어도 집합투자재산의 일정비율(예: 50%) 이상이 되어야만 투자자의 오인을 방지할 수 있을 것으로 생각된다. 예컨대 '유럽 부동산 펀드'라는 명칭을 사용한다면 유럽에 소재하는 부동산·부동산 관련 자산에 적어도 집합투자재산의 50% 이상을 투자한다는 방침이 집합투자규약등 펀드서류에 기재되어야 한다는 것이다.

---

239) 법 제183조제1항은 '집합투자기구는 그 상호 또는 명칭 중에 법 제229조 각 호의 집합투자기구의 종류를 표시하는 증권, 부동산, 특별자산, 혼합자산, 단기금융 등의 문자를 사용하여야 한다'고 정하고 있다.

240) 세법등 다른 법령에서 자본시장법 제229조제2호의 부동산집합투자기구를 언급하는 경우 부동산에 주로 투자하는 일반사모집합투자기구도 여기에 포함되는지에 관한 논란이 있을 수 있으므로 주의가 필요하다.

제3관 MMF

MMF는 단기금융상품에 주로 투자하는 펀드인데 가장 중요한 특성은 MMF 집합투자증권이 현금등가물로 회계처리가 된다는 사실이다. 즉, 일반기업회계기준[그 외 기업]은 수익증권의 회계처리(문단 6.20)에서, '투자신탁의 계약기간이 3개월 이하인 초단기수익증권(MMF를 포함한다) 중 큰 거래비용이 없고 가치변동 위험이 중요하지 않은 수익증권은 현금 및 현금성자산으로 처리한다'고 규정하고 있다. 그리고 실무지침에서도 MMF를 유가증권이 아니라 현금 및 현금성자산으로 처리하는 것으로 하고 있다.

자본시장법은 MMF 집합투자증권의 현금등가물 성격 확보를 위해 엄격한 운용규제등(운용대상자산의 신용등급, 잔존만기 등)을 한다. 즉, 자본시장법시행령 제241조 및 금융투자업규정 제7-15조 내지 제7-20조를 준수하는 경우에는 MMF 자산의 안정성이 확보되어 그 집합투자증권을 현금등가물로 취급해도 문제가 없다고 보는 것이다.

일반사모집합투자기구를 MMF로 조직할 수 있는지, 즉, 단기금융상품에 주로 투자하는 일반사모집합투자기구에 대해 MMF라는 명칭을 사용하고 그 집합투자증권을 현금등가물로 취급할 수 있는지는 명확하지 않다. MMF 만기등을 규제하는 규정(법 제229조제5호, 영 제241조등)이 일반사모집합투자기구에는 적용되지 않기 때문이다(법 제249조의8 제1항).

사견으로는, 자본시장법시행령 제241조 및 금융투자업규정 제7-16조 내지 제7-20조의 규제내용을 집합투자규약에 기재하고 준수하는 일반사모집합투자기구는 MMF라는 명칭을 사용하고 현금등가물로 회계처리하는 것이 가능할 것으로 보인다. MMF에 관한 이러한 규제내용이 집합투자규약에 반영되지 않은 펀드는 MMF라는 명칭을 사용할 수 없고 현금등가물로 회계처리할 수도 없는 것으로 보아야 할 것이다.[241]

단기금융상품에 주로 투자하지만 MMF로 분류할 수 없는 펀드는 '유동성펀드(liquidity fund)'라는 명칭으로 부르는 것이 적당할 것으로 생각된다.

---

241) 2019년 시행령 개정으로 불건전영업행위(제87조)의 한 유형으로 '단기금융집합투자기구의 집합투자재산을 영 제241조제1항 각 호 외의 자산에 투자하거나 제241조제2항에서 정하는 방법으로 운용하지 아니하는 행위'가 추가되었다. 종전에는 단기금융집합투자기구의 투자대상자산과 운용방법등이 단기금융집합투자기구의 정의조항에만 규정되어 있어 이를 위반하더라도 제재하기 어려운 측면이 있어 불건전영업행위에 포함하여 위반시 제재근거를 마련한 것이다.
영 제241조는 일반사모집합투자기구에 적용되지 않지만, 일반사모집합투자기구의 명칭을 단기금융집합투자기구(MMF)로 쓰려면 반드시 영 제241조를 준수해야 한다는 의미로 이해하여야 할 것이다.

제2장 일반사모집합투자기구의 설정·설립

제1절 총설

집합투자기구의 '설정·설립'이란 집합투자기구를 만드는 행위(establishment)를 말한다. 여기서 '설정'은 신탁 형태의 집합투자기구(투자신탁)에, '설립'은 회사·조합 형태의 집합투자기구(투자회사, 투자합자조합등)에 사용되는 용어다.

집합투자기구의 설정·설립은 집합투자업자가 주도한다. 투자회사의 경우도 법규정상으로는 '누구든지' 설립할 수 있는 것으로 되어 있지만 현실적으로는 집합투자업자가 주도하여 설립하게 된다.

집합투자기구를 설정·설립하기 위해서는 먼저, 집합투자기구의 법적 형태 및 운영구조, 투자전략과 투자대상 등을 결정해야 한다. 그리고 이러한 내용을 포함하여 집합투자규약을 작성하고 판매회사등과의 계약등 법적 형태에 따른 설정·설립 절차를 거쳐야 한다.

일반사모집합투자기구의 설정·설립과 관련한 자본시장법상 규제는 다음과 같다.

ⓐ 일반사모집합투자기구의 설정·설립요건(법 제249조의6 제1항),

ⓑ 집합투자규약 필수기재사항 등(법 제188조제1항 및 제4항, 법 제194조),

ⓒ 설정·설립 사실의 감독당국 보고(법 제249조의6 제2항·제3항),[242]

ⓓ 투자회사 형태의 선박투자회사 설립 제한(법 제194조제11항).[243]

---

242) 일반사모집합투자기구의 설정·설립과 관련한 규제 중 '설정·설립보고'에 관한 내용은 '제14장 보고, 감독 및 검사' 부분에서 보기로 한다.

243) 투자회사 형태의 선박투자회사는 선박투자회사법에 따라서만 설립·운용하도록 하려는 정책적 차원의 규제라고 할 수 있다.

제2절 설정·설립요건 등

제1관 일반적 요건

일반사모집합투자기구를 설정·설립하려면 다음과 같은 요건을 모두 갖추어야 한다(법 제249조의6 제1항).

① 당해 일반사모집합투자기구의 집합투자업자, 신탁업자, 투자매매중개업자, 일반사무관리회사가 업무정지기간 중에 있지 않아야 한다.
② 일반사모집합투자기구가 자본시장법에 따라 적법하게 설정·설립되어야 한다.
③ 일반사모집합투자기구의 집합투자규약이 법령을 위반하거나 투자자의 이익을 명백히 침해하지 않아야 한다.

제2관 자본금요건 등

자본시장법은 투자신탁 형태가 아닌 일반사모집합투자기구에 대해서는 설립 당시 최저 자본금요건 등을 두고 있다(법 제249조의6 제1항, 영 제271조의7).

1. 투자회사형 일반사모집합투자기구

투자회사 형태의 일반사모집합투자기구를 설립하려면 당해 투자회사 설립 당시 자본금이 1억원 이상이어야 한다.

투자회사 형태의 일반사모집합투자기구가 감독이사를 선임하는 경우에는 그 감독이사가 금융회사지배구조에 관한 법률 제5조제1항 각 호(금융회사 임원의 결격요건)의 어느 하나에 해당하지 않아야 한다.

2. 기타 회사형·조합형 일반사모집합투자기구

투자유한회사등 형태의 일반사모집합투자기구를 설립하려면 설립 당시 자본금 또는 출자금이 1억원 이상이어야 한다.

제3절 법적 형태

제1관 총설

자본시장법에서 허용하는 일반사모집합투자기구의 법적 형태는 신탁형(투자신탁), 회사형(투자회사, 투자합자회사, 투자유한회사, 투자유한책임회사) 및 조합형(투자익명조합, 투자합자조합)이다.

자본시장법은 집합투자기구가 집합적·간접적투자에 적합한 수단(vehicle)으로 기능할 수 있도록 많은 특례규정을 두고 있으므로 이 중 어떠한 법적 형태를 택하더라도 기본적인 사항에서는 별 차이가 없다.[244] 그럼에도 불구하고 일반사모집합투자기구를 어떠한 법적 형태로 조직하느냐에 따라 집합투자기구의 설립주체(투자자의 참여), 집합투자업자의 집합투자기구 채무에 대한 책임, 집합투자증권의 양도, 집합투자재산의 소유관계, 집합투자기구 조직변경과 관련한 반대투자자에 대한 매수청구권 유무, 다른 법률에서의 취급 등에서 적지 않은 규제 차이가 존재한다.[245] 따라서 집합투자기구의 법적 형태를 선택함에 있어서는 투자지역, 투자대상의 성격, 투자자의 요구사항등을 종합적으로 고려하여 가장 적합한 법적 형태를 취할 필요가 있다.

일반사모집합투자기구의 법적 형태에 따라 세제에도 일부 차이가 있지만 펀드 단계에서 과세하지 않는다는 점에서는 실질적으로 차이가 없다고 할 수 있다.[246] 외국의 경우 사모펀드에 적용되는 규제와 함께 과세제도가 펀드의 설립지 및 법적 형태 선택에 중요한 영향을 미치지만, 우리나라의 경우는 세제에서는 사실상 큰 차이가 없으므로 법적 형태에 따른 규제 차이가 더 중요한 고려요소가 될 것이다.

한편, 선박에 투자하는 일반사모집합투자기구는 투자회사 형태를 택할 수 없다.[247]

---

244) 집합투자기구(공모집합투자기구, 일반사모집합투자기구)는 그 법적 형태에 관계없이 다음과 같은 사항이 동일하다: ⓐ 투자자는 지분증권(수익증권)의 수에 따라 균등한 권리를 가진다, ⓑ 지분증권(수익증권)은 무액면·기명식으로 발행한다, ⓒ 투자자는 지분증권(수익증권) 매수대금 납입과 동시에 수익자(주주, 사원, 조합원)로서의 권리·의무를 가진다, ⓓ 투자자(수익자, 주주, 사원, 조합원)의 성명·주소는 약관(정관, 조합규약) 기재사항이 아니다.

245) 이러한 규제 차이를 종합적으로 고려해 보면, 공모펀드에 가장 적합한 법적 형태는 투자신탁과 투자회사라고 할 수 있다.

246) 회사형펀드(투자회사, 투자합자회사, 투자유한회사, 투자유한책임회사) 및 투자목적회사는 그 자체 법인격이 있으므로 원칙적으로 법인세 납세의무가 있지만 배당가능이익의 90% 이상을 배당할 경우 그 금액을 해당 사업연도의 소득금액에서 제외하므로(법인세법 제51조의2 제1항), 사실상 법인세 과세대상에서 제외되는 것과 같다.
신탁형펀드(투자신탁)의 경우, 법인세법에서 신탁재산에 귀속되는 소득은 수익자가 그 신탁재산을 가진 것으로 보므로(법인세법 제5조제1항), 법인세 납세의무가 없다.

247) 투자회사의 발기인은 투자회사재산을 선박에 투자하는 투자회사를 설립하여서는 아니 되며, 투자회사는 설립 후에도 투자회사재산을 선박에 투자하는 투자회사에 해당하도록 그 투자회사의 정관을 변경하여서는 아니 된다(법 제194조제11항). 이 규정에 따라 자본시장법에 따른 선박펀드는 투자회사가 아닌 형태로 설정·설립하여야 한다. 실무에서는 절차의 용이성 등으로 투자신탁 형태가 가장 많이 이용되고 있다.
자본시장법상의 선박펀드와 선박투자회사법상의 선박펀드(선박투자회사)는 펀드 및 운용사 규제에 있어 적지 않은 차이가 있다. 예컨대, 선박투자회사법상 선박펀드는 펀드설립 시 해양수산부장관의 인가를 받아야 하고 선박대선기간도 2년 이상으로 하여야 하며, 선박투자회사법상 선박운용회사는 자본금 70억원 이상 등의 요건을 갖추어 해양수산부장관의 허가를 받아야 한다.

이러한 규제는 정책적 목적달성등을 위해 선박투자회사법에 따른 투자회사 형태의 선박펀드의 영역 확보를 위한 것으로 이해된다.[248]

제2관 설립주체 등

1. 설립주체

투자회사는 집합투자업자가 아닌 자도 발기인이 되어 정관을 작성할 수 있지만(법 제194조), 나머지 모든 법적 형태에서는 집합투자업자가 집합투자규약을 작성하도록 되어 있다(법 제188조, 제207조, 제213조, 제217조의2, 제218조, 제224조). 즉, 투자회사를 제외한 나머지 법적 형태에서는 집합투자업자가 일반사모집합투자기구의 설립주체가 된다.

투자회사의 경우 정관을 작성하는 발기인의 자격을 집합투자업자로 제한하지 않으므로 집합투자업자가 아닌 자도 발기인이 되어 투자회사의 설립을 주도할 수 있다.[249] 다만, 정관에 법인이사가 되어 투자회사재산 운용업무를 수행할 집합투자업자가 누구인지 그리고 그 집합투자업자와의 업무위탁개요를 기재해야 하므로(영 제227조제7호 및 제8호), 집합투자업자가 아닌 자가 발기인이 되어 투자회사 설립을 주도하더라도 설립단계에서부터 집합투자업자는 특정되어야 한다. 이런 점에서 투자회사의 경우는 판매회사등이 소위 스폰서(sponsor)로서 투자회사의 설립을 주도하고 투자회사재산을 운용할 집합투자업자를 선정하는 것이 이론적으로는 허용되는 것처럼 보인다. 이와 관련하여서는 경우에 따라 소위 OEM펀드 이슈가 발생할 수 있다는 점에 유의하여야 한다.

2. 설립 시 투자자 참여

일반사모집합투자기구의 설립단계에서의 투자자의 참여도 집합투자기구의 법적 형태별로 차이가 있다.

(투자신탁) 집합투자업자가 투자신탁계약 내용을 정하여 신탁업자와 투자신탁계약을 체결함으로써 집합투자기구 설립이 완성되므로, 설립단계에서 투자자가 참여할

---

248) 종전에는 투자회사 형태의 부동산집합투자기구의 설립도 사실상 제한되었다. 즉, 투자회사 형태의 집합투자기구는 부동산투자회사법상의 부동산투자회사와의 관계를 고려하여 당해 투자회사재산의 70%를 초과하여 부동산에 투자하는 것이 금지되었으나(종전 자본시장법 제194조제11항제1호), 2016.3.29. 자본시장법 개정 시 이 조항이 삭제되어 투자회사 형태의 집합투자기구도 투자회사재산의 100%를 부동산에 투자할 수 있게 되었다.

249) 금융회사의 지배구조에 관한 법률 제5조(임원의 자격요건)에 적합하지 아니한 자는 발기인이 될 수 없다.

여지가 없다. 투자자는 이미 설립된 투자신탁 형태의 집합투자기구의 집합투자증권(수익증권)을 취득함으로써 비로소 그 집합투자기구의 투자자(수익자)로 참여하게 된다.

(투자회사) 투자자는 집합투자업자와 함께 발기인이 되어 투자회사를 설립할 수 있을 뿐 아니라, 투자자들만으로 발기인을 구성하여 투자회사를 설립하는 것도 이론적으로는 가능하다.

(기타) 투자신탁과 투자회사를 제외한 기타 형태의 집합투자기구(투자유한회사, 투자유한책임회사, 투자합자회사, 투자합자조합, 투자익명조합)의 경우에도 투자자는 설립단계에서 사원·조합원으로 참여하는 것이 이론적으로는 가능한 것으로 보인다.[250]

이처럼 투자신탁을 제외한 나머지 형태의 일반사모집합투자기구의 경우는 투자자가 당해 집합투자기구의 설립단계에서 그 사원·조합원으로 참여하는 것이 가능하지만, 투자자(사원·조합원)의 성명등이 집합투자규약(정관·조합계약)의 기재사항이 아니라는 점에서는 투자신탁의 경우와 같다.[251] 일반사모집합투자기구에서는 그 법적 형태를 불문하고 투자자에 관한 사항(성명등 인적사항, 출자에 관한 사항)은 집합투자규약에 기재되지 않고 집합투자자명부를 통해서만 관리된다. 이런 점에서 일반사모집합투자기구로 이용되는 상법상의 기업 형태들은 모두 주식회사의 특성을 가지도록 수정된 것이라고 할 수 있다.[252]

---

250) 공모펀드의 경우에는 설립단계에서는 ⓐ 투자유한회사·투자유한책임회사는 집합투자업자 1인 사원으로, ⓑ 투자합자회사·투자합자조합·투자익명조합의 경우 집합투자업자와 투자자 1인으로, 집합투자기구를 설립하여 금융위원회에 등록한 후에 투자자를 모집하도록 하고 있다(법 제207조, 제213조, 제217조의2, 제218조, 제224조). 하지만, 집합투자기구 등록 전 투자자 모집 제한규정(법 제207조제5항등)은 일반사모집합투자기구에는 적용되지 않으므로 설립단계에서 투자자들이 사원·조합원으로 참여하는 것이 가능하다고 보아야 할 것이다.

251) 법 제194조제2항, 제207조제1항, 제213조제1항, 제217조의2 제1항, 제218조제1항, 제224조제1항. 투자합자회사, 투자합자조합, 투자익명조합의 경우 투자자 1인이 사원·조합원으로 정관·조합계약에 기명날인하도록 되어 있지만 이처럼 정관·조합계약에 기명날인하는 투자자의 성명등도 정관 기재사항은 아니다.

252) 기관전용사모집합투자기구로 이용되는 투자합자회사의 경우는 그러하지 않다. 이에 대해서는 제4편(기관전용사모집합투자기구)에서 자세히 살펴보기로 한다.

제3관 집합투자증권[253)]

1. 집합투자증권의 성격 등

투자유한회사·투자합자회사·투자유한책임회사·투자합자조합·투자익명조합 지분증권에 대해서는 투자회사 주식에 관한 규정(법 제196조)을 준용하므로,[254)] 투자유한회사등의 지분의 성격은 실질적으로 투자신탁의 수익권이나 투자회사의 주식과 크게 다르지 않다. 예컨대, 법적 형태에 관계없이 집합투자증권은 모두 무액면·기명식으로 발행해야 하고, 투자자는 집합투자증권의 인수가액을 납입하여야만 집합투자기구의 구성원(투자신탁의 수익자, 투자회사의 주주, 투자유한회사·투자합자회사·투자유한책임회사의 사원, 투자합자조합·투자익명조합의 조합원)으로서의 자격을 갖게 된다.

2. 집합투자증권의 양도

1) 양도 방법 등

집합투자증권의 양도는 펀드 구성원의 변경을 초래한다. 자본시장법은 펀드의 법적 형태에 따라 집합투자증권의 양도에 관한 사항을 달리 정하고 있다. 전자증권법이 시행됨에 따라 동법의 적용을 받는 집합투자증권(투자신탁 수익권, 투자회사 주식)의 양도는 동법에 따른 전자등록의 방법으로 해야 한다.

(투자신탁 및 투자회사의 경우) 투자자는 자신이 소유한 집합투자증권을 타인에게 양도할 수 있으며, 집합투자규약으로도 양도를 제한할 수 없다.[255)] 그리고 투자신탁의

---

253) 자본시장법은 집합투자기구의 출자지분(즉, 투자신탁의 수익권, 투자회사의 주식, 투자유한회사등의 출자지분)과 집합투자증권을 엄격하게 구분하지 않고 대체로 집합투자증권 위주로 규정하고 있다. 집합투자증권의 발행 관련 규정을 보면, 투자회사의 경우는 주식 위주로 규정하고 있고(법 제196조), 투자신탁의 경우는 수익권과 수익증권을 혼용하고 있으며(법 제189조), 기타(투자유한회사등)의 경우는 집합투자증권(지분증권) 위주로 규정하고 있다(법 제208조 등). 집합투자증권의 판매 관련 규정(법 제76조) 및 환매 관련 규정(법 제235조)에서는 법적 형태와 관계없이 집합투자증권 위주로 규정하고 있다. 요약하면, 자본시장법상 '집합투자증권'이라는 용어는 많은 경우 당해 집합투자증권의 기초가 되는 권리(투자신탁의 수익권등)를 의미하거나 경우에 따라서는 양자 모두를 의미하는 경우도 있을 수 있다.
한편, 전자증권법이 시행됨에 따라 투자신탁·투자회사의 경우는 수익증권·주권이라는 개념 자체가 없어지기도 했으므로, 자본시장법의 집합투자증권 관련 규정은 이러한 점을 반영하여 적절히 개정할 필요가 있다.

254) 자본시장법 제208조제3항(투자유한회사), 제216조제2항(투자합자회사), 제217조의3(투자유한책임회사), 제222조제2항(투자합자조합), 제227조제2항(투자익명조합).

255) 투자회사의 경우 상법 주식양도 제한규정(상법 제335조제1항 단서)이 적용되지 않는다(법 제206조제2항). 투자신탁의 경우 수익증권의 양도에 대해 상법규정이 준용되지만 주식양도 제한규정(상법 제335조제1항 단서)은 준용되지 않는다(법 제189조제9항).

수익권(수익증권)과 투자회사의 주식은 전자증권법에 따라 전자등록의 방법으로 발행해야 하므로 그 양도나 입질은 전자등록부에 등록하는 방법으로 해야 한다. 즉, 양도하는 경우에는 전자증권법 제30조에 따른 계좌간 대체 등록을 해야 하고, 질권의 목적으로 하는 경우에는 전자증권법 제31조에 따른 질권설정의 전자등록을 해야 그 효력이 발생한다(전자증권법 제35조제2항·제3항). 등록질의 경우 질권자의 성명을 전자등록계좌부에 등록하면 된다(전자증권법 제35조제3항 후단, 법 제189조제9항, 상법 제356조의2).

(기타 형태의 집합투자기구의 경우) 펀드의 법적 형태별로 조금씩 차이가 있다.

투자유한회사의 경우 정관으로 양도를 제한할 수 있다.[256)]

투자합자회사의 경우 무한책임사원은 사원 전원의 동의를 얻어야 양도할 수 있고, 유한책임사원은 무한책임사원 전원의 동의를 얻어야 양도할 수 있다.[257)]

투자유한책임회사의 경우 업무집행사원은 사원 전원의 동의를 얻어야 양도할 수 있고, 업무집행사원이 아닌 사원은 업무집행사원의 동의를 얻어야 양도할 수 있다.[258)]

투자합자조합의 경우 업무집행조합원은 조합원 전원의 동의를 얻어야 양도할 수 있고, 유한책임조합원은 조합계약에서 정하는 바에 따라 양도할 수 있다.[259)]

투자익명조합의 경우는 그 성격상 영업자(집합투자업자)와 익명조합원(투자자) 간에 특약이 없는 한 그 지위를 타인에게 이전할 수 없다.

2) 양도의 상대방

일반사모집합투자기구의 투자자가 그 집합투자증권을 타인에게 양도하는 경우 그 양도의 상대방은 적격투자자여야 한다(법 제249조의8 제3항). 즉, 양도의 상대방은 '전문투자자인 적격투자자' 또는 '기타 적격투자자'이어야 한다. 그리고 법령에서 명시하고 있지 않지만 집합투자증권의 양도 후에도 '100인 산정 투자자의 수'는 100인 이하여야 한다.

제4관 집합투자자명부, 집합투자자의 권리행사방법

1. 집합투자자명부

일반사모집합투자기구의 법적 형태가 투자신탁이나 투자회사인 경우에는 집합

256) 상법 제556조 단서가 적용된다(법 제212조제2항).
257) 상법 제269조(제197조), 제276조가 적용된다(법 제217조제2항).
258) 상법 제287조의8이 적용된다(법 제217조의7 제2항).
259) 상법 제86조의7이 적용된다(법 제223조제2항).

투자자명부(수익자명부, 주주명부)를 작성하여야 한다.[260] 투자신탁 수익권과 투자회사 주식은 전자증권법의 적용을 받으므로 수익자명부(투자신탁)와 주주명부(투자회사)는 전자명부로 작성하게 된다.[261]

일반사모집합투자기구를 투자신탁이나 투자회사 이외의 법적 형태(투자유한회사등)로 조직하는 경우에도 집합투자자명부를 작성하여야 하는지 여부가 자본시장법상 명확하지 않다. 하지만, 자본시장법상 투자유한회사등은 상법상 유한회사등과 달리 투자자의 성명이 정관·조합규약에 기재되지 않는 점 등을 고려할 때 집합투자자명부를 작성하여야 하는 것으로 보아야 할 것이다.

(투자신탁 수익자명부) 집합투자업자는 투자신탁 수익자명부의 작성에 관한 업무를 전자등록기관(예탁결제원)에 위탁하여야 한다(법 제189조제6항). 위탁을 받은 전자등록기관(예탁결제원)은 수익자의 주소·성명 및 수익자가 소유하는 수익증권의 좌수를 기재한 수익자명부를 작성·비치하여야 한다(법 제189조제7항).[262] 투자신탁 수익자명부의 효력 등에 대해서는 상법 제353조(주주명부의 효력) 및 제354조(주주명부의 폐쇄·기준일)가 준용된다(법 제189조제9항).[263]

(투자회사 주주명부) 투자회사의 주주명부 작성에 관한 업무는 일반사무관리회사가 수행하게 된다(법 제184조제6항). 그리고 투자회사의 주주명부와 관련하여서는 상법 규정이 적용되므로(법 제206조), 주주명부의 기재사항(상법 제352조),[264] 주주명부의 폐쇄

---

260) 법 제189조제6항(투자신탁), 상법 제352조 및 법 제206조제2항(투자회사).

261) 상법 제352조의2(투자회사), 법 제189조제9항(투자신탁). 따라서 전자증권법에 따라 전자등록기관이 관리하는 정보가 전자 수익자명부, 주주명부 작성의 근거가 된다.

262) 전자등록기관(예탁결제원)은 수익자명부의 기재사항에 관한 정보를 타인에게 제공하여서는 아니 된다. 다만, 수익자총회 개최를 위하여 집합투자업자에게 제공하는 경우 및 금융실명거래 및 비밀보장에 관한 법률 제4조제1항 단서에 따라 제공하는 것은 가능하다(법 제189조제8항, 영 제219조).

263) 상법 제353조가 준용됨에 따라, 수익자 또는 그 질권자에 대한 통지나 최고는 수익자명부에 기재된 수익자나 질권자의 주소 또는 그 자가 집합투자업자에게 통지한 주소로 하면 집합투자업자 및 예탁결제원은 면책된다(법 제189조제9항, 상법 제353조제1항). 수익자 또는 질권자에 대한 통지 또는 최고는 실제 도달하지 않았더라도 보통 그 도달할 시기에 도달한 것으로 본다(법 제189조제9항, 상법 제353조제2항, 상법 제304조제2항).
그리고 상법 제354조가 준용됨에 따라, 집합투자업자는 의결권을 행사하거나 배당을 받을 자 기타 수익자 또는 질권자로서 권리를 행사할 자를 정하기 위하여 일정한 기간을 정하여 수익자명부의 기재변경을 정지하거나 일정한 날에 수익자명부에 기재된 수익자 또는 질권자를 그 권리를 행사할 수익자 또는 질권자로 볼 수 있다. 수익자명부폐쇄기간은 3개월을 초과하지 못하며, 기준일은 수익자 또는 질권자로서 권리를 행사할 날에 앞선 3개월 내의 날로 정하여야 한다. 집합투자업자가 주주명부폐쇄기간 또는 기준일을 정한 경우에는 그 기간 또는 날의 2주간 전에 공고해야 한다. 다만, 투자신탁계약으로 그 기간 또는 날을 지정한 때에는 그러하지 아니하다.

기준일(상법 제354조), 주주명부의 효력(상법 제353조) 등은 일반 주식회사와 동일한 내용이 투자회사에 적용된다.

2. 집합투자자의 권리행사

전자증권법이 시행됨에 따라 집합투자자의 권리행사 방법도 해당 집합투자기구의 법적 형태에 따라 달라진다.

투자신탁 및 투자회사의 경우 집합투자자(투자신탁의 수익자, 투자회사의 주주)는 전자등록기관(예탁결제원)을 통해서 권리를 행사하거나 자신이 직접 권리를 행사할 수 있는데, 배당금이나 상환금 수령등 통상적인 권리행사는 전자등록기관을 통하여 행사하게 된다. 전자등록기관(예탁결제원)을 통하여 권리를 행사하고자 하는 경우에는 계좌관리기관(판매회사)을 통하여 권리행사를 신청하여야 한다(전자증권법 제38조).[265] 자신이 직접 권리를 행사하고자 하는 때에는 먼저 계좌관리기관(판매회사)을 통하여 전자등록기관(예탁결제원)으로부터 소유자증명서를 발행받아야 한다. 집합투자자가 소유자증명서를 발행인(투자신탁의 경우 집합투자업자, 투자회사의 경우 당해 투자회사)이나 그 밖에 대통령령으로 정하는 자에게 제출한 경우에는 그 자에 대하여 소유자로서의 권리를 행사할 수 있다(전자증권법 제39조제5항).

투자신탁·투자회사를 제외한 기타 형태의 집합투자기구의 경우는 집합투자자의 권리행사는 관련 상법규정에 따라야 한다.

제5관 집합투자기구의 지배구조, 기관

1. 지배구조

집합적·간접적 집합투자수단인 집합투자기구에 있어서는 펀드운용사가 펀드운용에 주도적인 역할을 수행하기 때문에 펀드운용사의 책임성 확보를 위한 견제장치가 필요하다. 펀드운용사 감시·견제를 위한 펀드의 내부지배구조(internal governance system of investment fund)는 일반적으로 펀드운용사와 독립적인 지위에 있는 제3자, 펀드의 외부감사인 및 투자자에 의해 수행된다.

---

264) 투자회사는 주주명부에 주주의 성명과 주소, 각 주주가 가진 주식의 종류와 수, 각 주식의 취득년월일 등을 기재하여야 한다(상법 제352조).

265) 실제에 있어서는 배당금이나 상환금 수령등과 관련된 권리행사는 집합투자증권을 매입하는 단계에서 판매회사(계좌관리기관)에게 위탁하여 두는 것이 일반적이므로 집합투자자가 따로 권리행사를 할 필요는 없다.

1) 공모집합투자기구

집합투자재산을 보관·관리하는 신탁업자,[266] 펀드의 외부감사인[267] 및 투자자가 집합투자업자를 감시·통제하도록 되어 있다.

투자자는 수익자(투자신탁), 주주 또는 사원(회사형펀드), 조합원(조합형펀드)의 지위에 기초하여 집합투자자총회나 집합투자규약에 반영된 계약상 권리를 통해 집합투자업자를 통제한다.

집합투자자총회를 통한 통제의 경우, 투자자는 자본시장법[268] 또는 집합투자규약에서 정한 사항에 대해서만 결의할 수 있다(법 제190조제1항, 제201조제3항).

공모집합투자기구의 경우 집합투자업자 단독으로 집합투자규약을 작성하고 투자자는 집합투자기구 설정·설립 후 집합투자증권의 매수를 통해 당해 집합투자기구의 구성원이 된다. 이처럼 투자자의 요구사항을 집합투자규약에 반영하는 것이 어려우므로 자본시장법은 투자자보호에 필요한 사항을 집합투자규약에 반드시 기재하도록 명시하는 한편, 집합투자업자가 집합투자규약의 중요사항을 변경하고자 하는 경우에는 미리 집합투자자총회의 결의를 거치도록 하고 있다(법 제188조).

2) 일반사모집합투자기구

일반사모집합투자기구는 외부감사를 받지 않아도 되므로[269] 신탁업자와 투자자가 집합투자업자를 감시·통제하게 된다.

(신탁업자에 의한 통제) 공모집합투자기구의 경우와 달리 집합투자기구의 법적 형태에 관계없이 신탁업자가 집합투자업자를 감시하는 지배구조를 취하게 된다.[270]

---

266) 투자신탁의 경우 신탁업자가 수탁자(trustee) 지위에서 집합투자업자를 감시한다.
투자회사의 경우는 감독이사와 함께 신탁업자가 자산보관자(custodian) 지위에서 집합투자업자를 감시한다.
기타 투자유한회사등의 경우는 신탁업자가 자산보관자(custodian) 지위에서 집합투자업자를 감시한다.

267) 공모집합투자기구의 경우 그 집합투자재산에 대하여 회계기간의 말일 및 계약(존속)기간 종료(만료) 또는 해지(해산) 시 그 종료(만료)일 또는 해지(해산)일부터 2개월 이내에 회계감사인의 회계감사를 받아야 한다(법 제240조제3항).

268) 자본시장법에서 집합투자자총회 결의사항으로 정하고 있는 사항은 집합투자규약 중요사항의 변경(법 제188조제2항등), 집합투자기구의 해지·해산(법 제192조제2항2호등), 집합투자기구의 합병(법 제193조등), 환매의 연기(법 제237조)가 있다.

269) 일반사모집합투자기구에는 집합투자재산의 외부감사 관련 규정(법 제240조제3항 내지 제8항, 제10항)의 적용이 배제된다(법 제249조의8 제1항).

270) 투자회사 형태의 공모집합투자기구의 경우, 당해 투자회사의 감독이사와 신탁업자가 함께 집합투자업자를 감시·견제하게 된다(법 제199조, 제247조). 반면에 일반사모집합투자기구는 투자회사의 경우도 감독이사를 두지 않아도 된다(법 제249조의8 제1항에서 법 제197조 적용

그리고 일반투자자가 투자자로 참여하지 않는 일반사모집합투자기구의 경우 신탁업자의 집합투자업자 감시의 범위는 공모집합투자기구에 비해 상당히 축소된다(법 제249조의8 제1항에 따라 법 제247조의 내용 대부분을 적용배제).

(투자자에 의한 통제) 자본시장법에서 집합투자자총회 결의사항으로 정하고 있는 사항 중에서 집합투자규약 중요사항 변경(법 제188조제2항) 및 환매연기(법 제237조) 관련 규정은 일반사모집합투자기구에는 적용이 배제된다(법 제249조의8 제1항). 집합투자기구의 해지·해산(법 제192조제2항제2호등) 및 합병(법 제193조등) 관련 규정은 일반사모집합투자기구에 대한 특례규정인 법 제249조의8 제1항에서는 명시적으로 적용을 배제하고 있지 않으며, 집합투자자총회 설치등에 관한 규정(법 제190조)도 적용이 배제되지 않는다. 하지만 일반사모집합투자기구에 대한 특례규정인 법 제249조의8 제5항에서 '집합투자자총회 및 그와 관련된 사항은 일반사모집합투자기구에는 적용하지 않는다'고 규정하고 있다. 관련 규정들의 규정방식, 입법연혁 및 취지 등을 종합적으로 고려할 때 일반사모집합투자기구에는 집합투자자총회를 두지 않아도 되고 따라서 집합투자자총회 결의사항으로 되어 있는 규정도 적용이 되지 않는다고 보는 것이 합리적이다.[271]

일반사모집합투자기구의 경우도 집합투자규약을 통한 투자자통제가 어려운 것이 현실이다. 공모집합투자기구의 경우와 마찬가지로 집합투자업자 단독으로 집합투자규약을 작성하게 되며, 투자자의 성명·주소가 집합투자규약에 기재되지 않으며 기명날인을 하지도 않는다. 투자자는 집합투자기구 설정·설립 이후 집합투자증권 매수를 통해 비로소 집합투자기구의 구성원이 된다. 따라서 연기금등 일부 기관투자자등을 제외하면 펀드 설립단계에서 집합투자규약에 자신의 의사를 반영할 수 있는 투자자는 많지 않다. 따라서 집합투자규약의 중요사항을 변경하고자 할 때에는 투자자의 동의를 받도록 하는 규정을 둘 필요가 있다.

3) 일반투자자가 투자자로 참여하는 일반사모집합투자기구

일반투자자가 포함된 일반사모집합투자기구의 경우는 신탁업자, 외부감사인, 판매회사 및 투자자가 집합투자업자를 감시·통제하게 된다.

(신탁업자에 의한 통제) 공모집합투자기구와 마찬가지로 신탁업자의 운용행위 감시등을 규정하는 법 제247조가 적용된다(법 제249조의8 제2항제5호). 따라서 신탁업자는,

---

배제).

271) 일반사모집합투자기구의 경우 임의로 집합투자자총회를 두는 것은 당연히 가능하다.

ⓐ 집합투자업자의 운용지시 또는 운용행위가 법령·집합투자규약·핵심상품설명서등에 위반되는 여부를 확인하고 위반이 있는 경우 시정등을 요구하여야 하며, ⓑ 집합투자재산과 관련하여 기준가격의 적정성등을 확인하여야 한다.

(외부감사인에 의한 통제) 공모집합투자기구와 마찬가지로 법 제240조에 따라 그 집합투자재산에 대하여 외부감사인의 회계감사를 받아야 한다. 다만 투자자 전원의 동의를 얻은 경우 및 투자자의 이익을 해할 우려가 없는 경우로서 대통령령에서 정하는 경우에는 이를 적용하지 아니한다(법 제249조의8 제2항제4호).

(판매회사에 의한 통제)[272] 판매회사는 집합투자업자가 작성한 핵심상품설명서가 집합투자규약과 부합하는지 등을 집합투자증권 판매 전에 미리 검증하여야 한다(법 제249조의4 제3항).

그리고 판매회사는 집합투자업자의 운용행위가 핵심상품설명서에 부합하는지 여부를 감시하여야 한다(법 제249조의4 제5항 내지 제6항).[273]

(투자자에 의한 통제) 환매연기 관련 규정인 법 제237조가 적용(법 제249조의8 제5항 단서)[274] 되어 환매연기시 집합투자자총회를 통한 통제가 가능한 것 외에는 (일반투자자가 포함되지 않은) 일반사모집합투자기구의 경우와 동일하다.[275]

2. 기관

공모집합투자기구의 경우는 모든 법적 형태에서 집합투자자총회[276]를 두도록 되어 있고, 투자회사는 집합투자자총회(주주총회) 외에 감독이사와 이사회를 두도록 되어 있다

272) 자세한 내용은 제2편제4장제1절제1관2. 참조.

273) 판매회사의 운용사 감시기능은 공모펀드에도 없는 것이고, 외국의 입법례에서도 찾아보기 어려운 매우 이례적인 것이다.

274) 일반투자자가 포함된 일반사모집합투자기구의 집합투자증권의 환매를 연기한 경우 환매를 연기한 날부터 3개월 이내에 집합투자자총회에서 환매에 관한 사항을 결의하여야 한다(법 제237조제1항, 법 제249조의8 제5항 단서).

275) 일반투자자의 경우 연기금등 기관투자자들과 달리 펀드 설립단계에서 집합투자규약에 자신의 의사를 반영할 수 있는 여지는 사실상 없다고 할 수 있다. 따라서 일반투자자가 포함된 일반사모집합투자기구의 경우에는 적어도 집합투자업자가 집합투자규약의 중요내용을 변경하고자 하는 경우 집합투자자총회의 결의를 거치도록 하는 규정(법 제188조제2항)은 적용되도록 할 필요가 있다.

276) 투자신탁의 수익자총회, 투자회사의 주주총회, 투자유한회사·투자합자회사·투자유한책임회사의 사원총회, 투자합자조합·투자익명조합의 조합원총회를 말한다.
상법에서는 주식회사와 유한회사에 대해서만 사원총회를 두도록 하고 있지만 자본시장법은 집합투자기구로서의 성격을 고려하여 모든 형태의 집합투자기구에 대해 투자자총회를 두도록 하고 있다.

(법 제197조, 제199조, 제200조).

하지만 일반사모집합투자기구는 집합투자자총회를 두지 않아도 되며, 투자회사 형태를 취하더라도 감독이사와 이사회를 두지 않아도 된다(법 제249조의8 제1항).[277] 따라서 일반사모집합투자기구에서는 집합투자기구의 법적 형태에 따른 기관구성의 차이는 없다.

다만, 일반투자자가 포함된 일반사모펀드의 경우에는 환매연기 관련 규정(법 제237조)이 적용되므로 동 규정에 따른 환매연기 관련 사항의 결의를 위해 집합투자자총회를 두어야 할 것이다(법 제249조의8 제5항).

제6관 집합투자업자의 지위, 수, 책임

1. 집합투자업자의 지위

집합투자기구의 법적 형태가 투자유한회사·투자합자회사·투자합자조합·투자익명조합인 경우, 집합투자업자는 설립단계에서 당해 집합투자기구의 사원 또는 조합원으로 참여하여야 한다(법 제207조, 제213조, 제214조제1항, 제218조, 제219조제1항, 제224조, 제225조제1항). 즉, 집합투자업자는 의무적으로 당해 집합투자기구의 구성원으로 참여하여야 하므로, 집합투자업자는 집합투자기구의 구성원이면서 업무집행자의 지위를 가진다. 집합투자기구가 투자신탁, 투자회사 또는 투자유한책임회사 형태인 경우 집합투자업자는 당해 집합투자기구의 구성원으로 참여하는 것이 강제되지 않는다. 집합투자업자가 수익자 또는 사원으로 참여하지 않으면 집합투자업자는 당해 집합투자기구의 업무집행자 지위만 가진다.

집합투자기구의 법적 형태에 따른 집합투자업자의 법적 지위는 다음과 같다: 집합투자업자(투자신탁), 법인이사(투자회사, 투자유한회사), 업무집행사원(투자합자회사), 업무집행자(투자유한책임회사), 업무집행조합원(투자합자조합), 영업자(투자익명조합).

2. 집합투자업자의 수

자본시장법은 하나의 집합투자기구에는 하나의 집합투자업자만 있는 것을 상정하고 있다. 투자신탁의 경우 명시적인 규정은 없으나 1인의 집합투자업자와 1인의 신탁업자를 전제로 하고 있고, 투자신탁을 제외한 기타 법적 형태의 경우는 명시적

277) 집합투자자총회, 감독이사·이사회의 설치가 공모집합투자기구의 경우는 의무사항이지만 일반사모집합투자기구의 경우는 임의사항으로 되어 있다.

으로 1인의 집합투자업자를 둘 것을 규정하고 있다(법 제197조, 제209조, 제214조, 제217조의4, 제219조, 제225조).

이러한 규정들은 일반사모집합투자기구의 경우에도 적용되므로, 일반사모집합투자기구의 집합투자업자는 1인이어야 한다. 다만, 집합투자재산의 운용·운용지시업무를 다른 집합투자업자에게 위탁하는 경우에는, 그 운용·운용지시업무를 수탁받은 집합투자업자(소위, 하위운용사: sub-manager)는 실질적으로는 해당 집합투자기구의 집합투자업자의 역할을 수행하게 된다.

참고로, 기관전용사모집합투자기구의 경우는 무한책임사원 중 1인 이상을 업무집행사원으로 정하도록 되어 있으므로, 복수의 운용자를 둘 수 있다(법 제249조의14 제1항).

3. 집합투자기구 채무에 대한 집합투자업자의 책임

집합투자재산으로 집합투자기구의 채무를 완제할 수 없는 경우에 집합투자업자의 책임이 문제 될 수 있다. 자본시장법은 집합투자기구의 법적 형태에 따라 집합투자업자의 책임의 범위를 다르게 설정하고 있으며, 이는 일반사모집합투자기구의 경우에도 마찬가지다.

투자신탁 형태의 집합투자기구의 집합투자재산으로 취득·처분등을 한 경우 집합투자업자는 그 투자신탁재산으로 이행책임을 부담한다.[278] 모든 사원이 유한책임을 지는 회사형집합투자기구(투자회사, 투자유한회사, 투자유한책임회사)[279]의 경우도 집합투자업자는 그 집합투자재산으로 이행책임을 부담한다. 집합투자업자가 개별약정으로 집합투자기구의 거래상대방과 집합투자기구의 채무에 대하여 연대보증을 지기로 하는 것은 자본시장법상 집합투자제도의 취지에 비추어 볼 때 허용되지 않는다고 보아야 할 것이다.

업무집행사원이 무한책임을 지는 회사형집합투자기구(투자합자회사)와 업무집행조합원이 무한책임을 지는 조합 형태의 집합투자기구(투자합자조합, 투자익명조합)의 경우 집합투자업자는 당해 집합투자기구의 채무에 대해 무한책임을 부담한다.[280]

---

278) 투자신탁재산의 형식적 소유자인 신탁업자의 책임도 집합투자업자의 책임과 동일하다(법 제80조제2항 전단 괄호).

279) 주식회사는 물적회사의 전형이고, 유한회사는 물적회사의 기초에 인적회사 요소를 가미한 것이며, 유한책임회사는 대내적으로는 인적회사고 대외적으로는 물적회사(사원의 유한책임)적 특징을 가진다. 물적회사란 사원이 출자를 매개로 하여 결합된 기업의 법적 형태로서 회사의 실질은 사원이 제공한 자본의 집중체라고 할 수 있다.

280) 투자합자회사의 경우 상법 제212조 및 제269조, 투자합자조합의 경우 상법 제86조의8 및 제212조 참조. 투자익명조합의 경우 영업자(집합투자업자)는 제삼자에 대해 모든 권리의무의 귀속주체가 되고 투자익명조합의 채무에 대하여 무한책임을 진다.

제7관 집합투자재산의 소유·보관

집합투자기구가 어떠한 법적 형태를 취하는지에 따라 집합투자재산의 소유관계도 달라지지만, 집합투자재산의 실제 보관·관리는 신탁업자가 한다(법 제184조제3항).

투자신탁재산은 수탁자(신탁업자)의 명의로 소유된다.

투자익명조합재산은 영업자(집합투자업자)의 단독 소유가 된다. 다만, 이 경우 신탁법 제3장이 준용되므로(법 제228조제2항), 투자익명조합재산은 신탁법상의 신탁재산으로 취급되어 영업자의 고유재산으로부터 독립성이 확보된다.[281)]

투자회사재산·투자유한회사재산·투자합자회사재산·투자유한책임회사재산은 당해 회사의 명의로 소유된다. 투자합자조합재산은 조합원이 합유한다.

제8관 법률행위의 주체

(대외적 법률행위의 주체) 집합투자기구가 어떠한 법적 형태를 가지는지에 따라 그 대외적 법률행위의 주체가 달라진다.

투자신탁의 경우는 원칙적으로 집합투자업자의 지시에 따라 신탁업자(수탁자) 명의로 법률행위를 한다. 다만, 투자신탁재산의 효율적 운용을 위해 불가피한 일정한 경우에 한해 집합투자업자 명의로 투자대상자산의 취득·처분을 하는 것이 허용된다(법 제80조제1항 단서, 영 제79조제2항).

투자익명조합의 경우는 당해 투자익명조합의 영업자(집합투자업자)가 자신의 명의로 법률행위를 한다.

투자합자조합의 경우는 업무집행조합원(집합투자업자)이 조합원 전원을 대리하여 법률행위를 한다. 대리 시 조합원 전원을 위하여 한다는 것을 명시하는 것이 원칙이나 본인의 표시로 조합(조합명칭)만을 표시하거나 거명한 경우에도 적법한 대리행위로 본다.[282)]

회사 형태의 집합투자기구(투자회사·투자유한회사·투자유한책임회사·투자합자회사)는 당해 회사명의로 법률행위를 한다.

---

281) 신탁재산의 독립성 확보를 위한 신탁법 제3장의 규정(제22조 내지 제30조)이 투자익명조합에 준용되는데, 이 경우 '신탁재산'은 '투자익명조합재산'으로, '수탁자'는 '영업자'로, '신탁'은 '투자익명조합 가입'으로, '위탁자' 및 '수익자'는 '익명조합원'으로 본다. 따라서 예컨대, 투자익명조합재산은 영업자(집합투자업자)의 파산재단, 회생절차의 관리인이 관리·처분권한을 가지고 있는 채무자의 재산이나 개인회생재단을 구성하지 아니한다(신탁법 제24조). 신탁법 제3장이 투자익명조합에 준용됨으로써 적어도 펀드재산의 독립성(운용사로부터의 독립)이라는 측면에서는 투자익명조합재산과 투자신탁재산은 실질적인 차이가 없다고 할 수 있다.

282) 대법원 1970. 8. 31. 선고 70다1360 판결.

(법률행위주체의 수) 집합투자업자가 특정자산의 투자에 자신이 운용하는 복수의 사모펀드를 참여시키는 경우에 법률행위 주체의 수를 산정할 필요가 있을 때 자산운용회사와 개별펀드 어느 것을 기준으로 하여야 하는지가 문제 될 수 있다.

관련하여 금융위원회는 법 제133조제3항에 따른 의무공개매수 대상인지 판단하기 위한 매수등의 상대방의 수를 산정함에 있어 투자신탁은 자산운용회사를 기준으로 산정하고 투자회사등 회사형펀드는 개별 회사형펀드를 기준으로 산정하는 것이 타당하다고 유권해석을 한 바 있다.[283]

제9관 투자자의 유한책임

집합투자기구의 법적 형태와 관계없이 투자자는 집합투자기구의 채무에 대하여 이미 납입한 집합투자증권의 매입가액 외에 추가적인 책임을 지지 않는다. 일반사모집합투자기구의 경우도 동일하다.[284]

주식회사·유한회사·유한책임회사는 주주나 사원의 출자액을 한도로 회사채무에 대해 책임을 지므로 자본시장법에 별도의 특례규정이 없다. 투자신탁의 경우도 신탁의 수익자는 신탁의 채권자에 대해 책임을 지지 않으므로 자본시장법에 특례규정이 없다.

합자회사·합자조합의 경우, 상법에서는 유한책임사원·유한책임조합원이 출자가액에서 이미 이행한 부분을 제외한 가액도 책임지도록 하고 있지만(상법 제86조의6, 제279조), 자본시장법에서는 투자합자회사·투자합자조합의 경우에는 유한책임사원·유한책임조합원이 출자를 이행한 금액을 한도로 책임을 지도록 하는 특례규정을 두고 있다(법 제217조제3항, 제219조제1항).[285]

---

283) 금융위원회, 법령해석회신문(200011).

284) 기관전용사모집합투자기구의 경우 상법 제279조가 적용되므로(법 제249조의20), 기관전용사모집합투자기구의 유한책임사원은 정관에서 정한 출자액을 한도로 책임을 지게 된다. 출자이행한 금액이 있으면 그 부분을 공제한 나머지 정관상의 출자가액을 한도로 회사채무자에 대해 책임을 진다(상법 제279조제1항).

285) 투자합자회사의 경우 상법 제279조를 배제하는 명시적인 규정이 있는 반면에, 투자합자조합의 경우는 상법 제86조의6을 명시적으로 배제하는 규정이 없이 자본시장법 제219조제1항에서 "출자액을 한도로 하여 유한책임을 지는 유한책임조합원"이라는 표현을 사용하고 있을 뿐이다. 여기서의 "출자액"이 상법 제86조의6의 출자액을 의미하는 것인지 출자의 실제 이행액을 의미하는 것인지가 분명하지 않아 논란의 소지가 있을 수 있다. 하지만, 투자합자조합 형태의 집합투자기구에 대해서만 투자자의 책임의 범위를 달리 정할 합리적인 이유를 찾기 어렵다. 또한, 회사형집합투자기구와 조합형집합투자기구의 지분증권에 대해서는 투자회사의 주식에 관한 법 제196조가 준용되므로(투자합자회사의 경우 법 제222조제2항, 제208조), 투자합자조합의 지분증권을 인수한 투자자는 지체 없이 지분증권의 인수가액을 금전으로 납입해야 하고(법 제196조제6항, 제194조제7항) 지분증권의 인수대금 납입과 동시에 조합원으로서의 권리·의무를 가지게 되는 점(법 제196조제7항)을 고려하면 법 제219조제1항에서의 "출자액"은 "출자의 실제 이행액"을 의미하는 것으로 보는 것이 타당하다.

투자익명조합의 경우도 자본시장법에 특례를 두고 있다. 즉, 상법상으로는 익명조합의 경우 손실이 출자액을 초과한 경우에도 익명조합원은 이미 받은 이익의 반환 또는 증자를 할 의무가 없지만 당사자 간에 다른 약정이 있으면 증자 등을 하도록 되어 있다(상법 제82조). 하지만 자본시장법은 투자익명조합에 대해서는 손실이 출자액을 초과하더라도 당사자 간의 약정을 통해 이익반환이나 증자를 할 의무를 둘 수 없도록 특례를 두고 있다(법 제228조제1항).

(집합투자증권 추가매입약정 금지) 집합투자업자는 집합투자재산의 원본을 초과하는 손실이 발생하는 경우에 투자자가 해당 집합투자기구의 집합투자증권을 추가 매입하도록 사전에 약정하는 행위를 하여서는 아니 된다(규정 제4-63조제10호).

이와 같은 집합투자증권 추가매입약정은 투자금액(집합투자증권 매입금액)을 한도로 하는 투자자의 유한책임원칙을 무력화시킬 수 있으므로 금지하는 것이다.

제10관 집합투자증권의 매수청구권

집합투자규약의 중요사항 변경이나 집합투자기구의 합병과 같이 집합투자기구의 조직과 관련한 중요한 변경을 하는 경우, 투자신탁·투자회사·투자유한책임회사의 경우에는 해당 집합투자자총회의 결의에 반대하는 투자자에게는 집합투자증권 매수청구권이 주어진다(법 제191조, 제201조제4항, 제217조의5 제5항).

집합투자증권 매수청구권에 관한 이러한 규정들은 일반사모집합투자기구에도 적용된다(법 제249조의8). 따라서 일응 투자신탁·투자회사·투자유한책임회사 형태의 일반사모집합투자기구의 투자자에게는 매수청구권이 주어진다. 하지만 일반사모집합투자기구에는 집합투자규약 중요사항 변경 시 및 집합투자기구 합병 시 투자자총회 결의를 요하는 규정(법 제188조제2항, 제193조제2항 등)이 적용되지 않고(법 제249조의8 제1항), 집합투자자총회 및 그와 관련된 사항은 일반사모집합투자기구에는 적용되지 않는다(법 제249조의8 제5항).

관련 규정들의 입법연혁과 취지등을 종합적으로 고려하면 일반사모집합투자기구에는 매수청구권 규정이 적용되지 않는 것으로 보는 것이 타당할 것으로 생각한다. 이렇게 해석하게 되면 일반사모집합투자기구의 투자자는 집합투자규약의 중요사항 변경·집합투자기구의 합병에 반대하더라도 일응 이를 수용해야 하고, 이후 환매절차 등을 통해 집합투자기구를 탈퇴할 수 있을 것이다. 만약 환매가 허용되지 않는 폐쇄형

투자합자회사의 경우와 같이 입법적으로 상법 제86조의6을 배제하는 명시적인 규정을 두어 불필요한 논란의 소지를 없애는 것이 바람직할 것으로 생각된다.

으로 조직한 경우라면 투자자는 원하지 않는 투자전략이나 조직변경을 수용해야 하는 상황에 봉착할 수도 있으므로 주의를 요한다.

제11관 다른 법률에서의 취급

집합투자기구가 어떤 법적 형태를 취하느냐에 따라 자본시장법 외의 법률에서 그 취급을 달리하는 경우가 있다. 이는 주로 회사형집합투자기구와 관련하여 제기되는 이슈다. 여기서는 금산법과 공정거래법에 대해서만 살펴보기로 한다.

1. 금산법

1) 금산법 제24조

금산법 제24조는 동일계열 금융기관[286]이 '다른 회사'의 '의결권 있는 주식'을 일정 비율 이상 소유하게 되는 등의 경우에 미리 금융위원회의 승인을 얻도록 하고 있다.

이 규정은 엄밀하게는 '다른 회사'가 '주식회사'인 경우에만 적용되는 것으로 보아야 하지만 금융위원회는 상법상 회사이면 모두 적용되는 것으로 보고 있다.

금산법 제24조는 국내 활동을 하지 않는 외국기업의 주식을 취득하는 경우에는 적용되지 않는다.[287]

2) 금산법 제24조와 집합투자기구

투자회사와 같은 회사형집합투자기구의 경우, 금융기관이 회사형집합투자기구의 지분을 일정비율 이상 취득하는 경우에는 금산법 제24조의 승인 이슈가 발생하게 된다. 하지만 회사형집합투자기구가 다른 회사의 주식을 일정비율 이상 취득하는 단계에서는 적용되지 않는다. 회사형집합투자기구는 금융기관이 아니기 때문이다.

투자신탁의 경우, 투자신탁 자체는 회사범주에 속하지 않으므로 금융기관이 투자신탁의 수익증권을 취득하는 단계에서는 금산법 제24조의 승인 이슈가 발생하지 않는다. 하지만 투자신탁에서 다른 회사의 주식을 일정비율 이상 취득하는 단계에서는 금산법 제24조 적용 여부가 문제 될 수 있다. 투자신탁재산의 운용권한을 가진 집합투자업자와 투자신탁재산의 법적 소유자인 수탁회사가 모두 금융기관이기 때문이다.

---

286) 금산법 제2조제1호에 따른 금융기관을 말한다. 집합투자업자(일반사모집합투자업자 포함)도 금융기관에 포함된다.

287) 금융위원회 법령해석회신(2003.11.29).

3) 금융위원회 유권해석

금융위원회는 2021년 자본시장법 개정에 맞추어 집합투자기구의 금산법상 제24조의 승인과 관련한 유권해석을 공표하였다.

이에 따르면 금융기관은 사모집합투자기구의 운용사가 되어 경영참여목적 사모집합투자기구(법 제249조의7 제5항 각 호의 방법으로 운용하는 일반·기관전용사모집합투자기구)를 설정·설립하고자 하는 경우에는 미리 금산법 제24조제1항에 따른 금융위원회의 승인을 받아야 한다.[288] 경영참여목적 사모집합투자기구의 경우는 그 법적 형태가 회사형인 경우는 물론이고 조합형이나 신탁형인 경우에도 승인을 받아야 한다.

경영참여형사모집합투자기구의 설립단계에서 승인을 받았으면 운용단계에서는 따로 승인을 받지 않아도 된다.

경영참여형이 아닌 사모집합투자기구는 설립 및 운용단계 모두 승인을 요하지 않는다.

① 경영참여목적의 일반사모집합투자기구

일반사모집합투자업자는 금산법상의 금융기관에 해당하므로 경영참여목적 일반사모집합투자기구를 설정·설립하고자 하는 때에는 미리 금산법상 승인을 받아야 한다.

② 경영참여목적의 기관전용사모집합투자기구

기관전용사모집합투자기구의 경우는 그 운용사에 해당하는 업무집행사원이 금융기관인지 여부에 따라 다르다.

업무집행사원이 금산법상의 금융기관인 경우에는 경영참여형사모집합투자기구를 설립하고자 하는 때에는 미리 금융위원회의 승인을 받아야 한다.

업무집행사원이 금융기관이 아닌 경우에는 승인을 받지 않아도 된다.

2. 공정거래법

1) 계열회사 편입

공정거래법은 '계열회사'를 '둘 이상의 회사가 동일한 기업집단에 속하는 경우 이들 회사는 서로 상대방의 계열회사'라고 정의하고 있다(동법 제2조제12호). 여기서 '기업집단'은 동일인과 그 동일인이 지배하는 하나 이상의 회사의 집단으로서, 구체적으로 이러한 지배대상회사는 ⓐ 동일인과 동일인 관련자가 발행주식총수의 30% 이상을

---

288) 금융위원회·금융감독원·금융투자협회, 사모펀드 제도개편 관련 주요 질의응답(2021.10).

소유하는 경우로서 최다출자자인 회사(지분율 기준)와 ⓑ 동일인이 대상회사의 경영에 지배적인 영향력이 있는 회사(지배력 기준)[289]를 말한다(공정거래법 제2조제11호 및 제12호, 동법 시행령 제4조제1항).

(투자회사) 공정거래법은 계열사 편입과 관련하여 투자회사와 같은 회사형집합투자기구에 대한 특례를 따로 두고 있지 않다. 따라서 경영참여목적의 사모집합투자기구(기관전용, 일반)를 투자회사 형태로 설립·운용하는 경우, 해당 투자회사와 그 피투자회사 모두 원칙적으로 그 집합투자업자 또는 경우에 따라 투자자의 계열회사로 편입되는 경우가 발생할 수 있다.

(투자신탁) 투자신탁은 상법상 회사범주에 속하지 않으므로 투자신탁 자체는 물론이고 투자신탁의 피투자회사에 대한 계열회사 여부 판단과 관련하여 일반적으로 집합투자업자·신탁업자·투자자 어느 쪽의 계열회사로도 편입되지 않는다고 할 것이다. 하지만 집합투자업자나 투자자가 투자신탁을 도관처럼 이용하여 투자신탁의 피투자회사에 대해 실질적으로 지배적인 영향력을 행사하는 경우에는 집합투자업자 또는 투자자의 계열회사에 해당한다고 볼 수 있다.

따라서 경영참여목적의 사모펀드(기관전용, 일반)를 투자신탁 형태로 설정·운용하는 경우에는 지배력요건 충족 여부에 따라 해당 투자신탁의 피투자회사가 그 집합투자업자 또는 투자자의 계열회사로 편입될 수 있다.

---

289) 구체적으로는 다음과 같은 회사를 말한다(공정거래법시행령 제4조제1항제2호).
- 가. 동일인이 다른 주요주주와의 계약 또는 합의에 따라 대표이사를 임면한 회사 또는 임원의 100분의 50 이상을 선임하거나 선임할 수 있는 회사.
- 나. 동일인이 직접 또는 동일인 관련자를 통해 해당 회사의 조직변경 또는 신규사업에 대한 투자 등 주요 의사결정이나 업무집행에 지배적인 영향력을 행사하고 있는 회사.
- 다. 동일인이 지배하는 회사(동일인이 회사인 경우에는 동일인을 포함한다)와 해당 회사 간에 다음의 경우에 해당하는 인사교류가 있는 회사.
  - 1) 동일인이 지배하는 회사와 해당 회사 간에 임원의 겸임이 있는 경우
  - 2) 동일인이 지배하는 회사의 임직원이 해당 회사의 임원으로 임명되었다가 동일인이 지배하는 회사로 복직하는 경우(동일인이 지배하는 회사 중 당초의 회사가 아닌 다른 회사로 복직하는 경우를 포함한다)
  - 3) 해당 회사의 임원이 동일인이 지배하는 회사의 임직원으로 임명되었다가 해당 회사 또는 해당 회사의 계열회사로 복직하는 경우
- 라. 동일인 또는 동일인 관련자와 해당 회사 간에 통상적인 범위를 초과하여 자금·자산·상품·용역 등의 거래 또는 채무보증이 있는 회사
- 마. 그 밖에 해당 회사가 동일인의 기업집단의 계열회사로 인정될 수 있는 영업상의 표시행위를 하는 등 사회통념상 경제적 동일체로 인정되는 회사

2) 기업결합신고

공정거래법은 자산총액 또는 매출액의 규모가 일정한 기준[290]에 해당하는 회사가 다른 회사의 발행주식총수의 일정비율 이상을 소유하는 등의 사유가 발생하면 기업결합일부터 30일 이내에 기업결합신고를 하도록 하고 있다(공정거래법 제11조).

따라서 회사형집합투자기구를 설립·운용하는 경우에는 설립 및 운용단계에서 기업결합신고를 해야 하는 경우가 발생할 수 있다. 다만, 투자회사의 경우는 신고대상에서 제외하는 특례가 있다(공정거래법 제11조제3항제3호 가목).[291]

3) 대규모 내부거래 공시

공정거래법은 공시대상기업집단[292]에 속하는 회사가 특수관계인을 상대방으로 하거나 특수관계인을 위하여 일정규모 이상의 거래를 하려는 때에는 미리 이사회 의결을 거친 후 이를 공시하도록 하고 있다(공정거래법 제26조).

공정거래법은 대규모내부거래공시와 관련하여 집합투자기구에 대한 특례를 따로 두고 있지 않다. 따라서 공시대상기업집단에 속하는 집합투자업자가 자신이 운용하는 집합투자기구의 집합투자재산으로 그 계열사등과 대규모내부거래를 하는 경우에는 공정거래법 제26조의 규정이 적용될 수 있다.

제4절 펀드 운영구조, 투자구조 등의 선택[293]

제1관 개방형펀드와 폐쇄형펀드

1. 개방형(open-end type)펀드

개방형펀드는 발행(판매)한 집합투자증권을 투자자의 청구에 따라 펀드계산으로 환매(redemption)해 주는 펀드를 말한다.[294] 개방형펀드는 환매수요 충당과 펀드규모

---

290) 기업결합에 참여하는 당사회사의 직전사업연도 자산총액 또는 매출액이 일반은 3천억원 타방은 3백억원을 넘을 경우. 이때 자산총액 또는 매출액은 계열회사 전체 합산액을 의미한다.

291) 기업결합신고 대상회사가 투자회사의 주식을 20% 이상 취득하거나 다른 회사와 공동으로 투자회사의 설립에 참여하여 최다출자자가 되는 경우에는 신고대상에서 제외된다.

292) 동일인이 사실상 지배하는 기업집단 중에서 소속 국내회사들의 직전사업연도 재무제표상 자산총액 합계가 5조원 이상인 기업집단(공정거래법 제31조).

293) 일반사모집합투자기구에도 자본시장법 제234조(상장지수집합투자기구)가 적용된다(법 제249조의8 제1항). 하지만 상장지수집합투자기구(소위 'ETF')는 설정·설립일부터 30일 이내에 증권시장에의 상장이 의무화되어 있어(법 제234조제1항제3호), 그 성격상 공모펀드일 수밖에 없다. 따라서 상장지수집합투자기구에 관한 자본시장법 제234조는 일반사모집합투자기구에는 적용되지 않는 것으로 보아야 한다.

확대를 위해 계속적으로 집합투자증권을 발행한다. 집합투자증권의 계속적인 판매(발행)와 환매(소각)로 인해 펀드 규모도 그에 따라서 변동하게 된다. 개방형펀드에서의 환매는 펀드의 순자산가치(Net Asset Value;NAV)에 따라서 해야 하므로 펀드재산의 평가(valuation) 및 가격결정(pricing)이 중요한 의미를 가진다.

자본시장법은 집합투자증권의 환매에 관한 사항을 제235조(환매청구 및 방법등), 제236조(환매가격 및 수수료) 및 제237(환매의 연기)에서 규정하고 있다. 일반사모집합투자기구에는 이 중 제236조만 적용되므로, 환매가격을 제외한 나머지 환매 관련 사항에 대해서는 해당 펀드의 성격등을 고려하여 자율적으로 정하면 된다.

(유동성 위기상황 분석)[295] 원칙적으로 개방형펀드는 유동성 위기상황분석(스트레스 테스트)을 실시(최소 연 1회)하고, 테스트 시나리오별 유동성리스크 비상계획(리스크대응방안, 운용사·수탁기관·투자자·일반사무관리회사 등의 소통·협력방안 등)을 마련하여야 한다.[296] 위기관리책임자는 위기상황분석결과 등을 서면으로 작성하여 이사회에 정기적으로 보고하여야 하며, 회사는 관련 사항을 기록·유지하여야 한다.

운용자산이 2,000억원 이상인 회사의 경우 업무보고서에 유동성 위기상황분석 이행내역을 포함하여 금융감독원에 제출하여야 한다(운용자산 2,000억원 미만인 경우 협회에 제출).

(환매와 감자(減資)) 투자회사의 경우 환매(redemption)는 주식소각 방법에 의한 유상감자(有償減資)로 귀결되지만(법 제235조제7항), 상법상 감자 관련 규정은 회사형 펀드에는 적용되지 않는다(예: 투자회사의 경우 법 제206조제2항에서 상법 제439조 적용배제).

투자회사의 감자는 투자신탁의 일부해지에 상응하는 것으로 볼 수 있다. 즉, 투자자의 환매청구가 있으면, 투자회사의 경우는 당해 투자회사의 금전으로 환매

---

294) 이처럼 개방형펀드의 환매가 가능하도록 상법상 자기주식취득제한규정등은 집합투자기구에는 적용이 배제된다. 예컨대, 투자회사의 경우 법 제206조제2항에서 '상법 제341조 이하의 자기주식취득 관련 규정'의 적용을 배제한다.

295) 유동성 위기상황분석(stress test)에 관한 사항은 <u>금융투자협회의 모범규준(개방형집합투자기구의 유동성 위기상황분석 실시 기준)</u>에 들어 있다.

296) 다만, 다음 중 어느 하나에 해당하는 경우에는 스트레스테스트를 실시하지 않아도 된다(개방형집합투자기구의 유동성위기상황분석 실시 기준 제3조 단서):
ⓐ 직전사업연도말 현재 집합투자기구 자산총액의 100분의 15 미만으로 비시장성 자산에 투자하고 있는 경우,
ⓑ 직접사업연도말 현재 집합투자기구 자산총액의 100분의 50 미만으로 투자대상기업의 신용위험에 노출될 수 있는 금융투자상품(예: 회사채, CP, 대출채권 등)에 투자하고 있는 경우,
ⓒ 직접사업연도 중(직전사업연도말 현재 설정 1년 미만인 집합투자기구는 설정 후 기간에 한정한다) 순자산총액의 50%를 초과하여 레버리지를 사용한 적이 없는 경우.

청구한 주식을 매입하여 소각하게 되고(자본금 감소), 투자신탁의 경우는 당해 투자신탁재산의 금전으로 환매청구한 수익증권을 매입하여 소각한다(신탁원본 감소).

참고로, 투자신탁의 경우 일부해지 규정(법 제192조제5항·영 제225조)에서 집합투자업자가 투자신탁의 일부를 해지할 수 있는 경우를 한정열거하고 있는 데 반해 투자회사의 경우는 이러한 규정이 없다.

(환매와 중도상환) 실무에서는 투자신탁의 경우 중도상환이라는 이름으로 환매절차와 별개로 (일정한 사유발생시) 운용사가 모든 수익자를 대상으로 수익증권 지분의 일정비율 상당을 중도상환(투자신탁의 일부해지)하는 경우가 있다.

신탁법상 수탁자의 의사에 의한 신탁재산 감소는 허용되지 않으므로 이러한 중도상환을 위해서는 수익자의 의사가 필요하다고 보아야 한다. 그리고 현행 자본시장법상으로는 일부해지사유[297]에 해당하지 않으면 투자신탁의 일부해지를 할 수 없다. 이런 점을 모두 고려하면, 중도상환은 투자신탁약관에서 미리 정한 일정한 사유가 발생하면 수익자가 환매청구한 것으로 간주하여 투자신탁의 일부해지를 통해 투자금 일부를 상환하는 것으로 이해하여야 할 것이다. 따라서 중도상환의 결과 수익권의 좌수(그에 상당하는 신탁재산)가 감소하게 된다.

2. 폐쇄형(closed-end type)펀드

폐쇄형펀드는 발행(판매)한 집합투자증권을 환매해 주지 않는 펀드를 말하며, 자본시장법에서는 '환매금지형집합투자기구'(법 제230조)라는 용어를 사용하고 있다. 폐쇄형펀드는 환매부담이 없으므로 펀드 내에 유동성을 확보하지 않고 펀드의 투자목적에 따라 펀드자산의 전부를 투자할 수 있고 유동성 없는 자산에도 투자할 수 있다. 대신 투자자금 회수를 위해 공모 폐쇄형펀드의 경우에는 증권시장에 상장하도록 강제하는 등 투자자보호를 위한 규제가 행해진다(법 제230조제3항). 기준가격의 산정 및 공고·게시 등에 관하여 규정하고 있는 법 제238조제6항 내지 제8항은 폐쇄형펀드에는 적용되지 않는다. 다만, 법 제230조제2항에 따라 추가로 집합투자증권을 발행할 수 있는 폐쇄형펀드의 경우에는 법 제238조제6항 내지 제8항이 적용된다(법 제230조제4항).

폐쇄형펀드에 관하여 정하고 있는 자본시장법 규정(법 제230조, 영 제242조)은 일반

297) 투자신탁의 일부를 해지할 수 있는 경우는 다음과 같다(법 제192조제5항, 영 제225조):
ⓐ 발행한 수익증권이 판매되지 아니한 경우(소위 '미매각수익증권'으로서 판매사가 인수한 수익증권을 전부 판매하지 못한 경우),
ⓑ 수익자가 수익증권의 환매를 청구한 경우,
ⓒ 신탁계약변경·합병 반대수익자가 매수를 청구한 경우.

사모집합투자기구에는 적용되지 않는다(법 제249조의8). 따라서 부동산·부동산 관련 자산에 주로 투자하는 경우에도 반드시 폐쇄형펀드로 조직해야 하는 것은 아니다(영 제242조제2항 참조). 하지만, 실제에 있어서는 펀드재산의 일정비율 이상을 시장성 없는 자산[298]에 투자하는 펀드의 경우는 폐쇄형으로 조직하는 것이 바람직하다.

(일반투자자를 대상으로 하는 일반사모펀드의 특례) 일반투자자를 대상으로 하는 일반사모집합투자기구의 경우, 펀드 자산총액의 100분의 20을 초과하여 금융위원회가 정하여 고시하는 자산[299]에 투자할 수 있도록 집합투자규약에 정하고자 하는 때에는 환매금지형집합투자기구(폐쇄형펀드)로 설정·설립하여야 한다(법 제249조의8 제2항제3호, 영 제242조제2항제5호, 규정 제7-21조 및 제7-22조제2항).

(만기 불일치 규제) 폐쇄형펀드의 펀드자산을 비시장성 자산(사모사채, 메자닌등)에 주로 투자하면서 펀드만기를 편입자산의 가중평균잔존만기보다 짧게 설정하는 경우, 펀드 만기 시 시장거래를 통한 유동성확보가 어려워지면 상환연기 또는 펀드만기연장을 하거나 다른 펀드와의 자전거래를 하게 되는 원인이 된다. 이는 투자자에게 불편·불이익을 초래할 소지를 키우게 된다.

이에 금융투자협회의 '금융투자회사의 영업 및 업무에 관한 규정'(이하 '협회규정')에서는 폐쇄형펀드의 만기를 편입자산의 가중평균잔존만기보다 짧게 설정하지 못하도록 하고 있다(동규정 제8-13조). 이 규정은 공모집합투자기구 및 일부 일반사모집합투자기구에만 적용된다. 즉, 일반사모집합투자기구의 경우 ⓐ 일반투자자를 대상으로 하고, ⓑ 펀드재산의 50% 이상을 법 제229조에 따른 부동산·특별자산에 투자하는 경우에만 동 규정이 적용된다.

---

298) 자본시장법은 펀드자산총액의 20%를 초과하여 '시장성 없는 자산'에 투자하는 공모펀드는 폐쇄형펀드로 조직하도록 하고 있다(법 제230조제5항, 영 제242조제2항). 여기서의 '시장성 없는 자산'은 다음과 같은 자산을 말한다(규정 제7-22조제1항): ⓐ 법 제229조제2호에 따른 부동산 중에서 부동산 기초 파생상품이나 부동산 관련 증권 등 시가나 공정가액으로 조기 현금화가 가능한 것을 제외한 것, ⓑ 법 제229조제3호에 따른 특별자산 중에서 자산의 특성을 고려하여 시가나 공정가액으로 조기 현금화가 가능한 것을 제외한 것, ⓒ 시장성없는 증권(증권시장이나 외국시장에 상장된 증권, 채무증권, 파생결합증권, 모집이나 매출된 증권, 개방형집합투자증권에 해당하지 않는 증권).

299) 영 제260조제1항에 따른 방법으로 평가할 수 없는 자산으로서 파생결합증권, 환매를 청구할 수 있는 집합투자증권, 상법 제469조제2항제3호에 따른 사채로서 법 제4조제7항제1호에 해당하는 증권 및 그 밖에 비시장성 자산에 해당하지 않는 것으로서 다음 어느 하나에 해당하는 자산을 제외한 자산을 말한다: ⓐ 규정 제5-23조의2 제1항제1호부터 제7호까지의 자산, ⓑ 국채증권, 정부가 원리금의 상환을 보증한 채무증권, 특수채증권 및 둘 이상의 신용평가업자로부터 모두 상위 2개 등급에 해당하는 신용평가등급을 받은 채무증권.

제2관 모자형펀드(master-feeder fund)

모자형펀드 구조는 투자전략이 동일하거나 유사한 다수의 자펀드(feeder fund)가 직접 자산에 투자하지 않고 모펀드(master fund)에 투자하여 실제 투자는 모펀드에서만 이루어지는 펀드구조를 말한다.[300] 판매비용체계나 투자자유형 등에 따라 별도의 자펀드를 만드는 것이 일반적이다. 모펀드가 반드시 하나일 필요는 없고 복수의 자펀드가 복수의 모펀드에 투자하는 구조도 가능하다. 그리고 모펀드와 자펀드를 각기 다른 법적 형태(예: 투자신탁, 투자회사 등)로 설정·설립하는 것도 가능하다.[301]

일반사모집합투자기구를 모자형펀드 구조로 조직하는 경우에는 자본시장법상의 모자형집합투자기구에 관한 규정(법 제233조)이 적용된다. 모자형펀드에 관한 규정(법 제233조 및 관련 하위법령)의 내용 중에는 일반사모집합투자기구에 그대로 적용시키기 곤란한 내용도 일부 있으므로 합리적인 해석적용이 요구된다. 법 제233조에서 규정하고 있는 모자형펀드 규제내용은 다음과 같다.

ⓐ 모펀드 및 자펀드 설정·설립과 관련하여, 모펀드와 자펀드의 운용사는 동일해야 하고, 자펀드는 모펀드 외의 다른 펀드에 투자할 수 없으며, 자펀드 외의 자는 모펀드에 투자할 수 없다(법 제233조제1항).

ⓑ 모자형펀드 설정·설립 사후 보고 시 자펀드가 취득하는 모펀드 집합투자증권에 관한 사항을 포함하여야 하며(영 제245조제1항), 자펀드 투자설명서[302]에 모펀드에 관한 사항을 포함시켜야 한다(규정 제7-25조제1항).

ⓒ 모펀드 집합투자자총회 의결 시 자펀드는 자펀드 집합투자자총회에서 의결된 찬반비율에 비례하도록 의결권을 행사해야 한다(규정 제7-25조제2항).[303]

---

300) 외국사례를 보면, 사모펀드에서 모자형펀드 구조는 동일한 투자전략을 가진 국내펀드(domestic fund)와 역외펀드(offshore fund)를 보다 효율적으로 운용하기 위해 많이 이용된다. 가장 흔한 모자펀드 구조는 조세회피 지역에 모펀드를 설립하고 다수의 국내 자펀드나 역외 자펀드를 두는 것이다.

301) 금융위원회 유권해석(2021.4.26).

302) 규정 제7-25조제1항에서는 증권신고서제도의 적용을 받는 공모 모자형펀드를 전제로 '법 제123조제1항에 따라 투자설명서를 작성하는 경우'로 되어 있으므로 일반사모집합투자기구의 경우에는 적용되지 않는 것으로 볼 여지도 있다. 하지만 모자형펀드 구조에서 투자자가 실제 투자하는 것은 자펀드이므로 자펀드 집합투자증권 판매과정에서 모펀드에 관한 내용이 어떤 방식으로든 투자자에게 설명되어야 한다. 따라서 여기서의 투자설명서는 법 제123조 제1항에 따른 투자설명서가 아니라 판매회사가 자펀드 판매과정에서 투자자에게 제공하는 자펀드 관련 정보를 담은 일체의 서류를 의미하는 것으로 보아야 할 것이다.

303) 집합투자자총회를 두지 않는 일반사모집합투자기구의 경우에는 모펀드 집합투자규약의 변경과 같은 중요사항 결정 시 자펀드 투자자의 의사가 반영되도록 하는 장치를 두어야 하는 것으로 이해하여야 할 것이다.

일반사모집합투자업자가 일반사모집합투자기구를 모자펀드로 조직하려면 모펀드와 자펀드 모두 사모집합투자기구 요건(법 제9조제19항, 영 제14조)을 충족하여야 한다.

그리고 모펀드에 10% 이상 투자하는 자펀드의 투자자 중 '100인 산정대상 투자자'는 모펀드 투자자 수(100인) 산정 시 포함된다.

제3관 종류형펀드(multi-class fund)

동일한 펀드에서 ⓐ 판매보수의 차이로 인하여 기준가격이 다르거나 ⓑ 판매수수료가 다른 여러 종류(class)의 집합투자증권을 발행하는 펀드를 종류형펀드라 한다. 투자자의 유형(기관투자자, 개인 등)이나 판매방법(창구판매, 인터넷판매 등)에 따라 판매비용을 달리 책정하기 위한 목적으로 고안된 것이다.

판매보수는 펀드재산에서 지급되므로 판매보수를 달리하는 여러 종류의 집합투자증권을 발행하는 경우에는 집합투자증권 종류별로 기준가격이 달라진다.[304] 판매수수료는 투자자가 지급하므로 판매수수료를 달리하는 여러 종류의 집합투자증권을 발행하는 경우에도 기준가격은 동일하다. 물론, 판매보수와 판매수수료 모두를 달리하는 경우에는 집합투자증권의 종류별로 기준가격이 달라진다.

일반사모집합투자기구를 종류형펀드로 조직하는 경우에는 자본시장법상의 종류형 집합투자기구에 관한 규정(법 제231조)이 적용된다. 법 제231조 및 관련 하위법령의 내용 중에도 일반사모집합투자기구에 그대로 적용하기 곤란한 내용이 일부 있으므로 합리적인 해석·적용이 요구된다.

종류형펀드에 대한 주요 규제내용은 다음과 같다: ⓐ 판매회사는 종류형펀드 판매 시 판매보수나 판매수수료가 다른 여러 종류의 집합투자증권이 있다는 사실과 각 종류별 차이를 설명해야 한다(영 제243조제3항). ⓑ 판매보수·판매수수료·환매수수료를 제외한 펀드 비용은 모든 종류의 집합투자증권 투자자에게 동일해야 한다. 다만, 특정 종류의 집합투자증권에 대해서만 발생한 비용은 그러하지 아니하다(규정 제7-24조제1항).

참고로, 일반사모집합투자기구가 투자자에 대한 손익의 분배와 손익의 순위를 달리 하는 것으로 집합투자규약에 정하고 이러한 내용을 반영하는 수종의 집합투자증권을 발행하는 경우 각각의 집합투자증권의 기준가격도 달라지지만, 이는 판매보수의 차이로 기준가격이 달라지는 것이 아니므로 '종류형펀드'는 아니다. 다만, 종류형

---

304) 종류형펀드의 경우 집합투자증권의 종류(class)에 따라 기준가격이 다르지만 펀드의 포트폴리오는 하나다.

펀드를 설정·설립하는 경우에 추가적으로 집합투자규약에 따라 투자자에 대한 손익의 분배 또는 순위에 관한 사항을 정하는 것은 가능하다.[305]

제4관 전환형펀드(umbrella fund)

동일한 운용사가 운용하는 복수의 펀드 간에 각 펀드의 투자자가 소유하고 있는 집합투자증권을 다른 펀드의 집합투자증권으로 전환할 수 있는 권리를 투자자에게 부여하는 구조의 펀드를 전환형펀드라 한다. 각 펀드의 기준가격으로 전환하고 전환 시에 환매수수료를 부담하지 않으므로 투자자는 추가비용 부담없이 펀드를 갈아탈 수 있다는 점에서 의미가 있다.

일반사모집합투자기구를 전환형 구조로 조직하는 경우에는 자본시장법상의 전환형 집합투자기구에 관한 규정(법 제232조)이 적용된다. 전환형펀드에 대한 주요 규제내용은 다음과 같다: ⓐ 전환형펀드에 속하는 복수의 집합투자기구 간에 공통으로 적용되는 집합투자규약이 있어야 한다(법 제232조제1항). ⓑ 투자자가 전환형펀드에 속하는 다른 펀드로 전환하고자 하는 경우에는 환매수수료를 부과할 수 없다(영 제244조제2항).

제5관 재간접형펀드(fund of funds: fofs)

펀드재산을 주로 다른 펀드에 투자하는 펀드를 실무상 재간접형펀드(fund of funds)라고 한다.[306] 자본시장법은 펀드가 다른 펀드(집합투자증권)에 투자하는 경우 운용 및 판매보상과 관련하여 법 제81조제1항제3호에서 여러 가지 규제를 하고 있다.[307] 하지만

---

305) 과거 유권해석 중에는, 전문사모집합투자기구가 ⓐ 판매보수의 차이로 기준가격이 다르거나 ⓑ 판매수수료가 다른 종류형집합투자기구로 설정·설립되는 경우 집합투자규약에 따라 투자자의 손익의 분배 또는 순위에 관한 사항을 정할 수 있다고 한 것이 있다(금융위원회 유권해석, 2016.6.2.). 이 유권해석은 일반사모집합투자기구에도 유효하다고 할 것이다.

306) 자본시장법에서는 재간접형펀드를 따로 정의하고 있지 않지만, 자본시장법상의 펀드(공모펀드) 분류기준에 따르면 재간접형펀드는 원칙적으로 증권펀드로 분류된다. 다른 펀드에 투자한다는 것은 집합투자증권에 투자하는 것이고, 집합투자증권은 증권으로 분류되기 때문이다. 다만, 예외적으로 부동산펀드(부동산에 주로 투자하는 펀드)에 주로 투자하는 펀드는 부동산펀드로 분류된다. 부동산에 50% 이상 투자하는 펀드의 집합투자증권은 부동산(자산)으로 분류되기 때문이다(영 제240조제5항).

307) 공모 재간접형펀드의 운용과 관련하여 원칙적으로 다음과 같은 규제가 적용된다(외국운용사가 운용하는 외국펀드 포함): ⓐ 같은 운용사가 운용하는 모든 피투자펀드에 재간접형펀드 자산총액의 50%를 초과하는 투자, ⓑ 하나의 피투자펀드에 재간접형펀드 자산총액의 20%를 초과하는 투자, ⓒ 하나의 피투자펀드 집합투자증권 총수의 20%를 초과하는 투자, ⓓ 다른 재간접형펀드에 대한 투자, ⓔ 모든 사모집합투자기구에 재간접형펀드 자산총액의 5%를 초과하는 투자.
그리고 공모재간접펀드의 판매와 관련하여, 재간접형펀드와 피투자펀드에서 각각 받는 판매보수와 판매수수료의 합계가 각각 1%, 2% 이내여야 한다.

이러한 규제는 일반사모집합투자기구에는 적용되지 않는다(법 제249조의8). 따라서 일반사모집합투자기구의 집합투자재산으로 다른 펀드에 투자하는 것과 관련하여 운용이나 판매등과 관련하여 직접적인 규제는 없다. 다만, 일반사모집합투자기구의 집합투자재산으로 외국펀드에 투자하고자 하는 경우에는 원칙적으로 해당 외국펀드가 자본시장법 제279조에 따라 미리 금융위원회에 등록된 것이어야 한다는 점에 유의할 필요가 있다.

(리스크 관리) 금융투자협회의 '대체투자펀드의 리스크관리 모범규준'에서 부동산 또는 특별자산에 50% 이상을 투자하는 재간접펀드에 관한 사전적 리스크관리 프로세스와 사후적 리스크관리 방안에 대해 규정하고 있다(동 모범규준 제8조). 이에 따르면 타운용사가 운용하는 펀드에 투자하는 경우 타운용사의 운용능력과 리스크관리능력, 투자대상자산에 대한 제반 리스크 및 투자성과를 평가하는 절차를 마련하고 문서화하도록 규정하고 있다. 나아가 외국펀드에 투자하는 경우 충분하고 적합한 현지실사(on-site due diligence)를 진행하도록 규정하고 있다. 그리고 재간접펀드에 대한 평가는 펀드설정 전뿐만 아니라 설정 이후에도 주기적으로 이루어져야 하며, 투자대상이 외국펀드인 경우 현지 외국운용사와 현지사무관리회사등 필요한 관련자 모두에 대한 평가가 이루어져야 한다고 규정하고 있다.

(모자형펀드와 재간접펀드의 차이점) 모자형펀드와 재간접형펀드는 둘 다 다른 펀드에 투자한다는 점에서는 같지만 다음과 같은 점에서 차이가 있다: ⓐ 모자형펀드는 모펀드와 자펀드의 운용사가 동일하지만, 재간접형펀드는 운용사가 다른 것이 일반적이다. ⓑ 모자형펀드의 경우 자펀드 펀드재산의 전부를 모펀드에만 투자해야 하지만, 재간접형펀드는 펀드 외의 자산에도 투자할 수 있다. ⓒ 모자형펀드의 경우 모펀드와 자펀드 모두 국내펀드이지만, 재간접형펀드의 투자대상에는 외국펀드도 포함된다. 자본시장법에 따라 모자펀드를 설정·설립하여 모펀드가 외국펀드에 투자하는 구조, 즉, 모펀드를 재간접펀드로 설계하는 것은 가능하다.

제5절 집합투자규약

제1관 의의

집합투자규약이란 집합투자기구의 조직, 운영 및 투자자의 권리·의무등을 정한 것으로서 투자신탁의 신탁계약, 투자회사의 정관, 투자합자조합의 조합계약 등을 말한다(법 제9조제22항).

집합투자규약은 법령을 위반하거나 투자자의 이익을 명백히 침해하지 아니해야 한다(법 제249조의6 제1항제3호).

제2관 필수기재사항

일반사모집합투자기구의 집합투자규약에도 자본시장법령에서 정하는 필수기재사항은 반드시 기재해야 한다. 이러한 필수기재사항은 투자신탁의 신탁계약은 법 제188조제1항(영 제215조)에서, 투자회사의 정관은 법 제194조제2항(영 제227조)에서 정하고 있다.

집합투자규약의 필수기재사항은 집합투자기구의 법적 형태에 상관없이 대동소이하다. 법적 형태에 따른 조직특성을 반영한 일부 차이는 있지만 중요한 의미는 없다. 투자신탁 신탁계약의 필수기재사항은 다음과 같다:

ⓐ 법 제229조에 따른 투자신탁의 종류에 관한 사항,
ⓑ 투자신탁의 명칭,
ⓒ 신탁계약기간을 정한 경우 그 기간,
ⓓ 집합투자업자 및 신탁업자의 상호,
ⓔ 신탁원본의 가액 및 수익증권 총좌수에 관한 사항,
ⓕ 수익증권의 추가발행과 소각에 관한 사항,
ⓖ 투자대상자산(주된 투자대상자산 따로 기재),
ⓗ 투자신탁재산의 운용 및 관리에 관한 사항,
ⓘ 투자신탁재산의 평가와 기준가격의 계산에 관한 사항,
ⓙ 이익분배 및 환매에 관한 사항,
ⓚ 이익 외의 자산등의 분배에 관한 사항,
ⓛ 수익자총회에 관한 사항,
ⓜ 공시 및 보고서에 관한 사항,
ⓝ 집합투자업자, 신탁업자등이 받는 보수 기타 수수료의 계산방법과 지급시기·방법에 관한 사항. 집합투자업자가 기준가격산정업무를 일반사무관리회사에게 위탁하는 경우에는 그 수수료는 해당 투자신탁재산에서 부담한다는 내용[308],

308) 투자회사의 경우는 집합투자목적의 서류상 회사(paper company)에 불과하므로 기준가격산정을 포함한 모든 업무를 외부의 전문가에게 반드시 위탁하여야 한다. 하지만, 투자신탁의 경우는 기준가격산정업무를 집합투자업자가 직접 수행할 수도 있고 외부의 전문가(일반사무관리회사)에게 위탁할 수도 있다. 이처럼 투자신탁의 기준가격산정업무를 일반사무관리

ⓞ 집합투자업자와 신탁업자의 업무에 관한 사항,

ⓟ 집합투자업자와 신탁업자의 변경에 관한 사항(변경사유, 변경절차, 손실보상, 손해배상 등에 관한 사항을 포함한다),

ⓠ 신탁계약의 변경과 해지에 관한 사항,

ⓡ 투자신탁의 회계기간,

ⓢ 투자자산별 취득한도, 취득한도 초과 시 해소방법 및 해소기간,

ⓣ 금전을 차입하고자 하는 경우(총수익스왑등[309])을 통해 사실상 차입과 같은 효과가 있는 경우 포함)에는 차입 가능성 및 최대차입한도(규정 제7-8조제4호),

ⓤ 해당 일반사모집합투자기구가 고난도금융투자상품에 해당하는 경우 그 사실(규정 제7-8조제5호),

ⓥ 집합투자재산을 금전대여로 운용하고자 하는 경우 금전대여가 집합투자재산 총액에서 차지하는 비중과 관련 제한 사항(규정 제7-8조제6호),

ⓦ 해당 일반사모집합투자기구의 집합투자증권이 전문투자자만을 대상으로 발행(그 집합투자증권의 양도·양수도 전문투자자 간에만 가능한 경우로 한정)되는 경우 그 사실(규정 제7-8조제7호),

ⓧ 법 제249조의7 제5항제1호·제2호의 방법(경영참여투자방법)으로 집합투자재산을 운용하는 경우 그 사실(규정 제7-8조제8호),

ⓨ 집합투자재산을 규정 제7-41조의7 제10항제5호[310] 또는 제6호[311]에 따른 법인에 대한 투자로 운용하는 경우 그 사실.

2015년 자본시장법 개정에 따라 이러한 필수기재사항에 관해 규제하는 자본시장법 규정의 상당부분이 일반사모집합투자기구에는 적용되지 않게 되었다. 이처럼 관련 규정이 없거나(예: 보수에 관한 사항), 혹은 관련 규정이 있어도 그 적용이 배제되는 사항(예: 환매방법등) 등에 대해서는 당해 일반사모집합투자기구의 운영구조나 투자전략 등을 고려하여 적합한 내용을 기재하여야 할 것이다.

회사에게 위탁하는 경우에는 그에 대한 보수(수수료)를 집합투자재산에서 부담하도록 하는 내용을 집합투자규약에 기재하도록 하라는 것이다. 집합투자업자가 기준가격산정업무를 일반사무관리회사에 위탁하지 않고 직접 수행하는 경우에는 그 보수(수수료)는 운용보수에 포함하여 받게 될 것이다.

309) 금융투자업규정 제4-54조제1항제3호 라목, 같은 호 바목 및 같은 항 제6호의 거래.

310) 민간투자법에 따른 사회기반시설사업의 시행을 목적으로 설립된 법인으로서 일정한 요건을 충족하는 법인.

311) 규정 제7-41조의7 제10항제5호와 유사한 법인으로서 금융감독원장의 확인을 받은 법인.

(투자신탁의 종류) 투자신탁 신탁계약의 필수기재사항 중 '법 제229조에 따른 투자신탁의 종류에 관한 사항'은 일반사모집합투자기구에 법 제229조가 적용되지 않는 점을 고려할 때 합리적으로 해석할 필요가 있다. 법 제229조가 적용되지 않더라도 집합투자규약등 펀드서류에 기재된 투자목적·투자전략등에 의해 사실상 펀드의 유형(증권펀드, 부동산펀드 등)이 정해질 것이므로 이러한 내용을 기재하면 될 것으로 보인다.

(만기) 폐쇄형펀드의 경우 펀드의 만기를 편입자산(부동산·특별자산은 제외)의 가중평균 잔존만기보다 짧게 설정하는 것은 제한된다(금융투자협회 영업규정 제8-13조).

(환매) 환매에 관한 사항은 개방형펀드로 조직하는 경우에만 기재하면 될 것이다(법 제188조, 영 제215조).

(수익자 총회) '수익자총회에 관한 사항'의 경우 일반사모집합투자기구에는 집합투자자총회 관련 사항이 적용되지 않으므로(법 제249조의8 제5항) 필수기재사항이 아니라 임의기재사항으로 보아야 할 것이다. 실무적으로는 자본시장법의 집합투자자총회 관련 사항은 적용이 배제된다는 내용을 그대로 기재하는 경우가 일반적일 것으로 예상된다. 그리고 '공시 및 보고서에 관한 사항'도 일반사모집합투자기구의 경우 이와 관련된 규정의 적용이 배제되므로(법 제249조의8에서 법 제88조 내지 법 제90조의 적용을 배제한다), 이것도 임의기재사항으로 보아야 할 것이다.

하지만, 일반투자자가 포함된 일반사모펀드의 경우 환매연기 관련 규정(법 제237조)이 적용되므로 환매연기 관련 사항의 의결을 위해 집합투자자총회를 두어야 할 것이다.

(신탁원본) '신탁원본의 가액등에 관한 사항'의 경우, 모집식으로 투자신탁을 설정하는 경우에는 신탁계약에서 미리 정한 신탁원본을 납입하는 것이 아니라 모집(판매)된 금액만큼을 신탁원본으로 납입한다. 이처럼 모집식에서는 미리 신탁원본가액을 정할 수가 없으므로 모집(판매)한 금액을 신탁원본으로 한다는 취지등의 방법으로 기재하여야 할 것이다.

제3관 임의기재사항

집합투자규약에는 필수기재사항 외에도 필요한 사항을 기재할 수 있다. 대표적인 임의기재사항으로는 투자자 제한에 관한 사항, 경영참여목적 투자에 관한 사항, 손익분배 및 순위에 관한 사항, '이익금의 유보 또는 초과분배에 관한 사항, 성과보수에 관한 사항, 레버리지사용에 관한 사항을 들 수 있다.

앞에서 본 바와 같이 일반사모집합투자기구를 MMF로 조직하고자 하는 경우에는 영 제241조 및 규정 제4-16조 내지 제4-20조의 내용을 집합투자규약에 기재하여야 할 것이다.

1. 투자자 제한에 관한 사항

일반투자자 대상 일반사모집합투자기구란 일반투자자가 1명이라도 포함된 일반사모집합투자기구를 의미한다. 현재 일반투자자가 포함되어 있지 않더라도 투자자를 전문투자자로 제한하는 내용이 집합투자규약에 명시되어 있지 않은 경우에는 일반투자자 대상 일반사모집합투자기구에 해당하게 된다. 따라서 일반투자자 대상 일반사모집합투자기구에 해당하지 않기 위해서는 집합투자증권을 전문투자자 대상으로만 발행하고 전문투자자 간에만 집합투자증권의 양수도가 가능하다는 점을 집합투자규약에 명확하게 반영하여야 한다.[312]

2. 경영참여목적 투자에 관한 사항

일반사모집합투자기구의 집합투자재산을 자본시장법 제249조의7 제5항 각 호의 방법, 즉 경영참여 방법으로 운용하고자 하는 경우에는, 집합투자규약에 이러한 내용을 기재하여야 한다.

경영참여의 판단은 개별 사모펀드 기준이 아닌 해당 사모펀드의 의결권을 행사하는 자(집합투자업자)를 기준으로 판단한다. 따라서 집합투자업자가 수 개의 사모펀드 또는 그 투자목적회사를 통해 피투자회사의 경영에 참여하는 경우 해당 사모펀드 모두 경영참여에 해당한다. 그리고 하나의 사모펀드가 수 개의 피투자회사 중 일부에 대하여만 경영참여를 하는 경우에도 해당 사모펀드는 경영참여방식 사모펀드로 간주된다.[313]

3. 손익분배 및 손익순위에 관한 사항

자본시장법은 투자신탁의 수익권과 투자회사의 주식이 보유비율에 따라 비례적으로 평등할 것을 요구한다. 즉, 투자신탁의 수익자는 신탁원본의 상환 및 이익의 분배 등에 관하여 수익증권의 좌수에 따라 균등한 권리를 가진다(법 제189조제2항: 수익권평등의 원칙). 투자회사의 경우 상법 제344조의 규정이 적용배제되므로 이익의 배당, 잔여재산의 분배 등에 관하여 내용이 다른 종류의 주식(종류주식)을 발행할 수 없다(법 제206조).

---

312) 금융위원회·금융감독원·금융투자협회, 사모펀드 제도개편 관련 주요 질의응답(2021.12).
313) 금융감독원, 개정 자본시장법 시행에 따른 유의사항 안내(2021.10).

즉, 투자회사는 보통주만을 발행할 수 있다. 보통주의 주주는 회사의 수익, 잔여재산 분배 등에 대해 주식수에 따라 균등한 권리를 가진다(상법 제464조, 제538조 등: 주식평등의 원칙).

하지만, 일반사모집합투자기구는 집합투자규약에 따라 투자자에 대한 손익의 분배 또는 손익의 순위 등에 관한 사항을 정할 수 있다(법 제249조의8 제8항).[314] 이와 관련하여, 손익이 아닌 사항 예컨대 집합투자증권 종류별로 의결권 행사의 내용을 달리하는 수종의 집합투자증권을 발행하는 것은 집합투자기구의 성격상 허용되지 않는 것으로 이해하여야 할 것이다.[315]

일반사모집합투자기구가 집합투자규약에 따라 그 손익의 내용·순위를 다르게 하는 수종의 집합투자증권을 발행하는 경우에는 각각의 집합투자증권별로 기준가격이 산정될 것이다. 이는 마치 종류형펀드(class funds)에서 판매보수의 차이로 기준가격이 달라지는 것과 유사하다(법 제231조 참조).

4. 이익금의 유보 또는 초과분배에 관한 사항

집합투자재산 운용에 따라 발생한 이익금은 투자자에게 분배하고 분배는 이익금 범위 내에서 하는 것이 원칙이다. 그러나 이익금을 투자자에게 분배하지 않고 집합투자기구에 유보하고자 하는 경우, 또는 집합투자기구의 특성에 따라 이익금을 초과하여 분배할 필요가 있는 경우에는 이러한 사항을 집합투자규약에 기재하면 된다(법 제242조). 따라서 집합투자규약에서 이익금을 초과하여 원본을 분배하는 것을 정하는 것도 가능하다.

5. 성과보수에 관한 사항

일반사모집합투자업자가 집합투자기구의 운용실적에 연동하여 미리 정해진 산정방식에 따른 보수(성과보수)를 받고자 하는 경우에는 다음의 사항을 투자설명서(법 제123조제1항에 따른 투자설명서를 말한다)[316] 및 집합투자규약에 기재해야 한다(법 제86조제2항,

---

314) 이와 관련하여 2015년 개정법에서는 투자신탁의 경우는 수익자의 수익증권 좌수에 따른 균등권을 정하는 규정(법 제189조제2항)의 적용도 배제하였다.

315) 참고로, 상법상 종류주식은 소정의 권리에 관하여 특수한 내용을 부여한 주식을 말하며, 이익배당·잔여재산분배·상환에 관한 종류주식 외에도 의결권 행사에 관한 종류주식과 전환에 관한 종류주식도 허용된다(상법 제344조 내지 제346조).

316) 펀드 성과보수규정(법 제86조)은 일반사모집합투자기구에도 적용된다. 그런데 이 규정은 공모펀드를 전제로 한 것이므로 이를 일반사모집합투자기구에 적용하려면 합리적인 수정이 요구된다. 따라서 여기서의 투자설명서는 법 제123조제1항에 따른 투자설명서가 아니라 일반사모집합투자업자가 작성하여 투자자에게 제공하는 사모투자설명서(private placement

영 제88조제2항, 규정 제4-65조제6항): ⓐ 성과보수의 산정방식, ⓑ 성과보수가 지급된다는 뜻과 그 한도, ⓒ 성과보수를 지급하지 않는 펀드보다 높은 투자위험에 노출될 수 있다는 사실, ⓓ 성과보수를 포함한 보수 전체에 관한 사항, ⓔ 성과보수 지급시기, ⓕ 성과보수가 지급되지 않는 경우에 관한 사항, ⓖ 운용담당 인력의 경력 및 (과거) 운용성과.

공모펀드의 경우 운용사가 성과보수를 받으려면 기준지표 사용과 보수체계등에 대해 매우 엄격한 규제를 적용받게 되는 데 반해,[317] 일반사모집합투자기구의 경우는 이러한 규제를 적용받지 않고 자율적으로 정할 수 있다는 점에서 의미가 있다.

6. 레버리지 사용에 관한 사항

레버리지 사용여부 및 사용수준은 투자자에게 중요한 의미를 가지는 사항일 뿐 아니라 일반사모집합투자기구는 레버리지 사용규모에 따라 당해 일반사모집합투자기구에 가입할 수 있는 투자자의 자격이 달라진다. 따라서 명시적인 규정은 없지만 집합투자규약에 레버리지 사용에 관한 사항을 반드시 명시하여야 할 것이다.

제4관 집합투자규약의 변경

1. 투자자의 동의

자본시장법에는 집합투자규약의 내용 중에서 중요사항을 변경하려면 사전에 집합투자자총회의 결의를 거치도록 하는 규정이 있지만(법 제188조제2항, 법 제195조 등), 일반사모집합투자기구에는 이 규정이 적용되지 않는다(법 제249조의8). 따라서 일반사모집합투자기구의 집합투자규약의 변경과 관련한 명시적인 법적 규제는 없다.

그러나 집합투자규약의 중요사항 즉, 집합투자업자·신탁업자의 변경, 주된 투자

---

memorandum)로 이해하여야 할 것이다. 이러한 의미의 사모투자설명서에는 법령에 따라 일반투자자에게 제공이 의무화되어 있는 설명서(금융소비자보호법 제19조제2항에 따른 설명서, 자본시장법 제249조의4 제4항에 따른 핵심상품설명서)는 물론이고, 운용사가 임의로 작성하여 전문투자자에게 제공하는 설명서도 포함된다고 할 것이다.

317) 공모펀드에 적용되는 성과보수 관련 규제는 다음과 같다: ⓐ 운용사가 임의로 변경할 수 없는 객관적 지표 또는 수치(기준지표등)를 기준으로 성과보수를 산정해야 한다. ⓑ 펀드 운용성과가 기준지표의 성과보다 낮은 경우에는 성과보수를 적용하지 않는 경우보다 적은 운용보수를 받게 되는 보수체계를 갖추어야 한다. ⓒ 운용성과가 기준지표의 성과를 초과하더라도 해당 운용성과가 부(負)의 수익률을 나타내거나 일정성과가 금융위원회가 정한 기준에 미달하는 경우에는 성과보수를 받지 않는 것으로 정해야 한다. ⓓ 성과보수의 상한을 정해야 한다. ⓔ 펀드 존속기한이 폐쇄형펀드의 경우 1년 이상이어야 하고 개방형펀드의 경우 존속기한이 없어야 한다(영 제88조제1항).

대상의 변경, 보수의 인상,[318] 펀드 존속기간의 변경, 운영구조의 변경(개방형·폐쇄형), 환매금 지급기일의 연장, 펀드 합병 등 투자자에게 중대한 영향을 미치는 사항을 집합투자업자 임의로 변경할 수 있다고 보기는 어렵다. 일반사모집합투자기구의 집합투자규약은 투자자의 이익을 명백히 침해하지 않아야 하고(법 제249조의6 제1항제3호), 집합투자규약의 중요사항은 대부분 투자자의 이익에 중대한 영향을 미칠 수 있는 것이므로, 이러한 사항을 변경하고자 하는 경우에는 사전에 투자자의 동의를 얻는 절차를 거치도록 하여야 할 것이다.

2. 매수청구권

집합투자규약의 내용 중에서 중요사항을 변경하려면 사전에 집합투자자총회의 결의를 거치도록 하는 자본시장법 규정[319]은 일반사모집합투자기구에는 적용되지 않는다. 그런데 반대투자자에게 매수청구권을 부여하는 내용의 자본시장법 규정[320]은 일반사모집합투자기구에도 적용된다(법 제249조의8 제1항). 한편으로 '집합투자자총회 및 그와 관련된 사항은 일반사모집합투자기구에는 적용하지 않는다'는 적용특례 규정(법 제249조의8 제5항)이 있다. 이에 따라 집합투자규약 중요사항 변경을 위한 집합투자자총회의 결의에 반대하는 투자자에게 매수청구권이 주어지는지에 대해서는 해석상 논란의 소지가 있다.

사견으로는 관련 규정의 입법연혁[321]과 매수청구권 부여 필요성 등을 종합적으로 고려해 보면 일반사모집합투자기구에는 매수청구권 규정(법 제191조)이 적용되지 않는 것으로 해석하는 것이 타당할 것으로 생각된다.

---

318) 운용보수를 한시적으로 인하하는 내용으로 신탁약관을 변경하였다가 인하기간 종료 후 기존의 보수로 인상하고자 하는 경우에도 법 제188조제2항에 따른 수익자총회 결의를 요한다는 금융위원회 유권해석이 있다(법령해석회신문 190327).

319) 법 제188조제2항, 제195조제1항, 제211조제1항, 제216조제1항, 제217조의6 제1항, 제222조제1항, 제227조제1항.

320) 법 제191조(투자신탁), 제201조제4항(투자회사), 제217조의5 제5항(투자유한책임회사).

321) 사모펀드 관련 규제연혁을 보면, 법 제188조제2항등(집합투자규약 중요사항 변경 시 투자자총회 결의를 거치도록 하는 규정)은 적용배제되고 법 제191조등(반대투자자에게 매수청구권을 부여하는 규정)은 적용되는 상태에서 2015년 법 개정 시 법 제249조의8 제5항(집합투자자총회 및 그와 관련된 사항 적용배제)이 신설되었다.

제6절 법적 형태에 따른 설립 절차

제1관 투자신탁

투자신탁을 설정하고자 하는 집합투자업자는 법령에서 정하는 사항이 포함된 신탁계약서에 의해 신탁업자와 신탁계약을 체결해야 한다(법 제188조제1항). 집합투자업자가 법 제188조제1항에 따라 투자신탁을 설정하는 경우에는 신탁업자에게 해당 신탁계약에서 정한 신탁원본 전액을 금전등으로 납입하여야 한다(법 제188조제4항, 제249조의8 제4항).

투자신탁에서의 신탁재산의 조성방법은 매출식과 모집식으로 구분할 수 있다. 법 제188조에서의 '설정'이라는 용어는 매출식에 의한 투자신탁 설립을 전제로 한 구 증권투자신탁업법의 규정을 그대로 계수한 것이다. 따라서 모집식에 의한 투자신탁 설립의 경우에는 적합하지 않은 측면이 있기 때문에 합리적인 해석이 필요하다.

1. 매출식과 모집식

매출식이란 집합투자업자(판매사)의 고유재산으로 먼저 신탁재산을 형성하는 방식을 말한다. 수익증권의 판매라는 측면에서 보면 집합투자업자(판매사)가 수익증권을 총액인수 한 후 투자자를 대상으로 매출방식으로 판매하는 것이다. 이런 방식에서는 집합투자업자가 신탁업자와 신탁계약을 체결할 때 집합투자업자(판매사)의 재산으로 신탁원본의 납입이 이루어진다. 집합투자기구로서의 투자신탁의 설립(설정)과 신탁법상의 신탁의 설정이 함께 이루어진다.

모집식이란 신탁계약의 체결로써 집합투자기구로서의 투자신탁을 먼저 설립하고 그 투자신탁의 수익권을 투자자에게 발행(판매)하여 모은 금전으로 신탁재산을 형성하는 방식을 말한다. 이런 방식에서는 집합투자기구로서의 투자신탁의 설립과 신탁법상의 신탁의 설정은 개념적으로나 시간적으로 명확하게 구분된다.

외환위기 이후 1998년의 증권투자신탁업법 전면개정으로 수익증권환매제도가 종전의 판매·환매시스템(채권장부가평가·과거가격에 의한 당일환매, 운용사(판매사) 고유재산에 의한 환매)[322]에서 새로운 판매·환매시스템(채권시가평가·미래가격에 의한 익일환매, 펀드 재산에 의한

322) 1998년 증권투자신탁업법 개정 전에는 대부분의 증권투자신탁이 채권형펀드였다. 여기서의 "채권 장부가평가, 과거가격에 의한 당일환매, 운용사(판매사) 고유재산에 의한 환매"는 이러한 채권형펀드를 대상으로 한 것이다. 이러한 종전의 판매·환매시스템 하에서는 채권을 장부가액으로 평가한 기준가격으로 환매가격을 정하여 투자자가 환매청구한 당일에 투신사(판매사)의 고유재산으로 그 수익증권을 환매하게 된다. 이에 따라 채권형펀드의 수익증권은 타금융기관의 금융상품과 동등한 환금성을 가지면서 보다 높은 수익률을 안정적으로 보장해 주는 매력있는 금융상품으로 인식되었다. 이러한 종전의 판매·환매시스템은 투신권으로 자금이 지속적으로 유입되고 금리가 안정적으로 움직이는 등 경제환경에 특별한 변동이 없는

환매)으로 변경되었다. 투자신탁의 설립(설정) 방식에 대해서는 명시적인 규제 변경이 없었지만 1998년 증권투자신탁업법 개정 이후 업계에서는 자연스럽게 매출방식을 포기하고 모집식으로 투자신탁을 설립(설정)하였고 이러한 관행은 지금까지도 대체로 유지되고 있는 것으로 보인다.

2. 모집식의 절차 및 투자신탁의 '설정'의 의미

모집식은 다음과 같은 절차로 이루어진다: ⓐ 집합투자업자와 신탁업자 간 신탁계약 체결, ⓑ 수익증권의 발행(판매), ⓒ 수익증권 발행가액(신탁원본)의 신탁업자 납입을 통한 신탁재산의 형성.

따라서 법 제188조에서 사용하는 '투자신탁의 설정'이라는 표현은 모집식에서는 구분하여 이해할 필요가 있다. 즉, 법 제188조제1항에서의 '투자신탁 설정'은 신탁계약의 체결을 통한 집합투자기구로서의 투자신탁을 설립한다는 의미로 보아야 한다. 법 제188조제4항에서의 '투자신탁 설정(추가 설정 포함)'은 신탁법상의 신탁의 설정에 상응하는 개념으로서 신탁재산이 형성(추가 형성)되고 수익자가 투자신탁의 법률관계에 편입되는 경우로 이해하여야 할 것이다.

제2관 투자회사

1. 총설

상법상 주식회사의 설립에 있어서는 정관 작성 후 설립등기 전에 사원(주주), 자본금 및 기관구성과 같은 실체구성 절차를 밟아야 한다.

주식회사 형태의 투자회사를 설립함에 있어서도 주주, 자본금 및 기관구성이 요구된다. 하지만 자본시장법은 투자회사에 대해서는 집합투자기구로서의 특성을 고려하여 일부 상법규정의 적용을 배제 또는 수정하거나 특례규정을 두고 있다.

투자회사의 설립은 발기설립절차에 따라야 하므로 설립단계에서는 발기인의 자금으로 법령에서 요구하는 최소한의 자본금을 구성하게 되고, 집합투자를 위한 실질적인 투자회사재산의 형성은 투자회사 설립 후 신주를 발행함으로써 이루어진다. 신주

경우에는 정상적으로 작동할 수 있다. 하지만 금리상승으로 투신권으로의 자금유입이 감소하거나 채권가격의 하락 또는 경제환경의 급변등으로 대량환매가 발생하는 경우에는 환매불능으로 이어지거나 투신사(판매사)의 손실부담이라는 결과를 가져오게 된다. 이는 펀드 운용손익의 투자자귀속원칙이라는 투자신탁의 본질에 위배되는 것이었다. 결국 1997년 IMF외환위기에 따른 대량환매사태로 막대한 공적자금을 투신권에 투입하게 되면서 종전의 판매·환매시스템은 종말을 고하고 새로운 판매·환매시스템이 탄생하게 된 것이다.

발행을 통한 투자회사재산 형성단계에서는 투자회사에서도 매출식과 모집식의 이슈가 발생할 수 있는데, 투자신탁과 마찬가지로 모집식으로만 이루어지는 것이 관행이다.

2. 발기인

투자회사도 상법상 주식회사와 마찬가지로 발기인이 주체가 되어 설립절차를 진행하게 된다. 즉, 발기인이 자본시장법령에서 정하는 사항을 기재한 정관을 작성하고 설립절차를 주관한다.

투자회사의 발기인에 대해서는 적극적 자격요건은 없으나 결격사유가 있다. 즉, 금융회사의 지배구조에 관한 법률 제5조에 적합하지 아니한 자는 투자회사의 발기인이 될 수 없다(법 제194조제1항). 발기인은 1인으로도 족하며, 법인도 발기인이 될 수 있다(상법 제288조). 업계 실무는 집합투자업자가 발기인이 되어 투자회사의 설립을 주도하는 것이 일반적이다.

3. 발기설립

투자회사는 발기설립 방식으로 설립해야 한다. 자본시장법 제194조제6항에서 투자회사의 설립 시에 발행하는 주식의 총수를 발기인이 인수하도록 규정하고 있기 때문이다. 설립 시 자본금은 1억원 이상이어야 한다(영 제271조의7 제1호 나목, 규정 제7-41조의4).

투자회사의 발기설립 절차는 다음과 같이 진행된다: ⓐ 발기인이 정관을 작성하여 기명날인 또는 서명, ⓑ 발기인이 설립 시 발행하는 주식총수를 인수하고 그 인수가액을 금전으로 납입, ⓒ 발기인이 이사를 선임, ⓓ 이사가 회사설립 사항을 조사하여 이사회에 보고, ⓔ 발기인이 회사 설립등기(상법 제289조, 법 제194조).

일반사모집합투자기구는 일반사모집합투자업자인 법인이사 1인을 두며, 이사의 수는 1인 또는 2인으로 할 수 있다(법 제249조의8 제7항). 따라서 발기인은 일반사모집합투자업자를 법인이사로 선임해야 하며, 이사를 2인 두기로 한 경우에는 법인이사 외에 추가로 1인의 이사를 선임해야 한다.

일반사모집합투자기구의 경우에도 법 제194조제8항이 적용되므로, 이사로 선임된 자는 투자회사의 설립에 관하여 법령이나 정관에 위반된 사항이 없는지를 조사하여 그 결과를 이사회에 보고해야 한다. 그런데 일반사모집합투자기구에는 투자회사의 이사회 관련 규정(법 제200조, 제198조제2항·제3항)이 적용되지 않도록 되어 있으므로 투자회사에는 이사회라는 기관이 없는 것으로 보아야 한다. 따라서 회사설립사항의 '이사회' 보고는 ⓐ 법인이사만 있는 경우에는 해당 사항이 없는 것으로 보고, ⓑ 법인이사

외에 추가 이사가 있는 경우에는 다른 이사에게 보고하는 것으로 해석해야 할 것으로 보인다.

4. 설립등기

발기인은 회사설립 경과에 대한 보고가 종료된 날부터 2주 이내에 설립 등기를 해야 한다(법 제194조제10항).

등기사항은 다음과 같다: ⓐ 투자회사의 목적·상호·소재지·발행할 주식의 총수·최저순자산액·공고방법, ⓑ 투자회사의 존속기간 또는 해산사유 (정한 경우), ⓒ 이사의 성명·주민번호(법인의 경우 상호·사업자등록번호). 자본금은 등기대상이 아니므로 투자회사 설립 시나 증자 시에 자본등록세는 납부하지 않는다.

등기 시 첨부서류는 다음과 같다: ⓐ 정관, ⓑ (발기인의)주식 인수를 증명하는 서면, ⓒ 이사의 조사보고서, ⓓ 이사의 취임승낙을 증명하는 서면, ⓔ 명의개서사무의 위탁을 증명하는 서면, ⓕ 주식 대금의 납부를 맡은 은행, 기타 금융기관 주식대금의 납부·보관에 관한 증명서.

제7절 각종 계약의 체결

투자신탁의 경우 집합투자업자와 신탁업자 간 신탁계약을 체결함으로써 집합투자기구의 운용자(집합투자업자)와 수탁자(신탁업자)가 정해진다. 이후 집합투자업자가 판매회사등과 업무위탁계약등을 체결하게 된다.

투자회사의 경우는 설립 후 당해 투자회사 명의로 집합투자업자등과 업무위탁계약등을 체결하게 된다.

집합투자기구의 집합투자업자, 신탁업자, 투자매매·중개업자, 일반사무관리회사는 업무정지 기간 중에 있으면 안 된다(법 제249조의6 제1항제1호).

제1관 자산운용 위탁계약(투자회사)

자본시장법에는 집합투자업자가 투자회사와 업무위탁계약을 체결하도록 하는 규정(영 제227조제1항제7호)이 있다. 집합투자업자는 투자회사의 이사(법인이사)로서 당해 투자회사와 위임관계에 있게 되므로 따로 업무위탁계약을 체결하지 않아도 되지만 업무위탁계약을 통해 위임에 관한 사항을 보다 명확하게 정하라는 취지로 이해된다. 한편으로는 정관에 감독이사의 보수기준은 정하지만 법인이사의 보수기준은 기재하지 않으므로 별도의 위탁계약을 통해 보수기준등을 정하라는 의미도 있는 것으로 이해된다.

제2관 판매(판매위탁)계약

일반사모집합투자업자는 자신이 운용하는 일반사모집합투자기구의 집합투자증권을 직접판매하거나 다른 판매회사[323]에게 맡길 수도 있다(법 제7조제6항제3호, 제184조제5항).

일반사모집합투자업자가 직접판매하고자 하는 경우에도 일반사모집합투자기구가 투자회사와 같은 회사형펀드라면 당해 투자회사와 판매계약 또는 위탁판매계약을 체결해야 한다. 투자신탁은 법인격이 없으므로 이런 계약체결 절차 없이 집합투자업자는 판매를 할 수 있다(법 제184조제5항 단서).[324] 다른 판매회사에게 맡기고자 하는 경우에는 투자매매업자와 판매계약을 체결하거나 투자중개업자와 위탁판매계약을 체결해야 한다(법 제184조제5항).

판매대상 펀드가 개방형펀드인 경우에는 집합투자증권 판매계약·위탁판매계약의 내용에는 판매에 관한 사항 외에 환매등에 관한 사항도 포함된다.

1. 투자매매업자와의 판매계약

집합투자업자(투자신탁)·투자회사는 투자매매업자와 자신이 발행하는 집합투자증권의 판매에 관한 계약을 체결하여야 한다.

'투자매매업자'와 체결하는 것이므로 '판매계약'에서의 '판매'는 투자매매업에 해당하는 방법으로 판매하는 것이어야 한다.[325] 투자매매업에는 자기매매, 인수(총액·일부인수, 잔액인수) 및 청약사무대행(매매 청약의 권유·청약·청약의 승낙)이 포함된다(법 제6조제2항, 제9조제11항). 따라서 여기서의 '판매'는 총액·일부인수 방식 또는 잔액인수 방식의 판매를 의미한다. 총액·일부인수 방식의 경우 판매회사는 집합투자업자·투자회사가 발행하는 집합투자증권의 전부·일부를 취득하여 이를 매출방식으로 투자자에게 판매하게 된다. 이 경우 투자매매업자는 자신 소유의 집합투자증권을 자신의 명의와 계산

323) 자본시장법에서는 '판매회사'라는 용어를 사용하지 않고 '집합투자증권의 투자매매·중개업자'라고 하고 있지만, 이 책에서는 편의상 '판매회사'라는 용어를 계속 사용하기로 한다.

324) 집합투자증권의 판매를 판매주체에 따라 직접판매와 위탁판매로 구분할 수 있는데, 직접판매의 주체는 투자신탁이나 투자익명조합의 경우 당해 집합투자업자이고 회사형집합투자기구의 경우는 당해 회사형집합투자기구이다.

325) 투자매매업자가 투자중개업 면허도 가지고 있는 경우에는 투자매매업자로서 판매계약을 체결하거나 혹은 투자중개업자로서 판매위탁계약을 체결할 수 있다.

으로 투자자에게 판매(매도)한다. 한편, 2015년 개정법에 따라 펀드계산에 의한 환매를 강제하는 규정(법 제235조제6항)이 일반사모집합투자기구에는 적용되지 않으므로, 판매회사가 자신의 고유재산으로 환매하는 것도 가능하게 되었다. 판매회사가 투자자의 청구에 따라 자기의 재산으로 환매하는 것은 자기매매업에 해당한다.

2. 투자중개업자와의 위탁판매계약

집합투자업자(투자신탁)·투자회사는 투자중개업자와 자신이 발행하는 집합투자증권의 판매를 위탁하는 계약을 체결하여야 한다. '투자중개업자'와 체결하는 것이므로 '위탁판매계약'에서의 '위탁판매'는 투자중개업에 해당하는 방법으로 판매하는 것이어야 한다. 투자중개업에는 위탁매매, 매매대리, 매매중개, 청약권유등(매매 청약의 권유·청약·청약의 승낙, 발행·인수에 대한 청약의 권유·청약·청약의 승낙)이 포함된다(법 제6조제3항).

3. 판매회사의 법적 지위

집합투자업자(투자회사)가 투자매매업자인 판매회사와 집합투자증권의 판매계약을 체결하는 경우에는 판매회사는 자신의 고유재산으로 인수한 집합투자증권을 자신의 명의와 계산으로 투자자에게 판매하게 된다. 즉, 이러한 경우에는 판매회사는 집합투자증권의 판매계약에 있어서 투자자의 거래상대방의 지위에 있게 된다.

집합투자업자(투자회사)가 투자중개업자인 판매회사와 집합투자증권의 판매위탁계약을 체결하는 경우에는 판매회사는 집합투자업자(투자회사)의 위탁매매인, 대리인 또는 중개인의 지위에 있게 된다.

제3관 자산보관·관리 위탁계약

투자신탁의 집합투자업자 또는 투자회사는 집합투자재산의 보관·관리업무를 신탁업자에게 위탁하여야 한다(법 제184조제3항). 집합투자재산을 보관·관리하는 신탁업자는 집합투자업자와 계열회사 관계에 있으면 안 된다. 투자회사의 경우에는 신탁업자는 당해 집합투자기구와도 계열회사 관계에 있으면 안 된다(법 제246조제1항).

(투자신탁) 집합투자업자와 신탁계약을 체결하는 신탁업자가 신탁의 수탁자(trustee) 지위에서 신탁재산을 보관·관리한다. 투자신탁관계에서 신탁업자는 신탁법상의 수탁자로서 신탁재산의 소유명의인이며 신탁재산을 보관·관리한다. 따라서 투자신탁계약과 별도로 자산보관·관리위탁계약을 체결할 필요는 없다.

(투자회사) 투자회사와 같은 회사형펀드의 경우 당해 투자회사와 자산보관위탁계약을 체결하는 신탁업자는 보관수임인(custodian)[326] 지위에서 투자회사의 재산을 보관·관리한다. 회사형집합투자기구의 신탁업자는 단순히 집합투자재산을 보관(임치)하는 것이 아니라 집합투자업자의 운용에 따라 자산의 취득·처분등을 하므로, 자산보관·관리위탁계약은 민법상 위임계약에 해당하는 것으로 보아야 할 것이다.

(투자익명조합) 투자익명조합재산은 영업자(집합투자업자) 단독소유가 되지만, 투자익명조합재산의 보관·관리는 신탁업자에게 위탁하여야 하므로 회사형펀드의 경우와 동일하다. 즉, 자산보관·관리위탁계약을 체결하여야 하며, 신탁업자는 보관수임인 지위에서 투자익명조합의 재산을 보관·관리하게 되며, 자산보관·관리위탁계약은 민법상 위임계약에 해당한다.

제4관 일반사무관리

투자회사는 투자회사 주식의 발행 및 명의개서, 투자회사재산의 계산, 법령이나 정관에 의한 통지 및 공고, 이사회·주주총회의 소집·개최·의사록 작성등의 업무, 기타 투자회사 운영업무를 일반사무관리회사에게 위탁해야 한다(법 제184조제6항).

투자신탁의 경우도 집합투자업자는 투자신탁 수익증권의 기준가격 산정 및 그 밖에 이와 관련된 업무를 일반사무관리회사에게 위탁할 수 있다(법 제254조제1항).

제5관 채권평가회사 - 채권등의 가격정보

집합투자업자는 집합투자재산에 속하는 채권등의 자산평가를 위해 채권평가회사(법 제263조 내지 법 제267조)와 계약을 체결하고 평가에 필요한 정보를 입수할 수 있다.

집합투자업자가 집합투자재산에 속하는 상장채권의 시가평가를 하려면 2 이상의 채권평가회사로부터 받은 가격정보를 기초로 하여야 하므로(법 제238조제1항, 영 제260조제1항제2호), 상장채권에 투자하는 집합투자기구를 운용하고자 하는 경우에는 반드시 채권평가회사와 가격정보제공에 필요한 계약을 체결하여야 한다.

---

326) 투자신탁 외의 법적 형태를 취하는 집합투자기구의 경우에도 신탁업자는 단순히 집합투자재산을 보관·관리하는 데에서 나아가 집합투자업자의 운용행위를 감시하는 기능을 수행한다. 일반사모집합투자기구의 경우도 공모집합투자기구에 비해 신탁업자의 감시범위가 축소되긴 하지만 일정부분 감시기능을 수행한다(일반투자자가 포함된 경우에는 공모펀드의 경우와 동일한 감시기능을 수행한다).
투자펀드에서의 신탁업자의 이러한 감시기능을 고려하여 유럽연합의 '대체투자펀드운용자지침'에서는 'depositary'라는 용어를 사용한다(AIFM Directive section 4).

참고로, 집합투자업자가 집합투자재산에 속하는 비상장채권·비상장주식·장외파생상품·부동산 등과 같이 시가가 없는 자산을 공정가액으로 평가하기 위해서는 평가전문가(채권평가회사, 회계법인, 감정평가법인등)로부터 제공받은 가격을 고려하여야 한다.

제6관 예탁결제원 - 전자등록, 펀드넷(FundNet)

(전자등록) 투자신탁의 수익증권 및 투자회사의 주식은 '주식·사채등의 전자등록에 관한 법률(이하 전자증권법)'에 따른 전자등록의 방법(전자등록기관인 예탁원에 전자등록)으로 발행해야 한다(법 제189조제3항, 제196조제2항). 따라서 투자신탁의 수익권·투자회사의 주식의 발행은 물론이고 그 양도·질권설정 등은 계좌간 대체의 전자등록을 통해서 이루어진다(전자증권법 제30조 내지 제33조). 따라서 투자신탁이나 투자회사 형태의 일반사모집합투자기구를 설정·설립하여 운용하고자 하는 집합투자업자는 예탁원과 전자등록 관련 계약을 체결하여야 한다.

그리고 투자신탁의 수익자명부 작성업무는 전자등록기관(예탁원)에 위탁하여야 한다(법 제189조제6항). 따라서 집합투자업자는 이와 관련한 계약을 예탁원과 체결하여야 한다.

(펀드넷) 집합투자재산의 운용과 관련하여 집합투자업자가 신탁업자에게 하는 지시(투자신탁의 경우 운용지시, 투자회사의 경우 자산의 보관·관리에 관한 지시)는 집합투자재산별로 '전산시스템에 의해 객관적이고 정확하게 관리할 수 있는 방법'으로 해야 한다(법 제80조제1항·제5항, 영 제79조제1항). 이러한 방법으로 지시를 하기 위해서는 집합투자업자, 신탁업자, 투자중개업자등 간에 전산시스템이 구축되어 있어야 한다. 자본시장법에서는 명시하고 있지 않지만 예탁결제원이 이러한 전산시스템을 구축하여 펀드업계에 제공하고 있다. 예탁결제원의 '집합투자재산예탁결제시스템(FundNet)'이 그것이다. 따라서 집합투자업자는 위의 규정을 준수하기 위해서는 예탁결제원과 '펀드넷' 이용을 위한 계약을 체결해야 한다.

참고로 '펀드넷'은 펀드운용과 관련한 지시업무 외에도 펀드 관련 회사들 간에 집합투자기구의 설립, 판매, 환매 등 펀드운영 관련 업무전반을 전산으로 처리할 수 있는 시스템을 제공한다.

제7관 종합금융투자사업자

(전담중개업무계약) 일반사모집합투자기구가 프라임브로커리지 서비스를 받고자 하는 경우에는 종합금융투자사업자와 전담중개업무[327] 계약을 체결해야 한다. 전담

중개업무 계약에는 법령에서 정하는 사항[328]을 포함하여야 한다(법 제77조의3 제2항).

전담중개업무는 금융위원회로부터 종합금융투자사업자(증권인수업을 영위하는 금융투자업자로서 자기자본 3조원 이상인 자)로 지정받은 자만 수행할 수 있다(법 제77조의2 제1항, 법 제77조의3 제1항). 사모펀드에 대해 신용공여 또는 수탁업무만 단독으로 제공하는 행위도 해당 사모펀드와 전담중개계약을 체결한 종합금융투자사업자만 가능하다. 사모펀드에 대해 레버리지 목적의 TRS를 제공하는 행위도 경제적 실질이 신용공여와 유사하므로 해당 사모펀드와 전담중개계약을 체결한 종합금융투자사업자만 가능하다.[329]

종합금융투자사업자는 그와 계열회사 관계에 있는 법인이 운용하는 일반사모집합투자기구에 대하여 전담중개업무를 제공할 수 없다(법 제77조의3 제7항). 즉, 일반사모집합투자기구에 대한 전담중개계약을 체결하려면 종합금융투자사업자와 해당 집합투자업자가 계열회사 관계에 있지 않아야 한다.

(관계인거래 예외) 종합금융투자사업자가 일반사모집합투자기구와 전담중개업무 계약을 체결하여 해당 일반사모집합투자기구의 집합투자증권을 판매하고 그 집합투자재산을 보관·관리하는 경우에는 이해관계인과의 거래를 제한하는 법 제84조가 적용될 수 있다. 이에 따라 종합금융투자사업자가 관계판매사[330] 또는 관계신탁업자[331]에

---

327) 자본시장법은 일반사모집합투자기구등에 '신용공여와 재산의 보관·관리'를 포함하여 집합투자증권의 판매, 증권의 대여, 매매주문의 집행 등의 업무를 연계하여 제공하는 업무를 '전담중개업무'로 정하고 있다(법 제6조제10항). 따라서 전담중개업무계약에는 신용공여와 집합투자재산의 보관·관리를 반드시 포함시켜야 한다.
전담중개업무에는 다음과 같은 업무가 포함된다(법 제6조제10항 및 영 제6조의3 제3항): ⓐ 증권의 대여 또는 그 중개·주선이나 대리업무, ⓑ 금전의 융자 그 밖의 신용공여, ⓒ 일반사모집합투자기구등의 재산의 보관 및 관리, ⓓ 일반사모집합투자기구등의 재산의 매매에 관한 청약 또는 주문의 집행업무, ⓔ 일반사모집합투자기구등의 재산의 매매등의 거래에 따른 취득·처분등의 업무, ⓕ 파생상품의 매매 또는 그 중개·주선·대리업무, ⓖ 환매조건부매매 또는 그 중개·주선·대리업무, ⓗ 집합투자증권의 판매업무, ⓘ 일반사모집합투자기구등의 재산의 운용과 관련한 금융 및 재무등에 대한 자문업무, ⓙ 다른 투자자의 투자를 유치하거나 촉진하기 위하여 일반사모집합투자기구에 출자(투자신탁 형태의 경우 수익증권 매수 포함)하는 업무.

328) 전담중개업무와 관련된 종합금융투자사업자와 일반사모집합투자기구의 역할 및 책임에 관한 사항, 종합금융투자사업자가 일반사모집합투자기구의 재산을 제삼자에 대한 담보·대여·환매조건부매매로 이용하는 경우 그 이용에 관한 사항, 종합금융투자사업자가 담보등으로 이용한 일반사모집합투자기구의 재산 현황등에 관한 정보를 일반사모집합투자기구에 제공하는 절차 및 방법, 전담중개업무의 범위와 기준 및 절차등에 관한 사항, 전담중개업무 제공에 따른 수수료 기타 비용에 관한 사항, 계약종료의 사유 및 절차, 계약당사자의 채무불이행에 따른 손해배상등에 관한 사항(법 제77조의3 제2항, 영 제77조의4).

329) 금융위원회, 법령해석회신문(200225).

330) 집합투자업자가 운용하는 전체 집합투자기구의 집합투자증권을 100분의 30 이상 판매·위탁판매한 투자·매매업자 또는 투자중개업자를 말한다(영 제84조제1항제4호).

331) 집합투자업자가 운용하는 전체 집합투자기구의 집합투자재산(국가재정법 제81조에 따라

해당하는 경우에는 집합투자재산과 거래를 할 수 있도록 예외규정이 마련되어 있다(영 제85조제5의2호).

(신용공여 관리) 종합금융투자사업자는 일반사모집합투자기구의 신용공여와 관련한 위험수준에 대하여 평가하고 적정한 수준으로 관리하여야 한다(법 제77조의3 제4항 후단).

여유자금을 통합하여 운용하는 집합투자기구의 집합투자재산은 제외한다)의 100분의 30 이상을 보관·관리하고 있는 신탁업자를 말한다(영 제84조제1항제5호).

제3장 집합투자증권의 발행

제1절 총설

집합투자증권은 집합투자기구에 대한 출자지분(투자신탁의 경우 수익권)이 표시된 것을 말한다(법 제9조제21항). 구체적으로는 투자회사의 주식을 표창하는 주권, 투자신탁의 수익권을 표창하는 수익증권 등이 집합투자증권이다.

전자증권법이 시행(2019.9.16.)됨에 따라 투자신탁 및 투자회사의 경우는 집합투자증권의 발행에 갈음하여 전자증권법에 따른 전자등록의 방법으로 수익권·주식을 발행한다.[332] 따라서 투자신탁과 투자회사의 경우는 따로 집합투자증권(수익증권, 주권)을 발행하지 않는다.[333] 투자신탁·투자회사 외의 법적 형태의 집합투자기구(투자유한회사등)의 경우에는 집합투자증권을 발행하여야 한다.[334]

이처럼 전자증권법 시행으로 투자신탁·투자회사의 경우는 수익증권·주권을 발행하지 않게 되었지만 자본시장법에는 투자신탁 수익증권·투자회사 주권의 발행을 전제로 하는 규정이 아직도 남아 있다.[335] 이러한 규정에서의 투자신탁 수익증권과

---

332) 법 제189조제3항(투자신탁), 법 제196조제2항(투자회사). 전자증권법 시행 이전에 이미 설정·설립된 투자신탁·투자회사의 수익권·주식도 동법시행일부터 전자등록 수익권·주식으로 일괄 전환된다(전자증권법 부칙 제1조제2항).

333) 전자등록주식등에 대해서는 증권 또는 증서의 발행이 금지되며, 이를 위반하여 발행된 증권 또는 증서는 효력이 없다(전자증권법 제36조).
참고로, 전자증권법에 따른 주식등의 전자등록은, 유가증권 자체의 존재양식을 전자화하는 방식(예: 전자어음법에 의한 전자어음)이 아니라, 유가증권이라는 개념을 떨쳐버리고 주식등의 권리의 내용을 전자적 방식으로 기록하여 이 기록에 공시적 기능을 부여하는 것이다(이철송, 회사법강의 제20판, 박영사(2012), 331면(이하 '이철송'): 전자증권법 제2조제2호 등 참조).

334) 법 제208조, 법 제216조제2항, 법 제217조의3, 법 제222조제2항, 법 제227조제2항. 자본시장법상의 투자유한회사·투자합자회사·투자유한책임회사·투자합자조합·투자익명조합의 경우는 상법과 달리 사원(조합원)의 성명이 정관(조합규약)에 기재되지 않으므로 사원권(조합원권)을 증명하기 위한 목적등을 위해 집합투자증권을 발행하고 집합투자자명부를 작성하는 것이 필요하다.

335) 법 제189조제1항·제2항·제4항·제5항, 법 제76조, 법 제235조 등.

투자회사 주권은 투자신탁 수익권과 투자회사 주식으로 이해하여야 할 것으로 보인다. 이 책에서도 투자신탁 수익증권이나 투자회사 주권은 이러한 의미로 사용한다.

앞에서 본 바와 같이 모집식의 경우 투자신탁은 설립단계에서는 수익권의 발행이 없고 투자회사의 경우도 투자회사 설립단계에서는 회사 실체구성을 위한 발기인의 형식적 주식인수만이 있을 뿐이다. 집합투자 목적의 집합투자재산 형성은 집합투자기구를 설립한 이후 투자자를 대상으로 집합투자증권을 발행함으로써 이루어진다.

모집식을 전제로 보면 집합투자증권의 발행은 판매라는 절차를 거쳐 이루어진다. 즉, 판매회사가 새로 발행할 집합투자증권을 투자자에게 판매하고 그 판매가액을 집합투자기구에 납입하면 집합투자증권의 발행이 이루어진다. 매출식의 경우는 집합투자증권의 발행 후에 투자자에 대한 판매가 이루어진다. 즉, 판매회사가 자신의 자금으로 새로 발행하는 집합투자증권을 인수한 후 이를 다시 투자자에게 매도하게 된다. 이 경우는 미매각 집합투자증권이 발생할 수 있다.

제2절 무액면 기명식

투자신탁의 수익증권(수익권)과 투자회사의 주식은 무액면·기명식으로 한다(법 제189조제4항, 제196조제1항).

무액면 주식(수익권)이란 1주(1좌)당 액면가가 없고 주식(수익권)을 발행할 때마다 정하는 발행가만 있을 뿐이다.

기명식으로 발행해야 하므로 집합투자증권과 집합투자자명부에 수익자(투자신탁)·주주(투자회사)의 성명이 기재되어야 한다.

제3절 수종의 수익권·주식

앞에서 본 바와 같이, 일반사모집합투자기구는 집합투자규약에 따라 투자자에 대한 손익의 분배·순위 등에 관한 사항을 정할 수 있다(법 제249조의8 제8항). 즉, 손익의 분배·순위 등을 달리하는 내용의 수종의 주식·수종의 수익권을 발행할 수 있다.

예컨대 법 제189조제1항에서는 다음과 같이 규정하고 있다: '투자신탁을 설정한 집합투자업자는 투자신탁의 수익권을 균등하게 분할하여 수익증권을 발행한다.'

제4절 발행가액 등

자본시장법에는 '투자회사'가 그 성립 후 신주를 발행하는 경우의 발행 가액등 발행조건에 대한 규정이 있다. 즉, 투자회사는 그 성립 후 신주를 발행하는 경우 같은 날에 발행하는 신주의 발행가액 기타 발행조건을 균등하게 정해야 하며, 발행가액은 기준가격으로 정해야 한다(법 제196조제5항). '투자신탁'의 경우는 수익증권(수익권)의 발행가액에 관한 명시적인 규정이 없다. 다만, 투자신탁의 수익권은 균등하게 분할하여 수익증권을 발행해야 하므로(법 제189조제1항) 같은 날에 발행하는 수익증권(수익권)의 발행가액 기타 발행조건은 균등해야 할 것이다. 그리고 투자신탁 수익증권(수익권)의 발행가액도 투자회사의 경우와 마찬가지로 기준가격으로 해야 하는 것으로 해석해야 할 것이다.

그런데 일반사모집합투자기구에는 법 제196조제5항 및 법 제189조제2항이 적용되지 않는다(법 제249조의8). 앞에서 본 바와 같이 이는 투자신탁과 투자회사의 경우에도 투자자 간의 손익분배·순위를 다르게 정할 수 있도록 해주기 위한 것이다. 그러면 같은 날에 발행하는 주식·수익권의 발행가액을 다르게 할 수 있는가? 나아가 발행가액을 기준가격에 따르지 않아도 되는가? 일반사모집합투자기구의 집합투자증권 판매 시 법 제76조제1항이 적용되므로 판매가격은 미래가격방식으로 산정된 기준가격(법 제238조제6항에 따른 기준가격)으로 정해야 한다. 이와 같이 판매가격을 기준가격으로 정해야 하므로 발행가액도 기준가격으로 해야 하는 것으로 이해하여야 할 것이다. 수종의 주식·수익권을 발행한 경우 종류별로 기준가격은 다를 수 있겠지만(법 제189조제1항 적용 관련), 같은 날에 발행하는 동일한 종류의 주식·수익권의 발행가액은 다르게 할 수 없다고 보아야 한다.

제5절 발행 절차 등

제1관 발행사항의 결정

(투자신탁) 새로 발행하는 수익권의 수, 발행가액 등 발행에 관한 사항은 집합투자업자가 결정한다(법 제189조제1항).[336]

---

336) 신탁법리에 따르면 투자신탁의 경우 신탁재산의 법적 소유명의자인 수탁자(신탁업자)가 수익권을 발행하고 소각하는 형식적 주체가 되는 것이 타당하다. 발행 절차도 집합투자업자가 수익권의 발행을 수탁회사에게 지시하고 수탁회사가 발행가액 전액 납입 여부등을 확인하여 발행하는 것이 신탁법리에 부합한다. 수익권의 발행에 대응하는 소각의 경우에도 마찬가지다. 자본시장법은 집합투자업자를 수익권의 발행주체로 정하고 있는데, 이는 수탁자의 수익권

(투자회사) 투자회사가 성립 후에 신주를 발행하는 경우 발행사항(신주의 수, 발행가액, 납입기일)은 당해 투자회사의 이사회가 결정하되, 정관에서 달리 정하고 있는 경우에는 그에 따른다(법 제196조제3항). 일반사모집합투자기구는 감독이사를 두지 않을 수 있고, 이런 경우에는 이사회 자체가 존재하지 않으므로 법인이사(집합투자업자)가 주식 발행사항을 결정하는 것으로 정관에서 정하여야 할 것이다.

개방형 투자회사가 성립 후 신주를 발행하는 경우에는 당해 투자회사의 이사회가 신주 발행기간, 발행기간 내 발행하는 신주 수의 상한, 발행기간 동안 매일의 발행가액 및 주금납입기일을 정할 수 있다(법 제196조제4항). 이 규정은 일반사모집합투자기구에도 적용되지만, 강행규정이 아니고 감독이사를 두지 않는 경우 이사회 자체가 없는 점을 고려할 때 정관에서 법인이사가 이러한 사항을 정하는 것으로 할 수 있다고 할 것이다.

제2관 인수가액의 금전 납입 원칙

집합투자업자는 투자신탁을 설정(추가설정 포함)하는 경우 원칙적으로 신탁계약에서 정한 신탁원본 전액을 신탁업자에게 금전으로 납입해야 한다(법 제188조제4항). 이 규정은 모집식을 전제로 보면 수익증권을 인수한 투자자는 그 인수가액 전부를 금전으로 납입해야 한다는 것을 의미한다.

투자회사의 경우, 주식의 발기인 또는 신주인수인은 지체 없이 주식의 인수가액을 금전으로 납입하여야 한다(법 제194조제7항, 제196조제6항, 제249조의8 제4항).

(현물납입) 객관적인 가치평가가 가능하거나 다른 투자자의 이익을 저해할 소지가 없는 경우에는 부동산등 금전 외의 자산으로 납입할 수 있다(법 제249조의8 제4항).

이처럼 예외적으로 금전 외의 자산으로 납입하고자 하는 경우에는 미리 다른 투자자 전원의 동의를 받아야 하고[337] 집합투자재산평가위원회가 정한 가격으로 납부하여야 한다(영 제271조의11 제2항).

제3관 전자등록 방식으로 발행

투자신탁의 경우 집합투자업자는 신탁계약에서 정한 신탁원본 전액이 납입된 경우 신탁업자의 확인을 받아 '주식·사채등의 전자등록에 관한 법률'에 따른 전자등록의 방법으로 수익권을 발행하여야 한다(법 제189조제3항). 투자회사의 경우 성립일 또는

발행에 관한 권한 내지 업무를 법률에서 집합투자업자에게 위임한 것으로 보아야 할 것이다.

337) 다만, 공직자윤리법에 따라 주식백지신탁계약을 체결할 목적으로 설정된 투자신탁의 경우는 다른 투자자 전원의 동의를 받지 않아도 된다(영 제271조의11 제1항제1호 단서).

신주발행의 납입기일에 지체 없이 전자증권법에 따른 전자등록의 방법으로 주식을 발행하여야 한다(법 제196조제2항).

전자등록이란 주식등의 종류, 종목, 금액, 권리자 및 권리내용 등 주식등에 관한 권리의 발생·변경·소멸에 관한 정보를 전자등록계좌부에 전자적 방식으로 기재하는 것을 말한다(전자증권법 제2조제2호). 즉, 증권의 실물을 발행하지 않고 증권의 발행·유통·권리행사등 증권 관련 사무를 전자적인 방법으로 처리하는 제도를 말한다.

투자신탁수익권의 전자등록 절차 및 효력은 다음과 같다.

(전자등록 절차) 투자신탁 수익권을 전자등록하려면 우선, 발행인(집합투자업자)이 전자등록기관에 '발행인관리계좌'를 개설해야 한다(전자증권법 제21조제1항). 투자자는 계좌관리기관(펀드 판매회사)에 '고객계좌'를 개설해야 한다(전자증권법 제22조제1항). 고객계좌가 개설된 경우 계좌관리기관(펀드 판매회사)은 수익자의 성명·전자등록수익권의 수량등을 전자등록하여 고객별로 '고객계좌부'를 작성하여야 한다(전자증권법 제22조제3항). 그리고 계좌관리기관은 '고객계좌부'에 전자등록된 전자등록 수익권의 총수량·총금액을 관리하기 위하여 '고객관리계좌'를 전자등록기관에 개설하여야 한다(전자증권법 제22조제3항). 이 중에서 전자등록의 효력이 주어지는 전자등록계좌부는 '고객계좌부' 하나이다(전자증권법 제2조제3호).

(전자등록의 효력) 전자등록계좌부에 전자등록된 자는 해당 전자등록 투자신탁 수익권에 대하여 전자등록된 권리를 적법하게 가지는 것으로 추정한다(전자등록법 제35조제1항).

전자등록 투자신탁수익권을 양도하는 경우에는 계좌간 대체의 전자등록을 하여야 그 효력이 발생하며, 질권의 목적으로 하는 경우에는 전자등록법 제31조에 따른 질권설정의 전자등록을 하여야 입질의 효력이 발생한다(전자등록법 제35조제2항 및 제3항).

전자등록 투자신탁수익권의 신탁은 전자등록법 제32조에 따라 해당 전자등록 투자신탁수익권이 신탁재산이라는 사실을 전자등록함으로써 제3자에게 대항할 수 있다(전자등록법 제35조제4항).

선의로 중대한 과실없이 전자등록계좌부의 권리내용을 신뢰하고 소유자 또는 질권자로 전자등록된 자는 해당 전자등록 투자신탁수익권에 대한 권리를 적법하게 취득한다(전자등록법 제35조제5항).

제6절 적격투자자 대상 사모발행

일반사모집합투자기구는 '사모집합투자기구'이므로 집합투자증권을 사모로만 발행하고 '100인 산정 투자자'의 수가 100인 이하여야 한다. 나아가 일반사모집합투자기구는 '적격투자자'를 대상으로만 집합투자증권을 발행할 수 있다(법 제9조제19항, 법 제249조의2). 즉, 일반사모집합투자기구의 투자자는 적격투자자로 제한된다.

투자자가 특정금전신탁인 경우에는 신탁은행이 아니라 위탁자를 기준으로 적격투자자요건 충족 여부를 판단하여야 한다.[338)]

'적격투자자'는 앞에서 본 바와 같이 '전문투자자인 적격투자자'와 '기타 적격투자자'로 구분된다.

제1관 사모발행

집합투자증권을 사모로 발행하면 자본시장법상의 증권신고서규제 및 공시규제의 적용을 받지 않는다. 그러나 투자권유규제 및 판매규제는 사모발행 시에도 적용된다.

(사모) '사모'란 새로 발행되는 증권의 취득의 청약을 권유하는 것으로서 모집에 해당하지 않는 것을 말한다(법 제9조제8항). '모집'이란 대통령령으로 정한 방법으로 산출한 50인 이상의 투자자에게 새로 발행되는 증권의 취득의 청약을 권유하는 것을 말한다(법 제9조제7항). 따라서 집합투자증권을 '사모'로 '발행'한다는 것은, 특정집합투자기구의 집합투자증권을 새로 발행함에 있어 <u>50인 미만의 투자자에게 취득의 청약을 권유하여 그에 응한 자에게만 발행해야 한다</u>는 것을 의미한다.

(피청약권유자 수 50인 산정 시 포함되는 자) 50인 산정 시 영 제11조제1항에서 정하는 전문가[339)]와 연고자[340)]는 합산하지 않는다. 따라서 이러한 전문가·연고자에 해당하지 않는 자(일반투자자등)의 수가 50인 미만이어야 한다.

사모집합투자기구 요건에서의 '100인 비산정 투자자', 일반사모집합투자기구의

---

338) 특정금전신탁을 통해 전문사모집합투자기구에 가입하려면 해당 특정금전신탁의 가입자가 적격투자자 요건을 갖추어야 한다. 특정금전신탁은 신탁재산의 운용방법을 위탁자(투자자)가 지정하므로 신탁재산의 실질적인 운용주체가 위탁자이며, 운용결과에 따른 위험을 실질적으로 감수해야 하는 자도 위탁자이기 때문이다(금융위원회 유권해석, 2017.10.25., 2016.8.21.). 이는 종전 전문사모집합투자기구에 대한 유권해석이지만 일반사모집합투자기구의 경우에도 적용되는 것으로 보아야 할 것이다.

339) 전문투자자, 회계법인, 신용평가회사, 발행인에게 회계·자문 등의 용역을 제공하고 있는 공인회계사·감정인·변호사·변리사·세무사 등 공인자격증을 가지고 있는 자 등.

340) 발행인의 최대주주·임원·계열회사 및 그 임원, 발행인이 주권비상장법인인 경우 그 주주 등.

집합투자증권을 발행할 수 있는 '적격투자자', 사모발행에서의 '전문가등'의 범위가 각각 다르기 때문에 주의를 요한다.

(청약의 권유) 청약의 권유는 권유받는 자에게 증권을 취득하도록 하기 위하여 신문·방송·잡지 등을 통한 광고, 안내문·홍보전단 등 인쇄물의 배포, 투자설명회의 개최, 전자통신 등의 방법으로 증권을 발행 또는 매도한다는 사실을 알리거나 취득의 절차를 안내하는 활동을 말한다. 서면·사진·프리젠테이션 등 시각적인 방법, 구두로 하는 설명·대화·전화 등 청각적인 방법 등 모든 의사전달수단이 청약의 권유에 해당한다.[341)]

(6개월 합산) 투자권유 대상자 50인을 산출함에 있어서는 청약의 권유를 하는 날 이전 6개월 이내에 해당 증권과 같은 종류의 증권에 대해 모집에 의하지 않고 청약의 권유를 받은 자는 합산한다(영 제11조제1항). 즉, 6개월 기간 단위로 청약 권유를 받는 자의 수가 50인 미만이어야 한다. 따라서 일반사모집합투자기구를 개방형으로 조직하여 그 집합투자증권을 계속적으로 판매·환매하더라도 '100인 산정 투자자'의 수가 100인 이하를 유지하는 한도 내에서 제한적으로 새로운 투자자에게 청약권유하여 펀드에 가입시키는 것이 가능하다.

(시리즈펀드[342)]) 투자권유 대상자 50인을 산출함에 있어서, 둘 이상의 증권의 발행 또는 매도가 사실상 동일한 증권의 발행 또는 매도로 인정되는 경우에는 하나의 증권의 발행 또는 매도로 간주될 수 있다. 이는 증권의 발행·매도를 둘 이상으로 분할하여 각각 49인 이하에게 청약의 권유를 함으로써 증권신고서 제출등 공모규제를 회피하려는 행위를 방지하기 위한 규제다.

증권의 발행 또는 매도의 동일성 여부는 다음 사항을 종합적으로 고려하여 판단

---

341) 금융감독원, 기업공시실무안내(2023.12), 199면.

342) 시리즈펀드(series fund)라는 용어는 글로벌 시장과 우리나라에서 다른 의미로 사용되고 있다. 글로벌 시장에서 통용되는 시리즈펀드란 하나의 펀드가 다수의 집합투자증권을 시리즈로 발행하고 각각의 시리즈는 서로 다른 투자목적과 투자포트폴리오를 가지는 것을 지칭하는 용어로서 '펀드 내부의 펀드들(funds within a fund)'이라고도 한다. 규모의 경제를 통한 비용절감 목적으로 고안된 것이다. 시리즈펀드는 하나의 펀드 내의 각 시리즈별로 각각 다른 투자포트폴리오를 가진다는 점에서 하나의 펀드 내에 하나의 투자포트폴리오만 가지는 종류형펀드(class fund)와 다르고, 법률적·형식적으로는 하나의 펀드만 존재한다는 점에서 모펀드와 자펀드가 각각 별개의 펀드로 존재하는 모자형펀드와 다르다. 이러한 의미의 시리즈펀드는 미국법에서는 허용되지만〔미국 투자회사법 Section 18(f)(2)〕, 우리 자본시장법에서는 허용되지 않는다.
우리나라에서는 시리즈펀드라는 용어가 글로벌 시장에서 통용되는 것과 다른 의미로 사용되고 있다. 즉, 우리나라에서는 사실상 동일한 투자목적·포트폴리오를 가지는 복수의 펀드를 시리즈펀드로 부른다. 이러한 의미의 시리즈펀드는 사모펀드 일반투자자등의 총수 제한(100인)이나 공모규제등을 회피하기 위한 목적으로 이용되는 경우가 많다.

한다(영 제129조의2): ⓐ 증권의 발행·매도가 동일한 자금조달계획에 따른 것인지 여부. 이 경우 증권의 기초자산 또는 운용대상자산이 별도로 있는 경우에는 해당증권의 기초자산 또는 운용대상자산, 투자위험 및 손익구조 등의 유사성을 기준으로 판단한다. ⓑ 증권의 발행·매도의 시기가 6개월 이내로 서로 근접한지 여부, ⓒ 발행·매도하는 증권이 같은 종류인지 여부, ⓓ 증권의 발행·매도로 인하여 발행인 또는 매도인이 수취하는 대가가 같은 종류인지 여부, ⓔ 둘 이상의 증권의 발행인이 다르더라도 모집 또는 매출하는 자가 동일한지 여부(법 제119조제8항, 영 제129조의2).

이 규제는 집합투자기구와 관련하여서는 소위 '시리즈펀드'를 제한하는 기능을 한다. 예컨대, 집합투자업자가 투자전략등 펀드스킴이 사실상 동일한 두 개의 집합투자기구를 따로 만들어 각각 50인 미만의 일반투자자에게 투자권유하는 경우에는 하나의 집합투자증권을 발행·매도한 것으로 판단되어 공모규제를 적용받을 수 있다.[343] 나아가 복수의 집합투자업자가 투자전략등 펀드스킴이 사실상 동일한 집합투자기구를 각각 설정하여 집합투자증권을 발행하더라도 모집 또는 매출하는 자 즉, 판매회사가 동일한 경우에는 동일한 집합투자증권을 발행·매도한 것으로 판단될 수도 있다.

제2관 '100인 산정 투자자'의 수 100인 이하

일반사모집합투자기구는 '100인 산정 투자자'의 수가 100인 이하여야 한다. '100인 산정 투자자'에는 일반투자자(전문투자자가 아닌 투자자)는 당연히 포함되며, 전문투자자 중에서 다음에 해당하는 자도 포함된다:

ⓐ 주권상장법인,

ⓑ 해외에 주권을 상장한 국내법인,

ⓒ 지방자치단체,

ⓓ 기금 및 공제법인 중에서 법인세법시행규칙 제56조의2 제1항 및 제2항에 해당하지 않는 기금 및 공제법인,[344]

---

343) 이러한 경우는 형식적으로는 두 개의 펀드지만 실질적으로는 한 개의 펀드라는 의미이므로, '일반투자자등의 수 100인 이하'라는 사모펀드 투자자 수 요건 규정에도 저촉될 수도 있다.

344) 법인세법시행규칙 제56조제1항에 해당하는 기금은 다음과 같다: 공무원연금관리공단, 사립학교교직원연금관리공단, 서울올림픽기념국민체육진흥공단, 신용보증기금, 기술보증기금, 한국무역보험공사, 중소기업중앙회, 농업협동조합중앙회, 한국주택금융공사, 한국문화예술위원회.
법인세법시행규칙 제56조제2항에 해당하는 공제법인은 다음과 같다: 한국교직원공제회, 군인공제회, 신용협동조합중앙회(공제사업), 건설공제조합 및 전문건설공제조합, 전기공사공제조합, 정보통신공제조합, 대한지방행정공제회, 새마을금고연합회(공제사업), 과학기술인공제회, 소방산업공제조합, 건축사공제조합.

ⓔ 금융투자상품 잔고 100억원 이상인 국내법인이나 단체(외부감사대상 주식회사는 50억원),

ⓕ 금융투자상품 잔고 5억원 이상이고 직전 12개월간 소득액이 1억원 이상(또는 총재산가액이 10억원 이상)이며 계좌개설 1년 경과한 내국인 개인,

ⓖ 외국정부·국제기구·외국중앙은행 등에 준하는 외국인.

지방자치단체와 일부 기금·공제법인도 '100인 산정 투자자'에 해당하며, 개인과 일반법인은 금융투자상품 잔고나 상장 여부와 관계없이 모두 '100인 산정 투자자'에 포함된다는 사실에 유의할 필요가 있다.

제4장 집합투자증권의 판매 및 환매

제1절 집합투자증권의 판매

제1관 총설

1. 판매 관련 규제 개요

(판매의 개념) 자본시장법은 금융투자상품 중에서 집합투자증권에 대해서만 '판매'라는 용어를 사용하고 있지만,[345] '판매'에 대한 정의를 따로 하고 있지는 않다.

금융소비자보호에 관한 법률(이하 '금융소비자보호법')에서도 '판매'를 따로 정의하지는 않고 '금융상품판매업'을 다음과 같이 정의하고 있다(동법 제2조제2호): '이익을 얻을 목적으로 계속적 또는 반복적 방법으로 자신이 직접 계약의 상대방으로서 금융상품에 관한 계약의 체결을 하는 것(금융상품직접판매업) 또는 금융상품에 관한 계약의 체결을 대리·중개하는 것(금융상품 판매대리·중개업)'.

금융소비자보호법의 '금융상품판매업' 정의규정에 비추어 볼 때, '집합투자증권의 판매'란, '투자매매업자가 자신이 직접 상대방이 되어 투자자와 집합투자증권의 매도계약을 체결하는 행위, 또는 투자중개업자가 투자자에게 집합투자증권의 매매를 중개·대리하는 행위'라고 할 수 있다.

---

345) 자본시장법이 금융투자상품 중에서 집합투자증권에 대해서만 '판매'라는 용어를 사용하는 것은 연혁적인 이유와 함께 집합투자증권의 특성을 반영한 것으로 보인다.
연혁적인 이유로는, 종전의 간접투자자산운용업법에서는 간접투자증권의 판매·환매를 영업으로 하는 자로서 금융위원회에 등록한 자를 '판매회사'로 정의하고, 은행·증권회사·보험회사에 한해 판매회사 등록을 허용하고 있었다는 사실이다(동법 제26조).
집합투자증권의 특성으로는 다음 두 가지를 들 수 있다. 첫째, 개방형펀드의 집합투자증권은 다른 금융투자상품과 달리 투자매매·중개업자가 투자자에게 집합투자증권을 매도한 후에도 투자자의 환매청구가 있으면 법령 및 집합투자규약에서 정하는 방법에 따라 환매업무를 수행해야 한다는 점이다. 둘째, 투자매매·중개업자는 집합투자증권의 매도와 관련하여 당해 집합투자증권을 매수하는 투자자로부터 수수료(sales load)를 받는 외에 당해 투자자가 가입한 집합투자기구로부터 그 집합투자증권 보유기간 동안에 계속하여 보수(판매보수: 소위 '12b-1 fee')를 받을 수 있다는 점이다(법 제76조제4항).

이러한 의미의 집합투자증권의 판매는 집합투자증권에 대한 투자권유나 투자광고를 통해서 이루어질 수도 있고, 투자권유나 광고없이 이루어질 수도 있다.

(자본시장법, 금융소비자보호법) 집합투자증권의 투자권유·광고등에 대해서 종전에는 자본시장법에서 규정하고 있었지만, 금융소비자보호법이 제정·시행[346]됨에 따라 관련 자본시장법 규정은 금융소비자보호법으로 이관되었다.[347] 따라서 일반사모집합투자기구의 집합투자증권의 투자권유·광고등 판매와 관련한 일반적인 사항에 대해서는 금융소비자보호법이 적용된다.

일반사모집합투자기구의 집합투자증권을 판매하는 것과 관련하여, 자본시장법에는 투자권유등(법 제249조의4), 집합투자증권의 판매가격(법 제76조제1항) 및 불건전영업행위 금지(법 제71조, 영 제68조) 규정이 있다.[348] 자본시장법 제249조의4에서는 일반사모집합투자기구의 집합투자증권 판매와 관련하여 ⓐ 적격투자자 여부 확인, ⓑ 투자권유 또는 판매 시 핵심상품설명서 사용, ⓒ 판매회사의 핵심상품설명서 검증 및 운용행위 감시를 규정하고 있다.

(금융상품직접판매업자) 자본시장법에 따른 집합투자증권 판매회사(투자매매·중개업자)는 모두 금융소비자보호법상 '금융상품직접판매업자'에 해당하므로,[349] 이하에서도

---

346) 금융소비자보호법은 개별 금융 관련 법에 산재되어 있던 금융소비자보호 관련 제도를 하나로 통합한 법률이다(종전 금융위원회 설치법에 있던 금융분쟁조정, 금융소비자정책 및 금융교육등에 관한 사항도 금융소비자보호법으로 이관되었다). 금융소비자보호법에서는, ⓐ 동일기능·동일규제 원칙이 적용될 수 있도록 금융상품 및 판매업등의 유형을 재분류하고 있으며, ⓑ 개별업법에서 일부 금융상품에 한정하여 적용하고 있던 6대판매원칙(적합성·적정성원칙, 설명의무, 불공정영업행위금지, 부당권유행위금지, 허위·과장광고 금지)을 모든 금융상품에 확대적용하며, ⓒ 판매원칙 위반시 제재를 강화하고(판매제한명령, 징벌적 과징금, 과태료등), ⓓ 소비자 권익강화를 위해 청약철회권·위법계약해지권을 도입하는 한편 분쟁조정·소송을 통한 사후구제의 실효성을 제고하며, ⓔ 금융상품판매업자등에게 금융상품판매업무등을 성실히 수행할 의무를 부과하는 한편 이러한 관리업무를 이행하기 위한 내부통제기준을 마련하도록 하고 있다.
금융소비자보호법은 2020.3.24. 제정되어, 2021.3.25.자로 시행되고 있다.

347) 금융투자상품의 투자권유·광고등에 관한 규정은 물론이고 판매와 관련한 감독 및 처분에 관한 규정(감독, 명령, 검사, 조치등)도 금융소비자보호법으로 이관되었다.
금융소비자보호법 제정·시행으로 그 내용이 수정된 자본시장법 규정은 다음과 같다: 법 제48조(손해배상책임), 제52조(투자권유대행인의 금지행위등), 제53조(투자권유대행인에 대한 검사 및 조치).
참고로, 자본시장법상 투자권유준칙에 관한 규정(제50조)은 계속 존치하고 있다.

348) 자본시장법은 제76조(집합투자증권 판매등에 관한 특례)에서 집합투자증권의 판매가격, 판매보수, 판매수수료등에 대하여 정하고 있는데, 일반사모집합투자기구의 경우 동조 제1항(판매가격)만 적용된다(법 제249조의8 제1항).

349) 자신이 직접 계약의 상대방으로서 금융상품에 관한 계약의 체결을 영업으로 하는 것 또는 자본시장법 제6조제3항에 따른 투자중개업을 '금융상품직접판매업'으로 정의하고 있다(금융

금융상품직접판매업자에게 적용되는 금융소비자보호법 내용 위주로 보기로 하며, 이해의 편의등을 위해 '금융상품직접판매업자'라는 용어 대신 '판매회사'라는 용어를 사용하기로 한다.

(일반사모집합투자업자의 직접판매) 자본시장법상 일반사모집합투자업자는 자신이 운용하는 일반사모집합투자기구의 집합투자증권을 판매하는 경우에는 금융투자업으로 보지 않으므로(법 제7조제6항제3호), 집합투자증권 판매를 위한 금융투자업(투자매매·중개업) 인가는 받지 않아도 된다.

하지만 자신이 운용하는 일반사모집합투자기구의 집합투자증권을 직접판매하는 일반사모집합투자업자는, ⓐ 금융소비자보호법상 금융상품판매업자로서 동법의 적용을 받으며(금융소비자보호법 제2조제3호), ⓑ 자본시장법상 '투자매매·중개업자의 영업행위규칙' 중 일부 규정[법 제71조 불건전영업행위 중 제5호·제6호·제7호(영 제271조의11 제2항에서 정하는 행위로 한정), 법 제74조(투자자예탁금의 별도예치), 법 제76조제1항(집합투자증권 판매가격)]을 적용받으며(법 제249조의8 제9항, 영 제271조의11 제2항제3호, 규정 제7-41조의7 및 제4-20조제1항 제10호), ⓒ 자본시장법상 '금융투자업자 공통영업행위규칙'(예: 투자권유준칙에 관한 규정인 제50조)을 적용받는다.

(투자권유, 계약체결권유) 투자권유란 '특정투자자를 상대로 금융투자상품의 매매(계약) 또는 투자자문·투자일임·신탁계약[350]의 체결을 권유하는 것'을 말한다(법 제9조제4항).[351] '사모'는 새로 발행되는 증권의 취득의 청약을 권유하는 것이므로, '사모'도 투자권유에 해당한다. 따라서 일반사모집합투자기구와 같이 그 집합투자증권을 사모로 발행하는 경우 증권신고서 규제는 적용되지 않지만 투자권유 규제는 적용된다.[352]

금융소비자보호법에서는 '투자권유'라는 용어를 쓰지 않고 '계약체결권유'라고 하고 있는데, 이는 동법이 금융투자상품 외에 예금성상품, 보장성상품등 모든 금융

소비자보호법 제2조제2호 가목).

350) 관리형 신탁계약 및 투자성 없는 신탁계약은 제외된다(법 제9조제4항).

351) 단순한 소개는 투자권유에 해당하지 않는 것으로 보인다. 이와 관련하여 판례 중에는 금융투자업자가 과거 거래 등을 통해 자신을 신뢰하고 있는 고객에게 다른 금융투자업자가 취급하는 금융투자상품 등을 단순히 소개하는 정도를 넘어 계약체결을 권유함과 아울러 그 상품 등에 관하여 구체적으로 설명하는 등 적극적으로 관여하고 나아가 그런 설명 등을 들은 고객이 해당 금융투자업자에 대한 신뢰를 바탕으로 다른 금융투자업자와 계약체결에 나아가거나 투자 여부 결정에 그 권유와 설명을 중요한 판단의 요소로 삼았다면 투자권유를 하였다고 평가할 수 있다고 한 것이 있다(대법원 2015. 1. 29. 선고 2013다217498 판결).

352) 자본시장법 제3편제1장의 증권신고서규제(증권공모규제)는 증권을 모집 또는 매출하는 경우에만 적용되므로, 증권을 사모발행하는 경우에는 적용되지 않는다. 증권을 공모(모집 또는 매출)하는 경우에는 증권신고서규제와 투자권유규제가 모두 적용된다.

상품을 규제대상으로 하고 있기 때문이다.

집합투자증권(금융투자상품)의 경우 계약체결권유가 곧 투자권유이므로, 이 책에서는 이해의 편의등을 위해 금융소비자보호법 내용을 설명할 때에도 '계약체결권유' 대신 '투자권유'라는 용어를 사용하기로 한다.

(일반금융소비자, 일반투자자) 금융소비자보호법에서는 소비자를 전문금융소비자와 일반금융소비자로 구분하고 그 구체적인 범위는 금융상품 유형(예금성상품, 대출성상품, 투자성상품, 보장성상품)에 따라 각각 다르게 정하고 있다(동법시행령 제2조제7항 내지 제10항).

금융소비자보호법상 투자성상품에서의 전문소비자·일반소비자의 범위는 자본시장법상의 전문투자자·일반투자자의 그것과 사실상 동일하다(자본시장법 제9조제5항, 금융소비자보호법 제2조제9호). 그리고 금융소비자보호법 제정·시행 후에도 자본시장법에 전문투자자·일반투자자제도가 남아 있으므로 이하에서는 이해의 편의상 가급적 '금융소비자·전문금융소비자·일반금융소비자'라는 용어 대신 '투자자·전문투자자·일반투자자'라는 용어를 사용하기로 한다.

2. 판매회사의 집합투자업자 감시·견제[353)]

일반사모집합투자기구의 집합투자증권을 판매하는 판매회사는 집합투자업자가 작성한 펀드 설명자료를 사전검증하고 주기적으로 펀드 운용점검도 해야 한다.

판매회사의 펀드 운용점검은 법 제9조제6항에 따른 일반투자자를 대상으로 하는 일반사모집합투자기구(즉, 일반투자자가 포함된 일반사모집합투자기구)에 대해서만 적용된다. 일반투자자와 전문투자자가 섞여 있는 경우에도 적용된다. 즉, 일반투자자가 1명이라도 투자자에 포함되는 펀드는 대상이 된다.

1) 핵심상품설명서 사전 검증

(집합투자업자의 핵심상품설명서 작성) 일반사모집합투자기구의 집합투자증권을 발행하는 집합투자업자는 금융소비자보호법 제19조에도 불구하고 대통령령으로 정하는 사항[354)]이 포함된 핵심상품설명서를 작성하여 판매회사에게 제공하여야 한다. 그 핵심

---

353) 금융위원회는 2020년 발생한 라임펀드 스캔들을 계기로 2020.8.12.부터 일반투자자가 포함된 일반사모집합투자기구(2021년 개정 전에는 전문투자형사모집합투자기구)의 경우 판매회사와 신탁업자의 운용사 감시·견제기능을 강화하는 내용의 행정지도(관리번호 제2020-003호, 유효기간 '20.8.12. ~ '21.8.11.)를 실시하고 있었으며, 이는 2021년 개정 시 자본시장법에 반영되었다.

354) 핵심상품설명서에 포함하여야 할 사항은 다음과 같다(영 제271조의5 제1항).
ⓐ 집합투자기구, 집합투자업자, 신탁업자 및 일반사무관리회사의 명칭.

상품설명서에 기재된 사항(대통령령이 정하는 경미한 사항[355] 제외)이 변경된 경우에도 이와 같다(법 제249조의4 제2항).

(판매회사의 핵심상품설명서 검증) 판매회사는 집합투자업자로부터 제공받은 핵심상품설명서가 그 일반사모집합투자기구의 집합투자규약과 부합하는지 여부 등 대통령령(영 제271조의5 제3항)으로 정하는 사항[356]을 미리 검증하여야 한다(법 제249조의4 제3항).[357]

판매회사의 검증의무는 핵심상품설명서가 집합투자규약에 부합하는지와 투자전략·투자위험등이 적절히 기재되어 있는지 여부이므로, 핵심상품설명서의 내용이 진실한지 여부를 독립적으로 확인할 의무는 없다고 보아야 한다. 다만, 판매회사가 펀드의 수익구조나 위험요인과 관련한 주요내용을 실질적으로 결정하는 등으로 펀드 설정·설립을 사실상 주도한 것으로 볼만한 특별한 사정이 있는 경우에는 집합투자업자와 마찬가지로 펀드의 수익구조·위험요인을 합리적으로 조사하여 올바른 정보를 제공하여야 하는 투자자보호의무를 부담한다고 보아야 할 것이다.[358]

2) 펀드 운용행위의 핵심상품설명서 부합 여부 확인[359]

일반투자자를 대상으로 하는 일반사모집합투자기구의 경우, 판매회사는 자산운용보고서에 대한 분석·평가를 통해 해당 집합투자증권을 발행한 집합투자업자의 운용

ⓑ 투자목적, 투자전략, 투자방침 및 투자대상자산
ⓒ 집합투자재산의 운용에 따른 위험도 및 위험요소
ⓓ 집합투자증권의 환매
ⓔ 그 밖에 이에 준하는 것으로서 투자자보호를 위해 금융위원회가 정하여 고시하는 사항

355) 경미한 사항은 다음과 같다(영 제271조의5 제2항).
ⓐ 착오·오기 또는 누락임이 명백한 사항을 변경하는 경우
ⓑ 단순한 자구수정이나 명칭을 변경하는 경우
ⓒ 법령의 제정·개정에 따라 변경하는 경우
ⓓ 그 밖에 이에 준하는 것으로서 금융위원회가 정하여 고시하는 사항을 변경하는 경우

356) 판매회사가 검증하여야 할 사항은 다음과 같다(영 제271조의5 제3항).
ⓐ 핵심상품설명서의 내용이 집합투자규약에 부합하는지 여부
ⓑ 핵심상품설명서에 투자에 따르는 위험이 객관적이고 적정하게 평가·기재되어 있는지 여부
ⓒ 핵심상품설명서에 집합투자재산의 운용방법에 관한 사항이 투자자가 이해할 수 있도록 설명되어 있는지 여부
ⓓ 그 밖에 이에 준하는 것으로서 핵심상품설명서의 검증을 위해 금융위원회가 정하여 고시하는 사항

357) 판매회사의 핵심상품설명서 사전검증은 판매회사의 상품 조사·숙지의무(know your product rule)에 해당한다. 이는 금융소비자보호법상 적합성원칙과 설명의무를 이행하기 위한 전제조건으로 요구되는 것이라고 할 수 있다.

358) 대법원 2015. 11. 12. 선고 2014다15996 판결 및 대법원 2012. 11. 15. 선고 2011다10532 판결 참조.

359) 참고로, 투자자보호의 필요성이 사모펀드에 비해 훨씬 큰 공모펀드의 경우에는 판매사의 운용사 감시기능이 의무화되어 있지 않다.

행위가 핵심상품설명서에 부합하는지 여부를 확인하여야 한다. 이 경우 집합투자업자는 판매회사로부터 이러한 확인을 위해 자산운용보고서의 교부요청이 있는 경우에는 이에 응하여야 한다(법 제249조의4 제5항, 영 제271조의5 제7항).

판매회사는 집합투자업자의 운용행위가 핵심상품설명서에 부합하지 아니하는 것으로 확인한 경우에는 그 집합투자업자에게 철회·변경 또는 시정을 요구하여야 한다(법 제249조의4 제5항).

판매회사는 철회등의 요구를 한 날로부터 3영업일 이내(집합투자업자가 3영업일 이내에 요구를 이행하기 곤란한 불가피한 사유가 있는 경우로서 판매회사와 이행을 위한 기간을 따로 합의한 경우에는 그 기간 이내)에 그 일반사모집합투자업자가 그 요구를 이행하지 않는 경우에는, 그 이행기간이 지난날부터 3영업일 이내에 서면으로 대통령령에서 정하는 사항[360]을 금융위원회에 보고하고 투자자에게 통보[361]하여야 한다(법 제249조의4 제6항, 영 제271조의5 제8항 본문).

일반사모집합투자업자는 판매회사의 철회등의 요구에 대하여 금융위원회에 이의를 신청할 수 있으며, 이 경우 관련 당사자는 대통령령으로 정하는 기준[362]에 따라 행하는 금융위원회의 결정에 따라야 한다(법 제249조의4 제7항).

3. 기타 판매 관련 법

집합투자증권의 판매와 관련하여서는 자본시장법과 금융소비자보호법 외에도 금융실명거래 및 비밀보장에 관한 금융실명법, 자금세탁방지에 관한 특정금융거래보고법, 외국과의 금융정보교환에 관한 조세조약이행규정등의 적용도 받게 되므로 이에 관한 내용도 뒤에서 간략히 살펴보기로 한다.

---

360) 대통령령에서 정하는 사항은 다음과 같다(영 제271조의5 제8항 각 호).
ⓐ 집합투자업자의 운용행위 중 핵심상품설명서에 부합하지 아니하는 사항과 그 이유
ⓑ 집합투자업자에 대하여 그 운용행위의 철회·변경·시정을 요구한 일시·기간·내용
ⓒ 판매회사의 철회·변경·시정요구에 대한 집합투자업자의 처리결과

361) 투자자에게는 우편(전자우편 포함), 휴대전화 문자메시지나 이에 준하는 전자적 의사표시의 방법으로 통보할 수 있다(영 제271조의5 제8항 단서).

362) 대통령령에서 정하는 기준은 다음과 같다(영 제271조의5 제9항).
ⓐ 집합투자업자의 운용행위가 핵심상품설명서에 부합하는지 여부
ⓑ 판매회사가 집합투자업자에게 통지한 운용행위의 철회·변경·시정요구가 관련 절차 및 요건을 갖추었는지 여부
ⓒ 집합투자업자의 운용행위가 금융관계법령에 위반되는지 여부

제2관 집합투자증권 판매가격 및 판매보상

1. 판매가격

1) 총설

집합투자증권의 판매가격과 환매가격은 집합투자제도의 본질상 기준가격(펀드 NAV)으로 해야 하는데, 어느 시점에 산정된 기준가격으로 할 것인지와 관련하여 미래가격방식(forward pricing)과 과거가격방식(back-ward pricing)이 있다. 전자는 투자자가 매수청약을 한 시점 이후에 산정되는 미래의 기준가격으로 하는 것을 말하며, 후자는 투자자가 매수청약을 한 시점 이전에 산정된 과거의 기준가격으로 하는 것을 말한다. 과거가격방식은 집합투자증권 매수청약시점에 가격을 알 수 있게 되는데, 이는 투자자 입장에서 편할 수는 있지만 내부자등에 의한 무위험거래와 집합투자재산의 가치희석화라는 문제를 야기할 수 있다.[363)]

자본시장법 제76조제1항은 집합투자증권의 판매가격을 원칙적으로 미래가격방식에 의한 기준가격으로 하도록 하고 예외적으로 과거가격방식을 허용하고 있다. 이 규정은 일반사모집합투자기구에도 적용된다(법 제249조의8 제1항).

앞에서 본 바와 같이 집합투자증권의 발행가격(creation price)과 판매가격(selling price)은 같아야 하므로 매출식으로 펀드를 판매하는 경우에도 판매사가 발행가격에 스프레드(spread)를 붙여서 판매할 수는 없는 것으로 보인다. 모집식의 경우는 위탁매매·매매대리의 형태로 판매하게 되므로 애당초 스프레드를 붙여서 판매할 수 있는 여지가 없다.

2) 기준가격

집합투자증권의 판매가격은 법 제238조제6항에 따른 기준가격으로 정해야 한다(법 제76조제1항). 집합투자증권의 환매가격도 기준가격으로 하여야 한다(법 제236조제1항). 집합투자증권의 발행과 소각 시에도 기준가격으로 하여야 한다.

기준가격은 집합투자기구의 본질상 순자산가치(NAV)여야 하므로, 일반사모집합투자기구의 기준가격도 법 제238조제6항 및 영 제262조에서 정하는 방법에 따라 산정하여야 한다.

---

363) 예컨대 주식가격이 폭등한 날 주식형펀드의 집합투자증권을 과거가격으로 매수하면 그날의 주식가격 상승분이 반영되지 않은 낮은 기준가격으로 매수할 수 있게 된다. 이는 당해 투자자에게는 좋은 일이지만 기존의 펀드 투자자들에게는 보유자산의 가치희석화를 초래하게 된다.

3) 원칙: 미래가격방식(forward pricing)

투자자가 집합투자증권의 취득을 위하여 투자매매·중개업자에게 금전등을 납입한 후 최초로 산정되는 기준가격(법 제238조제6항에 따른 기준가격을 말한다)으로 판매해야 한다(법 제76조제1항 본문).

다만, 미래가격방식으로 하되 최초 산정 기준가격을 적용하는 것이 불합리한 다음과 같은 경우에는 다음과 같은 기준가격을 적용한다: ⓐ 투자자가 집합투자규약에서 정한 매수청구일 구분 기준시점 경과 후에 투자매매·중개업자에게 금전등을 납입하는 경우에는 금전등 납입일부터 기산하여 제3영업일에 산정되거나 공고되는 기준가격(영 제77조제1항제1호, 제2항제1호). ⓑ 금전등 납입 후 최초 산정 기준가격으로 판매할 경우 투자자의 이익등을 침해할 우려가 있다고 집합투자재산평가위원회가 인정한 경우에는 금전등 납입일부터 기산하여 제3영업일 또는 그 이후에 산정되거나 공고되는 기준가격(영 제77조제1항제4호, 제2항제3호). ⓒ 판매회사를 변경한 경우에는 집합투자증권을 환매한 후 15일 이내에 집합투자규약에서 정하는 판매회사 변경의 효력이 발생하는 날에 산정되거나 공고되는 기준가격(영 제77조제1항제5호, 제2항제4호). ⓓ 국가재정법 제81조에 따라 여유자금을 통합하여 운용하는 집합투자기구로서 단기금융집합투자기구와 예금으로만 운용하는 경우에는, 금전등의 납입일에 공고되는 기준가격.

4) 예외: 과거가격방식(backward pricing)

자본시장법은 집합투자증권의 판매가격을 미래가격방식에 따른 기준가격으로 하는 것을 원칙으로 하되 MMF의 경우에는 제한적으로 과거가격방식의 기준가격(금전등의 납입일에 공고되는 기준가격)으로 판매가격을 정하도록 예외를 허용하고 있다(법 제76조제1항 단서, 영 제77조제1항제2호·제3호).[364] 앞에서 보았듯이 일반사모집합투자기구는 집합투자규약에서 자본시장법상의 MMF 규제내용(영 제241조, 규정 제7-16조 내지 제7-20조)을 직접 기재하거나 또는 관련 법규를 준수하는 것으로 기재하는 경우에는 MMF로 조직할

364) 투자자가 MMF 집합투자증권을 매수하기로 미리 약정한 다음의 경우에는 금전등의 납입일에 공고되는 기준가격으로 판매한다: ⓐ 투자자가 금융투자상품의 매도나 환매에 따라 수취한 결제대금으로 결제일에 MMF를 매수하기로 판매회사와 미리 약정한 경우, ⓑ 투자자가 급여 등 정기적으로 받는 금전으로 수취일에 MMF를 매수하기로 판매회사와 미리 약정한 경우. 그리고 MMF를 다음의 자에게 판매하는 경우에도 금전등의 납입일에 공고되는 기준가격으로 판매한다: ⓐ 외국환거래법 제13조에 따른 외국환평형기금, ⓑ 국가재정법 제81조에 따라 여유자금을 통합하여 운용하는 MMF 및 증권펀드.

수 있을 것이다. 이러한 경우에는 과거가격방식으로 판매할 수 있는 것으로 보아야 할 것이다(환매의 경우도 마찬가지다).

2. 판매에 대한 보상

1) 판매보상 관련 규정

자본시장법 제76조(집합투자증권 판매등에 관한 특례) 제4항 내지 제6항에서 집합투자증권의 판매에 대한 보상과 관련하여 규정하고 있다. 구체적으로 보면, 제4항에서 판매보수·판매수수료를 집합투자기구의 운용실적에 연동하여 받는 것을 금지하고, 제5항에서는 판매보수·판매수수료의 상한을 정하고 있으며, 제6항에서는 판매보수·판매수수료의 구체적 부과방법등을 시행령에서 정하도록 위임하고 있다.[365] 이러한 규정에 따라, 투자매매중개업자는 집합투자증권의 판매와 관련하여 법령에서 정하는 한도 내에서 판매보수와 판매수수료를 받을 수 있으며, 집합투자기구의 운용실적에 연동하여 판매보수나 판매수수료를 받는 것은 금지된다.

2) 일반사모집합투자기구의 경우

일반사모집합투자기구에는 집합투자증권 판매보상에 관한 규정(법 제76조제4항 내지 제6항)이 적용되지 않는다(법 제249조의8 제1항). 따라서 집합투자업자와 판매회사가 적절히 협의하여 판매보상에 관한 사항을 정하고 이를 집합투자규약에 기재하면 될 것이다. 펀드의 판매보상체계를 정할 때에는 펀드의 존속기간, 투자전략 및 투자대상, 개방형·폐쇄형 여부, 판매방식(인수, 위탁판매등), 판매회사의 역할 등이 종합적으로 고려될 것이다.

일반사모집합투자기구에 집합투자증권 판매보상에 관한 규정이 적용되지 않으므로, 판매회사가 인수방식으로 판매하는 경우에는 인수수수료 형태로 판매보상을 받는

---

365) 판매수수료는, 판매회사가 집합투자증권을 판매하는 행위에 대한 대가로, 판매 또는 환매 시에 일시에 받거나 투자기간 동안 분할하여, 투자자로부터 직접 받는 금전이다. 판매보수는, 집합투자증권을 판매한 판매회사가 투자자에게 지속적으로 제공하는 용역의 대가로, 매일의 집합투자재산의 규모에 비례하여, 집합투자기구로부터 받는 금전이다. 판매수수료의 한도는 판매·환매금액의 2%, 판매보수의 한도는 펀드재산 연평균가액의 1.5%로 정해져 있다(법 제76조제4항 및 제5항, 영 제77조제4항).
판매보수는 판매회사가 펀드재산규모에 비례하여 당해 펀드로부터 받는 보상으로 운용보수와 마찬가지로 펀드 존속기간 동안 수취할 수 있다. 반면에 판매수수료는 투자(환매)금액에 비례하여 해당 투자자로부터 받는 보상으로 일회성 수수료다. 따라서 투자자 입장에서 보면 대체로 펀드 가입기간이 장기일수록 판매보수의 부담이 커지고 가입기간이 단기일수로 판매수수료의 부담이 커지는 측면이 있다.

것이 가능하며, 해당 집합투자기구의 운용실적에 연동하여 판매보수나 판매수수료를 받는 것도 가능하다.[366)]

제3관 집합투자증권 판매회사의 준수사항 등

1. 적용범위

집합투자증권의 판매와 관련한 대부분의 규제는 금융소비자보호법에서 정하고 있지만 자본시장법에서도 일부 정하고 있다.

금융소비자보호법의 규정 중 일부는 일반투자자에게만 적용된다. 즉, 설명의무, 적합성원칙 및 적정성원칙(금융소비자보호법 제17조 내지 제19조), 설명의무 위반에 따른 손해배상책임에서 고의·과실의 입증책임전환(금융소비자보호법 제44조), 소액분쟁사건에 관한 특례(금융소비자보호법 제42조), 청약철회(금융소비자보호법 제46조) 규정은 일반투자자에게만 적용된다.

(전문투자자에 대한 정보제공) 전문투자자에게는 금융소비자보호법상의 적합성원칙·적정성원칙은 물론이고 설명의무(설명서 제공, 허위설명등 금지 포함)도 적용되지 않으며, 자본시장법상의 핵심상품설명서 제공 대상도 아니다. 따라서 판매회사가 일반사모집합투자증권을 전문투자자에게 판매하는 경우에는 그 전문투자자에게 해당 일반사모펀드에 관한 정보를 설명하거나 설명서를 제공할 명시적인 법적 의무는 없다.

하지만, 펀드 판매와 관련한 대법원 판결[367)]의 다음과 같은 판결요지에 비추어 보면 일반사모집합투자기구의 집합투자증권을 투자권유·판매하는 경우 전문투자자에게도 일반투자자에게 제공하는 것과 동일한 내용의 정보를 제공하는 것이 바람직하다. 첫째, 일반사모집합투자업자는 일반사모집합투자기구를 설정·설립하고 운용하는 자로서 투자자들이 당해 일반사모집합투자기구의 집합투자증권을 매입하는 데에 직접적인 이해관계가 있으므로 당해 일반사모집합투자기구의 운영구조·투자대상 및 투자방법·투자회수구조등의 중요한 사항에 대하여 정확한 정보를 생산하여 이를 일반사모집합투자기구 투자자 모두에게 제공할 의무가 있다고 보아야 한다.[368)] 둘째,

---

366) 일반사모집합투자기구(종전의 전문사모집합투자기구)의 경우 성과보수 형태의 판매보상을 받는 것이 가능하다(금융위원회 법령해석 회신문 일련번호 180208).

367) 대법원 2015. 2. 26. 선고 2014다17220 판결. 이 판결은 구 간접투자자산운용업법에 의한 판매회사의 투자자보호의무에 관한 것이지만 자본시장법 및 금융소비자보호법에 의한 판매회사의 경우에도 적용할 수 있다고 할 것이다.

368) 대법원 2016. 10. 27. 선고 2015다216796 판결 참조. 이 판결은 종전 간접투자자산운용업법에 따른 사모투자전문회사와 관련한 것이지만 그 논거와 결론은 일반사모집합투자기구에도

투자권유단계에서의 판매회사의 투자자보호의무도 투자자가 일반투자자가 아닌 전문투자자라는 이유만으로 배제된다고 볼 수 없고, 다만, 집합투자재산의 특성과 위험도 수준, 투자자의 투자경험이나 전문성등을 고려하여 투자자보호의 범위와 정도를 달리 정할 수 있는 것으로 보아야 한다.

금융소비자보호법에서 일반투자자와 전문투자자를 구분하여 투자권유와 관련한 규제를 달리 적용하는 것은, 전문투자자는 해당 금융상품의 구조와 위험성을 스스로 판단할 수 있는 능력이 있다는 것을 고려한 것이라고 할 수 있다. 하지만 전문투자자가 펀드의 구조와 위험성을 판단하려면 제대로 된 정보제공이 필요하므로 전문투자자에게도 일반투자자에게 제공되는 것과 동일한 내용의 정보를 제공하도록 법령에서 명시하는 것이 바람직하다. 참고로, 미국과 유럽연합의 입법례를 보면 사모펀드 운용사로 하여금 그 투자자 유형에 관계없이 동일한 내용의 정보를 제공하도록 관련 법령에서 명시하는 것이 일반적이다.[369] 이에 따라 사모펀드 운용사는 통상 사모펀드 투자자를 모집할 때에는 사모투자설명서(private placement memorandum: PPM)를 작성하여 투자자에게 제공한다. 사모펀드 규제의 주요 목표가 투자자보호와 시스템리스크 방지이며, 투자자보호의 핵심이 정보제공이라는 점을 고려하면 우리 금융소비자보호법에서도 전문투자자에 대한 정보제공에 관한 내용을 명시할 필요가 있다.

2. 일반원칙 등

1) 신의성실의무 등

판매회사는 집합투자증권에 관한 계약의 체결, 권리의 행사 및 의무의 이행을 신의성실의 원칙에 따라 하여야 한다(금융소비자보호법 제14조제1항).

그리고 판매회사는 집합투자증권의 판매를 할 때 업무의 내용과 절차를 공정히 하여야 하며, 정당한 사유없이 금융소비자의 이익을 해치면서 자기가 이익을 얻거나 제삼자가 이익을 얻도록 하여서는 아니 된다(금융소비자보호법 제14조제2항).

적용할 수 있다고 할 것이다.

369) 유럽연합의 경우 대체투자펀드운용자지침(AIFM Directive)에서 투자자가 AIF에 투자하기 전에 최초투자자정보(initial investor information)를 제공하도록 규정하고 있다[article 22(1)of AIFMD].
미국의 경우 투자자문업자법(Investment Advisers Act) Rule 204-3(brochure rule)에 따라 Form ADV의 part2B 혹은 그에 상응하는 정보를 담은 문서를 투자자(잠재투자자)에게 제공해야 하고, 투자자문업자법 Rule 206(4)-8에 따라 사모펀드판매자료(private fund materials)를 마련하여 제공하여야 한다.

2) 차별금지

판매회사는 집합투자증권에 관한 계약을 체결하는 경우 정당한 사유없이 성별·학력·장애·사회적 신분 등을 이유로 계약조건에 관하여 금융소비자를 부당하게 차별하여서는 아니 된다(금융소비자보호법 제15조).

3) 판매회사의 관리책임

판매회사는 소속 임직원 및 투자권유대행인(금융상품판매대리·중개업자)이 업무를 수행할 때 법령을 준수하고 건전한 거래질서를 해치는 일이 없도록 성실히 관리하여야 한다(금융소비자보호법 제16조제1항).

그리고 판매회사는 이러한 관리업무를 이행하기 위하여 그 임직원 및 투자권유대행인이 직무를 수행할 때 준수해야 할 기준 및 절차(이하 '내부통제기준')를 마련하여야 한다(금융소비자보호법 제16조제2항). 소비자보호내부통제기준에 관한 사항은 집합투자업자편의 내부통제 부분에서 함께 보기로 한다.[370]

4) 투자권유준칙 마련

'금융투자업자'는 투자권유를 함에 있어 그 임직원이 준수하여야 할 구체적인 기준 및 절차(투자권유준칙)를 정해야 하며,[371] 이를 인터넷 홈페이지 등을 이용하여 공시하여야 한다(법 제50조).

따라서 일반사모집합투자업자가 자신이 운용하는 일반사모집합투자기구의 집합투자증권을 직접판매하려면 미리 투자권유준칙을 제정하고 이에 따라 투자권유를 하여야 한다.

일반사모집합투자업자가 투자권유준칙을 제정함에 있어서는 금융투자협회가 모범규준 형태로 제정한 '표준투자권유준칙'을 참고하면 된다(법 제50조제3항).

5) 투자권유인력 제한

투자매매·중개업자(판매회사)는 투자권유대행인 및 투자권유자문인력이 아닌 자에게 투자권유를 하게 해서는 아니 된다. 이 규정은 자신이 운용하는 일반사모집합투자

---

370) 금융회사지배구조법에서 금융회사의 직무전반에 대한 내부통제기준을 마련하도록 하고 있음에도 이처럼 금융소비자보호법에서 소비자보호내부통제기준에 관한 사항을 따로 규정하는 것은 그만큼 소비자보호가 중요하기 때문이라고 할 수 있다.

371) 적정성원칙의 적용대상이 되는 파생상품펀드에 대하여는 일반투자자의 투자목적·재산상황 및 투자경험등을 고려하여 투자자 등급별로 차등화된 투자권유준칙을 마련하여야 한다(법 제50조제1항 단서).

기구의 집합투자증권을 판매하는 일반사모집합투자업자에게도 적용된다(법 제71조제5호, 법 제249조의8 제8항).

판매회사[372]는 그 소속 임직원(투자권유자문인력)을 통해서 투자권유를 하는 외에 제삼자(투자권유대행인)에게 투자권유를 위탁하여 수행할 수도 있다. 다만, 파생상품에 투자하는 펀드[373]의 투자권유는 투자권유대행인에게 위탁할 수 없다(법 제51조제1항).

투자권유의 위탁은 자본시장법에 따른 투자권유대행인에게만 할 수 있다(법 제51조 제1항, 제52조제1항). 투자권유의 위탁에 대해서는 업무위탁에 관한 자본시장법 제42조의 규정이 적용되지 않는다(법 제51조제1항제2문).

(펀드투자권유자문인력 등록) 투자매매중개업자는 그 임직원으로 하여금 집합투자증권의 투자권유업무를 수행하게 하려면 미리 금융투자협회에 '펀드투자권유자문인력'으로 등록하여야 한다(협회 '금융투자전문인력과 자격시험에 관한 규정' 제3-1조).[374]

(펀드투자권유대행인 등록) 투자권유대행인[375]이란 금융투자업자의 위탁을 받아 '투자권유'를 대행하는 자로서(법 제51조제1항), 금융소비자보호법상 금융상품판매대리·중개업자에 해당한다(금융소비자보호법 제4조제8호).

금융투자협회의 '금융투자회사의 영업 및 업무에 관한 규정'(이하 '협회규정')에서는 투자권유대행인을 펀드투자권유대행인과 증권투자권유대행인으로 구분하고 있다(협회규정 제2-18조).

투자매매중개업자가 자기 소속 임직원이 아닌 개인에게 집합투자증권의 투자권유를 위탁하려면 미리 그 자를 자기회사의 투자권유대행인으로 금융투자협회에 등록하여야 한다(협회규정 제2-19조).

투자권유대행인은 투자권유만 할 수 있으므로 판매회사나 투자자를 대리하여 계약을 체결하거나 투자자로부터 금전등을 수취할 수 없으며, 위탁받은 투자권유

---

372) 일반사모집합투자업자가 직접판매하는 경우에는 그 일반사모집합투자업자를 말하며, 다른 투자매매중개업자에게 판매를 위탁한 경우에는 그 투자매매중개업자를 말한다.

373) 파생상품매매에 따른 위험평가액이 자산총액의 100분의 10을 초과하는 집합투자증권, 집합투자재산의 100분의 50을 초과하여 파생결합증권에 운용하는 집합투자증권을 말한다.

374) 펀드투자권유자문인력(Certified Fund Investment Advisor)이란 투자자를 상대로 집합투자기구의 집합투자증권에 대하여 투자권유 또는 투자자문 업무를 수행하는 자를 말한다(금융투자협회 '금융투자전문인력과 자격시험에 관한 규정' 제1-3조제1호).

375) 투자권유대행인 제도는 종전의 간접투자자산운용업법상의 펀드권유인 제도를 금융투자상품 전체를 대상으로 확대한 것으로서, 보험산업에서의 보험설계사와 유사한 기능을 수행한다. 투자자는 판매회사의 영업점을 방문하지 않고도 투자권유대행인을 통해 금융투자상품에 접근할 수 있다. 투자권유대행인은 개인이어야 하며 하나의 판매회사에 전속되어야 한다는 점에서 보험설계사와 차이가 있다.

대행업무를 제삼자에게 하도록 하는 행위도 금지된다(금융소비자보호법 제25조제1항).

투자권유대행인은 투자권유를 할 때 자신이 금융상품판매대리·중개업자라는 사실을 나타내는 표지를 게시하거나 증표를 투자자에게 보여주어야 한다. 그리고 판매회사의 명칭, 하나의 판매회사에 대한 전속 여부, 손해배상책임에 관한 사항 등을 투자자에게 미리 알려야 한다(금융소비자보호법 제26조).

투자권유대행인은 금융투자업자의 위탁을 받아 금융투자상품의 투자권유를 하는 자로서 금융투자업자가 아니므로 자본시장법의 적용대상이 아니다.[376] 하지만, 투자권유대행인의 위법·부당한 투자권유로부터 투자자를 보호하고 건전한 시장질서를 유지하기 위해 자본시장법은 투자권유대행인의 자격 및 관리(법 제51조), 금지행위등(법 제52조, 금융소비자보호법 제25조), 검사 및 조치(법 제53조)에 관한 별도의 규정을 두고 사실상 금융투자업자에 준하는 규제를 한다.

투자권유대행인은 금융소비자보호법상 금융상품판매대리·중개업자에 해당하므로 동법 제25조(금융상품판매대리·중개업자의 금지행위), 제26조(금융상품판매대리·중개업자의 고지의무), 제28조(자료의 기록 및 유지관리의무)를 준수하여야 한다.

3. 적격투자자·일반투자자 여부 확인

1) 적격투자자 여부 확인

일반사모집합투자기구에는 자본시장법에서 정하는 적격투자자만 가입할 수 있다. 따라서 일반사모집합투자기구를 판매하는 판매회사는 투자자가 적격투자자인지 여부를 확인하여야 한다(법 제249조의4 제1항).[377]

특정금전신탁은 신탁재산의 운용방법을 위탁자(투자자)가 지정하므로 신탁재산의 실질적인 운용주체가 위탁자이며, 운용결과에 따른 위험을 실질적으로 감수해야 하는 자도 위탁자라는 점에서 위탁자를 기준으로 적격투자자 여부를 판단하여야 한다.[378]

투자권유 없이 판매하는 경우 예컨대 고객이 스스로 판매회사나 집합투자업자의 점포에 와서 집합투자증권을 특정하여 매수하는 경우에는 투자권유행위가 없으므로

---

376) 자본시장법 제51조제9항의 투자권유대행인이 투자권유를 대행하는 경우에는 투자중개업으로 보지 아니한다(법 제7조제2항).

377) 앞에서 자세히 보았듯이, 적격투자자란 ⓐ 전문투자자로서 대통령령에서 정하는 투자자, ⓑ 3억원(레버리지 200% 이상 사용하는 펀드인 경우 5억원) 이상을 투자하는 개인, 법인, 단체(국가재정법 별표2에서 정한 법률에 따른 기금, 집합투자기구 포함)를 말한다(법 제249조의2, 영 제271조).

378) 금융위원회 유권해석(2016.10.20.).

설명의무 등 투자권유 관련 규정은 적용되지 않지만 당해 투자자가 적격투자자인지 여부는 확인하여야 한다.

4. 일반투자자 여부 확인

판매회사는 투자자가 일반투자자인지 전문투자자인지 여부를 확인하여야 한다(금융소비자보호법 제17조제1항). 금융소비자보호법에서 투자권유와 관련하여 정하고 있는 설명의무등이 일반투자자에게만 적용되기 때문이다.

전문투자자 중 대통령령으로 정하는 자가 일반투자자와 같은 대우를 받겠다는 의사를 판매회사에게 서면으로 통지하는 경우 판매회사는 정당한 사유가 있는 경우를 제외하고는 이에 동의하여야 하며, 판매회사가 동의한 경우에는 해당 투자자는 일반투자자로 본다(법 제9조제5항 단서, 금융소비자보호법 제2조제9호 단서).

5. 적합성원칙 및 적정성원칙

1) 총설

적합성원칙과 적정성원칙은 일반금융소비자를 대상으로 「금융상품」을 판매하는 경우에 당연히 적용된다(금융소비자보호법 제17조제2항, 제18조제1항). 하지만 일반투자자를 대상으로 일반사모집합투자기구의 「집합투자증권」을 판매하는 경우에는 일반투자자가 적합성원칙·적정성원칙의 적용을 요청하는 경우에만 적용된다(금융소비자보호법 제17조제5항, 제18조제4항). 따라서 판매회사는 이들 원칙의 적용을 별도로 요청할 수 있음을 일반투자자에게 미리 알려주어야 한다(금융소비자보호법 제17조제6항, 제18조제5항). 아래의 적합성원칙과 적정성원칙에 관한 설명은 일반투자자가 그 적용을 요청한 경우를 전제로 한 것이다.

(적합성원칙과 적정성원칙의 구분) 판매회사가 투자자에게 투자권유를 하는 경우에는 적합성원칙이 적용되고, 투자권유 없이 투자자가 자발적으로 집합투자증권의 매수를 요청하여 판매회사가 이에 응하는 경우에는 적정성원칙이 적용된다.

그리고 펀드판매와 관련하여, 적정성원칙은 일정한 파생상품펀드(일반사모집합투자기구)에만 적용되는 반면에, 적합성원칙은 모든 펀드(일반사모집합투자기구)에 적용된다는 점에서 차이가 있다.

2) 적합성원칙

판매회사는 일반사모집합투자증권을 판매하려면 상대방인 투자자가 전문투자자인지 일반투자자인지를 확인하여야 하고, 일반투자자에게 투자권유를 하는 경우에는 미리 면담·질문등을 통하여 그 투자목적·재산상황·투자경험등의 정보를 파악하여야 하고 그러한 정보에 비추어 그 일반투자자에게 적합하지 아니하다고 인정되는 투자권유를 하여서는 아니 된다(금융소비자보호법 제17조제1항·제2항·제3항). 판매회사로 하여금 투자권유를 하지 말라는 것이므로, 투자권유를 하지 않았음에도 일반투자자가 매수를 원하는 경우에 판매하는 것은 가능하다고 할 것이다.

그리고 판매회사는 일반투자자로부터 파악한 정보에 대해 그 일반투자자의 확인을 받아 이를 유지·관리하여야 하며, 확인받은 내용을 그 일반투자자에게 지체 없이 제공하여야 한다(금융소비자보호법 제17조제2항).

'적합성원칙'은 판매회사가 투자자의 투자목적등을 파악하여 그에 적합한 투자권유를 하라는 것으로서 고객파악의무(Know-Your-Customer Rule)라고도 한다.

3) 적정성원칙

판매회사가 투자권유를 하지 아니하고 일반투자자에게 파생상품펀드[379]를 판매하려는 경우, 판매회사는 면담·질문등을 통하여 일반금융소비자의 투자목적·재산상황·투자경험등의 정보를 파악하여야 하고 그러한 정보에 비추어 해당 파생상품펀드가 그 일반투자자에게 적정하지 않다고 판단되는 경우에는 그 사실을 알리고 그 일반투자자로부터 확인을 받아야 한다(금융소비자보호법 제18조).

투자권유를 하지 않은 경우라 하더라도 파생상품펀드는 위험성이 상대적으로 크기 때문에 일반금융소비자가 입을 수 있는 손실가능성등을 충분히 알려주는 한편 후일에 발생할 수 있는 분규 가능성도 방지하기 위한 것이다.

6. 설명의무 및 설명서 제공의무

1) 총설

금융소비자보호법은 일반투자자를 대상으로 하는 일반사모집합투자증권의 판매와

---

379) 집합투자재산을 금융위원회가 정하는 기준을 초과하여 파생상품이나 파생결합증권으로 운용하는 집합투자기구(금융소비자보호법시행령 제12조제1항제2호). 구체적으로는 집합투자재산의 100분의 50을 초과하여 파생결합증권에 운용하는 집합투자기구, 파생상품매매에 따른 위험평가액이 집합투자재산총액의 100분의 10을 초과하는 집합투자기구(장외파생상품 및 파생결합증권에 투자하지 않는 ETF등은 제외)를 말한다(규정 제4-7의2).

관련하여 설명의무 및 설명서 작성·제공의무에 대해 규정하고 있다(동법 제19조). 이와 별도로 자본시장법에서도 핵심상품설명서의 작성·제공에 대해 규정하고 있다(동법 제249조의4 제2항 내지 제4항). 따라서 일반투자자를 대상으로 일반사모집합투자증권을 투자권유하거나 판매하고자 하는 경우에는 위 규정들을 모두 준수하여야 한다. 금융감독당국의 가이드라인[380]에 따르면 판매회사는 금융소비자보호법 및 자본시장법상의 설명사항을 통합·정리한 설명서를 작성하여 제공해야 한다.

2) 금융소비자보호법에 따른 설명서 작성·제공 및 설명의무

① 설명서 작성·제공의무

판매회사는 일반투자자에게 일반사모집합투자증권을 투자권유하는 경우(금융상품자문업자가 자문에 응하는 것을 포함한다) 및 (판매회사가 투자권유를 하지 않았지만) 일반투자자가 설명을 요청하는 경우에는 설명에 필요한 설명서를 작성하여 일반투자자에게 서면교부등[381]의 방법으로 제공하고, 설명한 내용을 일반투자자가 이해하였음을 서명등의 방법으로 확인을 받아야 한다(금융소비자보호법 제19조제2항, 동시행령 제14조제3항, 동감독규정 제13조).

설명서에는 금융소비자보호법 제19조제1항 각 호의 구분에 따른 사항이 포함되어야 하고 그 내용이 일반투자자가 쉽게 이해할 수 있도록 작성되어야 한다. 다만, 일반투자자에게 자본시장법 제249조의4 제2항 전단에 따른 핵심상품설명서를 제공하는 경우에는 해당 내용을 제외할 수 있다(금융소비자보호법시행령 제14조제1항).

그리고 설명서에는 일반투자자에게 설명한 내용과 실제 설명서의 내용이 같다는 사실에 대하여 설명한 사람의 서명(전자서명 포함)이 있어야 한다(금융소비자보호법시행령 제14조제2항).

② 설명의무

판매회사는 일반투자자에게 일반사모집합투자증권을 투자권유하는 경우(금융상품자문업자가 자문에 응하는 것을 포함한다) 및 (판매회사가 투자권유를 하지 않았지만) 일반투자자가 설명을 요청하는 경우에는 판매하고자 하는 일반사모집합투자증권에 관한 중요한 사항(일반투자자가 특정사항에 대한 설명만 원하는 경우 해당 사항으로 한정한다)을 일반투자자가 이해할 수 있도록 설명하여야 한다(금융소비자보호법 제19조제1항 본문).

---

380) '금융상품 설명의무의 합리적 이행을 위한 가이드라인'(금융위원회 및 금융감독원, 2021.7.14.).
381) 서면교부, 우편 또는 전자우편, 휴대전화문자메시지 또는 이에 준하는 전자적 의사표시.

판매회사가 투자자에게 어느 정도의 설명을 하여야 일반투자자가 이해할 수 있도록 설명한 것으로 볼 수 있는지와 관련하여 대법원은 "금융투자상품의 특성 및 위험도의 수준, 투자자의 투자경험 및 능력 등을 종합적으로 고려하여 판단하여야 할 것이나, 투자자나 그 대리인이 그 내용을 충분히 잘 알고 있는 경우에는 그러한 사항에 대하여까지 금융투자업자에게 설명의무가 인정된다고 할 수는 없다"는 입장을 취하고 있다.[382)]

(중요한 사항) 판매회사가 일반투자자에게 설명해야 하는 중요한 사항은 다음과 같다(금융소비자보호법 제19조제1항제1호 나목·제2호·제3호·제4호, 동법시행령 제13조제2항 내지 제4항, 제7항, 제8항):

ⓐ 해당 집합투자증권에 관한 중요한 사항(상품내용, 투자위험, 위험등급),
ⓑ 연계·제휴서비스 등이 있는 경우 그 내용,
ⓒ 청약철회(금융소비자보호법 제46조)의 기한·행사방법·효과에 관한 사항,
ⓓ 민원처리 및 분쟁조정절차에 관한 사항,
ⓔ 법률상 기금에 따라 보호되는지에 관한 사항,
ⓕ 위법계약해지권(금융소비자보호법 제47조) 행사에 관한 사항,
ⓖ 합리적 의사결정 지원 또는 권익보호를 위해 필요한 정보로서 금융위원회가 정하는 사항.

3) 자본시장법에 따른 핵심상품설명서 작성·교부

① 핵심상품설명서의 작성 등

일반사모집합투자기구의 집합투자증권을 발행하는 집합투자업자는 금융소비자보호법 제19조에도 불구하고 핵심상품설명서를 작성하여 판매회사에게 제공하여야 한다(법 제249조의4 제2항).[383)] 전문투자자만을 대상으로 일반사모집합투자기구를 설정·설립하는 경우에도 핵심상품설명서를 작성하여 판매회사에게 제공하여야 한다.[384)]

---

382) 대법원 2015. 4. 23. 선고 2013다17674 판결. 종전 자본시장법에 따른 설명의무에 관한 판결이지만 금융소비자보호법에 따른 설명의무를 해석함에 있어서도 유용할 것으로 보인다.

383) 집합투자업자는 핵심상품설명서에 기재된 사항이 변경된 경우에도 판매회사에게 변경된 핵심상품설명서를 제공하여야 한다. 다만, 단순한 자구수정등 경미한 사항(영 제271조의5 제2항, 규정 제7-41조의3 제3항)이 변경된 경우에는 그러하지 아니하다.

384) 금융위원회·금융감독원·금융투자협회, 사모펀드 제도개편 관련 주요 질의응답(2021.10). 참고로, 개정법령 이전에 설정·설립된 일반사모집합투자기구가 개정법령 시행 이후 전문투자자만을 대상으로 집합투자증권을 추가 발행하는 경우에는 핵심상품설명서 작성·교부 의무가 적용되지 않는다(법 부칙 제2조).

판매회사는 집합투자업자로부터 제공받은 핵심상품설명서가 그 일반사모집합투자기구의 집합투자규약과 부합하는지 여부 등 대통령령으로 정하는 사항을 미리 검증하여야 한다(법 제249조의4 제3항).

② 핵심상품설명서 제공

판매회사는 집합투자업자로부터 제공받은 핵심상품설명서를 투자자(전문투자자, 기타 대통령령으로 정하는 자는 제외한다)[385]에게 서면교부등의 방법[386]에 따라 교부하고, 그 핵심상품설명서를 사용하여 투자권유 또는 판매하여야 한다. 다만, 판매회사가 투자자가 이해하기 쉽도록 핵심상품설명서의 내용 중 대통령령으로 정하는 중요한 사항[387]을 발췌하여 기재 또는 표시한 경우로서 집합투자업자와 미리 합의한 경우에는 핵심상품설명서 대신 해당 자료를 사용하여 투자권유 또는 판매할 수 있다(법 제249조의4 제4항). 이 경우에도 판매회사는 일반투자자에게 핵심상품설명서는 교부하여야 한다.[388]

(핵심상품설명서 기재사항) 집합투자업자는 핵심상품설명서에 다음 사항을 포함하여야 한다(법 제249조의4 제2항, 영 제271조의5 제1항, 규정 제7-41조의3 제1항).

ⓐ 기본정보

가. 집합투자기구, 집합투자업자, 신탁업자, 일반사무관리회사의 명칭,

나. 집합투자기구의 종류,

다. 집합투자기구의 최소투자금액 및 만기일자,

---

385) 전문투자자와 일부 일반투자자[영 제132조(투자설명서 교부가 면제되는 자) 각 호의 어느 하나에 해당하는 자]는 핵심상품설명서 교부대상에서 제외된다(영 제271조의5 제4항).

386) 다음과 같은 방법을 말한다(영 제271조의5 제5항).
ⓐ 서면교부
ⓑ 우편(전자우편 포함)
ⓒ 휴대전화 문자메시지나 이에 준하는 전자적 의사표시

387) 다음 사항을 말한다(영 제271조의5 제6항, 규정 제7-41조의3 제4항).
ⓐ 집합투자기구, 집합투자업자, 신탁업자 및 일반사무관리회사의 명칭
ⓑ 집합투자기구의 투자전략 및 투자대상자산에 관한 사항
ⓒ 집합투자재산의 운용에 따른 위험도 및 위험요소
ⓓ 최소투자금액 및 만기일자
ⓔ 판매일정, 환매일정, 결산 및 이익분배
ⓕ 투자목적 및 투자전략
ⓖ 주요 투자대상자산
ⓗ 투자구조
ⓘ 최종 기초자산(다른 집합투자증권에 투자하는 경우)
ⓙ 레버리지(차입) 한도
ⓚ 투자위험에 관한 사항(위험도 및 위험요소, 유동성리스크 및 관리방안)
ⓛ 환매에 관한 사항(환매방법, 환매수수료 포함)

388) 금융위원회·금융감독원·금융투자협회, 사모펀드 제도개편 관련 주요 질의응답(2021.10.).

라. 판매일정, 환매일정, 결산 및 이익분배.

ⓑ 집합투자재산 운용에 관한 사항

가. 투자목적 및 투자전략,

나. 주요 투자대상자산,

다. 투자구조,

라. 최종 기초자산(다른 집합투자증권에 투자하는 경우에만 적용),

마. 레버리지(차입) 한도,

바. 여유자금의 운용방법,

사. 집합투자재산의 평가 및 기준가격 산정방법,

아. 보수 및 수수료에 관한 사항.

ⓒ 투자위험에 관한 사항

가. 위험도 및 위험요소,

나. 유동성리스크 및 관리방안.

ⓓ 환매에 관한 사항(환매방법, 환매수수료를 포함한다)

4) 허위설명등 금지

판매회사는 금융소비자보호법 제19조제1항에 따른 설명을 할 때 일반투자자의 합리적인 판단 또는 집합투자증권의 가치에 중대한 영향을 미칠 수 있는 사항으로 대통령령에서 정하는 사항을 거짓으로 또는 왜곡(불확실한 사항에 대하여 단정적 판단을 제공하거나 확실하다고 오인하게 할 소지가 있는 내용을 알리는 행위를 말한다)하여 설명하거나 대통령령으로 정하는 중요한 사항을 빠뜨려서는 아니 된다(금융소비자보호법 제19조제3항). 여기서 '대통령령에서 정하는 사항' 및 '대통령령으로 정하는 중요한 사항'은 금융소비자보호법 제19조제1항 각 호의 구분에 따른 사항(즉, 설명의무의 대상이 되는 '중요한 사항')을 말한다(금융소비자보호법시행령 제13조제10항).

7. 불공정·불건전영업(판매)행위의 금지

일반사모집합투자증권(금융투자상품)의 판매와 관련하여 금융소비자보호법에 따른 불공정영업행위 금지규정과 자본시장법에 따른 불건전영업행위 금지규정이 적용된다.

1) 불공정영업행위 금지(금융소비자보호법)

판매회사는 우월적 지위를 이용하여 투자자의 권익을 침해하는 다음과 같은 행위

(불공정영업행위)를 하여서는 아니 된다(금융소비자보호법 제20조, 동법시행령 제15조).

ⓐ 집합투자증권의 계약체결과 관련하여 투자자의 의사에 반하여 다른 금융상품의 계약체결을 강요하는 행위,

ⓑ 집합투자증권의 계약체결과 관련하여 부당하게 담보를 요구하거나 보증을 요구하는 행위,

ⓒ 판매회사 또는 그 임직원이 업무와 관련하여 편익을 요구하거나 제공받는 행위,

ⓓ 연계·제휴서비스등이 있는 경우 이를 부당하게 축소·변경하는 행위로서 대통령령에서 정하는 행위,

ⓔ 기타 판매회사가 우월적 지위를 이용하여 투자자의 권익을 침해하는 행위.

2) **불건전영업행위 금지**(자본시장법)

자본시장법 제71조, 동법시행령 제68조 및 규정 제4-20조에서 투자매매·중개업자가 영업을 함에 있어 하지 말아야 하는 불건전한 영업행위를 열거하고 있다. 이러한 불건전한 영업행위 중에서 집합투자증권을 판매하는 경우에 적용되는 내용도 있다.

한편, 일반사모집합투자업자가 자신이 운용하는 일반사모집합투자기구의 집합투자증권을 판매하는 경우에는 투자매매·중개업으로 보지 않지만(법 제7조제6항제3호), 불건전영업행위 중에서 집합투자증권의 판매와 관련된 규정 다수가 준용된다(법 제249조의8 제9항, 영 제271조의11 제3항, 규정 제7-41조의7, 규정 제4-20조제1항제10호).

① 비자격자에 의한 투자권유 금지

판매회사는 투자권유대행인 및 투자권유자문인력이 아닌 자. 즉, 펀드판매자격이 없는 자에게 투자권유를 하게 하여서는 아니 된다(법 제71조제5호).

② 전문투자자·일반투자자 취급 관련

일반투자자와 같은 대우를 받겠다는 전문투자자의 요구에 정당한 사유없이 동의하지 않는 행위는 금지된다(영 제68조제5항제1호).

개인이 전문투자자 요건 충족 증빙서류를 제출한 후에는 전문투자자와 같은 대우를 받지 않겠다는 의사를 표시하기 전까지는 전문투자자로 대우받는다는 사실을 그 개인에게 설명하지 않고 서류를 제출받는 행위는 금지된다(영 제68조제5항제1의2호).

개인이 전문투자자 요건을 갖추지 못했음을 알고도 전문투자자로 대우하는 행위는 금지된다(영 제68조제5항제1의3호).

③ 녹취·숙려 등 관련

(고령투자자 등) '65세 이상인 사람' 또는 '정보파악 결과 해당 펀드가 적합하지 않거나 적정하지 않다고 판단되는 사람'에게 일반사모집합투자증권을 판매하는 경우에는 영 제68조제5항제2의2호 각 목에서 정하는 행위(숙려기간 미안내 등)를 하지 않아야 한다.

(고난도집합투자증권) 개인 일반투자자에게 고난도집합투자증권[389]을 판매하는 경우 연령·투자적합성·적정성 여부를 불문하고 ⓐ 개인인 일반투자자에게 판매과정을 녹취하지 않거나 청약을 철회할 수 있는 2일 이상의 숙려기간을 안내하지 않는 행위 등[390]이 금지되며, ⓑ 개인인 투자자에게 요약설명서[391]를 제공하지 않는 행위[392]는 금지된다(영 제68조제5항제2의3호, 규정 제4-20조의2 제3항).

④ 부당한 재산상의 이익제공·수취

판매회사는 투자자 또는 거래상대방(투자자 또는 거래상대방이 법인 기타 단체인 경우에는 그 임직원도 포함) 등에게 업무와 관련하여 금융위원회가 정한 기준을 위반하여 직접 또는 간접으로 재산상의 이익을 제공하거나 이들로부터 재산상의 이익을 제공받는 것은 금지된다(법 제71조제7호, 영 제68조제5항제3호, 영 제271조의11 제3항제1호).[393]

금융위원회가 정한 이익제공·수취 기준(규정 제4-18조)은 다음과 같다.

---

389) 운용자산의 가격결정방식, 손익의 구조 및 그에 따른 위험을 투자자가 이해하기 어렵다고 인정되는 것으로서 금융위원회가 정하여 고시하는 집합투자증권으로서, 금융위원회가 정하여 고시하는 방법으로 산정한 최대 원금손실 가능금액이 원금의 100분의 20을 초과하는 것을 말한다(영 제2조제7호). 즉, 고난도집합투자증권은 투자자가 이해하기 어렵고(복잡성요건) 투자손실 가능성이 높은(손실위험성요건) 집합투자기구의 집합투자증권을 말한다. 복잡성요건은 파생결합증권·파생상품·다른 고난도집합투자증권에 투자하는 비중이 20%를 초과하는 경우에 충족한다. 손실위험성요건은 최대원금손실 가능금액(파생결합증권 최대손실가능금액, 파생상품 위험평가액, 다른 고난도집합투자증권 최대손실가능금액을 합산한 금액)이 20%를 초과하는 경우 충족한다(규정 제1-2조의4, 협회 금융투자회사의 영업 및 업무에 관한 규정 제2-8조의3 제2항 및 동규정 시행세칙 별표67).

390) 영 제68조제5항제2의2호 각 목의 어느 하나에 해당하는 행위.

391) 요약설명서에는 다음 사항을 기재하여야 한다: ⓐ 고난도집합투자증권의 내용, ⓑ 투자에 따르는 위험, ⓒ 해당 상품의 특성과 손실위험에 대한 시나리오 분석결과, ⓓ 해당 상품 목표시장의 내용 및 설정 근거.

392) 다음의 어느 하나에 해당하는 경우는 요약설명서를 제공하지 않아도 된다: ⓐ 투자자가 해당 설명서를 받지 않겠다는 의사표시를 한 경우, ⓑ 집합투자증권 판매 시 법 제124조제2항 제3호에 따른 간이투자설명서 또는 법 제249조의4 제2항 전단에 따른 핵심상품설명서를 교부한 경우.

393) 특정펀드로부터 위탁매매의 주문을 받는 투자중개업자가 해당 펀드의 판매회사에게 위탁매매수수료 수익의 일부를 배분하는 행위는 부당한 재산상의 이익제공·수취를 금지하는 영 제68조제5항제3호에 위반된다(금융감독원 비조치의견서 200088).

ⓐ 투자자 또는 거래상대방 등에게 제공하거나 제공받는 금전·물품·편익등의 범위가 일반인이 통상적으로 이해하는 수준에 반하지 않아야 한다.

ⓑ 특정투자자나 거래상대방에게 제공하거나 제공받은 금전·물품·편익 등이 10억원(최근 5개 사업연도 합산한 금액)을 초과하는 경우에는 그 내용을 인터넷 홈페이지 등을 이용하여 공시하여야 한다.

ⓒ 금전·물품·편익등을 투자자 또는 거래상대방 등에게 제공하거나 제공받은 경우 제공목적·제공내용·제공일자·제공받는 자 등에 대한 기록을 유지해야 한다.

⑤ 집합투자증권의 매수, 중개·주선·대리

판매회사는 투자자로부터 집합투자증권을 '매수'하거나 그 '중개·주선·대리'를 하여서는 아니 된다. 다만, 법 제235조제6항 단서(MMF등의 경우 예외 허용)에 따라 투자자가 환매청구한 집합투자증권을 자신의 계산으로 취득하는 경우는 제외한다(법 제71조제7호, 영 제68조제5항제10호, 영 제271조의11 제2항제1호). 이 규정은 투자매매중개업자가 자신이 판매한 집합투자증권을 자신의 고유재산으로 그 투자자로부터 매수하거나 매수를 중개·주선·대리하는 것을 금지하는 규정이다.

(일반사모집합투자기구의 경우) 공모집합투자기구와 달리 일반사모집합투자기구의 집합투자증권은 판매회사가 자신이 투자자에게 판매한 집합투자증권을 자신의 고유재산으로 환매하는 것이 가능하다(법 제249조의8 제1항에서 환매청구 및 방법등을 정하고 있는 법 제235조의 적용을 배제). 따라서 일반사모집합투자기구의 경우 영 제68조제5항제10호에서 금지하는 '매수'는 집합투자규약에서 미리 정한 환매의 절차와 방식에 따른 '환매'가 아니라(즉, 개방형펀드에서의 환매제도에 의한 환매가 아니라) 투자자와의 개별합의에 의한 매수로 보아야 할 것이다. 이러한 개별합의에 의한 매수를 제한하는 것은 투자자 간 형평성 저해 등의 문제를 방지하기 위한 것으로 이해된다. 집합투자규약에 따라 판매회사의 계산으로 하는 환매에 대해서는 환매에 관한 부분에서 자세히 보기로 한다.

⑥ 집합투자재산 운용 관여

판매회사가 집합투자업자와의 이면계약등에 따라 집합투자업자에게 집합투자재산의 운용에 관한 명령·지시·요청 등을 하는 행위를 하여서는 아니 된다(영 제68조제5항제12의2호).

⑦ 부당한 고객 차별

판매회사는 집합투자증권의 판매업무와 집합투자증권의 판매업무 외의 업무를 연계하여 정당한 사유없이 고객을 차별하는 행위를 하여서는 아니 된다(법 제71조제7호, 영 제68조제5항제13호).

투자매매·중개업 인가를 받아 집합투자증권의 판매업무를 영위하는 은행 또는 보험회사도 집합투자증권의 판매업무와 은행법 또는 보험업법에 따른 업무를 연계하여 정당한 사유없이 고객을 차별하여서는 아니 된다(법 제250조제6항제2호, 제251조제2항).

⑧ 불법 투자일임

판매회사는 투자자로부터 집합투자증권에 대한 투자판단의 전부 또는 일부를 일임받아 투자자별로 구분하여 집합투자증권을 취득·처분 그 밖의 방법으로 운용하여서는 아니 된다. 다만, 투자일임업으로 행하는 경우와 법 제7조제4항에 해당하는 경우[394] 에는 이를 할 수 있다(법 제71조제6호).

⑨ 차별적 판매촉진노력

판매회사는 일반투자자[395]를 상대로 판매보수·판매수수료가 높은 특정집합투자증권의 판매에 차별적인 판매촉진노력[396]을 하여서는 아니 된다. 다만, 투자자의 이익에 부합된다고 볼 수 있는 합리적 근거가 있어 판매대상을 단일 집합투자업자의 집합투자증권으로 한정하거나 차별적인 판매촉진노력을 하는 것은 허용된다[규정 제4-20조제1항제10호 가목 (1)].

⑩ 판매에 따른 부당한 대가 요구 등

판매회사는 집합투자증권의 판매대가로 집합투자업자를 상대로 집합투자재산의 매매주문을 자기나 제삼자에게 배정하도록 직접·간접으로 요구하지 못한다. 다만, 집합투자업자가 사전에 투자설명서에 최선의 매매조건을 제시하는 판매회사가 둘 이상 있는 때에는 판매실적을 감안하여 매매를 위탁하는 투자매매·중개업자를 선정하겠다고 사전에 공시한 집합투자증권을 판매하는 경우 그 공시내용을 근거로 판매의 대가로 집합투자업자에 대하여 매매주문을 요구하는 경우는 제외한다(규정 제4-20조제1항제10호 나목).

---

394) 투자중개업자가 따로 대가없이 금융투자상품에 대한 투자판단의 전부나 일부를 일임받는 경우로서 동법시행령 제7조제3항 각 호의 어느 하나에 해당하는 경우(소위 '일임매매')를 말한다.

395) '기타 적격투자자'에 해당하는 일반투자자를 말한다.

396) 영업직원에 대한 차별적인 보상이나 성과보수의 제공, 집중적인 판매독려 등을 말한다.

그리고 판매의 대가로 자기에게 위탁하는 집합투자재산의 매매거래에 대하여 유사한 다른 투자자의 매매거래보다 부당하게 높은 수수료를 요구하지 못한다(규정 제4-20조제1항제10호 다목).

⑪ 계열사 펀드 과다 판매

판매회사는 매사업연도별로 계열회사 또는 계열회사에 준하는 회사[397]인 집합투자업자가 운용하는 집합투자기구의 집합투자증권의 판매금액의 비중이 집합투자증권 총판매금액의 100분의 25[398]를 초과하도록 하여서는 아니 된다(규정 제4-20조제1항제10호 마목).

⑫ 집합투자기구 해지·해산 회피 목적의 판매행위

판매회사는 집합투자기구의 해지·해산을 회피할 목적으로 투자자의 수가 1인인 집합투자기구가 발행한 집합투자증권을 다음의 어느 하나에 해당하는 자에게 판매하여서는 아니 된다: ⓐ 해당 집합투자기구를 운용하는 집합투자업자, ⓑ 해당 집합투자증권을 판매하는 투자매매업자 또는 투자중개업자, ⓒ 해당 집합투자기구의 재산을 보관·관리하는 신탁업자, ⓓ 위 ⓐ 내지 ⓒ에 해당하는 자의 임직원(규정 제4-20조제1항제10호 바목).

참고로, 판매회사가 집합투자기구의 해지·해산 회피 목적의 판매행위를 하였다는 것을 집합투자업자가 알면서 해당 집합투자기구를 계속하여 운용하는 행위도 집합투자업자의 불건전영업행위로 금지된다(규정 제4-63조제9호).

8. 부당권유행위 금지

금융소비자보호법 제21조는 판매회사가 투자권유를 함에 있어 하지 말아야 할 행위(부당권유행위)를 열거하여 규정하고 있다. 이 규정은 판매회사가 일반사모집합투자기구의 집합투자증권을 투자권유하는 경우에도 적용된다.

금융소비자보호법 제21조 및 동법시행령 제16조에서 열거하고 있는 부당권유행위는 다음과 같다.

---

397) 의결권 있는 발행주식총수의 100분의 30 이상을 소유한 회사, 상호간 임원겸임 또는 계열회사로 인정될 수 있는 영업상의 표시행위 등의 사실이 있는 회사등을 말한다.

398) 2018년 6월 29일 규정 개정으로 계열사 펀드판매 한도가 100분의 50에서 100분의 25로 축소되었는데, 시장 부담을 고려하여 매년 5%씩 단계적으로 축소토록 하였다(2018년은 45%, 2022년 25%). 그리고 판매한도 산정 시 계열사 펀드판매의 부작용이 크지 않은 판매사별 추천펀드, 펀드평가사 최우수등급 부여 펀드, 온라인펀드 등은 제외한다.

ⓐ 불확실한 사항에 대하여 단정적 판단을 제공하거나 확실하다고 오인하게 할 소지가 있는 내용을 알리는 행위. 이는 투자자의 합리적인 투자판단 또는 해당 집합투자증권의 가치에 영향을 미칠 수 있는 사항 중 객관적으로 진위가 분명히 판명될 수 없는 사항에 대하여 진위를 명확히 판단해주거나 투자자에게 그 진위가 명확하다고 잘못 생각하게 할 가능성이 있는 내용을 알리는 행위를 말한다.[399]

ⓑ 집합투자증권의 내용을 사실과 다르게 알리는 행위,

ⓒ 집합투자증권의 가치에 중대한 영향을 미치는 사항을 미리 알고 있으면서 투자자에게 알리지 않는 행위,

ⓓ 집합투자증권의 내용의 일부에 대하여 비교대상 및 기준을 밝히지 아니하거나 객관적인 근거없이 다른 금융상품과 비교하여 해당 집합투자증권이 우수하거나 유리하다고 알리는 행위,

ⓔ 투자권유를 받은 투자자가 이를 거부하는 취지의 의사를 표시하였음에도 투자권유를 계속하는 행위,

ⓕ 내부통제기준에 따른 직무수행교육을 받지 않은 자로 하여금 투자권유와 관련한 업무를 하게 하는 행위,

ⓖ 금융소비자보호법 제17조제1항에 따른 일반투자자의 정보를 조작하여 권유하는 행위,

ⓗ 펀드 투자권유를 하면서 일반투자자가 요청하지 않은 다른 대출성 상품을 안내하거나 관련 정보를 제공하는 행위,

ⓘ 기타 위에 준하는 것으로서 펀드에 대한 투자자의 합리적 판단을 저해하는 금융위원회가 정하여 고시하는 행위.

9. 광고 관련 준수사항

1) 총설

일반사모집합투자기구의 집합투자증권(금융투자상품)은 '사모'로만 발행해야 하므로 성격상 광고가 금지되는 것이 원칙이다. 하지만 2015년 개정 자본시장법 이후 일반사모집합투자기구의 투자광고가 제한적으로 허용되고 있다.

일반사모집합투자기구의 투자광고에 대해서는 일반사모집합투자기구의 투자광고에 관한 특례규정인 법 제249조의5와 함께 금융상품등의 광고(투자광고)에 관한

399) 대법원 2018. 9. 28. 선고 2015다69853 판결.

일반규정인 금융소비자보호법 제22조가 적용된다. 다만, 금융상품등의 광고시 필수 포함사항을 명시하고 있는 금융소비자보호법 제22조제3항은 일반사모집합투자기구에는 적용되지 않는다(금융소비자보호법 제22조제3항 단서). 따라서 일반사모집합투자기구의 투자광고와 관련하여서는 자본시장법에 따른 광고대상·광고방법 규제와 금융소비자보호법에 따른 광고원칙·금지행위·협회심사등의 규제를 준수하여야 한다.

한편, 금융투자협회는 금융소비자보호법 제22조제6항에 따라 투자광고가 금융소비자보호법상의 광고 관련 기준을 준수하는지를 확인하는 역할을 수행한다. 이에 따라 금융투자협회는 '금융투자회사의 영업 및 업무에 관한 규정'에서 금융투자상품 투자광고의 기준, 심의절차등에 대해 규정하고 있다.

이하에서는 '일반사모집합투자기구의 투자광고'에 대한 금융소비자보호법 및 자본시장법의 규제내용을 살펴보기로 한다.

(공모규제, 투자권유규제와의 관계) 법 제249조의5에 따른 일반사모집합투자기구의 투자광고 특례규정은 광고라는 용어에 맞지 않게 일반적 광고(방송, 신문등 매스미디어를 통한 광고)는 허용하지 않고 문자메시지등을 통해 개별적으로 알리도록 하고 있다. 이처럼 일반사모집합투자기구에 대한 투자광고가 특정투자자를 대상으로 개별적으로 이루어지게 됨에 따라 그 실질이 투자권유나 공모에 해당될 수도 있다.

광고의 내용이 일반사모집합투자업자가 운용하는 일반사모집합투자기구 일반(전반)에 관한 사항이라면 공모규제나 투자권유규제 이슈가 발생하지 않는다.

하지만 특정한 일반사모집합투자기구를 투자광고하는 경우에는 그 실질이 해당 일반사모집합투자기구 집합투자증권의 청약의 권유(투자권유)에 해당하는 것으로 판단될 수 있으며, 나아가 광고대상 일반투자자의 수가 50인 이상인 경우에는 공모규제 이슈도 제기될 수 있다(법 제249조의5에서 공모규제 관련 특례는 규정하고 있지 않기 때문이다. 즉, 일반투자자 50인 이상에게 개별광고(청약권유)를 하더라도 공모로 보지 않는다는 규정이 없다).

2) 광고원칙

판매회사등은 일반사모집합투자기구에 관한 광고를 하는 경우 투자자가 일반사모집합투자기구의 내용을 오해하지 아니하도록 명확하고 공정하게 전달하여야 한다(금융소비자보호법 제22조제2항).

3) 광고대상 및 광고매체등

(광고대상) 투자광고는 '전문투자자' 또는 '투자광고를 하는 날 전날의 금융투자

상품 잔고(투자자예탁금잔액 포함)가 3억원(5억원)[400] 이상인 일반투자자'만을 대상으로 할 수 있다(영 제271조의6).

(광고매체등) 일반사모집합투자기구의 투자광고는 아래와 같은 제한적 매체를 통해 대상 투자자에게 개별적으로 알려야 한다(법 제249조의5, 영 제271조의6 제2항, 규정 제7-41조의3 제6항). 따라서 방송, 신문, 잡지 등의 매스미디어를 통한 일반적 광고(general advertising)는 개별성이 확보되지 않으므로 허용되지 않는다.[401]

ⓐ 서면,
ⓑ 전화,
ⓒ 전자우편,
ⓓ 문자메시지,
ⓔ 전신,
ⓕ 모사전송,
ⓖ 이와 유사한 것으로서 금융감독원장이 정하는 매체.

4) 금지행위

판매회사등은 일반사모집합투자기구의 투자광고를 하는 경우 다음의 행위를 하여서는 아니 된다(금융소비자보호법 제22조제4항, 동법시행령 제20조제2항 내지 제4항).

ⓐ 손실보전 또는 이익보장이 되는 것으로 오인하게 하는 행위. 다만, 투자자를 오인하게 할 우려가 없는 경우로서 자본시장법시행령 제104조제1항 단서[402]에 따라 손실을 보전하거나 이익을 보장하는 경우는 제외한다(금융소비자보호법 제22조제4항제2호 가목, 동법시행령 제20조제2항).

ⓑ 다음의 사항 외의 사항을 광고에 사용하는 행위(다음 사항만 광고에 포함할 수 있다),

· 집합투자증권을 발행한 자[403]의 명칭·소재지·연락처

---

400) 레버리지사용금액(법 제249조의7 제1항 각 호의 금액을 합산한 금액)이 일반사모집합투자기구의 순자산가액(자산총액에서 부채총액을 뺀 가액)의 100분의 200을 초과하지 않는 일반사모집합투자기구의 광고를 하는 경우는 3억원, 초과하는 경우는 5억원이다.

401) 이처럼 우리 자본시장법상 일반사모집합투자기구는 일반적 광고(티비, 신문 등)를 통한 투자권유가 허용되지 않는다. 미국의 경우 JOBS법에 따라 개정된 SEC Rule 506 of Regulation D에서 투자권유 단계에서는 일반적 광고를 허용하고 실제 판매단계에서만 적격투자자로 한정하는 방식과 커다란 차이가 있다.

402) 연금이나 퇴직금의 지급을 목적으로 하는 신탁으로서 금융위원회가 정하여 고시하는 경우에는 손실보전이나 이익보장을 할 수 있다(영 제104조제1항 단서).

403) 집합투자기구의 법적 형태에 따라 다르다. 예컨대, 투자신탁의 경우는 집합투자업자이며, 투자회사의 경우는 당해 투자회사다.

· 집합투자증권을 발행한 자의 조직 및 집합투자재산 운용인력
· 집합투자재산 운용실적
· 집합투자증권의 환매
· 기타 금융위원회가 정하여 고시하는 사항

ⓒ 투자자의 경제적 부담이 작아 보이도록 하거나 이익을 크게 인지하도록 하여 오인하게 하는 행위,
ⓓ 비교대상 및 기준을 명확하게 밝히지 않거나 객관적인 근거없이 다른 금융상품등과 비교하는 행위,
ⓔ 불확실한 사항에 대해 단정적인 판단을 제공하거나 확실하다고 오인하게 할 소지가 있는 내용을 알리는 행위,
ⓕ 계약체결 여부나 투자자의 권리·의무에 중대한 영향을 미치는 사항을 사실과 다르게 알리거나 분명하지 않게 표현하는 행위,
ⓖ 수익률이나 운용실적을 표시하는 경우 수익률이나 운용실적이 좋은 기간의 수익률이나 운용실적만을 표시하는 행위,
ⓗ 기타 투자자의 합리적 의사결정을 방해하거나 건전한 시장질서를 훼손할 우려가 있다고 금융위원회가 정하여 고시하는 행위.

5) 광고의 방법 및 절차

(광고의 방법) 판매회사등은 일반사모집합투자기구의 투자광고를 하는 경우에는 투자자가 광고의 내용을 쉽게 이해할 수 있도록 광고의 글자·영상 및 음성 등 전달방법에 관하여 금융위원회가 정하여 고시하는 기준을 준수하여야 한다(금융소비자보호법시행령 제19조제1항). 투자광고에 관한 구체적인 내용은 협회규정 제3장(제2-34조 이하)에서 상세하게 정하고 있다.

(광고의 절차) 판매회사등은 일반사모집합투자기구의 투자광고를 하는 경우에는 금융회사지배구조법 제25조제1항에 따른 준법감시인(준법감시인이 없는 경우에는 감사를 말한다)의 심의를 받아야 한다(금융소비자보호법시행령 제19조제2항)

6) 금융투자협회의 확인 등

금융투자협회는 소속 회원사인 판매회사등의 일반사모집합투자기구에 관한 광고와 관련하여 광고 관련 기준을 준수하는지를 확인하고 그 결과에 대한 의견을 해당 판매회사등에게 통보할 수 있다(금융소비자보호법 제22조제6항). 금융투자협회가 판매회사등에게

그 의견을 통보하는 경우에는 문서로 하여야 하며, 이 경우 판매회사등의 법 위반 사실이 있는 때에는 그 사실을 금융위원회에 알릴 수 있다(금융소비자보호법 제22조제3항).

금융투자협회는 판매회사등이 광고 관련 기준을 준수하는지를 확인하기 위해 필요한 경우에는 관련 기관·단체 또는 전문가 등에게 자료 또는 의견의 제출을 요청할 수 있다(금융소비자보호법시행령 제21조제2항).

(금융투자협회 규정) 금융투자협회는 '금융투자회사의 영업 및 업무에 관한 규정' 제3장(투자광고)에서 투자광고 기준, 투자광고의 심의절차, 기타 투자광고와 관련하여 필요한 세부사항을 정하고 있다.

협회규정 위반 시 협회는 ⓐ 해당 광고의 시정·사용중단을 요구할 수 있고(동규정 제2-50조), ⓑ 협회 내 자율규제위원회는 제재(주의, 경고, 제재금 부과 등)를 할 수 있다(동규정 제2-51조).

10. 계약서류의 제공의무

판매회사는 투자자와 집합투자증권에 관한 계약을 체결한 경우 계약서류(계약서, 약관, 설명서·핵심설명서)를 투자자에게 지체 없이 제공하여야 한다(금융소비자보호법 제23조, 동법시행령 제22조).

(제공하지 않아도 되는 경우) 기본계약을 체결하고 그 계약내용에 따라 계속적·반복적으로 거래를 하는 경우, 기존계약을 같은 내용으로 갱신하는 경우 등.

(제공방법) 계약서류는 계약이 체결된 후 즉시 투자자가 요청하거나 동의하는 방식에 따라 서면등(전화 제외)으로 제공하여야 한다.

다만, 투자자가 계약서류의 제공을 원하지 않는 경우 투자자로부터 ⓐ 제공을 원하지 않는다는 사실 및 ⓑ 계약서류를 제공받지 않으면 추후 권리행사 시 불리할 수 있다는 사실을 판매회사가 계약체결 후 즉시 설명하였다는 사실을 서명등의 방법으로 투자자의 확인을 받은 경우는 제공하지 않을 수 있다(금융소비자보호법 제23조, 동법시행령 제22조, 동감독규정 제21조).

(제공사실의 증명) 계약서류의 제공사실에 관하여 투자자와 다툼이 있는 경우에는 판매회사가 이를 증명하여야 한다.

11. 자료의 기록 및 유지·관리 등

판매회사는 집합투자증권 판매업무와 관련한 자료를 기록하고 자료의 종류별로 일정 기간 동안 유지·관리하여야 한다. 그리고 판매회사는 판매 관련 자료가 멸실·위조·변조되지 않도록 적절한 대책을 수립·시행하여야 한다(금융소비자보호법 제28조제1항 및 제2항, 동법시행령 제26조).

판매회사가 기록·유지·관리해야 하는 자료는 다음과 같다.

ⓐ 집합투자증권 계약체결등 및 그 이행에 관한 자료,
ⓑ 내부통제기준(금융소비자보호기준 포함) 및 그 준수에 관한 사항,
ⓒ 광고 관련 자료,
ⓓ 회계처리 관련 자료,
ⓔ 투자자의 청약철회, 계약해제·해지, 자료열람요구와 같은 권리행사에 관한 자료,
ⓕ 업무위탁에 관한 자료.

제4관 판매 관련 배상책임, 청약철회 등

1. 손해배상책임

1) 소송

판매회사(투자권유대행인 포함)가 고의·과실로 금융소비자보호법을 위반하여 투자자에게 손해를 발생시킨 경우에는 그 손해를 배상할 책임이 있다(금융소비자보호법 제44조제1항).

한편, 판매회사가 금융소비자보호법 제19조(설명의무) 위반으로 일반투자자에게 손해를 발생시킨 경우에는 금융소비자보호법 제44조제2항과 자본시장법 제48조에서 특례를 두고 있다.

(입증책임의 전환) 판매회사(투자권유대행인 포함)가 금융소비자보호법 제19조(설명의무)를 위반하여 투자자에게 손해를 발생시킨 경우에는 판매회사가 자신에게 고의·과실이 없음을 입증하여야 한다(금융소비자보호법 제44조제2항).

금융소비자보호법 제19조는 일반금융소비자(일반투자자)에게만 적용되므로 입증책임의 전환도 일반투자자가 판매회사를 상대로 손해배상책임소송을 제기한 경우에 적용된다.

(손해액의 추정) 판매회사가 금융소비자보호법 제19조제1항(설명의무) 또는 제3항(중요사항 거짓·왜곡 또는 누락)을 위반하여 일반투자자에게 손해를 발생케 한 경우, 집합투자증권 취득으로 인하여 일반투자자가 지급한 금전등의 총액에서 그 집합투자증권의 처분 기타 방법으로 그 일반투자자가 회수하였거나 회수할 수 있는 금전등의 총액을 뺀 금액을 손해액으로 추정한다(자본시장법 제48조제2항).

(투자권유대행인이 끼친 손해의 배상책임) 판매회사는 투자권유대행인이 투자권유를 대행함에 있어 투자자에게 손해를 발생시킨 경우에는 그 손해를 배상할 책임이 있다. 다만, 판매회사가 투자권유대행인의 선임과 그 업무감독에 대하여 적절한 주의를 하였고 손해를 방지하기 위하여 노력한 경우에는 그러하지 아니하다(금융소비자보호법 제45조제1항).

판매회사가 투자권유대행인이 끼친 손해를 배상한 경우 판매회사는 구상권을 행사할 수 있다(금융소비자보호법 제45조제2항).

2) 분쟁조정

판매회사의 금융소비자보호법 위반으로 손해를 입은 투자자는 소송을 제기하지 않고 금융소비자보호법에 따라 금융감독원에 분쟁조정을 신청할 수도 있다(금융소비자보호법 제36조). 금융감독원에 설치되어 있는 분쟁조정위원회가 마련한 조정안을 양 당사자가 수락할 경우 해당 조정안은 재판상 화해와 동일한 효력을 가진다(금융소비자보호법 제39조). 즉, 확정판결과 같은 효력을 가진다.

(일반투자자 소액분쟁사건의 특례) 판매회사는 일반투자자 소액분쟁사건(일반투자자가 신청한 가액 2천만원 이하의 사건)에 대하여 조정절차가 개시된 경우에는 조정안을 제시받기 전에는 원칙적으로 소를 제기하지 못한다(금융소비자보호법 제42조).

3) 소송·분쟁조정에 필요한 판매 관련 자료의 열람

투자자는 분쟁조정·소송수행등 권리구제를 위한 목적으로 판매회사에 대해 판매 관련 자료의 열람(사본 제공·청취 포함)을 요구할 수 있고, 판매회사는 법에서 정하는 거부 사유에 해당하지 않는 한 원칙적으로 요구받은 날부터 6일 이내에 투자자에게 해당 자료를 열람할 수 있도록 하여야 한다(금융소비자보호법 제28조, 동법시행령 제26조).

2. 청약의 철회

일반투자자의 경우 고난도집합투자증권(집합투자업자가 기간을 정하여 투자자를 모집하고 그 기간이 종료된 후에 투자자가 지급한 금전등으로 집합투자를 실시하는 것을 내용으로 하는 계약에 한정)의 청약철회가 인정된다. 즉, 일반투자자는 계약서류를 제공받은 날(계약서류 제공받지 않은 경우 계약체결일)부터 7일 이내에 청약을 철회할 수 있다(금융소비자보호법 제46조제1항, 동법 시행령 제37조제1항제2호).

청약철회의 효력은 일반투자자가 철회의 의사표시를 위하여 서면등을 발송한 때에 발생한다(금융소비자보호법 제46조제2항).

청약이 철회된 경우 판매회사는 청약철회를 접수한 날부터 3영업일 이내에 이미 받은 금전·재화등을 반환하여야 하고, 금전·재화등의 반환이 늦어진 기간에 대해서는 약관에 기재된 연체이자율을 일반투자자로부터 이미 받은 금전·재화등에 적용하여 산정한 금액을 더하여 지급하여야 한다(금융소비자보호법 제46조제3항).

청약이 철회된 경우 판매회사는 일반투자자에 대하여 청약의 철회에 따른 손해배상 또는 위약금등 금전의 지급을 청구할 수 없다(금융소비자보호법 제46조제4항).

금융소비자보호법 제46조의 규정에 반하는 특약으로서 일반투자자에게 불리한 것은 무효로 한다(금융소비자보호법 제46조제6항).

3. 위법계약의 해지

투자자는 다음의 요건을 모두 충족하는 경우 일정한 기간(위법사실을 안 날로부터 1년. 단, 계약일로부터 5년을 넘어갈 수 없음) 이내에 해당 계약의 해지를 요청할 수 있다: ⓐ 판매회사가 금융소비자보호법 제17조제3항(적합성원칙), 제18조제2항(적정성원칙), 제19조제1항(설명의무) 및 제3항(거짓설명등), 제20조제1항(불공정영업행위) 또는 제21조(부당권유행위)를 위반한 경우일 것, ⓑ 계약의 형태가 계속적일 것,[404] ⓒ 계약을 해지할 경우 그 계약에 따라 투자자의 재산에 불이익이 생길 것. 이 경우 투자자는 해지요구서에 위반사항을 증명하는 서류를 첨부하여 판매회사에게 제출하여야 한다. 판매회사는 해지요구를 받은 날부터 10일 이내에 투자자에게 수락여부를 통지하여야 하고, 정당한 사유[405] 없이 해지요구를 따르지 않는 경우 투자자는 해당 계약을 해지할 수 있다.

---

404) 집합투자기구는 공모펀드·사모펀드, 개방형펀드·폐쇄형펀드 모두 해당한다(금융소비자보호감독규정 제31조제1항 참조).

405) 정당한 사유의 범위는 다음과 같다(금융소비자보호법시행령 제38조제4항): ⓐ 위반사실에 대한 근거를 제시하지 않거나 거짓으로 제시한 경우, ⓑ 계약체결 당시에는 위반사항이 없었으나 투자자가 계약체결 이후의 사정변경에 따라 위반사항을 주장하는 경우, ⓒ 투자자의

계약이 해지된 경우 판매회사는 수수료등 계약해지와 관련된 비용을 청구할 수 없다(금융소비자보호법 제47조, 동법시행령 제38조, 동감독규정 제31조).

위법계약 해지의 효과는 장래에 향해 발생하기 때문에 해당 계약은 해지시점부터 무효가 된다. 따라서 계약체결 후 해지시점까지 계약에 따른 서비스제공 과정에서 발생한 비용(펀드 수수료·보수등)은 원칙적으로 계약해지 후 투자자에게 지급해야 할 금전의 범위에 포함되지 않는다.

제5관 감독 및 처분

금융소비자보호법은 판매회사의 집합투자증권 판매와 관련한 감독, 검사 및 제재에 대하여도 규정하고 있다(금융소비자보호법 제48조 내지 제64조). 이하에서는 금융위원회의 명령권과 과징금에 대해서만 살펴보기로 한다.

1. 금융위원회 명령권

금융위원회는 투자자의 권익보호 및 건전한 거래질서를 위하여 필요하다고 인정하는 경우 판매회사에 대하여 영업방법사항등에 대하여 시정·중지등 필요한 조치를 명할 수 있다(금융소비자보호법 제49조제1항).

(판매금지명령등) 금융위원회는 투자자의 재산상 현저한 피해가 발생할 우려가 있다고 명백히 인정되는 경우 해당 집합투자증권의 투자권유 금지 또는 판매 제한·금지를 명령할 수 있다(금융소비자보호법 제49조제2항).

2. 징벌적 과징금

금융위원회는 주요 판매원칙[406] 위반 시 그와 관련된 계약으로 얻은 수입등의 50% 이내에서 과징금을 부과할 수 있다(금융소비자보호법 제57조제1항).

투자권유대행인이나 소속 임직원이 주요판매원칙을 위반한 경우에도 판매회사에게 과징금을 부과할 수 있다. 다만, 판매회사가 그 위반행위를 방지하기 위하여

동의를 받아 위반사항을 시정한 경우.

406) 다음 어느 하나에 해당하는 행위를 말한다(금융소비자보호법 제57조): ⓐ 금융소비자보호법 제19조제1항을 위반하여 중요한 사항을 설명하지 아니하거나 같은 조 제2항을 위반하여 설명서를 제공하지 아니하거나 확인을 받지 아니한 경우, ⓑ 금융소비자보호법 제20조(불공정영업행위의 금지) 제1항 각 호의 어느 하나에 해당하는 행위를 한 경우, ⓒ 금융소비자보호법 제21조(부당권유행위 금지) 각 호의 어느 하나에 해당하는 행위를 한 경우, ⓓ 금융소비자보호법 제22조(광고 관련 준수사항) 제3항·제4항을 위반하여 광고를 한 경우.

해당 업무에 관하여 적절한 주의와 감독을 게을리하지 아니한 경우에는 그 금액을 감경하거나 면제할 수 있다(금융소비자보호법 제57조제2항).

제6관 손실보전·수익보장

1. 정당한 사유없는 손실보전·수익보장 금지

금융투자업자는 정당한 사유없이 금융투자상품의 매매 기타 거래 전에 투자자에게 일정한 이익을 보장할 것을 약속하거나 투자자가 입을 손실의 전부 또는 일부를 보전해 줄 것을 약속해서는 안 되며, 정당한 사유없이 매매 기타 거래 후에 투자자에게 일정한 이익을 제공하거나 투자자가 입은 손실의 전부 또는 일부를 보전해 주는 행위를 해서는 안 된다. 금융투자업자의 임직원이 자기의 계산으로 하는 것도 마찬가지로 금지된다(법 제55조제1호 내지 제4호).

(사법적 효력 등) 손실보전·이익보장행위의 사법적 효력과 관련하여, 구 증권거래법 제52조에 관한 것이기는 하나 이러한 손실보전약정은 강행법규 위반으로서 무효라는 것이 대법원의 입장이다(대법원 2002. 12. 26. 선고 2000다56952 판결등).[407]

손실보전 또는 이익보장 약정이 무효로 되더라도 사실관계에 따라서는 이러한 약정을 이용한 투자권유는 고객보호의무 위반에 해당하여 불법행위에 기한 손해배상 책임이 성립할 수 있다(대법원 1996. 8. 23. 선고 94다38199 판결).

(손익차등형 펀드) 집합투자업자가 법 제249조의8 제7항에 따라 손익차등형 펀드를 설정하는 경우라도 수익자간의 손익의 분배는 개별 수익자가 부담하는 리스크등을 고려하여 합리적인 방법으로 배분되어야 하며, 특정 수익자에게 일방적인 이익을 제공하거나 확정수익을 제시하는 행위는 손실보전에 해당될 수 있어 허용되지 않는다.[408]

특정 투자자에게 손실의 일부 또는 전부를 보전할 것을 사전에 약정하거나 사후에 보전하는 행위와 다름없는 지 여부는 개별 구체적 사안에 따라 다음의 사항들을 고려하여 판단하여야 한다: 손익차등형 펀드의 펀드구조, 트렌치별 구체적인 손익구조, 편입자산의 특성, 투자대상자산이 펀드에 편입될 당시 예상되는 위험의 정도, 투자자가 부담하는 위험의 정도와 예상되는 투자자간 관계등.[409]

---

407) 따라서 무효인 손실부담약정에 기하여 고객이 지급받은 이익금은 증권회사의 손실에 기한 법률상 원인없는 부당이득으로 증권회사에 반환되어야 한다(대법원 1997. 2. 14. 선고 95다19140 판결).

408) 금융위원회 유권해석 190242(2020.3.2.).

409) 금융감독원 비조치의견서(200091).

이러한 기준에 비추어 보면, 펀드 판매회사가 복수의 트렌치(trench)로 구성된 일반사모집합투자증권을 판매하면서 자신의 고유재산으로 그 후순위집합투자증권을 매입하는 것이 외관상 손실보전·이익보장을 하는 것으로 보이더라도 트렌치별로 위험-수익 비중(risk-return profile)이 합리적으로 배분되어 있다면 정당한 사유가 있는 것으로 보아야 할 것이다.

(보수·수수료 인하·면제) 펀드의 판매 및 운용과 관련한 보수·수수료의 인하·면제는 경우에 따라서는 손실보전이나 이익보장에 해당하는 것으로 평가될 수 있으므로 유의할 필요가 있다.[410)]

2. 금융투자업규정 제4-20조

금융투자업규정 제4-20조(불건전영업행위의 금지) 제1항제7호에서 간접적으로 정당한 사유에 해당하는 손실보전 또는 이익보장행위를 명시하고 있다.

이 규정에 따라 손실보전 또는 이익보장을 하려면 사전에 준법감시인(준법감시인이 없는 경우 감사 등 이에 준하는 자)에게 보고하여야 한다.[411)]

규정 제4-20조제1항제7호에서 손실보전 또는 이익보장으로 보지 않는 행위는 다음과 같다:

ⓐ 투자매매중개업자·그 임직원이 자신의 위법행위(과실로 인한 경우 포함) 여부가 불분명한 경우에 사적화해의 수단으로 손실을 보상하는 행위(자기책임원칙[412)]에 반하는 경우는 제외),

ⓑ 투자매매·중개업자의 위법행위로 인하여 손해를 배상하는 행위,

ⓒ 분쟁조정 또는 재판상의 화해절차에 따라 손실을 보상하거나 손해를 배상하는 행위.

---

410) 금융투자업자가 투자자에 대하여 수수료를 할인·면제하는 행위는 할인·면제약정의 시기, 할인·면제의 동기 또는 목적, 할인·면제행위와 손실보전의 결과 사이의 인과관계, 금융투자업자와 해당 투자자 간의 거래기간 등을 종합적으로 고려하여 원본의 전부 또는 일부의 보장과 동일한 결과가 발생하는 예외적인 상황에 해당하지 않는 한 원칙적으로 자본시장법 제55조의 '손실의 보전'에 해당하지 않는다(금융위원회 유권해석, 2010.2.2.).
펀드투자로 손실을 입은 투자자에게 다른 펀드 가입 시 판매수수료를 면제해 주는 것은, 법 제55조제2호의 손실보전행위에 해당하며, 나아가 정당한 사유없이 투자자별로 수수료부과 기준을 차별하는 것으로서 법 제58조제2항에 저촉될 수 있다(금융위원회 유권해석, 2012.6.25.).

411) 참고로, 법 제55조 위반은 형사처벌 대상이지만, 규정 제4-20조 위반은 과태료 부과대상이다.

412) 투자자가 투자판단 시점에 인수하기로 한 위험의 실현결과를 스스로 부담하는 것을 말한다.

제2절 집합투자증권의 환매

제1관 총설

1. 환매와 재매수

환매(redemption)란 투자자의 청구가 있으면 집합투자재산으로(펀드 계산으로) 투자자가 매수한 집합투자증권을 되사주는 것으로서 이를 통해 투자자는 투자자금을 회수할 수 있게 된다. 판매회사가 자신이 판매한 집합투자증권을 자기의 고유재산으로(판매회사 계산으로) 되사는 것, 즉, 재매수(repurchasement)도 환매로 부르는 것이 일반적이다. 따라서 '환매'라는 용어가 문제 되는 경우에는 어떤 의미로 사용된 것인지에 유의할 필요가 있다.

2. 환매 관련 규정

자본시장법은 제235조 내지 제237조에서 환매에 관해 규정하고 있다. 법 제235조에서는 다음과 같은 내용을 규정하고 있다: 환매청구권(제1항), 환매처리절차(제2항·제3항), 환매대금 지급기한(제4항), 펀드계산에 의한 현금환매 원칙(제5항), 판매회사 계산에 의한 환매 원칙적 금지(제6항), 환매한 집합투자증권의 소각의무(제7항). 법 제236조에서는 환매가격과 환매수수료에 대해 규정하고 있으며, 법 제237조에서는 환매의 연기에 대해 규정하고 있다.

(일반사모집합투자기구의 경우) 일반사모집합투자기구에는 이러한 환매 관련 규정 중에서 법 제236조만 적용되고, 나머지 규정은 적용되지 않는다(법 제249조의8). 다만, 일반투자자가 포함된 일반사모집합투자기구의 경우는 법 제237조(환매연기)가 적용된다.

따라서 일반사모집합투자기구를 개방형펀드로 조직하는 것으로 정한 경우(즉, 환매를 허용하는 것으로 정한 경우), 환매가격과 환매수수료 관련 사항은 법령에서 정하는 바에 따르고, 나머지 환매방법이나 절차등에 관한 사항은 당해 집합투자기구의 투자대상·투자전략 등을 고려하여 적절한 내용으로 정하여 집합투자규약에 기재하면 된다. 예컨대 법 제235조에서는 투자자로 하여금 언제든지 환매를 청구할 수 있도록 규정하고 있고(제1항) 환매대금도 원칙적으로 청구일부터 15일 이내에 지급하도록 규정하고 있지만(제4항), 일반사모집합투자기구는 환매청구를 일정한 주기로(매달, 매분기 등) 할 수 있는 것으로 제한할 수 있고 환매대금의 지급시기도 적절히 정할 수 있다.

3. 자기 집합투자증권의 취득

자기 집합투자증권의 취득을 제한하는 자본시장법 규정(제82조, 제186조)[413]이 일반사모집합투자기구에는 적용되지 않지만(법 제249조의8), 집합투자규약에서 정하고 있는 환매규정에 의하지 않고 특정투자자로부터 집합투자기구의 계산으로 그 집합투자증권을 취득하는 것에 대해서는 유의할 필요가 있다. 이러한 경우는 환매가격등 거래조건의 공정성을 담보하기 어려울 뿐 아니라 사실상 특정투자자에 대해서만 차별적으로 환매를 허용하는 것으로서 집합투자업자의 충실의무에 저촉될 수 있기 때문이다. 이러한 이슈는 환매를 허용하지 않는 폐쇄형펀드에서 특히 문제 되겠지만 환매청구를 일정주기(예: 분기)로 정한 개방형펀드에서도 발생할 수 있다.

제2관 판매회사의 계산에 의한 환매

1. 판매회사와 재매수

일반사모집합투자기구에 법 제235조가 적용되지 않음에 따라 판매회사(일반사모집합투자업자가 직접판매하는 경우 일반사모집합투자업자 포함)는 자신의 계산으로 집합투자증권을 환매하여 집합투자증권의 시장조성자(market maker) 기능을 수행할 수 있다. 펀드계산으로 환매하는 경우에는 집합투자증권의 소각(정확히는 투자회사의 주식·투자신탁의 수익권의 소각)이 수반되며 그만큼의 집합투자재산이 감소한다. 반면에 판매회사 계산으로 환매하는 경우에는 판매회사는 그 집합투자증권을 매수하여 다시 다른 투자자에게 판매하게 되므로 집합투자증권의 소각절차도 없고 집합투자재산의 감소도 없다. 매수한 집합투자증권의 재판매가 여의치 않으면 판매회사는 펀드계산으로 환매해 줄 것을 집합투자업자·투자회사에 청구하여 자금을 회수할 수 있으며, 이 경우에는 집합투자증권의 소각과 집합투자재산의 감소가 수반된다.

일반사모집합투자기구는 집합투자규약의 환매에 관한 사항에 투자자의 환매청구시 판매회사의 계산으로 환매할 수 있다는 사실을 정할 수 있다. 그러나 판매회사는

413) 법 제82조 및 제186조제1항에서 집합투자기구의 계산으로 당해 집합투자기구의 집합투자증권을 취득하거나 질권의 목적으로 받는 것을 원칙적으로 금지하고 있다. 자본시장법이 이처럼 집합투자기구의 계산으로 그 집합투자기구의 집합투자증권을 취득하거나 질권의 목적으로 받는 것을 제한하는 취지는 집합투자기구의 계산으로 당해 집합투자증권을 취득하는 것은 원칙적으로 환매의 방법으로만 하도록 강제하기 위한 것으로 이해된다. 환매의 경우는 자본시장법령에서 정한 환매방법과 절차가 모든 투자자에게 동일하게 적용되므로 투자자 간 형평성 문제가 발생할 여지가 없다. 반면에 환매에 의하지 않고 특정투자자로부터 집합투자기구의 계산으로 그 집합투자증권을 취득·질취하는 경우에는 가격등 거래조건의 공정성을 담보하기 어렵고, 특히 환매를 허용하지 않는 폐쇄형펀드라면 사실상 특정투자자에 대해서만 환매를 허용하는 것과 다를 바가 없어 투자자를 차별대우하는 것이 된다.

자신의 판단으로 자신의 계산에 의한 환매를 중단할 수 있어야 한다. 환매연기 사유에 해당되어 환매를 중단하는 경우는 물론이고 환매에 응할 현금이 부족한 상황 등의 경우에도 환매를 중단할 수 있어야 한다. 집합투자의 본질상 판매회사는 마켓메이커(market maker)로 기능하는 것에 불과하고 환매에 대한 궁극적인 책임은 집합투자재산을 한도로 집합투자업자(투자신탁)·투자회사가 지기 때문이다. 판매회사가 자신의 계산에 의한 환매를 중단하는 경우에는 집합투자업자(투자신탁)·투자회사에 투자자의 환매청구에 응할 것을 요구하여 펀드계산으로 환매해 주어야 한다. 이러한 내용은 집합투자규약에 반영되는 것이 바람직하다.

2. 관련 이슈

판매회사는 투자자가 환매청구를 한 경우에는 집합투자규약에서 정한 바에 따라 자신의 계산으로 환매하거나 펀드계산으로 환매하여야 한다. 그리고 명시적 규정은 없지만 투자자의 환매청구가 있는 경우에 판매회사가 특정투자자에 대해서만 자신의 계산으로 환매하는 것은 허용되지 않는다고 보아야 할 것이다.

투자자의 환매청구가 있는 경우에 판매회사가 이를 타인으로 하여금 취득하게 할 수 있는지가 명확하지 않지만(법 제235조제6항 적용배제 관련), 환매청구를 한 집합투자증권은 집합투자규약에서 정한 바에 따라 환매해야 하는 것으로 보아야 한다.

투자자가 집합투자증권의 환매를 청구하지 않고 타인에게 양도하고자 하는 경우에 판매회사가 이를 타인이 취득하도록 할 수 있는지도 문제 될 수 있다. 판매회사는 투자자로부터 집합투자증권을 매수[414)]하거나 그 중개·주선·대리를 하여서는 아니 되므로(법 제249조의8 제8항, 영 제271조의11 제2항제1호, 영 제68조제5항제10호), 허용되지 않는 것으로 보아야 할 것이다.

제3관 환매가격 및 환매수수료

1. 환매가격

일반사모집합투자기구의 집합투자증권의 환매가격도 판매가격과 마찬가지로 미래가격방식의 기준가격으로 하여야 한다. 즉, 집합투자업자(투자신탁)·투자회사는 집합투자증권을 환매하는 경우 환매청구일 이후에 산정되는 기준가격으로 하여야 한다

414) 집합투자규약에 판매회사의 계산으로 환매하는 것으로 정한 경우에는 판매회사가 투자자의 환매청구에 응하여 자신의 자금으로 집합투자증권을 매수하는 것이 가능하므로, 여기서의 '매수'는 이러한 환매절차에 의하지 않는 개별적인 매수를 의미하는 것으로 보아야 할 것이다.

(법 제236조제1항). 구체적으로는 환매청구일부터 기산하여 제2영업일(집합투자규약에서 정하는 환매청구일 구분 기준시점을 지나서 환매청구한 경우에는 제3영업일) 이후에 산정되거나 공고되는 기준가격으로서 집합투자규약에서 정한 기준가격으로 해야 한다(영 제255조제3항).

자본시장법 제236조는 '집합투자업자·투자회사가 집합투자증권을 환매하는 경우'라고 규정하고 있어 펀드계산으로 환매하지 않고 판매회사가 자신의 계산으로 환매(매수)하는 경우에도 동규정이 적용되는지가 명확하지 않지만 당연히 적용되는 것으로 보아야 할 것이다. 판매회사가 자신의 계산으로 환매(매수)한 집합투자증권을 다른 투자자에게 판매하지 않고 집합투자업자·판매회사에게 환매를 요청한 경우에도 동규정이 적용된다.

한편, 자본시장법 제236조제1항 단서에서, 단기금융집합투자기구(MMF)에 한해 제한적으로 과거가격방식의 기준가격(환매청구일에 공고되는 기준가격)으로 환매할 수 있도록 예외를 규정하고 있다.

2. 환매수수료

개방형펀드에서는 투자자에게 환매를 허용하되 일정 기간 이내에 환매를 청구하는 경우에는 일정한 환매수수료를 부과하는 것이 일반적이다. 환매수수료를 부과하는 이유는, ⓐ 환매자금 마련을 위한 자산의 현금화 과정에서 발생하는 거래비용 등의 제반 비용을 충당하기 위한 것이거나, ⓑ 집합투자증권 보유기간별로 환매수수료율을 차등함으로써 시장변동을 쫓아 집합투자증권을 단기매매하는 행위(market timing)를 억제하기 위한 것이다.

자본시장법은 집합투자규약에서 정한 기간 이내에 환매하는 경우에 한해 환매수수료를 부과할 수 있도록 하고, 환매수수료는 환매금액이나 이익금 등을 기준으로 부과하여 집합투자재산에 귀속시키도록 규정하고 있다(법 제236조제2항, 영 제255조제2항). 집합투자규약에서 정하는 기간 이내에 집합투자증권을 환매하는 경우에 한해 환매수수료를 부과할 수 있도록 하고 있으므로 기간 제한없이 환매수수료를 부과하는 것은 허용되지 않는다. 환매수수료를 부과하는 기간을 정하였다면(예: 집합투자증권 매수일부터 6개월) 그 기간 내에서 다시 기간을 구분하여 환매수수료를 차등 부과하는 것은 가능하다고 할 것이다(예: 매수일부터 1개월까지는 3%, 매수일부터 2개월까지는 2%, 매수일부터 3개월까지는 1%). 환매수수료는 환매금액 또는 이익금 등을 기준으로 부과할 수 있다(영 제255조제2항 후단). 이익금을 기준으로 하는 경우에는 이익금이 없으면 환매수수료가 부과되지 않지만, 환매금액을 기준으로 하는 경우에는 이익금이 없거나 심지어 투자원금에 손실이 있더라도 환매수수료가 부과된다는 점에 차이가 있다. 환매금액을 기준으로 부과하는 환매수수료가 벌과금적 성격이 더 강하다고 할 수 있다.

제4관 환매제한

글로벌 시장에서 활동하는 헤지펀드의 경우 환매 사전통지기간 설정, 일정 기간 환매제한(Lock-up), 대량환매제한(Gate) 등과 같은 환매제한장치를 두는 경우가 일반적이다. 우리 자본시장법에는 이러한 환매제한에 관한 내용이 없지만 자본시장법상의 일반사모집합투자기구에서도 펀드의 투자전략·투자대상 등을 고려하여 적절한 환매제한규정을 집합투자규약에 두는 것은 가능할 것으로 생각된다.

환매 사전통지기간 설정은, 환매청구의 효력이 집합투자규약에서 정한 사전통지기간이 경과한 시점에 발생하도록 하는 것을 말한다. 예컨대, 사전통지기간을 3개월로 정한 경우에는 환매청구 후 3개월 경과일에 환매청구의 효력이 발생하게 된다.

일정 기간 환매제한(Lock-up)은 집합투자증권 매입 후 일정 기간 환매를 제한하는 것을 말한다. 일정 기간(예: 6개월)이 경과하기 전에 환매를 청구하는 경우 환매수수료를 징구하는 방법으로 사실상 환매를 억제하거나(soft lock-up) 혹은 일정 기간 경과하기 전에는 환매청구 자체를 제한하는 방법이 이용된다(hard lock-up).

대량환매제한(Gate)은 대량환매청구가 있는 경우 환매금액을 제한하는 것을 말하는데, 펀드차원에서의 제한(fund-level gate)과 투자자 차원에서의 제한(investor-level gate) 두 가지가 있다. 전자는 특정일의 환매를 펀드 순자산의 일정비율(예: 20%)로 제한하는 것으로서, 이 비율을 초과한 환매청구에 대해서는 안분비례하여 환매해 주게 된다. 후자는 투자자별로 당해 투자자의 투자자금의 일정비율(예: 25%) 이상의 환매를 제한하는 것이다.

제5관 환매연기

1. 의의 및 필요성

집합투자증권의 환매는 비정상적인 상황이 발생하면 중단되거나 환매대금의 지급시기가 연기될 수 있다. 자연재해가 발생하거나 집합투자재산의 처분이 불가능한 경우에는 사실상 환매에 응할 수 없게 된다.[415] 그리고 집합투자재산을 공정하게 평가하기

415) 개방형펀드에 처분곤란한 자산이 펀드 포트폴리오의 상당비중을 차지하는 경우에 환매를 지속하게 되면 먼저 환매하는 투자자가 펀드 내 우량자산의 처분자금으로 환매대금을 지급받게 되어 처분곤란한 자산 보유에 따른 위험은 고스란히 잔존투자자에게 전가되는 결과를

어렵거나 대량환매청구가 발생한 경우[416]에 계속 환매에 응하면 투자자 간 형평성을 해칠 수가 있다. 또한, 경우에 따라서는 시스템 장애등으로 인해 환매대금의 지급시기만 연기할 필요가 있을 수 있다. 환매연기란 이러한 비정상적인 상황이 발생하는 경우에 그러한 사유가 해소될 때까지 잠정적으로 집합투자증권의 환매를 중단(suspend)하거나 환매대금의 지급시기를 연기(postpone)하는 것을 말한다(영 제256조 참조).

2. 관련 내용의 집합투자규약 기재

자본시장법은 제237조에서 집합투자증권의 환매연기사유, 연기절차, 환매재개, 부분환매 연기 등에 관해 규정하고 있는데, 일반사모집합투자기구에는 법 제237조가 적용되지 않는다. 이는 일반사모집합투자기구는 환매연기사유가 발생하더라도 환매연기를 하지 않아도 된다는 의미가 아니다.[417] 환매연기사유, 연기절차, 환매재개 등의 사항을 당해 펀드의 성격등에 맞게 자율적으로 그리고 탄력적으로 정하라는 것을 의미한다.

따라서, 개방형펀드로 조직되는 일반사모집합투자기구의 경우는 그 집합투자규약에 환매연기에 관한 사항을 정해두어야 한다. 환매연기사실의 투자자 통지나 투자자 동의와 같은 절차도 규정해야 할 것이다. 대체로 공모펀드에 적용되는 환매연기규정(법 제237조)의 내용을 참조하여 해당 일반사모집합투자기구의 특성을 반영하면 될 것이다.

환매연기 관련 사항을 집합투자규약에 기재함에 있어서는 환매중단, 환매대금 지급시기 연기에 관한 사항에 추가하여 일부환매연기에 관한 사항도 포함시키는 것이 바람직하다. 일부환매연기란 집합투자재산 중 일부의 자산에 대해서만 환매연기사유가 발생한 경우에 환매연기사유가 발생한 자산과 정상자산을 분리하여 환매연기사유가 발생한 자산에 대해서만 환매를 연기하고 정상자산에 대해서는 정상적으로 환매를 계속하는 것을 말한다. 일부환매연기는 집합투자기구 내의 계정분리[418]로 마무리될

초래하게 된다.

416) 대법원은 환매청구가 일시에 대량으로 이루어져 집합투자업자가 집합투자재산을 단기간에 대량으로 처분하면 집합투자재산의 가치가 크게 하락하는 등 손실이 발생하여 먼저 환매한 투자자로부터 잔류하는 투자자에게 손실이 전가되는 결과가 초래될 경우 환매연기사유인 '대량의 환매청구에 응하는 것이 투자자 간의 형평성을 해칠 염려가 있는 경우(자본시장법 시행령 제256조제2호 다목)'에 해당한다고 판단하였다(대법원 2014. 7. 10. 선고 2014다21250 판결).

417) 집합투자업자는 선량한 관리자의 주의로써 집합투자재산을 운용해야 하고 투자자의 이익을 보호하기 위하여 해당 업무를 충실히 수행해야 하므로(법 제79조제2항), 환매연기사유가 발생했음에도 환매연기를 하지 않아 투자자 간 형평성 문제가 발생하고 이로 인해 일부 투자자에게 피해가 발생하게 되면 투자자보호 의무 위반에 따른 책임을 질 수 있다.

수도 있고, 집합투자기구의 분리[419]로 이어질 수도 있다.[420]

(일반투자자가 포함된 일반사모집합투자기구의 경우) 앞에서 본 바와 같이 일반투자자가 포함된 일반사모집합투자기구의 경우 환매연기 시 집합투자자총회 관련하여 법 제237조(환매의 연기)가 적용되므로 관련 법규 내용을 집합투자규약에 반영하여야 할 것이다.

3. 환매연기의 결정 등

환매연기의 결정은 투자신탁이나 투자익명조합은 그 집합투자업자가, 기타 투자회사등은 당해 투자회사등이 한다.

(일반투자자가 포함된 일반사모집합투자기구의 경우) 집합투자업자등이 환매연기 결정을 한 날부터 3개월 이내에 환매에 관한 사항(환매기간, 환매대금의 지급시기·방법 등)을 집합투자자총회에서 결의하여야 한다(법 제237조제1항, 제249조의8 제5항 단서).

관련하여, 일반투자자가 포함된 환매금지형 일반사모집합투자기구의 '만기연장' 또는 '만기상환거부'의 경우에도 자본시장법 제249조의8 제5항 단서에 따른 집합투자자총회의 결의가 필요하다는 전제 하에 당해 일반사모집합투자기구의 규약에 자본시장법 제190조제5항에서 정하는 집합투자자총회의 의사·의결 정족수 요건[421]보다 강화된 요건[422]이 반영된 경우에는 집합투자자총회 개최·결의를 면제할 수 있다는

418) 일부 환매연기를 한 집합투자기구에 대해 계정분리를 하기로 결정한 경우, 그 집합투자기구 내에는 실질적으로 두 개의 집합투자재산과 그에 따른 두 개의 집합투자증권이 존재하게 되며, 각각의 집합투자증권에 대해 기준가격을 산정하게 된다(실제로는 정상집합투자재산의 집합투자증권에 대해서만 기준가격이 산정될 것이다). 연기집합투자재산의 집합투자증권에 대해서는 환매연기사유가 해소될 때까지 환매를 중단하고 신규 판매도 하지 않게 된다. 정상집합투자재산의 집합투자증권에 대해서는 정상적으로 환매를 하게 된다. 이 경우 집합투자규약에서 정한 방법으로 그 기준가격을 계산하여 투자자가 소유하고 있는 집합투자증권의 지분에 따라 환매대금을 지급하여야 한다. 따라서 집합투자업자는 혹시 발생할 수도 있는 일부 환매연기에 대비하여 집합투자기구를 설정·설립할 때 집합투자규약에 계정분리, 기준가격 산정 등에 관한 사항을 미리 기재해 놓아야 할 것이다.

419) 연기집합투자재산만으로 별도의 집합투자기구를 설정·설립하는 것을 말한다. 연기집합투자재산으로 구성되는 집합투자기구는 환매연기사유 해소 시까지 환매가 중단되며, 신규판매도 중단된다. 정상집합투자재산으로 구성되는 집합투자기구는 정상적으로 환매 및 신규판매를 하게 된다.

420) 일부환매연기의 대표적인 사례로는 1999년의 대우채 편입 펀드의 환매연기, 2003년의 SK 글로벌 채권 편입펀드의 환매연기를 들 수 있다. 대우채 환매연기 펀드의 경우 이후 펀드 분리로 이어진 바 있다.

421) 출석한 수익자의 의결권의 과반수와 발행된 집합투자증권 총수의 4분의 1 이상

422) 예시: 투자자 전원 동의 또는 발행된 집합투자증권 총수의 3분의 2 이상의 동의 등.

것이 감독당국의 입장이다.[423)]

4. 환매연기등의 통지

집합투자업자는 다음 중 어느 하나에 해당하는 사유가 발생한 경우 해당 집합투자증권을 판매한 판매회사에게 즉시 이를 통지하여야 하며 그 사유가 해소된 경우에는 해당 집합투자증권을 판매한 판매회사에게 이를 즉시 통지하여야 한다(법 제92조).

ⓐ 법 제237조제1항에 따라 집합투자증권의 환매를 연기한 경우(법 제230조에 따른 환매금지형집합투자기구의 만기를 변경하거나 만기상환을 거부하기로 한 경우를 포함한다),[424)]

ⓑ 법 제240조제3항에 따른 집합투자기구에 대한 회계감사인의 감사의견이 적정의견이 아닌 경우,[425)]

ⓒ 기타 투자자에게 미치는 영향이 중대한 사유로서 대통령령으로 정하는 경우.

5. 환매연기등 사유 발생 시 판매중단

일반투자자가 포함된 일반사모집합투자기구에는 법 제76조제2항이 적용되므로, 판매회사가 집합투자업자로부터 환매연기나 만기변경등의 통지를 받은 경우에는 해당 집합투자증권을 판매하여서는 아니 된다. 다만, 집합투자업자로부터 환매연기등의 사유가 해소된 사실을 통지[426)]받은 경우에는 판매를 다시 시작할 수 있다(법 제249조의8 제2항제1호, 법 제76조제2항).

일반투자자가 포함되지 않은 일반사모집합투자기구의 경우도 환매연기사유가 발생한 경우에는 판매중단이 필요하므로 앞에서 본 바와 같이 이러한 내용을 집합투자규약에 미리 반영해 놓을 필요가 있다.

제3절 집합투자증권의 판매·환매와 관련한 다른 법률의 규제

집합투자증권을 판매하는 경우에는 금융소비자보호법 및 자본시장법상 판매규제

---

423) 금융위원회 법령해석회신문(230081).

424) 법 제237조는 일반투자자가 포함된 일반사모집합투자기구에는 적용되지만 일반투자자가 포함되지 않은 일반사모집합투자기구에는 적용되지 않는다. 앞에서 본 바와 같이 일반투자자가 포함되지 않은 일반사모집합투자기구의 경우도 집합투자규약에 환매연기에 관한 사항을 기재하여야 하므로, '법 제237조제1항에 따라 집합투자증권의 환매를 연기한 경우'는 '집합투자규약에 따라 환매를 연기한 경우'로 이해하여야 할 것이다.

425) 일반투자자가 포함된 일반사모집합투자기구만 해당할 것이다.

426) 법 제92조제1항제1호·제2호(법 제186조제2항에서 준용하는 경우 포함)에 따른 통지를 받은 경우로 한정.

외에도 금융실명거래 및 비밀보장에 관한 법률, 특정금융거래보고법, 조세정보교환협정 등의 규제를 적용받는다. 집합투자증권을 환매하는 경우에도 마찬가지다.

일반사모집합투자업자가 별도의 외부 판매회사(투자매매중개업자)를 통해 일반사모집합투자증권을 판매하는 경우에는 당해 판매회사가 이러한 규제를 적용받지만, 일반사모집합투자업자가 직접판매하는 경우에는 당해 일반사모집합투자업자가 적용대상이 된다.

제1관 금융실명법

금융실명거래 및 비밀보장에 관한 법률(이하 '금융실명법') 제3조는 금융회사등으로 하여금 거래자의 실지명의로 금융거래를 하도록 규정하고 있다.[427] 따라서 집합투자증권의 판매회사는 투자자와 집합투자증권의 판매·환매거래를 하는 경우에는 투자자의 실지명의[428]를 확인하여야 하고,[429] 투자자에게 불법 차명거래가 금지된다는 사실을 설명하여야 한다. 실명거래 확인업무는 다른 금융회사등에게 위탁할 수 있다(금융실명법 제3조).

판매회사가 불법 차명거래를 알선·중개하는 행위는 금지되며 위반 시 형사처벌을 받는다(금융실명법 제6조).

제2관 특정금융거래보고법(Anti-Money Laundering)

판매회사는 집합투자증권의 판매·환매 등의 거래를 하는 경우 관련 법에 따른 자금세탁방지규제를 준수하여야 한다.

첫째, '특정금융거래정보의 보고 및 이용 등에 관한 법률'(이하 '특정금융거래보고법')에 따라 ⓐ 자금세탁 관련 특정금융거래보고 등의 의무를 준수해야 하고, ⓑ 이러한 보고 등의 의무 준수를 위한 내부보고체계를 구축하여야 한다.

둘째, '범죄수익 은닉의 규제 및 처벌 등에 관한 법률'에 따라 범죄수익의 은닉·가장행위를 알게 된 경우 지체 없이 관할수사기관에 즉시 신고하여야 한다.[430]

---

427) 실명이 확인된 계좌에 의한 계속거래등은 실지명의를 확인하지 않아도 된다(금융실명법 제3조제2항).

428) 개인의 경우 주민등록표에 기재된 성명 및 주민등록번호(재외국민의 경우 여권에 기재된 성명 및 여권번호), 법인의 경우 사업자등록증에 기재된 법인명 및 등록번호(사업자등록증을 교부받지 않은 경우 납세번호를 부여받은 문서에 기재된 법인명 및 납세번호).

429) 실명거래의 확인방법등은 금융실명법시행령 제3조 및 제4조의2에서 구체적으로 규정하고 있다.

430) 특정금융거래보고법 제2조제1호에 따른 금융회사등에 종사하는 사람은 동법 제2조제2호에

이하에서는 특정금융거래보고법에 따른 규제내용을 살펴본다.

(집합투자업자) 집합투자업자가 자신이 운용하는 집합투자기구의 집합투자증권을 직접판매하는 경우에는 자금세탁방지규제를 준수하여야 한다.

유의할 사실은 집합투자업자가 판매회사를 통하여 집합투자증권을 판매하는 경우에도 자금세탁방지의무를 수행해야 할 법적의무가 존재한다는 점이다. 다만, 이 경우에는 '자금세탁방지 및 공중협박자금조달금지에관한업무규정' 제52조상 제3자(판매회사)를 통한 고객확인제도를 활용하는 것이 가능하다.[431]

1. 특정금융거래보고 등

(의심거래보고의무, STR: Suspicious Transaction Report**)** 금융거래와 관련하여 수수한 재산이 불법재산이라고 의심되는 합당한 근거가 있거나 금융거래상대방이 자금세탁행위나 테러자금조달행위를 하고 있다고 의심되는 합당한 근거가 있는 경우 금융정보분석원장에게 보고하여야 한다(특정금융거래보고법 제4조).

(고액현금거래보고의무, CTR: Currency Transaction Report**)** 동일 금융기관에서 동일인이 1 거래일 동안 1천만원 이상의 현금을 지급하거나 영수한 경우(입금과 출금 각각 따로 1,000만원 기준)에는 그 사실을 30일 이내에 금융정보분석원장에게 보고하여야 한다(특정금융거래보고법 제4조의2, 동법시행령 제8조의2 제1항·제2항).

(고객확인의무, CDD: Customer Due Diligence**)** 금융거래를 이용한 자금세탁행위를 방지하기 위하여 합당한 주의를 기울여 고객을 확인하여야 한다(특정금융거래보고법 제5조의2). 즉, 신규계좌개설이나 1천만원 이상 1회성 거래를 하는 경우에는 고객의 신원사항[432]을 확인하여야 하고, 자금세탁행위를 할 우려가 있는 경우에는 고객신원사항 외에 실제 당사자 여부와 금융거래목적을 확인하여야 한다.

2. 내부보고체계 구축 등

금융회사등은 자금세탁행위를 효율적으로 방지하기 위하여 다음과 같은 내부

따른 금융거래와 관련하여 수수한 재산이 범죄수익등이라는 사실을 알게 되었을 때 또는 금융거래의 상대방이 범죄수익등의 은닉 및 가장행위를 하고 있다는 사실을 알게 되었을 때에는 다른 법률의 규정에도 불구하고 지체 없이 관할수사기관에 신고하여야 한다(범죄수익규제법 제5조).

431) 금융정보분석원 유권해석, 금융투자회사(자산운용)의 Compliance Manual(2022.12. 220면).

432) 고객의 실지명의 외에 주소와 연락처 등도 포함된다.

보고체계를 구축하여야 하며(특정금융거래보고법 제5조제1항 내지 제3항), 임직원이 직무를 수행할 때 자금세탁방지 절차 및 업무지침을 준수하는지 여부를 감독하여야 한다(특정금융거래보고법 제5조제4항). 그리고 금융정보분석원이 매년 2회(반기) 실시하는 자금세탁방지(AML: Anti-Money Laundering)제도 이행평가를 수행해야 한다.

ⓐ 보고업무를 담당할 보고책임자 임명[433] 및 내부보고체제의 수립,

ⓑ 자금세탁방지를 위한 절차 및 업무지침의 작성 및 운용,[434]

ⓒ 자금세탁방지를 위한 임·직원의 교육 및 연수.

제3관 조세조약 이행규정

한국과 미국 정부 간에 체결한 'FATCA협정'[435], '다자간 금융정보 자동교환 협정'[436] 등의 이행을 위해 기획재정부가 제정한 것이 '정기 금융정보 교환을 위한 조세조약 이행규정'(이하 '이행규정')[437]이다. 이행규정에서는 '보고 금융회사'(즉, 규제대상자)의 국세청 등록의무, 투자자에 대한 실사의무, 보고대상 금융계좌정보의 관할세무서 제출의무를 규정하고 있다.

집합투자업자는 '보고 금융회사'에 해당한다. 집합투자기구(펀드)도 FATCA협정 이행과 관련하여서는 집합투자업자와 별도로 '보고 금융회사'에 해당할 수 있지만, 일정한 CIV(Collective Investment Vehicle) 요건[438]을 충족하는 집합투자기구는 이행 간주

---

433) 보고책임자를 임면한 금융회사는 특금법 감독규정 별지 제3호 서식의 보고책임자 임면통보서에 의하여 당해 내용을 금융정보분석원 홈페이지를 통해 등록하여야 한다.
준법감시인이 보고책임자를 겸직할 수 있고, 겸직시 보고책임자 임명요건등 적용을 제외한다(2023.7.20. 제도개선안 발표).

434) 금융회사등은 독립된 부서 또는 외부 전문기관을 통해 주기적으로(매년 1회 이상) 자금세탁방지업무 수행의 적절성·효과성을 검토·평가하고 이에 따른 취약점을 개선하기 위한 독립적 감사업무 체계를 마련·운영해야 한다(특정금융거래보고법 제5조제3항제2호).

435) 미국이 2010년 3월에 제정(시행: 2013년 1월)한 해외금융계좌과세신고법(FATCA)에 따라 한국정부와 미국정부 간에 2015.6에 체결된 '대한민국정부와 미합중국정부 간의 국제 납세의무 준수 촉진을 위한 협정'을 말한다. FATCA(Foreign Account Tax Compliance Act: 해외금융계좌과세신고법)란 미국납세자의 해외자산 및 투자에 대한 세금(소득세 및 법인세) 징수를 위한 정보수집을 목적으로 미국인(미국거주자) 혹은 미국인이 주요주주인 법인이 보유하는 해외금융계좌에 대해 해당 계좌를 개설한 해외금융기관으로 하여금 계좌정보와 거래정보를 미국국세청(IRS)에 보고하도록 하는 법을 말한다.

436) 2014년 10월에 OECD가 마련한 공통보고기준(Common Reporting Standard: CRS)에 따라 체결한 다자간 협정을 말한다.

437) 기획재정부 고시 제2017-3호.

438) 우리나라에서 설립된 집합투자기구로서 모든 지분(미화 5만 달러를 초과하는 채권지분 포함)이 다음의 어느 하나의 자에 의하여 또는 다음의 어느 하나의 자를 통하여 보유되는 경우: ⓐ 적용면제 실질소유자, ⓑ 능동적 비금융단체, ⓒ 특정미국인이 아닌 미국인, ⓓ FATCA 비참여 금융회사가 아닌 금융회사.

금융회사로 분류되어 사실상 규제를 받지 않는다(동이행규정 제3조, 제21조, 제22조제2항제8호). '집합투자업자'와 위의 'CIV 요건을 충족하지 못하는 집합투자기구'는 '보고 금융회사'에 해당하므로 아래의 보고의무등을 준수하여야 한다.

첫째, 보고대상 미국계좌를 관리하는 경우에는 미국국세청에 등록한 후 해당 금융회사의 법인명·글로벌 금융기관 등록번호 등을 한국국세청에 보고하여야 한다. 보고대상 미국계좌를 관리하지 않는 경우에는 당해 금융회사의 법인명등을 한국 국세청장에게 보고하면 된다(동이행규정 제17조).

둘째, 보고 금융회사는 기존계좌('15.12.31 현재 관리하고 있는 금융계좌. 관리대상 미국계좌의 경우는 '14.6.30 기준) 및 신규계좌('16.1.1. 이후 개설되는 계좌. 미국계좌의 경우는 '14.7.1. 기준)에 대한 실사의무를 이행하여야 한다(동이행규정 제7조).

셋째, 보고 금융회사는 매년 말을 기준으로 보고대상 금융계좌정보를 익년 6월 30일까지 납세지 관할 세무서장에게 제출하여야 한다. 해당 보고기간 동안 보고대상인 금융계좌가 없는 경우에는(보고 제외 계좌만을 관리하고 있는 경우 포함) 보고할 대상이 없다는 보고를 하여야 한다(동이행규정 제16조).

제5장 집합투자재산의 운용(1)

제1절 개설

집합투자재산의 운용과 관련하여서는 자본시장법 제79조 내지 제87조, 그리고 제93조 및 제94조에서 규정하고 있다.

즉, 제79조에서 선관의무 및 충실의무를, 제80조에서 자산운용의 지시 및 실행방법을, 제81조에서 동일종목 투자한도등 자산운용 제한사항을, 제82조에서 자기집합투자증권의 취득제한을, 제83조에서 금전차입·금전대여·채무보증·담보제공의 제한을, 제84조에서 이해관계인과의 거래제한을, 제85조에서 불건전영업행위 금지를, 제87조에서 의결권등을 규정하고 있다.[439] 그리고 제93조에서는 파생상품 운용 관련 특례를, 제94조에서는 부동산 운용 관련 특례를 정하고 있다.

제1관 일반사모집합투자기구의 경우

일반사모집합투자기구에는 법 제81조, 법 제82조, 법 제83조, 법 제93조 및 법 제94조[440]가 적용되지 않는다(법 제249조의8 제1항).[441] 한편, 일반사모집합투자기구의 집합투자재산 운용과 관련하여서는 법 제249조의7 제1항 및 제2항에서 별도로 규정

---

439) 법 제86조는 성과보수의 제한에 관한 규정으로 일반사모집합투자기구에도 적용된다(법 제249조의8 제1항). 성과보수 제한에 관한 사항은 집합투자재산의 운용과 직접 관련이 없어 일반사모집합투자기구의 설정·설립 부분의 집합투자규약에서 다루었다(제2편제2장제5절 참조).

440) 다만, 법 제94조제5항(투자신탁재산으로 부동산을 취득하는 경우 부동산등기법 제81조를 적용할 때 그 신탁원부에 수익자를 기록하지 않을 수 있다)은 일반사모집합투자기구에도 적용된다.

441) 일반사모집합투자기구의 경우 주된 투자대상을 기준으로 하는 집합투자기구의 종류 구분에 관한 규제(법 제229조)가 적용되지 않으므로 집합투자기구의 종류별 관련 자산 최저투자제한 등의 규제도 적용받지 않는다. 하지만, 일반사모집합투자기구의 명칭에 주된 투자대상 자산을 명기하고자 하는 경우에는 최소한 해당 자산의 투자비중이 법 제229조에서 정하고 있는 최저투자비중 이상이 되어야 할 것이다.

하고 있다. 즉, 동조 제1항에서는 레버리지 사용 규제를, 제2항제1호·제2호에서는 부동산 조기처분제한을, 제2항제3호·제4호에서는 금전등 대여 규제를, 제2항제5호에서는 투자목적회사 유사법인 이용금지를, 제5항에서는 경영참여투자 시 피투자기업 지분처분 관련 규제를, 제6항에서는 의결권 행사 규정(제87조)에 대한 특례를 규정하고 있다. 한편, 법 제249조의13에서 규정하는 투자목적회사는 일반사모집합투자기구에도 적용된다.

이 책에서는 이해의 편의를 돕기 위해 일반사모집합투자기구의 집합투자재산 운용과 관련한 사항을 집합투자재산의 운용(Ⅰ), 집합투자재산의 운용(Ⅱ), 관계인거래, 불건전영업행위의 네 가지 범주로 구분하여 보기로 한다.

집합투자재산의 운용(Ⅰ)에서는 집합투자업자의 선관의무·충실의무(제79조), 자산운용의 지시 및 실행(제80조), 의결권 행사(제87조, 제249조의7 제6항)에 대해 살펴본다.

집합투자재산의 운용(Ⅱ)에서는 레버리지 사용 규제(제249조의7 제1항), 부동산투자 관련 규제(제249조의7 제2항제1호·제2호), 금전등 대여 규제(제249조의7 제2항제3호·4호), 경영참여투자 관련 규제(제249조의7 제5항)에 대해 살펴본다.

관계인거래에서는 제84조의 이해관계인과의 거래제한에 관한 내용과 함께 제85조 불건전영업행위 중 관계인거래의 범주에 속하는 제2호(관계인수인이 인수한 증권의 매수 제한)·제5호(운용사와 펀드 간, 펀드와 펀드 간 거래 제한)에 대해 살펴본다.

불건전영업행위에서는 불건전영업행위의 금지를 규정하고 있는 법 제85조(제2호 및 제5호 제외), 영 제87조, 규정 제4-59조 내지 제4-64조의 내용을 살펴본다.

제2관 투자목적회사

법 제249조의13에 따른 투자목적회사는 종전에는 경영참여형사모집합투자기구에만 적용되었으나, 2021년 자본시장법 개정으로 기관전용사모집합투자기구와 일반사모집합투자기구 모두에 적용되는 것으로 변경되었다.

이와 함께 일반사모집합투자업자가 자본시장법 제7장(사모집합투자기구등에 대한 특례)의 규제를 회피할 목적으로 법 제249조의13에 따른 투자목적회사가 아닌 법인으로서 이와 유사한 목적·형태를 가진 법인을 설립·이용하는 행위를 금지하는 규정(법 제249조의7 제2항제5호)도 신설되었다.

투자목적회사에 관한 구체적인 내용은 편의상 기관전용사모집합투자기구 편(제4편 제5장제3절)에서 상세히 보기로 한다.

(개정법령 시행일 이전의 투자목적회사) 개정법령 시행일(2021.10.21.) 전에 일반사모집합투자기구가 투자한 투자목적회사는 개정법령(법 제249조의13) 요건을 갖추지 못한 경우에도 법 제249조의13에 따른 투자목적회사로 간주하여 운영한다. 다만, 해당 투자목적회사에 대한 개정법령 시행일 이후 일반사모집합투자기구의 추가투자는 법 제249조의13의 요건에 적합한 방식으로만 가능하다.[442)]

제3관 기타

(로보어드바이저) 2019년 자본시장법시행령 개정으로 전자적 투자조언장치(소위 '로보어드바이저')에 의한 집합투자재산운용이 허용됨에 따라 소위 '로봇펀드'가 출현할 수 있게 되었다.[443)]

(참고사항) 일반사모집합투자기구에도 적용되는 자본시장법상의 집합투자재산 운용 관련 규정들은 대부분 개방형·공모·증권펀드를 전제로 하는 것이므로, 증권펀드가 아닌 펀드(부동산펀드, 특별자산펀드 등)에는 실질적인 규제의미가 없거나 그대로 적용하기에 합리적이지 않은 경우가 있다. 예컨대, 집합거래규정(법 제80조제1항 단서·제3항·제4항)은 다수의 증권펀드를 운용하는 경우에 적용되는 규정이므로 부동산펀드 등에는 사실상 해당 사항이 없다. 관계인거래규정(법 제84조), 불건전영업행위규정(법 제85조) 및 의결권 행사 규정(법 제87조)도 증권펀드를 상정하고 만들어진 것이어서 부동산펀드등에는 그대로 적용하기에 적합하지 않은 내용이 적지 않다.[444)]

제2절 선관주의의무 및 충실의무

집합투자업자는 투자자에 대하여 선량한 관리자의 주의로써 집합투자재산을 운용하여야 하며, 투자자의 이익을 보호하기 위하여 해당 업무를 충실하게 수행하여야 한다(법 제79조).

자본시장법은 금융투자업자의 영업행위에 관한 통칙규정인 제37조에서 금융투자업자의 신의성실의무등을 규정하는 것과 별도로 제79조(집합투자업자), 제96조(투자자문·

---

442) 금융위원회·금융감독원·금융투자협회, 사모펀드 제도개편 관련 주요 질의응답(2021.10).

443) 투자운용인력이 아닌 자에게 펀드운용을 하게 하는 행위는 불건전영업행위의 하나로 금지되는데(법 제85조제7호), 전자적 투자조언장치에 대해서는 예외가 인정된다(영 제87조제1항 제5호). 전자적 투자조언장치에 의한 투자일임은 2017.5.8. 자본시장법시행령 개정으로 먼저 허용된 바 있다.

444) 부동산펀드와 그 운용사 간의 거래에 대한 예외 허용범위를 보면, 부동산투자회사법에 비해 자본시장법이 좁게 설정되어 있다. 자세한 내용은 관계인거래 부분에서 살펴보기로 한다.

일임업자) 및 제102조(신탁업자)에서 금융투자업자별로 선관주의의무 및 충실의무를 따로 규정하고 있다. 이는 집합투자업자등이 투자자의 자금을 맡아서 대신 운용하는 소위 '자금 수탁자적 지위'에 있는 점을 고려하여 이들의 선관의무 및 충실의무를 특별히 강조하기 위한 것으로 이해할 수 있다.

제1관 선관주의의무 및 충실의무의 구체적 내용

자본시장법 제79조의 집합투자업자의 선관의무 및 충실의무는 매우 일반적이고 포괄적으로 규정되어 있으므로 그 내용은 판례와 학설을 통해 구체화될 수밖에 없다. 이와 관련하여서는, 학설과 판례를 통해 그 내용이 상대적으로 많이 구체화되어 있는 '이사의 회사에 대한 주의의무와 충실의무'에 관한 해석을 집합투자업자의 선관주의 의무와 충실의무에도 준용하는 경향이 있다. 이는 수임인(위임관계)이나 수탁자(신탁관계)에게 요구되는 주의의무와 충실의무의 기본적인 속성은 그 법률관계의 특성에도 불구하고 다르지 않다는 것을 전제로 한 것으로 이해된다. 그러나 수임인이나 수탁자에게 요구되는 주의의무와 충실의무의 내용은 해당 법률관계의 내용과 성격에 따라 그 외연과 정도에 차이가 있다. 집합투자업자는 자산운용 전문가라는 것을 표시하여 다수의 투자자로부터 모은 자금을 운용하는 자금 수탁자적 지위에 있으므로 그 선관의무와 충실의무의 내용도 그에 맞게 적절히 구체화될 필요가 있다.

집합투자업자의 선관의무 위반 또는 충실의무 위반은 손해배상책임으로 연결될 수 있으므로 투자자의 사후구제의 실효성 제고를 위해서나 집합투자업자의 법률위험 방지를 위해서나 그 범위와 내용이 가급적 객관적으로 확정되는 것이 바람직하다. 우리와 같은 고민을 거쳐 집합투자업자의 선관의무와 충실의무를 비교적 구체적으로 성문법에서 규정하고 있는 독일이나 미국 등 외국의 관련 법 내용이 자본시장법 제79조의 해석에 있어 도움이 될 수 있을 것으로 생각된다.[445] 이들 나라에서 법령

445) 이러한 목적으로는 독일의 투자법(KAGB: Kapitalanagegesetzbuch), 미국의 통일신중투자자법(UPIA: Uniform Prudent Investor Act), 유럽연합의 대체투자펀드운용자지침(AIFMD: Alternative Investment Fund Manager Directive)이 유용할 것으로 생각된다. 특히, 유럽연합의 대체투자펀드운용자지침은 사실상 사모펀드운용자를 규제대상으로 한다는 점에서 의미가 있는데, 동 지침에서는 대체투자펀드운용자의 수탁자(fiduciary)로서의 일반적인 의무를 다음과 같이 규정하고 있다: ⓐ 전문성·주의·성실성을 가지고 정직하게 그리고 공정하게 행위하고, ⓑ 대체투자펀드 혹은 그 투자자의 최선의 이익 및 시장 건전성에 최선의 이익이 되도록 행위해야 하며, ⓒ 영업을 적절히 수행할 수 있도록 자원과 절차를 효율적으로 구비하고, ⓓ 이익상충 회피를 위해 모든 합리적 조치를 취해야 하고, 불가피한 경우 그 내용을 명확히 하여 관리·감시해야 하고, 가능한 경우 이를 공시해야 하며, ⓔ 특정 투자자에 대한 특별대우가 펀드서류에 공시되어 있지 않는 한 모든 대체투자펀드 투자자를 공정하게 취급하여야 한다[Article 12(1)].

또는 판례를 통해 집합투자업자의 선관의무 및 충실의무의 구체적 내용으로 비교적 공통적으로 제시되고 있는 것으로는 투자자의 최선이익 고려의무, 이해상충 방지의무, 중요사실의 공개의무, 최선집행의무, 투자자 공정대우의무 등이 있다.

(선관주의의무 관련 판례) 집합투자업자의 집합투자재산 운용단계에서의 주의의무와 관련한 대법원 판결에 따르면, 자산운용사는 가능한 범위 내에서 수집된 정보를 바탕으로 신중하게 집합투자재산을 운용함으로써 투자자를 보호하여야 할 의무가 있고, 구체적으로 어떻게 운용하여야 하는지는 관계법령, 투자신탁약관의 내용, 그 시점에서의 경제상황 및 전망 등의 제반사정을 종합적으로 고려하여 판단하여야 한다(대법원 2018. 9. 28. 선고 2015다69853 판결). 다만, 집합투자는 자기책임원칙과 실적배당주의를 본질로 하므로 자산운용사에게 회사법상의 경영판단원칙에 준하는 재량을 부여하여 자산운용사가 가능한 범위 내에서 수집된 정보를 바탕으로 집합투자재산의 최상의 이익에 합치된다는 믿음을 가지고 신중하게 집합투자재산의 운용에 관한 지시를 하였다면 선량한 관리자로서의 책임을 다한 것이라고 할 것이고 설사 그 예측이 빗나가 집합투자재산에 손실이 발생하였다고 하더라도 그것만으로 자산운용단계에서의 선관주의의무를 위반한 것이라고 할 수 없다. 한편, 그 판단의 시점은 행위 당시로 보아야 하고 사후적 판단을 하여 결과책임을 지워서는 안 된다(대법원 2003. 7. 11. 선고 2001다11802 판결; 대법원 2013. 11. 28. 선고 2011다96130 판결 등).

한편, 재간접펀드에서의 자산운용사의 선관주의의무와 관련한 대법원 판결에 따르면, 재간접펀드의 자산운용사는 재간접펀드에 대해서는 자산운용자로서의 지위에 있지만 재간접펀드가 투자하는 펀드에 대해서는 수익자로서의 지위에 있을 뿐이므로, 재간접펀드가 투자하는 간접투자기구의 투자신탁재산 운용에 대한 재간접펀드의 자산운용사의 개입과 통제는 제한적일 수밖에 없다. 따라서 재간접펀드를 운용하는 자산운용사의 선관주의의무등을 판단함에 있어서 이러한 재간접펀드에서의 자산운용에 관한 특수성이 고려되어야 한다(대법원 2014. 8. 20. 선고 2012다201960 판결).

제2관 스튜어드십코드(Stewardship Code)446)

1. 스튜어드십코드 개요

스튜어드십코드란 기관투자자447)가 타인의 자산을 관리·운용하는 수탁자로서 책임을 다하기 위해 이행해야 할 원칙과 기준을 말하는데, 정확한 명칭은 "기관투자자의 수탁자 책임에 관한 원칙"이다.448) 스튜어드십코드는 7개의 세부원칙과 각 세부원칙에 대한 안내지침으로 구성되어 있다.449)

스튜어드십코드는 법적 구속력이 없어 코드의 수용과 이행에 자율적으로 참여할 것을 천명한 기관투자자등에게만 적용되며, '원칙준수·예외설명'(comply or explain)의 연성규범(soft law) 형식이어서 7개 원칙에 모두 가입하지 않고 자신들의 투자정책과

---

446) 스튜어드십코드는 민간기구인 '한국 ESG 기준원'(2022년 9월 한국기업지배구조원에서 개칭)이 2016.12.19. 제정하였다.
2024년말 현재 239개의 기관투자자(국민연금등 4대 연기금, 자산운용회사 133개 등)가 스튜어드십코드에 가입한 것으로 파악된다. 참고로, 국민연금은 2018년말 스튜어드십코드를 도입하고 국민연금기금 수탁자책임에 관한 원칙을 제정한 바 있다. 국민연금기금운용위원회 산하 수탁자책임전문위원회가 수탁자책임 활동과 관련한 기금운용위원회의 의사결정을 지원하고 기금의 책임투자 및 주주권행사에 대한 주요사항 검토 및 결정등의 역할을 수행한다.

447) 스튜어드십코드는 타인의 자산을 관리·운용하는 기관투자자를 자산소유자(연기금등)와 자산운용자(집합투자업자등)로 구별한다. 자산운용자는 자산운용, 대상회사와의 대화 등을 통해 일상적으로 수탁자책임 활동을 이행하게 된다. 자산소유자는 기본 원칙을 제시하고 지시·평가 등 수단을 활용해 집합투자업자등이 효과적인 점검·관여 활동을 수행하도록 하는 방식으로 수탁자책임을 이행하게 된다.

448) 스튜어드십코드는 타인의 자산을 관리·운용하는 수탁자가 스튜어드(steward: 청지기)의 입장에서 적극적인 주주권리 행사 등을 통해 투자대상기업의 가치를 제고하고 선량한 감시자의 역할을 수행하기 위한 행동강령이라고 할 수 있다. 2002년 호주를 필두로 네덜란드·독일·영국·일본·말레이시아등이 스튜어드십 코드를 제정하였다.

449) 스튜어드십코드의 7개 세부원칙은 다음과 같다.
원칙1. 기관투자자는 고객, 수익자 등 타인 자산을 관리·운영하는 수탁자로서 책임을 충실히 수행하기 위한 명확한 정책을 마련해 공개하여야 한다.
원칙2. 기관투자자는 수탁자로서 책임을 이행하는 과정에서 실제 직면하거나 직면할 가능성이 있는 이해상충 문제를 어떻게 해결할지에 관해 효과적이고 명확한 정책을 마련하고 내용을 공개하여야 한다.
원칙3. 기관투자자는 투자대상회사의 중장기적 가치를 제고하여 투자자산의 가치를 보존하고 높일 수 있도록 투자대상회사를 주기적으로 점검하여야 한다.
원칙4. 기관투자자는 투자대상회사와의 공감대 형성을 지향하되, 필요한 경우 수탁자책임 이행을 위한 활동 전개 시기와 절차, 방법에 관한 내부지침을 마련해야 한다.
원칙5. 기관투자자는 충실한 의결권 행사를 위한 지침·절차·세부기준을 포함한 의결권 정책을 마련해 공개해야 하며, 의결권 행사의 적정성을 파악할 수 있도록 의결권 행사의 구체적 내용과 그 사유를 함께 공개해야 한다.
원칙6. 기관투자자는 의결권 행사와 수탁자책임 이행활동에 관해 고객과 수익자에게 주기적으로 보고해야 한다.
원칙7. 기관투자자는 수탁자책임의 적극적이고 효과적인 이행을 위해 필요한 역량과 전문성을 갖추어야 한다.

사업모델에 부합하는 원칙만 선택하여 가입할 수도 있다. 정부나 금융당국이 지나치게 기관투자자의 투자행위에 개입해 의무가입을 요구하는 것은 시장 자율을 침해할 수 있다는 점에서 앞서 스튜어드십코드를 도입한 다른 나라들도 동일한 방식을 적용하고 있다. 그리고 스튜어드십코드는 한국 상장회사 주식에 투자한 국내외 기관투자자에 적용된다.[450)]

(한국 스튜어드십코드 가이드라인) 한국ESG기준원은 기관투자자의 스튜어드십코드 참여 및 이행을 돕기 위해 2017년에 한국 스튜어드십코드 해설서를 발간한 바 있다.[451)] 이후 2024년 3월에 동해설서의 명칭을 '한국 스튜어드십코드 가이드라인'으로 변경하는 한편, '스튜어드십코드 원칙3'의 안내지침에 대한 설명에 기업밸류업에 관한 내용을 추가하였다.[452)]

(스튜어드십코드 관련 법령해석집) 집합투자업자가 스튜어드십코드에 참여하여 적극적으로 수탁자책임 이행활동을 수행하게 되면 그 과정에서 미공개정보이용행위 등과 같은 법령 위반행위가 발생할 소지가 높아진다. 이에 금융위원회는 기관투자자들이 스튜어드십코드 이행 과정에서 당면할 수 있는 법규(내부자거래, 5% 보고등) 위반 소지 해소를 목적으로 법령해석집을 마련하여 배포한 바 있다.[453)]

2. 스튜어드십코드와 집합투자업자

집합투자업자가 스튜어드십코드에 참여하려면 원칙·안내지침 중 이행할 항목, 원칙·안내지침의 구체적인 이행방법, 펀드별 원칙 적용 여부 및 적용수준[454)] 등을

450) '원칙'의 참여를 제한하는 명시적인 규정이 없으므로 해외상장회사만을 투자하는 국내기관투자자나 국내비상장회사에만 주로 투자하는 사모펀드등도 '원칙'에 참여할 수 있다. 또한, 수탁자의 성격을 갖는 기관이거나 이들을 지원하는 기관 등(투자자문회사, 의결권자문회사 등) 국내 자본시장에 참여하는 누구나 별다른 제약없이 '원칙'에 참여하여 적용받을 수 있다.

451) 한국ESG기준원, 한국 스튜어드십코드 제1차 해설서(2017.6.9.).

452) 원칙3의 안내지침에 대한 설명에 "기관투자자에게 '투자대상회사가 기업가치를 중장기적으로 향상시키기 위한 전략을 수립·시행·소통하고 있는지'를 점검할 필요가 있음"을 명시하였다. 기관투자자들이 투자대상회사가 밸류업프로그램에 참여하고 있는지 점검하고 그렇지 않다면 참여를 독려할 수 있는 구체적인 근거를 마련한 것이다.

453) 금융위원회, 스튜어드십코드 관련 법령해석집(2017.6.9.), 동 법령해석집에서는, ⓐ 주주활동 과정에서 미공개중요정보를 취득·생성한 경우 내부자거래나 시장질서교란행위에 해당하지 않기 위한 행동요령과 ⓑ 주식등의 대량보유보고(5% 보고) 시 ① 보유목적을 '경영권에 영향을 주기 위한 것'으로 보고해야 하는 기준 및 ② 다수의 기관투자자가 '주식 공동보유'에 해당하는 것으로 보는 기준등을 제시하고 있다.

454) 스튜어드십코드는 자산소유자(연기금등)가 투자자인 집합투자기구에만 적용되는 것이 아니라 집합투자재산으로 상장주식을 보유하는 모든 집합투자기구에 적용된다.

결정하고 의결권 정책(의결권 행사규정)을 마련하여야 한다.[455]

스튜어드십코드 7개 세부원칙을 보면 이해상충에 관한 '원칙2'와 의결권 행사에 관한 '원칙5' 및 '원칙6'의 경우는 자본시장법령에도 이와 관련한 규정이 있다.[456] 하지만, 나머지 원칙들은 자본시장법령 및 금융투자업규정에서 명시적으로 규정하고 있지 않는 사항들이다. 나아가, 수탁자책임이행활동('원칙3' 및 '원칙4'에서 규정하는 '투자대상회사에 대한 주기적 점검 및 주주활동')은 집합투자업자의 선관의무·충실의무의 범주에 속하는 것으로 보기도 어렵다. 하지만 집합투자업자 스스로 스튜어드십코드 참여를 결정하여 공개하였다면 집합투자업자는 집합투자재산을 운용함에 있어 투자자와의 관계에서 해당 원칙을 준수하여야 할 것이다.

제3절 자산운용의 실행방법, 집합거래

제1관 자산운용의 실행방법

1. 거래 주체(거래 명의)[457]

(투자신탁) 투자신탁재산의 '운용'업무는 그 투자신탁의 집합투자업자가 수행한다(법 제184조제2항). 여기서의 '운용'은 투자신탁재산의 소유명의자인 신탁업자에 대한 '운용지시'를 의미한다. 이를 구체적으로 보면, 집합투자업자인 위탁자가 신탁업자에게 신탁재산의 운용지시를 하고 신탁업자는 그에 따라 투자·운용을 하게 된다(법 제9조제18항제1호). 즉, 신탁업자의 명의로 거래가 이루어지게 된다.

운용지시를 함에 있어서는 그 지시 내용을 전산시스템에 의하여 객관적이고 정확하게 관리할 수 있는 방법에 따라 투자신탁재산별로 투자대상자산의 취득·처분 등에 관하여 필요한 지시를 하여야 한다(법 제80조제1항 및 제5항, 영 제79조제1항). 여기서의 전산시스템이란 한국예탁결제원의 집합투자재산예탁결제시스템(FundNet)을 말한다.

---

455) 스튜어드십코드에 참여를 결정한 기관투자자는 각 세부원칙과 안내지침을 어떻게 이행할 것인지에 대한 구체적인 내용을 담은 "(스튜어드십코드)이행방침설명서"를 홈페이지에 게재하고 한국ESG기준원에 통지해야 한다. 한국ESG기준원의 홈페이지에서 스튜어드십코드 참여기관투자자를 확인할 수 있다.

456) 자본시장법 제44조는 집합투자업자가 집합투자업의 영위와 관련하여(즉, 펀드 운용등과 관련하여) 자신과 투자자, 특정투자자와 다른 투자자 간의 이해상충 관리에 관한 내용을 규정하고 있다. 그리고 자본시장법 제87조제7항 및 제8항은 집합투자재산인 주식의 의결권 행사의 공시·기록유지를 규정하고 있다.

457) 투자익명조합의 경우 집합투자업자 명의로 투자대상자산의 취득·처분등을 하게 되지만, 이후의 절차는 투자회사등의 경우와 동일하다.

(투자회사등) 투자회사등은 당해 집합투자기구의 명의로 투자대상자산의 취득·처분등을 하고 그 집합투자기구의 신탁업자에게 취득·처분등을 한 자산의 보관·관리에 필요한 지시를 하여야 한다. 투자회사등의 경우도 운용에 필요한 의사결정은 집합투자업자가 결정하지만 거래의 주체는 당해 투자회사등이므로 투자회사등의 명의로 거래가 이루어지게 된다.

투자회사등의 명의로 투자대상자산의 취득·처분등을 함에 있어서는 집합투자업자가 그 집합투자기구를 대표한다는 사실을 표시하여야 한다. 그리고 투자회사등의 명의로 투자대상자산의 취득·처분등을 하고 신탁업자에게 보관·관리에 필요한 지시를 함에 있어서는 예탁결제원의 FundNet에 의하여 객관적이고 정확하게 관리할 수 있는 방법에 따라 하여야 한다(법 제80조제5항, 영 제79조제1항).

2. 펀드별 운용

집합투자업자가 다수의 집합투자재산을 운용하는 경우에는 그 집합투자기구의 법적 형태와 관계없이 각각의 집합투자기구의 집합투자재산별로 운용하여야 한다.

3. 해외자산 운용의 경우

집합투자재산으로 해외자산에 투자하는 경우에도 위의 법 제80조(자산운용의 지시 및 실행)에 따라야 한다. 따라서 예탁결제원의 FundNet을 통해 집합투자업자가 운용지시(운용)를 하고 그에 따라 신탁업자가 취득·처분등(보관·관리)을 하여야 한다.

투자대상이 외화증권인 경우는 예탁결제원의 FundNet과 글로벌 네트워크서비스 제공기관인 옴지오(Omgeo)[458]의 시스템이 직접 연계되어 있어 국가 간 매매확인·운용지시도 국내에서와 동일한 방식으로 처리된다.[459] 다만, 외화증권의 보관·관리 및 결제사무가 당해 외국에서 이루어지기 때문에, 당해 외국에 소재하는 보관기관(custodian)을 따로 선임하여야 한다.

---

458) 국제증권거래에 있어 주문 후(post-trade)부터 결제 전(pre-settlement)까지의 매매확인(matching) 서비스를 제공하는 글로벌 네트워크서비스 제공기관으로서 전 세계에 43개국의 6천여개 자산운용회사·증권회사가 연계되어 있다. 참고로 Omgeo는 2001년에 미국의 예탁결제기관인 DTCC와 영국의 증권결제기관인 Thomson Financial(현 Thomson Reuters)가 합작하여 미국에서 설립되었다.

459) 예컨대 집합투자재산으로 외화증권에 투자하는 경우 관련 기관 간 운용사무 처리방법과 절차는 국내증권에 투자하는 경우와 다르지 않다. 중개회사가 해외증권사이고 외국의 보관기관(custodian)을 통해 외화증권의 보관·관리 및 결제가 이루어지므로 매매확인·운용지시 및 결제가 글로벌 네트워크를 통해 이루어지는 것뿐이다〔한국예탁결제원, 증권예탁결제제도 개정증보제4판, 박영사(2018), 506면 및 507면〕.

집합투자업자가 외국운용사에게 집합투자재산의 운용을 위탁하는 경우에는 당해 외국운용사가 매매확인, 운용지시 및 결제를 해당국의 결제시스템을 통해 처리한 후 그 결과를 옴지오(Omgeo)를 통해 예탁결제원에 통지하고, 예탁결제원은 FundNet을 통하여 이를 집합투자업자, 신탁업자 및 일반사무관리회사에게 전달하게 된다.[460]

제2관 집합투자업자 명의 거래

1. 총설

집합투자업자가 집합투자재산을 운용함에 있어서는 집합투자재산별로 신탁업자(투자신탁) 또는 집합투자기구(투자회사등) 명의로 투자대상자산의 취득·처분등을 하는 것이 원칙이다.

하지만 자본시장법은 집합투자재산의 효율적 운용을 위하여 불가피한 경우로서 대통령령에서 정하는 경우에는 예외적으로 집합투자업자의 명의로 거래를 하는 것을 허용하고 있다. 이는 거래의 신속성 확보와 규모의 경제에 따른 비용절감이 투자자의 이익에 부합한다는 것을 고려한 것이다.

집합투자업자가 자신의 명의로 집합투자재산으로 투자대상자산을 취득·처분등을 할 수 있는 경우는 법 제80조제1항 단서 및 영 제79조제2항에서 한정적으로 열거하고 있다.[461] 이런 예외적인 방식으로 자산을 취득·처분 등을 하는 경우에는 집합투자업자의 운용지시에 따라 신탁업자가 자산의 취득·처분 등의 거래를 수행하는 것이 아니라, 집합투자업자가 자신의 명의로(된 계좌를 통해) 자산의 취득·처분 등을 한 후 거래내역을 신탁업자에게 통보하면 신탁업자는 보관 중인 집합투자재산으로 집합투자업자가 행한 거래에 대한 결제만을 하게 된다.

2. 집합투자업자 명의 거래가 허용되는 경우

집합투자업자 명의로 취득·처분 등을 할 수 있는 경우(거래)는 집합투자규약에

---

460) 한국예탁결제원, 증권예탁결제제도 개정증보제4판, 박영사(2018), 507면 및 508면.

461) 종전의 증권투자신탁업법 하에서 투신업계는 투자신탁의 수탁회사를 신탁재산의 단순 보관자로 보았고 신탁재산의 처분권한을 가진 위탁회사(투자신탁운용사)가 증권투자신탁의 실질적 수탁자로서 신탁재산의 대외적 법률행위의 당사자가 되어야 한다는 전제 하에 신탁재산을 운용하는 것이 관행이었다. 그러나 2002년과 2003년에 대법원은 투자신탁에서 위탁회사와 수탁회사 간의 법률관계는 신탁법상의 신탁으로서 그 신탁재산의 소유자는 수탁회사이며 신탁재산에 관한 대외적 법률행위는 수탁회사를 통해서 해야 한다고 판결했다(대법원 2002. 11. 22. 선고 2001다49241 판결). 이에 따라 증권등 일부자산의 경우 위탁회사 명의로 직접 거래할 수 있는 근거규정(법 제80조)이 마련되었다.

다음 중 어느 하나에 해당하는 방법을 정하여 투자대상자산을 운용하는 경우다(영 제79조제2항, 규정 제4-49조):

ⓐ 증권시장이나 해외증권시장에 상장된 지분증권(지분증권 관련 예탁증권 포함)·수익증권·파생결합증권, 거래소 상장예비심사를 통과한 법인이 발행한 지분증권(지분증권 관련 예탁증권 포함)·수익증권·파생결합증권의 매매,

ⓑ 국내외에서 발행된 채무증권(국채, 지방채, 특수채, 2 이상의 신용평가기관으로부터 신용평가를 받은 사채, 기업어음증권[462], 단기사채[463])의 매매,

ⓒ 장내파생상품의 매매,

ⓓ 금융기관(법 제345조제1항 각 호)에 대한 30일 이내의 단기대출,

ⓔ 금융기관이 발행·할인·매매·중개·인수·보증하는 어음의 매매,

ⓕ 양도성예금증서의 매매,

ⓖ 외국환거래법에 따른 대외지급수단[464]의 매매,

ⓗ 환매조건부매매,

ⓘ 위험회피 목적의 장외파생상품 매매 또는 스왑거래로서 거래상대방과 기본계약을 체결하고 그에 따라 계속적으로 계약을 체결하는 경우(규정 제4-49조).

제3관 집합거래[465]

1. 총설

집합투자업자가 다수의 집합투자재산을 운용하는 경우에도 그 운용은 각각의 집합투자재산별로 하는 것이 원칙이다. 하지만 자본시장법은 집합투자재산의 효율적 운용을 위해 필요한 경우(즉, 집합투자업자 명의로 거래가 허용되는 경우)에는 다수의 집합투자재산에서 동일한 투자대상자산의 거래를 집합하여 거래하는 것(소위 '집합거래')을 예외적으로 허용하고 있다(법 제80조제1항·제3항).

집합거래는 주문의 집합(aggregating of trades)과 자산의 배분(allocation)으로 이루어

---

462) 자본시장법시행령 제183조제1항 각 호에서 정하는 다음 요건을 충족하는 기업어음증권에 한한다: ⓐ 둘 이상의 신용평가회사로부터 신용평가를 받은 기업어음증권일 것, ⓑ 기업어음증권에 대하여 직접·간접의 지급보증을 하지 아니할 것.

463) '주식·사채 등의 전자등록에 관한 법률' 제2조제1호에 따른 단기사채를 말한다.

464) 외국통화, 외국통화로 표시된 지급수단(수표, 어음, 신용장 등), 그 밖에 표시 통화에 관계없이 외국에서 사용할 수 있는 지급수단을 말한다(외국환거래법 제3조제1항제4호).

465) 여기서의 집합거래란 집합투자업자가 자신이 운용하는 다수의 집합투자재산으로 특정자산을 집합적으로 취득·처분등을 하는 경우를 말한다. 이러한 의미로서의 집합거래와 구분할 필요가 있는 개념으로 신탁과 투자일임에서의 집합운용과 집합주문이 있다(제1편제4장제1절제3관4. 집합투자와 집합주문 참조).

지는데, 비용절감등의 효익이 있는 반면에 집합투자업자가 집합거래의 결과를 임의로 특정한 집합투자재산에 이롭게 배분하는 행위(cherry picking)와 같은 이익상충이 발생할 가능성이 잠재되어 있다.[466] 따라서 집합거래와 관련한 부작용을 사전에 방지하기 위해서는 집합거래가 투명하고 공정하게 이루어지도록 해야 한다. 이를 위해 자본시장법은 집합투자업자가 자신의 명의로 투자대상자산을 취득·처분 등을 하는 경우로서 다수의 투자신탁재산의 거래를 집합하여 처리하는 경우에는 일정한 기준과 절차에 따르도록 하고 있다(법 제80조제1항 단서 및 제3항). 투자신탁재산에서의 집합거래에 대한 기준과 절차는 투자신탁을 제외한 다른 형태의 집합투자기구에도 준용된다(영 제79조제3항에서 법 제80조제3항 및 제4항 준용).[467]

2. 집합거래의 절차 등[468]

1) 주문서, 자산배분명세서 작성

집합투자업자는 집합거래를 하려면 사전에 투자신탁재산별 취득·처분 등의 내역이 기재된 주문서와 투자신탁재산별 배분내용이 기재된 자산배분명세서를 작성해야 한다(규칙 제9조제1항).

2) 펀드별 공정 배분

거래체결 후에는 그 자산배분명세서에 따라 투자신탁재산별로 공정하게 배분하여야 한다. 즉, 취득·처분 등을 한 자산을 균등한 가격으로 배분해야 하며, 취득·처분 등을 한 자산의 수량이 주문수량에 미달하는 경우에는 미리 정한 자산배분명세에 따라 배분해야 한다(규칙 제10조제1항).

3) 준법감시인의 확인

집합투자업자의 준법감시인은 집합거래주문서와 자산배분명세서가 적정하게 작성되었는지 그리고 그에 따라 공정하게 배분되었는지 여부를 확인해야 한다(규칙 제9조제2항).

---

466) 실제 과거에는 집합투자업자가 집합거래를 이용하여 자신이 운용하는 다수의 집합투자재산 간의 손익을 조정하는 경우가 있었다. 이런 이유로 미국은 다수 펀드의 집합거래를 관계인 거래의 한 유형으로 규제한다[투자회사법 Section 17(d) 및 Rule 17d-1].

467) 자본시장법에 명시적인 규정은 없지만 투자신탁을 제외한 다른 형태의 집합투자기구의 경우에도 법 제80조제1항 단서규정에 따라 집합투자업자 명의의 계좌를 통해 다수 집합투자기구의 집합투자재산을 집합하여 거래하는 것으로 이해하여야 할 것이다.

468) 집합거래와 관련하여서는 관련 자본시장법규(법 제80조제3항, 규칙 제9조 및 제10조) 외에 금융투자협회의 모범규준(집합투자업자의 사전자산배분 가이드라인)도 참조할 필요가 있다.

4) RP등의 경우

집합거래의 대상자산이 Call, RP, 당일발행자산인 경우에는 집합투자업자가 사전자산배분규제의 취지에 부합하는 합리적인 업무처리방안을 마련한다면 사전자산배분조치를 이행하지 않더라도 별도의 제재조치를 취하지 않는다. 다만, 배분과정에서 특정펀드 몰아주기, 의도적인 지연입력 등의 행위까지 조치대상에서 제외하는 것은 아니며 내부통제절차등을 통해 펀드 간 이해상충이 발생하지 않도록 관리하여야 한다.[469]

3. 기타 준수사항

1) 자산배분명세에 관한 사항을 정할 때 준수사항

집합투자업자는 자산배분명세에 관한 사항을 정하는 경우에는 집합투자재산평가위원회의 의결을 거쳐 다음의 기준에 따라 정하여야 한다: ⓐ 특정수익자 또는 특정투자신탁재산에 유리하거나 불리하지 않을 것, ⓑ 투자신탁재산별 취득·처분등의 주문서와 자산배분명세서를 전산으로 기록·유지할 것(규칙 제10조제2항).

2) 운용담당과 거래담당의 구분

집합투자업자는 집합투자재산의 운용을 담당하는 직원(portfolio manager)과 투자대상자산의 취득·처분등의 실행업무를 담당하는 직원(trader)을 구분해야 한다(규칙 제10조제4항).[470]

운용담당자와 거래담당자의 업무구분은 팀 단위 등 조직을 분리하는 것이 바람직하겠으나, 회사의 사정에 따라서는 개인별로 전담직무(운용담당, 거래실행담당)를 부여하여 운영하는 것도 가능하다고 할 것이다.[471]

---

469) 금융감독원 비조치의견서(2015.9.14.). Call과 RP는 유동자금 운용수단으로 장 마감 전까지 편입금액 확정이 어렵다는 점에서, 당일발행자산(예: 채권)은 사전자산배분절차(주문내역 입력, 한도위반 점검, 트레이더 주문실행) 마무리 전에 청약이 마감되는 것이 일반적이라는 점에서 사전자산배분규제를 준수하는 것이 매우 어려운 측면이 있다.

470) 다음과 같은 경우는 운용담당자와 거래담당자를 구분하지 않아도 된다(규칙 제10조제4항, 규정 제4-55조): ⓐ 지수의 변화에 연동하여 운용하는 것을 목표로 하는 집합투자기구의 재산을 취득·처분등을 하는 경우, ⓑ 투자신탁별로 계좌를 개설하고 계좌별로 이루어지는 매매거래의 경우, ⓒ 거래소 증권시장업무규정에서 정하는 프로그램매매의 경우, ⓓ 장내파생상품거래의 경우.

471) 금융투자협회의 모범규준(집합투자업자의 사전자산배분 가이드라인, 2015.9.14.) 제11조 참조.

제4절 의결권 행사

제1관 총설

집합투자재산에 속하는 주식의 의결권 행사에 관한 사항을 규정하는 자본시장법 제87조[472]는 일반사모집합투자업자 및 일반사모집합투자기구에도 적용된다(법 제249조의8). 참고로 자본시장법 제87조는 "기관전용사모집합투자기구"에는 적용되지 않는다.[473]

1. 법 제87조의 내용

ⓐ 제1항은 집합투자업자의 의결권 행사에 관한 충실의무를 규정하고 있다.

ⓑ 제2항 및 제3항은 집합투자업자의 계열사가 발행한 주식등에 대한 중립투표(shadow voting)를 규정하고 있다.

ⓒ 제4항은 투자한도(법 제81조제1항 및 법 제84조제4항에 따른 투자한도)를 초과하여 취득한 주식에 대한 의결권을 금지하는 규정이다.

ⓓ 제5항은 제2항 내지 제4항의 의결권 행사제한 규정의 적용을 면하기 위한 행위를 금지하는 규정이다.

ⓔ 제6항은 제2항 내지 제5항의 규정을 위반하여 의결권을 행사한 경우 해당 주식의 처분명령을 할 수 있도록 하는 규정이다.

ⓕ 제7항 내지 제9항에서는 의결권 행사 관련 기록유지 및 공시에 관한 사항을 규정한다.

2. 사모집합투자기구의 유형과 의결권 행사제한

법 제87조의 의결권 행사제한 규정은 사모집합투자기구의 유형에 따라 다음과 같이 그 적용 여부 및 적용범위가 다르다:

ⓐ 기관전용사모집합투자기구에는 법 제87조가 전부 적용되지 않는다.

ⓑ '상호출자제한기업집단과 관련이 없는 일반사모집합투자기구'에는 법 제87조 제4항(법 제81조제1항에 따른 투자한도를 초과하여 취득한 주식에 대한 의결권 행사 금지규정에 한정)이 적용되지 않는다.[474]

---

472) 투자신탁 및 투자익명조합은 법 제87조에서 규정하고, 기타 투자회사등은 법 제186조제2항에서 법 제87조를 준용한다.

473) 기관전용사모집합투자기구에는 법 제87조를 준용하는 규정인 법 제186조제2항의 적용이 배제된다(법 제249조의20 제1항).

474) 따라서 법 제84조제4항에 따른 (계열사 발행증권에 대한) 투자한도를 초과하여 취득한 주식에 대하여는 의결권을 행사할 수 없다(법 제87조제4항, 제249조의7 제6항).

ⓒ '상호출자제한기업집단과 관련이 있는 일반사모집합투자기구'[475]에는 법 제87조가 전부 적용된다.

이처럼 자본시장법은 사모집합투자기구의 유형에 따라 의결권 행사 제한범위를 다르게 정하고 있으므로, 사모집합투자기구를 소위 PEF로 조직·운용하고자 하는 경우에는 이러한 점을 충분히 고려하여 적합한 유형을 선택하여야 한다.

① 기관전용사모집합투자기구

법 제87조의 적용을 받지 않으므로 의결권 행사에 아무런 제한이 없다. 따라서 피투자기업의 지배권 취득을 포함한 모든 종류의 PEF 투자전략을 채택할 수 있다.

② 상호출자제한기업집단과 관련 없는 일반사모집합투자기구

법 제87조제2항 및 제3항에 따른 의결권 행사제한(중립투표)을 받는다. 하지만 금융위원회는 유권해석을 통해 투자대상기업의 계열사 편입을 위한 의결권 행사 또는 경영참여목적으로 (상호출자제한기업집단과 관련 없는) 일반사모펀드를 운용한 결과 계열관계가 형성된 회사에 대한 의결권행사는 법인의 합병등에 준하는 사항으로서 투자자의 이익에 명백한 영향을 미치는 주요의결사항에 해당하며, 중립투표 의무의 예외가 인정되는 것으로 판단한 바 있다.[476] 따라서 사실상 기관전용사모집합기구와 마찬가지로 피투자기업의 지배권 취득을 포함한 모든 종류의 PEF 투자전략을 채택할 수 있다.

③ 상호출자제한기업집단과 관련 있는 일반사모집합투자기구

법 제87조에 따른 의결권 행사제한 규정 전부를 적용받는다. 따라서 사실상 피투자기업의 지분 10%(운용사별로는 20%) 이하를 취득하는 방법으로만 운용하게 될 것이다. 법 제87조제4항에 따라 특정한 피투자기업이 발행한 의결권 있는 주식 10%(운용사별로는 20%)를 초과하여 취득한 주식의 의결권을 행사할 수 없기 때문이다.

제2관 의결권 행사 주체 등

1. 의결권 행사의 주체

집합투자재산에 관한 권리행사는 원칙적으로 집합투자재산 소유자의 명의로 하게

475) 상호출자제한기업집단의 계열회사인 일반사모집합투자업자가 운용하는 일반사모집합투자기구, 상호출자제한기업집단에 속하는 금융회사가 집합투자증권총수의 100분의 30을 초과하여 투자한 일반사모집합투자기구(법 제249조의7 제6항).

476) 금융위원회 유권해석(2021.12.23.).

된다. 투자신탁의 경우는 집합투자업자의 지시에 따라 집합투자재산의 소유명의자인 수탁자가 행사하고 투자회사의 경우는 당해 투자회사가 행사하게 된다. 그런데 자본시장법은 집합투자재산에 속하는 지분증권에 대한 의결권 행사에 대해서는 다르게 규정하고 있다. 즉, 투자신탁재산(투자익명조합재산)에 속하는 지분증권의 의결권 행사는 그 투자신탁(투자익명조합)의 집합투자업자가 수행하도록 하고 있으며, 투자회사등의 집합투자재산에 속하는 지분증권의 의결권 행사는 그 집합투자업자에게 위탁할 수 있도록 규정하고 있다(법 제184조제1항).

2. 의결권 행사의 대상

법 제87조는 명시적으로 "주식"의 의결권 행사만 대상으로 하고 있어 주식 외의 지분증권에 대한 의결권 행사의 경우에도 동규정이 적용되는지에 대해 논란이 있을 수 있다.[477] 하지만 의결권 행사주체에 관한 규정(법 제184조제1항)에서 의결권 행사의 대상을 주식을 포함한 지분증권으로 규정하고 있는 점과 규제취지에 비추어 볼 때 여기서의 주식은 주식을 포함한 지분증권 전부를 의미하는 것으로 보아야 할 것이다.

3. 충실한 의결권 행사

자본시장법 제87조제1항은 '집합투자업자는 투자자의 이익을 보호하기 위하여 집합투자재산에 속하는 주식의 의결권을 충실하게 행사해야 한다'고 규정하고 있다.

집합투자재산에 관한 권리행사(예컨대 주식의 의결권 행사)도 집합투자재산운용의 범주에 속하며 이는 집합투자업자의 업무에 해당하므로 집합투자업자는 법 제79조에 따라 선관의무와 충실의무를 진다. 따라서 법 제87조제1항은 주의적 규정으로 보아야 할 것이다.

4. 의결권 정책

자본시장법은 집합투자재산인 주식의 의결권 행사와 관련하여 집합투자업자로 하여금 의결권 정책(의결권 행사의 절차·기준등)을 마련할 것을 명시적으로 규정하고 있지는 않다. 하지만, 의결권 행사 관련 사항을 공시할 때 집합투자업자의 의결권 행사 관련 내부지침도 함께 공시하도록 하고 있는데, 이는 간접적이긴 하지만 집합투자업자가

---

477) 자본시장법은 의결권 행사의 주체와 관련한 규정(법 제184조제1항)에서 '집합투자재산에 속하는 지분증권의 의결권 행사'라고 하여 의결권 행사의 대상이 '주식을 포함한 모든 지분증권'인 것을 명시하고 있다.

의결권 행사와 관련한 내부지침을 미리 마련하고 그에 따라 의결권을 행사하도록 하기 위한 것으로 보아야 할 것이다. 앞에서 본 바와 같이 스튜어드십코드에 참여하려는 집합투자업자는 반드시 의결권 정책을 마련하여야 한다.

참고로, 금융투자협회는 모범규준 형태로 '자산운용회사의 의결권 행사 가이드라인'을 제정한 바 있다.[478] 그리고 한국ESG기준원도 기관투자자가 의결권을 적극적으로 행사하는 데 필요한 기준과 지침을 제시할 목적으로 '의결권행사 가이드라인'을 제정한 바 있다.

제3관 의결권 행사의 제한

1. 법 제81조제1항에 따른 투자한도를 초과하여 취득한 주식에 대한 의결권 행사 금지

집합투자업자는 법 제81조제1항에 따른 투자한도를 초과하여 취득한 주식에 대하여는 그 주식의 의결권을 행사할 수 없다(법 제87조제4항). 이 규정은 상호출자제한 기업집단과 관련이 있는 일반사모집합투자기구에만 적용된다(법 제249조의8).

(법 제81조제1항에 따른 투자한도) 법 제81조제1항은 집합투자재산의 운용과 관련하여 투자대상자산별로(증권, 부동산, 파생상품, 집합투자증권 등) 투자한도등의 제한을 규정하고 있는데, 주식의 경우는 제1호 가목 내지 다목에서 '동일한 법인이 발행한 주식'에 대해 다음과 같이 투자한도를 정하고 있다: ⓐ 각 집합투자기구 자산총액의 100분의 10 이내,[479] ⓑ 동일한 집합투자업자가 운용하는 전체 집합투자기구 자산총액으로 그 법인의 발행주식총수의 100분의 20 이내 및 각 집합투자기구 자산총액으로 그 법인의 발행주식총수의 100분의 10 이내.[480]

---

478) 동 가이드라인은 자산운용회사가 의결권을 행사함에 있어 참고자료로 활용할 수 있도록 제공하는 것으로서 채택 여부는 자산운용회사의 자율사항이다. 동 가이드라인은 주주총회 의안을 지배구조 관련 의안(이사선임, 경영자보상, 기업구조조정 등), 자본구조 관련 의안(감자, 자기주식취득, 배당정책 등), 기업의 사회적책임 관련 의안(근로자관계, 사회적이슈, 환경이슈등)의 세 가지 범주로 대별하고, 해당 범주에 속하는 다양한 의안 유형에 대해 각각 찬성 또는 반대를 제시하고 있다.

479) 특정법인이 발행한 주식의 시가총액비중이 특정집합투자기구 자산총액의 100분의 10을 초과하는 경우에는 그 시가총액비중이 투자한도로 된다. 이는 특정집합투자기구의 자산총액의 일정 비중(10%) 이상을 특정법인이 발행한 주식에 투자하지 못하도록 하는 것으로서 분산투자를 강제하는 규제다.

480) 집합투자업자가 자신이 운용하는 집합투자기구의 집합투자재산으로 특정법인이 발행한 주식의 일정 비중(각 펀드에서 10%, 전체 펀드에서 20%) 이상을 취득하지 못하도록 하는 것으로서 투자대상법인의 경영권 지배·참여를 방지하기 위한 규제다.

위의 투자한도는 부동산투자목적회사와 같은 특수목적회사등에 대해서는 적용되지 않는다.[481]

2. 법 제84조제4항에 따른 계열사 주식투자한도를 초과하여 취득한 주식에 대한 의결권 행사 금지

집합투자업자는 법 제84조제4항에 따른 투자한도를 초과하여 취득한 주식에 대하여는 그 주식의 의결권을 행사할 수 없다(법 제87조제4항). 이 규정은 모든 일반사모집합투자기구에 적용된다(법 제249조의8).

법 제84조제4항은 집합투자업자가 집합투자재산을 운용함에 있어 자신의 계열회사가 발행한 증권을 취득하는 경우 일정한 투자한도를 설정하고 있으며, 지분증권에 대한 투자한도(영 제86조제1호)는 다음과 같다: 집합투자업자가 운용하는 전체 집합투자기구의 자산총액으로 계열회사가 발행한 지분증권(관련 예탁증권 포함)을 취득하는 경우에 계열회사가 발행한 전체 지분증권에 대한 취득금액은 집합투자업자가 운용하는 전체 집합투자기구 자산총액 중 지분증권에 투자가능한 금액의 5%와 집합투자업자가 운용하는 각 집합투자기구 자산총액의 25%.

이러한 투자한도를 초과하여 취득한 계열회사의 주식에 대하여는 그 주식의 의결권을 행사할 수 없다. 예컨대 일반사모집합투자업자가 자신이 운용하는 전체 일반사모집합투자기구의 자산총액 중 지분증권에 투자가능한 금액의 8%를 자신의 계열회사 주식에 투자한 경우에는 투자한도 5%를 초과한 부분 즉, 3%에 해당하는 계열회사 주식에 대해서는 의결권을 행사하지 못한다.

3. 계열사 주식등에 대한 중립적 의결권 행사(shadow voting)

1) 총설

계열사주식등에 대해 중립적 의결권 행사를 하도록 하는 법 제87조제2항 및 제3항의 규정은 모든 일반사모집합투자기구에 적용된다.

집합투자업자는 집합투자재산에 속하는 주식의 의결권을 행사함에 있어 투자자의

481) 위 ⓐ의 투자한도 규제를 적용받지 않는 경우는 영 제80조제1항제1호 라목·마목·사목·아목·차목·타목(부동산개발회사, 유동화전문회사, 부동산투자목적회사, 사회기반시설시행회사, 사회기반시설투자목적회사, 특별자산투자목적회사) 및 제3호(동일법인이 발행한 주식의 시가총액비중이 특정집합투자기구 자산총액의 100분의 10을 초과하는 경우 그 시가총액비중을 투자한도로 한다)에서 정하고 있다. 그리고 위 ⓑ 및 ⓒ의 투자한도 규제를 적용받지 않는 경우는 영 제80조제1항제4호 및 제5호에서 정하고 있다(부동산개발회사, 부동산투자목적회사, 사회기반시설시행회사, 사회기반시설투자목적회사, 특별자산투자목적회사).

이익을 위하여 충실하게 판단하여 찬성 또는 반대투표를 할 수 있다. 그러나 법 제87조제2항은 집합투자업자가 주식 발행인과 계열회사 관계에 있는 등의 일정한 경우에는 집합투자업자로 하여금 집합투자재산에 속하는 주식의 의결권을 중립적으로 행사하도록 규정하고 있다. 즉, 아래 2)와 같은 경우에는 집합투자재산에 속하는 주식을 발행한 법인의 주주총회에 참석한 주주가 소유하는 주식수에서 집합투자재산에 속하는 주식수를 뺀 주식수의 결의내용에 영향을 미치지 아니하도록 의결권을 행사해야 한다. 집합투자업자가 투자자들의 자금으로 조성된 집합투자재산으로 자신의 이해관계 회사를 지원하거나 다른 회사를 자신의 계열회사로 편입하는 등의 남용행위를 방지하기 위한 규제라고 할 수 있다.

(투자목적회사) 자본시장법에 명시적인 규정은 없지만 여기서의 '계열회사'에 법 제249조의13에 따른 투자목적회사는 포함되지 않는 것으로 보아야 할 것이다. 투자목적회사는 부동산투자 등을 위한 한시적 투자수단이므로 의결권 행사의 규제취지에 비추어 볼 때 그 적용대상에서 제외하는 것이 합리적이기 때문이다.

(법 제87조제4항과의 관계) 집합투자재산에 속하는 주식의 발행인이 집합투자업자의 계열회사인 경우에는 계열회사주식에 대한 중립적 의결권 행사 규정(법 제87조제2항)과 계열회사주식에 대한 투자한도를 초과하여 취득한 주식에 대한 의결권 행사금지 규정(법 제87조제4항)이 모두 적용된다. 따라서, ⓐ 법 제84조제4항에 따른 투자한도 범위 내에서 취득한 계열회사주식에 대해서는 법 제87조제2항에 따라 중립적으로 의결권을 행사하여야 하고, ⓑ 법 제84조제4항에 따른 투자한도를 초과하여 계열회사주식을 취득한 경우에는, 투자한도 범위 내의 주식에 대해서는 중립적으로 의결권 행사를 하여야 하고, 투자한도를 초과한 주식에 대해서는 아예 의결권 행사를 할 수 없다.

2) 중립적 의결권 행사를 하여야 하는 경우

첫째, 집합투자재산에 속하는 주식의 발행인과 집합투자업자등이 다음과 같은 관계가 형성되어 있는 경우에는 당해 주식 발행인의 주주총회에서는 중립투표를 해야 한다: ⓐ 주식 발행인이 집합투자업자의 계열회사인 경우, ⓑ 주식 발행인이 집합투자업자의 관계판매회사이거나 관계판매회사의 계열회사인 경우, ⓒ 주식 발행인이 집합투자업자의 대주주(최대주주의 특수관계인인 주주 포함)인 경우.

둘째, 집합투자업자등이 주식 발행인을 계열회사로 편입하기 위한 다음과 같은 경우는 중립투표를 해야 한다: ⓐ 집합투자업자와 그 특수관계인 및 공동보유자[482]가 주식 발행인을 계열회사로 편입하기 위한 경우, ⓑ 집합투자업자의 관계판매회사 및 그 관계판매회사의 계열회사, 집합투자업자의 대주주(최대주주의 특수관계인인 주주 포함)가 주식 발행인을 계열회사로 편입하기 위한 경우.

특정법인을 의결권 행사를 통해 계열사로 편입한다는 것은 공정거래법시행령 제4조제1항제2호에 해당하는 경우로 이해된다. 예컨대 집합투자업자 단독으로 또는 그 특수관계인 및 공동보유자와 함께 주식 발행인의 주주총회에서 그 법인의 대표이사(또는 임원의 50% 이상)를 선임하고자 하는 경우는 집합투자업자등이 주식의 발행인을 계열회사로 편입하기 위한 경우에 해당하므로 중립투표를 해야 한다.

3) 중립적 의결권 행사에 대한 예외

위의 2) 중 어느 하나에 해당하더라도 주식 발행인의 주주총회 의안이 '주요의결사항'(합병, 영업 양수도, 임원의 임면, 정관변경, 기타 이에 준하는 사항으로서 투자자의 이익에 명백한 영향을 미치는 사항)이고 중립투표하면 집합투자재산에 손실을 초래할 것이 명백하게 예상되는 때에는 중립투표를 하지 않아도 된다(법 제87조제3항 본문). 앞에서 보았듯이 경영참여목적 투자에 따른 의결권 행사의 경우 합병등에 준하는 사항으로 보아 중립투표를 하지 않아도 된다는 것이 금융위원회의 입장이다.

하지만, 이러한 주요의결사항에 해당하더라도 집합투자업자가 상호출자제한기업집단(공정거래법 제19조)에 속하는 경우에는 의결권 행사에 대한 또 다른 한도 규제가 행해진다. 즉, 상호출자제한기업집단에 속하는 집합투자업자와 주식 발행인이 계열회사 관계에 있고 그 주식 발행인이 주권상장법인인 경우에는, 그 주식 발행인의 특수관계인(공정거래법 제9조제1항제5호 가목)이 의결권을 행사할 수 있는 주식의 수를 합하여 그 주식 발행인의 발행주식총수의 15%를 초과하지 않도록 의결권을 행사해야 한다(법 제87조제3항 단서).[483)]

4. 의결권 교차행사 등의 금지

집합투자업자는 제삼자와의 계약등에 의하여 의결권을 교차행사하는 등 법 제87조

---

482) 본인과 합의나 계약 등에 따라 다음 어느 하나에 해당하는 행위를 할 것을 합의한 자를 말한다(영 제141조제2항): ⓐ 주식등을 공동으로 취득하거나 처분하는 행위, ⓑ 주식등을 공동 또는 단독으로 취득한 후 그 취득한 주식을 상호양도하거나 양수하는 행위, ⓒ 의결권(의결권의 행사를 지시할 수 있는 권한 포함)을 공동으로 행사하는 행위.

483) 집합투자업자가 상호출자제한기업집단 소속인 경우에 의결권을 행사할 수 있는 주식을 15%로 제한하는 것은 공정거래법 제25조(금융·보험회사의 의결권 제한)와 그 취지 및 내용이 동일하다.

제2항 내지 제4항의 규정의 적용을 면하기 위한 행위를 하여서는 아니 된다(법 제87조 제5항).

5. 주식 처분명령

집합투자업자가 법 제87조제2항 내지 제5항의 규정을 위반하여 집합투자재산에 속하는 주식의 의결권을 행사한 경우에는 금융위원회는 6개월 이내의 기간을 정하여 그 주식의 처분을 명할 수 있다(법 제87조제6항).

제4관 의결권 행사 내용의 기록유지 및 공시

1. 의결권 행사 내용의 기록유지

집합투자업자는 '의결권 공시 대상법인'에 대해 의결권을 행사하였는지 여부, 의결권을 행사한 경우 그 내용, 의결권을 행사하지 아니한 경우 그 사유를 기록·유지하여야 한다(법 제87조제7항).

여기서의 '의결권 공시 대상법인'이란 각 집합투자기구에서 소유하는 어떤 주식이 그 집합투자기구의 자산총액의 5% 또는 100억원 이상인 주식 발행인을 말한다(영 제90조제1항).

한편, 영 제90조제2항에서는 의결권 행사 내용을 집합투자재산에 관한 영업보고서(법 제90조)에 기재하는 방법으로 기록·유지하도록 규정하고 있는데, 일반사모집합투자기구에는 영업보고서에 관한 규정(법 제90조)이 적용되지 않으므로 다른 방법으로 기록·유지를 하면 될 것이다.

2. 의결권 행사 내용의 공시

집합투자업자는 집합투자재산에 속하는 주식 중 주권상장법인으로서 의결권 공시 대상법인이 발행한 주식에 대한 의결권 행사 관련 내용을 매년 4월 30일까지 직전연도 4월 1일부터 1년간 행사한 의결권 행사 내용 등을 증권시장을 통하여 공시하여야 한다(법 제87조제8항, 영 제91조제2항). 공시내용은 의결권을 행사한 경우에는 의결권의 구체적인 행사 내용과 그 사유를, 의결권을 행사하지 아니한 경우에는 구체적인 사유를 공시해야 한다(법 제87조제8항).

주식 발행인이 주권상장법인이고 나아가 집합투자재산에서 일정한 비중·규모 이상을 소유하고 있는 경우에는 그러한 주식에 대해 집합투자업자가 의결권을 행사하였는지 여부 그리고 행사했다면 어떠한 내용으로 행사하였는지가 주식시장 참여자에게 중요한 투자판단 정보가 될 수 있기 때문이다.

한편, 집합투자업자는 의결권 행사 관련 사항을 공시하는 경우에는 투자자가 그 의결권 행사 여부의 적정성 등을 파악하는 데 필요한 다음과 같은 자료를 함께 공시해야 한다(법 제87조제9항, 영 제91조제4항): ⓐ 의결권 행사와 관련된 집합투자업자의 내부지침, ⓑ 집합투자기구별로 소유하는 주식 수 및 증권예탁증권 수, ⓒ 집합투자업자와 의결권 행사 대상법인이 계열회사 관계등에 해당하는지 여부.

제6장 집합투자재산의 운용(2)

제1절 레버리지 사용 규제

제1관 총설

자본시장법은 '공모집합투자기구'에 대한 레버리지 규제를 금전차입, 채무보증·담보제공, 파생상품매매에 따른 위험평가액으로 구분하여 각각 따로 규정하고 있다. 즉, 집합투자재산으로 해당 집합투자기구 외의 자를 위한 채무보증·담보제공을 하는 것을 전면 금지하고(법 제83조제5항), 금전차입도 원칙적으로 금지하면서 환매자금마련 등의 경우와 부동산을 취득(부동산집합투자기구 운용하는 경우 포함)하는 경우에 한해 예외를 인정하며(법 제83조제1항·제2항, 법 제94조제1항), 파생상품매매에 따른 위험평가액은 집합투자기구 순자산총액의 100% 미만으로 제한한다(법 제81조제1항제1호 마목, 영 제80조제6항 본문).[484]

자본시장법은 일반사모집합투자기구에 대해서는 금전차입등을 제한하는 개별규정(법 제81조, 제83조, 제94조)의 적용을 배제하고, 대신 금전차입·채무보증·담보제공·파생상품매매에 따른 위험평가액등을 통합하여 그 한도를 규제한다(법 제249조의7 제1항, 법 제249조의8 제1항). 이에 따라 일반사모집합투자기구는 그 투자전략에 적합한 레버리지 수단 및 한도를 이용할 수 있다.[485]

---

484) 2015년 자본시장법 개정 전에는 공모펀드에 적용되는 이러한 규제가 당시의 '일반사모펀드'에도 동일하게 적용되었다(종전법 제249조). 다만, '한국형 헤지펀드'의 경우는 금전차입(400%), 채무보증·담보제공(100%), 파생상품매매에 따른 위험평가액(400%)의 한도가 높게 설정되어 있었다(종전법 제249조의2 제3항·제4항, 영 제80조제6항 단서). 이처럼 종전법에서는 레버리지 규제를 항목별로 구분하고 있었고, 특히 소위 '일반사모펀드'의 경우 집합투자재산으로 해당 집합투자기구 외의 자를 위한 채무보증·담보제공하는 것이 예외 없이 금지되었기 때문에 집합투자재산 운용의 효율성이 저해되는 부작용이 발생하기도 했다. 예컨대 일반사모펀드에 해당하는 부동산 투자신탁의 신탁재산으로 (해외)SPV를 설립하고 동 (해외) SPV가 추가차입을 하여 부동산을 취득하고자 하는 경우 투자신탁재산으로 대주에게 담보제공이나 지급보증을 하는 것이 금지되어 차입이율이 상승하는 등의 어려움이 있었다.

한편, 일반사모집합투자기구에 금전차입제한 규정의 적용이 배제됨에 따라 사채발행을 통한 자금차입이 가능한지가 문제 될 수 있다.

제2관 레버리지 한도

1. 원칙

일반사모집합투자기구의 집합투자재산(법 제249조의13에 따른 투자목적회사[486]의 재산 포함)을 운용하는 경우, 아래 ⓐ 내지 ⓓ의 금액을 합산한 금액이 당해 일반사모집합투자기구의 순자산총액(자산총액-부채총액)의 400%를 초과할 수 없다(법 제249조의7 제1항, 영 제271조의10 제1항). 이 경우 사모집합투자기구 또는 투자목적회사의 차입금, 채무보증액 및 실질적인 차입금의 합계액을 산정할 때 사모집합투자기구 또는 투자목적회사의 자기자본은 각각 차입, 채무보증 및 실질적인 차입을 하기 전날을 기준으로 한다(규정 제7-41조의6 제5항).

ⓐ 금전 차입금의 총액,

ⓑ 해당 일반사모집합투자기구 외의 자를 위해 채무보증[487]·담보제공 방법으로 운용하는 경우 그 채무보증액·담보목적물가액,

ⓒ 파생상품매매에 따른 위험평가액,[488]

위험평가액 산정 시 총수익스왑(TRS) 또는 이와 유사한 거래를 통해 사실상

---

485) 현행과 같이 레버리지에 포함되는 항목을 한정열거하는 방식은 규제실효성 측면에서 문제가 있다. 유럽연합의 대체투자펀드운용자지침과 같이 레버리지를 '펀드의 익스포저(exposure)를 증대하는 모든 방법'으로 정의하는 것이 바람직하다[Article 4(1)(v) of AIFMD].

486) 개정법령 시행일 전에 일반사모집합투자기구가 투자한 투자목적회사도 개정법령(법 제249조의7 제1항)에 따른 레버리지 한도를 적용받는다. 즉, 투자목적회사에 투자한 사모집합투자기구의 레버리지 비율 산정 시 투자목적회사의 레버리지를 포함하여 산정하여야 하고, 투자목적회사도 사모집합투자기구와 동일하게 레버리지 비율 한도를 준수하여야 한다. 다만, 사모집합투자기구가 개정법령 시행일 전에 설립·투자한 투자목적회사는 개정법령 시행일 이후 1년간 사모집합투자기구의 레버리지 비율 산정 시 그 투자목적회사의 레버리지는 포함하지 않는다(금융위원회·금융감독원·금융투자협회, 사모펀드 제도개편 관련 주요 질의응답, 2021.10). 기타 투자목적회사의 레버리지에 관한 구체적인 내용은 금융감독원, 개정 자본시장법 시행에 따른 유의사항 안내(2021.10) 참조.

487) 금융투자업규정에서는 채무보증을 다음과 같이 정의하고 있다(규정 제3-6조제19호): 채무보증이란 명칭의 여하에 불문하고 타인의 채무이행을 직접 또는 간접으로 보장하기 위하여 행하는 보증·배서·채무인수·추가투자의무(letter of commitment)·매입보장약정·유동성공급계약·신용파생상품에서의 보장의 매도, 그 밖에 이에 준하는 것을 말한다. 다만, 신용파생상품에서의 보장의 매도는 규정 제3-8조의 한국채택국제회계기준에 따라 파생상품으로 회계처리하지 아니하는 경우에 한정한다.

488) 파생상품매매에 따른 위험평가액은 장내파생상품 또는 장외파생상품의 거래에 따른 명목계약금액으로 한다. 파생상품의 종류별 명목계약금액의 산정방법은 규정 제4-54조제1항 각 호에서 상세히 정하고 있다.

차입과 같은 효과가 있는 경우에는 TRS 거래를 통해 취득한 준거자산의 취득 가액을 위험평가액에 포함하여야 한다(규정 제4-54조).

ⓓ 거래의 실질이 차입에 해당하는 경우로서 대통령령으로 정하는 경우에는 대통령령으로 정하는 방법에 따라 산정한 그 실질적인 차입금액의 총액.
증권을 환매조건부매도하는 경우 그 매도금액, 증권을 차입하여 매도하는 경우 그 매도금액이 여기에 해당한다(영 제271조의10 제2항).

2. 특례

대통령령에서 정하는 특정한 일반사모집합투자기구의 경우에는 레버리지 한도가 더 크게 설정되어 있다.[489] 즉, 투자자보호 및 집합투자재산의 안정적 운용을 해칠 우려가 없는 경우로서 대통령령으로 정하는 일반사모집합투자기구의 경우에는 '파생상품 위험평가액·채무보증액·담보목적물가액의 합산금액' 또는 '차입금 총액'이 각각 순자산 총액의 400%까지 가능하도록 하고 있다(법 제249조의7 제1항 단서).

제3관 사채발행

1. 문제 제기

일반사모집합투자기구에 금전차입 금지규정이 적용되지 않음에 따라 법 제249조의7 제1항에서 정하는 레버리지 한도 내에서 사채발행의 방식으로 금전을 차입할 수 있는지가 문제 될 수 있다.

참고로, 부동산투자회사법은 부동산 투자회사의 사채발행을 허용하되 정관이나 주주총회의 특별결의에 따르도록 함으로써 상법상의 절차(이사회 또는 대표이사가 사채발행 결정)와 다르게 정하고 있다(부동산투자회사법 제29조, 동법시행령 제33조제3항).

사회기반시설에 대한 민간투자법에 따른 인프라펀드(사회기반시설투융자집합투자기구)의 경우는 주주총회나 수익자총회[490]의 승인을 얻어 사채를 발행할 수 있다(민간투자법 제41조의5).

---

489) 2024년말 현재까지 대통령령에서 이러한 일반사모집합투자기구의 범위를 정한 바는 없다.

490) 사회기반시설에 대한 민간투자법은 투자신탁 형태의 인프라펀드(투융자신탁)에 대해서도 사채발행을 허용하고 있다.

2. 투자회사

투자회사의 경우 사채발행에 관한 상법규정이 적용배제가 되지 않기 때문에 일응 상법규정에 따라 사채를 발행할 수 있는 것으로 볼 수 있다(법 제206조). 그러나 투자회사에 대해 사채발행에 관한 상법규정을 적용배제하지 않는 것은 자본시장법의 금전차입 금지규정으로 인해 사채발행도 당연히 금지되므로 따로 사채발행 관련 상법규정의 적용을 배제하지 않는 것으로 이해하는 것이 합리적이다. 따라서 일반사모집합투자기구에 금전차입금지 규정이 적용되지 않는다고 하여 투자회사가 당연히 상법규정에 따라 사채발행을 할 수 있는 것으로 보기는 어렵다. 투자회사의 사채발행을 상법규정에만 따르도록 하는 것이 집합투자기구로서의 투자회사의 성격에 적절하지 않은 측면이 있을 뿐 아니라 집합투자기구가 출자지분 성격의 집합투자증권(법 제9조 제21항) 외의 다른 증권을 발행하는 것이 입법자의 의도와도 맞지 않을 것으로 생각되기 때문이다.

3. 투자신탁

투자신탁의 경우도 신탁사채를 발행할 수 있는지가 문제 될 수 있다. 현행 법체계상 사채는 법률에 특별한 규정이 있는 경우에만 발행할 수 있는 것으로 해석하는 것이 일반적이다. 투자신탁의 사채발행에 대해 자본시장법은 명시적인 규정을 두고 있지 않으므로 자본시장법상으로는 투자신탁의 사채발행이 허용되지 않는다. 한편, 신탁법 제87조는 일정한 신탁(수익증권 발행신탁이고 유한책임신탁인 신탁)의 경우 신탁사채를 발행할 수 있도록 하고 있으므로 투자신탁도 신탁법에 따라 사채를 발행할 수 있는지가 문제 될 수 있다. 앞에서 본 투자신탁에 대한 신탁법의 적용과 관련한 이슈 중의 하나이다. 규제체계와 취지 등을 고려할 때 투자신탁 형태의 집합투자기구는 신탁법에 따른 신탁사채도 발행할 수 없는 것으로 보아야 할 것이다.[491]

---

491) 입법론적으로는 다른 법률에 의한 사모펀드 및 외국사모펀드와의 규제형평성, 규제필요성 등을 종합적으로 고려할 때 사모집합투자기구에는 그 법적 형태를 불문하고 사채발행을 허용하는 것을 검토해 볼 필요가 있다.
참고로, 미국의 경우 사모펀드의 사채발행에 대해서는 특별한 규제가 없으며, 공모펀드도 폐쇄형펀드인 경우에 한해 사채발행을 허용하고 있다〔미국 연방투자회사법 §18(a)-(c), (g), (h)〕.

제2절 금전등의 대여

제1관 총설

1. 규제 연혁

1) 2015년 자본시장법 개정 이전

소위 '일반사모펀드'에는 금전의 대여를 제한하는 규정(법 제83조제4항)이 적용되었다(2015년 개정 전 자본시장법 제249조제1항). 그에 따라 집합투자재산인 금전을 타인에게 대여하는 것은 금융기관에 대한 30일 이내의 단기대출 외에는 금지되었고(법 제83조제4항), 예외적으로 부동산집합투자기구에서 부동산개발사업을 영위하는 법인등에 대해 금전의 대여를 하는 것만 허용되었다(법 제94조제2항, 법 제229조제2호).[492]

소위 '한국형 헤지펀드'에는 금전대여제한 규정(법 제83조제4항)의 적용이 배제되고 있었지만(2015년 개정 전 자본시장법 제249조의2 제1항), 대부분의 한국형 헤지펀드가 증권에 주로 투자하는 운용전략을 취하고 있었기 때문에 금전대여의 방법으로 집합투자재산을 운용하는 것이 실제로 이슈가 되지 않았다.

2) 2015년 자본시장법 개정

2015년 자본시장법 개정으로 소위 '일반사모펀드'와 '한국형 헤지펀드'가 '전문사모집합투자기구'로 통합되면서 사모펀드에는 금전대여제한 규정(법 제83조제4항)이 적용되지 않게 되었다(자본시장법 제249조의8 제1항).

2015년 개정법 하에서는 전문사모집합투자기구는 부동산개발 사업법인은 물론이고 그 외의 자에 대해서도 특별한 제한 없이 대출을 할 수 있는 것으로 이해되었다. 이에 따라 펀드업계에서도 전문사모집합투자기구의 집합투자재산을 금전대여의 방법으로 운용하는 것에 관심을 두기 시작했다. 자본시장법 개정 초기에는 다양한 대출구조로 부동산투자를 하는 것에 관심이 많았지만,[493] 이후 2016년 들어서는 부동산

---

492) 부동산펀드에 대해 개발업자에 대한 대출을 허용하게 된 배경은 과거 간접투자자산운용업법 제정 시 은행의 합동운용방식의 불특정금전신탁을 간접투자로 포섭하면서 불특정금전신탁에서 하고 있던 개발업자에 대한 대출을 부동산펀드의 운용방법으로 수용한 데 따른 것이다.

493) 집합투자기구에서 부동산 실물을 취득하는 특수목적기구(SPV)등에 직접 대출을 하는 다음과 같은 구조가 대표적인 사례이다: ⓐ 부동산(사회기반시설에 해당하는 것도 포함) 실물을 SPV를 통하여 취득하는 과정에서, SPV(특히 해외 SPV)에 대하여 주주대출을 하거나 다단계의 SPV를 이용하여 투자하면서 SPV 간의 주주대출을 하는 경우등과 같이 수익률 제고를 위해 필요한 경우. ⓑ 부동산 실물을 취득하는 SPV(혹은 메자닌대출을 받기 위해 설립하는 SPV로서 부동산 실물을 취득하는 SPV의 모회사에 해당하는 것) 등에 대한 프로젝트 성격의 대출이나 이와 유사한 범주에서 투자(investment)의 개념에 포섭될 수 있는

투자와 무관하게 집합투자재산을 금전대여 방법으로 운용하는 데에 대한 관심이 높아졌다. 하지만 금전대여제한 규정의 적용을 배제한 것이 곧 집합투자재산을 금전대여의 방법으로 운용하는 것을 전면적으로 허용한 것으로 보기 어려운 측면이 있었다. 이에 금융위원회는 2018년 7월 26일 전문사모집합투자기구의 집합투자재산을 운용하는 방법 중 하나로 금전의 대여를 수행할 때 준수해야 할 기준('전문투자형 사모펀드의 금전대여 업무 가이드라인', 이하 '금전대여가이드라인')을 제정하여 시행하고 있다.[494] 이 가이드라인을 통해 금전대출 방법으로 수익을 창출하는 소위 사모대출펀드가 공식적으로 허용된 것이라고 할 수 있다.[495]

3) 2021년 자본시장법 개정

일반사모집합투자기구의 집합투자재산 운용 관련 금지행위의 하나로 '집합투자재산을 개인등에게 직접 대여하거나 이를 회피할 목적으로 대부업자등과의 연계거래등을 이용하는 행위'를 명시하였다(법 제249조의7 제2항제3호). 이에 따라 비록 간접적이긴 하지만 집합투자재산인 금전등을 대여의 방식으로 운용할 수 있는 법적 근거가 마련되었다.

한편, 법 제249조의7 제2항제3호는 개인등에 대한 대여금지의 대상을 금전으로 한정하지 않고 집합투자재산으로 규정하고 있다. 따라서 금전 이외의 집합투자재산(예: 증권)을 대여의 방법으로 운용하고자 하는 경우에도 개인등에 대한 대여는 금지되며, 이를 회피하기 위해 대부업자등과 연계거래등을 이용하는 행위도 금지된다.

2. 금전대여의 의의

자본시장법에서는 금전대여를 따로 정의하고 있지 않으므로 종전의 금전대여가이드라인에서의 정의를 참고할 필요가 있다. 동가이드라인에서는 금전대여를 '차주에 대한 대출, 신용공여 등 용어에 관계없이 금전을 대상으로 한 민법 제598조에 따른

것. 종전에는 이러한 대출이 허용되지 않았으므로 부득이 브릿지론을 통해 대출채권을 매입하는 방식을 취하고 있었는데, 직접대출이 가능해지면 이러한 불필요한 비용과 시간을 절감할 수 있게 된다. 사실 부동산 실물을 취득하는 SPV등에 대한 대출은 부동산개발 사업법인에 대한 대출에 비해 상대적으로 위험이 적을 뿐 아니라 브릿지론을 통한 대출채권 매입과 그 실질이 다르지 않은 점을 고려하면 적어도 이러한 대출은 제한할 필요가 별로 없는 것이라고 할 수 있다.

494) 금융위원회는 연계거래등을 통한 개인대출행위를 차단하고 집합투자업자의 역할 강화를 위해 2018.7.26. 금전대여가이드라인을 개정한 바 있다(금전대여가이드라인 부칙 제3조).

495) 글로벌 시장에서도 2008년 금융위기 이후 은행에 대한 대출규제가 강화되면서 부채전략을 위주로 자금을 운용하는 사모펀드(Direct Lending Fund: Credit Fund)가 출현하여 그 규모가 확대되고 있는 추세라고 한다.

소비대차에 해당하는 것'으로 규정하고 있었다(금전대여가이드라인 제2조제1항제1호). 법 제83조제4항에 따른 금융기관[496]을 대상으로 한 30일 이내의 단기대출, 대출채권을 매입하거나 양도받는 행위는 여기서의 금전대여에서 제외된다(금전대여가이드라인 제2조제1항제1호 단서). 따라서 일반사모집합투자기구의 집합투자재산을 대출채권 매입의 방법으로 운용하는 것은 금전대여에 해당하지 않는다.[497]

3. 관련 법 적용 이슈

1) 대부업법

대부업법의 규정은 동법에 따라 대부업을 등록한 자(대부업자)에게만 적용되므로, 동법에 따라 등록이 면제되는 '여신금융기관'에는 적용되지 않는다. '집합투자기구'도 자본시장법에 따라 인가 또는 허가 등을 받아 대부업을 하는 대부업법상 여신금융기관에 해당한다.[498] 따라서 집합투자기구의 금전대여와 관련하여서는 원칙적으로 대부업법이 적용되지 않는다. 다만, 대부업법 제15조(여신금융기관의 이자율의 제한)는 등록이 면제된 여신금융기관에도 적용되므로 집합투자재산을 금전의 대여로 운용하는 경우에도 적용된다. 따라서 연 20%를 초과하여 대여금에 대한 이자를 받을 수 없으며, 연 20%를 초과하는 부분에 대한 이자계약은 무효로 한다. 그리고 채무자가 연 20%를 초과하는 이자를 지급한 경우 그 초과지급된 이자 상당금액은 원본(원본)에 충당되고 원본에 충당되고 남은 금액이 있으면 그 반환을 청구할 수 있다. 선이자를 사전에 공제하는 경우에는 그 공제액을 제외하고 채무자가 실제로 받은 금액을 원본으로 하여 연 20%의 이자율을 산정하여야 한다(대부업법 제15조 및 동법시행령 제9조, 제8조제4항 내지 제6항).

한편, 외국의 사례에 비추어 볼 때 일반사모집합투자기구의 집합투자재산을 금전대여의 방법으로 운용하는 것과 관련하여서는 앞으로 여러 가지 규제 이슈가 제기될 것으로 예상된다.[499]

---

496) 영 제345조제1항 각 호의 어느 하나에 해당하는 금융기관을 말한다(영 제83조제4항).

497) 은행이 재건축재개발 사업장과 관련하여 실행한 집단이주비대출채권을 전문사모집합투자기구에서 매입하는 것은 금전대여가이드라인 제3조의 금전의 대여에 해당하지 않는다(금융위원회 유권해석, 2017.12.11.).

498) 금융위원회 법령해석 회신문(200312). 금융위원회의 이 유권해석이 대여의 법적주체가 법인격을 갖는 집합투자기구(예: 투자회사)인 경우에도 적용되는지는 불분명하다. 투자신탁의 경우 명의상 대여주체가 신탁업자이지만 투자회사의 경우 명의상 대여주체가 당해 투자회사이기 때문에 투자회사가 대부업법에서 등록을 면제하는 여신금융기관에 해당하는지와 관련하여 논란이 있을 수 있기 때문이다. 불필요한 논란을 방지하려면 집합투자기구의 금전대여와 관련한 대부업 등록 면제규정을 명확히 할 필요가 있다.

2) 금융소비자보호법

집합투자재산으로 금전을 대여하는 방식으로 운용하는 경우 차주와의 관계에서 금융소비자보호법상 대출성 상품에 관한 규제가 적용되므로,[500] 연대보증인의 범위는 차주인 법인의 대표자·최대주주·30% 이상 의결권 있는 지분을 가진 주주 등으로 한정된다(동법 제20조제1항, 동법시행령 제15조제2항 참조). 이와 관련하여, 부동산 프로젝트 금융(PF)[501]에서 시공사는 연대보증이 허용되는 PF사업에 따른 이익을 차주와 공유하는 법인이므로 차주인 법인에 대해 연대보증을 할 수 있다.[502]

제2관 집합투자재산 대여 관련 규제 내용

1. 개인등에 대한 집합투자재산 대여 제한

일반사모집합투자기구의 집합투자재산을 개인 및 중소기업창업지원법시행령 제4조 각 호의 업종[503]을 영위하는 자에게 대여하는 것은 금지된다(법 제249조의7 제2항 제3호, 영 제271조의10 제7항).

그리고 이러한 규제를 회피할 목적으로 대부업자,[504] 온라인투자연계금융업자[505]와의 연계거래등을 이용하는 행위도 금지된다(법 제249조의7 제2항제3호, 영 제271조의10 제8항).

2. 금전대여 시 펀드 투자자 자격 제한

일반사모집합투자기구의 집합투자재산을 금전의 대여로 운용하는 경우, 차주의 금전차입의 목적에 따라 펀드 투자자의 자격에 대한 제한이 다음과 같이 다르게 설정되어 있다(법 제249조의7 제2항제4호).

---

499) 유럽연합의 사례에 비추어 볼 때 예상되는 이슈로는 폐쇄형펀드에 대해서만 금전대여를 허용할 것인지, 차입한 자금으로 대여해도 되는지, 동일법인에 대한 대출한도 및 거액대출에 대한 제한이 필요한지 등이다.

500) 금융회사 애로사항 신속처리 시스템 의견 제출양식 중 〔펀드 운용 중 대여행위에 대한 대출성 상품 규제 적용 여부〕 회신안 부분.

501) 실질적 사업주(sponsor)가 특수목적회사(SPC)의 명의로 특정사업(프로젝트)을 건설·개발·수행하는데 필요한 자금을 조달하되 원리금의 상환을 그 사업으로부터 발생하는 현금흐름에 의존하고 원칙적으로 그 사업의 자산만을 담보로 제공하는 금융기법을 말한다(박준·한민, 금융거래와 법 제3판, 박영사(2022), 733면).

502) 금융위원회·금융감독원 합동보도자료(2021.4.26.), "금융소비자보호법 FAQ 답변(3차)".

503) 일반유흥주점업, 무도유흥주점업, 기타 사행시설 관리 및 운영업.

504) 대부업등의 등록 및 금융이용자 보호에 관한 법률에 따른 대부업자를 말한다.

505) 온라인투자연계금융업 및 이용자 보호에 관한 법률에 따른 온라인투자연계금융업자를 말한다.

① 차입목적이 부동산·특별자산 투자인 경우

차주의 금전차입 목적이 부동산 투자[506] 또는 특별자산 투자[507]인 경우에는 자본시장법 제249조의2에서 정하는 적격투자자인 자는 모두 투자자가 될 수 있다(영 제271조의10 제10항).

② 차입목적이 부동산·특별자산 투자가 아닌 경우

차주의 금전차입 목적이 부동산·특별자산 투자가 아닌 경우에는 국가, 한국은행 및 전문투자자 중 대통령령에서 정하는 자만 투자자가 될 수 있다(영 제271조의10 제9항).

전문투자자 중에서 해외증권시장에 상장된 주권을 발행한 법인, 금융투자상품 잔고 100억원 이상인 법인 기타 단체, 금융투자상품 평균잔고 5천만원 이상이면서 투자전문성이 있는 개인은 투자자가 될 수 있다.

그리고 전문투자자 중 주권상장법인은 다음과 같은 요건을 충족하는 경우에 한해 투자자가 될 수 있다: ⓐ 주권상장법인이 투자하는 펀드가 기관전용사모집합투자기구일 것, ⓑ 주권상장법인의 금융투자상품 잔고가 100억원(외부감사대상법인인 경우 50억원) 이상일 것, ⓒ 금융투자상품잔고 증명자료를 금융위원회에 제출한 날부터 2년이 지나지 않을 것.

3. 금전대여 시 준수사항

집합투자재산을 금전의 대여로 운용하는 집합투자업자는 다음의 사항을 준수하여야 한다(규정 제7-41조의6 제6항).

첫째, 내부적인 투자판단 과정에 따라 금전대여의 최종 의사결정이 가능하도록 금전대여의 타당성 분석체계를 갖추어야 한다.

둘째, 금전대여의 본질적 업무(대출의 심사·승인, 대출계약의 체결·해지, 대출의 실행)를 제삼자에게 위탁하는 경우 그 제삼자는 그 업무수행에 필요한 인가를 받거나 등록을 한 자이어야 한다.

참고로, 집합투자업자가 집합투자재산을 금전대여로 운용하는 경우 금전대여의 대가로 금전이나 이에 준하는 재산적 가치를 지급받는 행위는 불건전영업행위로

---

506) 국내외 부동산의 취득·개발·임대·운영·관리·개량 및 이에 준하는 사업을 하거나 해당 사업에 투자하는 경우를 말한다(영 제271조의10 제10항제1호).

507) 영 제80조제1항제5호 다목에 따른 특별자산(이와 유사한 외국자산을 포함한다)의 취득·신설·증설·개량·운영 및 이에 준하는 사업을 하거나 해당 사업에 투자하는 경우를 말한다(영 제271조의10 제10항제2호).

금지된다(법 제85조, 영 제87조제8의6호).

4. 투자자 제한 관련 재간접펀드 설정·설립 제한

일반사모집합투자업자는 법 제249조의7 제2항제4호 각 목 외의 부분 본문에 따라 투자자가 제한되는 일반사모집합투자기구(즉, 일반사모집합투자기구로부터 금전을 차입하는 차주의 차입목적이 부동산·특별자산 투자가 아닌 경우)가 발행하는 증권에 집합투자재산의 100분의 90을 초과하여 투자하는 일반사모집합투자기구를 설정·설립하여서는 아니 된다(규정 제7-41조의7 제7항).

제3절 부동산 투자 관련

제1관 부동산 처분 관련 규제

집합투자재산을 실물부동산에 운용하는 경우에는 자본시장법에서 그 처분시기와 관련하여 일정한 규제를 한다(법 제249조의7 제2항제1호 및 제2호, 영 제271조의10). 이러한 부동산 처분 관련 규제는 국내에 소재하는 부동산에 한해 적용되므로 해외에 소재한 부동산을 취득한 경우에는 처분시기에 제한이 없다. 규제목적이 국내 부동산에 대한 투기를 방지하기 위한 것이기 때문이다.

1. 나대지(건축물 기타 공작물이 없는 토지)

일반사모집합투자기구가 나대지를 취득한 후 부동산개발사업을 시행하기 전에 이를 처분(투자목적회사가 발행한 주식 또는 지분을 처분하는 것을 포함한다)하는 것은 금지된다.

(예외) 다음의 경우에는 예외적으로 처분이 허용된다:

ⓐ 일반사모집합투자기구가 합병, 해지·해산하는 경우,

ⓑ 부동산개발사업을 하기 위하여 토지를 취득한 후 관련 법령의 제정·개정·폐지 등으로 인하여 사업성이 뚜렷하게 떨어져서 부동산개발사업을 수행하는 것이 곤란하다고 객관적으로 증명되어 그 토지의 처분이 불가피한 경우.

2. 나대지가 아닌 국내 소재 부동산

일반사모집합투자기구가 국내소재 부동산을 취득한 후 1년(미분양주택[508]은 집합투자

508) 주택법 제38조에 따른 사업주체가 같은 조에 따라 공급하는 주택으로서 입주자 모집공고에

규약에서 정하는 기간) 이내에 처분(투자목적회사가 발행한 주식 또는 지분을 처분하는 것을 포함한다) 하는 것은 금지된다.

(예외) 다음의 경우에는 예외적으로 처분이 허용된다:
ⓐ 부동산개발사업에 따라 조성하거나 설치한 토지·건축물 등을 분양하는 경우,
ⓑ 일반사모집합투자기구가 합병, 해지·해산되는 경우.

제2관 부동산의 운영·개발 관련 규제 이슈

1. 총설

집합투자기구에서 부동산에 투자하는 경우 그 운용방법은 단순 취득·처분 외에 취득한 부동산을 '임대·관리·개량·개발·운영'하는 것도 가능하다(법 제229조제2호 참조).

부동산의 '운영'이 구체적으로 어떤 방식으로 운용하는 것을 의미하는지는 명확하지 않다.[509] 그리고 집합투자기구가 부동산을 '개발'하는 방법으로 운용하고자 하는 경우에도 개발업 등록 이슈 등 여러 가지 고려할 사항이 있다.

집합투자기구에서 부동산을 '임대·관리·개량·개발·운영'의 방법으로 운용하고자 하는 경우, 특히 '운영'이나 '개발'의 방법으로 운용하고자 하는 경우에는 관련 법에 따른 면허 등의 이슈로 인해 실제 운용에 많은 어려움이 있다. 집합투자업자나 집합투자기구가 직접 수행하기 어려운 '운영'이나 '개발'은 제삼자 위탁의 방법으로 주로 이루어질 것으로 보인다.

2. 부동산의 운영

일반사모집합투자기구에는 집합투자기구의 종류별 운용방법 등을 정하고 있는 법 제229조와 그에 따른 영 제240조가 적용되지 않지만, 부동산에 투자하는 일반사모집합투자기구의 경우 당연히 영 제240조에서 정하는 방법으로도 운용할 수 있다고 보아야 한다. 그런데 '부동산의 임대 및 운영'과 관련하여, 일반사모집합투자기구가 호텔을 취득하여 제삼자(관광숙박업 면허를 소유한 호텔업자)에게 임대하지 않고 직접 경영하는 것이 가능한지 등에 대해서 논란의 소지가 있다.

따른 입주자의 계약일이 지난 주택단지에서 분양계약이 체결되지 아니하여 선착순의 방법으로 공급하는 주택을 말한다(영 제271조의10 제3항).

509) 관련 금융위원회·금융감독원 합동보도자료(사모펀드 활성화를 위한 자본시장법 및 하위법령 개정안 일괄시행에 따른 주요변경사항 안내)에서도 "펀드가 취득한 부동산을 펀드가 직접 운영(호텔 등)" 할 수 있다고만 설명하고 있다.

(임대와 운영) 호텔을 임대하는 것과 직접 운영(경영)하는 것에는 적지 않은 차이가 있다. 첫째, 임대의 경우 펀드의 수입은 호텔 경영실적과 무관하게 임대계약에서 정한 임대료(또는 고정 임대료와 매출연동 임대료의 합계액)가 그 수입이 되는 반면에, 직접 운영하는 경우에는 호텔의 경영실적에 따라 수입이 달라진다. 둘째, 호텔을 임대하는 경우에는 펀드에서의 운용행위는 임대계약을 체결하는 것이고 이와 관련하여 별도의 면허취득이 필요 없지만, 호텔을 직접 운영하는 경우에는 펀드(투자회사의 경우는 당해 투자회사, 투자신탁의 경우는 현행 관광진흥법상으로는 신탁업자)가 관광숙박업 면허를 받아야 하고 호텔 운영을 위한 최소한의 임직원(호텔경영사, 호텔관리사, 호텔서비스사 등)을 고용해야 하며, 나아가 객실 임대 외에도 식음료·세탁 등 부대서비스 제공을 위한 부수적인 비즈니스 영위가 필요하게 된다. 이런 점(특히, 관광숙박업 면허의 현실적인 취득가능성, 고용이슈 등)을 고려하면 일반사모집합투자기구가 호텔을 취득하여 직접 경영하는 것은 현실적으로 가능하지 않으며 호텔의 운영은 전체적으로 제삼자에게 위탁해야 할 것으로 보인다. 이러한 결론은 호텔경영과 유사한 사업성격을 가지는 골프장이나 콘도 운영(경영)의 경우에도 마찬가지라고 할 것이다.

(호텔 소유법인 경영) 펀드가 호텔을 직접 취득하지 않고 호텔을 소유한 법인의 지분을 취득하여 그 법인의 경영에 참여하는 방식으로 운용하는 것은 가능한지도 문제 될 수 있다.

기관전용사모집합투자기구의 경우는 이런 방식의 투자가 허용된다는데 의문이 없는데, 일반사모집합투자기구도 이런 방식의 운용이 가능한지가 문제 된다. 이는 일반사모집합투자기구도 지분증권등을 취득하여 피투자기업의 경영에 참여하는 방식으로 운용하는 것이 가능한지의 이슈라고 할 수 있다. 앞에서 보았듯이 자본시장법상의 의결권 행사 관련 규정이 2021년 개정되었고 뒤이은 금융위원회의 유권해석에 따라 일반사모집합투자기구도 경영참여방식의 투자를 할 수 있으므로 사실상 제한이 없게 되었다.[510)]

3. 부동산의 개발

집합투자기구를 통해 부동산을 개발하고자 하는 경우에는 '부동산개발업의 관리 및 육성에 관한 법률'('부동산개발업법')의 적용을 받는다. 여기서의 '부동산개발'이란 토지의 조성, 건축물의 건축·대수선·리모델링·용도변경등을 하는 것을 말한다(부동산

510) 다만, 상호출자제한기업집단과 관련이 있는 일반사모집합투자기구는 의결권 행사제한(법 제87조)으로 인해 사실상 어렵다.

개발업법 제2조제1호).[511)]

자본시장법에는 집합투자재산으로 부동산개발사업에 투자하고자 하는 경우에는 사업계획서를 작성하여 감정평가업자로부터 적정성 여부를 확인받도록 하는 규정(법 제94조제4항, 영 제97조)이 있지만 이 규정은 일반사모집합투자기구에는 적용되지 않는다(법 제249조의8 제1항).

(부동산개발업 등록) 일정 규모[512)] 이상의 부동산개발을 업으로 영위하려는 자는 일정한 요건을 갖추어 미리 시·도지사에게 등록하여야 한다(부동산개발업법 제4조제1항). 집합투자기구를 통해 부동산개발을 하는 경우에도 이 규정의 준수가 요구된다. 부동산개발업법은 특수목적법인 이용에 관한 특례를 두고 있는데, 투자회사의 경우에는 이러한 특례를 이용하면 되며(부동산개발업법 제4조제3항, 동법시행령 제6조),[513)] 기타 투자신탁 등 다른 법적 형태의 집합투자기구의 경우에는 토지소유자로서 부동산개발업 등록사업자와 공동사업을 하는 방법을 취하면 된다(부동산개발업법 제4조제4항).

제3관 부동산투자 관련 기타 법률 이슈

1. 중대재해처벌법

2022년 1월부터 '중대재해의 처벌등에 관한 법률'(이하 '중대재해처벌법')이 시행되고 있다. 이 법은 경영책임자등이 실질적으로 지배·운영·관리하는 사업 또는 사업장에서 안전보건 확보의무를 위반하여 중대재해를 발생하게 한 경우 경영책임자등을 형사처벌하는 것과 더불어 양벌규정을 통해 법인에게도 벌금형을 부과한다. 그리고 경영책임자등이 고의 또는 중대한 과실로 동법에서 정한 의무를 위반하여 중대재해를 발생케 한 경우 해당 법인이 중대재해로 손해를 입은 사람에 대하여 그 손해액의 5배를 넘지 않는 범위에서 배상책임을 부담한다. 다만, 법인이 해당 업무에 관하여 상당한 주의와 감독을 게을리하지 아니한 경우에는 부담을 면할 수 있다(동법 제15조).

집합투자업자가 부동산펀드를 통해 부동산을 소유, 개발 또는 임대하는 과정에서 중대재해가 발생한 경우 중대재해처벌법의 적용대상이 되는지가 문제 될 수 있다.

---

511) '건축·대수선·리모델링'은 건축법 제2조제1항제8호부터 제10호까지의 규정에 따른 '건축·대수선·리모델링'을 말하고, '용도변경'은 동법 제19조에 따른 '용도변경'을 말한다(부동산개발업의 관리 및 육성에 관한 법률 제2조제1호 나목).

512) 동법시행령 제3조에서 건축물과 토지를 구분하여 개발업 등록대상을 정하고 있다. 토지의 경우 면적이 5천 제곱미터 또는 연간 1만 제곱미터 이상이 등록대상이다.

513) 투자회사가 부동산개발업 등록을 하려면 당해 투자회사의 자본금이 5억원 이상이어야 하고 당해 투자회사의 집합투자업자가 상근하는 부동산개발전문인력 5인 이상을 확보하고 있어야 한다.

고용노동부는 중대재해처벌법상의 '실질적 지배·운영·관리'를 '소유권·점유권·임차권 등 장소·시설·설비에 대한 권리를 가지고 있거나, 유해·위험요인을 통제할 수 있거나, 보수·보강을 실시하여 안전하게 관리하여야 하는 의무를 가지는 경우로 해석하고 있다.[514] 따라서 집합투자업자가 부동산펀드를 통해 이러한 지위에 있는 경우에는 중대재해처벌법이 적용될 수도 있으므로 유의할 필요가 있다.

2. 민법상 공작물 점유자·소유자의 책임

공작물의 설치 또는 보존의 하자로 인하여 타인에게 손해를 가한 때에는 공작물 점유자가 손해를 배상할 책임이 있다. 그러나 점유자가 손해의 방지에 필요한 주의를 해태하지 아니한 때에는 그 소유자가 손해를 배상할 책임이 있다(민법 제758조제1항). 이를 공작물 점유자·소유자의 책임이라고 한다.

부동산펀드에서 부동산을 취득하는 경우 그 운영 및 유지관리등을 포함하는 자산관리업무를 외부의 시설관리회사(FMC:Facility Management company)에게 맡기는 것이 일반적이다. 이와 관련하여 해당 부동산에 화재등의 사고가 발생한 경우 그 책임소재가 문제 될 수 있다.

최근의 대법원 판결[515]에 따르면 이러한 시설관리회사는 민법 제195조에 따른 점유보조자의 지위에 있을 뿐이므로 민법 제758조제1항에 의한 공작물 점유자로서의 책임을 부담하지 않는다.[516] 다만, 시설관리회사는 해당 건물에 대한 유지관리업무를 소홀히 하였다거나 전기 및 시설안전을 위하여 필요한 조치를 취하지 않는 등의 과실이 있는 경우에는 집합투자업자·신탁업자의 공작물 점유자 책임과 별도로 민법 제750조 불법행위로 인한 손해배상책임을 부담한다.

투자신탁 형태의 집합투자기구에서 보유하는 부동산의 경우 그 집합투자업자와 신탁업자가 해당 건물의 직접 점유자의 지위에 있으므로 이들은 공동으로 해당 건물을

514) 고용노동부, "중대재해처벌법 해설 - 중대시민재해(시설물, 공중교통수단)", 2021, 19면.
515) 대법원 2024. 2. 15. 선고 2019다208724 판결.
516) 물건에 대한 점유란 사회관념상 어떤 사람의 사실적 지배에 있다고 보이는 객관적 관계를 말하는 것으로서, 사실상의 지배에 있다고 하기 위하여는 반드시 물건을 물리적·현실적으로 지배하여야만 하는 것이 아니고, 물건과 사람 사이의 시간적·공간적 관계와 본권관계, 타인 지배의 배제 가능성 등을 고려하여 사회통념에 따라 합목적적으로 판단하여야 한다(대법원 2001. 1. 1. 선고 98다20110 판결 등 참조). 민법 제758조제1항 소정의 공작물점유자란 공작물을 사실상 지배하면서 그 설치 또는 보존상의 하자로 인하여 발생할 수 있는 각종 사고를 방지하기 위하여 공작물을 보수·관리할 책임이 있는 자를 말한다(대법원 2000. 4. 21. 선고 2000다386 판결 등 참조). 따라서 영업상 기타 유사한 관계에 의하여 타인의 지시를 받아서 공작물에 대한 사실상의 지배를 하는 자가 있는 경우에 그 타인의 지시를 받는 자는 민법 제195조에 따른 점유보조자에 불과하므로 민법 제758조제1항에 의한 공작물 점유자의 책임을 부담하는 자에 해당하지 않는다(대법원 2024. 2. 15. 선고 2019다208724 판결).

사실상 지배하면서 그 설치 또는 보존상의 하자로 인하여 발생할 수 있는 각종 사고를 방지하기 위하여 그 공작물을 보수·관리할 권한 및 책임을 가지는 자에 해당하여 해당 건물의 화재등의 사건과 관련하여 민법 제758조제1항에 의한 공작물 점유자의 책임을 부담한다.[517]

관련하여 집합투자업자와 신탁업자가 민법 제758조제1항에 따라 투자신탁재산인 공작물의 점유자로서 공작물의 설치 또는 보존의 하자로 피해를 입은 제3자에게 손해배상책임을 배상하는 경우에는, 그 책임이 투자신탁재산의 취득·처분등과 관련한 이행책임이 아니므로 투자신탁재산 한도로만 책임을 부담하는 것이 아니라 고유재산으로도 그 책임을 부담하는 것으로 보아야 한다.[518] 또한 유한책임신탁의 등기가 없는 이상 신탁법 제114조제1항에 따른 유한책임신탁으로서의 효력도 없다.

제4절 경영참여목적 투자

제1관 총설

1. 경영참여목적 투자의 개념

사모집합투자기구의 집합투자재산을 자본시장법 제249조의7 제5항 각 호의 방법으로 운용(대통령령이 정하는 방법에 따라 다른 사모집합투자기구와 공동으로 운용하는 경우를 포함)하는 것을 '경영참여목적 투자'라고 하며, 이렇게 운용되는 사모펀드를 '경영참여목적 사모집합투자기구'라고 한다. 이러한 '경영참여목적 투자'나 '경영참여목적 사모집합투자기구'라는 용어는 법상 용어는 아니며 이해의 편의를 위해 사용되는 용어이다.

1) 투자방법: 자본시장법 제249조의7 제5항 각 호의 방법

ⓐ 다른 회사의 의결권 있는 발행주식총수 또는 출자총액의 100분의 10 이상 보유,[519]

ⓑ 임원의 임면등 투자하는 회사의 주요경영사항에 대하여 사실상의 지배력 행사가 가능하도록 하는 투자로서 다음과 같은 투자,[520]

---

517) 집합투자업자는 해당 건물에 관한 관리등의 업무를 지시하고 관리업체로부터 업무보고를 받으며 자신이 정한 예산범위 내에서 건물의 유지·관리등에 필요한 비용을 지출하게 하는 등으로 관리업체를 점유보조자로 하여 해당 건물을 직접점유하는 자이며, 신탁업자는 해당 투자신탁재산인 건물의 소유자로서 집합투자업자와 함께 직접점유자의 지위에 있다(대법원 2024. 2. 15. 선고 2019다208724 판결).

518) 대법원 2024. 3. 12. 선고 2019다301029 판결.

519) 법 제249조의7 제5항제1호.

i) 투자계약을 통해 임원의 임면, 조직변경 또는 신규투자 등 주요경영사항에 대하여 권한을 행사할 수 있는 투자,

ii) 투자를 통해 투자대상회사의 최대주주가 되는 투자(의결권 있는 발행주식총수 또는 출자총액의 100분의 10 미만을 보유하는 경우로 한정).

2) 다른 사모집합투자기구와의 공동운용 방법

ⓐ 지분증권 또는 주권 관련 사채권의 공동 취득·처분,

ⓑ 지분증권 또는 주권 관련 사채권의 상호 양도·양수,

ⓒ 집합투자재산의 운용에 대한 의결권(의결권의 행사를 지시할 수 있는 권한 포함)의 공동행사.

3) 투자대상 회사

피투자회사가 다음 중 어느 하나에 해당하는 회사인 경우에는 경영참여목적 투자에 해당하지 않는다[법 제249조의7 제5항, 영 제271조의10 제15항, 규정 제7-41조의7 제10항, 금융감독원 비조치의견서(2022.2.3.)]. 이러한 회사는 투자를 위한 특수목적회사(SPC)에 해당한다.

ⓐ (자본시장법에 따른) 투자목적회사,

ⓑ (자본시장법에 따른) 회사형집합투자기구,[521]

ⓒ 자산유동화법에 따른 유동화전문회사,

ⓓ 자본시장법 외의 다른 법에 따른 회사형집합투자기구,[522]

ⓔ 외국투자대상자산의 취득을 목적으로 설립된 외국법인(외감법 제3조제1항에 따른 종속회사에 상당하는 외국회사 포함)으로서 국내에 투자하거나 소유하고 있는 자산을 합한 금액이 총자산의 100분의 30 미만인 외국법인,

ⓕ 외국집합투자기구,

ⓖ 자산유동화전문회사등(영 제271조의10 제1호부터 제4호까지의 회사)과 유사한 외국회사,

ⓗ '사회기반시설에 대한 민간투자법'에 따른 민간투자사업법인,

ⓘ '사회기반시설에 대한 민간투자법' 제2조제1호에 따른 사회기반시설의 신설·

---

520) 법 제249조의7 제5항제2호, 영 제271조의10 제17항.

521) 투자회사, 투자유한회사, 투자합자회사, 투자유한책임회사.

522) 부동산투자회사법에 따른 부동산투자회사, 선박투자회사법에 따른 선박투자회사, 문화산업진흥기본법에 따른 문화산업전문회사.

증설·개량 또는 운영에 관한 사업(이하 '사회기반시설사업')의 시행을 목적으로 설립된 법인으로서 일정한 요건[523]을 충족하는 법인,

ⓙ '부동산개발업의 관리 및 육성에 관한 법률' 제4조에 따라 부동산개발업을 등록한 특수목적법인('조세특례제한법' 제104조의31 제1항에 따른 투자회사에 한정한다),[524]

ⓚ 위의 ⓘ와 유사한 법인으로서 금융감독원장의 확인을 받은 법인.

2. 경영참여목적 투자 판단기준 등

1) 운용사를 기준으로 판단

경영참여목적 사모집합투자기구 여부의 판단은 개별 사모집합투자기구 기준이 아닌 해당 사모집합투자기구의 의결권을 행사하는 자(집합투자업자 및 업무집행사원)를 기준으로 판단한다. 따라서 집합투자업자가 수 개의 사모집합투자기구 또는 그 투자목적회사를 통해 피투자회사의 경영에 참여하는 경우 해당 사모집합투자기구 모두 경영참여목적 사모집합투자기구에 해당한다.

다만, 동일한 운용사가 운용하는 다수의 사모집합투자기구가 합하여 특정회사 지분을 10% 이상 보유하는 경우라 하더라도 개별 집합투자기구가 그 특정회사의 지분을 10% 미만 보유하고 다른 펀드와 독립적으로 운용되고 있는 것이 명확한 경우에는 지분 합산대상에서 제외할 수 있다.

그리고 동일 집합투자업자가 "정보교류차단장치"를 설치하여 경영참여목적의 사모펀드와 재무투자목적의 사모펀드를 구분·운용하고 재무투자목적의 펀드가 투자대상회사에 대해 의결권을 행사하지 않는 경우에는 해당 재무투자목적의 펀드를 경영참여목적 펀드로 간주하지 않는다.[525]

2) 집합투자재산의 일부만 투자하는 경우

하나의 사모집합투자기구가 수 개의 피투자회사 중 일부에 대하여만 경영참여목적 투자를 하는 경우에도 해당 사모집합투자기구를 경영참여목적 사모집합투자

---

523) 첫째, 그 법인이 영위하는 사회기반시설사업에 관하여 사회기반시설에 대한 민간투자법을 제외한 별도의 근거법률(예: 유료도로법)에 근거한 사업일 것. 둘째, 그 법인이 추진하는 사회기반시설사업에 대해 근거법률상 주무관청(공공기관 및 민간발주기관을 포함한다)의 인허가, 등록·신고 및 이와 유사한 행정절차를 두고 있을 것. 셋째, 그 법인이 추진하는 사회기반시설사업에 대하여 주무관청과의 실시협약(이와 유사한 것으로서 해당 사회기반시설사업에 관한 계약을 체결하거나 근거법률에 따라 해당 주무관청이 정한 규정·규칙을 준수하여 사회기반시설사업을 영위하는 경우를 포함한다)을 체결할 것.

524) 소위 프로젝트금융투자회사(PFV: Project Financing Vehicle)를 말한다.

525) 금융위원회 법령해석회신문(230094).

기구로 간주한다.[526] 집합투자재산의 일부를 법 제249조의7 제5항 각 호의 방법으로 운용하는 경우에도 경영참여목적 사모집합투자기구에 해당한다.[527]

3) 투자목적회사를 통한 투자의 경우

서로 다른 운용사가 운용하는 사모집합투자기구가 투자한 SPC가 특정회사 지분을 10% 이상 취득하는 경우, 각각의 사모집합투자기구는 SPC가 보유한 10% 이상 지분에 대해 의결권을 공동행사하게 되므로 경영참여목적 투자를 하는 사모집합투자기구에 해당한다.

사모집합투자기구의 투자목적회사에 대한 출자는 금산법 제24조에 따른 출자 승인대상이 아니지만 그 투자목적회사를 통해 다른 회사에 법 제249조의7 제5항 각 호의 방법으로 투자하는 경우 경영참여목적 사모집합투자기구에 해당하며, 금산법상 승인대상이 된다.[528]

4) 집합투자규약 등에 반영

경영참여목적 사모집합투자기구에 해당하는지 여부는 집합투자기구 설정·설립 시 확정하여 집합투자기구 설정·설립보고서, 집합투자규약, 설명서에 반영하여야 한다. 펀드 운용 과정에서 경영참여로 투자목적을 변경하는 경우 펀드 설정·설립보고서·집합투자규약·설명서를 변경하고 금융감독원에 보고하여야 한다.[529]

법 제249조의7 제5항제1호의 방법으로 운용하더라도(즉, 의결권있는 발행주식총수 또는 출자총액의 10% 이상을 취득하더라도) 해당 사모집합투자기구의 집합투자규약등에서 경영권 참여등의 목적이 없음을 명확히 하고 사실상 지배력행사가 가능한 경우가 아닌 투자로 한정된다면 경영권참여목적이 없는 것으로 볼 수 있다.[530] 따라서 이러한 경우에는

---

526) 금융감독원, 개정 자본시장법 시행에 따른 유의사항 안내(2021.10).
527) 금융위원회·금융감독원·금융투자협회, 사모펀드 제도개편 관련 주요 질의응답(2021.10).
528) 금융위원회·금융감독원·금융투자협회, 사모펀드 제도개편 관련 주요 질의응답(2021.10).
529) 금융위원회·금융감독원·금융투자협회, 사모펀드 제도개편 관련 주요 질의응답(2021.10).
530) 금융위원회 법령해석 회신문(230094).
위 금융위원회 해석에 따르면, 다른 회사의 의결권 있는 발행주식총수 또는 출자총액의 10% 이상을 보유하더라도 경영참여목적이 없는 것으로 인정되려면 다음 사항을 집합투자규약에 기재하고 이를 준수하여야 한다: ⓐ 경영권참여, 사업구조 개편 또는 지배구조 개선 등을 위한 투자목적이 없으며 그에 따라 자본시장법 제147조제1항 후단 및 동법시행령 제154조제1항에 따라 "경영권에 영향을 주기 위한 것"이 아닌 범위 내에서만 투자대상회사에 대한 주식(지분증권)의 주주권을 행사하여야 한다는 사항, ⓑ 취득한 주식의 의결권은 자본시장법 제87조제4항에 따른 의결권행사방법(10% 초과 취득한 주식에 대하여는 의결권을 행사하지 않음)을 준수하겠다는 사항, ⓒ 투자계약등을 통하여 임원의 임면, 조직변경 또는 신규투자 등 주요 경영사항에 대한 권한을 행사할 수 있는 투자 또는 ⓓ 투자대상회사의 최대

자본시장법 제249조의7 제5항에 따른 15년 이내 주식처분규제를 적용받지 않는다. 그리고 집합투자기구 설정·설립 당시 경영권참여목적이 없는 것으로 보아 금산법 제24조에 의한 사전승인을 받지 않아도 된다.

제2관 지분증권 처분 규제 등

1. 15년 이내 지분증권 처분

일반사모집합투자업자는 다른 회사에 대한 경영권 참여목적 투자를 하는 경우(다른 사모집합투자기구와의 공동운용 포함, 피투자회사가 투자목적회사등인 경우 제외) 다음 어느 하나에 해당하는 날부터 15년이 되는 날까지 그 지분증권을 제삼자에게 처분하여야 한다(법 제249조의7 제5항).

ⓐ 다른 회사의 의결권 있는 발행주식총수 또는 출자총액의 10% 이상을 보유하게 된 날.

ⓑ 임원의 임면 등 투자하는 회사의 주요 경영사항에 대하여 사실상의 지배력 행사가 가능하도록 하는 투자로서 대통령령으로 정하는 투자를 한 날.

2. 금산법상 출자승인

경영참여목적 일반사모집합투자기구를 설정·설립하고자 하는 집합투자업자는 그 설정·설립 전에 금산법 제24조제1항에 따른 금융위원회 승인을 받아야 한다.

제3관 지주회사 규제 특례[531)]

1. 공정거래법

공정거래법에 따른 지주회사에 관한 규정은 '사모집합투자기구' 또는 투자목적회사가 법 제249조의7 제5항제1호 또는 제2호의 요건을 충족하는 경우(즉, 경영참여목적 투자를 한 경우) 그 요건을 충족한 날부터 10년이 되는 날까지는 적용하지 아니한다(법 제249조의19 제1항).

일반사모집합투자기구의 집합투자업자(투자회사등) 또는 투자목적회사는 이러한 요건을 충족한 날부터 2주일 이내에 그 사실을 대통령령으로 정하는 방법에 따라

주주가 되거나 투자대상회사를 계열회사로 편입하는 투자를 하지 않는다는 사항.

531) 지주회사 규제 특례부분은 실제 의미가 있는 기관전용사모집합투자기구편에서 상술하기로 하고 여기서는 간략히 살펴본다.

금융위원회에 보고해야 하며 금융위원회는 그 사항을 공정거래위원회에 통보하여야 한다(법 제249조의19 제2항).

2. 금융지주회사법

(일반사모집합투자기구에 대한 특례) '일반사모집합투자기구등'(일반사모집합투자기구, 투자목적회사, 당해 일반사모집합투자기구의 집합투자업자 중 '상호출자제한기업집단 계열회사 또는 금융지주회사'가 아닌 자)에 대해서는 법 제249조의7 제5항제1호 또는 제2호의 요건을 충족하는 경우(즉, 경영참여목적 투자를 한 경우) 그 요건을 충족한 날부터 10년이 되는 날까지는 금융지주회사법에 따른 금융지주회사로 보지 아니한다.

다만, '일반사모집합투자기구등'이 대통령령으로 정하는 1개 이상의 금융기관을 지배하는 경우에는 금융지주회사법 제45조, 제45조의2부터 제45조의4까지 및 제48조를 준용한다. 그리고 '일반사모집합투자기구등'이 은행이 아닌 금융기관을 지배하는 경우에는 금융지주회사법 제45조 및 제48조를 준용한다(법 제249조의19 제3항, 영 제271의24).

(일반사모집합투자업자에 대한 특례) 일반사모집합투자업자에게도 금융지주회사법 제45조의2부터 제45조의4가 준용되며, 이 경우 '은행지주회사의 주요출자자'는 집합투자업자로 본다(법 제249조의19 제4항). 따라서 일반사모집합투자업자 또는 그 대주주에 대한 신용공여등에 대한 규제가 적용된다.

(금융지주회사법에 따른 자회사에 대한 특례) 금융지주회사법에 따른 자회사는 동법 제19조에도 불구하고 일반사모집합투자기구의 지분을 취득할 수 있다(법 제249조의19 제5항).

제7장 집합투자재산의 운용(3)

다른 법률에 따른 보고의무 등

제1절 총설

사모집합투자기구의 집합투자재산 운용과 관련하여서는 직접적으로 자본시장법상 영업행위규칙과 집합투자기구 관련 규정 외에도 자본시장법상 다른 규정, 외국환거래법, 공정거래법, 금융회사지배구조법 등 다양한 관련 법의 규제도 적용받게 되는데, 그중 중요한 의미를 가지는 규제는 아래와 같다.

첫째, 사모집합투자기구가 상장 주식등을 5% 이상 취득하는 경우에는 자본시장법상 5% 보고의무를 준수하여야 하며, 사모집합투자기구가 상장법인의 주요주주가 된 경우에는 자본시장법상의 내부자거래규제를 적용받게 된다.

둘째, 사모집합투자기구가 해외법인등에 투자하는 경우에는 외국환거래법의 적용을 받게 된다.

셋째, 회사형사모집합투자기구(회사 형태의 사모집합투자기구가 아닌 경우는 제외)가 다른 회사의 의결권 있는 주식 20% 이상을 소유하거나 다른 회사의 영업용고정자산의 전부 또는 주요부분을 양수하는 경우에는 공정거래법의 기업결합규제를 적용받는다. 그리고 사모집합투자업자(기관전용사모집합투자기구의 업무집행사원 포함)가 대규모기업집단 소속인 경우에는 집합투자재산의 운용과 관련하여 공정거래법에 따른 공시등의 규제를 받을 수 있다.

넷째, 사모집합투자기구가 금융회사의 주식을 취득하여 그 대주주가 되고자 하는 경우에는 금융회사지배구조법등(은행법·금융지주회사법, 금융회사의 지배구조에 관한 법률)의 규제를 받게 된다.

제2절 자본시장법상 5% 보고의무

제1관 총설

1. 제도의 개요

누구든지, 주권상장법인의 의결권 있는 주식등[532]을, 대량보유(5% 이상 보유)하게 된 경우에는 그 보유상황·보유목적등을(신규보고), 이후 보유비율이 1% 이상 변동된 경우에는 그 변동내용을(변동보고), 신규보고·변동보고한 내용 중 중요한 사항에 변경이 있는 경우에는 그 변경내용을(변경보고), 5일 이내에 금융위원회와 거래소에 보고하고(법 제147조제1항·제4항), 그 보고서 사본을 해당 주식등의 발행인에게 지체 없이 송부해야 한다(법 제148조). 공정한 경영권 경쟁을 유도하고 대량보유자의 주식매매정보를 시장에 제공하기 위한 규제라고 할 수 있다.

5% 보고의무를 위반하면 민사상의 손해배상책임, 형사처벌[533] 외에도 다양한 행정상의 제재를 받을 수 있다. 행정제재 중에는 위반분에 대한 의결권 행사제한과 주식처분명령도 포함된다(법 제150조).[534]

(보유목적) 5% 보고는 주식등의 보유목적이 '경영권 영향 목적'[535]인지 '경영권

---

532) 주권 외에 신주인수권이 표시된 것, 전환사채권, 신주인수권부사채권, 교환사채권, 파생결합증권이 포함된다(영 제139조).

533) 법 제445조제20호, 법 제446조제26호, 법 제444조제18호.

534) 5% 보고를 하지 않거나 중요한 사항을 허위보고 또는 기재누락한 자는 일정 기간 동안 발행주식총수의 5%를 초과하는 부분 중 위반분에 대해 의결권을 행사할 수 없으며, 금융위원회는 이러한 위반분에 대해서는 6개월 이내의 기간을 정하여 처분을 명할 수 있다.

535) 경영권 영향 목적, 즉, 경영권에 영향을 주기 위한 것이란 임원선임등(영 제154조제1항 각 호에서 정하는 사항)을 위하여 회사나 그 임원에 대하여 사실상 영향력을 행사(상법등에 따라 주주제안권이나 소수주주에 의한 주총소집청구권을 행사하거나 이를 제삼자에게 행사하도록 하는 것 포함)하는 것을 말하며, 단순히 의견을 전달하거나 대외적으로 의사를 표시하는 것은 제외한다(법 제147조제1항, 영 제154조제1항).
영 제154조제1항 각 호에서 정하고 있는 사항은 다음과 같다:
ⓐ 임원의 선임·해임·직무의 정지. 다만, 이사의 위법행위에 대응하는 상법상 소수주주의 권한(위법행위 유지청구권, 해임청구권) 행사는 제외한다.
ⓑ 이사회등 회사의 기관과 관련된 정관의 변경. 다만, 공적연기금등이 투자대상기업 전체의 지배구조개선을 위해 사전에 공개한 원칙에 따르는 경우는 제외한다.
ⓒ 회사의 자본금의 변경, 다만, 상법 제424조(주주의 신주발행유지청구권) 등 법률에 따른 권리를 행사하는 경우는 제외한다.
ⓓ 회사의 합병, 분할과 분할합병
ⓔ 주식의 포괄적 교환과 이전
ⓕ 영업 전부의 양도·양수 또는 중요한 일부의 양도·양수
ⓖ 자산 전부의 처분 또는 금융위원회가 정하는 중요한 일부의 처분
ⓗ 영업 전부의 임대 또는 경영위임, 타인과 영업의 손익 전부를 같이하는 계약
ⓘ 기타 이에 준하는 계약의 체결·변경·해약

영향 목적 없음'인지에 따라 그 보고내용과 보고기한등 규제내용이 달라진다.

보유목적이 '경영권 영향 목적'인 경우 그 내용을 객관적이고 구체적으로 기재하여야 한다.[536] 보유목적이 '경영권 영향 목적 없음'인 경우는 다시 주주활동내용에 따라 '단순투자목적'[537]과 '일반투자목적'[538]으로 구분되고 보고기한등이 달라진다. 이처럼 5% 보고제도는 보유목적에 따라 경영권 영향 목적 보고·일반투자목적 보고·단순투자목적 보고의 세 가지 유형으로 구분된다. 그리고 이러한 세 가지 보고유형은 다시 보고의무자가 '공적연기금등'[539]인지 여부에 따라 각각 그 보고내용·기한등이 달라진다.

경영권 영향 목적이 없는 '일반투자목적·단순투자목적 보고'의 경우에는 '경영권 영향 목적 보고'의 경우에 비하여, ⓐ 보고내용이 대폭 간소화되어 있고,[540] ⓑ 보고

ⓙ 회사의 해산
위의 ⓑ와 관련하여, 금융위원회, 스튜어드십코드 관련 법령해석집(2017.6.9.)에서는 다음과 같은 경우는 '이사회등 회사의 기관과 관련된 정관의 변경'에 해당하는 것으로 예시하고 있다: i) 주주권익위원회를 이사만으로 구성하여 이사회내 위원회로 설치하기 위한 정관변경, ii) 재무제표 승인권 부여 등 이사회의 권한을 확대하는 내용의 정관변경, iii) 집중투표 조항을 설치·배제하는 내용의 정관변경, iv) 회사의 기관인 주주총회의 소집절차 및 의결방식에 영향을 미치는 소수주주권(임시총회 소집청구권, 집중투표청구권) 행사요건을 완화하는 내용의 정관변경, v) 이사의 손해배상책임 경감을 위한 주주총회 승인요건을 추가·강화하는 내용의 정관변경.

536) 경영권 영향 목적이 있으나 구체적 계획수립 전인 경우에는 구체적 계획을 기재할 필요는 없으나 향후 계획수립 시 '정정공시'를 하여야 한다. 구체적 계획이 수립된 경우에는 법령상 예시를 단순히 열거하는 방식은 지양하여야 하고 보고 이후에 구체적 계획이 변경된 경우에는 '정정공시'를 통해 계획의 변경사항을 구체적으로 기재·보고하여야 한다〔금융위원회 보도자료, 대량보유 보고의무(5% 룰) 운영 개선, 2022.8.17. 참조〕.

537) 상법 제369조·제418조제1항·제462조에 따른 권리등 보유하는 주식등의 수와 관계없이 법률에 따라 보장되는 권리(예: 의결권, 신주인수권 등)만을 행사하기 위한 것을 말한다(영 제154조제3항제1호 본문).

538) 경영권 영향 목적은 없으나 주주활동을 적극적으로 하는 경우를 말한다. 임원보수·배당 관련 주주제안, 배당정책 합리화, 감사위원 자격강화 등이 이에 해당한다.

539) 국가, 지방자치단체, 한국은행, 예금보험공사, 자산관리공사, 주택금융공사, 한국투자공사, 금융투자협회, 예탁결제원, 한국거래소, 금융감독원, 신용보증기금, 기술보증기금, 기금(운용법인), 공제사업법인(영 제154조제2항, 증권의 발행 및 공시등에 관한 규정 제3-14조).

540) 공적연기금등에 해당하지 않는 자(사모집합투자기구도 여기에 해당한다)가 경영권에 영향을 주기 위한 목적인 경우의 보고내용은 다음과 같다(법 제147조제1항, 영 제153조제2항, 증권의 발행 및 공시등에 관한 규정 제3-10조): ⓐ 보유상황, ⓑ 보유목적, ⓒ 보유주식등에 관한 주요계약내용, ⓓ 대량보유자와 특별관계자에 관한 사항, ⓔ 보유주식등의 발행인에 관한 사항, ⓕ 변동사유, ⓖ 취득·처분일자, 가격 및 방법, ⓗ 보유 형태, ⓘ 취득자금 또는 교환대상물건의 조성내역, 차입의 경우 차입처, ⓙ 보고자 및 특별관계자별 보유 형태 등, Ⓚ 보유주식등에 관한 신탁계약·담보계약 그 밖의 주요계약의 내용.
공적연기금등에 해당하지 않는 자(사모집합투자기구도 여기에 해당한다)가 단순투자목적 또는 일반투자목적인 경우의 보고내용은 다음과 같다:.
① 단순투자목적인 경우(영 제154조제3항제1호): ⓐ 보유상황, ⓑ 보유목적 ⓒ 대량보유자와 특별관계자에 관한 사항, ⓓ 보유주식등의 발행인에 관한 사항, ⓔ 취득 또는 처분일자·

기한도 여유가 있으며,541) ⓒ 냉각기간 규제(법 제150조제2항)542)도 적용되지 않는다(영 제154조).

(합산보고) 5% 보고는, 본인이 단독으로 5% 이상 '보유'(1% 이상 변동)하는 경우에는 자신의 보유분만 보고하면 되지만, 본인과 그 '특별관계자' 보유분을 합하여 5% 이상 보유(1% 이상 변동)하는 경우에는 그 특별관계자 보유분을 합산하여 보고하는 것이 원칙이다.543) 여기서의 특별관계자란 '특수관계인'544)과 '공동보유자'545)를 말하는데, 특수관계인의 경우에는 합산보고의 예외가 인정된다.546) 여기서의 '보유'에는 '소유에 준하는 보유547)'가 포함된다(법 제133조제3항).

가격 및 방법 ⓕ 주식등의 보유기간 동안 주식등의 수와 관계없이 보장되는 권리의 행사 외의 행위를 하지 아니하겠다는 확인경영권에 영향을 주기 위한 행위를 하지 않겠다는 확인.

② 일반투자목적인 경우(영 제154조제3항제2호): ⓐ 보유상황, ⓑ 보유목적 ⓒ 대량보유자와 특별관계자에 관한 사항, ⓓ 보유주식등의 발행인에 관한 사항, ⓔ 취득 또는 처분일자·가격 및 방법, ⓕ 취득에 필요한 자금이나 교환대상 물건의 조성내역(차입인 경우 차입처 포함), ⓖ 보유주식등에 관한 주요계약내용

541) 변동보고의 경우 일반투자목적은 다음 달 10일까지 보고하면 되고, 단순투자목적은 월별 보고를 하면 된다. 신규투자로 5% 이상 취득한 경우는 단순투자목적·일반투자목적의 경우도 5일 내에 보고하여야 한다.

542) 주식등의 보유목적을 발행인의 경영권에 영향을 주기 위한 것으로 보고한 자는 그 보고하여야 할 사유가 발생한 날부터 보고한 날 이후 5일까지 그 발행인의 주식등을 추가로 취득하거나 보유주식등에 대하여 그 의결권을 행사할 수 없다. 기습적인 경영권 공격행위를 방지하기 위한 것이라고 할 수 있다.

543) 본인과 그 특별관계자가 함께 보고하는 경우 보유주식등의 수가 가장 많은 자를 대표자로 선정하여 연명으로 보고할 수 있으며(영 제153조제4항), 이 경우 다른 보고의무자는 따로 보고할 필요가 없다.

544) 본인이 법인이나 단체인 경우 ⓐ 그 임원, ⓑ 그 계열회사 및 그 임원, ⓒ 혼자서 또는 친인척 등과 합하여 본인에게 30% 이상 출자하였거나 중요한 경영사항에 대해 사실상 영향력을 행사하는 개인 또는 법인, ⓓ 본인이 혼자서 또는 앞의 ⓐ 내지 ⓑ의 자와 합하여 다른 법인·단체에 30% 이상 출자하였거나 중요한 경영사항에 대해 사실상 영향력을 행사하는 경우 그 법인·단체 및 그 임원(영 제2조제4호, 금융회사지배구조법시행령 제3조제1항).

545) 공동보유자란 본인과 합의·계약등에 의해 공동으로 다음의 어느 하나에 해당하는 행위를 할 것을 합의한 자를 말한다(영 제141조제2항): ⓐ 주식의 취득·처분, ⓑ 취득한 주식의 의결권(의결권을 지시할 수 있는 권한 포함) 공동행사(의결권 행사를 지시할 수 있는 권한 포함), ⓒ (공동 또는 단독으로) 취득한 주식의 상호 양도양수.

546) 특수관계인의 경우에는, ⓐ 특수관계인에 해당하는 자의 소유주식등 수가 1,000주 미만인 경우, ⓑ 본인과 특수관계인이 '공동보유자'(영 제141조제2항)에 해당하지 않음을 증명하는 경우에는 5% 보고에 있어서는 특수관계인으로 보지 않는다(영 제141조제3항). 즉, 이러한 특수관계인이 보유하는 주식등은 합산에서 제외할 수 있다. 특수관계인이 공동보유자가 아님을 주장하여 분리보고를 하려는 자에게 공동보유관계 해당 여부에 관한 입증책임이 있다(금융위원회 유권해석 2017.6.14.).

547) 소유에 준하는 보유란 다음 어느 하나에 해당하는 것을 말한다(영 제142조).
ⓐ 누구의 명의로 하든지 자기의 계산으로 주식등을 소유하는 경우(예: 차명소유),
ⓑ 법률의 규정이나 매매 기타 계약에 의하여 주식등의 인도청구권을 갖는 경우,

2. 사모집합투자기구의 경우

사모집합투자기구의 집합투자재산으로 주권상장법인의 주식등을 대량보유하는 경우에도 5% 보고규정이 적용된다. 따라서 투자목적에 따라 경영권영향목적보고·단순투자목적보고·일반투자목적보고를 하여야 한다. 사모집합투자기구를 포함한 집합투자기구는 5% 보고와 관련하여 보고특례를 적용받는 '공적연기금등'에 포함되지 않는다.

사모집합투자기구의 5% 보고규정 적용과 관련하여서는, 누가 보고의무자가 되는지, 특수관계인 보유분을 합산하지 않고 보고하려면 어떤 조치를 취해야 하는지, 보고목적 등이 주로 문제 된다. 그리고 스튜어드십코드 이행과 관련하여 주식등의 대량보유의 목적을 단순투자목적으로 보고하고 5% 보고규정을 준수하면서 수행할 수 있는 주주활동의 구체적인 유형이 어떤 것인지를 알 필요가 있다.

제2관 보고의무자 등

집합투자기구는 그 법적 형태에 따라 집합투자재산에 속하는 주식등의 형식적 소유명의자가 달라진다. 한편으로, 집합투자업자는 자본시장법령에 따라 집합투자재산의 운용권한, 즉, 주식등을 취득·처분할 수 있는 권한과 그 의결권 행사 권한을 가지기 때문에 '소유에 준하는 보유자'가 된다(영 제142조제3호 및 제4호 참조).[548] 따라서 집합투자재산에 속하는 주식등에 대한 5% 보고와 관련하여서는 해당 집합투자기구의 법적 형태에 따라 보고의무자가 달라지고 그에 따라 보고방법도 달라지게 된다.

1. 투자신탁·투자익명조합 형태의 집합투자기구

투자신탁 형태의 집합투자기구의 경우, 주식등의 형식적 소유자는 해당 신탁업자이고 소유에 준하는 보유자는 해당 집합투자업자이다. 하지만, 신탁업자는 주식등의

ⓒ 법률의 규정이나 매매 기타 계약에 의하여 해당 의결권(의결권 행사 지시권한 포함)을 갖는 경우,
ⓓ 법률의 규정이나 금전의 신탁계약·담보계약, 투자일임계약 기타 계약에 의하여 해당 주식등의 취득·처분권한을 가지는 경우,
ⓔ 주식등의 일방적인 매매완결권을 가지고 그 권리의 행사에 의하여 매수인이 될 수 있는 경우,
ⓕ 주식등을 기초자산으로 하는 옵션을 가지고 있는 경우로서 그 권리의 행사에 의하여 매수인이 될 수 있는 경우,
ⓖ 주식매수선택권을 부여받은 경우로서 그 권리의 행사에 의하여 매수인이 될 수 있는 경우.

548) 금융감독원, 기업공시실무안내(2023.12), 469면.

취득·처분권한이 없고 의결권 행사 권한도 없으며 손익의 실질적 귀속주체도 아니므로 5% 보고의무자로 보기 곤란하다.[549] 따라서 투자신탁 형태의 집합투자기구의 경우는 집합투자업자만이 소유에 준하는 보유자로서 5% 보고의무자가 된다. 투자익명조합 형태의 집합투자기구의 경우, 주식등의 형식적 소유자와 소유에 준하는 보유자 모두 해당 집합투자업자이다. 따라서 집합투자업자가 소유자이자 소유에 준하는 보유자로서 5% 보고의무자가 된다.

이처럼 투자신탁 형태와 투자익명조합 형태의 집합투자기구의 경우는, 보고의무자가 집합투자업자이므로, 집합투자업자가 ⓐ 집합투자재산[550]으로 '보유'하는 주식등, ⓑ 자신의 고유재산으로 '소유'하는 주식등, ⓒ 자신의 특별관계자(특수관계인, 공동보유자)가 보유하는 주식등을 모두 합하여 보고하게 된다.

2. 회사 형태의 집합투자기구

주식등의 소유자는 당해 집합투자기구이고, 집합투자업자는 소유에 준하는 보유자에 해당한다.

이처럼 보고의무자가 당해 회사형집합투자기구이므로, 당해 회사형집합투자기구는 ⓐ 자신이 보유하는 주식등, ⓑ 자신의 특별관계자[551]가 보유하는 주식등을 합하여 보고하여야 한다. 당해 회사형집합투자기구의 집합투자업자는 소유에 준하는 보유자로서 연명보고한다. 다만, 투자자의 혼란을 방지하기 위해 집합투자업자의 명칭만 기재하고 보유주식수는 기재하지 않는다.

3. 투자합자조합 형태의 집합투자기구

투자합자조합의 재산은 조합원이 합유하므로 각각의 조합원은 조합재산인 주식등에 대하여 상호공동보유 관계에 있게 된다. 따라서 원칙적으로 개별 조합원 각각이 다른 조합원 모두를 공동보유자로 하여 보고의무자가 된다. 한편으로 집합투자업자는 조합재산인 주식등에 대하여 소유에 준하는 보유자에 해당한다.

이처럼 투자합자조합 형태의 집합투자기구의 경우는, 보고의무자가 각각의 조합원

549) 금융감독원, 기업공시실무안내(2023.12), 469면.
550) 공모집합투자업과 일반사모집합투자업을 모두 영위하고 있는 집합투자업자의 경우는 공모집합투자기구와 일반사모집합투자기구 모두 포함된다.
551) 예컨대, 투자회사 형태의 집합투자기구인 경우 당해 투자회사에 30% 이상을 출자한 개인 또는 법인은 당해 투자회사의 특수관계인에 해당하므로, 이러한 30% 이상 출자자가 보유하는 주식등도 보고대상이 된다.

(투자자)이지만, 업무집행조합원(집합투자업자)이 대표보고자로서 전체 조합원의 위임장을 첨부하여 연명보고하게 된다.[552)]

제3관 집합투자업자의 특수관계인 보유분을 제외하고 보고하기 위한 요건

특수관계인에 해당하더라도 특수관계인이 소유하는 주식등의 수가 1,000주 미만이거나 공동보유관계가 아님을 증명하면 5% 보고에서 특수관계인으로 보지 않는다(영 제141조제3항). 공동보유자 판단기준과 관련된 영 제141조제2항 각 호 사유는 모두 별개의 요건이므로 공동보유자에 해당하지 않기 위해서는 각 호 모두에 해당하지 않아야 한다. 어떤 경우에 공동보유자에 해당하지 아니하는 것으로 증명되었다고 볼 것인지는 개별 사안에서 구체적으로 판단하여야 할 사항이다.[553)]

특수관계인 보유분의 합산보고와 관련하여 현실적으로 문제 되는 것은 투자신탁 또는 투자익명조합 형태의 집합투자기구라고 할 수 있다. 투자신탁 형태 및 투자익명조합 형태의 집합투자기구를 운용하는 집합투자업자는 5% 보고 시 자신의 특별관계자(특히 계열회사등과 같은 특수관계인)의 보유분을 합산하여 보고해야 하기 때문이다. 이와 관련하여 집합투자기구를 운용하는 집합투자업자가 그 특수관계인과 독립적으로 주식등을 거래하고 의결권을 행사한다고 볼만한 적절한 내부통제체계[554)]를 갖추고 이를 이행하는 경우에는 일반적으로 공동보유자에 해당하지 아니한다고 볼 수 있다는 것이 감독당국의 입장이다.[555)] 하지만, 이는 집합투자기구가 공동보유자(영 제141조제2항제1호·제2호)에 해당하지 아니하면서 이러한 내부통제체계를 갖춘 경우라면 통상 공동보유관계에 해당하지 아니할 개연성이 높다고 보는 것에 불과하고, 구체적인 상황 및 정황증거에 따라 공동보유자 관계에 해당하는 것으로 판단될 수도 있다는 점에 유의하여야 한다.[556)]

---

552) 금융감독원, 기업공시실무안내(2017.12), 442면. 참고로, 투자합자조합의 경우 집합투자업자도 당해 투자합자조합의 조합원 지위를 가지게 된다.

553) 당사자 간 경영권분쟁이나 법적 분쟁이 있는 경우, 공정거래법상 계열분리된 경우 등으로서 특수관계인 전원이 공동보유관계가 없음을 확인하는 경우에는 공동보유관계가 아님이 인정된다. 금융감독원, 기업공시실무안내(2017.12), 416면.

554) 다음 요건을 충족하는 것을 말한다: ⓐ 정보교류 차단벽을 설치하고, ⓑ 특수관계인 전원과 공동보유관계에 있지 않겠다는 서면확인을 하며, ⓒ 구체적인 의결권 행사지침을 마련하여 그에 따라 주식등을 거래하고 의결권을 행사할 것(금융위원회 유권해석: 2017.3.20.).

555) 금융위원회 유권해석(2017.3.20.).

556) 금융위원회 유권해석(2017.6.14.).

제4관 단순투자목적으로 보고하고 수행가능한 주주활동

주식등의 보유목적이 '경영권에 영향을 주기 위한 것'인 경우에는 단순투자목적인 경우에 비해 보고내용·보고기한·주식 추가취득제한등 여러 측면에서 부담이 커진다. 따라서 단순투자목적으로 주권상장법인의 주식등에 투자하는 사모집합투자기구의 입장에서는 스튜어드십코드 이행등을 위한 다양한 주주활동이 '경영권에 영향을 주기 위한 것'으로 평가되지 않도록 주의할 필요가 있다.

상법상 주주제안이나 주주총회 소집요구가 3% 이상 지분보유자에게 일반적으로 보장되는 권리임을 감안할 때, 5% 이상 지분보유자는 마음만 먹으면 언제든지 영 제154조제1항 각 호의 어느 하나를 위해 발행회사에 사실상의 영향력을 행사할 수 있다고 볼 수 있다. 따라서 5% 이상 대량보유자가 사실상 영향력을 행사하기 위한 내심의 의사를 지녔는지 여부는 주식등의 보유목적이 단순투자목적인지 경영권에 영향을 주기 위한 것인지를 판단하기 위한 중요한 기준이 된다.[557] 하지만 내심의 의사는 구체적인 정황등에 따라 판단될 수밖에 없다. 금융위원회는 '스튜어드십코드 관련 법령해석집'에서 구체적인 주주활동 유형별로 보유목적을 판단할 수 있는 기준을 제시하고 있다. 따라서 여기에서 '경영권에 영향을 주기 위한 목적'이 없는 것으로 예시된 주주활동 유형들은 일응 단순투자목적으로 보고하고 수행할 수 있다.[558]

제3절 자본시장법상 불공정거래 규제

사모집합투자기구가 상장법인의 주식을 취득하여 주요주주가 된 경우에는 내부자의 단기매매차익반환(법 제172조), 임원등의 특정증권등 소유상황보고(법 제173조), 미공개정보이용행위 금지(법 제174조) 규정이 적용될 수 있다. 사모집합투자기구가 상장법인에 투자하여 임원을 선임한 경우에는 당해 임원도 이러한 규제의 대상이 될 수 있다.

557) 금융위원회, 스튜어드십코드 관련 법령해석집(2017.6.9.), 20면.

558) 예컨대, ⓐ 주총에서 특정안건에 대해 반대의사를 표시하고 적극 발언·토론, ⓑ 경영진과의 면담·협의 요구, 회사나 그 임원의 설명 또는 입장표명 요구, 대량보유자의 입장 전달·설명, 대량보유자의 요구사항 전달, ⓒ 배당금액 산정기준·정책의 변경요구 또는 배당성향·배당수익률 제고 요구, 적정 배당성향·배당수익률에 관한 입장을 담은 의견서 전달, 배당금액 산정기준·정책에 관한 설명요구, ⓓ 자사주 매입요구, ⓔ 대량보유자의 입장이나 요구사항을 보도자료로 배포하는 등 대외공포, ⓕ 주총 전 이사들과의 면담시 특정이사후보의 연임을 반대하며 안건철회 요구, 이사·감사후보 추천, 이사회 요청에 따른 사외이사후보 추천 등은 특별한 사정이 없는 한 사실상의 영향력 행사로 보기 어렵다. 하지만 이에 해당하는 행위 중의 일부(예: 이사·감사후보 추천)는 향후 주주제안이나 임시주총소집청구 등 사실상 영향력을 행사하려는 의도로 이루어진 사정이 인정되는 등의 특별한 사정이 있는 경우에는 경영권에 영향을 주기 위한 목적이 있다고 볼 여지가 크다〔금융위원회, 스튜어드십코드 관련 법령해석집(2017.6.9.)〕.

제1관 단기매매차익의 반환

1. 제도의 개요

단기매매차익반환제도란 주권상장법인의 내부자(임원,[559] 주요업무수행 직원[560] 또는 주요주주)가 특정증권등[561]을 6개월[562] 이내에 단기매매하여 이익[563]을 얻은 경우에 그 법인이[564] 그자에게 그 이익을 반환할 것을 청구할 수 있는 제도를 말한다(법 제172조). 반환대상자가 미공개중요정보를 이용하지 않았음을 입증하더라도 그 반환책임이 면제되지 않는다. 단기매매차익반환제도는 임원 등 회사내부의 중요정보에 접할 수 있는

---

559) 이사와 감사(법 제9조제2항) 외에 업무집행지시자등(상법 제401조의2 제1항 각 호의 자)이 포함된다(법 제172조제1항). 업무집행지시자등은 이른바 비등기임원으로서 회사의 업무집행에 실질적인 영향력을 행사하는 자에게 이사와 동일한 책임을 지우기 위해 마련된 개념인데 다음과 같은 자가 여기에 해당한다: ⓐ 회사에 대한 자신의 영향력을 이용하여 이사에게 업무를 지시한 자, ⓑ 이사의 이름으로 직접 업무를 집행한 자, ⓒ 이사가 아니면서 명예회장, 회장, 사장, 부사장, 전무, 상무, 이사, 기타 회사의 업무를 집행할 권한이 있는 것으로 인정될 만한 명칭을 사용하여 회사의 업무를 집행한 자.

560) 다음 중 어느 하나에 해당하는 자로서 증권선물위원회가 미공개중요정보를 알 수 있는 자로 인정하는 자를 말한다(영 제194조): ⓐ 그 법인에서 주요사항보고서 제출의무 해당 사항(법 제161조제1항 각 호)의 수립·변경·추진·공시, 기타 이에 관련된 업무에 종사하고 있는 직원, ⓑ 그 법인의 재무·회계·기획·연구개발에 관련된 업무에 종사하는 직원.

561) 다음 중 어느 하나에 해당하는 금융투자상품을 말한다(법 제172조제1항 각 호): ⓐ 그 법인이 발행한 증권 중에서 영 제196조 각 호에서 정하는 증권을 제외한 증권. 즉, 주식과 관련 없는 채무증권·파생결합증권, 수익증권은 제외된다. ⓑ 앞의 ⓐ의 증권과 관련된 증권예탁증권, ⓒ 그 법인 외의 자가 발행한 것으로서 앞의 ⓐ 또는 ⓑ의 증권과 교환을 청구할 수 있는 교환사채권, ⓓ 앞의 ⓐ부터 ⓒ까지의 증권만을 기초자산으로 하는 금융투자상품.

562) 6개월의 기간 산정기준과 관련하여 법원은 매매계약 체결일을 기준으로 하고 있다(대법원 2011. 3. 10. 선고 2010다84420 판결).

563) 단기매매차익의 산정은 기본적으로 선입선출법에 의한다. 손해액은 고려하지 않으며, 매매수수료와 증권거래세액 및 농어촌특별세액을 공제한 금액을 이익으로 계산한다(영 제195조제1항).
매수·매도 특정증권등이 종류는 같지만 종목(보통주, 우선주)이 다른 경우에는, ⓐ 매수 후 매도하여 이익을 얻은 경우에는 매도한 날의 매수 특정증권등의 최종가격을 매도 특정증권등의 매도가격으로 하고, ⓑ 매도 후 매수하여 이익을 얻은 경우에는 매수한 날의 매도 특정증권등의 최종가격을 매수 특정증권등의 매수가격으로 한다(영 제195조제2항제1호).
매수·매도 특정증권등이 종류가 다른 경우에는, 지분증권 외의 특정증권등의 가격은 증권선물위원회가 정하여 고시하는 방법에 따라 지분증권으로 환산하여 계산한 가격으로 하며(영 제195조제2항제2호), 수량의 계산도 증권선물위원회가 정하여 고시하는 방법에 따라 계산된 수량으로 한다(영 제195조제3항).
매수 또는 매도 후 특정증권등의 권리락·배당락·이자락 기타 이에 준하는 사유가 있는 경우에는 이를 고려하여 환산한 가격 및 수량을 기준으로 이익을 계산한다(영 제195조제4항).

564) 해당 법인의 주주등은 그 법인으로 하여금 단기매매차익을 얻은 자에게 단기매매차익의 반환청구를 하도록 요구할 수 있으며, 그 법인이 요구받은 날부터 2개월 이내에 그 청구를 하지 아니한 경우에는 그 주주등은 그 법인을 대위하여 그 청구를 할 수 있다(법 제172조제2항). 주주등이 승소한 때에는 회사에 대하여 소송비용과 소송수행에 필요한 실비액을 청구할 수 있다(법 제172조제4항).

지위에 있는 자가 당해 회사가 발행한 주식등을 단기에 매매하여 이익을 얻은 경우 그 이익을 내부정보이용 여부를 묻지 않고 당해 회사에게 반환하도록 함으로써 미공개정보이용행위를 간접적으로 규제하기 위한 것이다.

임직원 또는 주요주주로서 행한 매도 또는 매수의 성격 기타사정을 고려하여 미공개정보를 이용할 개연성이 크지 않다고 영 제198조 각 호에서 정하는 경우 단기매매차익반환의 예외가 인정된다.[565] 그리고 주요주주가 매도·매수한 어느 한 시기에 있어서 주요주주가 아닌 경우에도 예외가 인정된다(법 제172조제6항).[566] 단기매매차익반환의 예외사유에서 명시적으로 따로 정한 바 없다고 하더라도 거래의 유형상 애당초 내부정보의 이용가능성이 객관적으로 없는 경우에는 단기매매차익반환규정(법 제172조) 자체가 적용되지 않는다.[567]

2. 사모집합투자기구의 경우

'집합투자규약에 따라 집합투자업자가 행하는 매매'는 단기매매차익반환의 예외가 인정된다(영 제198조제13호, 단기매매차익반환 및 불공정거래조사·신고등에 관한 규정 제8조제2호). 따라서 일응 일반사모집합투자기구가 주권상장법인의 주요주주가 되더라도 단기매매차익반환규제가 적용되지 않는다. 사모집합투자기구가 연기금 1인만으로 구성된 단독펀드(법 제6조제6항)이더라도 마찬가지다.[568]

---

565) 영 제198조 각 호에서 정하는 단기매매차익반환 예외사유는 다음과 같다: ⓐ 법령에 따라 불가피하게 매도하거나 매수하는 경우, ⓑ 정부의 허가등이나 문서에 의한 지도등에 따라 매수하거나 매도하는 경우, ⓒ 안정조작이나 시장조성을 위하여 매수·매도 또는 매도·매수하는 경우, ⓓ 모집·사모·매출하는 특정증권등의 인수에 따라 취득하거나 인수한 특정증권등을 처분하는 경우, ⓔ 주식매수선택권의 행사에 따라 주식을 취득하는 경우, ⓕ 이미 소유하고 있는 지분증권, 신주인수권이 표시된 것, 전환사채권 또는 신주인수권부사채권의 권리행사에 따라 주식을 취득하는 경우, ⓖ 법 제172조제1항제2호에 따른 증권예탁증권의 예탁계약 해지에 따라 법 제172조제1항제1호에 따른 증권을 취득하는 경우, ⓗ 법 제172조제1항제1호에 따른 증권 중 제196조제1호 라목에 따른 교환사채권 또는 법 제172조제1항제3호에 따른 교환사채권의 권리행사에 따라 증권을 취득하는 경우, ⓘ 모집·매출하는 특정증권등의 청약에 따라 취득하는 경우, ⓙ 우리사주조합원이 우리사주조합을 통하여 회사의 주식을 취득하는 경우, ⓚ 주식매수청구권의 행사에 따라 주식을 처분하는 경우, ⓛ 공개매수에 응모함에 따라 주식등을 처분하는 경우, ⓜ 그 밖에 미공개중요정보를 이용할 염려가 없는 경우로서 증권선물위원회가 인정하는 경우.

566) 임직원의 경우는 법 제172조제6항의 반대해석상 매수 또는 매도의 어느 한 시기에라도 임직원의 지위에 있는 경우에는 반환책임이 있다고 보는 것이 일반적이다.

567) 헌법재판소 2002. 12. 18. 선고 99헌바105, 2001헌바48(병합) 결정. 대법원 2008. 3. 13. 선고 2006다73218 판결.

568) 일부 연금기금(국민연금, 공무원연금, 사립학교교직원연금)의 경우는 펀드에 가입하지 않고 직접(또는 투자일임을 통해) 상장주식등에 투자하여 주요주주에 해당하더라도 그 매매가 발행인의 경영권에 영향을 주기 위한 것이 아닌 경우에는 단기매매차익반환의 예외가 인정된다(영 제198조제13호, 단기매매차익반환 및 불공정거래조사·신고등에 관한 규정 제8조).

하지만, 사모집합투자기구의 투자목적이 경영권에 영향을 주기 위한 것(법 제147조제1항 후단, 영 제154조제1항)인 경우에도 단기매매차익반환의 예외가 인정되는지와 관련하여 논란이 있을 수 있다. 단기매매차익반환규정 제8조제6호에서, 일부 연기금등이 직접(또는 투자일임을 통해) 상장주식등을 취득하여 해당 발행회사의 주요주주가 되면 그 매매가 발행인의 '경영권에 영향을 주기 위한 것'이 아닌 경우에 한해 단기매매차익반환의 예외를 인정하고 있는데, 이러한 연기금과 사모집합투자기구를 달리 취급할 합리적인 이유를 찾기 어렵기 때문이다. 이러한 규정내용과 단기매매차익반환제도의 취지를 고려하면 사모집합투자기구도 그 투자목적이 발행회사의 경영권에 영향을 주기 위한 것이 아닌 경우에 한해 단기매매차익반환의 예외가 인정되는 것으로 해석하는 것이 타당할 것으로 보인다.[569]

기관전용사모집합투자기구에서 행하는 매매도 단기매매차익반환의 예외가 인정되는지와 관련하여서는 논란의 소지가 있을 수 있다. 기관전용사모집합투자기구의 업무집행사원은 '집합투자업자'로 분류되지 않기 때문이다. 하지만, 기관전용사모집합투자기구의 업무집행사원이 법적·형식적으로는 집합투자업자에 해당하지 않더라도 실질적으로 펀드의 운용권한을 가지는 점에서 일반사모집합투자업자와 다르지 않으므로 일반사모집합투자기구와 달리 취급할 합리적 이유가 없다고 할 것이다.

사모집합투자기구의 운용사(일반사모집합투자업자 또는 업무집행사원)의 임직원으로서 경영참여목적 투자차원에서 해당 피투자회사의 임원으로 선임된 자가 개인적으로 해당 회사의 주식등을 단기매매하여 차익을 얻은 경우에는 단기매매차익반환규제의 적용을 받는다는 점에 유의하여야 한다.

제2관 특정증권등 소유상황 보고

1. 제도의 개요

주권상장법인의 임원[570] 또는 주요주주[571]는 임원 또는 주요주주가 된 날부터 5일 이내에 누구의 명의로 하든지 자기의 계산으로 소유하고 있는 특정증권등[572]의 소유

569) 규정 개정을 통해 이러한 내용을 명시하는 것이 바람직하다.
570) 이사 및 감사를 말한다(법 제9조제2항).
571) 금융회사지배구조법 제2조제6호 나목에 해당하는 자를 말한다(법 제9조제1항). 즉, ⓐ 누구의 명의로 하든지 자기의 계산으로 법인의 의결권 있는 발행주식총수의 100분의 10 이상의 주식(그 주식 관련 증권예탁증권 포함)을 소유하는 자, ⓑ 혼자서 또는 다른 주주와의 합의·계약 등에 따라 대표이사 또는 이사의 과반수를 선임한 주주를 말한다(금융회사지배구조법시행령 제4조).
572) 단기매매차익반환에서의 특정증권등과 동일하다(법 제172조제1항 참고).

상황을 증권선물위원회와 거래소에 보고해야 한다. 그리고 그 특정증권 등의 소유상황에 변동이 있는 경우에는 그 변동이 있는 날[573]부터 5일까지 그 내용을 증권선물위원회와 거래소에 보고해야 한다(법 제173조). 내부자의 당해 회사 주식등의 거래상황을 공개하여 미공개정보이용행위를 억제하는 한편 투자자의 투자판단에 도움이 되는 정보를 제공하기 위한 규제라고 할 수 있다.

변동보고의 경우에는 여러 가지 특례가 인정된다.

첫째, 경미한 소유상황의 변동[574]은 보고대상에서 제외된다(법 제173조제1항, 영 제200조제5항).

둘째, 내부자거래와 직접 관련성이 없는 비자발적인 변동이나 내부정보이용 가능성이 적은 경우 즉, 부득이한 사유[575]가 있는 경우에는 그 변동이 있었던 달의 다음 달 10일까지 보고하면 된다(영 제200조제8항).

셋째, 일부 전문투자자[576]는 ⓐ 일반투자목적인 경우에는 그 변동이 있었던 달의 다음 달 10일까지 보고하면 되고, ⓑ 단순투자목적인 경우에는 그 변동이 있었던 분기의 다음 달 10일까지 보고하면 된다(영 제200조제9항제1호·제2호).

2. 사모집합투자기구의 경우

사모집합투자기구가 주권상장법인의 의결권 있는 주식 10% 이상을 소유하여 당해 법인의 주요주주가 된 경우에는 자본시장법 제173조에서 규정하는 특정증권등 소유상황 보고규제의 적용을 받게 된다. 사모집합투자기구도 보고특례를 적용받는 전문투자자 범위에 속하기 때문에 주식보유목적이 경영권 영향 목적이 아닌 경우(즉, 일반투자·단순투자목적인 경우)에는 변동보고 시에는 보고특례에 따라 보고하면 된다. 즉, 단순투자목적의 경우 익월 10일, 일반투자목적의 경우 분기 익월 10일까지 보고하면 된다.

---

573) 영 제200조제4항에서 유형별로 변동일을 정하고 있다.

574) 증권선물위원회가 정하여 고시하는 바에 따라 산정된 특정증권등의 변동수량이 1천주 미만이고, 그 취득 또는 처분 금액이 1천만원 미만인 경우를 말한다.

575) 주식배당, 준비금의 자본전입, 주식의 분할 또는 합병, 자본의 감소를 말한다(영 제200조제6항).

576) 다음 중 어느 하나에 해당하는 자로서 특정증권등의 보유목적이 해당 법인의 경영권에 영향을 주기 위한 것이 아닌 자를 말한다(영 제200조제7항): ⓐ 영 제10조제1항제1호·제2호의 어느 하나에 해당하는 자, ⓑ 영 제10조제3항제1호부터 제14호까지(제5호 및 제13호는 제외)의 어느 하나에 해당하는 자.

제3관 미공개중요정보 이용행위의 금지

1. 제도의 개요

상장법인[577](6개월 이내에 상장하는 법인, 6개월 이내에 상장법인과 합병·주식의 포괄적 교환·기타 방법[578]으로 상장되는 효과가 있는 비상장법인 포함)의 내부자등으로서 직무와 관련하여 혹은 권리나 권한을 행사하는 과정에서 업무등과 관련한 미공개중요정보를 알게 된 자는 이를 특정증권등의 매매 기타 거래에 이용하거나 타인에게 이용하게 하여서는 아니 된다. 내부자등으로부터 미공개중요정보를 받은 자(소위 '정보수령자')도 이를 특정증권등의 매매 기타 거래에 이용하거나 타인에게 이용하게 하는 것이 금지된다(법 제174조).

2. 사모집합투자기구의 경우

내부자등에는 주요주주가 포함된다. 따라서 사모집합투자기구가 상장법인의 주요주주로서 그 권리를 행사하는 과정에서 당해 법인의 업무등과 관련한 미공개중요정보를 알게 된 경우에는 내부자거래규제의 대상이 된다. 주요주주로서의 권리행사란 주요주주가 회계장부열람권과 같은 소수주주권을 행사하는 경우를 의미한다. 실제에 있어 대부분의 경우 주요주주는 경영진(회사내부자)을 통하여 미공개중요정보에 접하게 될 것이므로 이러한 경우에는 정보수령자로서 책임을 지게 된다. 유의할 점은 사모집합투자기구가 상장법인의 주요주주인 경우에는 그 집합투자업자(임직원)도 규제대상이 될 수 있다는 사실이다(법 제174조제1항제5호 참조).

제4절 외국환거래법에 따른 자본거래 신고등

제1관 총설

외국환거래법은 원칙적으로 거주자가 비거주자와 자본거래[579](거주자 간 외환 관련 자본

---

577) 5% 보고, 특정증권등 소유보고의 경우 규제대상법인이 '주권상장법인'인 반면에 미공개정보이용행위금지규정의 규제대상법인은 '상장법인'(채권상장법인등도 포함)으로 그 범위가 더 넓다.

578) 다음 중 어느 하나에 해당하는 경우로서 그 결과 비상장법인의 대주주 또는 그의 특수관계인('대주주등')이 상장법인의 최대주주가 되는 방법을 말한다(영 제201조제1항): ⓐ 상장법인이 비상장법인으로부터 법 제161조제1항제7호에 해당하는 중요한 영업을 양수하고, 그 대가로 해당 상장법인이 발행한 주식등을 교부하는 경우, ⓑ 상장법인이 비상장법인의 대주주등으로부터 법 제161조제1항제7호에 해당하는 중요한 자산을 양수하고 그 대가로 해당 상장법인이 발행한 주식등을 교부하는 경우, ⓒ 비상장법인의 대주주등이 상법 제422조에 따라 상장법인에 현물출자하고 그 대가로 해당 상장법인이 발행한 주식등을 교부받는 경우.

579) 외국환거래법령(법 제3조제1항제19호, 영 제9조)에 자본거래로 열거되어 있는 거래를 말한다.

거래 포함)를 하고자 하는 경우에는 기획재정부장관[580]에게 미리 신고하도록 하고 있다.

이러한 신고대상 자본거래 중 해외직접투자와 해외부동산 취득에 대해서는 '신고수리'[581]를 할 수 있도록 되어 있으며, 경미하거나 정형화된 자본거래는 신고를 면제하거나[582] 사후신고하도록 하고 있다(외국환거래법 제18조).

한편, 외국환거래법은 자본거래 신고의무 위반자에 대한 검사권한은 금융감독원장에게, 제재권한은 금융위원회에 위탁하고 있다(외국환거래법 제20조, 제23조).[583] 이와 관련하여 금융위원회는 '외국환거래 당사자에 대한 제재규정'을 마련하여 운영하고 있다. 자본거래의 신고의무 위반 시 위반금액에 따라 행정제재(경고, 거래정지, 과태료[584]) 또는 형사처벌[585](1년 이하의 징역 또는 1억원 이하의 벌금)에 처해진다.

제2관 금융회사등[586]에 대한 특례

1. 외국환업무취급기관 등록

금융회사등이 외국환업무취급기관으로 등록을 하고 외국환업무[587]로 행하는 자본거래(금융회사등이 자신의 고유재산으로 하는 자본거래)는 사전신고를 하지 않아도 된다(외국환거래규정 제7-35조제1항에 따라 분기별로 사후보고하게 된다).

일반사모집합투자업자는 금융투자업자(외국환거래법령상의 금융기관에 포함됨)이므로 이러한 특례를 적용받는다. 금융기관에 해당하지 않는 기관전용사모집합투자기구의 업무집행사원에게는 이러한 특례가 적용되지 않는다.

2. 금융회사등의 해외진출에 관한 규정

외국환거래법령에서는 금융회사등의 해외직접투자 관련 사항은 금융위원회가

---

580) 기획재정부장관은 신고접수권한의 대부분을 한국은행과 외국환거래은행에 위탁하고 있으므로(외국환거래법 제23조, 동법시행령 제37조), 실제 신고는 한국은행 또는 외국환거래은행에 하게 된다.

581) 신고사항에 대해서는 신고서 및 첨부서류의 적정성을 형식적으로 판단하고 의무적으로 접수를 해야 하지만, '신고수리' 사항에 대해서는 법령에 규정된 사항(투자자 적격성 여부, 투자가격 적정성 여부등)을 검토한 후 수리 여부를 결정한다.

582) 외국환거래규정 제7-2조 참조.

583) 수출입거래와 관련된 자본거래 위반자에 대한 검사 및 제재 권한은 관세청장에게 위탁하고 있다.

584) 위반금액이 2만불 초과 10억원 이하인 경우

585) 위반금액이 10억원 초과인 경우

586) 금융위원회 설치등에 관한 법률 제38조(제9호 및 제10호는 제외)에 따른 기관과 기타 금융업 및 금융 관련 업무를 하는 자로서 대통령령으로 정하는 자(외국환거래법 제3조제1항제17호).

587) 외국환거래법 제3조제1항제16호에서 정하는 외국환업무를 말한다.

정하도록 하고 있으며, 이에 따라 금융위원회가 제정한 '금융회사등의 해외진출에 관한 규정'(이하 '해외진출규정')에서는 금융기관의 해외직접투자는 금융위원회 또는 금융감독원장에게 신고하도록 하고 있다. 그리고, 아래에서 보듯이 투자신탁 형태의 집합투자기구에서 해외직접투자를 하는 경우에는 해외진출규정에 따라 신고하도록 되어 있다.[588)]

해외진출규정에 의한 신고·보고·통보 등을 위하여 필요한 세부절차와 신청서·보고서·기타서식은 금융위원회 위임에 따라 금융감독원장이 '금융기관의 해외진출에 관한 규정 시행세칙'에서 정하고 있다.

해외진출규정에서 정하지 않은 사항은 외국환거래규정이 정하는 바에 따르기 때문에(해외진출규정 제18조제3항), 외국환거래규정은 금융기관의 해외직접투자에 보충적으로 적용된다.

제3관 집합투자기구에 대한 특례

1. 기관투자가 신고특례

집합투자기구는 외국환거래법령상 기관투자가에 해당하므로(외국환거래규정 제1-2조제4호), 외화증권[589)](신용파생결합증권은 제외)의 매매는 사전신고를 하지 않고 분기별로 사후보고만 하면 된다(외국환거래규정 제7-33조제2항, 제7-35조제1항).

2. 투자신탁 형태의 집합투자기구 특례

외국환거래법령상 집합투자기구 자체가 기관투자자로 취급되므로 자본거래신고도 당해 집합투자기구가 하여야 한다.

그러나, 외국환거래법령에서는 투자신탁 형태의 집합투자기구등에 한해 그 집합투자업자가 자본거래신고를 할 수 있도록 하고 있다. 해외직접투자의 경우 금융회사등의 해외진출에 관한 규정(제3조제1항)에서 명시하고 있고, 기타 자본거래의 경우는 명시적인 규정은 없지만 해석상 이렇게 운영되고 있다.[590)]

---

588) 해외진출규정은 원칙적으로 금융기관이 자신의 고유재산으로 해외직접투자등을 하는 경우에 적용된다. 하지만 다음과 같은 경우에는 집합투자재산으로 해외직접투자를 하는 경우에도 해외진출규정이 적용되므로, 이 규정에서 정하는 바에 따라 금융감독당국에 신고하여야 한다: ⓐ 투자신탁재산으로 해외직접투자를 하는 경우, ⓑ 경영참여형사모집합투자기구가 금융·보험업에 대한 해외직접투자를 하는 경우.

589) 외화증권에서의 '증권'은 자본시장법 제4조에 따른 증권 및 무기명양도성예금증서 기타 재산적 가치가 있는 권리가 표시된 증권 또는 증서로서 투자의 대상으로 유통될 수 있는 것을 말한다(외국환거래법 제3조제7호, 동법시행령 제4조). 따라서 외화표시 주식·채권은 물론이고 외화표시 펀드 등도 이에 해당한다.

이에 따라 집합투자재산으로 자본거래를 하고자 하는 경우의 자본거래신고는 펀드의 법적 형태에 따라 다음과 같이 달라진다:

ⓐ 투자신탁 형태의 집합투자기구의 경우, 그 운용사(집합투자업자)가 신고를 하게 되며, 해외직접투자는 해외진출규정에 따라 금융감독당국에 신고하고, 기타 자본거래는 외국환거래규정에 따라 한국은행 또는 외국환거래은행에 신고하게 된다.

ⓑ 투자신탁 형태 외의 집합투자기구의 경우, 당해 집합투자기구가 외국환거래규정에 따라 한국은행 또는 외국환거래은행에 신고하게 된다.

제4관 해외진출규정에 따른 해외직접투자 신고

1. 총설

집합투자재산으로 자본거래를 함에 있어 사전신고 이슈는 '외화증권의 매매'에 해당하지 않는 자본거래를 하는 경우에 발생하며, 해외직접투자·외국부동산 실물 매매·파생상품거래와 관련된 신고가 주로 문제 된다.

해외직접투자를 하는 집합투자기구의 대부분이 투자신탁 형태를 취하므로 해당 집합투자업자가 해외진출규정에 따라 신고를 하게 된다. 이하에서는 일반사모집합투자업자가 투자신탁 형태의 일반사모집합투자기구의 집합투자재산으로 해외직접투자를 하는 경우의 신고에 대해 살펴본다.

외국환거래규정 및 해외진출규정에서는 해외직접투자신고를 '해외직접투자(비역외금융회사등에 대한 해외직접투자)신고'와 '역외금융회사등에 대한 해외직접투자신고'로 구분하여 규정하고 있다.

(해외직접투자의 개념) 외국환거래법 제3조제1항제18호 가목 및 나목에서 해외직접투자를 정의하고 있는데, 집합투자기구의 해외투자 관련해서는 제18호 가목[외국법인

---

590) 투자신탁 형태의 집합투자기구는 펀드자체에 별개의 법인격이 주어지지 않으며, 투자신탁재산의 형식적 소유자인 수탁회사는 운용사의 운용지시에 따라 소극적으로 거래를 집행하는 것에 불과한 점을 고려하여 펀드재산의 운용권한을 가진 운용사로 하여금 신고하도록 하는 것으로 이해할 수 있다.
이에 따라 집합투자재산으로 자본거래를 하고자 하는 경우의 자본거래신고는 펀드의 법적 형태에 따라 다음과 같이 달라진다: ⓐ 투자신탁 형태의 집합투자기구의 경우 그 운용사(집합투자업자)가 신고를 하게 되며, 해외직접투자는 해외진출규정에 따라 금융감독당국에 신고하고 기타 자본거래는 외국환거래규정에 따라 한국은행 또는 외국환거래은행에 신고하게 된다. ⓑ 투자신탁 형태 외의 집합투자기구의 경우는 당해 집합투자기구가 외국환거래규정에 따라 한국은행 또는 외국환거래은행에 신고하게 된다.

(설립 중인 법인 포함)이 발행한 증권을 취득하거나 그 법인에 대한 금전의 대여등을 통하여 그 법인과 지속적인 경제관계를 맺기 위하여 하는 거래 또는 행위로서 대통령령으로 정하는 것만 적용된다. 외국환거래법시행령 제8조제1항에서 어떠한 경우가 해외직접투자에 해당하는지 구체적으로 정하고 있다(외국법인의 경영에 참가하기 위한 투자비율이 10% 이상인 경우, 투자비율은 10% 미만이지만 임원파견등의 관계가 있는 경우등).

외국환거래규정에서는 해외직접투자의 대상이 되는 외국법인 중에서 투자목적으로 설립된 명목회사(paper company) 형태의 외국법인(계약 형태 포함)을 '역외금융회사'로 따로 정의하고 있다.

(역외금융회사의 개념) 역외금융회사란 직접 또는 자회사등을 통하여 증권·채권·파생상품에 투자하여 수익을 얻는 것을 주된 목적으로 외국법에 따라 설립된 회사(설립 중인 회사 및 계약 형태를 포함)로서 설립준거법령지역에 실질적인 경영활동을 위한 영업소를 설치하지 않은 회사를 말한다(외국환거래규정 제1-2조제15호).

계약 형태를 포함하므로, 법인격 없이 운용되는 독립 포트폴리오(엄브렐러펀드 내의 서브펀드), 외국금융회사와의 계약에 의해 당해 금융회사 내에 설정된 별도자금운용 단위 등도 역외금융회사에 해당한다. 그리고 설립주체에 제한이 없으므로 거주자가 설립(투자)한 경우는 물론이고 비거주자가 설립(투자)한 경우도 역외금융회사에 해당한다.

역외금융회사의 개념과 관련하여 다음과 같은 몇 가지 유의할 사항이 있다.

첫째, 자본시장법 제6조제5항에서 규정하는 '집합투자'를 하는 것으로 판단되는 것은 역외금융회사가 아니라 집합투자기구로 취급된다. 이러한 경우는 외국집합투자증권(외화증권) 투자에 해당하므로 사전신고 대신 분기별 사후보고만 하면 된다.[591)]

둘째, 투자대상이 증권·채권·파생상품으로 한정되어 있으므로, 투자대상이 여기에 포함되지 않는 경우에는 역외금융회사에 해당하지 않는다. 예컨대, 부동산투자를 목적으로 하는 명목회사(paper company) 형태의 외국법인은 '집합투자'에 해당하는지 여부에 따라 외국집합투자기구 또는 외국법인(역외금융회사가 아닌 외국법인을 말한다)으로 분류될 것이다. 외국법인에 해당하는 경우는 다시 ⓐ 해당 법인의 출자지분의 10% 미만을 투자하는 경우에는 '외화증권'투자로서 사후보고하면 되고, ⓑ 해당 법인의 출자지분 10% 이상을 투자하는 경우에는 비역외금융회사 해외직접투자 신고대상이 된다.

---

591) 투자대상 외국펀드의 국내판매 등록 이슈가 제기될 수 있다.

셋째, 역외금융회사에는 회사 형태는 물론이고 '계약 형태'도 포함된다. 따라서 신탁이나 조합 등도 역외금융회사에 해당할 수 있다.

2. 역외금융회사등에 대한 해외직접투자 보고

(보고대상 해외직접투자) 외국환거래규정 및 해외투자규정은 역외금융회사 주식이나 출자지분등을 취득하지 않고도 사실상 지배력을 행사할 수 있는 우회적 투자행위도 역외금융회사에 대한 해외직접투자의 범위에 포함시키고 있다. 해외직접투자 보고 대상이 되는 '역외금융회사등에 대한 해외직접투자'는 다음과 같다(외국환거래규정 제9-15조의2 제2항, 해외진출규정 제4조제2항).

ⓐ 외국환거래법시행령 제8조제1항에 준하는 투자(협의의 해외직접투자)의 경우,

ⓑ 위 ⓐ의 해외직접투자금액을 포함하여 역외금융회사에 대하여 투자(부채성증권 매입, 외국환거래규정 제7장의 규정에서 정한 절차를 거친 대출·보증·담보제공)한 총투자금액이 당해 역외금융회사 총자산의 100분의 10 이상인 경우,

ⓒ 역외금융회사에 대한 투자를 목적으로 외국금융기관에 대하여 위 ⓑ에 해당하는 투자를 하는 경우,

ⓓ 역외금융회사 또는 외국금융기관에 소속된 자금운용단위에 대한 위 ⓐ 내지 ⓒ에 해당하는 투자를 하는 경우.

(사후보고) 일반사모집합투자업자는 투자신탁 형태의 일반사모집합투자기구의 집합투자재산으로 역외금융회사등에 대한 해외직접투자를 하고자 하는 경우 투자금의 지급이 있은 날로부터 1개월 이내에 금융감독원장에게 보고하여야 한다. 다만, 역외금융회사등에 대한 투자금을 일시에 투자하지 않고 총투자금액에 대해 약정한 후 약정에 따른 투자금 지급요청에 의해 투자금을 지급하는 방식(capital call 방식)으로 해외직접투자를 하고자 하는 경우 약정총액을 최초의 투자금 지급이 있는 날로부터 1개월 이내에 금융감독원장에게 보고하여야 한다(해외진출규정 제4조제1항).

금융회사등(공동으로 동일한 역외금융회사등에 대하여 투자하고자 하는 경우에는 투자비율이 가장 높은 자를 말한다)이 역외금융회사등에 대하여 해외진출규정 제4조제2항 각 호의 1에 해당하는 해외직접투자를 하고자 하는 경우에는 현지법인 또는 현지법인금융기관(역외금융회사) 투자보고서를 금융감독원장에게 제출하여야 한다. 다만, capital call 방식으로 해외직접투자를 하는 경우 최초의 투자금 지급 이후 발생하는 투자금 지급에 대해 해외진출규정 제7조제1항에 따라 송금(투자)보고서를 제출하는 경우에는 투자보고서를 제출하지 않을 수 있다(해외진출규정 제4조제2항).

(변경보고) 당해 보고내용을 변경하고자 하는 경우에는 변경사유가 발생한 회계기간 종료 후 5개월 이내, 역외금융회사를 청산하고자 하는 경우에는 변경(청산)사유가 발생한 후 1개월 이내에 금융감독원장에게 보고하여야 한다.[592] 다만, 역외집합투자기구 투자시, 투자금 변동 없이 발생한 지분율 변동의 경우에는 보고의무를 면한다(해외진출규정 제7조제4항).

역외금융회사등에 대한 투자금을 회수한 경우 회수일로부터 1개월 이내에 금융감독원장에게 회수내역을 보고하여야 한다(해외진출규정 제4조제10항).

(사후관리) 역외금융회사등에 대한 해외직접투자를 한 경우 매연도별 역외금융회사의 설립 및 운영 현황 등을 다음해 4월 말일까지 금융감독원장에게 보고하여야 한다(해외진출규정 제4조제5항).[593]

역외금융회사등에 대한 해외직접투자 보고 후 1년간 투자금액(또는 변경보고 후 6개월간 투자금액)이 역외금융회사의 총출자액 또는 총자산의 100분의 10 미만인 경우에는 그 역외금융회사등에 대한 해외직접투자 신고는 외국환거래규정 제7-31조제2항에 따른 신고(거주자의 비거주자로부터의 증권취득신고)를 한 것으로 본다(해외진출규정 제4조제8항).

3. 비역외금융회사등에 대한 해외직접투자 신고 등

(사전신고, 사후보고) 금융회사등(투자신탁의 경우 그 투자신탁의 집합투자업자를 말한다)이 금융·보험업에 대한 해외직접투자를 하고자 하는 경우에는 금융위원회에 신고하여 수리를 받아야 하고, 금융·보험업 이외의 업종에 대한 해외직접투자를 하고자 하는 경우에는 금융감독원장에게 신고하여야 한다(해외진출규정 제3조제1항).

다만, 다음의 경우에는 사후보고할 수 있다(해외진출규정 제3조제1항 단서). 첫째, 이미 투자한 외국법인이 자체이익유보금 또는 자본잉여금으로 증액투자하는 경우에는 주식 또는 출자지분을 취득한 날로부터 1개월 이내에 사후보고할 수 있다.

둘째, 미화 3,000만불(투자금 지급시점부터 동일투자대상에 대한 과거 1년간의 누적투자금액을 포함한다) 이내의 투자의 경우에는 투자금의 지급이 있은 날부터 1개월 이내에 사후

---

592) 역외금융회사가 자본잠식 또는 투자금 전액을 회수한 상태에서 6개월 이상 존속하는 경우 금융감독원장은 해당 금융회사등에 대하여 역외금융회사에 대한 청산보고를 권고할 수 있다. 청산보고 권고 이후 1개월 이내에 투자지속의사를 밝히지 않은 역외금융회사는 청산보고를 한 것으로 본다(해외진출규정 제4조제9항).

593) 금융감독원장은 역외금융회사등에 대한 해외직접투자에 관하여 보고받은 내용을 한국수출입은행장에게 통보하여야 하고(해외진출규정 제4조제6항) 매분기별로 금융위원회와 기획재정부장관에게 제출하여야 하며(해외진출규정 제4조제11항), 한국수출입은행장은 금융감독원장으로부터 통보받은 자료를 종합·관리하고 관련 보고서를 작성하여 금융위원회·기획재정부장관·금융감독원장·한국은행총재에게 제출하여야 한다(해외진출규정 제4조제7항).

제8장 관계인거래

제1절 총설

제1관 규제 목적 및 체계

투자펀드제도는 자금의 집합과 자금제공자(투자자)와 자금운용자(운용자)의 분리라는 특징으로 인해 투자자와 운용자 간의 이익상충(conflicts of interests) 문제를 내포하고 있다. 이익상충이 적절히 규제되지 않으면 펀드 투자자의 이익을 해치는 데서 나아가 펀드에 대한 투자자의 신뢰 자체를 훼손하게 된다. 따라서 관계인거래로부터 펀드 투자자의 이익을 보호하는 것은 펀드 규제의 핵심이라고 할 수 있다.[598] 투자펀드에서 발생하는 대부분의 이익상충은 펀드 운용자가 펀드의 운용과 관련하여 자신이나 그 계열회사 등과 같은 관계인의 이익을 위해 자행하는 다양한 남용행위 즉, 펀드와 그 관계인 간의 거래를 통해 현실화된다.

우리나라도 최초의 펀드 규제법인 증권투자신탁업법에서부터 펀드에서의 관계인거래를 규제해 왔고, 그 규제의 틀은 큰 변화 없이 간접투자자산운용업법을 거쳐 현재의 자본시장법에 계수되어 있다. 자본시장법은 ⓐ 제79조에서 집합투자업자의 충실의무를 규정하고, ⓑ 제37조제2항[599] 및 제85조제4호[600]에서 이해상충에 관한 일반규정을 두고, ⓒ 제44조[601]에서 이해상충관리에 관한 규정을 두는 한편, ⓓ 제84조 및 제85조에서 대표적인 이해상충행위에 해당하는 관계인거래를 열거하여 금지하며,

598) 펀드 관계인거래 규제의 모범사례라고 할 수 있는 미국의 규제 내용에 대해서는 박삼철·이규림·황규상, 투자펀드에서의 관계인거래에 대한 미국의 규제와 시사점. 증권법연구 제16권 제1호(2015) 참조.

599) 금융투자업자(집합투자업자)는 금융투자업(집합투자업)을 영위함에 있어서 정당한 사유없이 투자자의 이익을 해하면서 자기가 이익을 얻거나 제삼자가 이익을 얻도록 하여서는 아니 된다(법 제37조제2항).

600) 집합투자업자는 특정집합투자기구의 이익을 해하면서 자기 또는 제삼자의 이익을 도모하는 행위를 하여서는 아니 된다(법 제85조제4호).

601) 이해상충관리에 관한 법 제44조의 내용에 대해서는 제3편제2장제4절제5관 참조.

ⓔ 제246조에서 해당 집합투자기구의 신탁업자등과의 거래를 금지하는 규제체계를 가지고 있다. 따라서 집합투자업자의 펀드운용 관련 행위가 법 제84조, 제85조 및 제246조에 열거된 행위에 해당하지 않더라도 이해상충 소지가 있는 경우에는 위의 ⓐ 내지 ⓒ의 규제가 적용될 수 있다는 사실에 유의하여야 한다. 이러한 이해상충규제와 관련한 규정들은 일반사모집합투자업자 및 일반사모집합투자기구에도 적용된다.

제2관 제84조, 제85조

자본시장법은 제84조에서 '이해관계인과의 거래제한등'이라는 제목으로, 제1항에서 이해관계인과 집합투자기구 간의 거래를 제한하고, 제3항에서 집합투자업자가 발행한 증권의 취득을 금지하며, 제4항에서 집합투자업자의 계열회사가 발행한 증권 취득 시 한도 규제를 한다. 그리고 법 제85조(불건전영업행위의 금지)에서도 펀드 관계인 거래에 해당하는 행위를 규정하고 있다. 즉, 관계인수인이 인수한 증권을 펀드에서 취득하는 행위(제2호), 집합투자재산을 집합투자업자의 고유재산과 거래하는 행위, 집합투자재산을 그 집합투자업자가 운용하는 다른 집합투자재산, 투자일임재산 또는 신탁재산과 거래하는 행위(제5호)가 그것이다.

법 제84조와 제85조에서 규정하고 있는 관계인과의 이익상충을 방지하기 위한 규제는 그 규제내용을 기준으로 다시 정리해 보면, ⓐ 관계인과의 거래 규제(법 제84조 제1항, 법 제85조제5호), ⓑ 집합투자업자 및 관계인수인이 인수한 증권의 취득 규제(법 제85조제2호), ⓒ 집합투자업자 및 계열회사가 발행한 증권의 취득 등 규제(법 제84조 제4항)의 세 가지로 분류할 수 있다.

법 제84조(제1항) 및 법 제85조(제2호 및 제5호)의 관계인거래 규제는 규제취지와 규제내용이 같고 위반 시 벌칙도 동일하지만(법 제444조제8호 및 제10호), 그 예외 허용범위와 절차 규제에 있어 약간의 차이가 있다. 우선, 예외 허용범위를 보면 법 제84조(1항)의 관계인거래에 대해서는 비교적 예외가 넓게 허용되는 반면에 법 제85조(제2호 및 제5호)의 관계인거래에 대해서는 상대적으로 예외 허용범위가 좁게 설정되어 있다.[602] 다음, 절차를 보면 법 제84조(제1항)의 관계인거래에 대해서는 허용되는 관계인거래가

602) 자본시장법은 펀드 관계인거래의 예외 허용과 관련하여 운용사와 펀드 간의 거래에 대해 가장 엄격한 입장을 취하고 있다. 운용사는 직접 펀드를 운용하는 자이므로 펀드 관계인 중에서 가장 중요한 의미를 가지는 것은 맞지만, 한편으로는 감독당국과 투자자들로부터 집중적인 규제와 감시를 받는 자이기도 하다. 펀드 관계인거래 규제의 목적에 비추어 볼 때 정작 중요한 것은 거래의 공정성이 확보되는지 여부에 있지 관계인의 지위나 유형에 있는 것이 아니다. 이는 미국의 관계인거래 규제에서도 운용사나 기타 관계인을 동등하게 취급하고 있는 데에서도 확인된다.

있거나 이해관계인의 변경이 있는 경우 당해 집합투자기구의 신탁업자에게 그 내용을 즉시 통지하도록 되어 있는 반면에(법 제84조제2항), 법 제85조(제2호 및 제5호)의 경우 중 '펀드와 다른 펀드 간의 거래'에 대해서는 그 절차와 방법 등에 관한 세부기준 제정, 사모펀드와 공모펀드 간 거래 시 준법감시인 및 신탁업자 확인, 관련 자료의 보관·유지를 규정하고 있다(영 제87조제1항제3호, 규정 제4-59조).

제3관 제246조

자본시장법은 제246조에서 집합투자재산을 보관·관리하는 신탁업자로 하여금 자신 및 그 이해관계인의 고유재산등과 거래하는 것을 금지하고 있다. 이에 대해서는 '집합투자재산의 보관·관리' 부분에서 자세히 살펴보기로 한다.

제2절 관계인과의 거래

제1관 관계인과의 거래와 관련한 다른 법률의 규제

1. 상법

관계인거래와 관련하여서는 상법 제398조(이사등과 회사 간의 거래)가 적용될 수 있다는 점에 유의하여야 한다. 상법 제398조는 회사의 이사 및 주요주주등(주요주주와 이해를 같이 하는 소정의 특수 관계자)[603]이 자기 또는 제삼자의 계산으로 회사와 거래를 하려면 미리 이사회에서 해당 거래에 관한 중요사실을 밝히고 이사 3분의 2 이상의 수로써 이사회의 승인을 얻도록 하고 그 거래의 내용과 절차를 공정하게 하도록 규정하고 있다. 이사등이 회사와 거래를 하면 자신의 이익을 위하여 회사의 손실을 개의치 않는 불공정한 거래를 할 소지가 있으므로 이사회의 승인이라는 견제수단으로 이러한 폐단을 예방하기 위한 것이다.[604]

투자회사의 경우는 상법 제398조가 적용되므로 투자회사의 이사·주요주주등이 당해 투자회사와 거래를 하는 경우에는 일응 상법 제398조가 적용된다고 할 것이다.

투자신탁의 경우 집합투자업자의 이사·주요주주등이 당해 집합투자업자와 거래를

---

603) 상법 제398조의 적용대상이 되는 이사 및 주요주주 등은 다음의 자를 말한다: ⓐ 이사 또는 상법 제542조의8 제2항제6호에 따른 주요주주, ⓑ 제1호의 자의 배우자 및 직계존비속, ⓒ 제1호의 자의 배우자의 직계존비속, ⓓ 제1호부터 제3호까지의 자가 단독으로 또는 공동으로 의결권 있는 발행주식총수의 100분의 50 이상을 가진 회사 및 그 자회사, ⓔ 제1호부터 제3호까지의 자가 제4호의 자와 합하여 의결권 있는 발행주식총수의 100분의 50 이상을 가진 회사.

604) 이철송, 734면 및 735면.

하는 경우에는 상법 제398조가 적용된다. 여기서의 '집합투자업자와 거래'에 당해 '집합투자업자의 고유재산에 의한 거래' 외에 '집합투자업자가 운용하는 집합투자재산에 의한 거래'도 포함되는지에 대해서는 논란의 소지가 있을 수 있다. 투자신탁재산은 법적으로 신탁업자(수탁자)의 소유이지만 투자신탁재산의 운용권한이 집합투자업자에게 귀속되기 때문에 이러한 경우에도 상법 제398조가 적용된다고 보는 것이 일반적이다.

2. 공정거래법

공정거래법 제26조는 공시대상기업집단에 속하는 회사가 그 특수관계인을 상대방으로 하거나 그 특수관계인을 위하여 일정규모[605] 이상의 대규모내부거래(자금, 유가증권, 부동산, 상품 또는 용역거래)를 하고자 하는 때에는 미리 이사회 의결을 거친 후 이를 공시하도록 하고 있다.

공정거래위원회는 공시대상기업집단에 속하는 회사가 ⓐ 그 계열 집합투자업자가 운용하는 집합투자기구와 거래(예: 대출)를 하는 것과 ⓑ 그 계열 집합투자업자가 운용하는 집합투자기구의 집합투자증권을 취득하는 것도 대규모내부거래에 해당하므로 이사회 의결 및 공시를 해야 한다는 입장이다.[606] 관련하여, 계열집합투자업자가 운용하는 집합투자기구의 법적 형태가 회사형인 경우에는 당해 회사형집합투자기구 자체가 특수관계인에 해당하므로 당해 회사형집합투자기구를 '상대방으로 또는 위하여' 하는 거래로 보는 것에 문제가 없다. 하지만, 집합투자기구의 형태가 투자신탁인 경우에는 당해 집합투자기구 자체는 법인격이 없기 때문에 투자신탁재산의 운용과 관련한 대외적 거래주체는 당해 투자신탁의 신탁업자가 된다. 따라서 투자신탁과 같이 법인격 없는 집합투자기구의 경우에는 집합투자업자를 '상대방으로 하는 거래'에 해당하는 것으로 보는 것은 부적절하므로 '위하여 하는 거래'에 해당하는 것으로 보는 것이 타당하다.[607]

---

605) 자본총계 또는 자본금 중 큰 금액의 100분의 5 이상이거나 100억원 이상.

606) 공정거래위원회는 투자신탁 형태의 집합투자기구와 관련된 사안에서 해당 집합투자업자도 대규모 내부거래의 이사회 결의 및 공시를 하여야 한다는 입장이다. 상세한 내용은 공정거래위원회 대규모내부거래등에 대한 이사회 의결 및 공시업무 매뉴얼 46면 참조.

607) 대법원도 구 공정거래법 제11조의2 제1항에서 정한 '특수관계인을 위하여' 하는 거래에 자본시장법에 따라 집합투자업자인 특수관계인이 운용하는 투자신탁재산을 보관·관리하는 신탁업자를 차주로 하여 그 투자신탁재산에 대한 대출계약을 체결한 것이 포함된다고 본 바 있다(대법원 2020. 4. 9.자 2019마6806 결정).

제2관 관계인과의 거래 금지

1. 관계인

여기서의 '관계인'은 자본시장법상의 용어가 아니라 이해의 편의를 위해 이 책에서 사용하는 임의적인 용어로서, 자본시장법 제84조의 '이해관계인'과 법 제85조제5호의 '집합투자업자' 및 그 집합투자업자가 운용하는 '다른 집합투자재산, 투자일임재산 및 신탁재산'을 포함하는 개념이다.

1) 자본시장법 제84조의 이해관계인

ⓐ 집합투자업자의 임직원과 그 배우자(영 제84조제1호),

ⓑ 집합투자업자의 대주주와 그 배우자(영 제84조제2호),

ⓒ 집합투자업자의 계열회사, 집합투자업자의 계열회사의 임직원과 그 배우자(영 제84조제3호),

여기서의 계열회사에는 경영참여목적 일반사모집합투자기구가 지분투자 결과 집합투자업자와 계열관계가 형성된 회사(투자대상기업, 투자목적회사)도 포함된다. 다만, 이러한 계열회사에 대한 추가투자 등 펀드와의 이해상충 우려가 없는 거래로서 경영참여목적 일반사모집합투자기구의 운용목적 달성을 위해 필요한 거래의 경우에는 법 시행령 제85조제6호에 따른 금융위원회 확인을 통해 이해관계인 거래 금지의 예외를 적용받을 수 있다.[608]

ⓓ 관계판매회사(영 제84조제4호),

관계판매회사란 집합투자업자가 운용하는 전체 집합투자기구의 집합투자증권을 30% 이상 판매·위탁판매한 투자매매·중개업자를 말한다. 여기서 30% 산정 시 국가재정법 제81조에 따라 여유자금을 통합하여 운용하는 집합투자기구(소위 '연기금투자풀펀드')가 취득하는 집합투자증권은 제외한다(영 제84조제4호). 연기금투자풀펀드가 통합집합투자기구만을 의미하는 것인지 운용집합투자기구까지 의미하는 것인지는 기획재정부 훈령인 "기금 여유자금의 통합운용 등에 관한 규정"을 감안하여 판단할 수 있다. 동훈령 제5조에서 "연기금투자풀은 기금이

---

608) 금융위원회 법령해석회신문(210442).
참고로, 기관전용사모집합투자기구의 경우도 법 제249조의16에서 업무집행사원의 계열회사등 이해관계인과의 거래를 금지하고 있는데, 동 규정에서는 기관전용사모집합투자기구가 지분투자 결과 집합투자업자와 계열관계가 형성된 회사(투자대상기업, 투자목적회사)는 계열회사의 범위에서 제외하고 있다. 일반사모집합투자기구의 경우도 달리 취급할 이유가 없으므로 법령정비가 필요하다.

여유자금을 통합하여 관리하는 통합집합투자기구와 통합집합투자기구에 투자된 자금을 금융시장에서 운용하는 운용집합투자기구로 구성된다"고 규정하고 있는 점을 감안할 때, 운용집합투자기구도 연기금투자풀 펀드에 포함되는 것으로 보는 것이 타당하다.[609]

ⓔ 관계신탁업자(영 제84조제5호),

관계신탁업자란 집합투자업자가 운용하는 전체 집합투자기구의 집합투자재산의 100분의 30 이상을 보관·관리하는 신탁업자를 말한다. 이 경우 집합투자재산의 비율을 계산할 때 다음 어느 하나에 해당하는 집합투자기구의 집합투자재산은 제외한다(영 제84조제5호): ⅰ) 국가재정법 제81조에 따라 여유자금을 통합하여 운용하는 집합투자기구(연기금투자풀펀드). 연기금투자풀펀드에는 통합집합투자기구와 운용집합투자기구 모두 포함된다. ⅱ) 주택도시기금법 제3조 및 제10조에 따라 기금을 위탁받아 운용하는 집합투자기구, ⅲ) 산업재해보상보험법 제95조 및 제97조에 따라 기금을 위탁받아 운용하는 집합투자기구.

ⓕ 집합투자업자가 법인이사인 투자회사의 감독이사(영 제84조제6호).

2) 관련 이슈

자본시장법 제84조의 이해관계인의 범위와 관련하여서는 다음과 같은 점에 유의할 필요가 있다.

첫째, 집합투자기구의 투자자는 설령 지분 10% 이상을 소유하는 주요투자자(주요수익자, 주요주주, 주요출자자)이더라도 관계인에 해당하지 않으며, '관계투자매매중개업자'와 '관계신탁업자'의 계열회사등도 관계인에 해당하지 않는다는 점이다.[610] 따라서 특정집합투자기구와 이러한 자(10% 이상 투자자, 관계투자매매중개업자·관계신탁업자의 계열회사등) 간에 거래를 하더라도 법 제84조는 적용되지 않는다. 다만, 이 경우 법 제84조는 적용되지 않지만 법 제37조(신의성실의무 등)·법 제79조(선관의무 및 충실의무) 및 법 제44조(이해상충의 관리)가 적용되므로 집합투자업자는 이러한 거래를 함에 있어 이해상충 발생소지를 파악·평가하고 그 방지를 위한 관리를 해야 하고 당해 집합투자기구의 이익을 해치면서 당해 투자자가 이익을 얻지 않도록 하여야 한다. 참고로,

609) 금융위원회 유권해석(2015.10.21.).

610) 투자회사 형태의 집합투자기구의 경우 당해 투자회사의 주요주주는 자본시장법상으로는 펀드관계인에 해당하지 않지만 상법상으로는 제398조의 적용을 받는다.
참고로, 미국의 경우 1940년 투자회사법에서 투자회사의 지분을 5% 이상 소유하거나 혹은 직·간접적으로 펀드를 지배하는 자를 펀드에 영향력을 행사하여 자신의 이익을 위해 펀드자산을 남용할 소지가 있는 자로 보고 관계인거래의 규제대상으로 하고 있다〔동법 section 2(a)(3)〕.

부동산투자회사법과 선박투자회사법의 경우 당해 투자회사의 주식 10% 이상을 소유하는 주주(주요주주) 및 그 특별관계자를 관계인의 범위에 포함하고 있다.[611] 따라서 부동산투자회사와 선박투자회사는 그 주식 10% 이상을 소유한 주주와 원칙적으로 거래를 할 수 없다(부동산투자회사법 제30조제1항, 선박투자회사법 제29조제1항).[612]

둘째, 법 제85조제5호의 적용을 받는 것은 동일한 집합투자업자가 운용하는 집합투자재산과 다른 집합투자재산·투자일임재산·신탁재산 간의 거래에 한정된다는 점이다. 즉, 거래상대방이 되는 집합투자재산·투자일임재산·신탁재산의 운용자가 동일인이어야 한다.

2. 관계인과의 '거래'

집합투자업자는 집합투자재산을 운용함에 있어 관계인과 거래행위(법 제85조제5호에서는 '거래하는 행위')를 해서는 아니 된다. 즉, 특정한 집합투자재산으로 그 이해관계인, 집합투자업자의 고유재산, 다른 집합투자재산(투자일임재산, 신탁재산)과 거래하는 것은 금지된다.

자본시장법은 '거래'가 무엇인지에 대해서는 따로 규정하고 있지 않지만, 집합투자기구의 관리·운영이나 집합투자재산의 운용과 관련한 각종 계약은 일응 거래에 해당할 것이다.

1) 서비스계약

관계인과의 일정한 서비스계약(일반사무관리 서비스, 회계 서비스, 인쇄·우편배달 서비스 등)도 문언상 '거래'에 포함되지만, 법 제84조에서 집합투자재산의 운용과 관련한 거래를 규제대상으로 하고 있고(운용사와 펀드 간, 펀드와 펀드 간 거래를 규제하는 법 제85조제5호에서는 '운용'과의 관련성을 전제로 하지 않고 있지만 규제취지에 비추어 볼 때 달리 해석할 합리적 이유를 찾기 어렵다), 그동안 감독당국에서도 이러한 서비스계약에 대해서는 특별히 문제를 삼지 않았던 점을 고려할 때 규제대상 '거래'에 포함되지 않는 것으로 보아야 할 것이다. 그러나 집합투자업자는 선관의무와 충실의무를 지기 때문에 이러한 서비스계약이

611) 벤처투자촉진법도 벤처투자조합과 그 주요주주(그 배우자 포함) 간의 거래를 원칙적으로 금지한다(동법 제52조, 동법시행령 제36조제3호 다목).

612) 다만, 부동산투자회사의 경우 다음과 같은 사유가 있으면 예외적으로 거래가 허용된다: ⓐ 일반분양, 경쟁입찰 또는 이와 유사한 방식으로 거래당사자를 선정하는 거래, ⓑ 이사회의 승인 및 상법 제434조에 따른 주주총회의 승인을 받은 거래, ⓒ 부동산투자회사가 보유하고 있는 부동산을 이사회가 정한 가격 이상으로 임대하는 거래(단, 부동산투자회사법 제30조제1호에 해당하는 자와의 거래는 제외), ⓓ 부동산투자회사의 합병·해산·분할 또는 분할합병에 따른 불가피한 거래(부동산투자회사법 제30조제2항, 동법시행령 제34조제1항).

'거래'에 포함되는지와 관계없이 그 계약의 내용과 절차는 공정하고 합리적이어야 할 것이다.

2) 집합투자증권 취득

관계인이 집합투자증권을 취득하는 것(즉, 펀드에 투자하는 것)도 집합투자재산의 운용과 관련한 거래가 아니므로 여기서의 '거래'에 포함되지 않는 것으로 보아야 할 것이다.[613] 따라서 예컨대 집합투자업자의 계열회사가 당해 집합투자업자가 설정·운용하는 투자신탁의 수익증권을 취득하는 것은 법 제84조의 이해관계인의 거래에 해당하지 않는다. 다만, 집합투자업자가 상호출자제한기업집단 소속인 경우에는 앞에서 살펴본 바와 같이 공정거래법 제26조에 따른 대규모 내부거래 공시규제의 대상이 될 수 있다.

3) 관계인이 발행한 증권 취득

집합투자재산으로 '관계인이 발행한 증권'을 취득하는 것이 관계인과의 '거래'에 해당하는 경우가 있을 수 있다. 첫째, 관계인이 새로이 발행하는 증권을 관계인으로부터 직접 인수하는 방식으로 취득하는 경우는 '관계인과의 거래'에 해당하는 것으로 보아야 할 것이다(예: 사모사채의 인수). 관계인이 공모(모집) 방식으로 새로이 발행하는 증권을 취득하는 경우도 '거래'에 해당할 수 있지만,[614] 이 경우는 공개시장을 통한 거래로서 예외적으로 허용되는 사유(법 제84조제1항제2호)에 해당하는 것으로 볼 수 있을 것이다. 둘째, 관계인이 기발행한 증권을 관계인으로부터 취득하는 경우도 '관계인과의 거래'에 해당한다(예: 관계인이 보유하는 자기주식을 펀드에서 취득). 관계인 중에서 집합투자업자와 그 계열회사가 발행한 증권을 집합투자기구에서 취득하는 경우에는 법 제84조제3항 및 제4항도 적용되는 점에 유의하여야 한다.

4) 관계인과의 공동거래

자본시장법에는 집합투자기구와 그 관계인이 공동으로 투자하는 행위 즉, 공동거래(joint transaction)에 대해서는 이를 금지하는 명시적인 규정이 없다. 법 제80조제3항 및 영 제79조제3항에서 복수의 집합투자기구가 공동으로 증권등을 취득·처분하는

---

613) 관계인거래의 규제대상이 되는 것은 이미 조성된 집합투자재산의 운용과 관련된 거래다. 관계인이 집합투자증권을 취득하는 것은 집합투자재산의 조성에 해당하는 거래이므로 관계인 거래 규제의 대상이 아니다.

614) 투자매매업자가 총액인수하는 경우를 제외하고는 관계인과의 거래에 해당하는 것으로 보아야 할 것이다.

경우, 즉, 집합거래 시 준수해야 할 절차등을 규정하고 있을 뿐이다. 이 규정들은 공동거래를 금지하는 원칙규정이 없이 절차등만 규정하고 있고, 집합투자기구와 집합투자업자등이 공동거래하는 행위에 대해서는 적용되지 않으며, 부동산 등의 공동취득에 관하여는 정함이 없어 공동거래 규제의 목적을 온전히 달성하기 어렵다. 법 제84조제1항 및 법 제85조제5호에서의 집합투자기구와 관계인 간의 거래에 이러한 공동거래가 포함되는 것으로 볼 수 있다는 의견도 있을 수 있지만, 문언상 그렇게 해석하는 데에 무리가 있을 뿐 아니라 그동안 이러한 공동거래에 대해 동규정들을 적용한 전례가 없었던 점을 고려하면 동의하기 어렵다.

관계인과의 공동거래를 규제하는 명시적인 규정이 없더라도 이러한 거래는 이해상충소지가 있을 수 있으므로 집합투자업자는 충실의무규정(법 제79조), 이해상충에 관한 일반원칙(법 제37조 및 제85조제4호)을 준수해야 한다. 그리고 법 제44조에 따라 이해상충 발생가능성을 파악·평가하고 내부통제기준이 정하는 방법과 절차에 따라 적절히 관리해야 하며, 이해상충 발생가능성이 있다고 인정되는 경우에는 그 사실을 미리 해당 투자자에게 알리는 등의 절차를 따라야 한다는 점에 유의하여야 한다.[615] 나아가 경우에 따라서는 법 제54조(직무 관련 정보의 이용금지) 및 법 제45조(정보교류의 차단)가 적용될 수도 있다는 점에 유의하여야 한다.[616]

3. '이해관계인'과의 거래에 대한 예외

자본시장법은 투자자보호에 문제가 없는 것으로 보여지는 경우에는 예외적으로 펀드와 관계인 간의 거래를 허용한다. 관계인거래에 대한 예외 허용사유는 관계인의 유형(법 제84조의 이해관계인, 법 제85조제5호의 집합투자업자 및 다른 집합투자재산)에 따라 다르다.[617]

---

615) 이해상충 발생가능성을 내부통제기준이 정하는 방법과 절차에 따라 투자자보호에 문제가 없는 수준으로 낮춘 후 거래를 하여야 하고, 이해상충 발생가능성을 낮추는 것이 곤란하다고 판단되는 경우에는 해당 거래를 포기해야 한다(법 제44조제2항 및 제3항).

616) 입법론적으로는 펀드 관계인이 형평성이 결여된 조건으로 펀드와 공동거래에 참여하는 것을 방지하기 위하여 이러한 공동거래도 자본시장법상의 펀드 관계인거래의 한 유형으로 명시하여 규제하는 것을 검토해 볼 필요가 있다. 미국의 경우 펀드의 관계인이 사전에 SEC의 승인을 받지 않고, 본인으로서 당해 펀드가 참여하는 합작사업(joint enterprise) 기타 합작약정(joint arrangement)과 관련된 거래에 참가하거나 거래를 실행하는 것을 금지한다〔투자회사법 section 17(d) 및 SEC Rule 17d-1〕. 미국은 이러한 공동거래의 예외 중 하나로서 일정한 기준을 준수하는 다수 펀드의 집합거래(aggregating of trades)를 허용하고 있다〔SEC No-Action Letter(Jan. 8, 1972), SEC No-Action Letter(Sept. 5, 1995)〕.

617) 참고로, 투자일임과 신탁의 경우에는 투자일임재산·신탁재산과 그 관계인의 거래에 있어 투자일임업자·신탁업자와 그 계열사등에 적용되는 예외사유가 동일하다(영 제99조제2항제3호, 영 제109조제1항제4호).

이해관계인과의 거래에 대해서는 법 제84조제1항제1호 내지 제3호 및 영 제85조제1호 내지 제5의3호에서 개별적인 예외사유를 열거하는 한편, 영 제85조제6호에서는 이러한 개별적인 예외사유에 해당하지 않더라도 금융위원회의 확인을 받은 경우에도 거래를 할 수 있도록 규정하고 있다. 집합투자업자는 금융위원회의 확인을 받아서 또는 개별적인 예외사유에 해당하여 이해관계인과 거래를 하는 경우에는 당해 집합투자기구의 신탁업자에게 그 내용을 즉시 통지해야 한다(법 제84조제2항).

1) 금융위원회 확인에 의한 예외

개별적인 예외사유에 해당하지 않더라도 거래의 형태, 조건, 방법 등을 고려하여 집합투자기구와 이해가 상충될 우려가 없다고 금융위원회로부터 확인을 받으면 예외적으로 거래를 할 수 있다.

2) 개별적 예외사유

개별적인 예외사유에 해당하여 이해관계인과 거래를 하는 경우에도 자본시장법에 명시적인 규정은 없지만 관계인거래 규제의 취지와 집합투자업자의 선관의무 및 충실의무에 비추어 볼 때 그 거래조건이 합리적이고 공정해야 하며 해당 집합투자기구의 정책에 부합하는 것이어야 할 것이다.

금융위원회의 확인을 받지 않고도 거래할 수 있는 개별적인 예외사유는 다음과 같다(법 제84조제1항 각 호, 영 제85조 각 호):

ⓐ 이해관계인이 되기 6개월 이전에 체결한 계약에 따른 거래.

ⓑ 증권시장등 불특정다수인이 참여하는 공개시장을 통한 거래,[618]

ⓒ 일반적인 거래조건에 비추어 집합투자기구에 유리한 거래.[619]

일반적인 거래조건에 비추어 집합투자기구에 유리한 거래란 집합투자기구에 불리하지 않은 공정한 거래를 포함하는 포괄적 개념으로 자본시장법 제238조에서 정한 평가방법(시가, 공정가액)과 같이 제삼자의 입장에서도 공정한 가격으로 거래가 이루어졌다고 평가되는 경우를 말한다.[620]

---

618) 증권시장을 통한 거래라 하더라도 같은 시기에 같은 가격으로 매매할 것을 사전에 상대방과 짠 후에 거래하는 소위 통정매매(법 제176조제1항제1호·제2호)의 경우는 예외에 해당하지 않는다고 보아야 할 것이다.

619) 이해관계인이 법인인 경우에는 집합투자기구에게 유리한 거래를 하게 되면 경우에 따라 당해 이해관계인인 법인에 대한 배임이슈가 제기될 수 있다.

620) 금융위원회 유권해석(2009.4.3.).
관련하여, 집합투자기구의 환위험을 헤지하기 위해 계열은행 또는 관계신탁업자와 FX Swap거래를 하고자 하는 경우에 대한 금융감독원의 비조치의견서에서는 “해당 집합투자기

ⓓ 이해관계인의 중개·주선·대리를 통해 이해관계인이 일정수수료만 받고 이해관계인이 아닌 자와의 투자대상자산의 매매를 연결해 주는 방법에 따라 이해관계인이 아닌 자와 행하는 투자대상자산의 매매,

이는 형식상으로는 펀드와 이해관계인이 아닌 제삼자 간의 매매가 예외대상인 것처럼 보이지만, 실질적으로는 펀드와 이해관계인 간의 '매매의 중개·주선·대리거래'가 예외 대상이다. 즉, 펀드와 이해관계인 간의 '매매의 중개·주선·대리거래'는 이해관계인이 일정수수료만 받고 중개 등을 하는 경우에는 다른 요건없이 허용된다. 그러나 명시적인 규정은 없지만 관계인거래의 규제취지에 비추어 볼 때 이해관계인이 받은 수수료는 비교기간 동안 증권거래소에서 매매된 유사증권에 관한 비교 가능한 거래에서 다른 브로커가 받은 수수료에 비해 합리적이고 공정해야 할 것이다.

ⓔ 이해관계인과 매매형식의 중개를 통한 특정자산(채무증권, 원화표시 양도성예금증서, 기업어음을 제외한 어음)의 매매,

이러한 매매형식의 중개는 소위 무위험본인거래(riskless principal transaction)로서 이해관계인과 펀드 간의 매매라는 외관을 가지게 된다. 이 경우 이해관계인이 중개의 대가로 받는 이익을 감안할 때 거래의 실질이 중개의 위탁으로 볼 수 있어야 하고 이해관계인은 매입(매도)한 특정자산을 지체 없이 매도(매입)해야 할 것이다. 자본시장법은 펀드와 이해관계인 간의 채무증권등을 대상으로 하는 무위험본인거래를 사실상 제한 없이 허용한다.[621)]

ⓕ 이해관계인(대주주, 계열회사 제외)에 대한 단기대출 또는 증권의 환매조건부매수. 단기대출과 증권의 환매조건부매수는 각 집합투자기구 집합투자재산의 100분의

구에서 환위험 헤지등을 위한 FX Swap거래의 필요성이 인정되고, 거래상대방 선정절차의 합리성 및 공정성, 거래조건의 적정성 등이 인정되고 이를 의심할 만한 특별한 사정이 없으며 이를 뒷받침할 만한 객관적인 자료가 있는 경우로서 집합투자기구와의 이해상충의 우려가 없는 거래로 평가될 수 있다면 '일반적인 거래조건에 비추어 집합투자기구에 유리한 거래'에 해당될 수 있다고 한 바 있다(2017.6.2.). 종전에 금융위원회가 제시한 '집합투자기구에 불리하지 않은 공정한 거래'의 기준을 보다 구체화한 것으로 이해할 수 있다.

621) 무위험본인거래는 기능적인 측면에서 보면 위탁매매와 같고 관계인거래의 위험성 측면에서 보면 전형적인 본인거래(관계인이 본인으로 펀드와 행하는 거래)에 비해 남용위험이 훨씬 적은 것은 사실이다. 그러나 무위험본인거래는 딜러가 매수인 및 매도인 양자 모두와 직접 거래하므로 한 고객의 이익을 위해 과대평가된 증권을 다른 고객에게 떠넘기기 위한 목적으로 행해질 가능성이 있고 나아가 채권시장의 특성상 무위험본인거래의 가격과 거래집행을 감시하는 것도 대리인거래에 비해 어렵다. 이러한 이유로 미국에서는 무위험본인거래도 관계인거래의 규제대상으로 하여 원칙적으로 이를 금지하고 적절한 정보와 면책근거가 있고 거래대상 증권이 높은 등급의 유동성있는 채무증권인 경우에 한해 감독당국(SEC)의 개별적인 승인을 통해 사안별로 허용하고 있다.

10 이내로 제한된다.

ⓖ 이해관계인인 금융기관에의 금전예치. 집합투자업자가 운용하는 전체 집합투자재산 중 이해관계인인 금융기관에 예치한 금액은 전체 금융기관에 예치한 금액의 100분의 10 이내로 제한된다.

ⓗ 이해관계인인 신탁업자와의 외국통화의 매매, 환위험을 회피하기 위한 장외파생상품의 매매로서 외국통화선물환계약 또는 외국통화스왑계약의 체결,

ⓘ 이해관계인(관계판매사·관계신탁업자만 해당)이 전담중개계약을 통해 전담중개업무로서 하는 거래,

ⓙ 이해관계인과의 30일 이내의 증권환매조건부매매, 이해관계인의 중개·주선·대리를 통한 증권환매조건부매매,
이 경우 이해관계인은 영 제7조제4항제3호의 각 목의 어느 하나에 해당하는 자를 거래상대방 또는 각 당사자로 하는 환매조건부매매의 수요·공급을 조성하는 자여야 한다.

4. '집합투자업자의 고유재산'과의 거래에 대한 예외

집합투자업자의 매매형식의 중개를 통하여 집합투자업자와 집합투자기구 간에 특정증권(채무증권, 원화표시 CD, 기업어음을 제외한 어음)을 매매하는 것만 허용된다(영 제87조제1항제4호, 영 제85조제2호).[622] 금융위원회의 확인에 의한 예외도 인정되지 않는다. 다만, 감독당국은 집합투자업자와 집합투자기구 간에 이해상충을 우려할 만한 거래의 실질이 존재하지 않는 등의 경우에는 비조치의견서를 통해 제한적으로 거래를 허용하고 있다.[623]

---

622) 즉, 집합투자업자에게 지급한 중개수수료(명목에 불구하고 집합투자업자가 매매의 중개를 행한 대가로 취득하는 이익을 말한다)를 감안할 때 거래의 실질이 중개의 위탁으로 볼 수 있고, ⓐ 집합투자업자가 제삼자로부터 매입한 자산을 지체 없이 집합투자기구에 매도하거나, ⓑ 집합투자업자가 집합투자기구로부터 매입한 자산을 지체 없이 제삼자에게 매도하는 거래만 예외적으로 허용된다.

623) 펀드 운용과정에서 트레이더의 착오 등으로 인해 원래 의도하였던 주문보다 과다하게 매도 또는 매수하여 해당 펀드에서 주문을 집행할 수 없는 경우에 이러한 오류주문을 정정하기 위해 불가피하게 발생하는 펀드와 운용사 고유재산(오류정정용 계좌) 간의 거래에 대해서는 별도의 제재조치를 부과하지 않는다(금융감독원 비조치의견서, 2016.1.12.).
한편, 지방세법 제107조제2항에 따라 신탁형부동산펀드의 납세의무자는 위탁자(집합투자업자)인데, 지방세법시행규칙 제58조(재산세의 합산 및 세액산정등) 제4호에 따르면 납세고지서가 1장으로 발부되고 세금납부계좌도 1개만 개설된다. 이에 따라 집합투자업자가 다수의 신탁형부동산펀드를 설정·운용하는 경우에는 신탁재산별로 집합투자업자의 지시를 받은 신탁업자가 세금을 납부할 때 일부 신탁업자가 우선 납부하면 해당 계좌가 소멸되어 나머지 신탁형부동산펀드의 세금납부가 일체 불가하게 된다. 이러한 상황으로 인해 ⓐ 집합투자업자가 고유계좌를 개설하여 각 신탁형부동산펀드로부터 자금을 이전받아 세금을 납부

참고로, 자본시장법은 기관전용사모집합투자기구와 그 운용사(업무집행사원) 간의 거래에 대해서는 사원 전원의 동의가 있으면 예외적으로 거래를 허용하고 있다(법 제249조의14 제6항제1호).[624]

5. '다른 집합투자재산'과의 거래에 대한 예외: 자전거래

동일한 집합투자업자가 운용하는 특정한 집합투자재산과 다른 집합투자재산(투자일임재산, 신탁재산) 간의 거래는 금지된다.

다만, 특정집합투자재산과 다른 집합투자재산 간의 거래(즉, 펀드 간 거래)에 대해서는 일정한 사유에 해당하거나 금융위원회가 인정하는 경우로서 자본시장법시행령 및 감독규정에서 정하는 일정한 방법과 요건을 준수하는 거래(이를 '자전거래'라 한다)인 경우 예외가 허용된다(영 제87조제1항제3호, 규정 제4-59조).

자전거래를 하려면 ⓐ 시행령에서 열거하는 일정한 사유에 해당하거나 금융위원회가 그 필요성을 인정해야 하며, ⓑ 감독규정에서 정하는 요건과 방법에 따라야 하며, ⓒ 법령에서 정하는 절차를 준수해야 한다.

집합투자업자가 운용하는 집합투자재산 간의 거래에 대해서는 예외가 인정되지만, 집합투자재산과 당해 집합투자업자가 운용하는 다른 신탁재산·투자일임재산과의 거래에 대해서는 예외가 인정되지 않는다는 점에도 유의할 필요가 있다.[625]

집합투자재산 간의 자전거래의 대상은 '자산'으로 되어 있으므로 집합투자의 투자대상자산이면 모두 자전거래의 대상이 될 수 있다. 그리고 미지급채무(영 제224조제4항)도

하거나, ⓑ 특정 신탁형부동산펀드로 자금을 이전하여 일괄납부하는 것은 단순한 자금중개 행위로서 펀드와 고유간 또는 펀드 상호간에 실질적인 이해상충을 야기할 소지가 희박하여 법 제85조제5호 위반으로 조치하기 어려우며 허용되는 거래로 판단된다(금융감독원 비조치 의견서, 2022.12.22.).

624) 입법론적으로는 일반사모집합투자기구의 경우에도 투자자 전원 동의를 받은 경우에는 운용사와 펀드 간의 거래를 허용하는 것이 타당하다.
참고로, 자본시장법은 투자일임과 신탁에서의 관계인거래에 대해서는 운용자(투자일임업자·신탁업자)와 기타 이해관계인을 구분하지 않고 동일한 기준으로 예외를 허용하고 있다. 투자일임의 경우 자본시장법 제98조제2항제6호에서 '투자일임재산으로 투자일임업자 또는 그 이해관계인의 고유재산과 거래하는 행위'를 금지하면서 동법시행령 제99조제2항제3호에서 일곱 가지의 예외사유를 나열하고 있다. 신탁의 경우는 동일한 내용을 자본시장법 제108조제6호 및 동법시행령 제109조제1항제4호에서 규정하고 있다.

625) 이는 신탁업·투자일임업·일반사모집합투자업을 전부 또는 일부 겸영하는 금융투자회사나 자산운용회사에 의미가 있는 규정이다. 참고로, 투자일임재산의 경우 해당 투자일임업자가 운용하는 다른 투자일임재산·집합투자재산·신탁재산과 거래하는 행위는 예외 없이 금지된다(법 제2항제5호). 신탁재산의 경우 해당 신탁업자가 운용하는 다른 집합투자재산·투자일임재산과 거래하는 행위는 예외 없이 금지되지만, 같은 신탁업자가 운용하는 신탁재산 간의 거래는 일부 예외가 인정된다(법 제108조제5호, 영 제109조제1항제3호).

자전거래의 대상이 될 수 있다.

1) 자전거래를 할 수 있는 사유

ⓐ 법, 영 및 규정, 집합투자기구의 집합투자규약상의 투자한도를 준수하기 위한 경우,
ⓑ 집합투자증권의 환매에 응하기 위한 경우,
ⓒ 집합투자기구의 해지·해산에 따른 해지금액등을 지급하기 위한 경우,
ⓓ 금융위원회가 투자자의 이익을 해칠 염려가 없다고 인정한 경우.

2) 자전거래의 방법, 요건 및 가격

(방법) 자전거래의 방법은 집합투자기구 상호간에 자산을 같은 수량으로 같은 시기에 일방이 매도하고 다른 일방이 매수하는 방법으로 하여야 한다. 즉, 자전거래는 매매의 방법으로 하여야 한다.

(요건) 자전거래의 요건은 다음과 같다(규정 제4-59조제1항 내지 제4항). 다만, ⓓ 및 ⓔ 요건은 해당 자전거래에 대하여 그 자산을 매도하는 집합투자기구와 매수하는 집합투자기구 각각의 수익자 전원의 동의를 얻은 경우에는 적용하지 아니한다.

ⓐ 규정 제7-35조제2항에 따른 부도채권등 부실화된 자산이 아닐 것. 다만, 부도채권등 부실화된 자산에 주로 투자하는 것을 집합투자규약에 정한 집합투자기구에 대하여는 자전거래를 통해 부도채권등을 매도할 수 있다.
ⓑ 당해 집합투자기구의 투자자의 이익에 반하지 않는 거래일 것.
여기서의 투자자란 자전거래의 거래당사자인 모든 집합투자기구의 모든 투자자를 의미한다.[626]
ⓒ 당해 집합투자기구의 집합투자규약의 투자목적 및 방침에 부합하는 거래일 것.
ⓓ 영 제260조제1항에서 정한 방법으로 평가(시가평가)할 수 없는 자산 또는 신뢰할 만한 시가가 없는 자산[회생절차(간이회생절차 포함)가 진행 중인 법인이 발행한 증권 및 관리종목으로 지정되었거나 매매거래정지상태인 증권 포함]을 자전거래하는 경우에는 자전거래일로부터 직전 3개월 이내에 영 제260조제2항제3호 각 목의 어느 하나의 자(채권평가회사등)로부터 그 자산의 공정가액의 평가를 받은 사실이 있을 것.

626) 금융위원회 유권해석(2017.11.1.).

ⓔ 월별 자전거래 규모가 직전 3개월 평균 집합투자기구 자산총액(폐쇄형펀드의 경우 최초 모집기간 중 모집된 금액을 말한다)의 100분의 20 이하일 것(매수펀드, 매도펀드 각각 적용한다),[627]

ⓕ 사모집합투자기구와 공모집합투자기구 간의 자전거래를 하고자 하는 경우에는 위의 요건에 추가하여 집합투자자의 이익을 해칠 우려가 없다는 것을 집합투자업자의 준법감시인 및 신탁업자로부터 확인받아야 한다.[628]

(가격) 자전거래의 가격은 영 제260조에 따라 평가한 가액(시가·공정가액)으로 하되, 시장상황의 변동 등으로 인하여 영 제260조에 따라 평가한 가액으로 자전거래를 하는 것이 투자자의 이익에 반한다고 준법감시인이 판단하는 경우에는 집합투자재산평가위원회가 시장상황 등을 감안하여 평가한 가액으로 한다.

다만, 시가평가할 수 없는 자산 또는 신뢰할 만한 시가가 없는 자산을 자전거래하고자 하는 경우에는 자전거래를 하고자 하는 날로부터 직전 3개월 이내에 채권평가회사등이 제공한 가격으로 하여야 한다.

3) 자전거래 기준마련, 자료보관·유지

(기준 마련) 집합투자업자는 자전거래를 하려면 미리 신탁업자의 확인을 받아 자전거래에 필요한 절차·방법등 세부기준을 마련하여야 하고 그 기준에 따라 자전거래를 실행하여야 한다(규정 제4-59조제5항).

(자료 보관·유지) 집합투자업자는 자전거래를 한 경우에는 자전거래의 요건의 충족 여부를 확인할 수 있는 자료를 5년간 보관·유지해야 한다(규정 제4-59조제6항).

4) 자전거래 현황 보고

집합투자업자는 자전거래 현황을 매분기의 말일부터 1개월 이내에 금융감독원장이 정하는 서식 및 작성방법에 따라 제출하여야 한다. 또한, 최근 1년간 자전거래가 발생한 경우 그 사유, 펀드간 이해상충 및 위험전이 방지를 위해 자산운용사가 실시한 방안·절차를 투자자가 이해할 정도로 기재하여 제출하여야 한다(영 제271조의10 제13항, 규정 제7-41조의7 제8항).

---

627) 금융위원회·금융감독원 합동보도자료(2021.3.19.).
628) 이 규정은 공모펀드운용업과 사모펀드운용업 라이선스를 모두 받은 운용사에게만 적용된다.

제3관 집합투자업자 및 관계인수인이 인수한 증권의 매수

1. 총설

집합투자업자가 자기 또는 관계인수인이 인수한 증권을 자신이 운용하는 집합투자기구의 집합투자재산으로 매수하는 것은 금지된다(법 제85조제2호).

1) 관계인수인

관계인수인이란 ⓐ 집합투자업자와 같은 기업집단(공정거래법 제2조제11호)에 속하는 인수인, 또는 ⓑ 집합투자업자가 운용하는 전체 집합투자기구의 집합투자증권을 30% 이상 판매한 인수인을 말한다(영 제87조제2항). 여기서 30% 산정시 국가재정법 제81조에 따라 여유자금을 통합하여 운용하는 집합투자기구(소위 '연기금투자풀펀드')가 취득하는 집합투자증권은 제외한다(영 제87조제2항제2호). 앞에서 본 바와 같이 연기금투자풀펀드에는 통합집합투자기구와 운용집합투자기구 모두 포함된다.

2) '인수한 증권'의 해석

관계인수인이 '인수한 증권'을 집합투자재산으로 매수하는 행위를 금지하는 법 제85조제2호의 규정 해석과 관련하여서 여러 가지 이슈가 제기될 수 있다.[629)]

관계인수인이 인수인으로서 직접 인수한 증권을 집합투자재산으로 매수하는 것이 금지된다는 것은 명확하다. 그런데 "인수한 증권"의 해석과 관련하여 관계인수인이 참여한 인수단의 다른 멤버(관계인수인이 아닌 인수인)로부터 증권을 매수하는 것도 금지되는지는 명확하지 않다. 이 규제는 미국의 입법례를 보면 관계인수인이 자신의 통제에 있거나 영향력을 행사할 수 있는 펀드에 시장성 없는 증권을 떠넘기는 소위 덤핑(dumping)을 방지하기 위한 것이다. 관계인수인은 인수를 원활히 하기 위해 펀드로 하여금 다른 인수인을 통해 증권을 매수하도록 영향력을 행사할 수 있다. 그리고 매각되지 않은 증권에 대해 인수단의 각 멤버가 비례적 책임을 지는 경우에는 멤버 중 누가 매각했는지에 상관없이 증권을 모두 매각하는 것은 관계인수인을 포함한 인수단의 모든 멤버에게 이익이 된다. 따라서 법 제85조제2호의 규정은 관계인수인이 인수단의

---

629) 우리사주조합 및 주주우선배정 후 일반공모청약을 받고 일반공모청약 결과 발생하는 잔여주식을 대표주관회사등이 잔액인수하는 방식으로 상장법인의 유상증자가 이루어지는 경우에, 펀드에서 기보유 중이던 당해 상장주식수에 따라 주주우선배정을 받는 것도 다음과 같은 점을 고려할 때 법 제85조제2호에서 금지하는 행위에 해당한다: ⓐ 주관회사 계약 후 배정가격이 결정되므로 주관회사와 주주인 펀드 간의 이해상충 발생이 우려된다는 점, ⓑ 배정주식 가격이 결정되는 과정이 투명하지 않다는 점(금융위원회 유권해석, 2016.4.8.).

멤버로 참여한 증권을 관계인수인을 포함한 모든 인수인으로부터 매수하는 것을 금지하는 것으로 보는 것이 규제취지에 부합할 것으로 생각된다.[630)]

3) 다른 규정과의 관계

관계인수인으로부터 직접 증권을 매수하는 경우에는 법 제84조제1항의 이해관계인과의 거래에도 해당하게 되므로, 법 제85조제2호는 관계인수인과 동일한 인수단에 속한 다른 인수인으로부터 증권을 매수하는 경우에 실질적인 규제의 의미가 있다고 할 수 있다.

집합투자업을 겸영하는 투자매매중개업자가 자신이 인수한 증권을 자신이 운용하는 집합투자기구의 집합투자재산으로 매수하는 행위는 법 제85조제5호(고유재산과 집합투자재산 간 거래 금지)에도 해당한다.

2. 예외

집합투자업자 자신 또는 집합투자업자의 관계인수인이 인수한 증권의 매수는 원칙적으로 금지되지만 아래와 같은 일정한 예외사유에 해당하면 매수가 허용된다. 금융위원회 확인에 의한 예외는 인정되지 않는다.

1) 인수일부터 3개월이 경과한 증권

인수일부터 3개월이 지난 후 매수하는 것은 허용된다(영 제87조제1항제2호). 인수일부터 3개월이 경과한 후에는 관계인수인으로부터 증권을 매수하는 것도 가능하며 이 경우에는 일반규정인 법 제84조제1항도 문제 되지 않는 것으로 보아야 할 것이나 그 가격 기타 거래조건은 공정하여야 할 것이다.

2) 국채증권 등의 매수

인수일부터 3개월이 지나지 않아도, 국채증권·지방채증권·통화안정증권·특수채증권을 매수하는 것은 허용된다.

---

630) 문언해석상 관계인수인이 아닌 다른 인수증권사로부터 매수한 행위를 법 제85조제2호에 해당하는 것으로 보기 어렵다면, 적어도 위와 같은 사정이 있는 경우에는 계열증권사의 이익을 도모하기 위한 것으로서 법 제85조제4호에 해당하는 것으로 볼 수 있을 것이다. 참고로, 이와 관련하여 금융위원회는 관계인수인이 인수한 증권을 신탁재산으로 매수하는 행위를 금지하는 규정(법 제108조제2호)에 대한 질의에서, 계열증권사와 비계열증권사가 공동인수한 증권을 비계열증권사로부터 신탁재산에서 매수하는 것은 법 제108조제2호에 해당하지는 않지만, 구체적인 상황에 따라 신탁업자 자신 또는 계열증권사의 이익을 도모하는 행위(법 제108조제4호)등에 해당할 수 있다고 한 바 있다(금융위원회 유권해석, 2016.4.19.).

3) 일정한 요건을 충족하는 사채권의 매수

사채권의 경우는 다음의 요건을 모두 충족하는 경우에 한해 예외가 인정된다(영 제87조제1항제2의2호, 규정 제4-60조):

ⓐ 주식 관련 사채권 및 상각형조건부자본증권이 아닐 것,
ⓑ 모집방법으로 발행되는 채권을 청약을 통해 매수하고 매수금액이 발행금액의 30% 이내이고 이를 준법감시인이 확인할 것,
ⓒ 거래시점 기준 신용평가등급이 상위 2개 등급에 해당할 것,
ⓓ 관계인수인으로부터 매수한 채권의 종목·수량 등 거래내역을 금융투자협회가 정하는 방법과 절차에 따라 매분기별로 공시할 것.

4) 상장주권의 증권시장에서의 매수

인수일부터 3개월이 지나지 않아도, 인수한 증권이 증권시장에 상장된 주권이고 그 주권을 증권시장에서 매수하는 것은 허용된다(영 제87조제1항제2의3호).

5) 집합투자기구에 유리한 거래

인수일부터 3개월이 지나지 않아도, 일반적인 거래조건에 비추어 집합투자기구에 유리한 거래인 경우에는 매수하는 것이 허용된다(영 제87조제1항제2의4호).

거래상대방 선정절차의 합리성·공정성, 거래조건의 적정성등을 종합적으로 고려하여 제3자의 입장에서 공정한 가격으로 거래가 이루어지는 등 집합투자업자와 집합투자기구 간 이해상충의 우려가 없는 거래로 평가될 수 있다면 '일반적인 거래조건에 비추어 집합투자기구에 유리한 거래'로서 관계인수인이 인수한 증권의 매수도 허용된다는 것이 감독당국의 입장이다.[631]

제4관 집합투자업자 및 계열회사 발행증권의 취득 규제 등

1. 총설

집합투자업자는 자신이 발행한 증권(투자신탁수익증권 제외)을 자신이 운용하는 집합투자기구의 계산으로 취득할 수 없다. 그리고 집합투자업자는 자신이 운용하는 집합투자재산으로 그 계열회사가 발행한 증권을 취득하는 경우 일정한 한도규제가 있으며, 나아가 집합투자재산으로 계열회사가 발행한 고위험채무증권등에 운용하는 행위는 금지된다. 이는 집합투자업자가 자신이 운용하는 집합투자재산으로 계열회사등이

631) 금융위원회 법령해석회신문(200143).

발행한 증권을 취득하는 등의 방법으로 자금을 지원하거나 주가를 관리하는 등의 남용행위를 하는 것을 방지하기 위한 것이다.

한편, 자본시장법은 집합투자재산으로 계열 증권사의 중개를 통해 금융투자상품을 거래하는 것에 대해서도 양적 규제를 한다.

2. 집합투자업자 발행증권의 취득 제한

집합투자업자는 집합투자재산을 운용함에 있어서 집합투자기구의 계산으로 자신이 발행한 증권(투자신탁수익증권 제외)을 취득하여서는 아니 된다(법 제84조제3항).

따라서 집합투자업자는 자신이 발행한 증권 중에서 투자신탁의 수익증권을 제외한 증권은 자신이 운용하는 집합투자재산으로 취득할 수 없다. 즉, 집합투자업자가 발행한 주식, 채무증권(사채권, 기업어음증권), 투자계약증권, 파생결합증권,[632] 수익증권(법 제100조의 수익증권)[633]을 자신이 운용하는 집합투자재산에서 취득할 수 없다.

3. 계열회사 발행증권의 취득 한도

1) 적용범위

계열회사가 발행한 증권에 대한 취득한도 규정(법 제84조제4항)은 다음의 경우 모두에 적용되는 것으로 보아야 할 것이다:

ⓐ 계열회사가 새로이 발행하는 증권을 당해 계열회사로부터 직접 취득하는 경우(예: 계열회사가 발행하는 사모사채를 펀드에서 인수하는 경우),

ⓑ 계열회사가 이미 발행한 증권을 당해 계열회사로부터 취득하는 경우(예: 계열회사가 보유하는 자기주식을 펀드에서 취득하는 경우),

ⓒ 계열회사가 이미 발행한 증권을 제삼자로부터 취득하는 경우.[634]

위의 ⓐ 및 ⓑ의 경우에는 펀드와 계열회사 간의 거래에도 해당되어 법 제84조제1항의 적용도 받게 되므로, 법 제84조제4항에서 정하는 한도 이내에서만 취득할 수 있고 그 가격 기타 거래조건이 펀드에 유리해야(즉, 공정해야) 할 것이다.

집합투자업자의 계열회사가 아닌 SPC가 발행하는 유동화증권에 대해 집합투자

---

632) 전문사모집합투자업과 투자매매업을 겸영하는 투자매매중개업자가 여기에 해당할 것이다.

633) 자본시장법 제100조에 따른 수익증권이란 신탁업자가 금전신탁계약에 의한 수익권이 표시된 수익증권을 말한다. 따라서 전문사모집합투자업과 신탁업을 겸영하는 금융회사 즉, 투자매매중개업자가 여기에 해당할 것이다.

634) 이 경우는 직접적으로는 계열사 자금지원등에 해당하지 않지만 우회적인 자금지원등을 방지하기 위해서 규제대상행위에 포함되는 것으로 볼 필요가 있다.

업자의 계열회사가 매입약정 신용공여를 제공하였더라도 이러한 유동화증권을 취득하는 것은 계열회사 발행증권 취득제한 규정의 적용대상이 아니다.[635] 계열회사가 발행한 증권을 기초자산으로 하는 유동화증권을 취득하는 것도 마찬가지다.[636] 하지만, 이러한 거래가 구체적인 사안에 따라서는 관계인과의 거래 제한을 회피할 목적으로 하는 불건전영업행위(영 제87조제4항제7호)로 평가받을 수도 있다는 사실에 유의하여야 할 것이다.

2) **지분증권**(지분증권과 관련된 증권예탁증권 포함)

집합투자업자의 계열회사가 발행한 지분증권(지분증권과 관련된 증권예탁증권 포함)을 취득하는 경우에는, 계열회사 전체가 발행한 지분증권의 취득금액을 합산한 금액이 ⓐ 집합투자업자가 운용하는 전체 집합투자기구의 자산총액 중 지분증권에 투자가능한 금액의 5% 및 ⓑ 집합투자업자가 운용하는 각 집합투자기구별로 그 자산총액의 25%를 초과하지 못한다(법 제84조제4항, 영 제86조제1항제1호). 여기서 '전체 집합투자기구의 자산총액 중 지분증권에 투자가능한 금액'이란 각각의 집합투자기구의 집합투자규약에서 지분증권에 투자가능한 것으로 정한 비중에 해당 집합투자기구의 자산총액을 곱한 금액을 모두 합한 금액으로 이해하여야 할 것이다.

(예외) 다음과 같은 세 가지 예외가 인정된다(영 제86조제1항제1호 가목 내지 다목):

ⓐ 계열회사가 발행한 전체 지분증권의 시가총액비중의 합이 집합투자업자가 운용하는 전체 집합투자기구 자산총액 중 지분증권에 투자가능한 금액의 5%를 초과하는 경우에는 그 시가총액비중까지 취득이 가능하다.

ⓑ 계열회사가 발행한 전체 지분증권의 시가총액비중의 합이(각 집합투자기구의 자산총액의) 25%를 초과하는 경우로서 각 집합투자기구에서 그 계열회사가 발행한 전체 지분증권을 그 시가총액비중까지 취득하는 것이 가능하다.

ⓒ 금융위원회가 정하여 고시하는 지수(규정 제4-57조)의 변화에 연동하여 운용하는 것을 목표로 하는 집합투자기구의 경우에는 계열회사가 발행한 전체 지분증권을 해당 지수에서 차지하는 비중까지 취득할 수 있다.

참고로, 이러한 예외규정에 따라 계열회사의 전체 주식을 각 집합투자기구 자산총액의 5%를 초과하여 취득하는 경우에는 집합투자기구 자산총액의 5%를 기준으로 집합투자재산에 속하는 각 계열회사별 주식의 비중을 초과하는 계열회사 주식에

---

635) 금융위원회 유권해석(2017.9.6).
636) 금융위원회 유권해석(2017.9.6).

대하여는 중립투표를 하여야 한다(영 제86조제4항). 예컨대 계열회사 시가총액 비중이 15%이고 주식에만 투자하는 주식형집합투자기구에서 세 개의 계열회사(A사, B사, C사) 주식을 각각 당해 주식형집합투자기구의 자산총액의 3%(A사), 5%(B사), 7%(C사)씩 15% 취득한 경우, 5%를 초과하여 취득한 C사 주식에 대해서는 초과분 2%에 대해 중립투표를 하여야 한다.

3) 지분증권을 제외한 증권

집합투자업자가 운용하는 전체 집합투자기구의 집합투자재산으로 그 계열회사가 발행한 '지분증권을 제외한 증권'을 취득하는 경우 그 한도는 집합투자업자의 자기자본(자기자본이 자본금 이하인 경우는 자본금)의 일정비율에 해당하는 금액(집합투자업자의 자기자본×계열회사 전체의 집합투자업자 의결권 있는 주식 소유비율)으로 제한된다(영 제86조제1항제2호). 예컨대 집합투자업자의 자기자본이 100억원이고 5개의 계열회사가 집합투자업자가 발행한 의결권 있는 주식의 80%를 소유하고 있다면 투자한도는 80억원(100억원×0.8)이 된다.

지분증권의 경우와 달리 '전체 집합투자기구'만을 기준으로 투자한도를 정하고 있다. 따라서 하나의 집합투자기구에서 그 투자한도까지 취득하는 것도 가능하다.

유의할 점은 규제대상이 되는 '지분증권을 제외한 증권'에는, 자본시장법 제4조에 따른 증권 중에서 일부 증권은 제외되고, 한편으로 자본시장법 제4조에 따른 증권이 아닌 일부 투자대상자산이 포함된다는 사실이다(법 제84조제4항, 영 제86조제2항·제3항). 규제대상에서 제외되는 증권은, ⓐ 집합투자증권(투자신탁 수익증권은 제외)[637] 및 법 제279조 제1항에 따른 외국집합투자증권, ⓑ 파생결합증권, ⓒ 법 제110조에 따른 수익증권(금전신탁계약에 따른 수익증권)이다. 그리고 규제대상에 포함되는 투자대상자산은, ⓐ 원화표시 양도성예금증서, ⓑ 기업어음증권 외의 어음, ⓒ 앞의 ⓐ 및 ⓑ 외에 대출채권, 예금 기타 금융위원회가 정하여 고시하는 채권(債權)이다. 양도성예금증서와 어음은 계열회사가 발행한 것을 의미하는 것으로 보이지만, 대출채권과 예금 기타 채권의 경우는 의미가 명확하지 않아 논란의 소지가 있다. 펀드자금을 통한 계열사 자금지원 방지라는 규제취지에 비추어 보면 대출채권·예금 기타 채권은 계열회사가 차주 혹은

637) 즉, 집합투자증권의 경우 국내계열회사에 해당하는 다른 집합투자업자가 설정·운용하는 투자신탁의 수익증권은 규제대상 증권에 포함된다. 다른 집합투자기구의 집합투자증권에 주로 투자하는 일반사모집합투자기구를 설정·설립하고자 하는 경우에는 이러한 사실을 유의할 필요가 있다. 집합투자재산으로 다른 집합투자기구의 집합투자증권을 취득하는 경우에 투자한도등을 정하는 규정(법 제81조제1항제3호)은 일반사모집합투자기구에 적용되지 않지만, 투자대상 집합투자기구가 자본시장법에 따른 투자신탁이고 그 운용사가 계열회사인 경우에는 법 제84조제4항에 따른 한도규제의 적용을 받게 되기 때문이다.

채무자가 되는 경우(예: 계열회사가 차주인 대출채권, 계열회사가 채무자인 금전채권을 펀드에서 취득하는 경우)를 의미하는 것으로 보는 것이 타당할 것으로 생각된다.[638]

4) 취득한도 초과의 예외적 인정

계열회사가 발행한 증권을 추가적으로 취득하지 않았음에도 불구하고 금융위원회가 정하는 일정한 사유[639]로 위 취득한도를 초과하게 된 때에는 그 사유가 발생한 날부터 3개월 이내에 한도에 적합하도록 해야 한다(영 제86조제5항, 규정 제4-58조). 즉, 이러한 사유로 한도를 초과한 경우에는 3개월간은 위 취득한도 규정을 위반하지 않은 것으로 취급된다.

4. 계열회사 발행 고위험채무증권 등 운용 금지

집합투자재산으로 집합투자업자의 계열회사가 발행한 고위험채무증권 등에 운용하는 행위는 금지된다(법 제85조제8호, 영 제87조제4항제9호, 규정 제4-63조제6호).

여기서 '계열회사가 발행한 고위험채무증권등'이란, 계열회사가 발행한 증권 중 증권의 발행인이 파산할 경우에 타 채무를 우선변제하고 잔여재산이 있는 경우에 한하여 당해 채무를 상환한다는 조건이 있거나 투자적격등급에 미치지 않거나 또는 신용등급을 받지 아니한 사채권·자산유동화증권·기업어음증권 및 이에 준하는 고위험채무증권을 말한다(규정 제4-20조제1항제5호 자목).

5. 계열 증권사를 통한 금융투자상품 중개 한도

집합투자재산을 금융투자상품에 운용하는 경우에 매사업연도별로 총 거래대금 중 계열회사인 투자중개업자의 중개를 통하여 거래한 금액의 비중이 50%를 초과할 수 없다(법 제85조제8호, 영 제87조제4항제9호, 규정 제4-63조제3의2호).

---

638) 펀드에서 계열회사에 대출하거나 계열회사가 보유하는 대출채권을 펀드에서 취득하는 경우에는 법 제84조제1항(이해관계인과의 거래제한 등)도 적용된다.

639) 집합투자재산에 속하는 투자대상자산의 가격변동, 집합투자증권의 일부소각, 담보권 실행 등 권리행사, 투자대상증권 발행인의 합병 또는 분할합병, 집합투자업자의 자기자본의 감소, 집합투자업자의 합병·분할·분할합병·영업의 양수도, 그 밖에 투자대상자산의 추가 취득 없이 투자한도를 초과하게 된 경우(영 제81조제2항, 규정 제4-58조).

제9장 불건전영업행위

제1절 총설

자본시장법 제85조(영 제87조, 규정 제4-59조 내지 제4-64조)는 집합투자업자가 집합투자업을 영위함에 있어 하지 말아야 할 다양한 불건전한 영업행위를 열거하고 있으며, 이 규정은 일반사모집합투자기구에도 적용된다.

법 제85조의 불건전한 영업행위에는 형사벌칙 또는 과태료가 부과된다. 즉, 법 제85조제1호 내지 제7호에서 정하고 있는 불건전영업행위에는 형사벌칙이 부과되며(법 제444조제8호), 법 제85조제8호·영 제87조·규정 제4-63조 및 제4-64조에서 정하고 있는 불건전영업행위에는 과태료가 부과된다(법 제449조제29호).

법 제85조의 불건전영업행위는 법 제79조의 선관의무나 충실의무에 위반되는 행위의 구체적인 모습이라고 할 수 있다. 이처럼 법 제79조에 반하는 행위를 명시하고 위반 시 형사처벌이나 행정제재를 부과하는 것은 위반행위의 사전예방을 도모하기 위한 것이다. 유의할 점은 법 제85조에서 열거하고 있는 불건전영업행위 외에도 법 제79조에 반하는 행위는 얼마든지 있을 수 있다는 점이다.

제2절 자기 또는 제삼자 이익 도모행위 금지

집합투자업자는 특정집합투자기구의 이익을 해하면서 자기 또는 제삼자의 이익을 도모하는 행위를 하여서는 아니 된다(법 제85조제4호).

집합투자업자는 집합투자기구를 지배하고 집합투자재산에 대한 운용권한을 가지고 있기 때문에 투자대상자산의 매매나 기타 다양한 방법으로 특정한 집합투자기구의 이익을 해치면서 자기나 제삼자의 이익을 도모할 수 있다. 이러한 남용행위는 대부분 펀드와 그 관계인 간의 거래를 통해 발생하기 때문에 앞에서 본 바와 같이 자본시장법은 제84조 및 제85조에서 실제 빈번히 발생하는 펀드와 그 관계인 간의 거래를 구체적으로 유형화하여 엄격하게 규제하고 있다. 하지만, 집합투자업자가 펀드의 이익을 해하면서 자기나 제삼자의 이익을 도모하는 행위는 법 제84조와 제85조에서 정하는 관계인과의 거래에 해당하지 않는 방식으로도 얼마든지 발생할 수 있다. 이러한 점을 고려하여 자본시장법은 집합투자업자의 다양한 방식의 남용행위를 일반적으로 규제하기 위해 제85조제4호를 두고 있는 것으로 이해할 수 있다. 다시 말해, 이 규정은 집합투자업자가 법 제79조제2항의 충실의무에 반하여 자행하는 다양한 유형의 남용행위를 규제하기 위한 일반규정으로서의 의미를 가지는 것으로 이해할 수 있다.[640]

집합투자업자가 다수의 집합투자기구를 운용하는 경우에는 각각의 집합투자기구는 다른 집합투자기구에 대해 제삼자의 지위에 있는 것으로 볼 수 있다. 집합투자업자가 특정한 집합투자기구의 이익을 해하면서 다른 집합투자기구의 이익을 도모하는 행위는 대부분의 경우 집합투자기구 간의 거래를 통해서 혹은 복수의 집합투자기구의 공동거래를 통해서 발생하게 된다. 집합투자기구 간의 거래에는 별도의 명시적인 규정(법 제85조제5호)이 있는 점을 고려하면, 복수의 집합투자기구의 공동거래와 관련하여 법 제85조제4호는 실질적인 의미를 가질 것으로 생각된다.

제3절 미공개 집합투자재산 운용정보 이용행위 금지

집합투자업자는 집합투자재산을 운용함에 있어 금융투자상품 그 밖의 투자대상 자산의 가격에 중대한 영향을 미칠 수 있는 매수 또는 매도 의사를 결정한 후 이를 실행하기 전에 자기의 계산으로 매수 또는 매도하거나 제삼자에게 매수 또는 매도를 권유하는 행위를 하여서는 아니 된다(법 제85조제1호).

펀드에서 특정증권을 대량으로 매수 또는 매도하게 되면 당해 증권의 가격에

---

640) 하지만, 제85조제4호의 규정은, '이익' 요건 즉, '특정펀드의 이익을 해하고' 및 '자기 또는 제삼자의 이익을 도모하는' 문구로 인해 다양한 유형의 사기적 행위를 규제하는 포괄적 사기금지규정(broad antifraud provision)으로 기능하기에는 한계가 있다. 미국 투자자문업자법상의 포괄적 사기금지규정을 참조하여 보완할 필요가 있다. 미국 투자자문업자법 제206조제1항 및 제2항은 현재의 고객은 물론이고 잠재고객에 대한 사기적 행위도 금지하며, 특히 제2항은 고객이나 잠재고객에게 사기 혹은 기망으로 작용하는 모든 거래나 관행 기타 행위를 포괄적으로 금지함으로써 규정으로 명시하기 어려운 모든 사기적 행위에 적용가능하게 되므로 투자자보호의 최후의 보루로 기능하고 있다. 예컨대, 미국의 경우 투자자문업자가 자신이 운용하는 펀드에서 채권 파킹거래를 한 것에 대해 고객에게 파킹사실을 고지하지 않은 것이 투자자문업자법 제206조제1항 및 제2항에서 금지하는 사기적 행위에 해당하는 것으로 보아 제재한 바 있다. 이처럼 포괄적 사기금지규정은 채권 파킹거래와 같이 명시적인 금지규정을 적용하기 어려운 새로운 유형의 사기적 행위를 효과적으로 규제하는 수단이 된다. 자본시장법에는 금융투자상품의 거래와 관련한 포괄적인 사기금지규정(제178조, 부정거래행위 등의 금지)이 이미 도입되어 있으므로 집합투자업자·투자일임업자의 고객에 대한 포괄적 사기금지규정 도입과 관련한 법체계상의 문제는 제기되지 않을 것으로 생각된다.

중대한 영향을 미칠 소지가 있으므로 펀드보다 먼저 그 증권을 매수 또는 매도하면 쉽게 돈을 벌 수 있게 된다. 법 제85조제1호는 이와 같은 소위 펀드산업에서의 미공개 정보 이용행위(insider trading)를 규제하기 위한 것이다.

자본시장법에 미공개정보 이용행위를 금지하는 일반규정(법 제174조)이 있음에도 이처럼 법 제85조제1호에서 별도로 펀드운용정보 이용행위 금지규정을 두는 이유는 법 제174조의 규정으로는 이러한 행위를 규제하기 어렵기 때문이다. 법 제174조(미공개정보 이용행위 금지)는 당해 상장법인의 내부자가 당해 법인의 업무등과 관련한 정보를 이용하여 당해 법인이 발행한 증권등을 매매 기타 거래하는 것을 규제하는 것이다. 그런데 펀드운용정보 이용행위는 집합투자업자(임직원)가 자신이 운용하는 펀드운용 정보를 이용하여 당해 집합투자업자가 발행한 증권등이 아니라 다른 법인이 발행한 증권등을 매매하는 것이므로 법 제174조가 적용될 여지가 없다.

제4절 인위적 시세형성 목적의 특정증권등의 매매 금지

집합투자업자 자신 또는 그 관계인수인이 인수업무(발행인 또는 매출인으로부터 직접 증권의 인수를 의뢰받아 인수조건등을 정하는 업무)를 담당한 법인의 특정증권등[641]에 대하여 인위적인 시세[642]를 형성하기 위하여 집합투자재산으로 그 특정증권등을 매매하는 행위는 금지된다(법 제85조제3호).

법 제85조제3호에서 정하는 인위적인 시세형성행위는 법 제176조(시세조종행위 등의 금지)의 시세조종행위에도 해당할 수 있다.

제5절 담합등에 의한 교차투자 금지

집합투자업자는 제삼자와의 계약 또는 담합 등에 의하여 집합투자재산으로 특정

---

641) 법 제172조제1항에서 정하는 다음의 증권등을 말한다: ⓐ 그 법인이 발행한 증권[지분증권, 지분 관련 사채권(CB, BW, EB), 지분증권·주식 관련 사채권·지분증권이나 주식 관련 사채권과 관련된 증권예탁증권과 교환을 청구할 수 있는 교환사채권, 법 제172조제1항제4호에 해당하는 파생결합증권], ⓑ 위의 ⓐ에서 정하는 증권과 관련된 증권예탁증권, ⓒ 그 법인 외의 자가 발행한 것으로서 위의 ⓐ 또는 ⓑ에서 정하는 증권과 교환을 청구할 수 있는 교환사채권, ⓓ 위의 ⓐ 내지 ⓒ에서 정하는 증권만을 기초자산으로 하는 금융투자상품.

642) 법 제176조제2항제1호 및 영 제202조에서 정하는 다음의 시세를 말한다: ⓐ 증권시장 또는 파생상품시장에서 형성된 시세, ⓑ 다자간매매체결회사가 상장주권의 매매를 중개함에 있어서 형성된 시세, ⓒ 상장되는 증권에 대하여 증권시장에서 최초로 형성되는 시세. 여기서 "증권시장"이란 증권매매를 위하여 거래소가 개설하는 시장을 말하며, "파생상품시장"이란 장내 파생상품매매를 위하여 거래소가 개설하는 시장을 말한다(법 제8조의2 제4항).

자산에 교차하여 투자하는 행위를 하여서는 아니 된다(법 제85조제6호).

이 규정은 집합투자업자가 다른 집합투자업자 등과 담합하여 우회적으로 법 제84조 및 법 제85조 등의 각종 금지규정을 회피하는 것을 규제하기 위한 것이다. 종전 증권투자신탁업법에서는 대규모기업집단에 속하는 운용사가 제삼자와의 계약 또는 담합 등에 의하여 유가증권등에 교차하여 투자하는 행위를 금지하고 있었다(동법 제33조제1항제10호). 이 규정이 자본시장법으로 계수되면서 상호출자제한기업집단 소속 운용사에서 모든 운용사로 그리고 유가증권에서 모든 자산으로 규제대상이 확대된 것이다. 규제취지에 비추어 보면 계열회사가 발행한 증권에 대한 취득한도 규정을 회피하기 위한 교차투자행위가 규제의 주된 타켓이라고 할 수 있다.

제6절 투자운용인력 아닌 자의 펀드 운용 등 금지

집합투자업자는 투자운용인력[643]이 아닌 자에게 집합투자재산을 운용하도록 하여서는 아니 된다(법 제85조제7호). 다만, 일정한 요건(집합투자기구의 투자목적에 부합하게 운용, 침해사고 방지체계 구비등)을 갖춘 경우에는 로보어드바이저(인공지능)에 의한 집합투자재산운용이 허용된다(영 제87조제1항제5호).

한편, 법 제85조제8호 및 영 제87조제4항제9호에 따른 규정 제4-64조에서는 운용인력에 대한 몇 가지 행위제한을 규정하고 있는데, 일반사모집합투자기구에도 다음과 같은 내용의 동 규정 제1호 및 제3의2호가 적용된다(규정 제4-64조 단서): ⓐ 일반사모집합투자기구의 집합투자재산의 운용업무를 담당하는 자는 직접 자산의 취득·매각 등의 실행을 담당하는 업무를 겸직할 수 없다. 즉, 포트폴리오매니저(portfolio manager)는 트레이더(trader)를 겸직하지 못한다. 다만, 규칙 제10조제4항 및 규정 제4-55조에 해당하는 경우(인덱스펀드, 프로그램매매[644], 장내파생상품 매매거래, 투자신탁별 계좌 개설하고 계좌별로 이루어지는 매매거래)에는 예외적으로 겸직이 허용된다(규정 제4-64조제1호). ⓑ 일반사모집합투자기구의 운용전문인력(투자운용인력 포함)[645]이 아닌 자는 일반사모

---

643) 투자운용인력이란 집합투자재산·신탁재산·투자일임재산을 운용하는 업무를 수행하는 자를 말하며(법 제286조제1항제3호 다목), 협회규정에서는 투자자산운용사(certified investment manager)라고도 한다.
협회규정에서는 투자운용전문인력을 업무구분에 따라 다섯 가지 유형으로 구분하며(금융투자상품 투자운용업무, 부동산투자운용업무, 사회기반시설투자운용업무, 해외자원개발 투자운용업무, 일반사모집합투자재산 투자운용업무), 각각의 유형에서 요구되는 요건을 충족하여 협회에 등록하여야 한다(금융투자전문인력과 자격시험에 관한 규정 제2-6조).

644) 사전에 결정된 투자전략에 따라 증권시장과 파생상품시장 간의 가격의 차이를 이용한 차익거래로서 거래소에 프로그램매매 주문이 이루어지는 경우를 말한다.

645) 일반사모집합투자기구 운용전문인력이란 다음 어느 하나에 해당하고 협회가 정하는 전문

집합투자기구의 운용업무를 하지 못한다(규정 제4-64조제3의2호). 일반사모집합투자기구의 운용전문인력도 투자운용인력에 포함되므로 이는 투자운용인력이 아닌 자에게 운용업무를 맡겨서는 안 된다는 것으로 법 제85조제7호의 내용과 다를 바 없다.

제7절 집합투자규약·설명서를 위반한 운용 금지

집합투자업자는 집합투자규약이나 투자설명서 또는 핵심상품설명서를 위반하여 집합투자재산을 운용하는 행위를 해서는 안 된다(법 제85조제8호, 영 제87조제4항제1호).

이 규정으로 인해 집합투자업자가 집합투자규약이나 설명서를 위반하여 운용하는 경우에는 손해배상책임과 별개로 감독당국으로부터 행정제재(과태료 처분 포함)를 받게 된다.

참고로 판매회사가 일반투자자에 대한 설명의무를 이행하기 위한 설명서를 제공하지 아니한 경우에는 불건전영업행위로 행정제재의 대상이 된다(규정 제4-20조제1항 제9호 나목).

제8절 과당매매 등 금지

집합투자기구의 운용방침이나 운용전략 등을 고려하지 아니하고 집합투자재산으로 금융투자상품을 지나치게 자주 매매하는 행위는 금지된다(법 제85조제8호, 영 제87조제4항 제2호). 소위 과당매매(churning)를 금지하는 규정이다. 과당매매에 해당하는지 여부는 매매의 동기 및 경위, 매매양태 등을 종합적으로 고려하여 판단하여야 할 것이다.[646]

집합투자업자 자신 또는 그 관계인수인이나 관계투자중개업자의 매매수수료를 증가시킬 목적으로 (집합투자재산으로) 증권을 단기매매하게 하는 행위도 금지된다(법 제85조제8호, 영 제87조제4항제9호, 규정 제4-63조제1호). 이것도 기본적으로 과당매매를 금지

투자형사모집합투자기구 관련 교육을 이수한 자를 말한다: ⓐ 금융기관·금융관계기관등의 임직원으로서 3년 이상 근무한 자, ⓑ 기관전용사모집합투자기구의 업무집행사원의 임직원으로서 3년 이상 경영참여형사모집합투자기구의 운용과 관련된 업무에 종사한 자(규정 별표2 1. 마 비고 2의2).

646) 참고로, 증권회사 직원의 투자일임재산에서의 과당매매와 관련한 분쟁조정사례에서 금융감독원은, "과당매매 여부는 고객계좌에 대한 증권회사의 지배 여부, 주식매매의 동기 및 경위, 거래기간과 매매횟수 및 평균적 보유기간, 매매주식 중 단기매매가 차지하는 비율, 수수료등 비용 공제 후 이익 여부, 운용액 및 운용기간에 비추어 본 수수료액의 과다 여부, 손해액에서 수수료가 차지하는 비율, 단기매매가 많이 이루어져야 할 특별한 사정이 있는지 여부 등을 참작하여 주식매매의 반복이 전문가로서의 합리적 선택이라고 볼 수 있는지 여부를 판단하여야 한다"고 한 바 있다(2002.6.4., 조정번호 제2002-25).

하는 규정이지만 앞의 영 제87조제4항제2호의 규정과 달리 목적 요건(관계증권사등의 매매수수료 증가 목적)이 있고 매매대상도 증권으로 한정되는 점에서 차이가 있다. 따라서 집합투자업자의 단기매매가 관계증권사등의 매매수수료 수입증가 목적 없이 행해진 경우에는 규정 제4-63조제1호는 적용되지 않는다. 하지만 그 단기매매가 당해 집합투자기구의 운용방침등을 고려하지 않은 과당매매에 해당하는 경우에는 영 제87조제4항제2호의 적용을 받게 될 것이다. 반면에, 단기매매가 관계증권회사등의 매매수수료 수입증대를 목적으로 행해진 것이라면 그 매매거래의 양태등이 통상적인 매매거래에 비추어 볼 때 과당매매라고 보기 어려운 정도의 단기매매라 하더라도 규정 제4-63조제1호가 적용된다.

제9절 투자자·판매회사의 지시등에 따른 운용 금지

집합투자업자가 '투자자'와의 이면계약 등에 따라 그 투자자로부터 일상적으로 명령·지시·요청 등을 받아 집합투자재산을 운용하는 행위는 금지된다. 그리고 집합투자업자가 '판매회사'와의 이면계약등을 통해 그 판매회사로부터 명령·지시·요청 등을 받아 집합투자재산을 운용하는 행위도 금지된다. 이는 집합투자업자가 투자자나 판매회사로부터 지시등을 받아 펀드를 운용하는 소위 "OEM펀드"를 규제하기 위한 것이다.

자본시장법은 제6조제5항에서 '투자자로부터 일상적 운용지시를 받지 않을 것'을 집합투자의 개념요소 중 하나로 규정하고 있다. 그럼에도 현실에서는 여러 가지 이유로 투자자 또는 판매회사가 집합투자업자의 운용에 간여하는 경우가 있을 수 있다. 자본시장법은 이러한 행위를 '집합투자업자의 불건전영업행위'의 하나로 규정하고 위반 시 집합투자업자를 행정제재의 대상으로 함으로써 집합투자재산의 운용이 집합투자의 정의에 맞게 이루어지도록 하는 것이다. 판매 부분에서 본 바와 같이, 판매회사가 집합투자업자에게 운용 관련 지시등을 하는 경우 이러한 행위는 판매회사(투자매매·중개업자)의 불건전영업행위에도 해당하므로 해당 판매회사도 행정제재의 대상이 된다(법 제71조제7호, 영 제68조제5항제12의2호).

(명령·지시·요청 등) 투자자의 경우는 '명령·지시·요청 등'을 '일상적으로' 하는 경우만 금지되지만, 판매회사의 경우는 이러한 제한 요건이 없다. 따라서 집합투자재산의 운용과 관련하여 집합투자업자는 판매회사로부터 어떠한 지시등도 받아서는 안 되는 것으로 보아야 할 것이다(법 제85조제8호, 영 제87조제4항제5호 및 제6호). 하지만,

제1편 집합투자의 정의부분에서 보았듯이 일반사모집합투자기구의 투자자가 일정한 동의 또는 자문을 하는 것은 집합투자의 정의에 저촉되지 않을 뿐 아니라 불건전영업행위에도 해당하지 않는 것으로서 보아야 할 것이다.

한편, 금융위원회는 단순협의를 제외한 모든 행위를 "명령·지시·요청 등"으로 간주하고 펀드 설정·운용·청산 등 전 과정이 집합투자재산 운용행위에 포함되는 것으로 보는 등 OEM펀드 적용기준을 최대한 폭넓게 해석·적용한다는 입장이다.[647] 하지만, 금융위원회의 OEM펀드 판단기준은 일응 내부적 해석기준에 불과하므로 OEM펀드 판단 여부는 개별적 사실관계를 종합하여 판단하여야 한다는 것이 법원의 입장이다.[648]

(펀드 설정 과정에서의 관여) 집합투자업자는 집합투자기구 설정단계에서부터 그 운용에 관한 구체적인 기준이나 내용을 정하게 되므로 집합투자기구의 설정과 집합투자재산의 운용을 기계적으로 구분할 수 없다. 집합투자기구의 설정에 관여한 것이더라도 그 관여한 내용의 실질이 펀드의 설정 여부, 펀드의 구조, 투자대상자산 및 투자방법, 펀드의 권종 및 수익률, 투자자 유치, 장래 운용에 관한 사항 등에 관여한 경우 집합투자재산의 운용에 관여한 것으로 볼 수 있다.[649]

제10절 자문내용에 대한 내부 투자판단 없는 운용 금지

투자자문업자 등 제삼자로부터 자문을 받은 집합투자업자는 법 제79조의 선관의무 및 충실의무에 위반하여 내부적인 투자판단 과정 없이 집합투자재산을 운용하여서는 아니 된다(법 제85조제8호, 영 제87조제4항제9호, 규정 제4-63조제5호).

집합투자업자가 집합투자재산을 운용함에 있어 투자자문업자등 제삼자(변호사, 회계사 등)로부터 운용과 관련한 자문을 받는 것은 법 제42조의 업무위탁에 해당하는 것이 아니므로 특별한 제한이 없다. 그러나 집합투자업자가 투자자문업자 등으로부터 자문을 받아 내부 투자판단 과정 없이 자문내용 그대로 운용을 한다면 이는 실질적으로 운용업무를 위탁한 것과 다름이 없고 한편으로는 법 제79조의 선관의무와 충실의무를 다하지 않은 것으로 볼 수 있다. 따라서 자본시장법은 투자자문업자 등으로부터 자문을 받은 경우에도 집합투자업자가 자체적인 투자판단 과정을 거치도록 규정하고 있는 것이다.[650]

---

647) 고위험금융상품 투자자보호 강화를 위한 종합방안(금융위원회 보도자료, 2019.11.14.).
648) 서울행정법원 2022. 11. 10. 선고 2020구합87883 판결.
649) 서울행정법원 2022. 11. 10. 선고 2020구합87883 판결.
650) 같은 취지로 자본시장법은 '투자자문업자로부터 투자자문을 받은 신탁업자가 선관의무 및

제11절 규제회피 목적의 연계거래 등 금지

집합투자업자는 법 제55조(손실보전등 금지), 법 제84조(관계인거래), 법 제85조(불건전영업행위)에 따른 금지 또는 제한을 회피할 목적으로 하는 행위로서 장외파생상품거래, 신탁계약, 연계거래등을 이용하는 행위를 하여서는 아니 된다(법 제85조제8호, 제87조제4항제7호).

(장외파생상품을 이용한 연계거래사례) 집합투자업자가 자신의 고유재산으로 보유중이던 타운용사 펀드 수익증권을 특정 증권회사에 양도하면서 체결한 총수익스왑(TRS)계약을 자신이 설정·운용하는 'A펀드'에 편입한 것이, 사실상 집합투자업자가 해당 수익증권을 펀드에 양도한 것으로 판단되어, 집합투자재산과 고유재산간 거래회피를 위한 장외파생상품거래 이용금지 위반으로 제재받은 사례가 있다.

제12절 별도약정이 있는 증권 취득 등 금지

집합투자업자는 집합투자재산을 일정 기간 동안 월 단위 또는 일 단위로 계속하여 매수하는 조건이나 위약금 지급 조건등의 별도약정이 있는 증권에 운용하여서는 아니 된다(법 제85조제8호, 영 제87조제4항제9호, 규정 제4-63조제2호).

집합투자업자는 집합투자재산을 운용함에 있어 채권자로서 그 권리를 담보하기 위해 백지수표나 백지어음을 받는 행위를 하여서는 아니 된다(법 제85조제8호, 영 제87조제4항제8호).

제13절 투자중개업자 관련 불건전영업행위 금지

제1관 합리적 기준 없는 선정, 부당한 수수료 차별

집합투자업자는 합리적 기준 없이 집합투자재산에 대한 매매주문을 처리할 증권회사를 선정하거나 정당한 근거 없이 증권회사 간 수수료를 차별해서는 아니 된다(법 제85조제8호, 영 제87조제4항제9호, 규정 제4-63조제3호).

따라서 집합투자업자는 투자중개업자 선정에 관한 합리적인 기준[651]을 마련하여

충실의무에 위반하여 내부적인 투자판단 과정 없이 신탁재산을 운용하는 행위'를 신탁업자의 불건전영업행위의 한 유형으로 금지하고 있다(법 제108조제9호, 영 제109조제3항제10호, 규정 제4-93조제19호).

651) 통상 중개회사 선정을 위한 평가기준으로 자산분석서비스의 유용성, 주문집행능력, 비용 또는

그에 따라 투자중개업자를 선정하여야 한다.

선정된 투자중개업자 간에 수수료를 차별하려면 정당한 근거가 있어야 한다. 투자중개업자 간 수수료 차별과 관련된 이슈로 소프트달러(soft dollars)가 있다. 증권의 매매를 위탁함에 있어 통상적인 수수료보다 더 많은 수수료를 지급하는 대가로 증권사로부터 투자분석 서비스등의 가치있는 서비스를 제공받는 경우가 있는데, 이처럼 통상적인 수수료를 초과하여 증권사에 지급되는 수수료를 소프트달러라고 한다. 자본시장법은 정당한 근거가 있으면 이러한 소프트달러의 지급을 허용한다. 다만, 정당한 근거와 관련하여 집합투자업자는 특정증권회사에 지급하는 수수료가 당해 증권회사가 제공하는 위탁매매 및 리서치 서비스등과 관련하여 합리적인지 여부에 관하여 성실하게 판단하여 결정해야 할 것이다.

제2관 계열증권사를 통한 과도한 금융투자상품 거래 금지

집합투자업자는 집합투자재산을 금융투자상품에 운용하는 경우에 매사업연도별로 총거래대금 중 계열회사인 투자중개업자의 중개를 통하여 거래한 금액의 비중이 100분의 50을 초과하도록 하여서는 안 된다(법 제85조제8호, 영 제87조제4항제9호, 규정 제4-63조제3의2호).

제14절 인가취소 처분등 회피목적의 허위계약 체결 등 금지

집합투자업자는 영 제373조제4항제1호에 따른 인가취소의 처분을 회피할 목적으로 그 고유재산·특수관계인(영 제8조)이나 이해관계인(영 제84조)의 재산만으로 집합투자재산을 운용하거나 허위·이면계약 등을 체결하는 행위를 하여서는 아니 된다(법 제85조제8호, 영 제87조제4항제9호, 규정 제4-63조제8호).

영 제373조제4항제1호는 금융투자업 인가를 받거나 등록한 날부터 일정 기간 이내에 영업을 시작하지 않거나 영업을 시작한 후 정당한 사유없이 인가받거나 등록한 업무를 6개월 이상 계속해서 하지 아니한 경우에 인가나 등록을 취소할 수 있도록 하는 규정이다.[652] 이 규정은 일반사모집합투자업자에게도 적용되며, 일반사모집합

수익, 정보제공 및 settlement 등이 이용된다.

652) 시장에서 영업능력이 없는 것으로 판명된 금융투자업자가 계속해서 영업 라이선스를 가지고 있는 데에 따라 발생할 수 있는 부작용(보수·수수료 덤핑행위, 편법·탈법 행위, 기타 시장질서 문란행위 등)을 최소화하기 위해 감독당국에게 강제 퇴출수단을 부여한 것으로 이해할 수 있다.

투자업자는 등록한 날부터 1년 이내에 일반사모집합투자기구의 집합투자재산의 운용을 시작해야 한다. 그런데 위의 규정 제4-63조제8호에서는 '인가' 취소의 처분을 회피할 목적의 허위계약 등에 대해서만 적용되는 것으로 되어 있다. 이는 종래 인가제로만 되어 있던 집합투자업 진입제도가 일반사모집합투자업에 한해 등록제로 완화된 것을 미처 반영하지 못한 데 따른 것으로 보인다. 따라서 규정 제4-63조제8호는 영업 미개시에 따른 퇴출제도의 실효성 제고를 위한 장치라고 할 수 있으므로 일반사모집합투자업자도 동규정의 적용을 받는 것으로 해석하는 것이 합리적일 것으로 생각된다.

한편, 집합투자업자는, 투자자가 1인인 집합투자기구의 해지·해산 규정(법 제192조제2항제5호 등)의 적용을 회피할 목적으로 판매회사가 해당 집합투자기구의 집합투자증권을 집합투자업자·관계판매회사·관계신탁업자 및 그 임직원에게 판매한다는 사실을 알면서도 해당 집합투자기구를 계속하여 운용하여서는 아니 된다(법 제85조제8호, 영 제87조제4항제9호, 규정 제4-63조제9호).

제15절 기준을 위반하여 판매회사에게 이익을 제공하거나 판매회사로부터 이익을 수령하는 행위 금지

제1관 총설

집합투자업자가 자신이 설립·운용하는 집합투자기구의 집합투자증권의 판매와 관련하여 판매회사에게 비공식적인 보상을 하게 되면 불완전판매등의 부작용이 발생할 소지가 커진다. 한편으로, 집합투자재산의 운용과 관련하여 집합투자업자가 판매회사등으로부터 비공식적인 보상을 받게 되면 선관의무나 충실의무에 반하는 운용행위로 이어질 가능성이 증가한다.

이에 따라 자본시장법은 집합투자업자가 금융위원회가 정하는 기준을 위반하여 이러한 이익을 제공받거나 이익을 수령하는 것을 불건전영업행위의 한 유형으로 규제한다. 즉, 집합투자업자는 판매회사(그 임직원과 투자권유대행인 포함)에게 업무와 관련하여 금융위원회가 정하는 기준을 위반하여 직·간접으로 재산상의 이익을 제공할 수 없다(법 제85조제8호, 영 제87조제4항제3호). 또한, 집합투자업자는 판매회사(그 임직원 포함)로부터 업무와 관련하여 금융위원회가 정하는 기준을 위반하여 직·간접으로 재산상의 이익을 제공받을 수 없다(법 제85조제8호, 영 제87조제4항제4호).

이 규정에 따라 금융위원회는 금융투자업규정에 집합투자업자의 판매회사에 대한 이익제공 및 판매회사 등으로부터의 이익수령 기준, 관련 내용의 공시 및 기록유지에 관하여 규정하는 한편, 동 규정을 시행하기 위하여 필요한 구체적인 기준을 금융투자협회가 정할 수 있도록 하고 있다(규정 제4-61조제4항, 제4-62조제4항). 이에 따라 금융투자협회는 '금융투자회사의 영업 및 업무에 관한 규정' 제5장(재산상의 이익의 제공 및 수령)에서 구체적인 기준을 정하고 있다.[653)]

제2관 이익제공 및 이익수령 기준

(이익제공 기준) 집합투자업자가 집합투자증권의 판매와 관련하여 판매수수료·판매보수 외에 판매회사에게 제공할 수 있는 금전·물품·편익 등은, ⓐ 집합투자증권 판매촉진등[654)]을 위한 것이어야 하고, ⓑ 일반인이 통상적으로 이해하는 수준에 반하지 않아야 한다(규정 제4-61조제1항). 집합투자업자가 집합투자증권의 판매실적에 연동하여 판매회사에게 재산상의 이익을 제공하는 것은 '판매촉진등'에 해당하지 않으므로 금지된다.[655)]

(이익수령 기준) 집합투자업자가 집합투자재산의 운용과 관련하여 판매회사로부터 제공받는 금전·물품·편익 등의 범위가 일반인이 통상적으로 이해하는 수준에 반하지 않아야 한다(규정 제4-62조제1항). 집합투자업자는 일반적으로 용인되는 사회적 상규 범위 내에서 판매회사로부터 1회당 및 연간 또는 동일회계연도 기간 중 제공받을 수 있는 재산상 이익의 한도[656)]를 정하여야 한다(협회규정 제2-66조제1항).

제3관 이익제공 관련 내부통제

집합투자업자는 재산상 이익의 제공에 대한 적정성 점검 및 평가절차등이 포함된

---

653) 동규정 제2-63조 내지 제2-68조에서 재산상의 이익의 범위, 재산상의 이익의 가치산정방법, 이익제공·수령내역 공시방법, 이익 수령한도, 내부통제, 금지행위 등을 정하고 있다.

654) 집합투자증권에 대한 설명·교육 또는 판매촉진을 위하여 제공되는 것, 집합투자증권 판매와 관련된 판매회사의 광고·인쇄비의 일부를 부담하는 것.

655) 협회규정 제2-68조에서 '부당한 재산상의 이익의 제공 및 수령행위 금지'라는 제목 하에 여러 금지행위를 열거하고 있는데, 여기에 '집합투자업자가 자신이 운용하는 집합투자기구의 집합투자증권 판매실적에 연동하여 이를 판매하는 판매회사(그 임직원 및 투자권유대행인을 포함한다)에게 재산상의 이익을 제공하는 것'이 포함되어 있다(제8호).
그런데, 위 협회규정과 관련하여서는 금융위원회가 협회에 위임한 것은 '이익제공 및 이익수령과 관련한 금융위원회 규정의 '시행'에 필요한 구체적인 기준'이므로, 협회규정 제2-68조에서 열거하고 있는 이익제공·수령 관련 금지행위가 금융위원회의 위임범위를 일탈한 것이 아닌가 하는 문제가 제기될 수 있다.

656) 연수·기업설명회·기업탐방·세미나참석과 관련하여 판매회사로부터 제공받은 교통비·숙박비는 대표이사 또는 준법감시인의 확인을 받아 재산상 이익의 한도 산정 시 이를 제외할 수 있다(협회규정 제2-66조제2항).

내부통제기준을 제정·운영하여야 하며, 그 제공 현황 및 적정성 점검 결과등을 매년 이사회에 보고하여야 한다(협회규정 제2-67조제3항·제4항).

집합투자업자는 이사회가 정한 금액을 초과하는 재산상의 이익을 제공하고자 하는 경우에는 미리 이사회의 의결을 거쳐야 한다(협회규정 제2-67조제2항).

제4관 공시, 기록유지

(공시) 집합투자업자가 집합투자증권의 판매와 관련하여 판매수수료·판매보수 외에 특정판매회사에게 제공하는 금전·물품·편익 등이 10억원을 초과하는 경우 그 내용을 인터넷 홈페이지 등을 통해 공시해야 한다. 집합투자업자가 집합투자재산의 운용과 관련하여 특정판매회사로부터 제공받은 금전·물품·편익 등이 10억원을 초과하는 경우에도 이를 공시하여야 한다(규정 제4-61조제2항, 제4-62조제2항).[657]

(기록유지) 집합투자업자가 판매회사에게 이익을 제공하거나 판매회사로부터 금전·물품·편익 등을 제공받은 경우에는 그 목적·내용·일자·제공받는 자·경제적 가치 등을 5년 이상 기간 동안 기록·유지하여야 한다(규정 제4-61조제3항 및 제4-62조제3항, 협회규정 제2-67조제1항).

제16절 집합투자증권 추가매입 사전약정 금지

집합투자업자는 집합투자재산의 원본을 초과하는 손실이 발생하는 경우에 투자자가 해당 집합투자기구의 집합투자증권을 추가로 매입하도록 사전에 약정하는 행위를 하여서는 아니 된다(영 제87조제4항제9호, 규정 제4-63조제10호).

제17절 순환투자 등 금지

제1관 교차·순환투자

집합투자업자는 자신이 운용하는 둘 이상의 집합투자기구(교차하거나 순환하여 투자하기 위해 다른 집합투자업자가 운용하는 집합투자기구를 이용하는 경우에는 그 집합투자기구를 포함한다)를 교차하거나 순환하여 투자하는 행위를 하여서는 아니 된다(영 제87조제4항제8의3호).

657) 공시사항에는 제공(수령)기간, 제공받은 자가 속하는 업종, 제공(수령)목적, 기간 중 제공(수령)한 경제적 가치의 합계액을 포함하여야 한다(협회규정 제2-65조제1항).

제2관 꺾기

집합투자기구를 운용하는 과정에서 증권을 취득하거나 금전을 대여할 때 그 증권을 발행하거나 금전을 대여받은 자에게 취득 또는 대여의 대가로 자신이 운용하는 집합투자기구에서 발행하거나 발행할 예정인 집합투자증권의 취득을 강요하거나 권유하는 행위를 하여서는 아니 된다(영 제87조제4항제8의4호).

제3관 1인 펀드 규제 회피

집합투자업자가 자본시장법 제192조제2항제5호등[658]에 따른 해지나 해산을 회피할 목적으로 자신이 운용하는 다른 집합투자기구 또는 다른 집합투자업자가 운용하는 집합투자기구를 이용하는 행위를 하여서는 아니 된다(영 제87조제4항제8의5호).

제18절 금전대여 관련 금전등 수취 금지

집합투자업자는 집합투자재산을 금전대여로 운용하는 경우 그 금전대여의 대가로 금전이나 이에 준하는 재산적 가치를 지급받는 행위를 하여서는 아니 된다(영 제87조제4항제8의6호).

이는 집합투자업자가 자신이 운용하는 펀드의 재산으로 대출을 하는 경우, 해당 펀드를 운용하는 자로서 실질적으로 해당 대출거래의 상대방이 되는 것임에도 불구하고, 대주 명의가 집합투자업자 자신이 아닌 펀드 또는 펀드의 신탁업자라는 이유로 펀드보수로 수취하는 것과 별도로 차주에게 대출의 중개·주선·대리 명목의 수수료를 수취하여서는 아니 된다는 의미다.[659]

제19절 특별법상의 사모펀드와의 거래 금지

집합투자업자는 자기가 운용하는 집합투자기구의 집합투자재산을 자기가 법 제6조제5항제1호에 따라 운용하는 특별법[660]상의 사모펀드와 거래하는 행위를 하여서는

---

658) 자본시장법 제202조제1항제7호(제211조제2항, 제216조제3항 및 제217조의6 제2항에서 준용하는 경우를 포함), 제221조제1항제4호(제227조제3항에서 준용하는 경우 포함).

659) 금융위원회, "2021.1.21. 조문별제개정이유서(자본시장법시행령 일부개정령안)", 2021.6., 6면.

660) 부동산투자회사법, 선박투자회사법, 문화산업진흥기본법, 벤처투자촉진법, 여신전문금융업법, 소재·부품·장비산업 경쟁력강화를 위한 특별조치법, 농림수산식품투자조합 결성 및 운용에 관한 법률.

아니 된다(영 제87조제4항제9호, 규정 제4-63조제11호).

특별법상의 사모펀드는 자본시장법상의 집합투자기구에 포함되지 않으므로 펀드 간 거래를 제한하는 자본시장법 제85조제5호의 적용을 받지 않게 되는 문제점을 해소하기 위한 규정이다.[661]

(예외) 일반사모집합투자기구의 집합투자재산과 특별법상의 사모펀드 재산을 영 제87조제1항제3호 각 목의 어느 하나에 해당하는 경우에 한하여 같은 호 각 목 외의 부분에서 정하는 기준(규정 제4-59조)에 따라 거래하는 것은 예외적으로 허용된다. 즉, 일반사모집합투자기구의 집합투자재산 간의 경우와 마찬가지로 법규에 따른 자전거래는 허용된다.

제20절 특별법상의 사모펀드와의 교차·순환 투자 금지

집합투자업자가 자신이 운용하는 집합투자기구와 특별법상의 사모펀드(교차하거나 순환하여 투자하기 위하여 제3자가 운용하는 집합투자기구 또는 특별법상의 사모펀드를 이용하는 경우에는 그 집합투자기구 또는 사모펀드를 포함한다) 간 교차하거나 순환하여 투자하는 행위를 하여서는 아니 된다(영 제87조제4항제9호, 규정 제4-63조제12호).

제21절 기관전용사모집합투자기구가 설립 또는 투자한 투자목적회사에 대한 투자 금지

집합투자업자는 일반사모집합투자기구의 집합투자재산을 기관전용사모집합투자기구가 설립 또는 투자한 투자목적회사(해당 투자목적회사가 설립 또는 투자한 투자목적회사도 포함한다)의 증권에 투자하는 행위를 하여서는 아니 된다(영 제87조제4항제9호, 규정 제4-63조제13호). 이는 기관전용사모집합투자기구의 유한책임사원 자격규제를 우회하는 것을 방지하기 위한 것이다.

661) 참고로, 특별법에 따른 공모펀드는 자본시장법상의 집합투자기구에 포함되므로 원칙적으로 자본시장법의 적용을 받게 된다.

제10장 기준가격의 산정 및 회계처리 등

제1절 집합투자재산의 평가 및 기준가격의 산정

기준가격이란 특정한 집합투자기구의 집합투자재산의 순자산가치(Net Asset Value: NAV)를 그 집합투자증권 총수로 나눈 것, 즉, "집합투자증권당 순자산가치"를 의미한다. 앞에서 본 바와 같이 집합투자증권의 판매가격 및 환매가격은 기준가격으로 하게 된다. 기준가격이 집합투자재산의 순자산가치를 제대로 반영하지 못하면 집합투자증권을 매수하거나 환매하는 투자자 중 누군가가 피해를 볼 수 있기 때문에 기준가격의 산정은 펀드산업에서 중요한 의미를 가진다. 기준가격은 집합투자증권을 계속적으로 판매하고 환매하는 개방형펀드에서 실질적으로 중요한 의미를 가진다. 기준가격을 제대로 산정하기 위해서는 먼저 집합투자재산에 속하는 자산에 대한 정확한 평가가 이루어져야 한다.

자본시장법 제238조(집합투자재산의 평가 및 기준가격의 산정등)는 집합투자재산의 평가(제1항 내지 제5항), 기준가격의 산정 등(제7항 및 제8항)에 대해 규정하고 있다.

일반사모집합투자기구에는 법 제238조제7항 및 제8항의 적용만 배제된다(법 제249조의8 제1항). 따라서, 일반사모집합투자기구도 법 제238조제1항 내지 제5항에 따라 집합투자재산을 평가하고 제6항에 따라 기준가격을 산정하여야 한다. 다만, 법 제238조제7항과 제8항은 적용되지 않으므로 기준가격의 공고·게시 의무등은 없다.

제1관 집합투자재산의 평가

1. 평가방법(평가기준)

집합투자재산의 평가에 관한 자본시장법 제238조제1항 내지 제5항의 규정은 일반사모집합투자기구에도 적용된다(법 제249조의8 제1항). 따라서 일반사모집합투자기구의 집합투자재산은 원칙적으로 시가에 따라 평가하되(mark to market), 평가일 현재 신뢰할 만한 시가가 없는 경우에는 공정가액(fair value)으로 평가해야 한다. 구체적인 시가평가 방법 및 공정가액평가방법은 영 제260조제1항·제2항에서 규정하고 있다.

부도채권등 부실화된 자산(이하 '부도채권등')은 금융위원회가 정하는 「집합투자재산 보유 부도채권등 부실화된 자산의 분류 및 평가기준」(이하 '부도채권등평가기준')[662]에 따라 평가해야 한다(영 제260조제2항 후단). 따라서 부실화된 자산의 평가에는 집합투자업자의 재량이 개입될 여지가 별로 없다.

참고로, 단기금융집합투자기구의 경우는 가격변동위험이 크지 않은 경우로서 금융위원회가 정하여 고시하는 단기금융집합투자기구[663]에 한해 편입자산을 금융위원회가 정하여 고시하는 장부가격[664]으로 평가할 수 있다(법 제238조제1항 단서, 영 제260조제3항).

1) 시가평가(상장증권, 장내파생상품)

증권시장이나 파생상품시장에 상장되어 거래되는 증권이나 파생상품은 시가로 평가한다. 시가는 기본적으로 증권시장 또는 파생상품시장에서 형성된 가격을 말하므로, 시가평가 방법으로 평가할 수 있는 것은 증권과 장내파생상품으로 한정된다.

여기서 시가란 증권시장(해외시장 포함)에서 거래된 최종시가(해외증권의 경우 전날의 최종시가), 파생상품시장(해외시장 포함)에서 공표하는 가격(해외파생상품의 경우 전날의 가격)을 말한다(영 제260조제1항 본문).[665]

(상장 채무증권의 시가평가 특례)[666] 거래소에 상장되어 있는 채무증권의 경우에는 다음과 같은 가격으로 시가평가할 수 있다: ⓐ 평가기준일이 속하는 달의 직전 3개월간 계속하여 매월 10일 이상 국내증권시장에서 시세가 형성된 채무증권의 경우, 평가

662) 규정 제7-35조 및 별표 18.

663) 개인을 대상으로 하는 단기금융집합투자기구와 현금국채증권등 가격변동의 위험이 크지 않은 자산을 집합투자기구 자산총액의 100분의 30을 초과하여 편입한 법인을 대상으로 하는 단기금융집합투자기구를 말한다(규정 제7-36조제1항).

664) 채무증권의 경우, 취득원가와 만기액면가액의 차이를 상환기간에 걸쳐 유효이자율법에 따라 상각하여 취득원가와 이자수익에 가감하여 산정한 가격을 말한다. 채무증권 외의 자산의 경우, 취득원가에 평가일 현재까지 발생한 이자수익을 더하여 산정한 가격을 말한다(규정 제7-36조 제2항).

665) 해외시장에서 거래되는 증권·파생상품의 경우 시차 때문에 기준가격을 산정하는 시점에 그 날의 최종시가·공표가격이 나오지 않을 수 있다. 자본시장법은 이러한 점을 고려하여 해외시장에서 거래되는 증권·파생상품의 경우 기준가격을 산정하는 날의 전날의 최종시가·공표가격을 반영하도록 하고 있는 것이다.

666) 기관전용사모집합투자기구의 경우 법 제249조의7 제5항(즉, 경영참여목적 투자)에 따라 취득한 지분증권을 취득가격으로 평가하는 것을 시가로 평가한 것으로 인정하는 특례규정이 있다(영 제260조제1항제1호). 앞에서 보았다시피 일반사모집합투자기구도 사실상 기관전용사모집합투자기구와 동일한 방법으로 경영참여목적 투자를 할 수 있음에도 불구하고 이러한 특례가 인정되지 않는데, 이는 불합리하므로 입법적 보완이 필요한 사항이다.

기준일에 증권시장에서 거래된 최종시가를 기준으로 둘 이상의 채권평가회사가 제공하는 가격정보를 기초로 한 가격, ⓑ 해외증권시장에서 시세가 형성된 채무증권의 경우, 둘 이상의 채권평가회사가 제공하는 가격정보를 기초로 한 가격(영 제260조제1항 제2호 및 제3호).

2) 공정가액평가

① 공정가액평가

시가평가 적용대상자산(상장증권, 장내파생상품)에 해당하지 않는 자산(비상장증권, 장외파생상품, 부동산, 특별자산 등)은 공정가액으로 평가하여야 한다. 시가평가대상인 상장증권과 장내파생상품의 경우도 평가일 현재 신뢰할 만한 시가가 없는 경우에는 공정가액으로 평가하여야 한다(법 제238조제1항 본문).

'공정가액'이란, 집합투자재산에 속한 자산의 종류별로 아래 ⓐ 내지 ⓔ 사항을 고려하여 집합투자업자 내부의 집합투자재산평가위원회가 충실의무를 준수하고 평가의 일관성을 유지하여 평가한 가격을 말한다(영 제260조제2항 전단). 즉, 공정가액평가는 법령에서 정하는 기준에 따라 집합투자업자가 수행하게 된다.

ⓐ 투자대상자산의 취득가격,
ⓑ 투자대상자산의 거래가격,
ⓒ 투자대상자산에 대하여 평가전문가[667]가 제공한 가격,
ⓓ 환율,
ⓔ 집합투자증권의 기준가격.

공정가액으로 평가해야 하는 자산에 대한 평가는 1년에 한 번 이상 하여야 한다(영 제260조제2항 후단).[668]

(대체투자펀드의 경우) 금융투자협회의 '대체투자펀드[669] 리스크관리 모범규준'에서는

---

667) 채권평가회사, 회계법인, 신용평가회사, 감정평가업자, 인수업을 영위하는 투자매매업자, 이에 준하는 자로서 관련 법령에 따라 허가·인가·등록 등을 받은 자, 이에 준하는 외국인(영 제260조제2항).

668) 2025년 3월 18일 자본시장법시행령 개정(시행일 2025년 3월 31일)으로 공정가액 산정을 위한 집합투자재산의 평가를 1년에 한 번 이상 하도록 의무화되었다. 시행일 당시 종전의 영 제260조제2항에 따른 평가가 이루어진 날부터 1년이 지난 집합투자재산에 대해서는 영 제260조제2항 후단의 개정규정에도 불구하고 시행일부터 3개월 이내에 집합투자재산에 속한 자산에 대한 평가를 하여야 한다(동개정시행령 부칙 제2조).

669) 집합투자재산의 50% 이상을 부동산 또는 특별자산에 투자하는 집합투자기구(동모범규준 제2조제1항).

대체투자펀드에서 보유하는 실물부동산등을 공정가액평가하는 경우에는 위의 평가 고려사항 중 감정평가업자의 감정평가가격등 외부전문가의 평가가격을 우선적으로 고려하도록 하고 있다.

② 비시장성 자산 공정가액평가 가이드라인[670]

현행 제도상 펀드 편입자산 중 비시장성 자산(법 제238조제1항에서 정하고 있는 '신뢰할 만한 市價'가 없는 자산)은 운용사가 공정한 가격(공정가액)으로 자체 평가하여야 하는데, 운용사의 평가과정이 불투명하고 공정가액의 신뢰성 또한 낮다는 인식이 존재한다. 금융감독원은 이러한 문제를 해결하고자 금융투자협회와 함께 펀드(공모펀드, 일반사모펀드)에 편입된 비시장성 자산의 공정가액평가에 필요한 가이드라인을 제정하였다. 이 가이드라인은 금융투자협회 모범규준[671]으로 2023년 1월 1일부터 시행되고 있다 (평가기준일이 2023년 1월 1일 이후인 비시장성 자산의 공정가액평가부터 적용된다).

3) 부도채권등 평가

① 적용범위 등

'부도채권등'이란 발행인 또는 거래상대방의 부도, 회생절차개시신청 또는 파산절차의 진행 등으로 인하여 원리금의 전부 또는 일부의 회수가 곤란할 것이 명백히 예상되는 증권등을 말한다(규정 제7-35조제2항).

'부도채권등평가기준'의 적용을 받는 증권등에는 채무증권, 투자계약증권, 파생결합증권, 증권예탁증권(채무증권, 투자계약증권, 파생결합증권과 관련된 것에 한정) 및 대출채권[672]이 포함된다(규정 별표18 1.1 및 1.4).

보증이나 담보가 있는 부도채권등에는 '부도채권등평가기준'이 적용되지 않는다. 다만, 보증기관의 부도등으로 인하여 당해 보증채무의 이행을 기대하기 곤란하거나 담보물건의 담보가치가 현저하게 하락하여 보증 또는 담보의 실효성이 없다고 예상되는 경우에는 '부도채권등평가기준'이 적용된다(규정 별표18 1.2).

자산유동화에 관한 법률 제2조제4호에 따른 유동화증권은 발행인의 순자산, 그 밖에 원리금의 회수가능성 및 회수시기, 처분가치 등을 종합적으로 고려하여 집합

670) 금융감독원·금융투자협회 합동보도자료(2022.12.20.).
671) 집합투자기구에 편입된 비시장성 자산의 평가에 관한 가이드라인, 금융투자협회 법규정보시스템(law.kofia.or.kr) 모범규준 코너 참조.
672) 종래 대출채권은 부도채권등평가기준의 적용을 받는 부도채권등에 포함되지 않았으나, 펀드에 편입된 대출채권의 차주가 회생절차를 개시하였음에도 대출채권이 부도채권등평가기준의 적용대상이 아니라는 이유로 상각을 하지 않는 사례가 발생하여 2020.4.1. 대출채권도 부도채권등평가기준의 적용을 받도록 하고 있다.

투자재산평가위원회가 평가한다(규정 별표18 4.1).

② 부도채권등의 분류

'부도채권등'은 원리금회수가능성을 감안하여 부실우려단계, 발생단계, 개선단계, 악화단계의 4단계로 분류하여 평가하여야 한다(규정 제7-35조제1항). 규정 별표18에서 정하는 일정한 사실이 발생한 경우 해당 단계로 분류하여야 한다. 예컨대 이자가 1회 연체되었거나 최근 3개월 이내에 1차부도[673]가 발생한 경우에는 '부실우려단계의 부도채권등'으로 분류해야 하며(별표18 2.2), 부도 또는 지급불능사태가 발생한 경우에는 '발생단계의 부도채권등'으로 분류하여야 한다(규정 별표18 2.3).

③ 부도채권등의 평가

(부실우려단계로 분류된 채권등의 경우) 채권평가회사로부터 제공되는 시가 또는 발행회사의 재무상태등을 감안하여 공정가치로 평가하여야 한다(규정 별표18 3.1.1).

(발생단계로 분류된 부도채권등의 경우) 원금은 원칙적으로 분류일에 원금의 100분의 80 이상을 상각하여야 하며, 이자는 분류일을 기준으로 일할계산하여 분류일부터 발생하는 이자의 계상을 중지하여야 한다(규정 별표18 3.2).

다만, 부도채권등의 원리금회수가능성 및 회수시기 등을 종합적으로 고려할 때 원금의 100분의 20을 초과하여 회수할 수 있을 것으로 명백히 예상되는 경우에는 집합투자재산평가위원회가 평가한 가액을 근거로 하여 상각할 수 있다.

(개선단계로 분류된 부도채권등의 경우) 회생계획안·금융기관관리안 등 채무재조정계획과 원리금의 회수가능성 및 회수가능시기 등을 종합적으로 고려하여 평가하여야 한다. 그 평가차액은 평가이익으로 처리하거나 상각처리하여야 한다(규정 별표18 3.3).

(악화단계로 분류된 부도채권등의 경우) 그 발행인의 순자산 기타 원리금 회수가능성·회수시기등을 종합적으로 고려하여 평가하여야 하며, 차액은 평가이익으로 처리하거나 상각처리하여야 한다(규정 별표18 3.4).

---

673) 만기가 되어 돌아온 어음이나 수표를 당일 영업시간 종료 전까지 결제하지 못하고 다음 날 결제를 하는 경우를 말한다. 1차부도를 1년에 4번째 낼 경우에는 자동으로 최종부도 처리된다.

2. 평가절차등

1) 집합투자재산평가위원회

일반사모집합투자업자는 집합투자재산의 평가업무를 수행하기 위하여 회사 내부 조직으로 집합투자재산평가위원회를 구성하여야 한다(법 제238조제2항). 집합투자재산평가위원회에는 일반사모집합투자업자의 평가업무담당 임원, 운용업무담당 임원 및 준법감시인이 반드시 포함되어야 한다(영 제261조제1항).

집합투자재산평가위원회는 집합투자재산평가기준의 적용 여부등 집합투자재산 평가에 관한 사항을 반기마다 일반사모집합투자업자의 이사회에 보고하여야 한다(영 제261조제2항).

2) 집합투자재산평가기준

집합투자재산의 평가업무는 '집합투자재산평가위원회'가 제정한 '집합투자재산평가기준'에 따라 수행해야 한다. 집합투자재산평가기준은 집합투자재산의 평가와 절차에 관한 기준을 말하는데, 이를 제정할 때에는 ⓐ 법령에서 정하는 일정한 사항을 반드시 포함하여야 하며, ⓑ 해당 집합투자기구의 집합투자재산을 보관·관리하는 신탁업자의 확인을 받아야 한다(법 제238조제3항).[674]

집합투자재산평가기준에 반드시 포함되어야 하는 사항은 다음과 같다(법 제238조제3항, 영 제261조제3항):

ⓐ 집합투자재산평가위원회의 구성 및 운영에 관한 사항,
ⓑ 집합투자재산의 평가의 일관성 유지에 관한 사항,
ⓒ 집합투자재산에 속한 자산의 종류별로 해당 자산의 가격을 평가하는 채권평가회사를 두는 경우 그 선정 및 변경과 해당 채권평가회사가 제공하는 가격의 적용에 관한 사항,
ⓓ 집합투자재산의 평가 오류의 수정에 관한 사항,
ⓔ 집합투자재산에 속한 자산의 종류별 평가기준에 관한 사항,
ⓕ 부실화된 자산등의 분류 및 평가와 관련하여 적용할 세부기준에 관한 사항,
ⓖ 미수금 및 미지급금등의 평가방법에 관한 사항.

674) 집합투자재산평가기준을 제정할 때 해당 신탁업자의 확인을 얻도록 하고 있으므로, 집합투자업자가 복수의 집합투자기구를 설정·설립하여 운용하는 경우에는 집합투자기구별로 집합투자재산평가기준을 두어야 할 것이다.

3) 평가 기초자료 입수 및 이용 관련 준수사항

(기초자료 입수 관련 준수사항) 집합투자업자가 집합투자재산에 속한 자산의 종류별로 해당 자산의 가격을 평가하는 채권평가회사를 두고 국내 자산을 평가하는 경우에는 기초자료의 입수와 관련하여 다음 기준을 준수해야 한다(다만, 천재지변, 전산시스템오류 발생 등 공정한 평가를 위해 필요하다고 인정되는 경우에는 그러하지 아니하다): ⓐ 집합투자업자는 당일 16시 30분 이내로서 채권평가회사와 정한 시간 이내에 해당 자산의 평가를 채권가격평가회사에게 의뢰하여야 하며, ⓑ 채권평가회사는 당일 18시 이내로서 채권평가회사와 정한 시간 이내에 해당 자산의 평가가격을 집합투자업자가 입수할 수 있도록 제공하여야 하며, ⓒ 집합투자업자가 일반사무관리회사에게 기준가격 계산을 위탁한 경우에는 당일 17시 30분 이내로서 일반사무관리회사와 정한 시간 이내에 일반사무관리회사가 해당 자산의 매매체결내역을 입수할 수 있도록 제공하여야 한다(규정 제7-36조의2 제1항).

(기초자료 이용 관련 준수사항) 집합투자업자는 위에서 정한 시간을 초과하여 입수된 평가기초자료를 당일의 집합투자재산평가에 반영하여서는 아니 된다.

다만, 해당 기초자료를 평가에 반영하지 않고 산정한 기준가격과 해당 기초자료를 평가에 반영하여 산정한 기준가격 간의 차이가 영 제262조제1항 각 호의 한도를 초과하는 경우에는 해당 기초자료를 당일의 집합투자재산평가에 반영하여 기준가격을 변경하고 영 제262조제1항 후단의 절차에 따라 다시 공고·게시하여야 한다(규정 제7-36조의2 제2항). 일반사모집합투자기구의 경우는 기준가격 공고·게시의무가 없으므로 기준가격을 변경하여 투자자들에게 적절히 알리면 될 것이다.

4) 신탁업자의 확인

집합투자업자의 집합투자재산평가위원회가 집합투자재산을 평가한 경우 그 평가명세를 지체 없이 신탁업자에게 통보해야 하고(법 제238조제4항), 신탁업자는 평가가 법령 및 집합투자재산평가기준에 따라 공정하게 이루어졌는지를 확인해야 한다(법 제238조 제5항).

제2관 기준가격의 산정

1. 기준가격의 산정방법

일반사모집합투자기구의 기준가격은 그 기준가격 산정일의 재무상태표상에 계상된 자산총액(법 제238조제1항에 따른 평가방법으로 계산한 것을 말한다)에서 부채총액을 뺀 금액을 그 기준가격산정일의 집합투자증권 총수로 나누어 계산한다(법 제238조제6항, 영 제262조제1항).

한편, 일반사모집합투자기구의 경우 집합투자규약에 투자자에 대한 손익의 분배나 손익의 순위를 달리 정할 수 있다(법 제249조의8 제8항). 이 규정에 따라 손익의 분배나 손익의 순위를 달리하는 수종의 집합투자증권을 발행한 경우에는 그 각각에 대해 기준가격을 산정하여야 할 것이다.[675]

2. 기준가격의 산정 주기

공모펀드의 경우 개방형펀드는 매일 기준가격을 산정하여 공고·게시하여야 한다(법 제238조제7항). 하지만 일반사모펀드에는 법 제238조제7항이 적용되지 않으므로 개방형펀드라 하더라도 매일 기준가격을 산정할 필요는 없고, 당해 펀드의 환매정책 등을 고려하여 적절한 주기로 기준가격을 산정하면 될 것이다.

제3관 집합투자재산평가(기준가격 산정) 오류

집합투자재산에 속하는 자산의 평가에 오류가 있으면 그에 기초하여 산정된 기준가격에도 오류가 생기게 된다.[676] 따라서 평가오류의 수정은 기준가격 오류의 수정으로 이어지게 된다.

기준가격이 잘못 계산된 경우 집합투자업자[677]는 집합투자재산평가기준에서 정하고 있는 평가오류의 수정에 따라 지체 없이 기준가격을 변경하여야 한다(법 제238조제6항, 영 제262조제1항).[678]

---

675) 종전의 전문사모집합투자기구에 관한 유권해석이지만, "종류형펀드 형태가 아닌 전문사모집합투자기구도 2개 이상의 기준가격을 산정하여 투자자별 손익분배 등을 차등하는 것으로 집합투자규약에 명시하고 2개 이상의 기준가격을 산정하여 이용할 수 있다."는 유권해석이 있다(금융위원회 유권해석, 2016.6.28.).

676) 기준가격의 오류는 평가오류 외에도 다양한 원인으로 발생하게 된다. IOSCO의 1999년 'CIS 평가 및 가격산정 보고서'에 의하면, 기준가격 오류의 주요 원인은, ⓐ 기술적 오류(데이터 입력 오류등), ⓑ 기업행위 오류(배당금 통지 미수령등), ⓒ 평가 곤란, ⓓ 부적절한 시스템 통제, ⓔ 장부 확인 미흡, ⓕ 부적절한 커뮤니케이션, ⓖ 보수·비용등의 잘못 산정, ⓗ 운용사의 의도적인 오류(잘못된 자산가격 사용 등)이다.

677) 일반사모집합투자기구의 법적 형태가 투자회사등인 경우에는 당해 투자회사등을 말한다.

678) 앞에서 본 바와 같이 집합투자업자는 '집합투자재산평가기준'에 '평가의 오류와 수정에 관한 사항'을 포함시켜야 한다. 나아가 집합투자업자는 집합투자기구별로 투자대상등을 고려하여 그에 적합한 '평가오류등에 따른 기준가격 산정오류의 처리방법 및 절차등'에 관한 내용을 집합투자규약등에 기재하고 이를 집합투자증권 판매 시 투자자에게 미리 알려주는 것이 바람직하다.

잘못 산정된 기준가격으로 집합투자증권의 환매·판매가 이루어진 경우의 사후 처리가 문제 될 수 있다.[679] 평가 및 기준가격 산정의 오류는 집합투자업자의 선관주의의무 위반에 해당하지만, 오류가 있다고 하여 모든 경우에 집합투자업자에게 책임을 묻는 것은 곤란하다. 오류의 정도가 중요한 경우에 한하여 배상이 이루어지는 것이 바람직하다.[680] 참고로, 공모펀드의 경우 대체로 펀드 순자산가치의 1,000분의 5 이상에 해당하는 평가 및 기준가격산정의 오류가 있는 경우에 한해 투자자에게 배상하도록 하는 것이 국제기준이라고 할 수 있다.[681]

제2절 회계

제1관 총설

자본시장법은 제240조 및 제241조에서 집합투자기구의 회계처리와 관련하여 회계처리기준(법 제240조제1항·제2항) 및 회계감사(법 제240조제3항 내지 제10항, 제241조)에 관하여 규정하고 있다.

일반사모집합투자기구에는 이 중에서 회계처리기준에 관한 규정(법 제240조제1항 및 제2항)만 적용되고 일반투자자가 투자한 경우가 아닌 한 회계감사에 관한 규정은 적용되지 않는다(법 제249조의8 제1항).

(일반투자자가 포함된 일반사모집합투자기구 - 회계감사 규정 적용) 앞에서 본 바와 같이 일반투자자가 포함된 일반사모집합투자기구의 경우는 회계감사에 관한 규정(법 제240조 제3항부터 제10항까지)이 적용된다. 따라서 자산총액이 300억원 이상인 일반사모집합투자기구[682]는 회계기간의 말일등으로부터 2개월 이내에 회계감사인의 회계감사를 받아야

679) 예컨대, 실제 순자산가치보다 높게 가격 산정이 된 경우 집합투자증권을 매수하는 투자자는 실제 가치보다 과다납입하게 되고, 환매하는 투자자는 실제 가치보다 과다지급받게 된다.

680) 순자산가치가 과대산정된 경우 집합투자업자는 과대지급으로 펀드가 입은 손해에 대한 배상책임을 지게 될 것이다(집합투자업자는 채권평가회사등 다른 관계자에게 책임을 물을지를 결정하게 될 것이다). 과대산정된 가격으로 환매한 투자자로부터 거래정정을 통해 그 이익을 환수할지 여부는 집합투자업자의 선택에 달려있다고 할 것이다. 과대산정된 가격으로 집합투자증권을 매수한 투자자의 계좌는 정정되어야 할 것이다.
순자산가치가 과소산정된 경우, 집합투자업자는 과소산정으로 인해 펀드가 입은 손해에 대해 배상책임을 진다(집합투자업자는 채권평가회사등 다른 관계자에게 책임을 물을지를 결정하게 될 것이다). 과소산정된 가격으로 집합투자증권을 매수한 투자자에 대해서는 거래정정을 통해 이익을 펀드에 환수할지 여부는 집합투자업자의 선택에 달려있다고 할 것이다. 과소산정된 가격으로 집합투자증권을 환매한 투자자의 계좌는 정정되어야 할 것이다.

681) 1999년의 IOSCO보고서를 보면, 미국, 영국, 캐나다, 홍콩 등이 펀드 순자산가치의 0.5%를 보상기준으로 보고 있다. 영국의 경우 0.5% 기준을 충족하더라도 투자자별 보상금액이 일정 규모 이하인 경우에는 보상을 하지 않아도 되도록 하고 있다.

한다(법 제240조제3항, 영 제264조).

다만, 투자자 전원의 동의를 얻은 경우 및 투자자 이익을 해할 우려가 없는 경우로서 대통령령으로 정하는 경우에는 이를 적용하지 아니한다(법 제249조의8 제2항제4호). 투자자 전원의 동의를 얻은 경우 외부감사 횟수를 줄이는 것도 가능하다(예: 회계기간이 6개월인 일반사모집합투자기구의 경우 투자자 전원의 동의로 감사횟수를 연 1회로 줄일 수 있다).683)

제2관 회계처리기준(기업회계기준서 제5003호)

집합투자업자는 집합투자재산에 관하여 회계처리를 하는 경우 금융위원회가 증권선물위원회의 심의를 거쳐 정하여 고시한 회계처리기준에 따라야 한다.

금융위원회는 회계처리기준의 제정 또는 개정을 한국회계기준원에 위탁하고 있다(법 제240조제1항 및 제2항). 이에 따라 한국회계기준원은 2009년 6월에 특수분야 회계기준서 제5003호로 '집합투자기구 회계처리기준'을 제정·운영하고 있다.

기업회계기준서 제5003호(집합투자기구)에서는 중요하지 않은 항목에 대해서는 동 기준서를 적용하지 않을 수 있도록 하고 있으며, 동기준서에서 구체적으로 정하지 않은 사항에 대해서는 주식회사의 외부감사에 관한 법률 제13조제1항의 규정에 의한 회계처리기준을 적용하는 것으로 정하고 있다(동기준서 제3조). 그리고 동기준서의 내용은 투자신탁을 전제로 하고 있으며, 투자회사등에 대해서는 적절히 수정하여 적용하도록 하고 있다(동 기준서 제49조).

한편, 이와 별도로 금융투자협회는 모범규준의 하나로 '집합투자재산 회계처리 가이드라인'을 작성하여 운영하고 있다.

제3절 결산서류의 작성

자본시장법은 제239조에서 집합투자기구의 결산서류의 작성등에 관하여 규정하고 있다. 즉, 결산서류의 작성(제1항), 결산서류등의 영업소 비치(제3항), 투자자 및 채권자의 결산서류등 열람등(제5항)이 그것이다. 일반사모집합투자기구에는 이 중 결산서류의 작성에 관한 일부규정(법 제239조제1항제1호 및 제2호, 제6항)만 적용된다(법 제249조의8 제1항).

일반사모집합투자업자는 각각의 일반사모집합투자기구에 대해 매결산기마다 결산서류(재무상태표, 손익계산서) 및 그 부속명세서를 작성하여야 한다(법 제239조제1항).

---

682) 자산총액이 300억원 초과 500억원 이하인 경우로서 회계기간의 말일 등 이전 6개월간 집합투자증권을 추가로 발행하지 아니한 경우에는 회계감사를 받지 않아도 된다.

683) 금융위원회·금융감독원·금융투자협회, 사모펀드 제도개편 관련 주요 질의응답(2021.10).

제4절 이익금의 분배

제1관 이익금의 분배방법 등

이익금이란 집합투자기구의 매회계기간말에 결산을 하여 회계기간 동안에 집합투자재산에서 발생한 운용수익에서 운용보수 기타 비용을 공제하고 남은 것을 말한다.

이러한 이익금은 금전 또는 새로 발행하는 집합투자증권으로 분배하여야 한다(법 제242조제1항). 금전으로 분배하는 경우에는 집합투자재산의 규모가 분배금만큼 감소하지만, 새로 발행하는 집합투자증권으로 이익금을 분배하는 경우에는 집합투자재산의 규모는 변동이 없고 집합투자증권의 수가 증가하고 그에 따라 기준가격이 하락하게 된다. 이익금의 분배방법 및 시기는 집합투자규약에서 정하면 된다(영 제266조제2항).

이익금은 투자자에게 분배하는 것이 원칙이지만, MMF의 경우를 제외하고는 집합투자규약에서 이익금을 분배하지 않고 집합투자기구에 유보하는 것으로 정하는 것도 가능하다(법 제242조제1항 단서, 영 제266조제1항).

제2관 이익금의 초과분배

집합투자기구의 특성에 따라 그 이익금을 초과하여 분배할 필요가 있는 경우에는 이익금을 초과하여 금전으로 분배할 수 있다. 이익금 초과분배는 금전으로 분배하는 경우에만 가능하고 미리 집합투자규약에 이익금 초과분배를 한다는 사실, 이익금 분배방법 및 시기 등을 정하여야 한다(법 제242조제2항·제3항, 영 제266조제4항).

이익금 초과분배의 예로는 소위 '월지급식 펀드'를 들 수 있다. 매월 일정금액의 분배금을 지급하는 '월지급식 펀드'의 경우 이익금이 분배금보다 적으면 투자원금을 분배금 지급재원으로 사용하게 된다.

제5절 자료의 기록·유지

일반사모집합투자업자는 일반사모집합투자기구를 설정·설립하여 운용하는 경우에는 <u>집합투자재산 관련 자료를 10년 동안 기록·유지</u>하여야 하며, 그 자료가 멸실·위조·변조되지 아니하도록 적절한 대책을 수립·시행해야 한다(법 제60조, 영 제62조제1항 제1호 다목).

기록·유지해야 하는 '집합투자재산 관련 자료'는 다음과 같다(규정 제4-13조, 별표12): 자산배분내역서, 매매주문서, 매매보고서, 자산 대여·대차등 운용지시서, 부동산등

투자대상자산 관리위탁계약서, 부동산등 매매·임대차등 계약서, 대출계약서 및 예금·보험금등에 대한 근질 및 근저당등 담보권 설정서류, 이자·공사비·등기비용·제세공과금등 납부서류, 자산운용보고서, 집합투자재산평가위원회 회의록, 의결권 공시대상법인에 대한 의결권 행사기록, 기준가격 오류수정 및 재공고에 관한 기록 등.

(투자회사등의 경우) 투자회사등[684]의 형태로 조직된 일반사모집합투자기구의 경우는 일반사모집합투자업자의 집합투자재산 관련 자료 기록·유지와 별개로 당해 투자회사등도 그 업무와 관련한 자료를 종류별로 일정 기간 동안 기록·유지해야 하며, 자료가 멸실·위조·변조되지 아니하도록 적절한 대책을 수립·시행해야 한다(법 제187조, 영 제214조, 규정 제7-7조 및 별표17).

투자회사등이 10년 동안 기록·유지하여야 하는 자료는 다음과 같다: ⓐ 집합투자재산명세서, ⓑ 집합투자재산운용 내역서, ⓒ 집합투자증권 기준가격대장, ⓓ 집합투자자총회 의사록 및 이사회 의사록, ⓔ 재무제표 및 그 부속명세서(영 제214조).

금융위원회·금융감독원·국세청 등 감독기관에 제출하거나 감독기관으로부터 접수한 자료는 5년 동안, 업무위탁등의 계약서 및 관련 자료는 3년 동안 기록·유지하여야 한다.

684) 투자회사, 투자유한회사, 투자유한책임회사, 투자합자회사, 투자합자조합을 말한다.

제11장 투자자에 대한 정보제공[685)]

제1절 총설

앞에서 본 바와 같이 일반사모집합투자기구의 경우, 투자권유 및 판매단계에서 투자자에 대한 정보공시규제가 일반투자자(일반투자자인 적격투자자)에게만 적용된다.[686)] 그리고 자산운용보고서(법 제88조)·수시공시(법 제89조)와 같은 계속공시규정도 원칙적으로 일반사모집합투자기구에는 적용되지 않는다(법 제249조의8 제1항). 다만, 일반투자자를 대상으로 하는 일반사모집합투자기구의 경우 자산운용보고서 규정(법 제88조)이 적용된다(법 제249조의8 제2항제2호). 이처럼 일반사모집합투자기구의 경우 펀드가입 및 보유단계에서의 전문투자자에 대한 정보제공은 자율에 맡겨져 있다.

한편, 자본시장법은 집합투자기구의 투자자에게 장부·서류 열람청구권을 통해 운용내역 등의 정보를 제공받을 수 있도록 하고 있는데, 이는 일반사모집합투자기구에도 적용된다.

제2절 장부·서류 열람청구권

제1관 총설

집합투자기구의 투자자는 집합투자업자(투자회사의 경우 당해 투자회사) 또는 판매회사

---

685) 일반사모집합투자기구의 경우에도 투자자 유형과 관계없이 펀드가입 및 보유단계에서 투자자가 적정수준의 정보를 제공받을 수 있도록 법률에서 명시할 필요가 있다. 유럽연합의 입법사례를 보면, 대체투자펀드운용자지침(AIFMD)에서 투자자에게 펀드 가입단계 및 보유단계에서 공모펀드에 준하는 공시(정보제공)를 하도록 하고 있고, 미국의 경우도 정보제공에 관한 명시적인 법규정은 없지만 증권관계법상의 일반적 사기금지규정과 SEC의 행정지도 그리고 연기금투자자의 수탁자의무이행을 위한 정보제공요구에 응하기 위해 투자자에게 정보를 제공하는 것이 일반적이다.

686) 일반투자자인 적격투자자를 대상으로 투자권유하는 경우에는 금융소비자보호법 제19조(설명의무, 설명서 교부)가 적용되며, 자본시장법 제249조의4 제4항(핵심상품설명서 교부)이 적용된다.

에게 자기와 관련된 집합투자재산에 관한 장부·서류의 열람이나 등본·초본의 교부를 청구할 수 있다(법 제91조제1항, 법 제186조제2항).

한편, 투자회사에는 상법 제466조제1항이 적용되므로 투자회사의 주주는 상법상 회계장부열람권을 통해서도 투자회사재산에 관한 장부·서류의 열람등을 할 수 있다(법 제206조). 그러나 자본시장법상 장부·서류 열람청구권의 행사 요건이 상법상 회계장부열람권에 비해 훨씬 완화되어 있으므로 상법규정이 적용될 여지는 사실상 없다고 할 수 있다.[687)]

제2관 장부·서류의 열람등 대상, 방법 등

장부·서류의 열람이나 등본·초본의 교부청구는 집합투자업자나 판매회사의 영업시간 중에 이유를 기재한 서면으로 하여야 한다(법 제91조제1항).

투자자가 열람등을 청구할 수 있는 장부·서류는 다음과 같다: ⓐ 집합투자재산명세서, ⓑ 집합투자증권 기준가격대장, ⓒ (집합투자기구의) 재무제표 및 그 부속명세서, ⓓ 집합투자재산 운용내역서(영 제95조제2항).

집합투자업자 또는 판매회사가 투자자의 열람등 청구에 응하지 않을 수 있는 사유는 다음과 같다(법 제91조 후단, 영 제95조제1항): ⓐ 집합투자재산의 매매주문내역등이 포함된 장부·서류를 제공함으로써 제공받은 투자자가 그 정보를 거래 또는 업무에 이용하거나 타인에게 제공할 것이 뚜렷하게 염려되는 경우, ⓑ 집합투자재산의 매매주문내역등이 포함된 장부·서류를 제공함으로써 다른 투자자에게 손해를 입힐 것이 명백히 인정되는 경우, ⓒ 해지·해산된 집합투자기구에 관한 장부·서류로서 보존기한(영 제62조제1항)이 지난 등의 사유로 인하여 투자자의 열람제공 요청에 응하는 것이 불가능한 경우.

위의 사유 중 하나에 해당하여 투자자의 열람청구에 응하지 않는 경우에는 집합투자업자나 판매회사는 당해 투자자에게 열람·교부가 불가능하다는 뜻과 그 사유가 기재된 서면을 투자자에게 내주어야 한다(영 제95조제1항 후단).

---

687) 자본시장법 제91조에 따른 장부·서류 열람청구권과 상법 제466조제1항에 따른 회계장부열람청구권은 다음과 같은 차이가 있다: ⓐ 전자는 최소 거래단위의 집합투자증권을 소유하는 투자자(즉, 모든 투자자)에게도 인정되는 반면에 후자는 일정기준 이상의 지분 소유자에 한해 인정되는 소수주주권이다(상법 제466조제1항, 법 제205조제2항, 금융회사지배구조법 제33조제6항). ⓑ 후자는 행사시점 이전 6개월간 계속보유요건이 있는 반면에 전자에는 이러한 요건이 없다.

제3절 자산운용보고서

제1관 총설

일반투자자를 대상으로 하는 일반사모집합투자기구에는 법 제88조(자산운용보고서의 교부)가 적용되므로 자산운용보고서를 제공하여야 한다. 다만, 전문투자자에 대해서는 자산운용보고서를 교부하지 아니할 수 있다(법 제249조의8 제2항제2호).

일반사모집합투자기구의 자산운용보고서에 대해서는 사모펀드의 특성을 고려하여 법정기재사항 중 일부를 기재하지 않을 수 있도록 특례가 있다.

(교부하지 않아도 되는 경우) 투자자가 자산운용보고서의 수령을 거부한다는 의사를 서면·전화·전신·팩스·전자우편 또는 이와 비슷한 전자통신의 방법으로 표시한 경우에는 자산운용보고서를 교부하지 아니할 수 있다(법 제249조의8 제2항제2호, 제88조제1항 단서).

제2관 자산운용보고서 교부주기 및 교부방법 등

1. 교부주기

일반사모집합투자업자는 일반투자자를 대상으로 하는 일반사모집합투자기구의 경우 자산운용보고서를 작성하여 해당 집합투자재산을 보관·관리하는 신탁업자의 확인을 받아 3개월마다 1회 이상 해당 투자자에게 교부하여야 한다(법 제249조의8 제2항제2호, 제88조제1항 본문).

2. 교부방법

(판매사를 통해 판매한 경우의 교부 방법) 일반사모집합투자업자는 일반투자자를 대상으로 하는 일반사모집합투자기구의 집합투자증권을 판매한 투자매매중개업자 또는 전자등록기관을 통하여 기준일부터 2개월 이내에 직접, 전자우편 또는 이와 비슷한 전자통신의 방법으로 교부하여야 한다.[688] 다만, 투자자에게 전자우편 주소가 없는 등의 경우에는 법 제89조제2항제1호의 방법에 따라 판매회사등의 홈페이지를 이용하여 공시하는 것으로 갈음할 수 있으며, 투자자가 우편발송을 원하는 경우에는 그에 따라야 한다(영 제92조제4항).

---

688) 집합투자업자가 전자등록기관을 통하여 자산운용보고서를 교부하려는 경우에는 판매회사는 투자자의 성명 및 주소 등 자산운용보고서의 교부에 필요한 정보를 전자등록기관에 제공하여야 한다(규정 제4-66조제4항).

(직접판매한 경우의 교부방법) 일반투자자를 대상으로 하는 일반사모집합투자기구의 집합투자증권을 일반사모집합투자업자가 직접판매한 경우에는 투자자에게 직접 또는 전자우편의 방법으로 교부할 수 있다. 다만, 투자자의 전자우편주소등을 확인할 수 없거나 투자자가 동의한 경우에는 그 집합투자기구의 투자자에게 배타적 접근권한을 부여한 인터넷 홈페이지 또는 모바일시스템을 통하여 조회할 수 있도록 하는 등 투자자가 확인할 수 있는 방법으로 갈음할 수 있다(규정 제4-66조제5항).

제3관 자산운용보고서 기재사항

일반사모집합투자업자는 일반투자자를 대상으로 하는 일반사모집합투자기구의 자산운용보고서에 다음 각 호의 사항을 기재하여야 한다. 다만, ⓞ부터 ⓠ까지의 사항은 기재하지 않을 수 있다(법 제249조의8 제2항제2호 및 제88조제2항, 영 제92조제2항·제3항, 규정 제4-66조제2항).

ⓐ 기준일[689] 현재의 자산, 부채 및 기준가격,
ⓑ 운용기간(직전 기준일[690]부터 해당 기준일까지의 기간) 중 운용경과의 개요 및 해당 운용기간 중의 손익 현황,
ⓒ 기준일 현재 집합투자재산에 속하는 자산의 종류별 평가액과 집합투자재산 총액에 대한 각각의 비율,
ⓓ 해당 운용기간 중 매매한 주식의 총수, 매매금액 및 매매회전율,[691]
ⓔ 기준일 현재 집합투자재산에 속하는 투자대상자산의 내용,
ⓕ 집합투자기구의 투자운용인력에 관한 사항,
ⓖ 집합투자기구의 투자환경 및 운용계획,
ⓗ 집합투자기구의 업종별, 국가별 투자내역,
ⓘ 집합투자기구의 투자전략,
ⓙ 집합투자기구의 투자대상 범위 상위 10개 종목,
ⓚ 집합투자기구의 구조,

---

689) 다음 어느 하나의 날을 말한다(법 제88조제2항제1호).
1. 회계기간의 개시일부터 3개월이 종료되는 날
2. 회계기간의 말일
3. 계약기간의 종료일 또는 존속기간의 만료일
4. 해지일 또는 해산일

690) 직전기준일이 없는 경우 해당 집합투자기구의 최초 설정일·설립일을 말한다(법 제88조제2항제2호).

691) 해당 운용기간 중 매도한 주식가액의 총액을 그 해당 운용기간 중 보유한 주식의 평균가액으로 나눈 비율을 말한다(영 제92조제2항).

ⓛ 집합투자기구의 유동성위험,

ⓜ 집합투자기구의 운용위험에 대한 관리방안,

ⓝ 집합투자업자, 판매회사, 신탁업자 등에게 지급한 보수 그 밖의 수수료 금액(투자중개업자에게 지급한 매매수수료 중 투자중개업자로부터 제공받는 조사분석업무등의 서비스와 관련한 수수료에 대해서는 이를 구분하여야 한다),

ⓞ 집합투자업자가 고유재산으로 자기가 운용하는 집합투자기구가 발행하는 집합투자증권에 투자한 경우 투자한 집합투자증권의 명칭, 투자금액 및 수익률. 다만, 해당 집합투자기구에 대한 투자금액이 1억원 미만인 경우에는 그러하지 아니하다.

ⓟ 집합투자기구의 결산 시 분배금 내역(결산 후 최초로 작성하는 자산운용보고서로 한정한다),

ⓠ 집합투자기구가 환위험을 회피할 목적으로 파생상품을 거래하는 경우 그 거래에 관한 사항.

제12장 집합투자재산의 보관·관리

제1절 총설

제1관 신탁업자의 역할, 지위등

펀드재산을 안전하게 보관하는 것은 펀드 투자자보호의 핵심이라고 할 수 있다. 펀드를 운용하는 자(manager)가 펀드재산의 소유·보관도 함께하게 되면 횡령·자기거래등의 남용행위 발생소지가 높아지므로, 펀드재산의 보관은 운용자가 아닌 별도의 전문기관이 담당하게 된다. 즉, 집합투자재산의 보관·관리(custody)는 집합투자업자와 무관한 신탁업자가 수행한다. 집합투자기구의 신탁업자는 집합투자재산을 보관·관리할 뿐 아니라 집합투자업자의 집합투자재산 운용행위를 감시하는 기능도 수행한다.

신탁업자의 집합투자재산 보관·관리는 단순히 집합투자재산을 안전하게 보관하는 것만을 의미하는 것이 아니다. 신탁업자는 집합투자재산이 어떻게 투자되었으며, 어디에 어떤 방법으로 이용 가능한지를 항상 인지하고 있어야 한다. 그리고 신탁업자는 운용사의 펀드운용행위가 법령등에 부합하는지 감시하여야 한다.[692]

집합투자기구의 신탁업자는 집합투자기구의 법적 형태에 따라 그 법적 지위등이 다르다. 투자신탁의 경우 신탁업자는 집합투자업자와의 신탁계약을 통해 수탁자(trusteee)의 지위에서 투자신탁재산을 소유하고 보관·관리한다. 즉, 집합투자재산은 신탁업자 명의로 소유·보관된다. 투자회사등 회사형집합투자기구의 경우 당해 투자회사등이 자신의 명의로 재산을 소유하고, 신탁업자는 당해 투자회사등과의 위탁계약을 통해 보관수임인(custodian)의 지위에서 투자회사재산을 보관·관리하여야 하는데,[693] 자본시장법은 반드시 신탁의 방법에 의할 것으로는 규정하고 있지 않다.

---

692) 유럽연합의 대체투자펀드운용자지침(AIFMD)은 대체투자펀드 Depositary의 핵심기능으로 현금흐름 모니터링, 자산의 보관·관리, 운용감시의 세 가지를 명시하고 있다(AIFMD Art.21).

693) 자본시장법은 집합투자기구의 집합투자재산을 보관·관리하는 자를 '신탁업자'라고 한다. 그런데 '신탁업자'라는 명칭은 집합투자재산의 보관·관리업무를 수행할 수 있는 자의 자격에

하지만 집합투자기구 신탁업자의 집합투자재산 보관·관리에 대해 적용되는 자본시장법규는 신탁업자의 법적 지위와 관계없이 동일하다.

제2관 적용 법조문

자본시장법 제244조 내지 제248조는 신탁업자의 집합투자재산 보관·관리와 관련하여 일반적 의무(제244조), 적용법규(제245조), 업무 제한등(제246조), 운용행위 감시등(제247조), 자산보관·관리보고서(제248조)에 관한 사항을 규정하고 있다.

일반사모집합투자기구에도 법 제244조 내지 제246조 및 제248조가 적용된다. 집합투자업자의 운용행위 감시등에 관한 규정인 제247조는 제5항제4호 및 제5호만 적용된다. 하지만, 일반투자자가 포함된 일반사모집합투자기구의 경우에는 운용행위 감시등을 규정하는 법 제247조가 모두 적용된다.

제3관 가이드라인

1. 신탁업자의 수탁업무처리 가이드라인

이 가이드라인은 집합투자기구의 신탁업자가 집합투자재산의 보관·관리업무를 수행함에 있어 모범이 되는 업무 및 절차를 정하고 있다.

이 가이드라인은 금융투자협회의 모범규준 형식으로 되어 있으며 일반사모집합투자기구에도 적용된다.

2. 자산대사업무 가이드라인

이 가이드라인은 법 제247조제5항제7호 및 영 제269조제4항제1호에 따라 "집합투자기구의 신탁업자가 자신이 보관·관리 중인 집합투자재산의 내역과 집합투자업자가 작성한 집합투자재산명세서가 일치하는지 여부를 확인하는 업무(자산대사업무)"를 수행함에 있어 모범이 되는 업무와 절차를 정하고 있다.[694]

이 가이드라인도 금융투자협회의 모범규준 형식으로 되어 있으며, 공모집합투자기구와 일반투자자가 포함된 일반사모집합투자기구에 적용된다. 즉, 전문투자자만으로

불과하므로 펀드재산을 보관·관리하는 자에 대한 명칭으로는 적합하지 않다. 수탁자 또는 보관수임인의 지위에서 집합투자재산을 보관·관리하는 기능에 초점을 맞추어 '보관수탁자(depositary)'라고 부르는 것이 보다 적절할 것으로 보인다.

694) 「자산대사업무 가이드라인」은 「신탁업자의 수탁업무처리 가이드라인」 제20조(자산내역의 대사)를 구체화한 가이드라인이라고 할 수 있다.

구성되는 일반사모집합투자기구에는 적용되지 않는다.

이 가이드라인에 따르면, 자산내역의 대사는 매분기말을 기준으로 실시하여야 하며(동가이드라인 제1.3.), 집합투자업자는 기준일로부터 10영업일 이내에 자산대사 대상 펀드 목록을 확정하여 운용자산명세와 함께 신탁업자에게 전달하여야 한다(동가이드라인 제1.4.)

제2절 신탁업 관련 법령 및 신탁법 적용

제1관 신탁업 관련 법령

신탁업자가 투자신탁재산을 신탁받는 경우 그 투자신탁에 관하여는 자본시장법 제2편제4장제2절제4관(신탁업자의 영업행위 규칙)은 적용하지 아니한다. 다만, 법 제116조(신탁업자의 합병) 및 제117조(신탁업자의 청산)는 적용한다(법 제245조).

신탁업자의 영업행위규칙은 전통적인 의미에서의 '일반신탁'을 전제로 한 것이므로 집합투자제도로서의 '투자신탁'과는 그 규제철학과 장치가 다르다. 즉, 일반신탁의 경우 고객과 신탁업자 간의 1:1 관계를 전제로 하고 있고 신탁업자가 신탁재산의 보관은 물론이고 운용도 직접 한다. 반면에, 투자신탁의 경우는 신탁업자가 수탁자로서 투자신탁재산을 소유·보관하는 것은 같지만 투자신탁재산의 운용권한이 집합투자업자에게 귀속되어 있어 신탁업자는 집합투자업자의 운용지시에 따라 거래를 집행할 뿐이다. 따라서 일반신탁을 전제로 한 자본시장법상의 신탁업자의 영업행위규칙은 신탁업자가 투자신탁의 수탁자로 행위하는 경우에는 적용하지 않도록 한 것이다.

제2관 신탁법

투자신탁의 신탁업자에게 자본시장법상의 신탁업자에 대한 규제와 별도로 신탁법이 적용되는지 여부가 문제 될 수 있다.

앞에서 본 바와 같이 법 제181조(관련 법률의 적용)는 '집합투자기구는 이 법에서 특별히 정한 경우를 제외하고는 상법 및 민법의 적용을 받는다'고 규정하고 있다. 하지만, 자본시장법은 투자신탁을 '신탁 형태의 집합투자기구'라고 명시하고 있으므로(법 제9조제19항), 이 규정은 단순한 주의적 규정으로 보는 것이 타당하다. 따라서 투자신탁의 신탁업자(수탁자)는 자본시장법에서 특별히 정한 경우나 그 성질상 적용될 수 없는 경우를 제외하고는 신탁법의 적용을 받는 것으로 보아야 할 것이다.[695]

---

695) 투자신탁이 아닌 형태의 집합투자기구의 경우에는 그 집합투자재산을 보관·관리하는 신탁업자가 신탁법상의 수탁자가 아니므로 신탁법 적용 여지가 별로 없다.

제3절 선관주의의무 등

집합투자재산을 보관·관리하는 신탁업자는 선량한 관리자의 주의로써 집합투자재산을 보관·관리하고 투자자의 이익을 보호하여야 한다(법 제244조).

집합투자재산을 보관·관리하는 신탁업자는 집합투자기구의 법적 형태에 따라 그 법적 지위가 다르다. 즉, 투자신탁의 경우 신탁업자는 수탁자(trustee)이고, 투자회사의 경우 신탁업자는 보관수임인(custodian)이다.[696]

자본시장법은 신탁업자의 법적 지위에 관계 없이 집합투자재산의 보관·관리와 관련하여 동일한 내용의 의무(선관주의의무 및 투자자 이익보호의무)를 규정하고 있다. 관련하여, 신탁형펀드(투자신탁)에는 신탁법이 적용되므로[697] 투자신탁의 신탁업자는 신탁법 제32조 및 제33조에 따른 수탁자의 선관의무와 충실의무도 부담하는 것으로 보아야 한다. 따라서 자본시장법 제244조에 따른 신탁업자의 선관주의의무 및 투자자 이익보호의무를 해석함에 있어서는 이러한 신탁법상 수탁자의 선관의무와 충실의무도 함께 고려하여야 할 것이다.

제4절 업무제한 등

제1관 자격제한(독립신탁업자)

집합투자업자는 자신이 운용하는 집합투자기구의 집합투자재산을 보관·관리하는 신탁업자가 될 수 없다(법 제184조제4항).[698]

집합투자업자의 계열회사도 당해 집합투자업자가 운용하는 집합투자재산을 보관·관리하는 신탁업자가 될 수 없다. 투자회사등 회사형집합투자기구[699]의 경우는 당해 투자회사등과 계열회사 관계에 있는 자도 당해 투자회사등의 재산을 보관·관리하는 신탁업자가 될 수 없다(법 제246조제1항).[700]

---

696) 투자신탁이나 투자익명조합의 집합투자업자 또는 투자회사등은 집합투자재산의 보관·관리 업무를 신탁업자에게 위탁하여야 하는데(법 제184조제3항), 투자신탁의 경우 신탁계약의 체결을 통해 투자회사등의 경우 보관·관리계약의 체결을 통해 위탁하게 된다(영 제47조제1항 제6호 참조).

697) 제1편제5장제2절제3관 참조.

698) 신탁업과 일반사모집합투자업을 함께 영위하는 금융투자업자에게 실질적인 의미를 가지는 규정이다.

699) 투자회사, 투자유한회사, 투자합자회사 및 투자유한책임회사도 동일하다(법 제246조제1항 제1호 괄호).

700) 예컨대, 특정투자회사 주식을 30% 이상 소유하는 최다출자자인 자는 당해 투자회사의 신탁업자가 될 수 없다.

투자매매업자가 전담중개업무로 제공하는 일반사모집합투자기구의 집합투자재산의 보관·관리업무는 다른 신탁업자에게 위탁할 수 있다(법 제42조제1항). 하지만, 집합투자업자의 계열회사인 신탁업자는 전담중개업자로부터 일반사모집합투자기구의 집합투자재산의 보관·관리업무를 위탁받아 수행하는 것도 금지된다.[701]

제2관 집합투자재산 보관·관리 방법 등

1. 구분관리

집합투자재산의 독립성 및 운용의 투명성을 확보하여 투자자보호에 충실을 기하려면 무엇보다 각각의 집합투자재산이 구분·관리되어야 한다. 이를 위해 자본시장법은 집합투자기구의 신탁업자로 하여금 자신이 보관·관리하는 집합투자재산을 자신의 고유재산·다른 집합투자재산·제삼자로부터 보관위탁받은 재산과 구분하여 관리하고, 집합투자재산이라는 사실과 위탁자를 명시하도록 하고 있다(법 제246조제2항). 여기서 '다른 집합투자재산'에는 같은 집합투자업자가 운용하는 다른 집합투자재산도 포함되며, '제삼자로부터 보관위탁받은 재산'에는 신탁재산등이 포함되며, '위탁자'는 투자신탁의 경우 집합투자업자, 회사형펀드의 경우 당해 회사형펀드(예: 투자회사의 경우 당해 투자회사)를 말한다.

2. 보관방법

집합투자재산이 ⓐ '주식·사채등의 전자등록에 관한 법률'에 따라 전자등록된 증권등(이하 '전자등록증권등')인지, ⓑ 예탁결제원 예탁대상 증권등인지, ⓒ 앞의 ⓐ이나 ⓑ에 해당하지 않는 것인지에 따라 보관방법이 다르다.

1) 전자등록

집합투자재산인 증권등이 전자등록증권등인 경우에는 신탁업자명의(투자신탁, 투자익명조합) 또는 투자회사등의 명의로 전자등록의 방법으로 보관된다(법 제308조제1항).

2) 예탁결제원 예탁

집합투자재산인 증권등이 예탁대상증권등(증권, 기업어음을 제외한 어음, 기타 증권과 유사하고 집중예탁과 계좌간 대체에 적합한 것으로서 예탁결제원이 따로 정하는 것: 법 제246조제3항, 영 제268조제1항, 규정 제7-40조 및 제4-15조)[702]인 경우에는 신탁업자는 그 증권등의 보관을

701) 금융위원회 유권해석(2017.10.20.).

집합투자기구별로 예탁결제원에 예탁하는 것이 원칙이다(법 제246조제3항). 다만, 해당 증권의 유통가능성, 다른 법령에 따른 유통방법이 있는지 여부, 예탁의 실행가능성 등을 고려하여 대통령령으로 정하는 경우[703]에는 예탁결제원에 예탁하지 않아도 된다. 증권등의 예탁은 투자자-예탁자-예탁결제원의 구조로 이루어지는데, 집합투자재산인 증권등의 경우는 집합투자업자(투자신탁, 투자익명조합) 또는 집합투자기구(회사형집합투자기구, 투자합자조합)가 '투자자'에 해당하고, 실제 집합투자재산을 보관·관리하는 신탁업자가 '예탁자'에 해당하게 된다. 신탁업자가 예탁결제원에 집합투자재산인 증권등을 예탁함에 있어서는 자신의 고유재산·다른 집합투자재산·제삼자로부터 보관위탁받은 재산과 구분하여 집합투자기구별로 예탁계좌를 개설하게 된다.[704]

예탁결제원이 작성·관리하는 집합투자기구별 예탁자계좌부(집합투자기구원장 포함)의 기재내용은 신탁업자가 관리하는 집합투자재산 보관원장의 기재내용과 일치하여야 한다. 일반사무관리회사의 집합투자증권 기준가격 산정도 이를 기초로 한다.[705]

---

702) 법령에서 예탁결제원에 예탁을 의무화하고 있는 증권등에 해당하더라도 실제에 있어서는 예탁결제원이 대체성(代替性), 유통성 및 예탁적격성등을 고려하여 예탁대상증권등으로 지정한 것만 예탁결제원에 예탁할 수 있다.
지분증권의 경우 상법에 의한 유한회사·합자회사·유한책임회사·합자조합·익명조합의 출자지분은 계좌간 대체에 의한 양도제한등의 사유로 예탁대상증권으로 지정되어 있지 않다.
채무증권의 경우도 기명증권인 경우에는 양도방식이 기명채권양도방식에 의해 이루어지므로 예탁대상증권으로 지정되어 있지 않다.
수익증권의 경우 금전신탁수익증권은 금전신탁계약서에 따라 그 권리내용이 다양하여 예탁적격성을 갖추지 못하여 예탁대상증권으로 지정되어 있지 않다.
투자계약증권의 경우 당사자 간의 사적계약에 따라 그 권리행사내용이 정해지므로 예탁적격성 요건을 갖추지 못하는 경우가 일반적이므로 예탁대상증권으로 지정되어 있지 않다.

703) 대통령령에서 정하는 경우는 다음과 같다(영 제268조제2항, 영 제63조제2항): ⓐ 자본시장법령 기타 다른 법령에 따라 해당 증권을 예탁결제원에 예탁할 수 있는 증권 또는 증서로 발행할 수 없는 경우, ⓑ 발행인이 투자자와 해당 증권을 예탁결제원에 예탁할 수 있는 증권 또는 증서로 발행하지 아니할 것을 발행조건등에 따라 약정하는 경우, ⓒ 외국환거래법 제3조제1항제8호에 따른 외화증권을 '금융위원회가 정하여 고시하는 외국보관기관에 개설된 예탁결제원 계좌로 계좌대체등을 통하여 예탁하는 방법'으로 예탁결제원에 예탁할 수 없는 경우로서 금융위원회가 정하여 고시하는 외국보관기관에 예탁하는 경우, ⓓ 그 밖에 해당 증권의 성격이나 권리의 내용등을 고려할 때 예탁이 부적합한 경우로서 총리령으로 정하는 경우(총리령에서 정한 바 없음).

704) 하나의 집합투자업자가 다수의 집합투자기구를 운용하는 것이 일반적이므로 실제로는 집합투자기구별로 예탁계좌를 개설하기보다는 신탁업자·집합투자업자별 예탁계좌 내에서 집합투자기구별로 예탁자계좌부를 작성하게 된다. 즉, 예탁자계좌부를 예탁계좌(신탁업자·집합투자업자)별로 작성하여 동일한 집합투자업자가 운용하는 다수의 집합투자기구에서 보유하는 증권등의 종목별 총수량을 기재하고, 예탁자계좌부를 구성하는 하위장부(실무상 '집합투자기구원장'이라 한다)를 작성하여 여기에 각 집합투자기구별로 보유하는 증권등을 기재하게 된다. 집합투자기구원장은 법적 장부인 예탁자계좌부의 일부라고 할 수 있다{한국예탁결제원, 증권예탁결제제도 개정증보제4판, 박영사(2018), 494면 및 495면}.

705) 이를 위해 집합투자업자와 신탁업자 및 일반사무관리회사는 예탁결제원의 FundNet을 통해 집합투자기구별 증권보유내역의 일치 여부를 확인(cross-check)하고 있다.

집합투자재산인 증권등이 예탁결제원에 예탁되면 신탁업자나 집합투자기구별로 구분되지 않고 동일종목의 모든 증권과 혼합하여 보관된다(혼장임치). 집합투자재산인 예탁증권에서 발생하는 각종 권리의 관리·행사는 보통의 예탁증권과 동일하다.[706]

3) 신탁업자의 직접 보관

집합투자재산인 증권등이 전자등록증권등이나 예탁대상증권등이 아닌 경우에는 신탁업자가 그 자산의 실재성을 입증할 수 있는 증서[707] 등을 보관하여야 한다(신탁업자의 수탁업무처리 가이드라인 제19조제2항제8호).

집합투자재산이 부동산인 경우, 투자신탁은 처음부터 신탁업자의 명의로 소유권을 취득하게 된다. 투자회사는 자신의 명의로 부동산을 취득하여 신탁업자에게 신탁하는 방법으로 해당 부동산의 보관·관리업무를 위탁하는 것이 일반적이다.[708] 관련하여 집합투자재산인 부동산을 담보로 자금을 차입하고자 하는 경우, 신탁재산인 부동산을 담보로 제공하는 방법이 아닌 재신탁을 설정하는 방법은 허용되지 않는다.[709] 그리고 회사형 집합투자기구가 (집합투자재산인) 부동산의 보관·관리업무를 신탁업자에게 (신탁의 방법으로) 위탁한 상태에서 그 부동산에 대하여 다른 신탁회사와 분양관리신탁계약을 체결하는 경우에는 그 부동산의 소유권이 해당 신탁회사에게 이전되므로 법 제184조 제3항에 반할 소지가 있다는 것이 감독당국의 입장이다.[710]

3. 증권등의 결제방법

집합투자재산을 보관·관리하는 신탁업자는, 집합투자업자로부터 증권(예탁대상 특정자산 포함)의 취득·처분 등의 지시 또는 보관·관리 등의 지시를 받은 경우에는,[711] 인수·

---

706) 예탁증권의 권리행사방식이 간접방식인 경우 즉, 채권원리금등의 수령에 있어서는 예탁결제원이 발행자에 대해 전체 예탁증권을 권리행사(수령)하고 이를 예탁자계좌부를 기준으로 집합투자업자·집합투자기구별로 배분한다. 예탁증권의 권리행사방식이 직접방식인 경우 즉, 주식등의 의결권 행사의 경우는 집합투자업자(투자신탁, 투자익명조합)나 집합투자기구(회사형집합투자기구, 투자합자조합)가 보통의 예탁증권과 같은 방법으로 의결권을 행사한다.

707) 예치금(금융기관조회서, 잔고증명서), 토지·건물(부동산등기권리증, 등기부등본), 대출채권(대출계약서, 차주사업자등록증, 법인등기부등본, 법인인감증명서, 대출잔액확인서, 해외송금확인서, 이자 입금증빙 등), 임차권(임대차계약서, 전세권설정 등기필증) 등.

708) 법 제184조제3항은 투자회사가 집합투자재산의 보관·관리업무를 신탁업자에게 위탁하여야 한다고만 규정하고 있을 뿐 위탁의 구체적인 방법은 정하고 있지 않다. 실무에서는 신탁의 방법으로 보관·관리업무를 위탁하는 것이 일반적이라고 한다.

709) 금융위원회 법령해석회신문(210040).

710) 금융위원회 법령해석회신문(200296).

711) 이러한 자산운용지시의 전 과정은 예탁결제원의 FundNet(운용지시시스템)을 통해 이루어진다.

인도와 대금지급·수령을 동시에 결제하는 방법으로 이를 이행해야 한다(법 제246조제4항, 영 제268조제3항).

이 규정에 따른 운용결제과정을 구체적으로 보면, 신탁업자는 집합투자업자로부터 자산운용(결제)지시를 받은 즉시 지시내역을 확인하여 예탁결제원에 결제승인을 통보하고, 예탁결제원은 결제승인내역에 따라 결제명세서를 작성하고 결제일(매매체결일 + 2일)에 한국은행의 자금이체시스템(BOK-Wire)과 연계된 기관투자자결제시스템을 통하여 증권의 인도와 대금의 지급을 동시에 결제한다. 이와 같이 자산운용지시의 이행(결제)이 완료되면 집합투자기구별로 취득·처분한 증권은 FundNet(집합투자재산예탁시스템)에 의하여 신탁업자의 집합투자재산 예탁자계좌부에 반영(증감 기재)되고, 그 내역은 각 집합투자기구원장에 기재된다.[712]

제3관 이해상충거래의 제한

1. 신탁업자 고유재산 등과의 거래 금지

집합투자기구의 신탁업자는 자신이 보관·관리하는 집합투자재산을 자신의 고유재산·다른 집합투자재산·제삼자로부터 보관위탁받은 재산(이하 '고유재산등')과 거래하여서는 아니 된다(법 제246조제5항).

(예외) 집합투자재산을 효율적으로 운용하기 위하여 필요한 경우로서 대통령령에서 정하는 다음의 경우에는 예외적으로 신탁업자 고유재산등과 집합투자재산 간의 거래가 허용된다(법 제246조제5항 단서, 영 제268조제4항). 이들 예외사유는 그 성격상 대부분이 집합투자재산과 당해 신탁업자 고유재산 간의 거래에 해당하는 것들이다. 법령에서 명시하고 있지는 않지만 이러한 예외사유에 따라 거래를 하는 경우 당연히 그 가격 기타 거래조건은 공정하게 해야만 할 것이다.

ⓐ 집합투자업자가 집합투자재산을 투자대상자산에 운용하고 남은 현금을 집합투자규약에서 정하는 바에 따라 신탁업자가 자신의 고유재산과 거래하는 경우(소위 '은행계정대'),

ⓑ 금융기관(즉, 당해 신탁업자)에의 예치(집합투자재산 중 금융기관에 예치한 총금액의 10% 한도),[713]

---

712) 한국예탁결제원, 증권예탁결제제도 개정증보제4판, 박영사(2018), 504면 및 505면.

713) 소위 '은행계정대'는 집합투자재산에서 운용하고 남은 현금을 별도의 운용(운용지시) 없이도 집합투자규약에서 미리 정해 놓은 바에 따라 당해 신탁업자에게 예치하는 것인 반면에, 여기서의 '금융기관 예치'는 그 자체로 집합투자재산의 운용 차원에서 하는 것으로서 건별로 별도의 운용(운용지시)이 있어야 한다는 점에서 양자 간에 차이가 있다고 할 것이다.

ⓒ 단기대출(집합투자재산 중 단기대출한 총금액의 10% 한도),

ⓓ 외국환거래법에 따른 외국통화 매입 또는 매도, 환위험 회피를 위한 통화선물환거래,

ⓔ 환위험을 회피하기 위한 통화스왑계약,[714]

ⓕ 전담중개업자가 전담중개업무로서 하는 거래,[715]

ⓖ 영 제85조제5의3호에서 정하는 거래(30일 이내의 환매기간으로 하는 환매조건부매매 또는 그 중개·주선·대리),[716]

ⓗ 법 제83조제1항 단서에 따른 금전차입거래(집합투자기구의 계산으로 하는 금전차입). 이 경우 신탁업자의 고유재산과의 거래로 한정한다.

2. 신탁업자 이해관계인과의 거래 금지

집합투자기구의 신탁업자가 자신이 보관·관리하는 집합투자재산을 자신의 이해관계인의 고유재산과 거래하는 행위도 금지된다(법 제246조제6항). 여기서의 '이해관계인'의 범위에 어떠한 자들이 포함되는지는 법령에서 명시적으로 규정하고 있지 않다.[717]

(예외) 신탁업자의 이해관계인과 집합투자재산 간의 거래에 대해서는 아무런 예외가 인정되지 않는다. 펀드 운용권한을 가지고 있는 집합투자업자의 경우에도 그 이해관계인과 펀드 간 거래에 대해 폭넓은 예외가 인정(법 제84조제1항 단서, 영 제85조)되는 것에 비추어 보면 이는 불합리하게 과도한 규제에 해당하므로 개선이 필요하다.

---

714) 예외적으로 허용되는 스왑거래는 '환위험 회피 목적'의 외국통화를 기초자산으로 하는 스왑거래로 한정되므로, 금리변동위험 회피 목적의 이자율스왑거래나 채권운용전략상의 원화이자율스왑거래는 허용되지 않는다(금융위원회 유권해석, 2017.6.30.).

715) 전담중개업자인 신탁업자가 전담중개업무로서 집합투자기구에게 하는 금전대여, 증권대여, 증권매매의 중개 등이 여기에 해당한다.

716) 집합투자기구의 신탁업자가 영 제7조제4항제3호 각 목의 어느 하나에 해당하는 자를 거래상대방 또는 각 당사자로 하는 환매조건부매매의 수요공급을 조성하는 자인 경우에만 해당한다.

717) 이해관계인의 고유재산과의 거래에 해당하는지 여부에 대한 금융위원회의 유권해석 사례는 다음과 같다: ⓐ 금융지주회사의 자회사인 보험회사가 다른 자회사인 은행을 신탁업자로 하는 집합투자기구(투자신탁)에 대하여 부동산 담보대출을 하는 것은 자본시장법 제246조제6항에 따라 금지된다(금융위원회 유권해석, 2016.5.12.). ⓑ 집합투자기구의 신탁업자인 은행과 계열회사 관계에 있는 투자매매업자가 발행한 파생결합증권을 당해 집합투자기구에 편입하는 것은 법 제246조제6항이 적용된다(금융위원회 유권해석, 2015.12.30.). 신탁업자의 이해관계인(계열회사인 투자매매업자)이 발행한 증권을 집합투자기구에서 매수하는 행위 모두를 법 제246조제6항에 저촉되는 것으로 볼 수는 없고 그 거래의 실질이 이해관계인과의 거래라고 볼 수 있는 경우로 제한적으로 해석하여야 할 것이다.

3. 법 제84조와의 관계 등

집합투자재산을 보관·관리하는 신탁업자의 이해상충행위 규정(법 제246조제5항)과 관련하여서는 몇 가지 이슈가 있다.

첫째, 신탁업자가 관계신탁업자[718]에 해당하는 경우에 법 제84조(이해관계인과의 거래 제한등)와 법 제246조제5항(신탁업자의 고유재산등과의 거래제한)의 관계가 문제 된다. 법 제84조와 법 제246조제5항에서 정하고 있는 신탁업자와 집합투자재산 간의 거래를 허용하는 예외사유의 범주가 다르며, 전체적으로 관계신탁업자에 대한 예외허용 범주가 더 넓다.[719] 관계신탁업자의 경우에는 영 제85조 각 호에서 열거하는 구체적인 예외사유 외에 법 제84조제1항제1호 내지 제3호에서 일반적인 예외사유[720]를 인정하고 있는 반면에, 관계신탁업자에 해당하지 않는 신탁업자는 영 제268조제4항에서 정하는 구체적인 예외사유만 인정된다. 현행법 하에서는 관계신탁업자에게는 법 제84조와 법 제246조제5항이 전부 적용되고, 관계신탁업자가 아닌 신탁업자에게는 법 제246조제5항만 적용되는 것으로 이해하여야 할 것이다.[721]

둘째, 법 제246조제5항(영 제268조제4항)의 예외사유에 따라 신탁업자가 자신의 고유재산과 집합투자재산 간에 거래를 하는 경우에 집합투자업자의 운용지시를 받아서 해야 하는지가 문제 될 수 있다. 이러한 거래도 집합투자재산의 운용에 해당하므로 원칙적으로 집합투자업자의 운용지시가 있어야 할 것이다. 다만, 영 제268조제4항 제1호에 따른 예외사유(소위 '은행계정대')의 경우 집합투자업자의 운용지시가 없이도 신탁업자가 이러한 거래를 할 수 있다는 내용을 미리 집합투자규약에 기재하고 그에 따라 신탁업자가 거래를 하는 경우에는 별도의 운용지시가 없어도 가능하다고 할 것이다.

셋째, 집합투자업자의 운용지시가 있더라도 집합투자재산을 보관·관리하는 신탁업자는 법 제246조제5항 및 제6항에서 금지하는 거래(자신 및 그 이해관계인과 집합투자재산 간의 거래)를 집행할 수 없다고 보아야 한다.[722] 따라서 이런 경우에는 신탁업자는 집합

718) 집합투자업자가 운용하는 전체 집합투자재산의 100분의 30 이상을 보관·관리하고 있는 신탁업자를 말한다(영 제84조제5호).

719) 단기대출의 경우 예외적으로 허용되는 한도가 관계신탁업자의 경우 집합투자기구 자산총액의 10% 이내인 반면에 관계신탁업자가 아닌 신탁업자의 경우는 집합투자재산 중 단기대출한 총금액의 10%로 설정되어 있다.

720) 이해관계인이 되기 6개월 이전에 체결한 계약에 따른 거래, 증권시장등 불특정다수인이 참여하는 공개시장을 통한 거래, 일반적인 거래조건에 비추어 집합투자기구에 유리한 거래를 말한다.

721) 관계신탁업자가 아닌 신탁업자에 대해 더 엄격한 규제를 적용하는 것은 타당성이 부족하므로 합리적으로 개정되어야 할 것으로 생각된다.

투자업자의 운용지시에 따른 거래집행을 유보하고 이를 집합투자업자에게 알려 거래 철회 등 적절한 조치를 취하도록 하여야 할 것이다.

제4관 집합투자재산에 관한 정보이용 금지

신탁업자는 자신이 보관·관리하는 집합투자재산에 관한 정보를 자기의 고유재산의 운용, 자기가 운용하는 집합투자재산의 운용, 자기가 판매하는 집합투자증권의 판매를 위하여 이용하여서는 아니 된다(법 제246조제7항).

제5절 운용행위 감시 등

제1관 총설

자본시장법은 펀드지배구조(fund governance) 차원에서 신탁업자로 하여금 집합투자업자를 감시하도록 하고 있다(운용감시). 감시대상은 운용(운용지시)행위뿐 아니라 집합투자재산평가의 공정성 및 기준가격 산정의 적정성 확인, 집합투자규약의 법령 적합성 확인, 위험관리 방법의 적정성 확인 등 광범위하다.

운용감시의 범위는 일반사모펀드에 일반투자가 포함되는지 여부에 따라 다르다.

일반투자자가 포함되지 않은 일반사모집합투자기구에는 법 제247조제5항제4호 및 제5호만 적용된다.[723]

일반투자자가 포함된 일반사모집합투자기구에는 법 제247조가 모두 적용된다. 다른 사모집합투자기구에 투자하는 집합투자기구로서 일반투자자를 대상으로 하는 일반사모집합투자기구(A)와 다른 사모집합투자기구에 투자하는 공모집합투자기구는 일반투자자로 본다(법 제249조의8 제2항 단서, 영 제271조의11 제1항). 따라서 이러한 펀드로부터 투자를 받은 일반사모집합투자기구에도 법 제247조가 전부 적용된다. 신탁업자가 법 제42조(금융투자업자의 업무위탁)제1항에 따라 다른 신탁업자에게 업무를 위탁한

---

722) 금융위원회 유권해석(2017.8.22., 2017.10.20.).

723) 참고로 법 제247조제5항 각 호의 내용은 다음과 같다.
1. 투자설명서가 법령 및 집합투자규약에 부합하는지 여부
2. 법 제88조제1항 및 제2항에 따른 자산운용보고서의 작성이 적정한지 여부
3. 법 제93조제2항에 따른 위험관리방법의 작성이 적정한지 여부
4. 법 제238조제1항에 따른 집합투자재산의 평가가 공정한지 여부
5. 법 제238조제6항에 따른 기준가격산정이 적정한지 여부
6. 법 제247조제1항 또는 제2항의 시정요구등에 대한 집합투자업자의 이행명세
7. 그 밖에 투자자 보호를 위하여 필요한 사항으로서 대통령령으로 정하는 사항

경우에는 당사자간 합의가 있는 경우를 제외하고는 위탁한 신탁업자가 제247조를 이행하여야 한다(법 제249조의8 제2항제5호).

제2관 일반투자자가 포함되지 않은 일반사모집합투자기구

신탁업자는 ⓐ 법 제238조제1항에 따른 집합투자재산의 평가가 공정한지 여부, 및 ⓑ 법 제238조제6항에 따른 기준가격 산정이 적정한지 여부를 확인하여야 한다(법 제249조의8 제1항에 따라 법 제247조제5항제4호 및 제5호만 적용).

일반사모집합투자기구에는 집합투자재산의 평가 공정성 여부 및 기준가격 적정성 여부의 확인과 관련한 자료제출요구와 시정요구에 관한 규정(법 제247조제6항 및 제7항)이 적용되지 않으므로 신탁업자는 신탁계약(투자신탁의 경우) 또는 자산보관위탁계약(투자신탁 외의 형태의 경우) 체결 시 이에 관한 내용을 포함시켜 두어야 할 것이다.

제3관 일반투자자가 포함된 일반사모집합투자기구

1. 법령등 위반 여부 확인

집합투자재산을 보관·관리하는 신탁업자는 집합투자업자의 운용지시 또는 운용행위가 법령, 집합투자규약 또는 핵심상품설명서 등을 위반하는지 여부에 대하여 대통령령으로 정하는 기준 및 방법에 따라 확인하고 위반이 있는 경우에는 그 집합투자업자에 대하여 그 운용지시 또는 운용행위의 철회·변경 또는 시정을 요구하여야 한다(투자회사의 경우 신탁업자가 투자회사의 감독이사에게 보고하고 그 감독이사가 집합투자업자에게 철회등을 요구하여야 한다). 신탁업자(감독이사)는 집합투자업자가 3영업일 이내에 철회등의 요구를 이행하지 않는 경우에는 그 사실을 금융위원회에 보고하여야 한다. 집합투자업자는 신탁업자(감독이사)의 요구에 대하여 금융위원회에 이의를 신청할 수 있으며, 당사자는 금융위원회의 결정에 따라야 한다.

신탁업자는 운용감시등을 위해 필요한 경우 집합투자업자(투자회사등)에 대하여 관련 자료의 제출을 요구할 수 있다(법 제247조제6항).

2. 기준가격 산정의 적정성등 확인

집합투자재산을 보관·관리하는 신탁업자는 집합투자재산과 관련하여 다음의 사항을 확인하여야 한다(법 제247조제5항, 제249조의8 제2항, 영 제269조제4항). 신탁업자는 확인을 위해 필요한 경우 집합투자업자(투자회사등)에 대하여 관련 자료의 제출을 요구할 수 있다(법 제247조제6항).

ⓐ 핵심상품설명서가 집합투자규약에 부합하는지 여부,

ⓑ 자산운용보고서 작성·위험관리 방법 작성의 적정성 여부,

ⓒ 집합투자재산의 평가 공정성 여부,

ⓓ 기준가격 산정의 적정성 여부,

ⓔ 집합투자업자가 작성한 집합투자재산명세서(법 제95조제2항제1호)와 신탁업자가 보관·관리 중인 집합투자재산의 내역이 일치하는지 여부.

제13장 집합투자기구의 종료, 청산, 합병

제1절 집합투자기구의 종료

제1관 총설

자본시장법은 투자신탁의 해지, 투자회사등의 해산 및 청산에 대하여 규정하고 있다.[724] 이 규정들은 일반사모집합투자기구에도 적용된다.

1. 청산절차

자본시장법은 투자회사등(투자신탁 외의 법적 형태의 집합투자기구)에 대해서는 해산 및 청산에 관한 구체적인 규정을 두고 있다. 하지만 투자신탁에 대해서는 해지사유, 해지시 실물지급과 미수금·미지급금 처리방법에 대해서만 규정하고 해지에 따른 투자신탁의 청산절차 등에 대해서는 아무런 규정을 두고 있지 않다.

신탁법에서는 유한책임신탁의 경우에는 합병으로 종료하는 경우를 제외하고는 동법에서 정하는 엄격한 청산절차(신탁법 제132조 내지 제139조)를 따르도록 하고 있고 그 외의 신탁의 경우에는 청산절차를 따를지 계산 및 종료절차(신탁법 제101조 내지 제103조)를 따를지를 선택할 수 있도록 하고 있다(신탁법 제104조).[725] 앞에서 보았듯이 투자신탁에도 자본시장법에서 특별히 정한 경우와 성질상 적용될 수 없는 경우를 제외하고는 신탁법이 적용되는 것으로 보아야 하지만, 투자신탁의 청산에 대해 신탁법이 적용되는지는 명확하지 않으며 실무관행은 신탁법상의 청산절차에 따르지 않는 것으로 보인다.

투자신탁의 청산절차는 그 투자자보호를 위해 필요할 뿐 아니라 투자신탁은 그 실질이 신탁법상 유한책임신탁으로 볼 수 있으므로 그 채권자보호를 위해서도 중요한

---

724) 투자신탁(법 제192조), 투자회사(법 제202조, 제203조), 투자유한회사(법 제211조제2항), 투자합자회사(법 제216조제3항), 투자유한책임회사(법 제217조의6 제2항), 투자합자조합(법 제221조), 투자익명조합(법 제227조제3항).

725) 유한책임신탁의 경우 신탁채권에 대한 책임재산의 범위가 신탁재산으로 한정되므로 유한책임신탁이 종료한 때에는 별도의 청산절차를 반드시 거칠 필요가 있다.

의미를 가진다. 따라서 집합투자업자는 투명한 업무처리를 위해 투자신탁계약서에 투자신탁의 청산절차에 관한 사항을 구체적으로 기재할 필요가 있다. 신탁법상의 유한책임신탁 청산절차(신탁법 제132조 내지 제139조)와 자본시장법상의 투자회사등의 청산절차를 참고하면 될 것으로 보인다.

입법론적으로는 투자신탁에 대해서도 자본시장법에서 집합투자기구로서의 투자신탁(실질적인 유한책임신탁)의 특성에 맞는 청산절차를 명확하게 규정하는 것이 바람직할 것으로 생각된다.

2. 파산

자본시장법은 투자회사등의 경우 해산사유의 하나로 파산을 명시하고 있으며, 파산으로 해산하는 경우에는 '채무자 회생 및 파산에 관한 법률'에 따라야 한다. 하지만 자본시장법은 투자신탁에 대해서는 해지사유에 파산을 명시하고 있지 않다.

한편, 신탁법에서는 유한책임신탁의 종료사유 중 하나로 파산선고를 명시하고 있으므로(신탁법 제98조제3호),[726] 파산선고를 받은 유한책임신탁재산(신탁법 제114조에 따라 설정된 유한책임신탁에 속하는 재산)은 '채무자 회생 및 파산에 관한 법률'의 규정에 따른 파산절차를 준수해야 한다.[727] 유한책임신탁의 종료 및 파산에 관한 신탁법 및 '채무자 회생 및 파산에 관한 법률'의 관련 규정이 투자신탁재산에도 적용되는지는 분명하지 않으며, 실무관행은 이러한 법규정들이 투자신탁에는 적용되지 않는 것으로 이해하고 있는 것으로 생각된다. 투자신탁의 수탁자(운용자)도 투자대상자산의 취득·처분등을 한 경우 그 투자신탁재산으로 그 이행책임을 부담하므로(법 제80조제2항), 그 성격상 유한

---

726) 신탁법 제98조제3호는 '제138조에 따라 유한책임신탁에서 신탁재산에 대한 파산선고가 있은 경우'를 신탁종료사유의 하나라 명시하고 있다. 신탁법 제138조에서는 '청산 중인 유한책임신탁의 신탁재산이 그 채무를 모두 변제하기에 부족한 것이 분명하게 된 경우(채무초과) 청산수탁자는 즉시 신탁재산에 대하여 파산신청을 하여야 한다'고 규정하고 있다.
관련하여, 채무자 회생 및 파산에 관한 법률 제578조의4에서 유한책임신탁재산의 파산원인을, ⓐ 지급을 할 수 없는 경우(수탁자가 지급을 정지한 경우에는 지급을 할 수 없는 것으로 추정), ⓑ 신탁채권자 또는 수익자에 대한 채무를 전부 변제할 수 없는 경우로 정하고 있다. 그리고 동법 제578조의3은 유한책임신탁의 파산신청권자를 신탁채권자, 수익자, 수탁자, 신탁재산관리인, 청산수탁자로 규정하고 있다. 이처럼 채무자 회생 및 파산에 관한 법률은 i) 유한책임신탁이 청산 중이 아닌 경우에도 파산을 신청할 수 있도록 하고 있고, ii) 지급불능도 파산원인으로 정하고 있으며, iii) 신탁채권자·수익자 등도 파산신청을 할 수 있도록 정하고 있다. 하지만, 신탁법은 유한책임신탁의 종료원인으로서의 파산선고는 '청산 중인 유한책임신탁'의 '파산원인이 채무초과'인 경우로서 '청산수탁자'가 법원에 파산을 신청하여야 하는 것으로 제한적으로 규정하고 있다. 즉, 청산절차에 들어가서 채무초과가 분명한 경우에 한해 파산절차에 따르도록 규정하고 있다.

727) 2013.5.28. '채무자 회생 및 파산에 관한 법률' 개정으로 동법 제3편의 제9장(유한책임신탁재산의 파산에 관한 특칙)이 신설되었다.

책임신탁의 범주에 속한다. 따라서 투자신탁재산으로 그 채무를 전부 변제할 수 없는 경우(채무초과상태)에는 각 신탁채권자가 공평하게 변제를 받을 수 있도록 파산절차에 따르도록 할 필요가 있다. 입법적 보완이 필요한 사항이다.

3. 일부해지, 감자

투자신탁의 일부해지란 투자신탁관계가 존속하는 상태에서 이미 발행한 수익증권의 '일부'를 투자신탁재산으로 매입하여 소각하는 것으로서 수익증권의 총수 및 투자신탁재산의 감소로 이어진다. 투자신탁의 일부해지·소각은 투자회사의 감자(주식의 일부 매입·소각)에 대응하는 개념이라고 할 수 있다.

투자신탁 일부해지의 경우 자본시장법은 일부해지사유를 명시적으로 열거하여 규정하고 있다. 즉, 집합투자업자[728]는 다음과 같은 경우에 한해 투자신탁의 일부를 해지할 수 있다: ⓐ 발행한 수익증권이 판매되지 아니한 경우, ⓑ 수익자가 수익증권의 환매를 청구한 경우, ⓒ 신탁계약 변경, 투자신탁 합병에 반대하는 수익자가 수익증권의 매수를 청구한 경우(법 제192조제5항, 영 제225조).

투자회사 감자의 경우 상법 자본감소 관련 규정이 적용되지 않으므로 감자는 자본시장법에 따라서만 이루어지게 된다(법 제206조). 자본시장법은 투자회사의 감자에 관해 직접적이고 명시적인 규정을 두지는 않고, 집합투자증권의 환매 관련 규정(법 제235조)과 펀드 관련 중요사항 결정 관련 반대투자자의 집합투자증권 매수청구 관련 규정(법 제201조제4항에서 제191조제5항 준용)에서 간접적으로 감자를 할 수 있음을 규정하고 있다. 그리고 투자신탁의 경우와 달리 '발행한 주식이 판매되지 아니한 경우'에 이를 당해 투자회사에 되팔 수 있다는 규정은 두고 있지 않다. 이에 따라 투자회사의 경우 소위 매출식으로 판매하는 것은 가능하지만 매출목적으로 판매회사가 총액인수한 투자회사 주식 중 판매되지 않은 물량을 당해 투자회사에 되파는 것(즉, 투자회사 입장에서는 감자에 해당)은 허용되지 않는다는 것으로 해석될 수 있다.

4. 중도상환

업계실무에서는 펀드의 만기 도래 전에 집합투자규약에서 정한 일정한 사유에 해당하는 경우 원본의 일부를 상환하는 것을 '중도상환'이라고 부른다. 이는 집합

728) 자본시장법은 투자신탁의 해지의 경우와 마찬가지로 집합투자업자를 일부해지권자로 정하고 있다. 집합투자업자의 일부해지권의 실질은 신탁업자에게 일부해지를 하도록 지시할 수 있는 권한, 즉, 일부해지지시권이라고 할 수 있다. 집합투자업자의 일부해지지시에 따라 투자신탁재산으로 해당 수익증권을 매입하는 법적·형식적 주체는 당해 투자신탁의 신탁업자이기 때문이다.

투자규약에서 미리 정한 사유 발생 시 그에 상응하는 만큼의 집합투자증권을 환매청구한 것으로 간주하여 일부해지하여 환매금을 지급하는 것으로 이해할 수 있다.

제2관 투자신탁의 해지

1. 해지의 의의

투자신탁의 해지란 투자신탁의 종료를 의미한다. 투자회사등의 해산에 대응하는 개념이라고 할 수 있다. 투자회사등의 경우에는 법정해산사유로만 해산되는 반면에 투자신탁의 경우에는 법정해지사유 외에 집합투자업자가 주도적으로 해지를 결정할 수 있는 임의해지도 인정된다.

자본시장법에 명시적인 규정은 없지만 신탁법리에 비추어 볼 때 투자신탁이 종료한 경우에도 투자신탁재산이 수익자에게 이전될 때까지는 청산의 목적 범위 내에서 신탁이 존속하는 것으로 보아야 할 것이다(신탁법 제101조제4항, 제132조 참조). 이 경우 집합투자업자의 권한도 투자신탁의 종료의 목적범위 내로 축소된다고 할 것이다.

2. 해지사유(종료사유)

1) 당연해지사유

집합투자업자는 법에서 정한 당연해지사유가 발생하면 지체 없이 투자신탁을 해지하여야 한다(법 제192조제2항).[729]

당연해지사유가 발생하면 그 사유 발생일에 투자신탁은 종료되는 것으로 이해된다. 따라서 당연해지사유로 투자신탁이 종료함에 있어 집합투자업자의 별도의 의사표시는 필요하지 않다. 다만, 당연해지사유가 발생하여 투자신탁이 종료되면 집합투자업자는 신탁업자에게 그 사실을 통보하여야 할 것이다. 따라서 법 제192조제2항에서 당연해지사유가 발생한 경우 '집합투자업자는 투자신탁을 해지하여야 한다'고 하는 것은 투자신탁의 종료절차를 개시하여야 한다는 의미로 이해하여야 할 것이다.

자본시장법에 명시적인 규정은 없지만 투자회사의 예에 비추어 볼 때, 아래의 투자신탁 당연해지사유 중 ⓐ 또는 ⓑ의 사유에 해당하는 경우에는 수익자총회의 특별결의(수익자총회를 두지 않은 경우 이에 상응하는 수익자동의)로써 투자신탁을 계속할 수 있는 것으로 보아야 할 것이다(상법 제519조).

---

729) 법 제192조제2항에서 정하는 당연해지사유에는 '투자신탁의 등록취소'도 있지만, 일반사모집합투자기구에는 집합투자기구 등록에 관한 법 제182조가 적용되지 않으므로 해당 사항이 없다.

투자신탁의 당연해지사유는 다음과 같다.

ⓐ 투자신탁계약기간의 종료,

투자신탁계약에서 정한 계약기간 종료일에 투자신탁은 종료한다.

ⓑ 수익자총회의 투자신탁 해지결의,

수익자총회에서 정한 해지일에 투자신탁은 종료한다. 일반사모집합투자기구에는 수익자총회의 설치가 임의사항이므로 집합투자규약에서 수익자총회를 둔 경우이거나 집합투자규약에 투자자의 합의등을 통해 해지를 결정할 수 있다는 사항을 정한 경우로 이해하여야 할 것이다.

ⓒ 투자신탁의 피흡수합병,

피흡수된 투자신탁은 존속하는 투자신탁의 집합투자업자가 합병사실을 금융위원회에 보고한 날에 종료한다.[730)]

ⓓ 금융위원회의 해지명령,

자본시장법 제249조의9 제1항에 따라 금융위원회의 투자신탁인 일반사모집합투자기구의 해지명령을 받은 경우 해당 투자신탁은 종료한다.

ⓔ 수익자의 총수가 1인이 되는 경우,

투자신탁 수익자의 총수가 1인이 된 날부터 1개월이 경과한 날에 투자신탁은 종료한다.

투자회사의 경우 법 제202조제1항제7호에서 법인이사(집합투자업자)인 주주를 제외한 주주의 수가 1인인 경우에 의무적으로 해산하도록 하고 있는 점을 고려할 때, 투자신탁의 경우에도 의무해지와 관련하여서는 집합투자업자는 '수익자'에 포함되지 않는 것으로 해석하는 것이 합리적이다. 또한, 규제취지에 비추어 볼 때 '수익자총수가 1인인 경우'에는 '수익자가 1인도 없게 된 경우'도 포함되는 것으로 해석하는 것이 합리적이다.

(예외) '수익자 총수가 1인'이더라도 다음과 같은 사유에 해당하면 투자신탁을 해지하지 않아도 된다(영 제224조의2):

ⓐ 투자신탁 최초 설정일부터 1개월이 경과되지 않은 경우,

여기서의 '최초 설정일'이 무엇을 의미하는지와 관련하여, 집합투자업자와 신탁업자 간의 투자신탁계약 체결일을 의미하는지, 아니면 투자신탁계약에 따라 최초로 신탁원본을 납입한 날을 의미하는지 논란이 있을 수 있다. 투자

730) 투자신탁의 합병은 존속하는 투자신탁의 집합투자업자가 합병사실을 금융위원회에 보고한 때에 그 효력이 발생하며, 이 경우 소멸하는 투자신탁은 해지한 것으로 본다(법 제193조제6항).

회사의 경우 영 제231조의2 제3호에서 '투자회사의 최초 설립일로부터 1개월이 지나지 아니한 경우'로 되어 있는 점에 비추어 볼 때, 투자신탁의 경우도 투자신탁 형태의 집합투자기구를 설립하는 의미를 가지는 투자신탁계약 체결일로 보는 것이 합리적이다. 따라서 투자신탁계약 체결일부터 1개월이 경과한 시점에 수익자가 없거나 1인인 경우에는 그 투자신탁은 해지하여야 한다.

ⓑ 수익자총수가 1인이 된 날부터 1개월이 경과되지 않은 경우,

ⓒ 수익자가 다음 중 하나에 해당하는 자인 경우,

아래 ⅰ)에 해당하는 자는 최초 펀드설정 시점부터 1인 수익자가 허용되는 것으로, ⅱ) 내지 ⅳ)에 해당하는 자는 최초 펀드설정 시점에서는 2인 이상의 수익자였으나 환매등의 사유로 1인 수익자가 되는 경우에 한해 사후적 단독펀드를 허용하는 것으로 이해할 수 있다.

ⅰ) 법 제6조제6항 각 호의 어느 하나에 해당하는 자(영 제224조의2 제1호),[731]

ⅱ) 학교법인등[732]

이 경우 학교법인등이 투자한 투자신탁은, 금융투자업자 또는 증권금융회사가 학교법인등의 효율적인 자금운용을 지원하기 위한 목적으로 금융위원회로부터 자금의 통합운용에 대한 별도의 승인을 받아 직접 또는 다른 집합투자업자를 선임하여 설정한 것이어야 하고, 다른 집합투자기구에 투자하는 방식으로 운용하는 것이어야 한다(영 제224조의2 제1의2호, 규정 제7-11의2조).

ⅲ) 앞의 ⅱ)에 따라 학교법인등에 해당하는 자의 자금을 통합 운용할 목적으로 금융투자업자등이 금융위원회 승인을 얻어 설정·설립한 투자신탁·투자회사(영 제224조의2 제1의3호, 영 제224조의2 제1의4호, 규정 제7-11의2조).

2) 임의해지사유

집합투자업자는 당연해지사유가 발생하지 않은 경우에도 법령에서 정하는 일정한 사유에 해당하면 자신의 판단에 따라 투자신탁을 해지(종료)할 수 있다.[733] 해당 투자신탁의 신탁업자의 동의를 요하지 않는다.

---

731) 법 제6조제6항 각 호에서 정하는 자는 펀드 설정·설립 시점부터 단독펀드가 허용되므로 1인 수익자 의무해지의 예외로 규정할 필요가 없다. 따라서 이는 주의적 규정으로 이해하여야 할 것이다.

732) 학교법인등에는 다음의 자가 포함된다(영 제224조의2 제1의2호, 규정 제7-11조의2 제3항): ⓐ 사립학교법 제2조제2호에 따른 학교법인, ⓑ 공익법인 설립·운영에 관한 법률 제2조에 따른 공익법인, ⓒ 근로복지기본법 제52조제2항에 따른 사내근로복지기금법인, ⓓ 법률에 따라 공제사업을 영위하는 법인, ⓔ 증권금융회사, 금융투자협회, 예탁결제원, 한국거래소.

733) 집합투자업자와 달리 신탁업자는 주도적으로 투자신탁을 해지할 수 있는 권한이 없다.

당연해지의 경우와 달리 임의해지의 경우에는 투자신탁을 종료하기 위한 집합투자업자의 의사표시가 필요하다. 즉, 집합투자업자는 해당 특정일에 해당 투자신탁을 종료한다는 의사를 해당 투자신탁의 신탁업자에게 표시하여야 한다.

투자신탁 임의해지사유는 다음과 같다.

ⓐ 수익자 전원의 동의를 얻은 경우(법 제192조제1항, 영 제223조).

ⓑ 수익증권 전부에 대한 환매청구가 있는 경우(법 제192조제1항, 영 제223조).
수익증권 전부에 대한 환매로 인해 수익자가 없는 상태가 되더라도 반드시 그 투자신탁을 해지해야만 하는 것은 아니다. 환매로 인해 수익자가 없게 된 날부터 1개월 내에 새로이 집합투자증권을 발행하여 수익자의 수가 2인(연기금등의 경우 1인) 이상이 되면 그 투자신탁은 계속 존속할 수 있기 때문이다.

ⓒ 금융위원회의 승인을 받은 경우(법 제192조제1항).
수익자의 전부 또는 일부가 해지를 반대하더라도 금융위원회의 승인을 받으면 투자신탁을 해지할 수 있다는 점에서 의미가 있다. 금융위원회의 승인을 받으려면 영 제224조제1항에 따라 해지사유등을 기재한 해지승인신청서를 작성하여 금융위원회에 제출하여야 한다.

3. 해지 절차

1) 총설

자본시장법은 투자회사등에 대해서는 해산·청산에 관한 구체적인 규정을 두고 있으면서, 투자신탁에 대해서는 해지(종료)와 관련하여 ⓐ 해지사유와 ⓑ 해지보고 및 ⓒ 실물지급 및 미수금·미지급금 처리에 대해서만 규정하고 있다. 즉, 투자신탁의 해지(종료) 절차에 대해서는 명시적인 규정이 없다. 다만, 투자신탁이 피흡수합병으로 해산하는 경우에는 법 제193조(투자신탁의 합병)에 따른다.

투자신탁의 해지는 수익자를 포함한 투자신탁 관계자에게 중요한 의미를 가지므로 자본시장법에 관련 규정이 보완되기 전에도 집합투자규약(투자신탁약관)에 투자신탁 해지(종료) 절차등에 관한 내용을 구체적으로 정해 놓는 것이 바람직하다. 적어도 해지사유별 해지일(종료일), 결산사무(투자신탁재산의 현금화, 채무변제 등), 잔여재산의 지급, 투자자 통지 등에 관한 사항은 투자신탁약관에 포함되어 있어야 할 것이다.

한편, 금융위원회는 투자신탁의 해지와 관련하여 집합투자업자가 그 업무를 집행함에 있어 현저하게 부적합하거나 중대한 법령 위반사항이 있는 경우에는 법 제416조의 조치명령권을 발동하여 집합투자업자 변경명령 등 필요한 조치를 명할 수 있다(참고: 영 제369조제1항제11호).

2) 현물 지급

일반사모집합투자업자는 투자신탁을 해지하는 경우 신탁계약이 정하는 바에 따라 투자신탁재산에 속하는 자산을 해당 수익자에게 지급할 수 있다(법 제192조제3항). 즉, 투자신탁약관에서 미리 정한 경우에는 투자신탁재산을 금전으로 환가하지 않고 현물로 수익자에게 지급할 수 있다.

3) 미수금 채권·미지급금 채무 처리 특례

(미수금 채권) 미수금이란 투자신탁이 해지되는 경우 그 해지시점을 기준으로 하여 투자신탁재산의 운용의 결과로서 받을 금액이 남아 있는 경우 그 금액을 말하며, 확정미수금[734]과 미확정미수금[735]이 모두 포함된다.

일반사모집합투자업자는 투자신탁을 해지하는 경우에 미수금 채권이 있는 때에는 금융위원회가 정하여 고시하는 공정가액[736]으로 투자신탁을 해지하는 날에 그 미수금 채권을 양수하여야 한다. 다만, 그 미수금채권을 영 제87조제1항제3호에 따라 다른 집합투자기구와 자전거래를 하는 경우에는 그 거래에 의할 수 있다(법 제192조제4항, 영 제224조제3항).

(미지급금 채무) 일반사모집합투자업자는 투자신탁을 해지하는 경우에 미지급금 채무가 있는 때에는 금융위원회가 정하여 고시하는 공정가액[737]으로 투자신탁을 해지하는 날에 그 미지급금 채무를 양수하여야 한다. 다만, 그 미지급금 채무가 확정된 경우로서 영 제87조제1항제3호에 따라 다른 집합투자기구와 자전거래를 하는 경우에는 그 거래에 의할 수 있다(법 제192조제4항, 영 제224조제4항).

투자신탁재산에 속하는 미수금 채권·미지급금 채무를 일반사모집합투자업자가

---

734) 주식등의 매도대금, 환급받을 세액과 같이 금액이 확정되어 있는 미수금을 말한다.

735) 미수배당금, 상장 전 유·무상 증자 주식과 같이 금액이 확정되어 있지 않은 미수금을 말한다.

736) 미수금을 투자신탁의 해지일부터 미수금 수령일까지의 기간을 고려하여 이자율을 할인하는 등의 방법 등으로 평가한 금액을 기준으로 집합투자재산평가기준에서 정한 가액을 말한다. 이 경우 이자율을 정함에 있어 동일한 회수기간에 대하여는 동일한 이자율을 정하여야 한다(규정 제7-11조).

737) 미지급금을 투자신탁의 해지일부터 미지급금의 지급일까지의 기간을 고려하여 이자율을 할증하는 등의 방법으로 평가한 금액을 기준으로 집합투자재산평가기준에서 정한 가액을 말한다. 이 경우 이자율을 정함에 있어 동일한 지급기간에 대하여는 동일한 이자율을 정하여야 한다(규정 제7-11조).

그 고유재산으로 양수하도록 하는 것은 투자신탁 해지절차를 신속하게 마무리할 수 있도록 하기 위한 것으로 이해된다. 이 경우는 집합투자기구와 집합투자업자 간의 거래를 금지하는 규정(법 제85조제5호)에 대한 특례규정으로 이해하여야 할 것이다.

4) 해지 보고

집합투자업자는 당연해지사유가 발생하면 지체 없이 투자신탁을 해지하고 그 사실을 금융위원회에 보고하여야 한다(법 제192조제2항).

집합투자업자는 수익자 전원 동의 또는 수익증권 전부 환매청구에 따라 임의해지하는 경우에도 그 해지사실을 지체 없이 금융위원회에 보고하여야 한다(법 제192조제1항, 영 제223조).

제3관 투자회사의 해산 및 청산

1. 해산

투자회사는 자본시장법 제202조(영 제231조의2)에서 정하는 사유로 해산하며, 해산에 의해 투자회사의 권리능력은 청산의 목적범위 내로 축소된다(법 제206조, 상법 제542조 제1항 및 제245조).

1) 해산사유

투자회사는 다음과 같은 해산사유로만 해산한다(법 제202조제1항):[738] ⓐ 정관에서 정한 존속기간의 만료 기타 해산사유의 발생, ⓑ 주주총회의 해산결의(일반사모집합투자기구의 경우 주주총회를 두는 것으로 정관에서 정한 경우에만 적용될 것이다), ⓒ 피흡수합병, ⓓ 파산,[739] ⓔ 법원의 명령 또는 판결, ⓕ 법인이사인 주주를 제외한 주주의 총수가 1인이 되는 경우. 즉, 원칙적으로 투자자(주주)의 총수가 1인이 되면 투자회사는 해산하여야 한다. 다만, 투자신탁의 경우와 마찬가지로 일정한 예외가 인정된다(영 제231조의2).

---

738) 자본시장법 제202조제1항은 '투자회사는 다음 각 호의 어느 하나에 해당하는 사유로 해산한다'라고 규정하여 투자회사의 해산사유를 열거하고 있다. 이는 자본시장법에서 투자회사의 해산사유에 대해 특별히 정한 경우에 해당되는 바, 상법 제520조의2의 휴면회사의 해산에 관한 규정은 투자회사에 적용되지 않는다(금융위원회 법령해석회신문 250175).

739) 채권자 또는 채무자의 신청에 대해 법원이 결정으로 파산을 선고함으로써 파산한다. 법인의 파산원인은 ⓐ 지급을 할 수 없거나 ⓑ (합명회사·합자회사를 제외한 법인의) 부채총액이 자산총액을 초과하는 때이다(파산법 제305조·306조).
여기서 채무자가 지급을 할 수 없는 때 즉, 지급불능이란 채무자가 변제능력이 부족하여 즉시 변제해야 할 채무를 일반적·계속적으로 변제할 수 없는 일반적 상태를 말한다(대법원 2012. 3. 20.자 2010마224 결정.).

투자회사가 위의 해산사유 중 ⓐ 또는 ⓑ의 사유로 해산한 경우에는 주주총회의 특별결의(주주총회를 두지 않은 경우 이에 상응하는 주주동의)로써 회사를 계속할 수 있다(상법 제519조). 이 경우 투자회사가 이미 해산등기를 한 경우에는 계속등기를 하여야 한다(상법 제521조의2, 제229조제3항).

2) 해산 보고 등

청산인은 투자회사가 해산한 경우 해산일부터 30일 이내에 해산사유, 일시, 청산인 및 청산감독인의 성명·주민번호(법인이사가 청산인인 경우 사업자등록번호)를 금융위원회에 보고해야 한다(법 제202조제1항 후단).

그리고 파산의 사유로 해산한 경우를 제외하고는 투자회사의 주주에 대해서도 지체 없이 해산사실을 통지하여야 한다(법 제206조, 상법 제521조).

3) 해산 등기

투자회사는 합병과 파산으로 해산한 경우를 제외하고는 일정한 서류(영 제232조 제1항)를 첨부하여 법 제202조제2항에서 정하는 사항을 등기하여야 한다. 이 경우 법인이사가 청산인이 되는 때에는 해산일부터 2주 이내에, 청산인이 선임된 때에는 그 선임일부터 2주 이내에 등기하여야 한다(법 제202조제2항). 그리고 일정한 서류(영 제232조 제2항)를 첨부하여 청산감독인의 성명 및 주민등록번호를 등기하여야 한다. 감독이사가 청산감독인이 되는 경우에는 해산일부터 2주 이내에(감독이사를 두는 것으로 정관에서 정한 경우에만 적용될 것이다), 청산감독인을 선임하는 경우에는 그 선임일부터 2주 이내에 등기하여야 한다(법 제202조제3항).

2. 청산

투자회사가 합병·파산 외의 사유로 해산하는 경우에는 법 제203조에 따라 청산하여야 한다. 투자회사가 합병으로 해산하는 경우에는 법 제204조의 합병절차에 따라야 하고, 파산으로 해산하는 경우에는 '채무자 회생 및 파산에 관한 법률'의 파산절차에 따라야 한다. 파산으로 해산한 투자회사는 파산의 목적범위 안에서는 아직 존속하는 것으로 본다(채무자 회생 및 파산에 관한 법률 제328조).

투자회사의 청산은 청산사무(채권추심, 채무변제, 잔여재산분배등)가 종료한 때에 종결되며, 청산사무가 일부라도 남아 있으면 청산종결의 등기가 되었더라도 청산은 종결하지 아니한다. 따라서 남아 있는 사무의 범위에서 투자회사는 법인격을 가지고 소송상 당사자능력도 있으며 청산인의 의무도 존속한다.[740]

1) 청산인 등

투자회사는 합병, 파산 이외의 사유로 해산한 경우에는 청산인 및 청산감독인으로 구성되는 청산인회를 두어야 한다(법 제202조제4항).

청산인 및 청산감독인은 해산사유에 따라 당연직으로 되거나 선임된다: ⓐ 정관에서 정한 해산사유, 주총 해산결의, 주주총수 1인의 사유로 해산하는 경우에는 정관에서 달리 정한 경우를 제외하고는 당연직으로 법인이사가 청산인이 되고 감독이사가 청산감독인이 된다(법 제202조제5항). 감독이사를 두지 않는 일반사모집합투자기구는 정관에서 미리 청산감독인이 될 자 혹은 청산감독인 선임에 관한 사항을 정해 놓아야 할 것이다. ⓑ 법원의 명령·판결(상법 제193조제1항에 따른 설립무효·취소 판결 포함)로 해산하거나, 청산인 또는 청산감독인이 없는 경우에는 금융위원회가 이해관계인의 청구에 의하여 청산인 및 청산감독인을 선임한다(법 제202조제6항).

금융위원회는 청산인 또는 청산감독인이 업무를 집행함에 있어 현저하게 부적합하거나 중대한 법령 위반사항이 있는 경우에는 직권으로 또는 이해관계인의 청구에 의하여 이들을 해임할 수 있다. 이 경우 금융위원회는 직권으로 새로운 청산인 또는 청산감독인을 선임할 수 있다(법 제202조제8항). 금융위원회가 직권으로 청산인 또는 청산감독인을 해임한 경우 금융위원회는 투자회사 소재지 관할 등기소에 해당 등기를 촉탁하여야 한다(법 제202조제9항).

청산감독인은 청산인이 업무수행과 관련하여 법령이나 정관을 위반하거나 기타 투자회사에 대하여 현저하게 손해를 끼칠 우려가 있는 사실을 발견한 경우에는 금융위원회에 이를 보고하여야 한다(법 제203조제2항).

청산인과 청산감독인은 법 제202조제5항에 따른 경우에는 정관이나 주주총회에서 정하는 바에 따라, 법 제202조제6항 및 제7항에 따라 금융위원회에 의해 선임된 경우에는 규정 제7-13조에 따라 금융감독원이 결정한 보수를 투자회사로부터 지급받을 수 있다(법 제203조제6항).

2) 청산절차 등

(재산상황 조사 및 승인) 청산인은 취임한 날부터 15일 이내에 투자회사의 재산상황을 조사하여 재산목록과 재무상태표를 작성하여 청산인회에 제출하여 승인을 받아야 하며, 그 등본을 지체 없이 금융위원회에 제출하여야 한다(법 제203조제1항, 규칙 제21조).

---

740) 이철송, 1036면.

(채권자에 대한 최고) 청산인은 취임한 날부터 1개월 이내에 투자회사의 채권자에 대하여 일정 기간(1개월 이상으로 해야 한다) 이내에 그 채권을 신고할 것과 그 기간 이내에 신고하지 않으면 청산에서 제외된다는 뜻을 2회 이상 공고함으로써 최고하여야 한다(법 제203조제3항). 다만, 자금차입·담보제공·채무보증이 제한되는 투자회사로서 시행령에서 정하는 경우(영 제233조제2항)[741]에 해당하지 않는 때에는 시행령에서 정하는 방법(영 제233조제1항)에 따라 채권자에 대한 최고절차를 생략할 수 있다(법 제203조제4항).

(잔여재산의 분배) 채권자에 대한 변제가 종료되면 이어서 각 주주에 대하여 잔여재산이 분배된다. 잔여재산은 정관에서 달리 정하지 않은 한(법 제249조의8 제7항·제1항, 제196조제5항), 각 주주가 가진 주식의 수에 따라 주주에게 분배하여야 한다(법 제206조, 상법 제538조).

(결산보고서 작성 및 승인) 청산인은 청산절차가 종료된 경우 지체 없이 결산보고서를 작성하여 주주총회의 승인을 받은 후, 이를 공고하고 금융위원회 및 협회에 제출하여야 한다(법 제203조제5항). 주주총회를 두지 않는 일반사모집합투자기구인 투자회사의 경우는 주주의 동의를 받아야 하는 것으로 해석하여야 할 것이다. 청산인은 주주총회 승인(주주 동의)을 얻은 재산목록과 재무상태표를 청산종결 시까지 투자회사에 비치하여야 하며, 이를 집합투자업자 및 판매회사에게 송부하여 그 영업소에 비치하도록 하여야 한다(법 제203조제7항).

(청산종결의 등기) 청산인은 결산보고서의 승인이 난 뒤에 청산종결의 등기를 하여야 한다(법 제206조, 상법 제542조제1항, 상법 제264조). 청산종결이 등기되었더라도 잔여재산의 분배 등 청산사무가 일부라도 남아 있으면 청산은 종결되지 않는다.

(서류의 보존) 투자회사의 장부 기타 영업과 청산에 관한 중요한 서류는 본점 소재지에서 청산종결의 등기를 한 후 10년간 보존하여야 한다. 다만, 전표 또는 이와 유사한 서류는 5년간 보존해야 한다(상법 제541조제1항).

741) 장내파생상품 또는 장외파생상품의 매매에 따른 계약이행책임이 있는 경우, 투자회사재산에 중대한 영향을 미칠 수 있는 소송이 계류 중인 경우, 금전차입등으로 인하여 잔존채무가 있는 경우

제2절 집합투자기구의 합병

제1관 총설

1. 합병 관련 규제 개요

집합투자기구는 여러 가지 이유, 예컨대 이중적인 관리비용, 회계, 인건비 절감 등의 목적으로 다른 집합투자기구와 합병을 할 수 있다. 특히 동일한 운용사가 여러 개의 펀드를 운용하고 있는 경우에 그중 일부 펀드의 운용자산규모(AUM)가 감소하거나 환경변화에 따라 상품의 매력이 떨어지는 경우에 다른 펀드와 합병하는 경우가 적지 않다.

자본시장법은 집합투자기구의 합병과 관련하여 제193조에서 투자신탁의 합병을, 제204조에서 투자회사의 합병을 규정하고 있으며, 기타 회사 형태의 집합투자기구에 대해서는 투자회사의 합병규정을 준용한다.[742] 조합 형태의 집합투자기구(투자합자조합, 투자익명조합)의 경우는 합병이 허용되지 않는다.

자본시장법은 집합투자기구의 합병방식(피흡수합병 등), 합병가액 계산방법, 합병절차 등을 규정하고 있으며, 소규모펀드의 합병에 대해서는 절차 간소화등의 특례를 두고 있다. 집합투자기구의 합병에 관한 규정은 일반사모집합투자기구에도 적용된다(법 제249조의8 제1항).

(소규모 집합투자기구의 합병 특례) 소규모 집합투자기구의 합병에 대해서는 집합투자자총회의 결의를 거치지 않아도 되도록 하는 등의 특례를 두고 있다(영 제225조의2 제1항제1호, 영 제223조제3호·제4호, 영 제233조의2). 그러나 소규모 집합투자기구의 합병 특례 규정은 합병하고자 하는 집합투자기구 중 하나 이상이 '개방형공모집합투자기구'여야 하므로, 합병대상 집합투자기구가 모두 일반사모집합투자기구인 경우에는 적용되지 않는다.

2. 합병 관련 이슈

일반사모집합투자기구에는 집합투자자총회 및 그와 관련된 사항이 적용되지 않기 때문에(법 제249조의8 제5항), 집합투자기구의 합병과 관련하여 몇 가지 이슈가 제기된다.

첫째, 집합투자기구의 합병에 관한 규정에는 집합투자자총회에서 합병승인을 하도록 하고 있을 뿐 아니라 이를 전제로 한 내용들이 적지 않다. 예컨대 합병 관련

742) 투자유한회사(법 제211조제2항), 투자합자회사(법 제216조제3항), 투자유한책임회사(법 제217조의6조제2항).

서류의 비치·열람은 집합투자자총회일을 기준으로, 채권자보호절차는 집합투자자총회에서의 합병승인일을 기준으로 기간을 정하고 있다. 일반사모집합투자기구의 경우도 집합투자규약에서 집합투자자총회를 두고 합병과 같이 투자자에게 중대한 영향을 미치는 사항에 대해 총회의 승인을 받는 것으로 정할 수 있을 것이고 나아가 합병결의 방법도 집합투자규약에서 따로 정할 수 있는 것으로 보아야 할 것이다. 이처럼 집합투자규약에서 집합투자자총회를 두는 경우에는 이를 합병 관련 규정에서의 집합투자자총회로 보면 큰 문제가 없을 것으로 보인다. 일반사모집합투자기구가 집합투자규약에 집합투자자총회를 두지 않는 경우에는 합병 관련 규정에서의 '집합투자자총회의 승인결의'는 '투자자의 동의'로 적의 해석하여야 할 것으로 생각된다. 이런 점을 고려할 때 일반사모집합투자기구에 집합투자자총회를 두지 않는 경우에는 합병 등 조직변경에 관한 사항을 포함하여 투자자의 이익에 중대한 영향을 미치는 사항에 대해서는 미리 투자자의 동의를 얻도록 하고 그 동의방법과 절차 등을 집합투자규약에 자세히 기재해 놓을 필요가 있다.

둘째, 합병반대 투자자의 매수청구권도 논란의 소지가 있다. 일반사모집합투자기구의 법적 형태가 투자신탁, 투자회사 또는 투자유한책임회사인 경우에는 집합투자자총회의 합병결의에 반대하는 투자자에게 매수청구권이 인정된다.[743] 집합투자자총회를 두지 않는 경우에도 집합투자규약 중요사항 변경의 경우와 마찬가지로 합병에 반대하는 투자자는 관련 규정에 따라 집합투자증권 매수청구권을 행사할 수 있다고 보아야 할 것이다.

제2관 합병의 방식

1. 피흡수합병

집합투자기구의 합병은 피흡수합병의 방법으로만 할 수 있다(법 제193조제1항, 제204조제1항). 일반적으로 집합투자기구의 피흡수합병은 한 집합투자기구(A펀드)의 모든 자산을 다른 집합투자기구(B펀드)의 집합투자증권을 받고 B펀드에 넘기는 조직변경 계획에 따라 이루어지며, A펀드는 B펀드로부터 받은 집합투자증권을 청산분배금으로 당해 펀드의 투자자에게 배분한다. 청산되는 A펀드의 자산에 대한 대가로 주어지는 집합투자증권의 수는 잔존하는 B펀드의 순자산가치에 기초하여 산정되므로 A펀드의 투자자의 이익은 희석되지 않는다.

---

743) 법 제191조, 제210조제4항, 제217조의5 제5항.

2. 법적 형태와 운용사가 동일한 집합투자기구 간의 합병

집합투자기구의 합병은 법적 형태가 동일한 경우에만 허용된다. 투자신탁은 다른 투자신탁과만 합병할 수 있으며, 투자회사도 다른 투자회사와만 합병할 수 있다. 그리고 집합투자기구 간의 합병은 그 운용사가 동일한 경우에만 가능하다(법 제193조제1항, 제204조제1항). 따라서 투자신탁과 투자회사 간의 합병은 허용되지 않으며, 운용사가 각기 다른 펀드 간의 합병도 허용되지 않는다.

제3관 합병가액

투자신탁을 합병하는 경우 수익증권의 합병가액은 투자신탁을 합병하는 날의 전날의 재무상태표상에 계상된 자산총액에서 부채총액을 뺀 금액을 기준으로 계산한다(법 제193조제8항, 영 제226조제2항). 투자회사의 경우도 동일하다(법 제204조제3항).

제4관 투자신탁의 합병절차

1. 합병계획서의 작성

합병계획서에는 다음의 사항을 기재하여야 한다: ⓐ 존속하는 투자신탁의 증가하는 신탁원본의 가액 및 수익증권좌수, ⓑ 소멸하는 투자신탁의 수익자에게 발행하는 수익증권의 배정에 관한 사항 또는 현금을 지급하는 경우 그 내용, ⓒ 각 투자신탁의 수익자총회의 회일, ⓓ 합병을 할 날, ⓔ 존속 투자신탁의 신탁계약을 변경하는 경우 그 내용, ⓕ 합병으로 이익금을 분배하는 경우 그 한도액, ⓖ 합병으로 투자신탁 계약기간이나 회계기간을 변경하는 경우 그 내용, ⓗ 보수·환매수수료를 변경하는 경우 그 내용, ⓘ 합병가액 산정을 위한 투자신탁재산평가에 관한 사항, ⓙ 합병으로 수익증권을 발행하는 경우 1좌에 미달하는 단수의 처리에 관한 사항(법 제193조제2항 각 호, 영 제226조제1항).

2. 합병 관련 서류의 비치·열람

집합투자업자는 수익자총회일의 2주일 전부터 합병 후 6개월이 경과하는 날까지 합병 관련 서류를 자기의 본점 및 판매회사의 영업소에 비치하여야 한다. 당해 투자신탁의 수익자 및 채권자는 영업시간 중에 언제든지 그 서류를 열람할 수 있으며 그 서류의 등본·초본의 교부를 청구할 수 있다. 비치·열람 대상 합병 관련 서류는 합병계획서, 각 투자신탁 최종결산서류, 피흡수 투자신탁 수익자에게 발행되는 수익증권 배정에 관한 내용을 기재한 서면이다(법 제193조제4항).

3. 합병결의

수익자총회의 소집통지서에는 합병계획서의 주요내용을 기재해야 한다(영 제226조제3항). 그리고 집합투자업자가 작성한 합병계획서에 대해서는 각 투자신탁의 수익자총회의 결의를 거쳐야 한다(법 제193조제2항). 수익자총회에서의 합병결의는 출석한 수익자의 의결권의 과반수와 발행된 수익증권 총좌수의 4분의 1 이상의 수로 의결한다(법 제190조제5항).

집합투자업자는 수익자총회에서 합병계획서를 승인받은 경우에는 그 내용을 지체 없이 수익자에게 통지하여야 한다. 그리고 이러한 통지업무는 예탁결제원에 위탁하여야 한다(영 제226조제4항·제5항).

4. 채권자 보호절차

집합투자업자는 수익자총회의 승인 결의가 있은 날부터 2주 내에 채권자에 대하여 합병에 이의가 있으면 1월 이상의 기간 내에 이를 제출할 것을 공고하고, 알고 있는 채권자에 대하여는 따로따로 이를 최고하여야 한다(법 제193조제3항, 상법 제527조의5 제1항).

채권자가 위의 기간 내에 이의를 제출하지 아니한 때에는 합병을 승인한 것으로 본다. 이의를 제출한 채권자가 있는 때에는 집합투자업자는 그 채권자에 대하여 변제 또는 상당한 담보를 제공하거나 이를 목적으로 하여 상당한 자산을 신탁회사에 신탁하여야 한다(법 제193조제3항, 상법 제232조제2항·제3항 및 제527조의5 제3항).

5. 합병사실의 보고, 합병의 효력발생 등

집합투자업자는 투자신탁을 합병한 경우에는 지체 없이 그 사실을 금융위원회에 보고해야 한다(법 제193조제5항, 제204조제3항).

투자신탁의 합병은 집합투자업자가 합병사실을 금융위원회에 보고한 때에 발생한다. 이 경우 소멸하는 투자신탁은 해지된 것으로 본다(법 제193조제6항). 합병 후 존속하는 투자신탁은 합병으로 인하여 소멸하는 투자신탁의 권리·의무를 승계한다(법 제193조제7항).

제5관 투자회사의 합병절차

투자회사의 합병에 관해서는 법 제204조에서 규정하고 있다. 법 제204조는 합병 주주총회의 결의방법(법 제201조제2항 단서에 따른 주주총회의 결의)을 규정하면서(제2항), 투자신탁의 합병에 관한 법 제193조의 규정 중에서 제4항(합병 관련 서류의 비치·열람), 제5항(합병사실의 보고 및 통지) 및 제8항(합병가액의 계산)의 규정을 준용하도록 하고 있다. 따라서 이들 규정에서 정하는 사항을 제외한 나머지 합병 관련 사항에 대해서는 상법의 주식회사 합병에 관한 규정이 적용된다.

자본시장법 제204조와 상법에 따른 투자회사의 합병절차는 다음과 같다.

먼저 합병계약서를 작성하여야 한다(상법 제522조제1항, 법 제206조). 그리고 합병재무상태표를 공시하고(상법 제522조의2 제1항, 법 제206조), 합병계약의 요령을 주주총회 소집의 통지와 공고에 기재하여야 한다(상법 제522조제2항, 법 제206조). 합병승인결의는, 주주총회에 출석한 주주의 의결권의 과반수와 발행주식총수의 5분의 1 이상의 수로 하여야 한다(법 제204조제2항, 제201조제2항 단서). 주주총회에서 합병승인을 한 후에는 합병에 반대하는 주주의 주식을 매수하고(상법 제522조의3 제1항, 법 제206조), 채권자보호절차(상법 제527조의5, 법 제206조)와 주식병합절차가 필요한 경우에는 그러한 절차를 거친 후(상법 제530조제3항) 주주총회를 개최하여 합병에 관한 사항을 보고하여야 한다(상법 제526조, 제527조).

합병은 합병등기를 함으로써 그 효력이 발생한다(상법 제530조). 합병으로 존속하는 투자회사는 소멸하는 투자회사의 모든 권리·의무를 승계한다(상법 제235조, 제530조제2항).

제14장 보고, 감독 및 검사

제1절 감독당국에 대한 보고

일반사모집합투자기구를 설정·설립한 경우 금융위원회에 최초 설정·설립보고 및 변경보고를 해야 하며(법 제249조의6 제2항), 일반사모집합투자기구가 레버리지를 이용한 경우에는 정기적으로 레버리지 이용 현황을 금융위원회에 보고해야 하고(법 제249조의7 제3항), 일반사모집합투자기구에 투자자의 보호와 관련한 중요한 사항이 발생한 경우 그 사실을 금융위원회에 보고해야 한다(법 제249조의7 제4항).[744]

설정·설립보고와 중요사항 발생보고의 경우 보고주체는, 투자회사등[745]은 당해 투자회사등이고 투자신탁·투자익명조합은 그 집합투자업자이다(법 제249조의6 제2항, 제249조의7 제4항). 반면에 레버리지 현황등 보고는 일반사모집합투자기구의 법적 형태에 관계 없이 당해 일반사모집합투자업자가 보고주체가 된다(법 제249조의7 제3항).

제1관 일반사모집합투자기구 설정·설립보고

1. 총설

공모집합투자기구는 설정·설립 시 금융위원회에 집합투자기구등록을 해야 하고(법 제182조), 등록 전에는 그 집합투자증권을 판매하는 것이 금지된다(법 제76조제3항). 따라서 집합투자기구등록과 집합투자증권판매 절차를 거쳐서 집합투자재산이 조성된 이후에야 비로소 집합투자재산의 운용이 시작된다.

하지만 일반사모집합투자기구에는 집합투자기구등록 규정(법 제182조) 및 등록 전

744) 참고로, 공모집합투자기구의 경우 매분기별 펀드영업보고서 및 일정사유 발생시 결산서류를 금융위원회와 협회에 제출하도록 하는 규정이 있지만(집합투자재산에 관한 보고: 법 제90조, 제186조제2항), 이 규정은 일반사모집합투자기구에는 적용되지 않는다(법 제249조의8 제1항).

745) 투자회사, 투자유한회사, 투자유한책임회사, 투자합자회사, 투자합자조합을 말한다(법 제182조제1항).

판매제한 규정(법 제76조제3항)이 적용되지 않고, 대신 일반사모집합투자기구를 설정·설립한 경우에는 일정 기간 내에 금융위원회에 그 사실을 보고하도록 되어 있다. 이에 따라 일반사모집합투자기구의 경우는 집합투자기구를 설정·설립하여 집합투자증권을 판매하여 조성된 집합투자재산으로 먼저 투자를 집행한 후에 집합투자기구 설정·설립 보고를 하는 것도 가능하다.

2. 설정·설립보고

(보고시기) 일반사모집합투자기구를 설정(투자신탁) 또는 설립(투자회사)한 경우 그 설정 또는 설립한 날부터 2주일 이내에 금융위원회에 보고해야 한다. 투자자보호 및 건전한 거래질서를 해칠 우려가 있는 경우로서 대통령령으로 정하는 경우[746]에는 설정 또는 설립된 후 지체 없이 보고해야 한다(법 제249조의6 제2항).

투자신탁의 '설정'은 투자회사의 '설립'에 대응하는 것이다. 투자회사의 설립은 집합투자기구로서의 투자회사를 만드는 것을 의미하므로 투자신탁의 설정은 이에 대응하는 것 즉, 신탁계약을 체결하는 것으로 보아야 한다. 즉, 투자회사를 설립한 날은 설립등기를 한 날로, 투자신탁을 설정한 날은 투자신탁계약을 체결한 날로 보아야 할 것이다. 따라서 예컨대 투자신탁의 경우 이러한 신탁계약을 체결한 날부터 2주 이내에 보고하면 되므로, 신탁계약 체결일과 보고일 사이에 수익증권을 판매하여 조성한 신탁재산으로 투자를 집행하는 것도 무방하다.

(보고서 기재사항) 일반사모집합투자기구 설정·설립보고서에는 다음의 사항을 기재하여야 한다(영 제271조의9 제1항, 규정 제7-41조의6 제1항).

---

746) 경영참여방법(법 제249조의7 제5항 각 호의 방법)으로 집합투자재산을 운용하는 일반사모집합투자기구 중 다음 어느 하나에 해당하는 경우를 말한다(영 제271조의9 제2항, 규정 제7-41조의6 제2항).
ⓐ 같은 상호출자제한기업집단에 속하는 계열회사가 일반사모집합투자기구의 집합투자증권 총수의 100분의 30 이상을 투자하는 경우,
ⓑ 일반사모집합투자기구를 설정·설립한 집합투자업자 또는 투자회사등이 상호출자제한기업집단의 계열회사인 경우,
ⓒ 일반사모집합투자기구를 설정·설립한 집합투자업자 또는 투자회사등의 특수관계인이 일반사모집합투자기구의 집합투자증권총수의 100분의 30 이상을 투자하는 경우,
ⓓ 다음 각 목의 자가 일반사모집합투자기구의 집합투자증권총수의 100분의 30 이상을 투자하는 경우(위 ⓐ 내지 ⓒ까지에 해당하는 자가 다음 각 목의 자가 운용하는 집합투자재산 또는 신탁재산에 금융위원회가 정하여 고시하는 금액 이상을 투자하는 경우로 한정한다).
가. 투자신탁 또는 투자익명조합의 집합투자업자
나. 투자회사등
다. 신탁업자

ⓐ 집합투자기구의 명칭,
ⓑ 투자목적·투자방침·주된 투자전략에 관한 사항,
ⓒ 투자위험요소에 관한 사항,
ⓓ 집합투자업자에 관한 사항, 투자회사인 경우 발기인과 감독이사(감독이사를 선임하는 경우)를 포함한다.
ⓔ 집합투자재산의 운용에 관한 사항,
ⓕ 신탁업자에 관한 사항,
ⓖ 종합금융투자사업자에 관한 사항(전담중개서비스 받는 경우),
ⓗ 영 제271조의19 제2항제2호의 자가 일반사모집합투자기구가 설립한 투자목적회사의 주주 또는 사원인 경우 그 자에 관한 사항.

(보고서 첨부서류) 일반사모집합투자기구 설정·설립보고서에는 다음의 서류를 첨부하여야 한다(영 제271조의9 제3항, 규정 제7-41조의6 제3항).

ⓐ 집합투자규약 및 그 부속서류,
ⓑ 법인 등기사항증명서(투자회사),
ⓒ 출자금의 납입을 증명할 수 있는 서류(투자신탁 제외),
ⓓ 집합투자업자(투자신탁의 경우 제외)·신탁업자·종합금융투자사업자와의 업무위탁계약서,
ⓔ 투자회사로서 감독이사를 두는 경우 그 감독이사의 이력서 및 결격요건에 해당하지 않음을 증빙하는 서류,
ⓕ 영 제271조의19 제2항제2호의 자가 일반사모집합투자기구가 설립한 투자목적회사의 주주 또는 사원인 경우 그 주주 또는 사원의 개황[기업의 연혁·목적·영업실태, 대표자 및 임원에 관한 사항 및 재무제표(연결재무제표를 작성하는 기업의 경우에는 연결재무제표를 포함한다)].

3. 변경보고

(보고시기) 일반사모집합투자기구 설정·설립 보고내용 중 중요한 사항이 변경된 경우에는 변경된 날부터 2주일 이내에 변경사유 및 변경내용을 기재하여 보고를 하여야 한다. 다만 법령의 개정이나 금융위원회 명령에 따라 보고한 사항을 변경하거나 자구수정 등 경미한 사항을 변경하는 경우에는 보고하지 않아도 된다(법 제249조의6 제4항, 영 제271조의8).

(보고서 기재사항 및 첨부서류) 변경보고의 보고서에는 금융위원회가 정하는 방법에 따라 변경사유 및 변경내용을 기재해야 한다. 그리고 집합투자규약, 등기부등본(투자회사), 주요계약서사본 등 변경내용을 증명할 수 있는 서류를 첨부하여야 한다(영 제271조의9 제3항).

4. 보완 요구

금융위원회는 설정·설립 보고내용 및 변경 보고내용에 관한 사실 여부를 확인하고 그 내용이 법 제249조의6 제1항의 보고 요건을 충족하는지를 검토한다. 보고내용에 흠결이 있는 경우에는 금융위원회는 보완을 요구할 수 있다(법 제249조의6 제3항·4항, 영 제271조의4 제4항).

제2관 레버리지 현황등 보고

일반사모집합투자업자는 자신이 운용하는 일반사모집합투자기구별로 법 제249조의7 제3항 각 호의 사항(레버리지 현황, 집합투자재산 운용과 관련된 위험요인 및 관리방안 중 금융위원회가 정하여 고시하는 사항)을 매분기 말일로부터 1개월 이내에 금융위원회에 보고하여야 한다(법 제249조의7 제3항, 영 제271조의10 제13항, 규정 제7-41조의6 제8항).

(레버리지 현황) 파생상품 매매 및 그에 따른 위험평가액 현황, 채무보증 또는 담보제공 현황, 금전차입 현황, 환매조건부 또는 차입매도한 증권의 매도금액, 법 제249조의7 제1항에 따라 산정한 레버리지비율 현황, 금전대여 현황.

(펀드운용 관련 위험요인 및 관리방안) 집합투자기구의 구조, 투자대상자산 현황, 비시장성 자산투자 현황, 동일한 집합투자업자가 운용하는 집합투자기구에 대한 투자현황, 집합투자기구의 수익률 현황, 이들 요인으로 인해 발생할 수 있는 집합투자기구의 운용위험에 대한 관리방안.

제3관 중요사유발생보고

집합투자업자(투자신탁) 또는 투자회사는 일반사모집합투자기구에서 투자자보호와 관련하여 대통령령으로 정한 사유가 발생한 경우에는 그 날부터 3영업일 이내에 금융위원회에 보고하여야 한다(법 제249조의7 제4항).

보고대상 사유는 다음과 같다(영 제271조의10 제14항):

ⓐ 법 제249조의7 제1항에서 정하는 레버리지 한도(일반사모집합투자기구의 자산총액에서 부채총액을 뺀 가액의 100분의 400)를 초과한 경우,

ⓑ 부실자산[747)]이 발생한 경우,

ⓒ 환매연기 또는 환매재개의 결정이 있는 경우,

ⓓ 환매금지형집합투자기구의 경우에는 만기변경이나 만기상환거부 결정이 있는 경우.

제2절 일반사모집합투자기구에 대한 감독

제1관 투자회사등에 대한 감독명령

금융위원회는 투자자를 보호하고 건전한 거래질서를 유지하기 위하여 일반사모집합투자기구인 투자회사등에 대하여 다음 사항에 대해 필요한 조치를 명할 수 있다(법 제252조제1항):

ⓐ 투자회사재산의 운용에 관한 사항,

ⓑ 투자회사재산의 공시에 관한 사항,

ⓒ 투자회사주식의 환매에 관한 사항,

ⓓ 투자회사재산의 평가와 회계에 관한 사항,

ⓔ 투자회사의 해산과 합병에 관한 사항,

ⓕ 투자회사의 일반사무(법 제184조제6항)에 관한 사항.

법 제252조는 일반사모집합투자기구가 투자회사를 포함한 회사형펀드등인 경우에만 적용된다. 회사형펀드는 그 자체 법인격이 있기 때문에 그 운용사와 별개로 회사형펀드 자체를 감독·검사·조치의 대상으로 하는 것이다. 반면에, 투자신탁의 경우는 법인격이 없으므로 집합투자업자를 대상으로 감독등이 행해진다. 즉, 법 제416조에 의해 투자신탁의 집합투자업자는 투자신탁재산의 운용등과 관련하여 금융위원회의 조치명령의 대상이 된다.

제2관 일반사모집합투자기구 해지·해산명령

금융위원회는 다음의 경우 일반사모집합투자기구의 해지·해산을 명할 수 있다(법 제249조의9 제1항):

---

747) 법 제89조제1항제3호, 영 제93조제2항, 규정 제4-67조 및 규정 제7-35조제2항에서 정하는 부실자산을 말한다.

ⓐ 설정·설립요건(법 제249조의6 제1항 각 호)을 갖추지 못한 경우,

ⓑ 설정·설립보고, 변경보고를 하지 아니하거나 거짓 기타 부정한 방법으로 보고 또는 변경보고를 한 경우,

ⓒ 법령 위반으로 사회적 신용을 훼손한 경우로서 대통령령으로 정한 일정한 경우(영 제271조의12 제2항, 영 제373조제3항 각 호),

ⓓ 위법행위의 시정명령 또는 중지명령(법 제249조의9 제2항제3호)을 이행하지 아니한 경우,

ⓔ 기타 대통령령으로 정하는 경우(영 제271조의12 제3항).

일반사모집합투자기구의 해지·해산명령 규정은 일반사모집합투자기구의 법적 형태에 관계없이 적용된다. 해지·해산명령의 대상은 투자회사등의 경우는 당해 투자회사등이고 투자신탁의 경우는 당해 투자신탁의 집합투자업자가 될 것이다.

한편, 법 제252조제1항의 감독명령의 내용에는 투자회사등의 해산도 포함되어 있지만 법 제249조의9 제1항에서 일반사모집합투자기구의 해산·해지명령에 대해 따로 규정하고 있으므로, 투자회사등의 해산명령에 대해서는 법 제249조의9 제1항만 적용되는 것으로 보아야 할 것이다.

제3절 일반사모집합투자기구에 대한 검사 및 조치

제1관 검사

일반사모집합투자기구인 투자회사등은 그 업무와 재산에 관하여 금융감독원장의 검사를 받아야 한다. 투자회사등에 대한 검사에는 금융투자업자에 대한 검사 규정(법 제419조)이 준용된다. 다만, 한국은행의 공동검사등에 관한 규정(제2항 내지 제4항) 및 검사업무의 거래소·협회 위탁에 관한 규정(제8항)은 준용되지 않는다(법 제252조제2항).

참고로, 투자신탁 형태의 집합투자기구는 별도의 법인격이 없으므로 직접 검사의 대상이 되지 못한다. 따라서 투자신탁 형태의 일반사모집합투자기구와 관련해서는 그 집합투자업자를 검사하고 조치하게 된다. 예컨대, 특정한 투자신탁 형태의 일반사모집합투자기구의 집합투자업자를 변경하고자 하는 경우 금융위원회는 법 제420조제3항에 따라 그 집합투자업자에 대해 해당 투자신탁계약의 인계명령을 내리게 된다.

제2관 투자회사등(법인이사 포함)에 대한 조치

금융위원회는 일반사모집합투자기구인 투자회사등이 법 제249조의9 제1항 각 호의 해산명령사유 중 어느 하나에 해당하거나 법 별표2 각 호의 어느 하나에 해당하는 경우에는 그 투자회사등에 대하여 다음과 같은 조치를 할 수 있다(법 제249조의9 제2항):

ⓐ 6개월 이내의 업무의 전부 또는 일부의 정지,
ⓑ 계약 인계명령,
ⓒ 위법행위의 시정명령 또는 중지명령,
ⓓ 위법사실 공표명령 또는 게시명령,
ⓔ 기관경고,
ⓕ 기관주의,
ⓖ 기타 대통령령으로 정하는 조치(영 제271조의12 제4항).

제3관 투자회사의 감독이사에 대한 조치

금융위원회는 일반사모집합투자기구인 투자회사의 감독이사가 다음에 해당하면 해임요구, 6개월 이내의 직무정지, 문책경고, 주의적 경고, 주의 기타 대통령령에서 정하는 조치(영 제271조의12 제5항)를 할 수 있다(법 제249조의9 제3항):

ⓐ 법 제199조제5항에서 준용하는 법 제54조를 위반하여 정당한 사유없이 직무관련 정보를 이용한 경우,
ⓑ 기타 대통령령으로 정하는 경우(영 제271조의12 제6항). 이 규정은 전문사모집합투자기구인 투자회사가 감독이사를 둔 경우에 적용될 것이다(법 제197조·제199조 적용배제).

제4관 청문 등

일반사모집합투자기구, 일반사모집합투자업자 및 그 임직원에 대한 조치에 대해서는 법 제422조제3항, 제423조(청문), 제424조(처분등의 기록 및 공시), 제425조(이의신청)가 준용된다(법 제249조의9 제4항).

제 3 편

일반사모집합투자업자

제 1 장 일반사모집합투자업 등록

제 2 장 일반사모집합투자업자에 대한 규제

제 3 장 등록 일반사모집합투자업자에 대한 감독, 검사 등

제1장 일반사모집합투자업 등록

제1절 총설

제1관 집합투자업 라이선스제도(인가, 등록) 개요

집합투자업을 영위하려면 미리 집합투자업 라이선스를 받아야 한다. 자본시장법은 집합투자업을 공모펀드(공모집합투자기구) 운용업과 사모펀드(사모집합투자기구) 운용업으로 구분하여 그 진입규제를 달리하고 있다.

공모펀드를 운용하려면 금융위원회로부터 집합투자업 인가(authorization)를 받아야 하고, 사모펀드를 운용하려면 금융위원회에 일반사모집합투자업 등록(registration) 또는 기관전용사모집합투자기구 업무집행사원 등록을 하여야 한다. 진입규제로서의 인가와 등록의 가장 큰 차이는 감독당국의 주관적 판단의 개입 유무에 있다.[748] 즉, 등록의 경우는 사업계획의 타당성 요건과 같은 주관적 판단이 개입되는 요건을 두지 않고 객관적인 기준의 충족 여부만을 평가하도록 되어 있다.

공모펀드 운용업에 인가에 대해서는 공모펀드를 증권펀드·부동산펀드·특별자산펀드·혼합자산펀드·단기금융펀드의 다섯 가지로 구분하여 인가단위가 마련되어 있다.[749] 반면에, 사모펀드 운용업의 등록은 일반사모집합투자기구와 기관전용사모집합투자기구의 두 가지로 구분하여 등록단위가 마련되어 있다.[750]

---

748) 진입규제를 인가제로 할 것인지 등록제로 할 것인지의 여부는 유형별 금융투자업자가 부담하는 위험수준, 투자자보호의 필요정도 등을 고려하여 결정되며, 이러한 이유로 인가제의 경우 인가감독당국의 재량적 판단 외에 높은 수준의 자기자본요건을 두게 된다.

749) 이 다섯 가지 종류의 펀드를 모두 운용할 수 있는 자를 업계에서는 통상 '종합운용사'라고 하며, 인가 시 필요 자기자본은 80억원이다(영 별표1).

750) 제4편에서 보듯이 기관전용사모집합투자기구의 업무집행사원 등록제도에서의 '등록'은 일반사모집합투자업 등록제도에서의 '등록'과 그 요건과 효과 등에 차이가 있다. 일반사모집합투자업을 등록한 자가 기관전용사모집합투자기구를 설립·운용하려면 따로 기관전용사모집합투자기구 업무집행사원 등록을 하여야 한다.

일반사모집합투자업이란 집합투자업 중 일반사모집합투자기구를 통한 집합투자를 영업으로 하는 것을 말한다(법 제9조제28항). 일반사모집합투자업은 등록업무 단위로는 "법 제229조제1호부터 제5호까지의 규정에 따른 집합투자기구를 운용하는 집합투자업"에 해당한다(등록업무단위 3-14-1, 영 별표 3).

한편, 은행과 보험회사는 투자신탁 형태의 공모펀드 운용업에 한해 집합투자업을 인가받아 영위할 수 있으므로(법 제250조·제251조), 일반사모집합투자업은 영위할 수 없다.

제2관 미등록 일반사모집합투자업 영위 금지

자본시장법에 따른 일반사모집합투자업을 등록하지 않고 일반사모집합투자업을 영위하는 것은 금지된다(법 제249조). 자본시장법상 일반사모집합투자업자에 적용되는 각종 규제는 금융위원회에 등록한 자(즉, 등록 일반사모집합투자업자)에게만 적용되므로, 등록을 하지 않은 자가 이러한 규제를 위반하더라도 이를 이유로 형사처벌이나 행정제재를 할 수 없다. 이러한 이유로 등록하지 않고 일반사모집합투자업을 영위하는 행위 자체를 금지하고 그 위반에 대해 형사처벌 규정(법 제445조제25의2호)을 두는 것이다. 따라서 일반사모집합투자기구를 설정·설립하여 운용하고자 하는 자는 미리 등록요건을 갖추어 금융위원회에 등록하여야 한다.

제3관 등록 일반사모집합투자업자에 대한 규제

일반사모집합투자업 등록을 한 자. 즉, '등록 일반사모집합투자업자'에게는 자본시장법에 따른 건전경영유지 규제, 영업행위 규제(금융투자업자 공통영업행위 규칙, 집합투자업자 영업행위 규칙), 그리고 금융회사지배구조법에 따른 임원 규제, 내부통제 및 위험관리 규제, 대주주의 건전성유지 규제 등이 적용된다.

한편, 외국집합투자업자가 일반사모집합투자업을 경영하기 위하여 국내에 지점 기타 영업소(지점등)를 두는 경우에는 해당 지점등 전부를 하나의 일반사모집합투자업자로 본다(영 제271조의2 제10항). 따라서 외국집합투자업자가 국내지점 등을 설치하여 일반사모집합투자업 등록을 한 경우에는 당해 국내지점 등이 등록 일반사모집합투자업자로서 규제를 적용받게 된다. 외국집합투자업자의 국내지점등에 대해서는 일부 규제상 특례를 두고 있다.

제4관 외국환업무취급기관 등록

일반사모집합투자기구를 통하여 해외자산등에 투자하고자 하는 경우에는 당해 일반사모집합투자업자는 외국환업무[751]의 취급과 관련하여 자본시장법에 따른 일반사모집합투자업 등록과 별도로 외국환거래법에 따라 기획재정부장관에게 외국환업무 취급기관의 등록을 하여야 한다(외국환거래법 제8조).

그리고 펀드에서의 투자가 해외직접투자에 해당하는 경우에는 금융기관의 해외진출에 관한 규정에 따라 건별로 사후보고를 하여야 한다.

제5관 집합투자증권 직접판매를 위한 라이선스 불요

일반사모집합투자업자가 자신이 운용하는 일반사모집합투자기구의 집합투자증권을 판매하는 경우에는 자본시장법 제6조제1항 각 호의 금융투자업으로 보지 아니한다(법 제7조제6항제4호). 따라서 일반사모집합투자업자가 투자매매업자 또는 투자중개업자로서 자신이 운용하는 일반사모집합투자기구의 집합투자증권을 판매하는 것은 금융투자업(투자매매업, 투자중개업)으로 보지 않으므로 이를 영위하기 위해 금융위원회의 인가를 받을 필요가 없다. 다만, 집합투자증권의 판매와 관련하여 판매회사 투자매매업자·투자중개업자(판매회사)에게 적용되는 자본시장법 규정의 일부가 준용된다는 사실에 유의할 필요가 있다(법 제249조의8 제9항).

제2절 일반사모집합투자업 등록요건

제1관 주식회사, 금융회사, 외국집합투자업자

일반사모집합투자업 등록을 하고자 하는 자는, ⓐ 상법상 주식회사 또는 대통령령으로 정하는 금융회사[752]이거나, ⓑ 외국집합투자업자[753]로서 외국에서 영위하는 영업에 상당하는 집합투자업 수행에 필요한 지점 기타 영업소를 설치한 자이어야 한다(법 제249조의3 제2항제1호).

751) 외국환업무는 다음과 같다: ⓐ 외국환의 발행 또는 매매, ⓑ 대한민국과 외국 간의 외국환 지급·추심 및 수령, ⓒ 외국통화로 표시되거나 지급되는 거주자와의 예금, 금전의 대차 또는 보증, ⓓ 비거주자와의 예금, 금전의 대차 또는 보증, ⓔ 비거주자와의 내국통화로 표시되거나 지급되는 증권 또는 채권의 매매, ⓕ 거주자 간의 외국환 관련 신탁·보험·파생상품거래 또는 거주자와 비거주자 간의 신탁·보험·파생상품거래, ⓖ 외국통화로 표시된 시설대여, ⓗ 기타 ⓐ 내지 ⓖ의 업무에 딸린 업무(외국환거래법 제3조제1항제16호, 동법시행령 제6조).

752) 한국산업은행, 중소기업은행, 한국수출입은행, 수산업협동조합법에 따른 수협은행, 농업협동조합법에 따른 농협은행(영 제271조의2 제1항).
앞에서 본 바와 같이 은행법에 따른 일반은행이나 보험회사등은 일반사모집합투자업 등록 자격이 없다(법 제250조·제251조).

753) 외국법령에 따라 외국에서 집합투자업 상당 영업을 영위하는 자를 말한다.

외국집합투자업자는 단독으로 또는 합작으로 한국에 법인을 설립하여 일반사모집합투자업 등록을 하는 외에 한국에 지점 기타 영업소를 설치하고 동지점등이 일반사모집합투자업 등록을 하는 것도 가능하다.[754]

이하의 등록요건은 일반사모집합투자업 등록을 신청하는 자가 상법상 주식회사이거나 대통령령으로 정하는 금융회사인 경우를 전제로 한 것이다.[755]

제2관 자기자본

일반사모집합투자업 등록을 하려면 자기자본 10억원을 갖추어야 한다(법 제249조의3 제2항제2호, 영 제271조의2 제3항). 자기자본은 최근 사업연도말일 이후 등록신청일까지의 자본금 증감분을 포함하여 계산한다(영 별표3 비고2).

대통령령으로 정하는 겸영금융투자업자(법 제8조제9항제3호)가 일반사모집합투자업을 등록하려는 경우에는 해당 법령에서 요구하는 자본금(이에 준하는 금액 포함)을 제외한 금액을 기준으로 한다(영 별표3 비고1).

투자자문·일임업자가 일반사모집합투자업을 추가로 등록하고자 하는 경우에는 현재 영위 중인 투자자문·일임업 등록단위의 최저유지자기자본에 일반사모집합투자업 등록을 위한 최저자기자본(10억원)을 더한 자기자본을 가지고 있어야 한다.[756] 일반사모집합투자업자로 등록한 자가 투자자문·일임업을 추가로 등록하고자 하는 경우에는 일반사모집합투자업 최저유지자기자본(10억원×0.7=7억원)에 추가 등록하고자 하는 투자자문·일임업 등록단위에서 요구하는 최저자기자본을 더한 자기자본을 가지고 있어야 한다.

---

754) 2024년말 현재 외국집합투자업자가 한국에 영업소를 설치하여 동영업소가 일반사모집합투자업을 등록한 사례는 없다.

755) 외국집합투자업자가 국내에 지점등을 설치하여 일반사모집합투자업을 등록하고자 하는 경우에는 등록요건에 대해 특례를 두고 있다. 즉, 외국집합투자업자는 영 별표2 제4호 가목·라목·마목의 요건만 충족하면 된다(영 제271조의2 제2항). 따라서 외국집합투자업자는, ⓐ 등록신청일 현재 외국에서 일반사모집합투자업에 상당하는 영업을 하고 있어야 하며, ⓑ 최근 3년간 영업과 관련하여 본국 감독기관으로부터 법인경고 이상에 상당하는 행정처분을 받거나 벌금형 이상에 상당하는 형사처벌을 받은 사실이 없어야 하고, ⓒ 최근 5년간 법령위반으로 벌금형 이상 상당 형사처벌을 받거나 채무불이행등으로 건전한 신용질서를 해친 사실이 없어야 한다.

756) 예컨대 전문투자자 및 일반투자자를 상대로 모든 투자대상자산에 대해 투자자문·일임을 할 수 있는 라이선스(영 별표3의 등록업무단위 중 '5-1-1' 및 '6-1-1')를 가지고 있는 투자자문사가 일반사모집합투자업을 추가로 등록하고자 하는 경우에는, 투자자문·일임업 최저유지자기자본 12.25억원(17.5억원×0.7)에 일반사모집합투자업 등록 최저자기자본 10억원을 더한 22억 2천 5백만원의 자기자본을 가지고 있어야 한다.

제3관 인력 및 설비

일반사모집합투자업 등록을 하려면 투자자보호가 가능하고 그 영위하려는 일반사모집합투자업을 수행하기에 충분한 인력과 전산설비 기타 물적설비를 갖추어야 한다(법 제249조의3 제2항제3호).

1. 인력요건

투자운용인력을 상근 임직원으로 3인 이상 갖추어야 한다(영 제271조의2 제4항제1호).[757] 투자운용인력이란 집합투자재산, 신탁재산 또는 투자일임재산을 운용하는 업무를 수행하는 자를 말한다(법 제286조제1항제3호 다목).[758]

투자운용인력 3인 중에서 1인은 "증권운용전문인력" 또는 "부동산운용전문인력"[759]이어야 하고, 나머지 투자운용인력 2인은 "증권운용전문인력", "부동산운용전문인력" 또는 "일반사모집합투자기구운용전문인력"[760]이어야 한다.[761]

사회기반시설에 투자하는 인프라펀드를 운용하고자 하는 일반사모집합투자업자는 그 운용인력 중 2인이 '사회기반시설운용전문인력'이어야 한다(규정 별표2 1.마의 비고7).

투자자문회사가 일반사모집합투자업을 추가로 등록하고자 하는 경우에는, 투자자문회사의 전문인력이 운용전문인력 자격을 보유하고 있으면 일반사모집합투자업 전문인력 수를 산정할 때 이를 중복하여 인정한다. 그러나 기관전용사모집합투자기구의

---

757) 일반사모집합투자업자가 임직원에게 투자운용인력의 업무를 수행하게 하려는 경우에는 금융투자협회의 '금융투자전문인력과 자격시험에 관한 규정에 따라 일정한 서류(시험이 아니라 운용경력에 따른 투자운용인력인 경우에는 운용경력확인서 포함)를 구비하여 금융투자협회에 등록을 하여야 한다(동규정 제2-1조).

758) 투자운용인력은 금융투자협회에서 등록·관리하는데, 금융투자협회의 '금융투자전문인력과 자격시험에 관한 규정'에서는 투자운용인력을 '투자자산운용사'(Certified Investment Manager)라고 한다(동규정 제1-3조제4호).

759) 여기서 "증권운용전문인력" 또는 "부동산운용전문인력"은 공모집합투자기구의 투자운용인력에 해당하는 자를 말한다. 증권운용전문인력의 자격은 ⓐ 금융회사등에서 운용업무에 2년 이상 종사하였거나 ⓑ 금융투자협회 자격시험에 합격한 자로 보다 엄격하게 설정되어 있다. 증권운용전문인력 및 부동산운용전문인력의 구체적인 자격은 규정 별표2 1.(인력에 관한 요건) 마.(집합투자업 및 신탁업)의 비고 1, 2, 및 2의2에서 정하고 있다.

760) "일반사모집합투자기구운용전문인력"은 ⓐ 금융회사·공제사업법인·기금관리주체 등의 임직원으로 3년 이상 근무하고 금융투자협회가 정하는 관련 '교육'을 이수한 자, ⓑ 기관전용사모집합투자기구 업무집행사원의 임직원으로서 3년 이상 기관전용사모집합투자기구 운용 관련 업무에 종사한 자를 말한다(규정 제7-41조의2, 규정 별표2 1. 마).

761) 공모집합투자기구 운용전문인력 3인, 공모집합투자기구 운용전문인력 2인과 일반사모집합투자기구 운용전문인력 1인, 공모집합투자기구 운용전문인력 1인과 일반사모집합투자기구 운용전문인력 2인 모두 가능하다.

업무집행사원이 일반사모집합투자업을 등록하고자 하는 경우에는 투자운용인력의 중복인정이 되지 않는다.[762)]

2. 물적설비요건

일반사모집합투자업을 수행하기에 필요한 전산설비와 통신수단, 사무실 등 충분한 업무공간과 사무장비, 전산설비 등 물적설비를 안전하게 보호할 수 있는 보안설비, 정전·화재 등의 사고발생시 업무의 연속성을 유지하기 위해 필요한 보완설비를 갖추어야 한다(영 제271조의2 제4항제2호).

제4관 임원

일반사모집합투자업 등록을 하려면 그 임원이 금융회사의 지배구조에 관한 법률(이하 '금융회사지배구조법') 제5조에 적합해야 한다(법 제249조의3 제2항제4호). 즉, 금융회사지배구조법 제5조제1항 각 호에서 정하는 결격사유에 해당하지 않아야 한다.

자본시장법에서 임원은 이사 및 감사를 말한다(법 제9조제2항). 그런데 금융회사지배구조법 제5조의 적용을 받는 '임원'에는 이사·감사 외에 업무집행책임자[763)]도 포함되므로(동법 제2조제2호), 이러한 업무집행책임자도 일반사모집합투자업 등록 시 임원의 자격요건을 충족해야 하는지가 문제 될 수 있다.

일반사모집합투자업을 등록한 후에는 금융회사지배구조법에 따라 이사·감사 외에 업무집행자도 등록 시점부터 동법 제5조제1항 각 호에서 정하는 결격사유에 해당하지 않아야 한다. 따라서 업무집행책임자도 등록 시에 금융회사지배구조법 제5조의 임원 자격요건을 충족하고 있어야 하는 것으로 보아야 할 것이다. 임원의 자격요건에 관한 자세한 내용은 지배구조 부분에서 보기로 한다.

제5관 대주주

1. 대주주의 의의

대주주란 금융회사지배구조법 제2조제6호에 따른 최대주주 및 주요주주를 말한다(법 제9조제1항).

---

762) 금융감독원, 전문사모집합투자업 신규등록신청 업무설명회(2015.10.22.).

763) 업무집행책임자란 이사가 아니면서 명예회장·회장·사장·부사장·전무·상무·이사 기타 업무를 집행할 권한이 있는 것으로 인정될 만한 명칭을 사용하여 금융회사의 업무를 집행하는 사람을 말한다(금융회사지배구조법 제2조제5호).

(최대주주) 최대주주란 의결권 있는 발행주식총수를 기준으로 본인 및 그 특수관계인이 누구의 명의로 하든지 자기의 계산으로 소유하는 주식(그 주식 관련 증권예탁증권 포함)을 합하여 그 수가 가장 많은 경우의 그 본인을 말한다(금융회사지배구조법 제2조제6호 가목).

본인과 그 특수관계인의 주식 수를 합산한 결과 총주식 수가 동일한 자가 여럿 있는 경우에는 그러한 자 모두가 최대주주 본인에 해당한다.[764]

(주요주주) 주요주주란 ⓐ 누구의 명의로 하든지 자기의 계산으로 의결권 있는 발행주식총수의 100분의 10 이상의 주식(그 주식 관련 증권예탁증권 포함)을 소유한 자, 또는 ⓑ 단독으로 또는 다른 주주와의 합의·계약등에 따라 대표이사 또는 이사의 과반수를 선임한 주주, 또는 ⓒ 의결권 있는 발행주식총수의 100분의 5 이상을 소유하는 임원[765]인 주주를 말한다[금융회사지배구조법 제2조제6호 나목, 동법시행령 제4조제1호·제2호 가목 1)].

2. 자격요건 적용대상 대주주

일반사모집합투자업 등록 시 대주주 자격요건의 적용대상이 되는 대주주에는 위의 최대주주와 주요주주 외에 최대주주와 일정한 관계가 있는 자도 포함된다(법 제249조의3 제2항제5호 가목, 법 제12조제2항제6호 가목).

즉, 최대주주의 경우 본인 외에 ⓐ 최대주주의 특수관계인인 주주, ⓑ 최대주주의 최대주주(사실상지배자[766] 포함), ⓒ 최대주주의 대표자도 자격심사의 대상에 포함된다. 최대주주의 최대주주(사실상지배자)와 최대주주의 대표자는 최대주주가 법인인 경우에만 해당한다(영 제16조제7항). 그리고 최대주주인 법인이 금융회사[767]로서 그 설립근거법에 따른 소유한도 유무, 주식소유의 분산 정도 등을 고려하여 최대주주인 금융회사의 최대주주가 그 금융회사를 사실상 지배하고 있지 아니하다고 금융위원회가 인정하는 경우에는 당해 최대주주인 금융회사의 최대주주는 심사대상에서 제외된다(영 제16조 제7항 각 호 외의 부분 단서, 규정 제2-1조제2항).

이하에서의 대주주는 대주주 자격요건의 적용대상이 되는 자를 의미한다.

---

764) 금융위원회 유권해석(2015.8.17.).
765) 상법 제401조의2 제1항 각 호의 자(업무집행지시자 등)를 포함한다(금융회사지배구조법 시행령 제4조제2호 가목 1)의 괄호).
766) 최대주주인 법인을 사실상 지배하는 자가 그 법인의 최대주주와 명백히 다른 경우에는 그 사실상 지배자도 심사대상에 포함된다(영 제16조제7항제1호 괄호).
767) 금융위원회의 설치등에 관한 법률 제38조에 따른 검사대상기관을 말한다.

3. 대주주 자격요건

대주주는 충분한 출자능력, 건전한 재무상태 및 사회적 신용을 갖추어야 한다(법 제249조의3 제2항제5호). 그리고 대주주는 최근 5년간 법 제20조의2에 따른 일반사모집합투자업 등록이 직권말소된 자(그 임원 또는 대주주 포함)가 아니어야 한다(영 제271조의2 제5항제3호).

나아가 시행령에서는 대주주를 내국인과 외국법인으로 구분하여 구체적인 대주주 자격요건을 정하고 있다(영 제271조의2 제5항). 외국인 개인에 대한 요건을 정하고 있지 않으므로 외국인 개인은 원천적으로 대주주 자격이 없는 것으로 보아야 할 것이다.

한편, 대주주 중에서 최대주주의 최대주주와 최대주주의 대표자(영 제16조제7항)에 대해서는 일부 요건을 완화하여 적용한다(영 별표2 비고1).

그리고 ⓐ 대통령령으로 정하는 겸영금융투자업자(법 제8조제9항제3호)가 일반사모집합투자업 등록을 하는 경우와 ⓑ 일반사모집합투자업자가 다른 회사와 합병·분할하거나 분할합병을 하는 경우에는 금융위원회가 그 요건을 완화하여 고시할 수 있다(영 제271조의2 제6항).

1) 대주주가 내국인인 경우

대주주가 ⓐ 금융기관, ⓑ 내국법인, ⓒ 내국개인, ⓓ 기관전용사모집합투자기구(또는 SPC)가 대주주인 경우로서 그 기관전용사모집합투자기구의 GP·30%LP·사실상 지배LP(또는 SPC의 주주·사원인 기관전용사모집합투자기구의 GP·30%LP·사실상지배LP)가 금융기관·내국법인·내국개인인 경우[768]에는 영 별표2 제1호 라목·마목 요건을 갖추어야 한다(영 제271조의2 제5항제1호).

따라서 이러한 자들은 ⓐ 출자금이 차입으로 조성한 자금이 아니어야 하며, ⓑ 최근 5년간 금융 관련 법령등[769] 위반으로 벌금형 이상 형사처벌을 받았거나, 채무불이행등으로 건전한 신용질서를 저해한 사실이 없어야 하며, ⓒ 금산법에 따른 부실금융기관 지정·법령에 따른 면허취소등이 된 금융기관의 대주주나 그 특수관계인이 아니어야 하며, ⓓ 기타 금융위원회가 정하는 건전금융거래질서 저해사실이 없어야

768) 기관전용사모집합투자기구가 대주주인 경우에는 그 GP·30%LP·사실상지배LP인 금융기관·내국법인·내국개인이 대주주자격심사를 받게 되며, 기관전용사모집합투자기구가 출자한 SPC가 대주주인 경우에도 기관전용사모집합투자기구의 GP·30%LP·사실상지배LP인 금융기관·내국법인·내국개인이 대주주 자격심사를 받게 된다.

769) 금융 관련 법령, 공정거래법, 조세범처벌법을 말한다. 다만, 이러한 법에 따라 형사처벌받은 사실이 영위하고자 하는 업무의 건전한 영위를 어렵게 한다고 볼 수 없거나 해당 법률의 양벌규정에 따라 처벌을 받은 경우는 제외한다.

한다(영 제271조의2 제5항제1호).

(대주주 유형별 요건) 금융투자업규정에서 대주주 유형별로 보다 세부적인 요건을 정하고 있다(규정 제7-41조의2 제2항, 규정 별표3).

대주주가 '개인'인 경우에는 규정 별표3 제1호 가목(5) 요건,[770] 다목(2) 요건[771] 및 다목(4) 요건[772]이 적용된다.

대주주가 '금융기관이 아닌 내국법인'인 경우에는 규정 별표3 제1호 가목(4) 요건,[773] 가목(5) 요건 및 나목(2) 요건이 적용된다.

대주주가 '금융기관'인 경우에는 규정 별표3 제1호 가목(4)(5)(6) 요건이 적용된다.

2) 대주주가 외국법인인 경우

대주주가 ⓐ 외국법인,[774] ⓑ 기관전용사모집합투자기구(또는 SPC)가 대주주인 경우로서 그 기관전용사모집합투자기구의 GP·30%LP·사실상지배LP(또는 SPC의 주주·사원인 기관전용사모집합투자기구의 GP·30%LP·사실상지배LP)가 외국법인인 경우에는 영 별표2 제4호 가목·라목·마목의 요건을 갖추어야 한다(영 제271조의2 제5항제2호). 따라서 이러한 자들은 ⓐ 등록신청일 현재 외국에서 등록받으려는 일반사모집합투자업에 상당하는 영업을 하고 있어야 하며, ⓑ 최근 3년간 금융업에 상당하는 영업과 관련하여 본국의 감독기관으로부터 법인경고 이상에 상당하는 행정처분을 받거나 벌금형 이상에 상당하는

---

770) 대주주가 ⓐ 최근 5년간 금융 관련 법령등 위반으로 벌금형 이상 형사처벌 받은 사실이 없을 것, ⓑ 금산법에 따른 부실금융기관 지정·법령에 따른 면허취소등이 된 금융기관의 대주주나 그 특수관계인이 아닐 것, ⓒ 일반사모집합투자업을 최근 1년 내 자진폐지한 일반사모집합투자업자의 폐지 당시 최대주주였거나, 일반사모집합투자업을 포함한 금융투자업 전부를 최근 5년 내에 자진폐지한 금융투자업자의 폐지 당시 최대주주였던 자가 아닐 것.

771) 출자자금 중 객관적으로 자금출처를 확인할 수 있는 소명자료에 따라 확인된 다음의 어느 하나에 해당하는 재원으로 마련된 자금일 것: ⓐ '상속세 및 증여세법'에 따른 적법한 납세절차를 통하여 취득한 상속재산 또는 수증재산 처분자금, ⓑ 이자·배당소득, 사업소득, 근로소득, 퇴직소득, 기타소득, 임대소득, 양도소득, ⓒ 그 밖에 ⓐ 및 ⓑ에 준하는 소득재원.

772) 대주주가 다음 사실에 해당하지 않을 것: ⓐ 최근 5년간 부도발생, 그 밖에 이에 준하는 사유로 은행거래정지처분을 받은 사실, ⓑ 최근 3년간 '신용정보의 이용 및 보호에 관한 법률'에 따른 종합신용정보집중기관에 금융질서문란정보 거래처 또는 약정한 기일 내에 채무를 변제하지 아니한 자로 등록된 사실, ⓒ 최대주주인 경우 최근 5년 이내에 금융기관 임원으로서 직무정지를 받거나 금융기관 직원으로서 정직 이상 조치를 받은 사실, ⓓ 최근 5년간 파산절차, 채무자회생절차, 그 밖에 이에 준하는 절차의 대상인 기업의 최대주주 또는 주요주주로서 이에 직접 또는 간접으로 관련된 사실(이에 관한 책임이 인정되는 경우에 한).

773) 대주주의 출자금이 다음 어느 하나의 방법에 따라 조성한 자금으로서 그 합계액이 출자하고자 하는 금액을 초과하여 차입에 따라 조성한 자금이 아닌 것으로 인정될 것: ⓐ 유상증자, ⓑ 1년 내의 고정자산 매각, ⓒ 내부유보, ⓓ 그 밖에 ⓐ부터 ⓒ까지에 준하는 것으로 인정되는 방법.

774) 외국법령에 따라 설립된 외국법인을 말한다(영 별표2).

형사처벌을 받은 사실이 없어야 하며, ⓒ 영 별표2의 제1호 마목의 사유에 해당하지 않아야 한다.

금융투자업규정에서 외국법인에 대한 보다 세부적인 대주주요건을 정하고 있다(규정 제7-41조의2 제2항, 규정 별표3). 대주주인 외국법인이 지주회사인 경우에는 특례[775]가 인정된다(영 별표2. 비고3).

제6관 건전한 재무상태 및 사회적 신용

일반사모집합투자업을 등록하려는 자는 건전한 재무상태와 법령위반이 없는 등 대통령령으로 정하는 건전한 사회적 신용을 갖추어야 한다(법 제249조의3 제2항제6호).

이와 같은 재무상태요건 및 사회적 신용요건은 법인을 신설하여 등록을 신청하는 경우에는 적용여지가 없고, 기설립·운영 중이던 법인이 일반사모집합투자업을 등록 신청하는 경우에 적용될 것이다. 특히, 재무상태요건은 기왕에 금융투자업을 영위하던 자(예: 투자매매·중개업자)가 일반사모집합투자업을 추가로 등록하는 경우에 적용될 것이다.

(건전한 재무상태) 일반사모집합투자업을 등록하려는 자는 법 제31조에 따른 경영건전성기준을 충족할 수 있는 상태여야 한다(영 제271조의2 제7항, 영 제16조제8항제1호).

(사회적 신용) 일반사모집합투자업을 등록하려는 자는 다음과 같은 요건을 충족하여야 한다: ⓐ 최근 5년간 법 제20조의2에 따른 일반사모집합투자업 등록이 직권말소된 사실이 없어야 하며, 직권말소된 자의 임원 또는 대주주가 아니어야 한다(영 제271조의2 제8항제1호, 제2항제2호 및 제3호). ⓑ 최근 3년간 벌금형 이상의 형사처벌 등 영 제16조제8항제2호에서 정한 사실이 없어야 한다(영 제271조의2 제8항제2호, 영 제16조제8항제2호).

제7관 이해상충 방지체계

일반사모집합투자업을 등록하려는 자는 일반사모집합투자업자와 투자자 간, 특정 투자자와 다른 투자자 간의 이해상충을 방지하기 위한 체계를 갖추어야 한다(법 제249조의3 제2항제7호).

---

775) 대주주인 외국법인이 지주회사여서 등록요건의 전부 또는 일부를 그 지주회사에 적용하는 것이 곤란하거나 불합리한 경우에는 그 지주회사가 등록신청 시에 지정하는 회사(그 지주회사의 경영을 사실상 지배하고 있는 회사 또는 그 지주회사가 경영을 사실상 지배하고 있는 회사만 해당한다)가 등록요건의 전부나 일부를 충족하는 때에는 그 지주회사가 그 요건을 충족한 것으로 본다(영 별표2 비고3).

구체적으로는 ⓐ 법 제44조에 따라 이해상충이 발생할 가능성을 파악·평가·관리할 수 있는 적절한 내부통제기준을 갖추어야 하며, ⓑ 법 제45조에 따라 정보의 교류를 차단할 수 있는 적절한 체계를 갖추어야 한다(영 제271조의2 제9항).

제3절 등록절차

제1관 등록신청서 제출 등

일반사모집합투자업 등록신청서에는 일정한 사항을 기재하고(영 제271조의4 제1항), 일정한 서류를 첨부하여야 한다(영 제271조의4 제2항). 첨부서류에는 업무방법서, 최근 3개 사업연도 재무제표, 5% 이상 주주 현황 자료 등이 포함된다. 이 중에서 업무방법서는 등록 후 어떤 방식으로 일반사모집합투자업을 영위할 것인지를 적는 것으로서 실제 등록심사 과정에서 중요한 의미를 가질 것으로 보인다.

등록신청서를 제출받은 금융위원회는 전자정부법 제36조제1항에 따른 행정정보의 공동이용을 통하여 법인등기사항증명서를 확인하고(영 제271조의4 제3항), 일반사모집합투자업 등록의 신청내용을 확인하고 등록요건을 충족하는지를 검토하게 된다(영 제271조4 제4항).

제2관 등록거부 사유

금융위원회는 등록여부를 결정할 때 다음 중 어느 하나에 해당하는 사유가 없으면 등록을 거부할 수 없다: ⓐ 등록요건을 갖추지 못한 경우, ⓑ 등록신청서를 거짓으로 작성한 경우, ⓒ 등록신청서 흠결이 있어 보완을 요구하였으나 이를 이행하지 아니한 경우(법 제249조의3 제6항).

제3관 등록 여부 통지 등

금융위원회는 일반사모집합투자업 등록신청서를 접수한 경우에는 접수일부터 2개월 이내에 등록여부를 결정하여 그 결과와 이유를 신청인에게 문서로 통지한다. 등록신청서에 흠결이 있으면 보완을 요구할 수 있으며, 흠결보완기간은 검토기간에 산정되지 않는다(법 제249조의3 제4항·제5항).

금융위원회는 일반사모집합투자업 등록을 결정한 경우 '일반사모집합투자업자 등록부'에 필요한 사항을 적고, 등록결정한 내용을 관보 및 인터넷 홈페이지 등에 공고한다(법 제249조의3 제7항).

제4절 등록의 말소

금융위원회는 일반사모집합투자업자가 다음 중 어느 하나에 해당하는 경우에는 그 등록을 직권으로 말소할 수 있다(법 제20조의2).

ⓐ 등록 최저자기자본(10억원)의 100분의 70(7억원) 이상을 6개월 이상 계속해서 유지하지 아니한 경우,

ⓑ 등록을 한 날로부터 1년 이내에 정당한 사유없이 영업을 시작하지 아니하거나 영업을 시작한 후 정당한 사유없이 등록한 업무를 6개월 이상 계속해서 하지 아니한 경우,

ⓒ 등록업무 단위별 운용인력요건을 6개월 이상 계속해서 유지하지 아니한 경우,

ⓓ 월별 업무보고서를 6개월 이상 계속 제출하지 아니하고, 금융위원회로부터 그 보고서 제출요구를 받은 날로부터 1개월 이내에 이를 제출하지 아니한 경우,

ⓔ 관할 세무서장에게 폐업신고를 하거나 관할 세무서장이 사업자등록을 말소한 경우,

ⓕ 파산선고를 받은 경우.

(재진입 제한) 직전 말소된 등록업에 대해서는 5년간 재진입이 제한된다(영 제21조, 영 제271조의2).

제2장 일반사모집합투자업자에 대한 규제

제1절 총설

일반사모집합투자업자는 집합투자업자 중 일반사모집합투자업을 영위하는 자(법 제8조제4항, 제9조제29항)로서, 금융투자업자(법 제6조제1항 각 호의 금융투자업에 대하여 금융위원회 인가를 받거나 금융위원회에 등록하여 이를 영위하는 자)에 해당한다(법 제8조제1항).

따라서 금융위원회에 등록한 일반사모집합투자업자에게는 집합투자업 영위와 관련하여 집합투자업자에게 적용되는 규제(집합투자기구 설정·설립, 집합투자재산 운용 규제 등)는 물론이고 금융투자업자에 공통적으로 적용되는 규제(지배구조 규제 등)도 적용된다.

집합투자업 영위와 관련한 규제는 펀드의 설립·운용·관리등에 관한 것이므로 앞에서 보았듯이 사모펀드(일반사모집합투자기구)에 대해서는 그 규제가 대폭 완화되어 있다. 하지만, 금융투자업자에 공통적으로 적용되는 규제는 사모펀드운용자(일반사모집합투자업자)에 대해서도 대부분 그대로 적용되고, 일부 지배구조 관련 규제(사외이사·상근감사 선임, 대주주 변경)에 대해서만 특례가 인정될 뿐이다.[776)]

집합투자업 영위와 관련된 규제는 제2편에서 보았으므로 여기서는 금융투자업자에 공통적으로 적용되는 규제를 살펴본다.

제2절 등록요건 유지 등

제1관 등록요건 유지

일반사모집합투자업자는 등록 이후 그 영업을 영위함에 있어 등록요건을 유지해야

776) 이처럼 운용자산 규모에 상관없이 모든 사모펀드운용자에게 사실상 동일한 규제가 적용됨에 따라 규제적합성에 대한 비판이 제기될 수 있다. 즉, 대규모 사모펀드운용사에게는 상대적으로 규제가 약하다는 비판이 제기될 수 있고, 한편으로 소규모 사모펀드운용사에게는 상대적으로 규제가 강하다는 비판이 제기될 수 있다. 참고로, 미국과 유럽연합의 경우 앞에서 본 바와 같이 그 운용자산규모에 따라 사모펀드운용자에 대한 규제를 달리하고 있다.

한다. 다만, '건전한 재무상태 및 사회적 신용요건'은 적용하지 않으며, '자기자본요건' 및 '대주주요건'은 등록요건에 비해 완화된 요건이 적용된다(법 제249조의3 제8항). 나머지 등록요건은 등록 후에도 똑같이 충족해야 한다. 예컨대 일반사모집합투자업자의 임원은 금융회사지배구조법 제5조에 적합해야 하며, 임원이 된 후 결격사유에 해당하면 그 직을 상실한다. 여기서의 임원에는 이사·감사 외에 업무집행책임자도 포함된다.

국내에 지점등을 설치하여 일반사모집합투자업을 등록한 외국집합투자업자의 경우는 '대주주요건'에 한해 유지요건을 준수하도록 특례를 두고 있다. 대주주 유지요건의 내용은 외국법인이 대주주인 경우의 유지요건과 동일하다(영 제271조의3 제2호 다목).

1. 자기자본

일반사모집합투자업자는 일반사모집합투자업 등록을 위한 최저자기자본의 100분의 70 이상을 유지하여야 한다.[777] 따라서 7억원(10억×0.7) 이상을 유지해야 한다.

자기자본 유지요건은 매회계연도말을 기준으로 적용하며, 특정회계연도말을 기준으로 유지요건에 미달한 일반사모집합투자업자는 다음 회계연도말까지는 그 유지요건에 적합한 것으로 본다(영 제271조의3 제1호).

2. 대주주

일반사모집합투자업자의 대주주는 그 유형에 따라 유지요건이 다르며, 등록요건에 비해 완화된 요건이 적용된다. 예컨대 형사처벌의 경우 등록요건에서는 모든 대주주가 적용대상인 반면에, 유지요건에서는 최대주주 본인만 적용을 받는다.

첫째, 대주주가 내국인인 경우의 유지요건은 다음과 같다(영 제271조의3 제2호 가목): ⓐ 최대주주가 최근 5년간 법령[778] 위반으로 5억원의 벌금형 이상의 형사처벌을 받은 사실이 없어야 하고, ⓑ 대주주가 금산법에 따른 부실금융기관으로 지정되었거나 법령에 따라 면허취소된 금융기관의 대주주등에 해당하지 않아야 한다.

둘째, 대주주가 외국법인인 경우의 유지요건은 다음과 같다(영 제271조의3 제2호 나목): ⓐ 최대주주가 최근 5년간 법령위반으로 5억원의 벌금형 이상의 형사처벌을 받은 사실이 없어야 하고, ⓑ 대주주가 금산법에 따른 부실 금융기관으로 지정되었거나

777) 외국환업무 취급기관 등록에 따른 자기자본 유지는 별론으로 한다.
778) 금융관계법령을 포함한 모든 법령을 말한다. 등록시 대주주요건에서는 금융관계법령으로 되어 있는 것과 차이가 있다.

법령에 따라 면허취소된 금융기관의 대주주등에 해당하지 않아야 하며, ⓒ 최대주주가 최근 3년간 금융업 상당 영업과 관련하여 본국의 사법기관으로부터 5억원의 벌금형 이상에 상당하는 형사처벌을 받은 사실이 없어야 한다.

제2관 영업의 개시

일반사모집합투자업 등록을 한 자가 그 등록을 한 날부터 1년 이내에 정당한 사유없이 영업을 시작하지 아니하거나 영업을 시작한 후 정당한 사유없이 등록한 업무를 6개월 이상 계속해서 하지 아니한 경우에는 일반사모집합투자업 등록을 취소당할 수 있다(법 제420조제1항제9호, 영 제373조제4항제1호).

여기서의 '영업'이란 '집합투자재산을 운용하는 행위'를 말한다. 따라서 일반사모집합투자업자는 등록일부터 1년 이내에 하나 이상의 일반사모집합투자기구를 설정·설립하고 그 집합투자재산의 운용을 시작하여야 한다.

제3절 지배구조 규제

제1관 총설

금융회사의 지배구조에 관하여 다른 금융관계법령에 특별한 규정이 있는 경우를 제외하고는 금융회사지배구조법[779]이 적용되며, 금융회사지배구조법에 특별한 규정이 없으면 상법이 적용된다(금융회사지배구조법 제4조).

금융회사지배구조법의 주요내용은, 임원의 자격요건·선임절차·겸직, 이사회의 구성 및 권한, 내부통제 및 위험관리, 대주주의 건전성 유지, 소수주주의 권리행사 특례, 처분 및 제재절차, 벌칙으로 구성되어 있다.

금융회사지배구조법은 모든 금융회사에 일률적으로 적용되는 것이 아니다. 즉, 동법 제3조(적용범위)에서 ⓐ 수출입은행 등 일부 금융회사에는 모든 규정의 적용을 배제하고, ⓑ 자산총액등이 일정규모 이하인 일부 금융회사에 대해서는 일부 규정의 적용을 배제한다. 금융지주회사의 완전 자회사 등에 대해서는 개별 조문에서 일부 특례를 인정하고 있다.[780]

---

779) 금융회사지배구조법은 종전에 여러 금융관계법에 산재해 있던 금융회사의 지배구조와 관련한 사항을 통일적이고 체계적으로 규정하는 한편 금융회사의 지배구조에 관한 규율을 강화하여 건전경영을 유도하고 금융시장의 안정성을 유지할 목적으로 2015.7.31. 제정되었으며, 2016.8.1.부터 시행되었다.

780) 금융지주회사의 완전 자회사·손자회사·증손회사가 경영투명성 등 금융회사지배구조법시행령

일반사모집합투자업자는 ⓐ 자산총액이 5조원(주권상장법인인 경우 2조원) 이상이거나, ⓑ 운용자산규모(AUM)[781]가 20조원 이상인 경우에는 금융회사지배구조법 규정 전부를 적용받게 된다(금융회사지배구조법시행령 제6조제3항).[782] 편의상 자산총액이 5조원 미만이고 운용자산규모가 20조원 미만인 일반사모집합투자업자를 '소규모 일반사모집합투자업자'로 부르기로 한다.

이하에서는 금융회사지배구조법을 전부 적용받는 전업 일반사모집합투자업자가 사실상 거의 없다는 점을 고려하여 '소규모 일반사모집합투자업자'에 적용되는 규정을 중심으로 살펴보기로 한다.[783]

1. 소규모 일반사모집합투자업자에 적용되지 않는 규정

소규모 일반사모집합투자업자에게는 금융회사지배구조법 규정 중 아래의 규정은 적용되지 않는다(금융회사지배구조법 제3조제3항):

ⓐ 금융회사지배구조법 제12조제1항, 제12조제2항 본문, 제14조에 따른 이사회의 구성·운영에 관한 사항,

ⓑ 금융회사지배구조법 제16조제1항 및 제2항에 따른 이사회내 위원회의 설치에 관한 사항,

ⓒ 금융회사지배구조법 제21조에 따른 위험관리위원회에 관한 사항,

ⓓ 금융회사지배구조법 제22조에 따른 보수위원회 및 보수체계에 관한 사항,

ⓔ 금융회사지배구조법 제33조에 따른 소수주주권의 행사에 관한 사항.

따라서 소규모 일반사모집합투자업자는 사외이사를 두지 않아도 되고(제12조제1항 및 제12조 본문 관련), 지배구조내부규범을 마련하지 않아도 되며(제14조 관련), 이사회내 위원회(임원후보추천위원회·감사위원회·위험관리위원회·보수위원회)를 설치하지 않아도 된다

제18조에서 정하는 요건을 충족하는 경우에는 금융회사지배구조법 제12조 및 제16조에도 불구하고 사외이사를 두지 아니하거나 이사회내 위원회를 설치하지 아니할 수 있다(금융회사지배구조법 제23조). 그리고 금융지주회사가 금융회사인 자회사 등의 내부통제기준·위험관리기준을 마련하는 경우에는 그 자회사등은 내부통제기준·위험관리기준을 마련하지 아니할 수 있다(금융회사지배구조법 제24조제2항, 제27조제2항).

781) 집합투자재산, 투자일임재산, 신탁재산의 합계액을 말한다(금융회사지배구조법시행령 제6조제3항제2호).

782) 일반사모집합투자업자가 금융지주회사의 자회사 등인 경우에는 일부 특례가 인정된다.

783) 일반사모집합투자업만을 영위하는 자 또는 일반사모집합투자업과 투자일임업만을 영위하는 자라면 사실상 자산총액 5조원 이상(2조원 이상인 주권상장법인) 기준에 해당하는 경우를 상정하기는 어렵고, AUM 20조원 이상 기준에 해당하여 금융회사지배구조법 전부를 적용받는 경우도 매우 드물 것으로 생각된다.

(제16조제1항 및 제2항). 그리고 소규모 일반사모집합투자업자에게는 이사회내 위원회인 보수위원회 및 보수체계에 관한 사항을 정하고 있는 제22조가 적용되지 않으므로, ⓐ 임직원이 과도한 위험을 부담하지 않도록 보수체계를 마련하도록 하는 규정(제22조제2항), ⓑ 일정 임직원에 대한 성과보수 이연지급에 관한 규정(제22조제3항), ⓒ 일정 임직원에 대한 보수지급에 관한 연차보고서 작성·공시에 관한 규정(제22조제4항·제5항)이 적용되지 않는다. 또한, 소규모 일반사모집합투자업자에게는 금융회사지배구조법 제33조에 따른 소수주주권의 행사에 관한 특례규정이 적용되지 않는다. 따라서 소규모 일반사모집합투자업자의 소수주주권 행사는 상법의 규정에 따른다.

소규모 일반사모집합투자업자에게는 이사회내 위원회인 위험관리위원회의 심의 의결사항을 정하고 있는 제21조는 적용되지 않지만, 기타 위험관리에 관한 규정들인 위험관리기준(제27조)·위험관리책임자의 임면등(제28조)·위험관리책임자의 겸직금지등(제29조) 및 위험관리책임자에 대한 금융회사의 의무(제30조) 규정은 적용된다.

2. 자산총액 1천억원·3천억원 이상인 소규모 일반사모집합투자업자

소규모 일반사모집합투자업자라 하더라도 자산총액이 일정규모 이상이 되면 상근 감사 또는 사외이사를 두어야 한다.

최근 사업연도말 현재 자산총액이 1천억원 이상인 일반사모집합투자업자는 상근 감사를 두어야 한다.[784]

최근 사업연도말 현재 자산총액이 3천억원 이상인 일반사모집합투자업자는 이사 총수의 4분의 1 이상을 사외이사로 선임하여야 한다.[785] 즉, 자산총액이 3천억원 이상 ~ 5조원 미만이면 상근 감사를 두어야 하고 이사 총수의 4분의 1 이상을 사외이사로 선임하여야 한다.

제2관 임원

1. 임원의 개념 등

금융회사지배구조법의 적용을 받는 임원에는 이사, 감사, 집행임원(상법에 따른 집행임원을 둔 경우[786]) 및 업무집행책임자가 포함된다(금융회사지배구조법 제2조제2호). 업무집행

---

784) 금융회사지배구조법 제19조제8항, 동법시행령 제16조제3항.

785) 금융회사지배구조법 제12조제2항, 동법시행령 제12조제3호.

786) 상법상 집행임원을 두는 회사를 집행임원 설치회사라고 하는데(상법 제408조의2 제1항), 2024년말 현재까지 금융회사 중에 집행임원 설치회사는 없는 실정이다.
참고로, 상법상 집행임원은 회사의 선택에 따라 대표이사에 갈음하는 기구로 설치되어 회사의

책임자는 종래 사실상의 집행임원 또는 비등기임원으로 불리던 자들을 제도화하여 임원의 범주에 포함시킨 것이다. 자본시장법의 적용을 받는 임원(법 제9조제2항)은 이사 및 감사만 의미하는 것에 비해 금융회사지배구조법상 임원의 범주는 훨씬 넓다.

이사·감사와 업무집행책임자는 자격요건(금융회사지배구조법 제5조), 자격요건 적합여부 보고(금융회사지배구조법 제7조) 및 겸직제한(금융회사지배구조법 제10조) 규정의 적용에 있어서 동일하게 취급된다.

(업무집행책임자, 주요업무집행책임자) 업무집행책임자란 이사가 아니면서 명예회장·회장·부회장·사장·부사장·행장·부행장·부행장보·전무·상무·이사 등 업무를 집행할 권한이 있는 것으로 인정될 만한 명칭[787]을 사용하여 금융회사의 업무를 집행하는 사람을 말한다(금융회사지배구조법 제2조제5호).

주요업무집행책임자란 경영전략수립등 전략기획업무, 재무·예산·결산 회계등 재무관리업무, 자산의 운용 등에 대한 위험관리업무를 집행하는 업무집행책임자를 말한다(금융회사지배구조법 제8조).

업무집행책임자와 주요업무집행책임자는 다음과 같은 점에서 차이가 있다.[788] 첫째, 주요업무집행책임자는 이사회의 의결을 거쳐 선임·해임하는 반면에, 업무집행책임자는 대표이사가 선임·해임한다(금융회사지배구조법 제8조제1항). 둘째, 업무집행책임자와 회사의 관계는 일반적으로 고용관계인 반면에, 주요업무집행책임자와 회사의 관계는 민법상 위임관계가 준용된다(금융회사지배구조법 제8조제3항). 셋째, 주요업무집행책임자는 임기(정관에 다른 규정이 없으면 3년을 초과할 수 없음)가 있으며(금융회사지배구조법 제8조제2항), 이사회의 요구가 있으면 언제든지 출석하여 보고할 의무가 있다(금융회사지배구조법 제9조).

업무집행과 회사대표에 관한 권한을 행사할 수 있는 기관을 말한다(상법 제408조의2 제1항, 제408조의4). 상법상 집행임원은 이사회에서 선임하며 이사 아닌 자로도 선임할 수 있다.

787) 금융회사지배구조법 제2조제5호에서 열거된 명칭은 예시적이기 때문에 단순히 직책명이나 계약내용 일부에 따라 업무집행책임자 여부를 판단하는 것이 아니고 통상적으로 직원에 적용되는 명칭과 다른 직책명(예: 전문위원)을 사용하면서 실제 업무집행에 관여하고 있다면 업무집행책임자로 볼 여지가 상당하다(금융위원회 유권해석, 2019.6.4.).

788) 국회 정무위원회의 검토보고서에 따르면, 업무집행책임자와 주요업무집행책임자를 구분한 취지는 경영임원 중 일부(주요업무집행책임자)는 이사회에서 임면하고 일부(업무집행책임자)는 대표이사가 임면토록 함으로써 경영효율성과 책임경영을 담보하기 위한 것이라고 한다. 사외이사가 과반이 넘는 대형금융회사(특히 은행)에서 이사회와 대표이사 사이의 지배력 쏠림 현상을 방지하기 위한 타협의 산물이라고 보는 견해도 있다.

2. 임원 및 사외이사의 자격요건 등

1) 임원의 자격요건

① 결격사유

일반사모집합투자업자의 임원은 금융회사지배구조법 제5조제1항 각 호에서 정하는 결격사유[789]에 해당하지 않아야 하며, 임원으로 선임된 후에 이러한 결격사유에 해당하게 된 경우에는 그 직을 잃는다(금융회사지배구조법 제5조제1항·제2항).[790] 예컨대, 형사처벌의 경우 금융 관련 법은 벌금 이상, 기타 형법등은 금고 이상이면 결격사유에 해당하게 된다. 그리고 금융감독당국의 임직원 제재조치의 경우 조치일로부터 일정

789) 금융회사지배구조법 제5조제1항 각 호 및 동법시행령 제7조에서 정하는 임원의 결격사유는 다음과 같다.
ⓐ 미성년자, 피성년후견인, 피한정후견인
ⓑ 파산선고받고 복권되지 않은 자
ⓒ 금고 이상의 실형을 선고받고 집행만료 또는 면제된 날부터 5년이 지나지 않은 자, 금고 이상의 형의 집행유예를 선고받고 유예기간 중에 있는 자
ⓓ 금융회사지배구조법이나 금융 관련 법에 따라 벌금 이상의 형을 선고받고 집행만료 또는 면제된 날부터 5년이 지나지 않은 자
ⓔ 금융관계법령에 따른 허가·인가·등록등 취소, 금산법 제10조제1항에 따른 적기시정조치, 금산법 제14조제2항에 따른 행정처분인가 취소 등의 행정조치를 받은 금융회사 임직원 또는 임직원이었던 자(동 조치의 원인에 직접 또는 이에 상응하는 책임이 있는 자로서 금융회사지배구조법시행령 제7조제1항에서 정하는 자로 한정)로서 해당 조치가 있었던 날부터 5년이 지나지 않은 자
ⓕ 금융회사지배구조법·금융 관련 법에 따라 임직원 제재조치(제재 통보받은 퇴임 또는 퇴직한 임직원 포함) 받은 자로서 5년 이내 범위에서 금융회사지배구조법시행령 제7조제2항에서 정한 기간이 지나지 않은 자. 임원의 경우 i) 해임일(해임요구일, 해임권고일)부터 5년, ii) 직무정지·업무집행정지 종료일(직무정지 요구의 경우 요구일)부터 4년, iii) 문책경고일부터 3년이다. 직원의 경우 i) 면직요구일부터 5년, ii) 정직요구일부터 4년, iii) 감봉요구일부터 3년이다.
소속기관 또는 금융위원회·금융감독원 외의 감독·검사기관으로부터 이러한 제재조치에 준하는 조치를 받은 경우에도 일정한 기간 동안 임원자격이 없다(금융회사지배구조법시행령 제7조제2항제3호).
ⓖ 해당 금융회사와 여신거래 규모가 금융위원회가 정하여 고시한 기준(여신거래 잔액 10억원) 이상인 기업과 특수관계가 있는 사람으로서 해당 금융회사의 자산운용과 관련하여 특정거래기업등의 이익을 대변할 우려가 있는 자. 여기서의 '여신거래'란 대출, 지급보증 및 자금지원 성격의 유가증권 매입, 그 밖에 금융거래상의 신용위험이 따르는 금융회사의 직접적·간접적 거래를 말한다(금융회사지배구조법시행령 제3항제3호).

790) 금융회사지배구조법 제5조제1항제7호에서 정하는 결격사유(즉, 금융관계법령에 따라 임직원 제재조치 또는 퇴임·퇴직자 통보조치를 받은 경우)에 해당하는 사람으로서 직무정지, 업무집행정지 또는 정직요구(재임 또는 재직 중이었더라면 조치를 받았을 것으로 통보를 받은 경우를 포함한다) 이하의 제재를 받은 경우에는 그 직을 잃지 아니한다(금융회사지배구조법 제5조제2항 단서). 즉, 해임(해임요구, 해임권고 포함) 또는 면직 조치를 받은 경우에만 그 직을 잃는다.

기간(예: 임원 문책경고일, 직원 감봉요구일부터 3년간) 경과하지 않으면 임원 결격사유에 해당하게 된다.

② 적극요건[791)]

임원[792)]은 책무구조도에서 정하는 자신의 책무를 수행하기에 적합한 전문성, 업무경험, 정직성 및 신뢰성을 갖춘 사람이어야 한다(금융회사지배구조법 제5조제3항).

책무구조도 도입으로 해당 임원의 책무가 명확해짐에 따라 종전의 소극적 결격사유에서 나아가 책무수행의 적극적 요건이 신설된 것이다. 따라서 일반사모집합투자업자는 임원의 신규 선임 시뿐 아니라 기존 임원의 책무구조도상 직책 변경 시에도 자격 충족 여부를 확인하여야 한다.

2) 사외이사의 자격요건

① 결격사유

일반사모집합투자업자의 사외이사가 된 자가 금융회사지배구조법 제6조제1항에서 정하는 결격사유(동조 제1항)[793)]에 해당하면 그 직을 상실한다(금융회사지배구조법 제6조제2항).

---

791) 임원의 적극요건을 규정하는 금융회사지배구조법 제5조제3항은 2024년 개정법 부칙(법률 제19913호, 2024.1.2.) 제6조에 따라 최초로 책무구조도를 작성하여 금융위원회에 제출한 후에 최초로 선임(연임을 포함한다)되거나 책무구조도에서 정하는 직책이 변경되는 임원부터 적용한다(부칙 제2조).
소규모 일반사모집합투자업자의 경우 2024년 개정법 부칙 제6조와 개정시행령 부칙(대통령령 제34584호, 2024.6.18.) 제2조에 따라 개정시행령의 시행일(2025.7.3.) 이후 2년 이내(즉, 2026년 7월 2일까지)에 책무구조도를 금융위원회에 제출하여야 한다. 따라서 그전까지는 임원의 적극요건을 규정하는 금융회사지배구조법 제5조제3항은 일반사모집합투자업자에게 적용되지 않는다.
소규모 일반사모집합투자업자가 아닌 일반사모집합투자업자는 개정시행령의 시행일 이후 1년 이내 즉, 2025.7.2.까지 책무구조도를 제출하여야 하므로, 이후 최초로 선임(연임)되거나 책무구조도에서 정하는 직책이 변경되는 임원부터 적극요건을 적용받게 된다.

792) 금융회사지배구조법 제30조의2 제1항 및 동시행령 제25조의2 제1항 및 제2항에 따른 임원을 말한다. 즉, 금융회사지배구조법 제2조제2호에 따른 '임원'에서 다음과 같은 자가 포함 또는 제외된다: ⓐ 해당 금융회사의 책무에 사실상 영향력을 미치는 다른 회사 임원, 직원인 준법감시인과 위험관리책임자 및 담당업무에서 임원에 준하여 해당 업무를 수행하는 직원(해당 업무를 담당하는 임원이 없는 경우에 한)을 포함하며, ⓑ 이사회 의장이 아닌 사외이사는 제외한다.

793) 제6조(사외이사의 자격요건) ① 다음 각 호의 어느 하나에 해당하는 사람은 금융회사의 사외이사가 될 수 없다. 다만, 사외이사가 됨으로써 제1호에 따른 최대주주의 특수관계인에 해당하게 되는 사람은 사외이사가 될 수 있다.
ⓐ 최대주주 및 그 특수관계인(최대주주 및 그 특수관계인이 법인인 경우에는 그 임직원을 말한다)
ⓑ 주요주주 및 그 배우자와 직계존비속(주요주주가 법인인 경우에는 그 임직원을 말한다)
ⓒ 해당 금융회사 또는 그 계열회사의 상근 임직원 또는 비상임이사이거나 최근 3년 이내에 상근 임직원이거나 비상임이사였던 자

사외이사도 이사로서 임원에 해당하므로 금융회사지배구조법 제5조제1항에서 정하는 임원 결격사유에 해당하는 경우에도 그 직을 상실한다.

② 적극요건

사외이사는 금융, 경제, 경영, 법률, 회계, 소비자보호 또는 정보기술 등 금융회사의 금융업 영위와 관련된 분야에서 연구·조사 또는 근무한 경력이 있는 사람으로서 사외이사 직무수행에 필요한 전문지식이나 실무경험이 풍부하다고 해당 금융회사가 판단하는 사람이어야 한다(금융회사지배구조법 제6조제3항, 동법시행령 제8조제4항).

3. 임원 선임절차 등

1) 선임절차

소규모 일반사모집합투자업자에게는 금융회사지배구조법 제16조(이사회내 위원회의 설치 및 구성)가 적용되지 않으므로, 임원후보추천위원회에 관해 규정하는 금융회사지배구조법 제17조도 적용되지 않는 것으로 보아야 한다. 따라서 소규모 일반사모집합

ⓓ 해당 금융회사 임원의 배우자 및 직계존비속
ⓔ 해당 금융회사의 임직원이 비상임이사로 있는 회사의 상근 임직원
ⓕ 해당 금융회사와 대통령령이 정하는 중요한 거래관계가 있거나 사업상 경쟁관계 또는 협력관계에 있는 법인의 상근 임직원이거나 최근 2년 이내에 상근 임직원이었던 사람
ⓖ 해당 금융회사에서 6년 이상 사외이사로 재직하였거나 해당 금융회사 또는 그 계열회사에서 사외이사로 재직한 기간을 합산하여 9년 이상인 사람
ⓗ 해당 금융회사의 최대주주와 위의 각 호 어느 하나에 해당하는 법인의 상근 임직원 또는 최근 2년 이내에 상근 임직원이었던 자. 이 경우 각 호의 '해당 금융회사'는 '해당 금융회사의 최대주주'로 본다.
ⓘ 해당 금융회사 외의 둘 이상의 다른 주권상장법인의 사외이사, 비상임이사 또는 비상임감사로 재직 중인 사람. 해당 금융회사가 주권상장법인인 경우에는 해당 금융회사 외의 둘 이상의 다른 회사의 이사·집행임원·감사로 재임 중인 사람
ⓙ 해당 금융회사에 대한 회계감사인으로 선임된 감사반 또는 주된 법률자문·경영자문 등의 자문계약을 체결하고 있는 법률사무소등에 소속되어 있거나 최근 2년 내에 소속되었던 공인회계사·세무사·변호사 또는 그 밖의 자문용역을 제공하고 있는 사람
ⓚ 해당 금융회사에 대한 회계감사 또는 세무대리를 하거나 해당 금융회사와 주된 법률자문, 경영자문 등의 자문계약을 체결하고 있는 공인회계사·세무사·변호사 또는 그 밖의 자문용역을 제공하고 있는 사람
ⓛ 해당 금융회사 지분증권총수의 1% 이상에 해당하는 지분증권을 보유하고 있는 사람
ⓜ 해당 금융회사와의 거래잔액이 1억원 이상인 사람
ⓝ 신용정보법에 따른 종합신용정보기관에 신용질서를 어지럽힌 사실이 있는 자 또는 약정한 기일 내에 채무를 변제하지 아니한 자로 등록되어 있는 자(기업이나 법인의 경우 해당 기업이나 법인의 임직원을 말한다)
ⓞ 채무자 회생 및 파산에 관한 법률에 따라 회생절차 또는 파산절차가 진행 중인 기업의 임직원
ⓟ 기업구조조정촉진법에 따른 부실징후기업의 임직원

투자업자는 대표이사나 사외이사를 선임하는 경우에도 임원후보추천위원회에 의한 후보추천 등의 절차를 따르지 않아도 된다.

소규모 일반사모집합투자업자의 이사(사외이사 포함) 및 감사는 상법에 따라 주주총회에서 선임한다(상법 제382조제1항, 제409조제1항).

소규모 일반사모집합투자업자로서 그 자산총액이 3천억원 이상인 경우에는 이사 총수의 4분의 1 이상을 사외이사로 선임하여야 한다(금융회사지배구조법 제12조제2항 단서, 영 제12조제3호).

업무집행책임자의 선임절차는 소규모 일반사모집합투자업자라고 해서 다르지 않다. 즉, 주요업무집행책임자는 이사회 의결을 거쳐 임면하여야 하며(금융회사지배구조법 제8조), 업무집행책임자는 대표이사가 임면한다.

2) 임원의 자격요건 적합 여부 보고등

(임원 선임 시 자격요건 확인등)[794] 일반사모집합투자업자는 다음 어느 하나에 해당하는 경우 해당 임원이 금융회사지배구조법 제5조(임원의 자격요건) 및 제6조(사외이사의 자격요건)의 자격요건을 충족하는지를 확인하여야 한다(금융회사지배구조법 제7조제1항).

그리고 일반사모집합투자업자는 다음 어느 하나에 해당하는 사실이 발생한 경우에는 지체 없이 그 사실 및 자격요건 적합 여부와 그 사유등을 인터넷홈페이지등에 공시하고 금융위원회에 보고하여야 한다(금융회사지배구조법 제7조제1항).

ⓐ 임원(금융회사지배구조법 제30조의2 제1항에 따른 임원을 포함한다)을 선임하려는 경우

ⓑ 금융회사지배구조법 제30조의3 제1항에 따른 책무구조도에서 정하는 임원의 직책을 변경하려는 경우

ⓒ 책무구조도에서 정하는 임원의 책무를 변경하거나 추가하려는 경우

(임원 해임 공시등) 일반사모집합투자업자는 임원을 해임(사임을 포함한다)한 경우에는 지체 없이 그 사실을 인터넷홈페이지등에 공시하고 금융위원회에 보고하여야 한다(금융회사지배구조법 제7조제3항).

---

794) 임원의 자격요건 적합 여부 확인·공시·보고에 관한 금융회사지배구조법 개정법률(법률 제19913호, 2024.1.2.) 제7조제1항·제2항의 개정규정은 부칙 제6조에 따라 최초로 책무구조도를 작성하여 금융위원회에 제출한 후에 최초로 선임(연임을 포함한다)되거나 책무구조에서 정하는 직책이 변경되는 임원부터 적용한다.
앞에서 본 바와 같이 <u>소규모 일반사모집합투자업자</u>는 2026년 7월 2일까지 책무구조도를 제출하여야 한다. 따라서 그전까지는 종전과 같이 임원(이사, 감사, 집행임원, 업무집행책임자) 선임 시 결격사유를 확인하고, 임원을 선임한 경우 지체 없이 선임사실 및 자격요건 적합 여부를 홈페이지등에 공시하고 금융위원회에 보고하면 된다.

임원 선임 시 금융회사지배구조법 제5조 및 제6조에서 정하는 자격요건 충족 여부를 사전에 확인하여야 한다. 임원을 선임한 경우에는 지체 없이 선임사실 및 자격요건 적합 여부를 홈페이지등에 공시하고 금융위원회에 보고하여야 한다. 그리고 임원을 해임하거나 임원이 사임한 경우에도 홈페이지등에 공시하고 금융위원회에 보고하여야 한다(금융회사지배구조법 제7조).

4. 임원의 겸직[795]

1) 총설

금융회사지배구조법 제10조는 금융회사의 임원 등의 겸직에 관해 규정하는데, 제1항은 금융회사 상근 임원의 다른 회사 상근 임직원 겸직제한을, 제2항은 은행등의 상근 임원이 다른 회사 상근 임직원을 겸직할 수 있는 예외를, 제3항은 은행 임직원의 다른 은행등의 임직원 겸직제한을, 제4항은 금융지주회사 및 그 자회사등의 임직원에 대해 제1항 및 제3항의 겸직제한등에 대한 특례를 규정하고 있다.

금융회사지배구조법 제10조제1항은 모든 일반사모집합투자업자에게 적용되고, 제4항은 금융지주회사의 자회사인 일반사모집합투자업자에 한해 적용되며, 제2항 및 제3항은 일반사모집합투자업자에게는 해당 사항이 없다.[796]

겸직규제의 대상이 되는 임원에는 이사·감사 외에 업무집행책임자도 포함된다(금융회사지배구조법 제2조제2호).

참고로, 계열회사·판매회사와의 임직원 겸직 시에는 종전에는 자본시장법 제45조(정보교류의 차단)가 우선 적용되었지만, 2021년 개정으로 관련 규정이 삭제되었다.

2) 상근 임원의 다른 영리법인의 상시적인 업무종사 금지

(금융회사지배구조법 제10조제1항) 일반사모집합투자업자의 상근 임원은 다른 영리법인의 '상시적인 업무'에 종사할 수 없다. 이러한 겸직제한은 '상근 임원'이 다른 회사의 '상근 임직원'을 겸직하는 것을 제한하는 것이므로, ⓐ '비상근 임원'이 다른

795) 사외이사의 자격요건을 규정하는 금융회사지배구조법 제6조제1항제6호는 사실상 사외이사의 겸직을 제한하는 기능도 수행한다. 즉, 사외이사는 해당 금융회사 외의 둘 이상의 다른 주권상장법인의 사외이사·비상임이사·비상임감사가 될 수 없다. 해당 금융회사가 주권상장법인인 경우에는 해당 금융회사 외의 둘 이상의 다른 회사의 이사·집행임원·감사가 될 수 없다(금융회사지배구조법 제6조제1항).

796) 금융회사지배구조법 제10조제2항은 은행·저축은행·보험회사·여신전문금융회사·금융지주회사의 상근 임원이 다른 회사의 상근 임직원 겸직에 대해 규정하고 있으므로, 집합투자업자에는 해당 사항이 없다.

회사의 '상근 또는 비상근 임직원'을 겸직하거나, ⓑ '상근 임원'이 다른 회사의 '비상근 임직원'을 겸직하는 것은 가능하다. 그리고 금융회사지배구조법 제10조에서는 은행을 제외한 금융회사의 경우에는 '직원'의 다른 회사 임직원 겸직에 대해서는 아무런 언급이 없으므로 적어도 금융회사지배구조법상으로는 직원의 겸직에는 특별한 제한이 없는 것으로 이해된다.

(금융회사지배구조법 제10조제1항에 대한 예외) 금융회사지배구조법 제10조제1항 단서에 따라 일반사모집합투자업자의 상근 임원은 다음과 같은 경우는 다른 회사의 상시적인 업무에 종사하는 것이 허용된다.[797]:

첫째, '채무자 회생 및 파산에 관한 법률' 제74조에 따라 (다른 회사의) 관리인으로 선임되는 경우,

둘째, '금융산업의 구조개선에 관한 법률' 제10조제1항제4호에 따라 (다른 회사의) 관리인으로 선임되는 경우,

셋째, 금융회사의 해산 등의 사유로 (다른 회사의) 청산인으로 선임되는 경우.

3) 겸직의 보고

앞에서 보았듯이 일반사모집합투자업자의 임직원이 다른 회사의 임직원을 겸직하는 것과 관련하여 금융회사지배구조법 제10조에서는 '상근 임원'이 다른 영리법인의 상시적인 업무에 종사하는 것만 제한하고 있다. 따라서 이러한 제한에 해당하지 않는 임원의 겸직, 즉, ⓐ '비상근 임원'이 다른 회사의 '상근 또는 비상근 임직원'을 겸직하거나, ⓑ '상근 임원'이 다른 회사의 '비상근 임직원'을 겸직하는 것은 금융회사지배구조법의 규제를 받지 않으므로, 겸직 승인·보고를 요하지 않는다.

하지만, 일반사모집합투자업자의 비상근 임원(사외이사, 비상임이사, 비상임감사)이 다른 금융회사의 임원(상근, 비상근)을 겸직하는 경우에는 소정의 서류를 첨부하여 반기별 겸직 현황을 금융위원회에 보고하여야 한다(금융회사지배구조법 제11조제2항, 동시행령 제11조제9항, 금융회사지배구조감독규정 제4조제5항).

4) 일반사모집합투자업자가 금융지주회사의 자회사등인 경우의 특례

일반사모집합투자업자가 금융지주회사의 자회사등[798]에 해당하는 경우에는 금융

---

797) 금융회사지배구조법 제10조제1항 단서에서 규정하는 예외는 다음과 같다: ⓐ '채무자 회생 및 파산에 관한 법률' 제74조에 따라 관리인으로 선임되는 경우, ⓑ 금융산업의 구조개선에 관한 법률 제10조제1항제4호에 따라 관리인으로 선임되는 경우, ⓒ 금융회사의 해산 등의 사유로 청산인으로 선임되는 경우.

회사지배구조법 제10조제4항에 따라 일정한 경우 겸직이 허용된다.[799]

이처럼 금융회사지배구조법 제10조제4항에 따라 일반사모집합투자업자가 해당 금융지주회사 또는 다른 자회사등의 임직원을 겸직하고자 하는 경우에는 미리 금융위원회의 승인을 받거나 또는 보고하여야 한다(금융회사지배구조법 제11조제1항). 사전승인을 받아야 하는 겸직은 금융회사지배구조법시행령 제11조제2항 각 호의 어느 하나에 해당하는 경우이며,[800] 이에 해당하지 않는 경우는 사후보고 대상이 된다. 다만, 승인 대상에 해당하더라도 금융회사지배구조법시행령 제11조제3항 각 호의 어느 하나에 해당하는 경우[801]에는 보고로 갈음할 수 있다.

겸직승인을 받으려면 금융회사지배구조법시행령 제11조제1항에서 정하는 '임직원 겸직 운용기준' 및 '겸직 관련 확인서'를 마련하여야 하며, 동조 제4항에 따른 '승인 신청서'에 일정한 서류를 첨부하여 금융위원회에 제출하여야 한다. 겸직보고의 경우는 금융회사지배구조감독규정 제4조제5항에서 정하는 서류를 첨부하여 반기별 겸직 현황을 매반기 경과 후 1개월 이내에 금융위원회에 제출하여야 한다.

---

798) 금융지주회사법시행령 제2조제1항의 금융보험업 영위회사 또는 동조 제2항의 금융업의 영위와 밀접한 관련이 있는 회사로 한정된다.

799) 첫째, 금융지주회사의 임직원은 해당 금융지주회사의 자회사등의 임직원을 겸직하는 것이 허용된다(법 제10조제4항제1호). 일반사모집합투자업자가 금융지주회사 소속인 경우에는 당해 금융지주회사의 임직원이 일반사모집합투자업자의 임직원을 겸직하는 것이 가능하며, 이러한 경우에는 겸직이 가능한 업무범위 등에 아무런 제한이 없다. 따라서 금융지주회사의 상근 임원이 그 자회사인 일반사모집합투자업자의 상근 임직원을 겸직하는 것이 가능하다. 일반사모집합투자업자의 상근 임원이 소속 금융지주회사의 상근 임직원을 겸직하는 경우도 마찬가지로 가능하다.
둘째, 금융지주회사의 자회사등의 임직원이 다른 자회사등의 임직원을 겸직하는 것이 허용된다. 다만, 제삼자에게 위탁할 수 없는 집합투자업무, 변액보험계약업무를 겸직하는 것은 여전히 허용되지 않는다. 따라서 일반사모집합투자업자가 금융지주회사 소속인 경우에는 당해 일반사모집합투자업자의 상근 임원으로서 '제삼자 위탁이 금지되는 업무'를 제외한 업무를 담당하는 자는 다른 자회사등의 상근 임직원을 겸직하는 것이 가능하다.

800) 겸직승인을 받아야 하는 경우는 다음과 같다(금융회사지배구조법시행령 제11조제2항 각 호).
ⓐ 상근 임원인 대표이사 또는 주요업무집행책임자가 다른 회사의 상시적인 업무에 종사하는 임직원을 겸직하려는 경우.
ⓑ 상근 임원인 감사위원(감사)·준법감시인·위험관리책임자가 다른 금융회사의 감사위원(감사)·준법감시인·위험관리책임자를 겸직하려는 경우.
ⓒ 상근 임원(대표이사 주요업무집행책임자 제외)이 다른 금융회사의 상시적인 업무에 종사하는 임직원을 겸직하려는 경우로서 겸직하려는 임직원의 업무가 ⅰ) 집합투자업·변액보험계약업무, ⅱ) 자본시장법시행령 제45조제2호 바목에서 정하는 '위탁이 금지되는 신탁업무'에 해당하는 경우

801) 임원이 외국 자회사등의 임직원을 겸직하려는 경우, 최근 3년 이내에 겸직승인을 받은 경우로서 해당 임원이 인사교체등으로 변경되었고 새로 변경된 임원이 겸직하는 업무 또는 겸직하는 회사가 전임자가 겸직했던 업무 또는 겸직했던 회사와 동일한 경우.

제3관 이사회

1. 이사회의 구성 등

소규모 일반사모집합투자업자에게는 금융회사지배구조법 제16조가 적용되지 않으므로 이사회내 위원회를 두지 않아도 된다.[802]

소규모 일반사모집합투자업자로서 자산총액이 3천억원 미만이면 사외이사를 두지 않아도 되므로 사내이사로만 이사회를 구성할 수 있다. 하지만 자산총액이 3천억원 이상[803]이면서 AUM이 20조원 미만인 소규모 일반사모집합투자업자는 이사총수의 4분의 1 이상을 사외이사로 선임하여야 한다(금융회사지배구조법 제12조제2항, 동법시행령 제12조제3호). 사외이사의 사임 등으로 사외이사의 수가 이사총수의 4분의 1에 미치지 못하는 경우에는 그 사유 발생 후 최초로 소집되는 주주총회에서 요건을 충족하도록 조치하여야 한다(금융회사지배구조법 제12조제3항).

명시적인 규정은 없지만 소규모 일반사모집합투자업자에게는 금융회사지배구조법 제13조(이사회 의장의 선임 등)도 적용되지 않는다는 것이 금융위원회의 입장이다.[804] 따라서 사내이사를 이사회 의장으로 선임하여도 된다.

2. 이사회의 권한

일반사모집합투자업자는 정관에 다음의 사항을 이사회 심의·의결사항으로 정하여야 한다(금융회사지배구조법 제15조제1항):[805]

ⓐ 경영목표 및 평가에 관한 사항,
ⓑ 정관변경에 관한 사항,
ⓒ 예산·결산에 관한 사항,
ⓓ 해산·영업양도·합병등 조직의 중요한 변경에 관한 사항,
ⓔ 내부통제기준·위험관리기준 제정·개정·폐지에 관한 사항,
ⓕ 내부통제 및 위험관리 정책의 수립 및 감독에 관한 사항[806]

---

802) 금융회사지배구조법 제3조제3항에서 정하는 소규모 금융회사는 제16조제1항 및 제2항에 따른 이사회내 위원회 설치의무가 없으므로, 당연히 동법 제16조제3항 및 제4항은 적용이 배제된다(금융위원회 유권해석, 2016.10.19.).

803) 정확하게는 자산총액 3천억원 이상 5조원 미만인 경우다. 자산총액이 5조원 이상인 일반사모집합투자업자는 금융회사지배구조법 전부를 적용받기 때문이다.

804) 금융위원회, 금융회사지배구조에 관한 법률 설명서(2016), p7.

805) 일반사모집합투자업자는 상법 제393조제1항에 따른 이사회 권한 중 지배인의 선임·해임, 지점의 설치·폐지에 관한 권한은 정관에서 정하는 바에 따라 위임할 수 있다(금융회사지배구조법 제15조제3항).

ⓖ 최고경영자의 경영승계 등 지배구조 정책수립에 관한 사항,
ⓗ 대주주·임원등과 회사 간의 이해상충행위 감독에 관한 사항

제4관 감사

1. 상근 감사 또는 비상근 감사

소규모 일반사모집합투자업자에게는 이사회내 위원회 설치등에 관한 금융회사지배구조법 제16조가 적용되지 않으므로 동법 제17조에 따른 감사위원회를 설치하지 않아도 된다(금융회사지배구조법 제3조제3항제2호).

(상근 감사) 소규모 일반사모집합투자업자에 해당하더라도 그 자산총액이 1천억원 이상인 경우에는 상근 감사(회사에 상근하면서 감사업무를 수행하는 감사)를 두어야 한다. 다만, 임의로 금융회사지배구조법 제19조의 요건을 갖춘 감사위원회를 설치한 경우에는 상근 감사를 둘 수 없다(금융회사지배구조법 제19조제8항).[807] 상근 감사는 금융회사지배구조법 제6조제1항 각 호에서 정하는 결격사유에 해당하지 않아야 하며,[808] 상근 감사가 된 이후에 이러한 결격사유에 해당하게 된 경우에는 그 직을 잃는다(금융회사지배구조법 제19조제10항). 상근 감사 선임 시에는 상법 제409조제2항 및 제3항이 준용된다(금융회사지배구조법 제19조제9항). 따라서 의결권 없는 주식을 제외한 발행주식총수의 3%를 초과하는 주식을 가진 주주는 그 초과하는 주식에 관하여 상근 감사의 선임에 있어서는 의결권을 행사하지 못하며, 정관으로 3%보다 낮은 비율을 정할 수 있다.

(비상근 감사) 소규모 일반사모집합투자업자로서 그 자산총액이 1천억원 미만이고 AUM도 20조원 미만인 경우에는 상법에 따라 비상근 감사를 두어도 된다.[809]

---

806) 책무구조도 도입에 따라 내부통제 및 위험관리의 최종책임이 있는 이사회의 의무와 권한을 구체적으로 명시한 것이다. 내부통제가 미흡하거나 실패하는 등의 문제가 발생하는 경우 주주들의 이사회에 대한 책임추궁의 근거로 작용할 것으로 예상된다.

807) 이처럼 감사위원회 설치 의무가 없음에도 금융회사지배구조법에 따른 감사위원회를 두고자 하는 경우에는, ⓐ 동법 제16조제3항·제4항 및 제17조에 따라 과반수가 사외이사인 3인 이상으로 구성되는 임원후보추천위원회(대표는 사외이사)에서 감사위원 후보를 추천해야 하며, ⓑ 동법 제19조에 따라 감사위원회를 구성하고 감사위원을 선임하여야 한다.

808) 다만, 해당 일반사모집합투자업자의 상근 감사로 재임 중이거나 재임하였던 사람은 제6조제1항제3호에도 불구하고 상근 감사가 될 수 있다(금융회사지배구조법 제19조제10항 단서).

809) 금융회사지배구조법에 따르면 집합투자업자는 그 자산총액이나 AUM 규모에 따라 감사(감사위원회)에 관한 규제내용이 다음과 같이 달라진다: ⓐ 자산총액이 5조원 이상이거나 AUM이 20조원 이상인 집합투자업자는 감사위원회를 설치해야 한다. ⓑ 자산총액이 1천억원 이상이면서 AUM이 20조원 미만인 집합투자업자는 상근 감사를 두어야 한다. 단, 감사위원회를 설치한 경우에는 상근 감사를 둘 수 없다. ⓒ 자산총액이 1천억원 미만이고 AUM이 20조원

2. 감사에 대한 지원

일반사모집합투자업자의 감사는 회사의 비용으로 전문가의 조력을 구할 수 있으며(금융회사지배구조법 제20조제1항), 그 직무를 수행할 때 필요한 자료나 정보의 제공을 회사에 요청할 수 있고 회사는 특별한 사유가 없으면 이에 따라야 한다(금융회사지배구조법 제20조제4항, 제18조제2항).

일반사모집합투자업자는 감사의 업무를 지원하는 담당부서를 설치하여야 하며(금융회사지배구조법 제20조제2항), 감사의 원활한 직무수행을 위하여 다음과 같은 방법으로 충분한 자료나 정보를 제공하여야 한다(금융회사지배구조법 제20조제4항 및 제18조, 동법시행령 제15조): ⓐ 감사가 회사의 경영실태를 원활히 파악할 수 있도록 영업·재무 기타의 업무집행상황 등에 관한 자료나 정보를 연 1회 이상 정기적으로 제공할 것, ⓑ 감사가 원활한 직무수행을 위하여 자료나 정보의 제공을 요구하는 경우 일반사모집합투자업자는 정당한 사유가 없는 한 요구받은 자료나 정보를 지체 없이 제공할 것. ⓒ 이사회등의 회의자료를 회의 개최 2주일 전까지 제공할 것. 다만, 정관 또는 이사회규정 등에서 그 기간을 달리 정할 수 있다.

3. 감사 업무내용 보고

일반사모집합투자업자는 감사의 업무내용과 관련한 다음과 같은 사항을 포함한 보고서를 매반기 경과 후 1개월 이내에 금융감독원장에게 제출하여야 한다: ⓐ 감사의 감사 현황, ⓑ 감사결과 및 그 조치내역, ⓒ 기타 감사의 업무로서 금융감독원장이 정하는 사항(금융회사지배구조법 제20조제3항, 금융회사지배구조감독규정 제7조).

제5관 내부통제 및 위험관리

1. 내부통제

1) 내부통제기준 마련

일반사모집합투자업자는 법령을 준수하고 경영을 건전하게 하며 주주 및 이해관계자 등을 보호하기 위하여 그 임직원이 직무를 수행할 때 준수하여야 할 기준 및 절차인 내부통제기준을 마련하여야 한다(금융회사지배구조법 제24조제1항).[810]

미만인 집합투자업자는 비상근 감사를 두어도 된다.

810) 다만, 일반사모집합투자업자가 금융지주회사의 자회사등에 해당하고, 당해 금융지주회사가 일반사모집합투자업자의 내부통제기준을 마련한 경우에는 따로 내부통제기준을 마련하지 않을 수 있다(금융회사지배구조법 제24조제2항).

일반사모집합투자업자가 내부통제기준을 마련하는 경우 다음 사항을 포함시켜야 한다(금융회사지배구조법 제24조제3항): ⓐ 금융회사지배구조법시행령 제19조제1항 각 호에서 정하는 사항,[811] ⓑ 금융회사지배구조감독규정 제11조제2항 각 호에서 정하는 사항,[812] ⓒ 금융회사지배구조감독규정 별표 3의 기준에 따른 사항.[813]

일반사모집합투자업자는 내부통제기준을 설정·운용함에 있어 금융회사지배구조감독규정 별표 2에서 정하는 기준[814]을 준수하여야 한다(금융회사지배구조감독규정 제11조제1항).

(소비자보호 내부통제기준) 일반사모집합투자업자는 자신이 설정·설립하여 운용하는 일반사모집합투자기구의 집합투자증권을 직접판매하는 경우에는 금융소비자보호법에서 정하는 바에 따라 소비자보호 내부통제기준을 마련하여야 한다(금융소비자보호법 제16조제2항).

2) 준법감시인

① 의의

준법감시인이란 내부통제기준의 준수 여부를 점검하고 내부통제기준을 위반하는 경우 이를 조사하는 등 내부통제 관련 업무를 총괄하는 사람을 말한다.[815]

---

811) 업무분장 및 조직구조, 임직원이 업무수행시 준수해야 할 절차, 내부통제 관련 이사회·임원·준법감시인의 역할, 내부통제를 수행하는 전문성 갖춘 인력과 지원조직, 경영의사결정에 필요한 정보가 효율적으로 전달될 수 있는 체제의 구축, 임직원의 내부통제기준 준수 여부를 확인하는 절차·방법과 내부통제기준을 위반한 임직원의 처리, 임직원의 금융관계법령 위반을 방지하기 위한 절차·기준, 내부통제기준의 제정·변경절차, 준법감시인 임면절차, 이해상충 관리방법·절차, 상품·서비스에 대한 광고 제작·내용 관련 준수사항, 금융회사지배구조법 제11조제1항에 따른 임직원 겸직이 동조 제4항제4호 각 목의 요건을 충족하는지에 대한 평가·관리, 기타 내부통제기준에서 정해야 할 사항으로서 금융위원회가 정하는 사항.

812) 내부고발자제도의 운영에 관한 사항, 위법부당한 행위를 사전에 방지하기 위하여 명령휴가제도 도입 및 그 적용대상·실시주기·명령휴가기간·적용예외등 명령휴가제도 시행에 필요한 사항, 사고발생 우려가 높은 단일거래에 대해 복수의 인력 또는 부서가 참여하도록 하는 직무분리기준에 대한 사항, 새로운 금융상품의 개발 및 금융상품 판매과정에서 금융소비자 보호 및 시장질서유지등을 위하여 준수해야 할 업무절차에 관한 사항, 영업점 자체점검의 방법·확인사항 실시주기 등에 대한 사항, 자금세탁행위등을 방지하기 위한 사항.

813) 집합투자재산에 속하는 주식의 의결권 행사와 관련된 법규 및 내부지침 준수 여부에 관한 사항, 집합투자재산에 속하는 자산의 매매를 위탁하는 투자중개업자의 선정기준에 관한 사항, 언론기관등에 대한 업무 관련 정보의 제공절차·기준에 관한 사항, 투자자 신용정보의 관리·보호에 관한 사항, 투자자가 제기한 각종 고충·불만사항 및 투자자와의 사이에 발생한 분쟁의 처리기준·절차에 관한 사항 등.

814) 금융회사지배구조감독규정 〔별표2〕 내부통제기준의 설정·운영기준.

815) 다음과 같은 자본시장법시행령 및 금융투자업감독규정에서 준법감시인의 구체적인 직무를 규정하고 있다: 영 제50조제4항제2호, 영 제64조제4항. 규칙 제9조제2항, 규정 제4-6조제6항제3호, 규정 제4-7조제1항제6호·제4항제1호 및 제3호·제11항제4호, 규정 제4-11조

② 임면등

일반사모집합투자업자는 사내이사나 업무집행책임자 중에서 1인 이상의 준법감시인을 두어야 한다. 소규모 일반사모집합투자업자는 사내이사나 업무집행책임자가 아닌 자를 준법감시인으로 두어도 된다. 하지만 이처럼 준법감시인을 직원 중에서 선임하는 경우에도 '기간제 및 단시간 근로자 보호 등에 관한 법률'에 따른 기간제 근로자나 단시간 근로자를 준법감시인으로 선임할 수는 없다(금융회사지배구조법 제25조제1항·제2항·제5항).

준법감시인의 임기는 2년 이상으로 하여야 하며(금융회사지배구조법 제25조제4항), 준법감시인에 대해서는 회사의 재무적 성과와 연동하지 아니하는 별도의 보수지급 및 평가기준을 마련하여 운영하여야 한다(금융회사지배구조법 제25조제6항).

준법감시인은 이사회의 의결을 거쳐 임면하여야 하며, 해임할 경우에는 이사 총수의 3분의 2 이상의 찬성으로 하여야 한다(금융회사지배구조법 제25조제3항).

준법감시인을 임면하였을 때에는 그 사실을 임면일부터 7영업일 이내에 금융위원회에 보고하여야 한다(금융회사지배구조법 제30조제2항).

③ 자격요건

준법감시인은 금융회사지배구조법 제26조제1항에서 정하는 적극요건(제26조제1항제2호)[816]과 결격요건(제26조제1항제1호)[817]을 모두 충족하여야 하며, 준법감시인으로

제2항제3호, 규정 제4-12조제1항제3호·제6호, 규정 제4-59조제3항·제4항, 규정 제4-60조제1항제3호, 규정 제4-61조제3항, 규정 제4-62조제3항.

816) 일반사모집합투자업자의 준법감시인이 되려면 다음 중 어느 하나에 해당하는 사람이어야 한다. 다만, 감독기관등 근무경력자는 퇴임·퇴직한 후 5년이 경과해야 한다.
ⓐ 금융회사 10년 이상 근무자
ⓑ 금융 관련 분야 석사·박사로서 연구기관·대학에서 연구원·조교수 이상 직에 5년 이상 근무자
ⓒ 변호사·공인회계사로서 그 자격 관련 업무에 5년 이상 종사한 사람
ⓓ 금융 관련 협회등(은행연합회, 금융투자협회, 생명보험협회, 손해보험협회, 상호저축은행중앙회, 여신전문금융업협회, 한국거래소, 한국예탁결제원, 한국투자공사)에서 7년 이상 종사한 사람
ⓔ 감독기관등(기획재정부·금융위원회·증권선물위원회·감사원·금융감독원·한국은행·예금보험공사)에서 7년 이상 근무한 사람

817) 최근 5년간 금융회사지배구조법·금융관계법령을 위반하여 금융위원회·금융감독원장·소속기관·금융위원회나 금융감독원장이 아닌 자로서 금융관계법령에서 조치권한을 가진 자로부터 금융회사지배구조법 제35조제1항 각 호 및 제2항 각 호에 규정된 조치 중 문책경고(임원인 경우) 또는 감봉요구(직원인 경우) 이상에 해당하는 조치를 받은 사실이 없어야 한다. 업무집행책임자는 금융회사지배구조법의 정의규정(제2조제2호)에서는 '임원'에 해당하나, 제재조치 규정(제35조)에서는 임원에 포함되지 않으므로 직원에 해당한다는 사실에 유의할 필요가 있다.

선임된 후에 결격요건에 해당하게 되면 그 직을 잃는다(금융회사지배구조법 제26조제2항).

④ 겸직 금지

준법감시인은 선량한 관리자의 주의로 그 직무를 수행해야 하며, 다음과 같은 업무를 수행하는 직무를 담당하여서는 아니 된다(금융회사지배구조법 제29조)[818]: ⓐ 자산운용에 관한 업무, ⓑ 해당 일반사모집합투자업자의 본질적 업무(영 제47조제1항제3호에 따른 집합투자업의 본질적 업무) 및 그 부수업무, ⓒ 해당 일반사모집합투자업자의 겸영업무.

⑤ 지원조직 등

(지원조직) 일반사모집합투자업자는 내부통제업무가 효율적으로 수행될 수 있도록 충분한 경험과 능력을 갖춘 적절한 수의 인력으로 지원조직을 구성·유지하여 준법감시인의 직무수행을 지원하여야 한다. 다만, 자산총액 1천억원 미만인 일반사모집합투자업자는 전담조직을 두되 준법감시인 외 별도 지원인력은 두지 않아도 된다(금융회사지배구조법시행령 제19조제3항, 감독규정 제11조제3항).

(자료·정보의 제공) 일반사모집합투자업자는 준법감시인이 그 직무를 독립적으로 수행할 수 있도록 하여야 하며, 일반사모집합투자업자 및 그 임직원은 준법감시인이 직무수행에 필요한 자료·정보의 제공을 요구할 때에는 성실히 응하여야 한다(금융회사지배구조법 제30조제1항·제3항).

(인사상 불이익 금지) 일반사모집합투자업자는 준법감시인이었던 자에 대해 그 직무수행과 관련된 사유로 부당한 인사상의 불이익을 주지 않아야 한다(금융회사지배구조법 제30조제4항).

2. 위험관리

1) 위험관리기준

일반사모집합투자업자는 위험관리기준(자산의 운용이나 업무의 수행, 그 밖의 각종 거래에서 발생하는 제반위험을 제때에 인식·평가·감시·통제하는 등 위험관리를 위한 기준 및 절차를 말한다)을 마련하여야 한다(금융회사지배구조법 제27조제1항).[819]

---

818) 소규모 일반사모집합투자업자의 경우는 준법감시인이 위험관리책임자를 겸직할 수 있으므로 겸직금지 업무에 위험관리책임자의 위험 점검·관리 업무가 포함되지 않는다(금융회사지배구조법 제29조제5호, 동법시행령 제24조제2항 단서).

819) 다만, 당해 일반사모집합투자업자가 금융지주회사의 자회사등에 해당하고, 당해 금융지주

위험관리기준 등 위험관리에 관한 사항은 일반사모집합투자업자의 이사회에서 심의·의결하여야 한다. 다만, 효율적인 위험관리를 위하여 필요하다고 인정되는 경우에는 이사회내에 '위험관리위원회'를 두고 위험관리업무를 담당하게 할 수 있다(금융투자업규정 제3-43조).

일반사모집합투자업자는 위험관리기준에 금융회사지배구조법시행령 제22조 및 금융회사지배구조감독규정 제13조제1항에서 정하는 사항을 포함시켜야 한다.[820] 일반사모집합투자업자의 위험관리기준에는 고유재산 운용과 관련한 사항 외에 집합투자재산 운용과 관련한 사항도 포함되어야 한다.

2) 위험관리책임자

(업무등) 일반사모집합투자업자는 자산의 운용이나 업무의 수행 기타 각종 거래에서 발생하는 위험을 점검하고 관리하는 위험관리책임자를 1명 이상 두어야 한다(금융회사지배구조법 제28조제1항).

위험관리책임자의 구체적인 업무는 다음과 같다: ⓐ 위험한도의 운영상황 점검 및 분석, ⓑ 위험관리정보시스템의 운영, ⓒ 이사회, 임원에 대한 위험관리정보의 적시 제공, ⓓ 기타 위험관리에 필요한 사항.

(임기, 임면, 자격요건) 위험관리책임자의 임면, 임기 등에 대하여는 준법감시인에

회사가 자회사 등의 위험관리기준을 마련한 경우에는 따로 위험관리기준을 마련하지 않을 수 있다(금융회사지배구조법 제27조제2항).

820) 금융회사지배구조법시행령 제22조 및 동규정 제13조제1항에서 위험관리기준에 포함시키도록 정하고 있는 사항은 다음과 같다: ⓐ 위험관리의 기본방침, ⓑ 금융회사의 자산운용등과 관련하여 발생할 수 있는 위험의 종류·인식·측정·관리, ⓒ 금융회사가 부담 가능한 위험 수준의 설정, ⓓ 적정 투자한도 또는 손실 허용한도의 승인, ⓔ 위험관리를 전담하는 조직의 구조 및 업무분장, ⓕ 임직원이 업무수행시 준수해야 하는 위험관리절차, ⓖ 임직원의 위험관리기준 준수 여부를 확인하는 절차·방법과 위험관리기준을 위반한 임직원의 처리, ⓗ 위험관리기준의 제정·변경, ⓘ 위험관리책임자의 임면, ⓙ 금융사고등 우발상황에 대한 위험관리 비상계획, ⓚ 위험관리전담조직의 구성·운영, ⓛ 부서별·사업부문별 위험부담한도 및 거래한도등의 설정·운영, ⓜ 개별 자산·거래가 금융회사에 미치는 영향(잠재영향 포함)의 평가, ⓝ 위험한도의 운영상황 점검·분석, ⓞ 위험관리정보시스템의 운영, ⓟ 장부외거래기록의 작성·유지, ⓠ 자기자본 및 최소영업자본액의 수준, ⓡ 운용자산의 내용과 위험의 정도, ⓢ 자산의 운용방법, ⓣ 고위험자산의 기준과 운용한도, ⓤ 자산의 운용에 따른 영향, ⓥ 콜차입 등 단기차입금 한도, ⓦ 내부적인 보고 및 승인체계, ⓧ 고유재산과 투자재산등 자산 및 집합투자재산을 운용하면서 발생하는 위험을 효율적으로 관리하기 위한 다음 사항: a) 자산 및 집합투자재산의 운용시 발생할 수 있는 위험의 종류·인식·측정·관리체계에 관한 사항, b) 금융투자업자 또는 집합투자기구가 수용할 수 있는 위험수준의 설정에 관한 사항, c) 장부외거래기록(규정 제4-14조)의 작성·유지에 관한 사항, d) 개별 자산 또는 거래가 금융투자업자 또는 집합투자기구에 미치는 영향(잠재영향 포함)의 평가에 관한 사항, e) 기타 건전한 자산운용을 위해 필요한 사항.

적용되는 금융회사지배구조법 제25조제2항부터 제6항까지가 준용된다(금융회사지배구조법 제28조제2항).

위험관리책임자의 자격요건은 금융회사지배구조법 제28조제3항에서 결격요건(제1호)과 적극요건(제2호)을 규정하고 있는데, 적극요건에서 변호사·공인회계사가 빠진 것 외에는 준법감시인의 자격요건과 동일하다. 위험관리책임자가 된 사람이 결격요건에 해당하는 경우에는 그 직을 잃는 것도 동일하다(금융회사지배구조법 제28조제4항).

(겸직금지, 회사의 의무) 위험관리책임자의 겸직금지[821]와 회사의 의무는 준법감시인의 경우와 동일하다(금융회사지배구조법 제29조, 제30조).

(지원조직) 일반사모집합투자업자는 위험관리업무가 효율적으로 수행될 수 있도록 충분한 경험과 능력을 갖춘 적절한 수의 인력으로 지원조직을 구성·유지하여 위험관리책임자가 그 직무를 수행할 수 있도록 지원하여야 한다. 다만, 자산총액 1천억원 미만인 일반사모집합투자업자는 전담조직을 두되 위험관리인 외 별도 지원인력을 두지 않아도 된다(금융회사지배구조법 제27조제3항, 금융회사지배구조감독규정 제13조제3항).

3. 내부통제 및 위험관리(내부통제등)의 관리

1) 책무구조도와 임원의 내부통제등 관리의무

일반사모집합투자업자의 대표이사(대표집행임원을 둔 경우에는 대표집행임원)는 금융회사지배구조법 제30조의2(임원의 내부통제등 관리의무)에 따른 관리의무를 이행하여야 하는 임원[822]과 임원의 직책별로 금융회사지배구조법, 상법, 형법, 금융관계법령에서 정한 사항으로서 대통령령으로 정하는 책무[823]를 배분한 책무구조도(Responsibilities Map)를 이사회의 의결을 거쳐 마련[824]하여 이를 금융위원회에 제출[825]하여야 한다. 책무구조도의

---

821) 위험관리책임자가 위험관리업무 외에 기획·인사·총무 등의 업무를 겸직하는 것은 가능하다(금융위원회 유권해석, 2016.6.10.).

822) 금융회사지배구조법 제30조의2에 따른 관리의무를 이행해야 하는 임원에는 해당 금융회사의 책무에 사실상 영향을 미치는 다른 회사의 임원, 준법감시인, 위험관리책임자 등이 포함되나, 이사회 의장이 아닌 사외이사는 제외된다(금융회사지배구조법 제30조의2 제1항, 동법시행령 제25조의2 제2항).

823) 일반사모집합투자업자 또는 그 임직원이 ⓐ 준법감시, 위험관리 등 법령에 따라 특정책임자를 지정하여 전사적·총괄적으로 수행하는 업무, ⓑ 일반사모집합투자업자가 수행하는 고유업무·겸영업무·부수업무등 영업 관련 부문별 업무, ⓒ 전략기획, 건전성관리 등 일반사모집합투자업 영위를 위해 수행하는 경영관리 관련 업무와 관련하여 해당 법령에 근거하여 수행하거나, 해당 법령상 수행해야 할 의무가 있는 내부통제 및 위험관리 책임을 말한다(금융회사지배구조법시행령 제25조의3 제2항).

824) 책무구조도는 책무별로 담당하는 임원이 반드시 존재하고, 책무별로 담당하는 임원이 복수로

주요사항이 변경된 경우에도 금융위원회에 변경된 책무구조도를 제출하여야 한다(금융회사지배구조법 제30조의3 제1항·제3항·제4항·제5항).

일반사모집합투자업자의 임원은 책무구조도에서 정하는 자신의 책무와 관련하여 내부통제 및 위험관리가 효과적으로 작동할 수 있도록 금융회사지배구조법 제30조의2 제1항 각 호의 관리조치[826]를 하고, 관리조치의 내용 등 같은 조 제2항 각 호의 사항[827]을 대표이사(대표집행임원을 둔 경우에는 대표집행임원)에게 보고하여야 한다(금융회사지배구조법 제30조의2 제1항·제2항).

2) 대표이사의 내부통제등 총괄관리의무

일반사모집합투자업자의 대표이사(대표집행임원을 둔 경우에는 대표집행임원)는 내부통제등의 전반적 집행 및 운영의 최종적인 책임자로서 금융회사지배구조법 제30조의4 제1항 각 호에서 정하는 총괄적인 관리조치[828]를 실효성 있게 하여야 하며, 관리조치의

존재하지 않으며, 책무의 배분이 특정임원에게 편중되지 않도록 작성되어야 한다(금융회사지배구조법 제30조의3 제2항, 동법시행령 제25조의3 제3항).

825) 금융회사지배구조법시행령 시행(2024년 7월 3일) 이후 1년(소규모 일반사모집합투자업자는 2년) 내로 책무구조도를 금융위원회에 제출하여야 한다.

826) 임원이 책무구조도에서 정하는 자신의 책무와 관련하여 수행해야 하는 관리조치는 다음과 같다(금융회사지배구조법 제30조의2 제1항 각 호, 동시행령 제25조의2 제3항).
1. 금융회사지배구조법 및 금융관계법령에 따른 내부통제기준 및 위험관리기준(내부통제기준등)이 적정하게 마련되었는지 여부에 대한 점검
2. 내부통제기준등이 효과적으로 집행·운영되고 있는지 여부에 대한 점검
3. 임직원이 법령 또는 내부통제기준등을 충실하게 준수하고 있는지 여부에 대한 점검
4. 위 1부터 3까지에 따른 점검과정에서 알게 된 법령 및 내부통제기준등의 위반사항이나 내부통제등에 관한 미흡한 사항에 대한 시정·개선등 필요한 조치
5. 법 제30조의2 제1항제4호에 따른 조치의 이행 여부에 대한 점검
6. 임직원이 법령 또는 금융회사지배구조법 제30조의2 제1항제1호에 따른 내부통제기준등을 준수하도록 하기 위해 필요한 교육·훈련등의 지원
7. 금융회사지배구조법 제30조의2 제1항제1호부터 제3호까지의 규정에 따른 점검과정에서 임직원의 법령 또는 내부통제기준등의 위반사항이나 내부통제등에 관한 미흡한 사항을 알게 된 경우 해당 임직원에 대해 조사 및 제재조치를 할 것을 소속 금융회사에 요구하는 것.

827) 임원이 대표이사에게 보고하여야 하는 사항은 다음과 같다(금융회사지배구조법 제30조의2 제2항 각 호)
1. 금융회사지배구조법 제30조의2 제1항 각 호에 따른 관리조치의 내용과 결과
2. 금융회사지배구조법 제30조의2 제1항에 따른 관리조치를 수행하는 과정에서 알게 된 내부통제등에 관한 사항
3. 위 1 및 2에 준하는 사항으로서 대통령령으로 정하는 사항(정한 바 없음)

828) 금융회사지배구조법 제30조의4 제1항 각 호에서 정하는 사항은 다음과 같다.
1. 내부통제정책·기본방침 및 전략의 집행·운영
2. 임직원이 법령 및 내부통제기준등을 준수하기 위하여 필요한 인적·물적 자원의 지원 및 그 지원의 적정성에 대한 점검
3. 임직원의 법령 또는 내부통제기준등의 위반사실을 대표이사가 적시에 파악할 수 있도록 하기 위한 제보·신고 및 보고등에 대한 관리체계의 구축·운영

내용과 결과 등 같은 조 제2항 각 호에서 정하는 사항[829]을 이사회에 보고하여야 한다. 대표이사는 이러한 실태점검 및 보고업무를 준법감시인에게 위임할 수 있다(금융회사지배구조감독규정 제11조제5항).

제6관 대주주의 건전성 유지

1. 총설

금융회사지배구조법이 제정됨에 따라 그동안 개별 금융관계법에 산재해 있던 금융회사 대주주의 변경승인 등 건전성 유지 관련 규제가 금융회사지배구조법으로 이관되었다.[830] 즉, 동법 제31조에서 대주주 변경승인등에 대해 규정하고 있는데, 원칙적으로 금융회사의 대주주가 되고자 하는 자는 미리 금융위원회의 승인을 받아야 하지만, 일부 특정회사의 경우는 당해 회사가 대주주 변경사실을 금융위원회에 사후보고하면 된다. 그리고 동법 제32조에서는 최대주주의 주기적 자격심사 등에 대해 규정하고 있다.

(일반사모집합투자업자의 경우) 금융회사지배구조법 제31조가 일반사모집합투자업자에게는 사실상 적용되지 않는다는 점에 대해서는 논란의 여지가 없다. 동법 제31조제1항 단서 및 동법시행령 제26조제4항제4호에서 '일반사모집합투자업자의 대주주가 되려는 자'는 법 제31조제1항 본문에 따른 변경승인을 받지 않아도 되도록 명시하고 있기 때문이다.[831] 그리고 일반사모집합투자업자는 법 제31조제5항에서 정하는 대주주

---

4. 각 임원이 금융회사지배구조법 제30조의2에 따른 관리의무를 적절하게 수행하고 있는지 여부에 대한 점검
5. 각 임원의 법령 또는 내부통제기준등 위반을 초래할 수 있는 대통령령으로 정하는 잠재적 위험요인 또는 취약분야에 대한 점검
6. 임직원의 법령 또는 내부통제기준등 위반이 장기화 또는 반복되거나 조직적으로 또는 광범위하게 이루어지는 것을 방지하기 위한 조치로서 대통령령으로 정하는 조치
7. 1부터 6까지 및 8에 따른 관리조치를 이행하는 과정에서 알게 된 법령 및 내부통제기준등의 위반사항이나 내부통제등에 관한 미흡한 사항에 대한 시정·개선등 필요한 조치
8. 그밖에 내부통제등의 효과적 작동을 위한 대통령령으로 정하는 조치

829) 대표이사가 이사회에 보고하여야 하는 사항은 다음과 같다(금융회사지배구조법 제30조의4 제2항 각 호)
1. 금융회사지배구조법 제30조의4 제1항 각 호에 따른 관리조치의 내용과 결과
2. 금융회사지배구조법 제30조의4 제1항에 따른 관리조치를 수행하는 과정에서 알게 된 내부통제등에 관한 중요한 사항
3. 금융회사지배구조법 제30조의2 제2항에 따라 임원이 보고하는 사항 중 중요한 사항
4. 위 1 및 2에 준하는 사항으로서 대통령령으로 정하는 사항

830) 금융회사지배구조법은 2015.7.31. 제정되어 2016.8.1.부터 시행되었다.

831) 다만 자본시장법시행령 별표1에 따른 금융투자업 인가를 받은 일반사모집합투자업자의 대주주가 되려는 자는 금융회사지배구조법 제31조제1항에 따른 대주주변경 승인을 받아야

변경 사후보고 대상 금융회사에도 포함되지 않는다. 따라서 일반사모집합투자업자의 경우는 대주주 변경과 관련하여 법 제31조의 적용을 받지 않는다.

금융회사지배구조법 제32조가 일반사모집합투자업자에게 적용되는지 여부는 법 문언상으로는 명확하지 않다. 금융회사지배구조법 제32조에 따른 최대주주 자격심사는 '동법 제31조제1항의 적용대상인 금융회사'에 한정되는데, 일반사모집합투자업자는 형식적으로는 동법 제31조제1항의 적용대상에 해당하지만 실질적으로는 이에 해당하지 않기 때문이다. 일반사모집합투자업자는 실질적으로 법 제31조의 변경승인 규제를 적용받지 않는 금융회사에 해당하므로 법 제32조의 최대주주 자격심사규제의 적용도 받지 않는 것으로 보는 것이 타당할 것으로 생각한다.

2. 대주주 변경

금융회사가 발행한 주식을 취득·양수하여 대주주가 되고자 하는 자는 미리 금융위원회의 승인을 받거나 금융위원회에 사후보고해야 한다(금융회사지배구조법 제31조제1항·제5항).

여기서의 '대주주'란 최대주주와 주요주주를 말하며, 최대주주의 경우에는 당해 최대주주 외에 ⓐ 최대주주의 특수관계인인 주주와 ⓑ 최대주주가 법인인 경우 그 최대주주[832] 및 대표자가 대주주 변경규제의 대상에 포함된다(금융회사지배구조법 제31조제1항, 동법시행령 제26조제1항).

(일반사모집합투자업자의 경우) 일반사모집합투자업자가 발행한 주식을 취득·양수하여 '대주주'가 되고자 하는 자는 미리 금융위원회의 승인을 받지 않아도 되며, 일반사모집합투자업자는 대주주가 변경된 경우에도 이를 금융위원회에 보고할 의무가 없다. 하지만, 일반사모집합투자업자의 대주주 변경과 관련하여서는 다음과 같은 몇 가지 사항에 유의할 필요가 있다.

첫째, 일반사모집합투자업자가 다른 금융투자업을 겸영하고 있는 경우에는 대주주 변경은 금융회사지배구조법 제31조에 따른 사전승인 또는 사후보고 대상이 될 수 있다. 즉, 인가를 요하는 다른 금융투자업을 겸영하고 있는 일반사모집합투자업자(예: 투자매매

한다(금융회사지배구조법시행령 제26조제4항제4호 단서). 그런데, 일반사모집합투자업자는 금융투자업(투자매매업, 투자중개업) 인가를 받지 않고도 자신이 운용하는 일반사모집합투자기구의 집합투자증권을 판매할 수 있기 때문에 이런 경우가 실제 발생할 소지는 거의 없다.

832) 최대주주인 법인의 주요 경영사항을 사실상 지배하는 자가 그 법인의 최대주주와 명백히 다른 경우에는 그 사실상 지배하는 자를 포함한다(금융회사지배구조법시행령 제26조제1항 제1호). 즉, 이런 경우에는 최대주주인 법인의 최대주주와 최대주주인 법인에 대한 사실상 지배자가 모두 대주주 변경규제의 대상이 된다.

중개업자가 일반사모집합투자업을 겸영하는 경우)의 대주주 변경은 사전승인 대상이며, 투자일임업이나 투자자문업을 겸영하는 일반사모집합투자업자의 대주주 변경은 사후보고 대상이다(금융회사지배구조법 제31조제1항·제5항 참조).

둘째, 일반사모집합투자업자의 대주주는 등록유지요건으로서의 대주주요건(영 제271조의3 제2호)은 충족하여야 하므로 새로이 대주주가 되고자 하는 자도 기존의 대주주등으로부터 주식을 취득·양수하기 전에 미리 이러한 요건을 충족하여야 한다는 사실이다. 따라서 일반사모집합투자업자가 발행한 주식을 취득·양수하여 새로이 '대주주'가 되고자 하는 자는 부실금융기관 대주주등이 아니어야 하며, '최대주주'가 되고자 하는 자는 최근 5년간 금융 관련 법 등에 의해 5억원 이상의 벌금형을 받은 사실도 없어야 한다.

셋째, 일반사모집합투자업자의 최대주주 변경 또는 대주주(그 특수관계인 포함)의 지분율 1% 이상 변동은 법 제418조에 따른 경영 관련 보고사항에 해당한다는 점도 유의하여야 한다.[833]

제7관 공시

1. 주총 관련 사항 공시

일반사모집합투자업자는 주주총회와 관련하여 주주의 참석률, 안건별 찬반주식수 비율, 발행주식총수, 의결권 행사 주식수를 인터넷 홈페이지를 통해 공시하여야 한다(금융회사지배구조법 제41조제1항).

2. 소수주주권 행사 사항 공시

일반사모집합투자업자는 주주가 금융회사지배구조법 제33조에 따른 소수주주권을 행사한 경우 이를 공시하여야 한다(금융회사지배구조법 제41조제2항).

제8관 처분 및 제재

1. 일반사모집합투자업자에 대한 조치

금융위원회는 일반사모집합투자업자가 금융회사지배구조법 별표[834] 각 호의 어느

---

833) 일반사모집합투자업자는 ⓐ 최대주주가 변경된 때, ⓑ 대주주 또는 그의 특수관계인의 소유 주식이 의결권 있는 발행주식총수의 100분의 1 이상 변동된 때에는 그 사실을 금융위원회에 보고하여야 한다(법 제418조제4호·제5호).

834) 금융회사 및 임직원에 대한 조치(제34조 및 제35조 관련).

하나에 해당하는 경우에는 다음 중 어느 하나의 조치를 할 수 있다(금융회사지배구조법 제34조): ⓐ 위법행위의 시정명령, ⓑ 위법행위의 중지명령, ⓒ 경고, ⓓ 주의, ⓔ 위법행위로 조치받았다는 사실 공표명령·게시명령, 경영·업무방법의 개선요구·개선권고, 법을 위반한 경우 수사기관에의 고발 또는 통보.

조치에 불복하는 일반사모집합투자업자는 그 조치를 고지받은 날부터 30일 이내에 그 사유를 갖추어 금융위원회에 이의를 신청할 수 있다. 금융위원회는 이의신청에 대하여 60일 이내에 결정을 하여야 한다. 다만, 부득이한 사정으로 그 기간 이내에 결정을 할 수 없는 경우에는 30일의 범위에서 그 기간을 연장할 수 있다(금융회사지배구조법 제37조).

2. 임직원에 대한 제재조치

금융위원회는 일반사모집합투자업자의 임원(업무집행책임자는 제외[835]) 또는 직원이 금융회사지배구조법 별표 각 호의 어느 하나에 해당하는 경우에는 일정한 조치를 할 수 있다.

'임원'에 대해서는 다음과 같은 조치를 할 수 있다(금융회사지배구조법 제35조제1항): ⓐ 해임요구, ⓑ 6개월 내 직무정지 또는 임원 직무대행하는 관리인 선임, ⓒ 문책경고, ⓓ 주의적 경고, ⓔ 주의.

'직원'에 대해서는 그 일반사모집합투자업자에게 다음의 조치를 요구할 수 있다(금융회사지배구조법 제35조제2항): ⓐ 면직, ⓑ 6개월 이내의 정직, ⓒ 감봉, ⓓ 견책, ⓔ 주의.

(관리·감독자) 금융위원회는 일반사모집합투자업자의 임직원에 대하여 조치를 하거나 해당 조치를 하도록 요구하는 경우 그 임직원에 대한 관리·감독의 책임이 있는 임직원에 대한 조치를 함께 하거나 해당 조치를 하도록 요구할 수 있다. 다만, 관리·감독의 책임이 있는 사람이 그 임직원의 관리·감독에 상당한 주의를 다한 경우에는 조치를 감경하거나 면제할 수 있다(금융회사지배구조법 제35조제5항).

(퇴임·퇴직자) 금융위원회는 일반사모집합투자업자의 퇴임한 임원 또는 퇴직한 직원이 재임 또는 재직 중이었더라면 조치를 받았을 것으로 인정되는 경우에는 그 받았을 것으로 인정되는 조치의 내용을 해당 일반사모집합투자업자의 장에게 통보

835) 업무집행책임자는 제재조치와 관련하여서는 임원이 아니라 직원으로 취급된다.

하거나 금융감독원장으로 하여금 통보하게 할 수 있다. 이 경우 통보를 받은 일반사모집합투자업자는 이를 임직원에게 통보하여야 한다(금융회사지배구조법 제35조제6항).

(청문) 금융위원회는 임원의 해임요구 또는 직원의 면직요구의 조치를 할 경우에는 청문을 하여야 한다(금융회사지배구조법 제36조).

(이의신청) 조치에 불복하는 임원 또는 직원은 그 조치를 고지받은 날부터 30일 이내에 그 사유를 갖추어 금융위원회에 이의를 신청할 수 있다. 다만, 해임요구(임원)나 면직요구 조치(직원)는 이의신청을 할 수 없다(금융회사지배구조법 제37조제1항). 금융위원회는 이의신청에 대하여 60일 이내에 결정을 하여야 한다. 다만, 부득이한 사정으로 그 기간 이내에 결정을 할 수 없는 경우에는 30일의 범위에서 그 기간을 연장할 수 있다(금융회사지배구조법 제37조제2항).

3. 기록 및 조회

금융위원회는 법 제34조 및 법 제35조에 따른 조치를 한 경우 그 내용을 기록하고 이를 유지·관리하여야 한다(금융회사지배구조법 제38조제1항).

일반사모집합투자업자는 금융위원회의 조치요구에 따라 그 임직원을 조치한 경우 및 퇴임·퇴직자 조치통보를 받은 경우에는 그 내용을 기록하고 이를 유지·관리하여야 한다(금융회사지배구조법 제38조제2항).

일반사모집합투자업자 또는 그 임직원(임직원이었던 사람 포함)은 금융위원회 또는 일반사모집합투자업자에 자기에 대한 조치 여부 및 그 내용을 조회할 수 있다. 조회요청을 받은 금융위원회 또는 일반사모집합투자업자는 정당한 사유가 없으면 조치 여부 및 그 내용을 그 조회요청자에게 통보하여야 한다(금융회사지배구조법 제38조제3항·제4항).

제9관 벌칙

금융회사지배구조법 제31조(대주주 변경승인) 위반만 형사처벌을 받고, 나머지 규정 위반에 대해서는 과태료가 부과된다(동법 제42조 및 제43조).

제4절 전자금융거래의 안전성 확보 및 이용자 보호

제1관 총설

일반사모집합투자업자가 전자금융업무, 즉 전자적 장치[836]를 통하여 금융상품 및 서비스를 제공하는 경우에는 전자금융거래법의 적용을 받게 된다(전자금융거래법 제2조 제1호).

일반사모집합투자업자가 전자금융업무를 하는 경우에 적용되는 전자금융거래법 상의 주요 규제는 아래와 같다.

제2관 안전성의 확보 의무

일반사모집합투자업자는 전자금융거래가 안전하게 처리될 수 있도록 선량한 관리자로서의 주의를 다하여야 한다(전자금융거래법 제21조제1항).

일반사모집합투자업자는 전자금융거래의 안전성과 신뢰성을 확보할 수 있도록 전자적 전송이나 처리를 위한 인력, 시설, 전자적 장치, 소요경비등의 정보기술부문, 전자금융업무 및 전자서명법에 의한 인증서의 사용등 인증방법에 관하여 금융위원회가 정하는 기준을 준수하여야 한다(전자금융거래법 제21조제2항).

일반사모집합투자업자는 안전한 전자금융거래를 위하여 정보기술부문에 대한 계획을 매년 수립하여 매사업연도 초일(初日)부터 3개월 이내에 대표자의 서명을 받아 금융위원회에 제출하여야 한다(전자금융거래법 제21조제4항).

제3관 정보보호 최고책임자의 지정

일반사모집합투자업자는 전자금융업무 및 그 기반이 되는 정보기술부문 보안을 총괄하여 책임질 정보보호최고책임자를 지정하여야 한다(전자금융거래법 제21조의2 제1항). 정보보호최고책임자는 전자금융거래법 제21조의2 제4항에서 정하는 업무를 수행한다. 정보보호최고책임자의 자격은 전자금융거래법시행령 별표1에서 정하고 있다.

소규모 일반사모집합투자업자[837]의 경우 ⓐ 정보보호최고책임자를 직원으로 지정하여도 되며, ⓑ 전자금융거래법 제21조의2 제4항에서 정보보호최고책임자의 업무로 정하고 있는 업무 외의 다른 정보기술부문업무를 겸직할 수 있다(전자금융거래법 제21조의2 제2항 및 제3항).

---

836) 전자금융거래정보를 전자적 방법으로 전송하거나 처리하는데 이용되는 장치로서 현금자동지급기, 지급용단말기, 컴퓨터, 전화기 그 밖에 전자적 방법으로 정보를 전송하거나 처리하는 장치를 말한다(전자금융거래법 제2조제8호).

837) ⓐ의 경우 직전사업연도말 기준으로 총자산이 2조원 미만 또는 상시종업원 수 300명 미만인 일반사모집합투자업자(전자금융거래법시행령 제11조의3 제1항), ⓑ의 경우 직전사업연도말 기준으로 총자산이 10조원 미만 또는 상시종업원 수 1,000명 미만인 일반사모집합투자업자(전자금융거래법시행령 제11조의3 제1항 및 제2항).

제4관 전자금융 기반시설의 취약점 분석·평가 등

일반사모집합투자업자는 전자금융거래의 안전성과 신뢰성을 확보하기 위하여 전자금융거래법 제21조의3 각 호에서 정하는 전자금융기반시설에 대한 사항을 분석·평가하고 그 결과를 금융위원회에 보고하여야 하며, 분석·평가 결과에 따른 필요한 보완조치의 이행계획을 수립·시행하여야 한다(전자금융거래법 제21조의3 제1항 및 제2항).

일반사모집합투자업자는 전자적 침해행위로 인하여 전자금융기반시설이 교란·마비되는 등의 사고가 발생한 때에는 금융위원회에 지체 없이 이를 알려야 한다(전자금융거래법 제21조의5).

제5관 전자금융거래기록의 생성·보존 및 파기

일반사모집합투자업자는 전자금융거래의 내용을 추적·검색하거나 그 내용에 오류가 발생할 경우에 이를 확인하거나 정정할 수 있는 기록('전자금융거래기록')을 생성하여 5년의 범위 안에서 대통령령이 정하는 기간 동안 보관하여야 한다(전자금융거래법 제22조제1항).

일반사모집합투자업자는 보존기간이 경과하고 금융거래등 상거래관계가 종료된 경우에는 5년 이내에 전자금융거래기록을 파기하여야 한다(전자금융거래법 제22조제2항).

제5절 건전경영유지를 위한 규제

자본시장법상 금융투자업자의 건전경영유지를 위한 규제는 원칙적으로 일반사모집합투자업자에게도 적용된다. 다만, 경영실태평가, 위험평가 및 적기시정조치는 적용되지 않는다(법 제30조제1항·영 제34조제1항, 법 제31조제3항·영 제35조제2항, 규정 제3-26조제1항제2호·제3-27조제1항제2호·제3-28조제1항제2호).[838]

838) 경영실태평가는 투자매매·중개업자와 신탁업자에게만 적용되고(규정 제3-25조제2항, 별표10), 위험평가는 일정규모(자산총액 1천억원) 이상인 장외파생상품 투자매매·중개업자에게만 적용된다(영 제35조제2항제2호). 적기시정조치는 투자매매중개업자와 신탁업자 외에 집합투자업 인가를 받은 자. 즉, 공모집합투자기구 운용업 라이선스를 받은 자도 적용대상에 포함된다(규정 제3-6조제22호·제3-26조제1항제2호 등).

제1관 재무건전성 유지

1. 최소영업자본액 이상의 자기자본 유지

일반사모집합투자업자는 최소영업자본액 이상의 자기자본을 유지하여야 한다. 일반사모집합투자업자의 자기자본 현황은 매월 업무보고서를 통해 감독당국에 보고된다.

최소영업자본액은 '필요유지자기자본'[839]에 '고객자산운용필요자본'[840]과 '고유자산운용필요자본'[841]을 합산한 금액을 말한다(규정 제3-6조제4의2호).

2. 자기자본 관련 보고

일반사모집합투자업자는 자기자본이 최소영업자본액에 미달하는 경우 (업무보고서 제출과 별도로) 지체 없이 이를 금융감독원장에게 보고하여야 하며, 자기자본이 최소영업자본액 이상이 될 때까지 매달 해당 비율 또는 금액을 다음 달 20일까지 금융감독원장에게 보고하여야 한다(규정 제3-26조제4항·제5항).

그리고 일반사모집합투자업자는 자기자본이 100분의 10 이상 감소하거나 고객자산운용필요자본 또는 고유자산운용필요자본이 100분의 10 이상 증가한 때에는 지체 없이 그 내역을 금융감독원장에게 보고하여야 한다(규정 제3-26조제6항).

제2관 자산(고유계정)의 건전성

일반사모집합투자업자는 경영의 건전성을 유지하기 위하여 최소영업자본액에

---

839) 영 제19조제1항제1호 및 영 제23조제1호, 영 제118조의6 제1호 및 영 제271조의3 제1호에 따라 인가업무 또는 등록업무 단위별로 요구되는 자기자본을 합계한 금액을 말한다(규정 제3-6조제2호). 일반사모집합투자업만 등록한 경우에는 필요유지자기자본은 7억원이다. 일반사모집합투자업자의 자기자본은 기준일 현재 순재산액으로 한다(규정 제3-24조의3 제1항).

840) 집합투자재산 및 투자일임재산을 운용하는 과정에서 법령 및 집합투자규약 등에 위배되는 행위를 하여 발생할 수 있는 잠재적 손실액을 완충할 수 있는 자본을 말한다(규정 제3-6조제4의2호 나목). 기준일 현재 운용하고 있는 집합투자재산과 투자일임재산에 1만분의 3 이하로서 집합투자재산 또는 투자일임재산의 위험의 정도에 따라 금융감독원장이 구분하여 정하는 비율을 곱하여 산정한다(규정 제3-24조의3 제2항).

841) 집합투자업자의 고유재산 투자과정에서 시장가격 변동등으로 인해 발생할 수 있는 잠재적 손실액을 완충할 수 있는 자본(규정 제3-6조제4의2호 다목).
고유자산운용필요자본은 고유자산 중 증권등(증권·파생상품·대출채권등 금융감독원장이 정하는 자산)에 100분의 10 이하로서 자산의 위험도에 따라 금융감독원장이 구분하여 정하는 비율을 곱하여 산정한다. 다만, 증권등이 그 일반사모집합투자업자의 자기자본의 50%를 초과하는 경우에는 각 해당 고유자산에 100분의 20 이하로서 금융감독원장이 정하는 비율을 곱하여 산정한다(규정 제3-24조의3 제3항).

관한 사항·자산건전성에 관한 사항·유동성에 관한 사항등에 관하여 금융위원회가 정하여 고시하는 경영건전성 기준을 준수하여야 하며 이를 위한 적절한 체계를 구축·시행하여야 한다(법 제31조제1항). 이는 일반사모집합투자업자의 고유계정의 건전성을 확보하기 위한 규제인데, 주요내용은 아래와 같다.

1. 자산건전성 분류 및 대손충당금 적립

일반사모집합투자업자는 매분기마다 '일정한 자산 및 부채'[842]에 대하여 건전성을 평가하여 5단계(정상, 요주의, 고정, 회수의문, 추정손실)로 분류하고, 각 단계별로 일정수준 이상의 대손충당금을 적립해야 한다.

대손충당금 적립액이 기준(규정 제3-8조제1항 각 호)에 미달하는 경우에는 그 미달 금액을 매결산 시마다 대손준비금으로 적립하여야 한다(규정 제3-7조 및 제3-8조, 별표7).

2. 외환건전성

일반사모집합투자업자가 외국환업무를 취급하는 경우에는 외국환포지션 규제와 외화유동성 규제를 적용받는다.

1) 외국환포지션

외국환포지션은 외국환업무취급 일반사모집합투자업자가 현물 또는 선물거래를 통해 보유하게 되는 외국통화금액으로서 환율변동에 노출될 위험의 정도를 측정하는 지표역할을 한다. 금융투자업규정 제3-48조에서 외국환포지션을 종합매입초과포지션, 종합매각초과포지션, 선물환매입초과포지션, 선물환매각초과포지션의 네 가지로 구분하여 각각에 대해 포지션한도를 설정하고 있다. 자본금등의 환위험 회피를 위한 외국환매입분, 해외 현지법인으로서 집합투자업을 영위하는 법인에 대한 출자금액의 100분의 50에 상당하는 금액등은 외국환포지션 한도관리 대상에서 제외된다(규정 제3-51조).

---

842) 자산건전성분류 및 대손충당금 적립의 대상이 되는 자산과 부채는 다음과 같다.
1. 대출채권(명칭 등 형식에 불구하고 경제적 실질이 이자수취등을 목적으로 반환을 약정하고 자금을 대여하여 발생한 자산 및 대지급금등의 구상채권을 포함한다)
2. 가지급금과 미수금
3. 미수수익(미수이자 포함)
4. 규정 제3-6조에 따른 채무보증(기관전용사모집합투자기구의 업무집행사원인 경우 당해 기관전용사모집합투자기구의 차입·채무보증 포함)
5. 지급의무가 발생하였으나 아직 대지급하지 아니한 채무보증금액 중 대지급 후에는 대출채권으로 분류될 금액
6. 기타 일반사모집합투자업자가 건전성분류가 필요하다고 인정하는 자산

외국환업무취급 일반사모집합투자업자는 위의 외국환포지션한도 준수 여부를 매영업일 잔액을 기준으로 확인하여야 하며, 한도를 위반한 경우에는 위반일부터 3영업일 이내에 금융감독원장에게 보고하여야 한다(규정 제3-50조).

2) 외화유동성

외국환업무취급 일반사모집합투자업자는 외화자산 및 외화부채를 각각 잔존만기별로 구분하여 관리해야 한다. 그리고 규정 제3-46조제1항에서 정하는 외화유동성비율과 만기불일치비율을 유지하여야 한다. 유동성비율(잔존만기 3개월 이내 외화부채에 대한 잔존만기 3개월 이내의 외화자산의 비율)은 100분의 80 이상을 유지하여야 한다(규정 제3-46조). 외화자산 및 외화부채의 만기불일치비율은, ⓐ 잔존만기 7일 이내의 경우에는 자산이 부채를 초과하는 비율 100분의 0 이상, ⓑ 잔존만기 1개월 이내의 경우에는 부채가 자산을 초과하는 비율 100분의 10 이내이다.

제3관 회계처리

1. 회계처리원칙

자본시장법은 제32조에서 금융투자업자의 회계처리에 대해 다음과 같은 몇 가지 원칙적 내용을 정하고 있다.

첫째, 일반사모집합투자업자는 회계기간을 매년 4월 1일부터 다음 해 3월 31일까지의 기간으로 하여야 한다. 다만, 주식회사등의 외부감사에 관한 법률 제5조제1항 제1호에 따른 회계처리기준[843]을 적용하는 경우에는 회계기간을 매년 1월 1일부터 12월 31일까지로 할 수 있다(법 제32조제1항제1호, 규칙 제6조).

둘째, 일반사모집합투자업자는 금융위원회가 고시하는 금융투자업자 회계처리준칙(규정 제3편제1장) 및 주식회사의 외부감사에 관한 법률 제5조에 따른 회계처리기준을 따라야 한다(법 제32조제1항제3호).

셋째, 일반사모집합투자업자는 고유재산과 투자자재산(집합투자재산, 신탁재산, 예탁재산 등)을 명확히 구분하여 회계처리하여야 한다(법 제32조제1항제2호, 규칙 제6조제2항).

2. 건전경영유지 관련 법규의 적용기준

금융투자업규정 제3-5조에서는 일반사모집합투자업자의 건전경영유지에 관한

843) 국제회계기준위원회(IASB)의 국제회계기준(IFRS)을 채택하여 정한 회계처리기준

법규의 적용기준을 정하고 있다. 즉, 별도의 규정이 없는 한 종속회사와 연결되지 아니한 개별재무제표를 대상으로 하며, 계정과목별 금액은 일반사모집합투자업자가 작성한 재무제표가 외부감사인이 수정한 재무제표와 일치하지 않는 경우에는 외부감사인의 수정 후 재무제표를 기준으로 산정한다.

제4관 대주주와의 거래제한 등

1. 총설

자본시장법 제34조는 금융투자업자와 그 대주주 간의 일정한 거래 등을 제한한다. 이는 금융투자업자의 대주주등이 금융투자업자의 재산을 사금고처럼 이용하는 것을 방지하여 금융투자업자의 재무건전성을 유지하기 위한 것이다. 그리고 자본시장법 제35조에서는 금융투자업자의 대주주가 금융투자업자에 대하여 부당한 영향력 행사를 하지 못하도록 규정하고 있다.

자본시장법 제34조 및 제35조는 일반사모집합투자업자에게도 적용된다(법 제249조의8). 자본시장법 제34조 및 제35조에서의 '대주주'란 당해 금융투자업자의 최대주주 및 주요주주를 말한다(법 제9조제1항, 금융회사지배구조법 제2조제6호).

참고로, 자본시장법 제34조는 일반사모집합투자업자가 자신의 고유재산으로 그 대주주등과 행하는 일정한 거래를 제한하는 규정이고, 자본시장법 제84조 및 제85조의 관계인거래는 일반사모집합투자업자가 자신이 운용하는 집합투자재산으로 자신이나 자신의 이해관계인등과 거래를 하는 것을 제한하는 규정이다. 전자는 일반사모집합투자업자(금융투자업자)의 재무건전성 유지에, 후자는 펀드 투자자보호에 규제 목적이 있다.

(상법 제398조) 대주주와의 거래와 관련하여서는 사안에 따라 상법 제398조(이사등과 회사 간의 거래)도 적용될 수 있다는 사실에 유의하여야 한다. 상법 제398조의 적용대상에 당해 회사의 주요주주 등이 포함되어 있기 때문이다.

2. 대주주와의 거래등의 제한

1) 대주주가 발행한 증권의 소유 제한

일반사모집합투자업자는 자신의 대주주가 발행한 증권을 소유하는 것이 금지된다(법 제34조제1항제1호). 규제대상이 '증권'으로 되어 있으므로, 지분증권이나 채무증권은 물론이고 수익증권, 투자계약증권, 파생결합증권 등도 포함된다(법 제4조 참조). 대주주가 발행한 증권을 소유하는 것 자체가 금지되므로 대주주가 발행한 증권을 누구로부터 취득하는지는 묻지 않는다.

다음의 경우는 예외적으로 대주주가 발행한 증권의 소유가 허용된다: ⓐ 담보권의 실행 등 권리행사에 필요한 경우, ⓑ 법 제176조에 따른 안정조작 또는 시장조성을 하는 경우, ⓒ 대주주 변경에 따른 경우, ⓓ 인수와 관련하여 해당 증권을 취득하는 경우, ⓔ 보증부사채권을 취득하는 경우, ⓕ 특수채증권을 취득하는 경우(영 제37조제1항제1호), ⓖ 단주의 취득, ⓗ 금융위원회가 인정하는 불가피한 경우(규정 제3-71조제1항). 이러한 예외사유에 따라 취득한 증권에 대해서는 사유별로 소유기한에 대한 제한이 있다(규정 제3-71조제2항).

2) 계열회사가 발행한 주식, 채권, 약속어음의 과다 소유 제한

① 원칙: 자기자본 8% 이내 소유, 이사회 결의 필요

일반사모집합투자업자는 자기자본(규정 제3-71조제5항에 따라 산정)의 100분의 8을 초과하여 자신의 계열회사가 발행한 주식, 채권, 약속어음(기업이 사업에 필요한 자금을 조달하기 위하여 발행한 것에 한한다)을 소유하는 것이 금지된다(법 제34조제1항제2호). 과다 소유하는 것 자체가 금지되므로 계열회사가 발행한 증권을 당해 계열회사로부터 취득하는 경우는 물론이고 제삼자로부터 취득하는 경우에도 적용된다.

일반사모집합투자업자는 자기자본의 100분의 8 범위 내에서 계열회사가 발행한 주식·채권·약속어음을 소유할 수 있지만, 이 경우에는 사전에 재적이사 전원의 찬성으로 이사회 결의를 거쳐야 한다. 다만, 단일 거래금액이 자기자본의 1만분의 10에 해당하는 금액과 10억원 중 적은 금액 이하인 경우에는 이사회 결의를 거치지 않아도 된다(법 제34조제3항, 영 제39조, 규정 제3-73조).

② 예외: 자기자본 8% 초과 소유 가능한 경우, 이사회 결의 불요

일반사모집합투자업자가 자기자본의 100분의 8을 초과하여 계열회사가 발행한 주식·채권·약속어음을 소유할 수 있는 예외적인 경우는 다음과 같으며, 이러한 경우에는 이사회 결의를 거치지 않아도 된다(법 제34조제1항 단서, 제1항제2호 단서, 영 제37조제1항제2호, 규정 제3-71조제3항·제4항): ⓐ 담보권의 실행 등 권리행사에 필요한 경우, ⓑ 법 제176조에 따른 안정조작 또는 시장조성을 하는 경우, ⓒ 계열회사 변경에 따른 경우, ⓓ 인수와 관련하여 해당 증권을 취득하는 경우, ⓔ 보증부사채권의 취득, ⓕ 특수채증권의 취득, ⓖ 금융위원회가 정하여 고시하는 출자(규정 제3-6조제20호에 따른 출자)[844]로 주식을 취득하는 경우, ⓗ 차익거래나 투자위험회피를 위한 거래(규정 제3-71조제4항)를 목적으로 주식·채권·약속어음을 소유하는 경우, ⓘ 자기자본의 변동이나 계열회사 발행주식 등의 가격변동으로 자기자본의 100분의 8 비율을 초과하는 경우, ⓙ 단주의 취득, ⓚ 해외집합투자기구를 설립하기 위하여 자기자본의 100분의 100의 범위에서 금융위원회의 확인을 받아 주식을 취득하는 경우.

이러한 예외사유에 따라 취득한 증권에 대해서는 사유별로 소유기한에 대한 제한이 있다(규정 제3-71조제2항 참조).

3) 대주주·특수관계인과의 불리한 조건의 거래

대주주나 특수관계인과 거래를 할 때 그 외의 자를 상대방으로 하여 거래하는 경우와 비교하여 해당 일반사모집합투자업자에게 불리한 조건으로 거래를 하는 행위는 금지된다(영 제37조제4항제1호).

4) 규제회피 목적의 교차행위 등

위의 1), 2), 3)의 제한을 회피할 목적으로 하는 ⓐ 제삼자와의 계약이나 담합등에 의하여 서로 교차하는 방법으로 하는 거래행위, ⓑ 장외파생상품, 신탁계약, 연계거래등을 이용하는 행위는 금지된다(영 제37조제4항제2호).

5) 대주주 및 그 특수관계인[845]에 대한 신용공여 금지

일반사모집합투자업자는 대주주(특수관계인)에게 신용공여를 하여서는 안 되고, 대주주(특수관계인)는 그 일반사모집합투자업자로부터 신용공여를 받아서는 안 된다(법 제34조제2항). 이를 위반하면 신용공여를 한 일반사모집합투자업자는 물론이고 신용공여를 받은 자도 형사처벌의 대상이 된다(법 제444조제4호).

'신용공여'란 금전·증권 등 경제적 가치 있는 재산의 대여, 채무이행의 보증, 자금지원적 성격의 증권의 매입, 그 밖에 거래상의 신용위험을 수반하는 직접적·간접적 거래로서 대통령령(영 제38조)으로 정하는 거래를 말한다(법 제34조제2항).

① 신용공여의 범위

규제대상이 되는 '신용공여'는 다음의 거래를 말한다: ⓐ 금전, 증권 등 경제적

844) '출자'란 금융투자업자가 경영지배나 참여를 목적으로 행하는 법인 지분의 취득을 말한다. 이 경우 모집 또는 매출되지 않은 주식의 취득, 자회사 주식의 취득, 그리고 당해 주식의 취득으로 인하여 금융투자업자와 그 특수관계인이 합하여 당해 회사의 최대주주가 되는 경우에 그 주식의 취득은 출자로 본다(규정 제3-6조제20호).

845) 금융회사지배구조법시행령 제3조제1항 각 호의 어느 하나에 해당하는 자를 말한다(영 제2조제4호).

가치 있는 재산의 대여,[846] ⓑ 채무이행의 보증, ⓒ 자금지원적 성격의 증권의 매입(법 제34조제2항),[847] ⓓ 대주주(특수관계인)를 위하여 담보를 제공하는 거래, ⓔ 대주주(특수관계인)를 위하여 어음을 배서(어음법 제15조에 따른 담보적 효력이 없는 배서는 제외)하는 거래, ⓕ 대주주(특수관계인)를 위하여 출자의 이행을 약정하는 거래, ⓖ 위의 ⓐ 내지 ⓕ의 거래의 제한을 회피할 목적으로 하는 교차거래, 연계거래등(영 제38조제1항), ⓗ 채무인수, ⓘ 자산유동화회사등 다른 법인의 신용을 보강하는 거래, ⓙ 기타 대주주(특수관계인)의 지급불능 시 이로 인해 금융투자업자에 손실을 초래할 수 있는 거래(규정 제3-72조).

(펀드가입과 신용공여) 금융투자업자가 대주주(특수관계인)가 운용하는 펀드에 가입하는 것이 신용공여에 해당하는지가 문제 될 수 있다. 구체적으로는 금융투자업자가 대주주(특수관계인)가 운용하는 집합투자기구의 집합투자증권을 매입하거나 매입을 약정[848]하는 것이 '대주주(특수관계인)에 대한 자금지원적 성격의 증권의 매입'이나 '대주주(특수관계인)를 위한 출자이행의 약정'에 해당되는지가 문제 될 수 있다. 펀드에 가입하는 목적은 펀드를 통해서 투자를 하기 위한 것이고, 실제 펀드에 출자한 자금은 펀드의 투자전략에 따라 증권이나 부동산등의 투자에 투입된다. 즉, 금융투자업자가 대주주(특수관계인)가 운용하는 펀드에 출자하는 것은 펀드를 통해 투자를 하기 위한 것이지, 대주주(특수관계인)를 위한 것이 아니다. 금융투자업자의 펀드출자가 대주주(특수관계인)의 펀드운용보수 증대나 펀드판매 촉진에 일부 도움이 되는 측면이 있다고 하더라도 이를 대주주(특수관계인)를 위한 출자로 보기는 어렵다. 요약하면, '대주주(특수관계인)에 대한 자금지원적 성격의 증권의 매입'이나 '대주주(특수관계인)를 위한 출자이행의 약정'이란, 그러한 증권의 매입이나 출자이행의 약정에 따른 실질적인 경제적 효과가 대주주(특수관계인)에게 귀속되는 경우로 보는 것이 규제취지에 부합한다고 할 것이다.

② 예외적으로 허용되는 신용공여

신용공여에 해당하더라도 다음의 경우에는 예외가 허용된다(법 제34조제2항 단서, 영

---

846) 한국증권예탁결제원 및 한국증권금융의 유가증권대차거래중개시스템을 이용한 경쟁방식의 대차거래, 거래상대방이 한국은행등 결손이 발생할 경우 정부로부터 제도적으로 결손보전이 이루어질 수 있는 기관이거나 동 기관 또는 정부가 발행한 채권에 의해 담보된 대차거래는 규제취지상 신용공여 범위에서 제외되는 것으로 보는 것이 합리적이다. 따라서 이러한 거래는 유권해석이나 비조치의견서를 받아 실행가능할 것으로 생각된다.

847) 대주주(특수관계인)가 발행하는 사모사채·기업어음을 매입하거나, 대주주(특수관계인)로부터 환매조건부로 채권을 매수(RP매수)하는 것이 여기에 해당할 것이다.

848) 출자이행의 약정은 출자약정방식의 출자가 법적으로 허용되는 기관전용사모집합투자기구에서 주로 발생하겠지만, 일반사모집합투자기구의 경우에도 운용사 및 또는 다른 투자자들 간에 집합투자증권 매입약정을 하는 방식으로 행해질 수도 있을 것이다.

제38조제2항): ⓐ 임원에 대한 1억원 이내의 신용공여, ⓑ 해외 현지법인(규정 제3-65조 제4호)에 대한 채무보증, ⓒ 담보권 행사등 권리행사를 위해 필요한 경우로서 행한 법 제34조제1항 각 호의 행위(대주주 발행증권, 특수관계인 발행주식·채권·약속어음 소유 등)가 법 제34조제2항 본문에 따른 신용공여에 해당하는 경우, ⓓ 자기자본의 100분의 8 범위 내에서, 법 제34조제2항 본문에 따른 신용공여에 해당하는, 특수관계인이 발행한 주식·채권·약속어음(기업이 사업에 필요한 자금을 조달하기 위하여 발행한 것에 한한다)의 소유 등.849)

③ 이사회 결의

일반사모집합투자업자가 위와 같은 예외사유에 따라 신용공여를 하려면 사전에 재적이사 전원의 찬성으로 이사회 결의를 거쳐야 한다. 다만, 단일 신용공여 금액이 자기자본의 1만분의 10에 해당하는 금액과 10억원 중 적은 금액 이하인 경우에는 이사회 결의를 거치지 않아도 된다(법 제34조제3항·제4항, 영 제39조, 규정 제3-73조).

6) 대주주와의 거래 등의 금융위원회 보고

일반사모집합투자업자는 법 제34조제1항 단서 또는 제2항 단서에 해당하는 행위(대주주 발행증권의 소유, 계열회사 발행주식·채권·약속어음의 자기자본 8% 이내 소유, 대주주·특수관계인에 대한 예외적 신용공여)를 한 경우에는 그 사실을 지체 없이 금융위원회에 보고하고 인터넷 홈페이지 등을 이용하여 공시하여야 한다(법 제34조제4항). 다만, 금융위원회가 고시하여 정하는 단일 거래금액이 자기자본의 1만분의 10에 해당하는 금액과 10억원 중 적은 금액의 범위에서 소유하거나 신용공여하려는 행위는 제외된다(영 제39조제1항, 규정 제3-73조).

그리고 일반사모집합투자업자는 법 제34조제1항 단서 또는 제2항 단서에 해당하는 행위를 하여 금융위원회에 보고한 경우, 보고사항 중 일정한 사항(영 제39조제2항에서 정하는 사항)을 종합하여 분기별로 금융위원회에 보고하고 인터넷 홈페이지 등을 이용하여 공시하여야 한다(법 제34조제5항).

7) 금융위원회의 신용공여 제한 등

금융위원회는 대주주(회사만 해당하며, 회사인 특수관계인 포함)가 ⓐ 부채가 자산을 초과하거나 ⓑ 둘 이상의 신용평가회사에 의하여 투자부적격 등급으로 평가받은 경우에는,

---

849) 특수관계인 중 계열회사가 발행한 주식·채권·약속어음은 금융투자업자 자기자본의 8% 범위 내에서는 소유할 수 있으므로(법 제34조제1항제2호), 계열회사가 발행한 주식·채권·약속어음의 매입이 그 계열회사에 대한 자금지원적 성격의 증권의 매입(즉 신용공여)에 해당하더라도 자기자본 8% 범위 내에서 매입하는 것은 무방하다.

대주주가 발행한 증권의 신규취득 및 신용공여를 제한할 수 있다(법 제34조제7항, 영 제40조).

금융위원회는 일반사모집합투자업자나 그 대주주가 법 제34조제1항부터 제5항까지의 규정을 위반한 혐의가 있다고 인정될 경우에는 이들에 대해 필요한 자료의 제출을 명할 수 있다(법 제34조제6항).

3. 대주주의 부당한 영향력 행사의 금지

일반사모집합투자업자의 대주주(그 특수관계인 포함)는 일반사모집합투자업자의 이익에 반하여 대주주 자신의 이익을 얻을 목적으로 다음과 같은 행위를 하여서는 아니 된다(법 제35조, 영 제41조): ⓐ 부당한 영향력을 행사하기 위하여 외부에 공개되지 않은 자료·정보를 요구하는 행위, ⓑ 경제적 이익등 반대급부의 제공을 조건으로 다른 주주와 담합하여 일반사모집합투자업자의 인사 또는 경영에 부당한 영향력을 행사하는 행위, ⓒ 위법행위를 하도록 요구하는 행위, ⓓ 금리, 수수료, 담보등에 있어서 통상적인 거래조건과 다른 조건으로 대주주 자신이나 제삼자와의 거래를 요구하는 행위, ⓔ 조사분석자료의 작성과정에서 영향력을 행사하는 행위.

제5관 업무보고서 및 경영공시

1. 업무보고서 제출 및 공시

일반사모집합투자업자는 매사업연도 개시일부터 3개월, 6개월, 9개월간 및 12개월간의 업무보고서를 작성하여 그 기간 경과 후 45일 이내에 금융위원회에 제출하여야 한다(법 제33조제1항). 그리고 월별업무보고서를 다음 달 말일까지 금융위원회에 제출하여야 한다(법 제33조제4항). 따라서 매월 월별업무보고서를 제출하되 분기에 해당하는 경우에는 분기업무보고서도 함께 제출하여야 한다.

업무보고서의 제출은 서면이나 전자문서의 방법으로 제출할 수 있다(규정 제3-66조제3항). 분기업무보고서 및 월별업무보고서의 기재사항은 영 제36조제3항 및 규정 제3-66조에서 정하고 있다.

(업무보고서 기재사항) 분기별 업무보고서 및 월별 업무보고서의 기재사항은 다음과 같다.

ⓐ 일반사모집합투자업자의 개요,

ⓑ 일반사모집합투자업자가 경영하고 있는 업무의 내용,

ⓒ 재무에 관한 사항,
ⓓ 영업에 관한 사항,
ⓔ 최대주주(특수관계인 포함) 및 주요주주에 관한 사항,
ⓕ 특수관계인과의 거래에 관한 사항,
ⓖ 지점 기타 영업소와 인력관리에 관한 사항,
ⓗ 투자자재산의 현황과 그 보호에 관한 사항,
ⓘ 장외파생상품매매 기타거래의 업무내용, 거래 현황과 평가손익 현황 등에 관한 사항,
ⓙ 회사나 임직원이 최근 5년간 금융위원회·금융감독원장 등으로부터 조치를 받은 경우 그 내용,
ⓚ 감사인의 반기별 감사의견 또는 검토의견,
ⓛ 이사회등 회사의 기관 및 계열회사에 관한 사항,
ⓜ 자기자본 및 최소영업자본액,
ⓝ 계열회사가 발행한 증권을 취급하는 경우 그 내역,
ⓞ 위험관리정책,
ⓟ 법규준수를 위한 내부통제정책,
ⓠ 제공하거나 제공받은 재산상 이익,
ⓡ 위험관리정책 및 내부통제정책 이행내역(직전분기말 현재 운용자산규모 2,000억원 이상인 일반사모집합투자업자만 해당),[850]
ⓢ 기타 경영 및 영업에 관한 중요사항.

(업무보고서 공시) 일반사모집합투자업자는 업무보고서 중 중요사항을 발췌한 공시서류를 1년간 본점 및 기타 영업소에 비치하고, 인터넷 홈페이지 등을 이용하여 공시하여야 한다(법 제33조제2항). 공시사항은 영 제36조제4항에서 정하고 있다.

2. 경영공시(중요사항 보고)

일반사모집합투자업자는 경영상황에 중대한 영향을 미칠 다음과 같은 사항이 발생한

850) 운용자산규모 2,000억원 미만인 일반사모집합투자업자의 경우 내부통제·위험관리 이행내역은 금융투자협회가 체크리스트를 제공하여 자율점검하여 취약사에 대해 컨설팅을 한다. 금융투자협회는 점검결과 특이·문제 사항 발견 또는 시정·개선 요구 미이행시 금융감독원에 보고한다.
이와 관련하여, 규정 제3-44조에서는 금융투자협회가 금융투자업자의 위험관리 및 내부통제와 관련하여 표준이 되는 지침을 제정할 수 있도록 하고 있다.

경우에는 발생일 다음날까지 그 내용을 금융위원회에 보고하고 인터넷 홈페이지 등을 이용하여 공시하여야 한다(법 제33조제3항, 영 제36조제2항 및 제5항).[851]

ⓐ 거액의 금융사고 또는 부실채권이 발생한 경우,

ⓑ 법 제161조제1항 각 호의 어느 하나에 해당하는 경우(상장법인등의 주요사항보고서 제출대상 사실),[852]

ⓒ 집합투자업의 경영과 관련하여 해당 법인이나 그 임직원이 형사처벌을 받은 경우,

ⓓ 동일기업집단별(동일기업집단이 아닌 경우 개별기업별)로 집합투자업자의 직전분기말 현재 재무상태표의 자산총액에서 부채총액을 차감한 잔액(직전분기말 자기자본)의 100분의 10에 상당하는 금액을 초과하는 부실채권(회수불확실 및 회수불능채권)이 발생한 경우. 다만, 그 금액이 40억 이하인 경우는 그러하지 아니하다.

ⓔ '금융기관검사및제재에관한규정'에서 정하는 금융사고등으로 집합투자업자의 직전분기말 자기자본의 100분의 2에 상당하는 금액을 초과하는 손실이 발생하였거나 손실이 예상되는 경우. 다만, 그 금액이 10억원 이하인 경우는 그러하지 아니하다.

ⓕ 민사소송의 패소등의 사유로 집합투자업자의 직전분기말 자기자본의 100분의 1에 상당하는 금액을 초과하는 손실이 발생한 경우. 다만, 그 금액이 10억원 이하인 경우는 그러하지 아니하다.

ⓖ 규정 제3-26조부터 제3-28조까지 및 규정 제3-35조, 법 제420조제1항 각 호 외의 부분 및 제3항제1호·제2호에 따른 조치를 받은 경우,

ⓗ 원화유동성비율을 위반한 경우,

ⓘ 회계기간 변경을 결정한 경우,

ⓙ 재무구조에 중대한 변경을 초래하는 사항,

ⓚ 집합투자업자 경영환경에 중대한 변경을 초래하는 사항,

ⓛ 재산등에 대규모 변동을 초래하는 사항,

---

851) 집합투자업자가 상장법인인 경우에는 ⓙ부터 ⓟ는 적용하지 않는다(규정 제3-70조제1항 제7호 본문).

852) 법 제161조제1항제5호 및 제8호에서 정하는 사항, 영 제171조제2항제5호 및 제171조제3항 제3호부터 제6호까지의 사항은 공시대상에서 제외된다(영 제36조제2항제2호 가목 단서, 규정 제3-70조제2항). 그리고 법 제161조제1항의 사항 발생시 경영공시의무는 일반사모집합투자업자가 법 제159조제1항에 따른 사업보고서 제출대상법인(주권등 상장법인, 주권등 공모법인, 주주 수 500인 이상인 법인)이 아닌 경우에만 적용된다. 일반사모집합투자업자가 사업보고서 제출대상법인에 해당하는 경우에는 법 제161조에 따라 주요사항보고서를 제출하여야 한다.

ⓜ 채권채무관계에 중대한 변동을 초래하는 사항,
ⓝ 투자 및 출자관계에 관한 사항,
ⓞ 손익구조 변경에 관한 사항,
ⓟ 그 밖에 집합투자업자 경영에 중대한 영향을 미칠 수 있는 사항.

제6절 영업행위 관련 규제

제1관 총설

자본시장법은 금융투자업자에게 적용되는 영업행위규칙을 공통영업행위규칙과 개별영업행위규칙으로 구분하여 규정하고 있다. 전자는 모든 금융투자업자(투자매매·중개업자, 신탁업자, 집합투자업자, 투자자문업자)에게 적용되는 영업행위규칙이고, 후자는 금융투자업별 특성을 고려한 영업행위규칙으로서 특정금융투자업을 영위하는 자에게만 적용된다.

일반사모집합투자업자에게도 공통영업행위규칙과 개별영업행위규칙(집합투자업자에 대한 영업행위규칙)이 전부 적용된다. 공통영업행위규칙은 자본시장법 제2편제4장제1절에서 규정하고 있다.

집합투자업자의 개별영업행위규칙은 제2편제4장제1절제2관(제79조 내지 제95조)에서 규정하고 있는데, 이 중 다음과 같은 규정은 일반사모집합투자기구에 적용되지 않는다: ⓐ 법 제81조 내지 제83조(자산운용제한, 금전차입 제한 등), ⓑ 법 제88조(자산운용보고서의 교부),[853] ⓒ 법 제89조·제186조제2항(수시공시), ⓓ 법 제90조·제186조제2항(집합투자재산에 관한 보고),[854] ⓔ 법 제91조제3항·제186조제2항(집합투자규약의 인터넷공시), ⓕ 법 제93조(파생상품의 운용특례), ⓖ 법 제94조(제5항 제외: 부동산의 운용특례).

집합투자업자의 개별영업행위규칙에 대해서는 제2편에서 자세히 보았으므로 여기서는 공통영업행위규칙만 보기로 한다.

853) 일반투자자가 포함된 일반사모집합투자기구의 경우는 적용된다.
854) 법 제90조제1항에서는 집합투자업자로 하여금 집합투자재산에 관한 매분기의 영업보고서를, 제2항에서는 집합투자기구의 결산서류를 감독당국에 제출하도록 규정하고 있다. 하지만 일반사모집합투자업자의 경우 이 규정이 적용되지 않으므로 일반사모집합투자기구 영업보고서와 결산서류를 감독당국에 제출하지 않아도 된다. 다만, 일반사모집합투자기구에 대한 특례규정에서 일반사모집합투자기구의 파생상품매매 현황과 금전차입·채무보증·담보제공 현황을 감독당국에 제출하도록 하고 있다(법 제249조의7 제3항, 영 제271조의10 제6항).

제2관 성실·공정의무 등

1. 총설

금융투자업자는 신의성실의 원칙에 따라 공정하게 일반사모집합투자업을 영위하여야 한다(법 제37조제1항). 그리고 금융투자업을 영위함에 있어 정당한 사유없이 투자자의 이익을 해하면서 자기가 이익을 얻거나 제삼자가 이익을 얻도록 하여서는 아니 된다(법 제37조제2항). 이 규정은 일반사모집합투자업자에게도 적용된다(법 제249조의8).

한편, 자본시장법은 자금수탁자적 지위에 있는 집합투자업자(법 제79조), 투자자문·일임업자(법 제96조) 및 신탁업자(법 제102조)에 대해서는 법 제37조의 성실·공정의무와 별도로 선관주의의무와 충실의무를 규정하고 있다. 따라서 일반사모집합투자업자에게는 법 제37조의 성실·공정의무 등과 함께 법 제79조의 선관의무와 충실의무가 모두 적용된다.

법 제37조의 금융투자업자의 성실·공정의무는 모든 금융투자업자에게 적용되는 반면에, 법 제79조 등은 타인의 자금을 수탁받아 대신 운용하는 자. 즉, 소위 자금수탁자적 지위에 있는 자(집합투자업자, 신탁업자, 투자자문·일임업자)에게만 적용된다. 법 제79조 등의 선관의무·충실의무는 법 제37조제1항의 성실·공정의무에 비해 보다 강화된 의무라고 보아야 할 것이다.

2. 성실·공정의무

법 제37조제1항의 성실·공정의무는 일응 민법상의 신의성실원칙을 주의적으로 규정한 것으로 이해하되, 적어도 '공정한 금융투자업 영위 의무'는 '특별한 사유가 없는 한 모든 투자자를 공정하게 취급하라'는 구체적인 의무도 포함하는 것으로 보아도 큰 무리가 없을 것으로 생각된다.

3. 투자자 이익 보호의무

법 제37조제2항은 금융투자업자가 정당한 사유없이 투자자의 이익을 해하면서 자기가 이익을 얻거나 제삼자가 이익을 얻도록 하는 행위를 금지한다. 집합투자업자가 집합투자재산을 운용하는 과정에서 투자자의 이익이 아니라 자신이나 제삼자의 이익을 도모하는 행위는 자기거래나 쌍방대리 외에도 다양한 모습으로 행해질 수 있다. 따라서 이 규정을 민법 제124조와 상법 제398조의 자기거래·쌍방대리 금지의 원칙을 선언한 것으로 보는 것은 적어도 집합투자업자의 경우에는 적절하지 않은 것으로 생각된다.

한편, 법 제85조제4호에서 '특정집합투자기구의 이익을 해하면서 집합투자업자 자기 또는 제삼자의 이익을 도모하는 행위'를 금지하고 있으므로, 집합투자업자에 대해서는 이 규정이 우선적으로 적용될 것이다. 법 제85조제4호는 '정당한 사유'를 묻지 않으므로 법 제37조제2항에 비해 펀드 투자자보호에 유리하다.

제3관 겸영업무 및 부수업무 영위 규제

1. 겸영업무

일반사모집합투자업자는 법 제40조에 따라 다른 금융업무(겸영업무)를 영위할 수 있다. 여기서의 겸영업무는 자본시장법상 금융투자업 외의 금융업 및 금융 관련 업을 말한다.

자본시장법상 금융투자업무는 겸영업무의 대상이 아니라 금융투자업자가 추가인가 또는 추가등록(add-on)을 통해 영위할 수 있는 업무다. 따라서 일반사모집합투자업자가 투자자문업·일임업을 추가로 영위하고자 하는 경우에는 법 제2편제1장제2절(등록요건 및 절차)에 따라 금융위원회에 추가등록(add-on) 신청서를 제출하면 된다. 기관전용사모집합투자기구의 집합투자재산 운용업무도 집합투자업으로서 금융투자업에 해당하므로 겸영업무의 대상이 아니다.[855] 금융투자업의 추가인가 내지 추가등록은 금융위원회의 인가정책에 따라 일정한 제한이 가해질 수 있다는 점에 유의할 필요가 있다.

1) 영위가능한 겸영업무

자본시장법 제40조, 영 제43조제3항 및 제5항에서 금융투자업자가 영위할 수 있는 겸영업무를 열거하면서 금융투자업자의 유형에 따라 겸영할 수 있는 금융업무의 범위를 다르게 정하고 있다.[856] 일반사모집합투자업자를 포함한 집합투자업자가 영위할 수 있는 겸영업무는 다음과 같은 세 가지 범주로 구분된다.

① 자본시장법 또는 대통령령에서 정하는 금융 관련 법령에 따라 해당 업무 영위를 위한 별도의 인가·등록 등을 요하는 업무 중에서 다음의 업무(법 제40조제1항 제1호, 영 제43조제2항·제3항, 규정 제4-1조제1항).[857]

---

855) 기관전용사모집합투자기구의 업무집행사원 등록은 법 제2편제1장제2절에 따른 등록(금융투자업 등록)이 아니므로 법 제249조의15에 따라서 하게 된다.

856) 예컨대 투자자예탁금으로 수행하는 자금이체업무, 국가·공공단체 업무의 대리, 기업금융업무, 프로젝트파이낸싱 관련 대출업무, 증권대차업무, 지급보증업무, 원화표시 CD 매매등 업무, 대출채권등의 매매등 업무는 투자매매·중개업자에게만 허용된다.

857) 이러한 겸영가능한 업무는 일반사모집합투자업자가 해당 업무를 겸영할지 여부를 결정하여

ⓐ 보험업법 제91조에 따른 보험대리점 업무,[858)]

ⓑ 법 제254조제8항에 따른 일반사무관리회사의 업무,

ⓒ 외국환거래법에 따른 외국환업무 및 외국환 중개업무,[859)]

ⓓ 근로자퇴직급여보장법에 따른 퇴직연금사업자[860)]의 업무,

ⓔ 담보부사채신탁법에 따른 담보부사채에 관한 신탁업무,[861)]

ⓕ 부동산투자회사법에 따른 자산관리회사의 업무,[862)]

ⓖ 산업발전법[863)] 제14조에 따라 등록된 기업구조조정전문회사 업무,

ⓗ 벤처투자촉진에 관한 법률에 따른 벤처투자회사[864)]의 업무,

ⓘ 여신전문금융업법에 따른 신기술사업금융업,[865)]

ⓙ 전자금융거래법에 따른 전자금융업무

ⓚ 벤처투자촉진에 관한 법률에 따른 창업기획자 업무

② 자본시장법 또는 대통령령으로 정하는 금융 관련 법령[866)]에서 정하고 있는 금융업무로서 해당 법령에서 금융투자업자(집합투자업자)가 (별도의 인가·등록없이) 영위할

해당 법령에 따라 인가등의 절차를 거쳐서 영위하게 된다.

858) 보험업법 제87조 및 제91조.

859) 외화증권등에 투자하는 일반사모집합투자기구를 설정·설립하는 경우에는 투자실행 전에 반드시 외국환거래법 제8조에 따라 기획재정부장관에게 외국환업무의 등록을 하여야 한다는 점에 유의할 필요가 있다.

860) 퇴직연금사업자란 퇴직연금제도의 운용관리업무 및 자산관리업무를 수행하기 위하여 근로자퇴직급여보장법 제26조에 따라 고용노동부장관에게 등록한 자를 말한다(동법 제2조제13호).

861) 담보부사채에 관한 신탁업을 하려는 자는 금융위원회에 등록하여야 한다(담보부사채신탁법 제5조제1항).

862) 2016년 12월 부동산투자회사법시행령 개정으로 자본시장법에 따른 집합투자업자와 부동산투자회사법에 따른 자산관리회사 간의 겸영이 실질적으로 가능해졌다. 부동산투자회사법에 의한 자산관리회사는 금산법의 적용대상 금융기관에 포함되지 않으므로 부동산투자회사 설립단계에서 지분을 취득하더라도 금산법 제24조에 따른 승인규제는 해당 사항이 없다. 하지만, 자본시장법에 따른 집합투자업자가 부동산투자회사법에 의한 자산관리업을 겸영 인가받은 경우에는 부동산투자회사 설립단계에서 지분을 취득하려면 금산법 제24조에 따른 승인규제의 적용을 받게 된다(금융위원회 유권해석, 2017.9.25.).

863) 법률 제9684호 산업발전법 전부개정법률(2009.4.1. 개정)로 개정되기 전의 것을 말한다. 2009년 산업발전법 개정으로 기업구조조정전문회사(소위 'CRC') 제도는 폐지되었고 기업구조조정조합(소위 'CRC조합')은 기업구조개선PEF로 전환되었다.

864) 벤처투자회사가 되려는 자는 벤처투자촉진법 제37조제2항에서 정하는 요건(납입자본금 20억원 이상등)을 갖추어 중소벤처기업부장관에게 등록하여야 한다.

865) 신기술사업금융전문회사가 되려는 자는 자본금요건(100억원 이상)등을 갖추어 금융위원회에 등록하여야 한다(여신전문금융업법 제3조제2항, 제5조, 제6조).

866) 금융회사지배구조법시행령 제5조에 따른 다음의 법령을 말한다(영 제43조제4항, 영 제16조제8항제2호 가목): 공인회계사법, 근로자퇴직급여보장법, 금산법, 금융소비자보호법, 금융실명거래 및 비밀보장에 관한 법률, 금융위원회 설치등에 관한 법률, 금융지주회사법, 금융혁신지원특별법, 한국자산관리공사 설립등에 관한 법률, 기술보증기금법, 농림식품투자조합

수 있도록 한 업무(법 제40조제1항제2호).

ⓐ 벤처투자 촉진에 관한 법률

집합투자업자가 벤처투자 촉진에 관한 법률에 따른 벤처투자조합을 결성하여 운용하려면 원칙적으로 벤처투자회사 등록이나 신기술사업금융업 등록을 하여야 한다. 다만 집합투자업자가 벤처투자회사나 신기술사업금융회사등과 공동으로 벤처투자조합의 업무집행조합원이 되고자 하는 경우에는 예외적으로 이러한 라이선스를 받지 않아도 된다(동법 제50조제3항, 동법 시행규칙 제24조제5항).

ⓑ 대부업법

'대부업등의 등록 및 금융이용자 보호에 관한 법률(대부업법)'은 여신금융기관에 대해서는 동법에 따른 대부업 등록을 하지 않아도 대부업을 할 수 있도록 규정하고 있다(대부업법 제3조). 여기서 여신금융기관이란 대통령령으로 정하는 법령(은행법, 보험업법, 여전법, 자본시장법등)에 따라 인가 또는 허가등을 받아 대부업을 하는 금융기관을 말한다(대부업법 제2조제4호). 일반사모집합투자업자의 경우 자본시장법에 따라 금융위원회에 일반사모집합투자업을 등록한 자로서 동법 제249조의7 제2항(제3호, 제4호)에 따라 집합투자재산을 금전의 대여로 운용(대부업)하므로 대부업법 제3조의 여신금융기관에 해당한다. 따라서 일반사모집합투자업자는 대부업법에 따른 대부업 등록을 따로 하지 않아도 집합투자재산인 금전을 대여의 방법으로 운용할 수 있다. 유의할 점은 이처럼 대부업법에 따른 등록을 하지 않고 대부업을 할 수 있는 것은 '집합투자재산인 금전'을 대여하는 경우에 한정된다는 것이다. 집합투자업자가 자신의 고유재산인 금전을 대여하는 것을 영업으로 하는 것은 허용되지 않는다.

결성 및 운용에 관한 법률, 농업협동조합법, 담보부사채신탁법, 대부업등의 등록 및 금융이용자 보호에 관한 법률, 문화산업진흥기본법, 벤처투자촉진에 관한 법률, 보험업법, 감정평가 및 감정평가사에 관한 법률, 부동산투자회사법, 사회기반시설에 대한 민간투자법, 산업발전법, 상호저축은행법, 새마을금고법, 선박투자회사법, 소재·부품·장비산업 경쟁력 강화를 위한 특별조치법, 수산업협동조합법, 신용보증기금법, 신용정보의 보호 및 이용에 관한 법률, 신용협동조합법, 여신전문금융업법, 예금자보호법, 온라인투자연계금융업 및 이용자보호에 관한 법률, 외국인투자촉진법, 외국환거래법, 유사수신행위의 규제에 관한 법률, 은행법, 자본시장법, 자산유동화에 관한 법률, 전자금융거래법, 주식·사채등의 전자등록에 관한 법률, 주식회사등의 외부감사에 관한 법률, 주택법, 중소기업은행법, 채권의 공정한 추심에 관한 법률, 특정 금융거래정보의 보고 및 이용에 관한 법률, 한국산업은행법, 한국수출입은행법, 한국은행법, 한국주택금융공사법, 한국투자공사법, 해외자원개발사업법.

③ 그 금융업무를 영위하여도 투자자보호 및 건전한 거래를 해할 우려가 없는 업무로서 자본시장법시행령에서 정하고 있는 다음과 같은 금융업무(법 제40조제1항제5호, 영 제43조제5항, 규정 제4-1조제3항).

ⓐ 자산유동화에 관한 법률에 따른 자산관리자의 업무[867]와 유동화전문회사 업무의 수탁업무,[868]

ⓑ 투자자계좌에 속한 증권·금전등에 대한 제삼자 담보권의 관리업무,

ⓒ 상법 제484조에 따른 사채모집의 수탁업무,[869]

ⓓ 대출의 중개·주선·대리업무,[870][871]

ⓔ 금지금 및 은지금의 매매 및 중개업무,[872]

ⓕ 퇴직연금사업자로서 근로자퇴직급여보장법 제7조의 퇴직연금수급권을 담보로 한 대출업무.

---

867) 자산유동화에 관한 법률에 따른 자산관리자(servicer)는 유동화전문회사 등을 위하여 유동화자산을 관리하는 자를 말한다. 자산관리자가 될 수 있는 자는 ⓐ 자산보유자, ⓑ 신용정보회사 및 ⓒ 전문자산관리자이다(동법 제10조제1항). 전문자산관리자(Asset Management Company: AMC)가 되기 위해 별도의 인가나 등록을 받을 필요는 없지만, 동법시행령 제5조에서 정하는 요건(자본금 10억원 이상, 변호사 등 전문인력 5인 이상이 포함된 관리인력 20인 이상 보유 등)을 갖추어야 유동화전문회사와의 자산관리업무위탁계약에 따라 유동화자산의 관리를 위탁받을 수 있다.

868) 자산유동화에 관한 법률 제23조에 따라 유동화전문회사로부터 업무를 수탁받아 이를 수행하고자 하는 자(소위 '업무수탁자')에 대해서는 특별한 자격제한이 없다. 업무수탁자(administrator)는 유동화전문회사를 위하여 일상적인 업무를 위탁받아 수행하는 자로서 유동화자산 및 유동화증권과 관련된 계약의 체결 및 관련 서류의 보관, 추심자금의 보관 및 지급, 회계처리, 공시등의 업무를 수행하며, 한편으로 자산관리자에 대한 감시자 역할도 수행한다.

869) 상법 제480조의3 제1항에서 사채관리회사의 자격을 은행·신탁회사·기타 대통령령으로 정하는 자(상법시행령 제26조)가 아니면 사채관리회사가 될 수 없도록 규정하고 있는데, 일반사모집합투자업자를 포함한 집합투자업자는 사채관리회사 자격이 없다.

870) 대부업법 제2조제4호에 따른 여신금융기관은 대부중개업을 등록하지 않아도 된다(대부업법 제3조제1항). 집합투자업자는 위의 여신금융기관에 해당하므로 대부업법에 따른 대부중개업 등록을 하지 않고도 대부중개업을 영위할 수 있다. 대부업법상의 대부중개업자에 관한 규정은 동법에 따라 등록한 대부중개업자에게만 적용되므로 동법에 따른 등록이 면제된 일반사모집합투자업자에게는 적용되지 않는다. 하지만 일반사모집합투자업자가 겸영업무로 대출의 중개를 하는 경우에는 대부업법의 일부 규정은 투자자보호 및 거래질서 차원에서 참고로 할 필요가 있다. 예컨대, 대부중개업자는 미등록대부업자에게 대부중개를 하여서는 아니 된다(대부업법 제11조의2 제1항). 즉, 대부자는 대부업 등록을 한 자여야 한다. 그리고 대부중개와 관련하여 받는 대가(중개수수료)를 대부를 받는 상대방으로부터 받아서는 아니 된다(대부업법 제11조의2 제2항).

871) 대출의 중개·주선·대리업무에 금융기관과 고객 간 대출 중개·주선 외에 일반법인과 고객 간 중개·주선업무는 포함되지 않는다(금융위원회 유권해석, 2016.8.25).

872) 금지금(金地金, gold bar)이란 순도 99.5% 이상의 금괴와 골드바 등 원재료상태의 금을 말한다. 은지금(銀地金, silver bar)이란 순도 99.5% 이상의 은괴 외 실버바 등 원재료상태의 은을 말한다.

2) 사후보고

일반사모집합투자업자가 위의 영위가능한 겸영업무 중 ②나 ③의 겸영업무를 영위하고자 하는 때에는 그 업무를 영위하기 시작한 날부터 2주 이내에 이를 금융위원회에 보고하여야 한다(법 제40조제1항).

위의 ①의 겸영업무는 해당 법률에서 인가·허가·등록을 요하므로 따로 겸영업무 보고를 하지 않아도 된다.

(공고) 겸영업무를 보고받은 금융위원회는 보고일부터 7일 이내에 보고회사 명칭, 겸영업무의 보고일자·개시일자 및 업무내용에 대하여 공고하여야 한다(법 제40조제4항).

3) 제한명령·시정명령

금융위원회는 일반사모집합투자업자의 겸영업무 보고내용이 ⓐ 일반사모집합투자업자의 경영건전성을 저해하는 경우, ⓑ 투자자보호에 지장을 초래하는 경우, 또는 ⓒ 금융시장의 안정성을 저해하는 경우에는 그 겸영업무의 영위를 제한하거나 시정할 것을 명할 수 있다(법 제40조제2항).

이러한 제한·시정명령은 겸영업무 영위보고를 받은 날부터 30일 이내에 그 내용·사유가 기재된 문서로 하여야 한다(법 제40조제3항).

(공고) 금융위원회는 보고받은 겸영업무 관련 사항과 제한·시정명령을 한 경우 그 관련 내용을 인터넷 홈페이지 등에 공고하여야 한다(법 제40조제4항).

2. 부수업무

1) 부수업무의 범위

일반사모집합투자업자는 위의 겸영업무에 해당하지 않는 업무라 하더라도 '일반사모집합투자업'에 부수하는 업무(부수업무)를 영위할 수 있다.[873] 부수업무를 영위하는 데에 아무런 규제가 없는 것은 아니다. 부수업무는 다른 금융 관련 법령에서 규정하고 있는 금융업무가 아닌 업무로서 금융투자업과 관련이 있거나 금융투자회사의 인력·자산·설비 등을 활용할 수 있는 업무이어야 한다.[874]

---

873) 종전에는 영위할 수 있는 부수업무를 미리 법령에서 열거하는 방식(positive방식)이었지만 자본시장법이 제정되면서부터 원칙적으로 모든 부수업무의 취급을 허용하는 방식(negative 방식)으로 전환되었다.

874) 금융위원회 유권해석(2009.5.26).

2) 사후보고

일반사모집합투자업자가 부수업무를 영위하고자 하는 때에는 그 업무를 영위하기 시작한 날부터 2주 이내에 이를 금융위원회에 보고하여야 한다(법 제41조제1항).

(공고) 부수업무를 보고받은 금융위원회는 보고일부터 7일 이내에 보고회사 명칭, 부수업무의 보고일자·개시일자 및 업무내용에 대하여 공고하여야 한다(법 제41조제4항).

3) 제한·시정명령

금융위원회는 일반사모집합투자업자가 영위하고자 하는 부수업무가 ⓐ 당해 일반사모집합투자업자의 경영건전성을 저해하거나 ⓑ 투자자보호에 지장을 초래하거나 또는 ⓒ 금융시장 안정성을 저해하는 경우에는 그 부수업무의 영위를 제한하거나 시정할 것을 명령할 수 있다(법 제41조제2항).

금융위원회는 이러한 제한명령이나 시정명령을 보고를 받은 날부터 30일 이내에 그 내용 및 사유가 기재된 문서로 해야 한다(법 제41조제3항).

(공고) 금융위원회는 보고받은 부수업무 관련 사항과 제한·시정명령을 한 경우 그 관련 내용을 인터넷 홈페이지 등에 공고하게 된다(법 제41조제4항).[875]

---

875) 금융감독원 홈페이지에 집합투자업자의 부수업무로 공고된 것으로는 다음과 같은 것이 있다:
- 부동산개발사업 관련 자문·자금관리지원 업무
- 특별자산사업에 대한 자문 및 대리업무
- 상법상 SPC 및 법인세법상 PFV의 자산관리업무, 상법상 SPC의 자산관리 및 사무대리
- 계열회사, 해외금융자회사 지원업무
- 호텔, 레지던스, 오피스 운영업체 소개 및 관련 업무지원
- 해외자산운용회사 지원업무(통번역, 연락 및 회의지원등)
- 계열사 합병 관련 전산시스템 및 고객서비스 지원
- 부동산·특별자산 관련 대주단 지원업무
- 부동산임대·전대업무
- 고객에 대한 산업동향 등 경제동향 분석자료 제공업무
- 로보어드바이저 관련 인공지능분석솔루션 판매 및 해당 솔루션개발 컨설팅업무
- 부동산임차 컨설팅업무
- 펀드 판매회사 대상 펀드분석·추천·관리소프트웨어 제공업무
- 국내외 계열회사의 국내주식 매매업무 지원
- (자산유동화법에 따르지 않는) 자산유동화목적SPC의 자산관리업무
- 자금수요자의 대출거래구조 개발 및 자문
- 지수사업자에 대한 지수구성종목 산정 관련 자문
- 기업의 인수·합병 관련 조언업무
- 상표권 제공업무
- 계열사 운용 펀드의 리스크관리 및 성과분석
- 부동산관리업무
- 부동산·특별자산집합투자기구의 투자대상 관련 자금관리업무

제4관 업무위탁 규제[876)]

1. 총설

업무위탁에 대한 규제도 2021년 자본시장법 개정으로 상당한 변화가 있었다. 종전에는 핵심업무의 위탁을 금지하면서, 제한적으로만 예외를 허용하고 있었다(예컨대 외화자산운용업무). 하지만 2021년 자본시장법 개정으로 의사결정권한까지 포함한 내부통제업무(종전의 공통핵심업무)의 위탁만 금지되는 것으로 규제가 대폭 완화되었다. 내부통제업무에 해당하지 않는 업무(운용업무등)는 의사결정권한까지 포함하여 위탁하는 것이 가능하게 되었다. 그리고 업무위탁보고도 종전의 일률적 사전보고제도에서 본질적 업무의 위탁만 사전보고하도록 하고 본질적 업무가 아닌 업무의 위탁은 사후보고하도록 규제를 완화하였다.

자본시장법 제42조 및 제43조에서 규정하고 있는 금융투자업자의 업무위탁에 대한 규제는 일반사모집합투자업자에게도 적용된다, 금융투자업자에 대한 업무위탁 규제는, ⓐ 내부통제업무의 위탁 제한, ⓑ 본질적 업무위탁 시 수탁자 제한, ⓒ 재위탁의 제한, ⓓ 감독당국 보고등(법정사항 포함한 업무위탁계약 체결, 감독당국 보고 및 제한·시정명령, 업무

- 역외투자자문·일임업자 지원업무
- 투자자의 권리행사대행 및 관련 정보제공
- 외국집합투자업자의 국내연락책임자 업무
- 외국집합투자업자의 마케팅 지원업무
- 조세특례제한법상 PFV의 자산관리 및 사무대리업무
- 부동산 및 특별자산 관련 금융자문 및 컨설팅
- 부동산 관련 사업 금융구조설계 및 자금조달방안에 대한 컨설팅
- 부동산개발사업 관련 금융자문 및 컨설팅
- 금융구조설계 및 자금조달방안 컨설팅
- Syndicated Loan등 관련 대주의 대리금융회사업무
- 기업의 경영 및 금융구조에 대한 자문
- 기업의 인수, 합병 및 매각, 투자자대상 홍보, 기업경영 관련 조력
- 계열회사의 투자 지원
- 해외계열사 재생에너지사업 관련 컨설팅 제공업무
- 해외기관투자자 대상 리서치자료 제공
- 투자교육 관련 동영상 제작 및 제공, 금융시장 전반에 대한 자료조사 및 리서치
- 간행물 및 도서의 출판업무
- 부동산 사업관리 업무
- 부동산사업시행자에 대한 임대컨설팅업무
- 부동산 관련 대출에 대한 기관 및 기업 대상 자문 및 컨설팅 등

876) 금융회사의 업무위탁에 관한 규제법규는 이원화되어 있다. 즉, '금융투자업자를 제외한 금융회사'의 업무위탁등에 대해서는 금융위원회가 제정한 '금융기관의 업무위탁등에 관한 규정'이 적용되지만, '금융투자업자'의 업무위탁에 대해서는 자본시장법에서 따로 규정하고 있다(법 제42조 및 제43조, 영 제45조 내지 제49조).

위탁운영기준 마련), ⓔ 수탁자에 대한 정보제공, ⓕ 업무위탁내용의 투자자 공시, ⓖ 수탁자에 대한 특례(적용법규, 검사 및 처분)로 구성되어 있다.

2. 적용범위

자본시장법에서는 제42조의 '업무위탁'이 구체적으로 무엇을 의미하는지에 대해 침묵하고 있다. 따라서 법 제42조의 적용을 받는 '업무'의 범위와 '위탁'의 의미를 명확히 할 필요가 있다.

1) 적용대상 '업무'의 범위

업무위탁규정(법 제42조)의 적용대상이 되는 업무에는 금융투자업자가 영위하는 금융투자업 외에 겸영업무 및 부수업무도 포함된다.[877]

금융투자업등의 영위와 직접적으로 관련되는 업무, 즉, 내부감사업무, 준법감시업무, 위험관리업무 및 신용위험의 분석평가업무는 업무위탁규정의 적용대상 업무에 해당한다.[878]

소위 '후선지원업무'(인력채용, 총무, 전산AS 등)는 대부분이 금융투자업등의 영위와 직접적으로 관련되지 않으므로 업무위탁규정의 적용대상업무에 해당하지 않는다.[879] 하지만, 법규검토업무 중에서 금융투자업등의 영위와 직접적으로 관련이 있는 업무(예: 준법감시 관련 자문)[880]는 법 제42조의 적용대상업무에 해당한다.

고유재산운용업무도 법 제42조의 업무위탁규제의 적용대상에 해당하지 않는다.[881]

정보처리업무의 위탁[882]에 대해서는 '금융회사의 정보처리업무 위탁에 관한 규정'이 적용된다. 동규정에 따르면 정보처리업무를 제삼자에게 위탁하는 것은 가능하지만,

---

877) 따라서 예컨대, 일반사모집합투자업자가 투자일임업을 겸영하면서 '부동산임차컨설팅업무'를 부수업무로 영위하고 있다면, 일반사모집합투자업·투자일임업·부동산임차컨설팅업무 모두가 업무위탁규제의 적용대상이 된다.

878) 법 제42조제1항, 영 제45조제1호 참조.

879) 금융위원회 유권해석(2009.2.25.).

880) 금융투자업 관련 법규 검토·질의에 대한 자문, 금융투자업 관련 거래계약서 검토에 대한 자문, 금융투자업 관련 신상품 개발 시 법률리스크 검토 등이 여기에 해당한다. 금융감독원, 증권회사 영업행위법규 실무안내(2016.2), 62면 참조.

881) 금융위원회 유권해석(2014.3.16.).

882) '정보처리'란 금융회사가 전산설비를 활용하여 정보의 수집, 생성, 기록, 저장, 보유, 가공, 편집, 검색, 출력, 정정, 복구, 이용, 제공, 공개, 파기 및 기타 이와 유사한 행위를 하는 것을 말한다(금융회사의 정보처리업무 위탁에 관한 규정 제2조제5항). '정보처리의 위탁'이란 금융회사가 자신의 정보처리업무를 제삼자로 하여금 계속적으로 처리하도록 하는 행위를 말한다(금융회사의 정보처리업무 위탁에 관한 규정 제2조제6항).

개인고객의 금융거래정보 처리업무를 국외에 소재하는 자에게 위탁하는 경우에는 미리 금융감독원장에게 보고하여야 한다(동규정 제7조).

2) 위탁과 자문의 구별

업무의 '위탁'은 금융투자업자가 금융투자업·겸영업무·부수업무의 영위를 위해 '제삼자의 용역·시설등을 계속적으로 활용하는 행위'로 이해할 수 있다.[883] 업무 '위탁'에는, 해당 업무에 대한 최종의사결정이나 거래상대방과의 법률행위는 금융투자업자가 직접 하는 경우는 물론이고, 제삼자가 해당 업무에 대한 의사결정이나 거래상대방과의 법률행위까지 하는 경우도 포함되는 것으로 보아야 할 것이다. 업무위탁은 금융투자업자가 자체적으로 해당 업무수행에 필요한 인력과 조직을 (충분히) 갖추고 있지 못한 경우에 주로 발생하겠지만,[884] 해당 업무수행에 필요한 인력과 조직을 갖추고 있더라도 제삼자에게 업무를 위탁하는 경우도 있을 수 있다.

금융투자업자가 업무위탁규정의 적용대상이 되는 금융투자업등의 영위와 관련하여 제삼자로부터 '자문'(advice, consultation)을 받는 것이 업무의 '위탁'에 해당하는지가 문제 될 수 있는데, 일응 금융투자업자가 해당 업무수행에 필요한 인력·조직을 구비하고 있는지 여부에 따라 판단하여야 할 것이다.[885] 해당 업무수행에 필요한 최소한의 조직과 인력이 없는 상태에서 제삼자의 자문을 받아 해당 업무를 수행하는 것은 그 형식이 '자문계약'으로 되어 있더라도 업무의 위탁에 해당하는 것으로 평가될 수 있다.[886] 해당 업무수행에 필요한 조직과 인력을 구비한 상태에서 제삼자에게 투자자문(자문)을 받는 경우, 업무위탁규제 대상이 되지는 않지만, 그 실질이 단순 자문으로 보기 어려운 경우에는 불건전영업행위에 해당할 수 있다는 점에 유의하여야 한다.[887] 따라서, '자문'이 '위탁'에 해당하지 않으려면, 해당 업무수행에 필요한 최소한의 인력과 조직을 갖춘 상태에서 제삼자에게 자문을 받아야 하고, 제삼자의 자문에 기초하여 해당 업무

---

883) 금융기관의 업무위탁등에 관한 규정 제2조제2항 참조.

884) 집합투자재산운용과 관련한 조사분석업무가 주로 여기에 해당할 것이다.

885) 실무에서 특히 문제 되는 것이 집합투자재산의 운용과 관련한 자문, 법규검토업무의 자문, 집합투자재산 보유주식의 의결권 행사 관련 자문 등이다.

886) '금융투자업자의 업무위탁 매뉴얼'에서는 준법감시나 내부통제와 관련하여 사내에 법규검토 부서가 없어 계열사 등의 법무실에 법규검토 업무를 위탁하는 경우에는 업무위탁 보고대상이 되는 것으로 예시하고 있다(동매뉴얼 12페이지). 즉, 이런 경우는 단순한 '자문'을 넘어 그 실질이 업무의 '위탁'에 해당하는 것으로 보는 것이다. 금융감독원, 금융투자업자의 업무위탁 매뉴얼(2015).

887) 투자자문업자로부터 투자자문을 받은 집합투자업자는 법 제79조의 선관의무 및 충실의무에 위반하여 내부적인 투자판단 과정없이 집합투자재산을 운용하여서는 아니 된다(법 제85조 제8호, 영 제87조제4항제9호, 규정 제4-63조제5호).

수행에 필요한 의사결정을 자체적으로 하여야 하며, 이러한 업무처리절차가 내부규정 등에 완비되어 있어야 할 것이다.

감독당국은 업무의 '위탁'에 해당하는지 여부를 판단함에 있어 해당 행위의 외관에 불구하고 그 실질을 기준으로 판단한다는 점에 유의할 필요가 있다.[888]

3. 업무위탁운영기준 제정

일반사모집합투자업자는 업무위탁을 하려면 미리 업무위탁운영기준을 제정해야 하며, 여기에는 다음과 같은 사항을 포함하여야 한다:

ⓐ 투자자정보보호에 관한 사항,
ⓑ 업무위탁에 따른 위험관리·평가에 관한 사항,
ⓒ 업무위탁의 결정·해지절차,
ⓓ 수탁자 관리감독사항,
ⓔ 수탁자 부도등 우발상황 대처,
ⓕ 위탁업무 관련 자료요구수단 확보,
ⓖ 이해상충방지체계, 재판관할,
ⓗ 재위탁 관련 위험관리·평가사항등(법 제42조제7항, 영 제49조제2항, 규정 제4-5조).

4. 내부통제업무의 위탁 제한

내부통제업무를 의사결정권한까지 포함하여 위탁하는 것은 금지된다. 다만, 투자자보호 및 건전한 거래질서를 해칠 우려가 없는 경우로서 금융위원회가 정하여 고시하는 내부통제업무는 의사결정권한까지 포함하여 위탁하는 것도 가능하다(영 제45조).

위탁이 금지되는 내부통제업무란 다음의 업무를 말한다.

ⓐ 준법감시인의 업무 중 금융위원회가 정하여 고시하는 업무[889]를 제외한 업무,
ⓑ 내부감사업무,
ⓒ 위험관리업무,
ⓓ 신용위험의 분석·평가업무.

---

888) 특정금전신탁에 투자하는 것은 신탁업자에게 운용업무를 위탁한 것으로 본다: 금융위원회 유권해석(2017.10.31.).
889) 임직원의 법규준수와 관련한 교육을 말한다(규정 제4-3조).

5. 본질적 업무 위탁 시 수탁자 자격 제한

위탁하고자 하는 업무가 일반사모집합투자업의 '본질적 업무'(일반사모집합투자기구의 설정·설립업무 및 해지·해산업무, 집합투자재산의 운용·운용지시업무, 집합투자재산평가업무)인 경우에는 수탁자가 그 업무수행에 필요한 인가를 받거나 등록을 한 자이어야 한다. 이 경우 그 업무를 위탁받는 자가 외국금융투자업자로서 대통령령으로 정하는 요건을 갖춘 경우에는 인가나 등록을 한 것으로 본다(법 제42조제4항).

(예외) 부동산의 개발·임대·관리·개량업무 및 그 부수업무는 본질적 업무에서 제외된다(영 제47조제1항 단서). 따라서 이러한 업무를 위탁하는 경우에는 수탁자가 해당 업무수행에 필요한 면허를 가지고 있는지 여부를 묻지 않는다.

6. 재위탁의 제한

일반사모집합투자업자의 업무를 위탁받은 자는 위탁한 자의 동의를 받은 경우에 한정하여 위탁받은 업무를 제삼자에게 위탁할 수 있다(법 제42조제5항).

재위탁을 하는 경우에도 업무위탁 관련 규정의 대부분이 준용된다(영 제49조제4항).[890] 다만, 집합투자재산의 보관·관리업무 중 외화자산의 보관·관리업무(외화자산인 집합투자재산의 운용 및 운용지시 이행업무 포함)를 법 제42조제1항의 규정에 따라 신탁업자로부터 위탁받은 자가 재위탁한 업무로부터 발생하는 손해에 대해 최종적인 배상책임의무를 부담하는 내용으로 위탁계약을 체결하는 경우에는 업무위탁 관련 규정이 준용되지 않는다(영 제49조제5항, 규정 제4-5조의2).

7. 감독당국 보고 등

1) 업무위탁계약 체결

일반사모집합투자업자는 제삼자에게 업무[891]를 위탁하고자 하는 경우에는 법령에서 정하는 다음의 사항을 포함하여 위탁계약을 체결해야 한다: ⓐ 위탁하는 업무의

---

890) 재위탁의 경우에는 법 제42조제2항부터 제8항까지, 제10항 및 제11항, 법 제43조 및 영 제49조제2항·제3항 및 제6항을 각각 준용한다. 이 경우 법 제42조제2항·제7항·제8항을 준용할 때에는 재위탁계약을 금융위원회에 보고하여야 하는 자, 업무재위탁운영기준을 정하여야 하는 자와 업무위탁내용을 계약서류 등에 기재하고 투자자에게 통보하여야 하는 자는 최초로 업무를 위탁한 일반사모집합투자업자로 한다(영 제49조제4항 후단).

891) 집합투자증권의 판매업무와 집합투자재산의 보관·관리업무는 집합투자업에 해당하지 않으므로, 일반사모집합투자업자가 투자중개업자와 판매위탁계약이나 신탁업자와 자산보관위탁계약을 체결하는 것은 법 제42조의 적용대상이 아니다(금융위원회 유권해석, 2009.2.4. 참조).

범위, ⓑ 수탁자의 행위제한에 관한 사항, ⓒ 위탁업무처리에 관한 기록유지사항, ⓓ 업무위탁계약해지에 관한 사항, ⓔ 위탁보수 등에 관한 사항, ⓕ 업무위탁에 따른 이해상충방지에 관한 사항, ⓖ 수탁자의 정보이용에 관한 사항, ⓗ 수탁자의 관리감독에 관한 사항 등(법 제42조제2항, 영 제46조제2항, 규정 제4-4조제2항).

2) 사전보고(본질적 업무위탁)

위탁하고자 하는 업무가 집합투자업의 본질적 업무(일반사모집합투자기구의 설정·설립 업무 및 해지·해산업무, 집합투자재산의 운용·운용지시업무, 집합투자재산평가업무)인 경우, 일반사모집합투자업자는 업무를 위탁받는 자가 그 위탁받은 업무를 실제로 수행하려는 날의 7일 전까지 일정한 서류[892]를 첨부하여 금융위원회에 보고하여야 한다(영 제46조제1항).

3) 사후보고(기타 업무위탁)

위탁하고자 하는 업무가 집합투자업의 본질적 업무가 아닌 경우, 일반사모집합투자업자는 업무를 위탁받은 자가 그 위탁받은 업무를 영위하기 시작한 날부터 2주 이내에 일정한 서류[893]를 첨부하여 금융위원회에 보고하여야 한다(영 제46조제1항).

4) 변경·재위탁 보고

위탁계약을 변경하거나 법 제42조제5항에 따라 재위탁을 하는 경우에도 일정한 서류[894]를 첨부하여 금융위원회에 보고하여야 한다(영 제49조제3항·제4항).

5) 제한명령 등

업무위탁계약 내용이 경영건전성 저해, 투자자보호에 지장 초래, 금융시장 안정성 저해, 금융거래질서 문란 등의 문제가 있는 경우에는 금융위원회는 해당 업무의 위탁을 제한하거나 시정할 것을 명령할 수 있다(법 제42조제3항). 업무위탁계약변경보고 시에도 마찬가지다(영 제49조제3항).

---

892) 업무위탁계약서 사본, 업무위탁 운영기준, 준법감시인의 검토의견 및 관련 자료, 업무를 수탁받는 자가 외국금융투자업자인 경우 그 외국금융투자업자가 영 제47조제2항에 따른 요건(외국금융투자업자가 소재한 국가에서 외국금융감독기관의 허가·인가·등록 등을 받아 위탁받으려는 금융투자업 또는 법 제40조제1호에 따른 금융업무에 상당하는 영업을 하고 있을 것)을 갖춘 자임을 증명하는 서류.

893) 업무위탁계약서 사본, 업무위탁 운영기준, 준법감시인의 검토의견 및 관련 자료.

894) 업무위탁계약서 사본, 업무위탁 운영기준, 준법감시인의 검토의견 및 관련 자료, 업무위탁 필요성·기대효과·업무위탁에 따른 업무처리절차, 주요 변경내용이 포함된 서면 등.

8. 수탁자에 대한 정보제공

일반사모집합투자업자는 제삼자에게 업무를 위탁한 경우 그 위탁한 업무의 범위 내에서 수탁자에게 매매 기타 거래정보, 투자자가 맡긴 금전 기타 재산에 관한 정보를 제공할 수 있다.

이 경우 정보제공 관련 기록을 유지해야 하며, 수탁자의 정보이용에 대해 관리·감독이 가능해야 한다(법 제42조제6항, 영 제49조제1항).

9. 투자자에 대한 공시

금융투자업자는 업무위탁을 한 경우 그 내용을 금융소비자보호법 제23조제1항에 따른 계약서류[895] 및 법 제123조제1항·제2항에 따른 투자설명서·간이투자설명서에 기재하고, 투자자와 계약체결 후 업무위탁을 하거나 그 내용을 변경한 경우에는 이를 투자자에게 통보하여야 한다(법 제42조제8항).

따라서 일반사모집합투자업자가 업무를 제삼자에게 위탁하는 경우에는 집합투자규약과 설명서[896] 등을 통해 사전에 투자자에게 그 내용을 알리고 내용이 변경된 경우에는 이를 투자자에게 알려주어야 할 것이다.

10. 수탁자에 적용되는 법규

업무를 위탁받는 자가 자본시장법에 따른 금융투자업자가 아니면 원칙적으로 이러한 자에게는 자본시장법이 적용되지 않는다. 그러나 투자자보호등을 위해서는 이러한 자에 대해서도 자본시장법의 일부 규정을 적용할 필요가 있다. 이에 따라 자본시장법은 제54조(직무 관련 정보의 이용금지), 제55조(손실보전등의 금지)의 규정은 업무위탁을 받은 자가 그 위탁받은 업무를 영위하는 경우에 준용하도록 하고 있다(법 제42조제10항).

금융실명거래 및 비밀보장에 관한 법률 제4조(금융거래의 비밀보장)도 업무위탁을 받은 자가 그 위탁받은 업무를 영위하는 경우에 준용된다. 따라서 수탁자는 계좌명의인의 서면상 요구·동의없이 금융거래정보등을 타인에게 제공·누설하는 것이 금지된다(법 제42조제10항).

또한, 일반사모집합투자업자가 법 제42조에 따라 제삼자에게 업무를 위탁한 경우에는 민법 제756조가 준용된다. 따라서 일반사모집합투자업자는 수탁자가 그 위탁

895) 금융상품계약서, 금융상품의 약관, 금융상품설명서.

896) 금융소비자보호법 제19조에 따른 설명서, 법 제249조의4 제4항에 따른 핵심상품설명서.

받은 업무의 집행에 관하여 제삼자에게 가한 손해를 배상할 책임이 있다. 다만, 그 선임 및 그 업무감독에 상당한 주의를 한 때 또는 상당한 주의를 하여도 손해가 있을 경우에는 그러하지 아니하다(법 제42조제9항, 민법 제756조).

11. 수탁자에 대한 검사 및 처분

수탁자가 자본시장법에 따른 금융투자업자가 아닌 경우에도 투자자보호 등을 위해 그 업무와 재산에 관해 검사를 하고 처분을 할 수 있어야 한다. 이에 따라 자본시장법은 제43조에서 수탁자에 대한 검사 및 처분에 관해 따로 규정하고 있다. 일반사모집합투자업자로부터 업무를 위탁받은 자는 위탁업무와 관련하여 그 업무와 재산에 관해 금융감독원장의 검사를 받아야 한다. 이 경우 제419조(금융투자업자에 대한 검사) 제5항, 제6항, 제7항 및 제9항이 준용된다.

금융위원회는 수탁자가 다음 중 하나에 해당하는 경우에는 위탁계약의 어느 한쪽 또는 양쪽 당사자에게 업무위탁계약의 취소 또는 변경을 명할 수 있다: ⓐ 자본시장법 제54조·제55조, 금융실명법 제4조제1항, 제3항, 제4항 및 제5항을 위반한 경우, ⓑ 검사를 거부·방해·기피한 경우, ⓒ 검사를 위한 업무재산에 관한 보고등의 요구에 불응한 경우, ⓓ 별표1 각 호의 어느 하나(위탁받은 업무와 관련된 것에 한한다)에 해당하는 경우. 금융위원회가 이 규정에 따라 위탁업무계약의 취소·변경을 명하는 경우에는 법 제425조(이의신청)가 준용된다.

제5관 이해상충의 방지

1. 총설

자본시장법에서 이해상충(conflict of interests)이란 금융투자업자가 금융투자업을 영위하는 과정에서 자신과 투자자 간 또는 특정투자자와 다른 투자자 간의 이해가 서로 충돌하는 경우에 특정투자자의 이익을 희생하면서 자기나 다른 투자자의 이익을 추구할 유인을 갖는 것을 말한다. 금융투자업무의 겸영범위가 확대될수록 이해상충의 발생가능성은 증가하게 되며, 자기매매업무와 타인의 자산을 관리하는 업무(집합투자업, 신탁업, 투자일임업)를 같은 법인이 겸영하는 경우에 그 위험이 특히 큰 것으로 지적되어 왔다. 집합투자업과 같이 타인의 자산을 관리하는 업무에서는 다른 업무를 겸영하지 않는 경우에도 집합투자업자등이 투자자의 이익을 희생하면서 자신이나 그 관계인의 이익을 추구할 이해상충 소지가 상존한다.

(이해상충 관련 규제체계) 자본시장법은 이해상충의 소지를 최소화하기 위해 이해상충관리 규정(법 제44조)과 정보교류차단 규정(법 제45조)을 두는 한편으로, 금융투자업별로 이해상충 발생소지가 높은 행위를 불건전영업행위 등으로 분류하여 구체적으로 열거하여 금지하는 규정(법 제71조, 제84조, 제85조, 제98조, 제108조 등)을 두고 있다.

이해상충관리에 관한 일반규정(법 제44조)과 개별적인 금지규정(집합투자업의 경우 법 제84조 및 제85조)의 관계에 대해서는 다음과 같이 이해하는 것이 합리적이다. 첫째, 개별 금지규정에 해당하지 않더라도 이해상충 소지가 있는 경우에는 법 제44조에 따라 이해상충관리를 하여야 한다. 둘째, 개별 금지규정에서 정하는 예외사유에 따라 거래등을 하는 경우에도 구체적 사안에 따라 이해상충의 소지가 있는 경우에는 법 제44조에 따라 이해상충관리를 하는 것이 바람직하다.

이해상충방지 관련 규정을 위반한 경우에는 행정제재와 함께 형사처벌[897]을 받을 수 있다. 또한, 투자매매중개업과 집합투자업을 함께 영위함에 따라 발생하는 이해상충과 관련하여 법 제44조와 법 제45조의 규정을 위반하여 투자자에게 손해를 발생시킨 때에는 손해배상책임에 관한 특칙이 적용된다. 즉, 이러한 경우에는 금융투자업자가 '자신이 상당한 주의를 다한 사실'과 '투자자의 악의'에 대한 입증책임을 지게 된다(법 제64조제1항 단서).

2. 이해상충의 관리

1) 이해상충 발생가능성 평가 및 관리

일반사모집합투자업자는 일반사모집합투자업 영위와 관련하여 자신과 투자자 간, 특정투자자와 다른 투자자 간의 이해상충을 방지하기 위하여 이해상충이 발생할 가능성[898]을 파악·평가하고 내부통제기준이 정하는 방법 및 절차에 따라 이를 적절히 관리하여야 한다(법 제44조제1항).[899] 즉, 이해상충의 자체 평가·관리를 위한 내부통제기준을 마련하여야 한다.

---

897) 법 제444조제8호 및 제10호.

898) 금융감독원의 실무 해설서에 따르면 금융투자업자는 금융투자업자 또는 그 임직원이 최소한 다음 어느 하나의 상황에 처하고 있지 않은지 확인하여야 한다: ⓐ 특정고객의 이익을 희생하여 재산적 이득을 얻거나 재산적 손실을 회피할 수 있는지, ⓑ 특정고객에게 제공한 서비스 결과에 의하여 그 특정고객과 다른 이해관계를 가지는지, ⓒ 특정고객의 이익에 반하여 다른 고객의 이익을 위해 행동할 경제적 유인이 있는지(증권회사 영업행위 법규 실무안내, 2016.2, 84면).

899) 증권회사가 그 소속직원이 최대주주인 자산운용회사가 설정·운용하는 펀드를 판매하는 행위를 직접적으로 금지하는 규정은 없지만, 그 과정에서 증권회사(직원)와 투자자 간 이해상충문제가 발생할 개연성이 있으므로, 증권회사는 이해상충 발생가능성을 파악·평가하고

2) 투자자에 대한 사전고지 및 거래 단념

일반사모집합투자업자는 이해상충 발생가능성을 파악·평가한 결과 이해상충이 발생할 가능성이 있다고 인정되는 경우에는 그 사실을 미리 해당 투자자에게 알려야 하며, 그 이해상충이 발생할 가능성을 내부통제기준이 정하는 방법 및 절차에 따라 투자자보호에 문제가 없는 수준으로 낮춘 후 매매 기타 거래를 해야 한다. 이해상충의 발생가능성을 낮추는 것이 곤란하다고 판단되는 경우에는 매매 기타 거래를 해서는 안 된다(법 제44조제2항·제3항).

3. 정보교류의 차단

1) 총설

자본시장법 제45조는 정보교류 규제(소위 'Chinese Wall')를 정하고 있다. 정보교류 규제는 회사 내외의 일체의 정보교류를 차단하고자 하는 것이 아니라, 이해상충 발생이 우려되는 정보 관련 부문간 교류를 금지하는 것이다.

2021년 자본시장법 개정으로 정보교류 규제체계도 전면개편되었다. 종전법에서는 자본시장법 제45조에서 금지되는 정보·인적교류 행위 등을 구체적으로 열거하고 있었으나, 개정법에서는 정보교류 차단을 위한 기본원칙과 내부통제기준 마련의무·임직원 교육의무 등만을 규정하고 세부내용은 회사에 위임하는 '원칙중심의 규제방식'으로 규정하는 한편 규제의 실효성 제고를 위해 사후제재를 강화하였다.

2) 정보교류 차단대상이 되는 정보(이하 '특정정보'라 한다)

특정정보는 다음 중 어느 하나에 해당하는 정보로서 불특정다수인이 알 수 있도록 공개되기 전의 것을 말한다(법 제45조, 영 제50조제1항). 다만, 아래 i) 및 ii)의 정보 중 이해상충 우려가 없는 정보로서 집합투자업자가 내부통제기준에 반영하여 게시한 정보는 제외한다(영 제50조제1항, 규정 제4-6조제1항).

ⓐ 법 제174조제1항 각 호 외의 부분에 따른 미공개중요정보[900].

ⓑ 투자자 그 밖의 고객의 자산 매매 및 운용에 관한 다음 정보.

i) 투자자 기타 고객의 금융투자상품 매매 및 소유 현황 정보,

내부통제기준을 마련하는 한편 동 사항을 투자자에게 미리 알리고 이해상충 가능성을 투자자보호에 문제가 없는 수준으로 낮춘 후에 판매를 해야 하며, 이해상충 발생가능성이 해소되지 않는다고 판단되는 경우 해당 자산운용회사의 펀드를 판매해서는 안 된다(금융위원회 유권해석, 2017.7.26).

900) 상장(상장예정)법인의 업무등과 관련된 미공개중요정보를 말한다.

ii) 집합투자재산·투자일임재산·신탁재산 구성내역과 운용정보,
iii) 그 밖에 금융위원회가 정하여 고시하는 정보.

특정정보(정보교류 차단 규제의 대상이 되는 정보)에 해당하지 않는 정보의 경우도 사내외 정보교류가 제한 없이 허용되는 것은 아니고, 정보교류 관련 다른 법률에 따른 규제[901]는 여전히 준수해야 한다.

3) 특정정보의 교류 차단의무

(사내 특정정보교류 차단의무) 일반사모집합투자업자는 금융투자업등(금융투자업·겸영업무·부수업무·종합금융투자사업자에 허용된 업무)을 영위하는 경우 내부통제기준이 정하는 절차와 방법에 따라 특정정보의 교류를 적절히 차단하여야 한다(법 제45조제1항).

(사외 특정정보교류 차단의무) 일반사모집합투자업자는 금융투자업등을 영위하는 경우 계열회사를 포함한 제삼자에게 정보를 제공할 때에는 내부통제기준이 정하는 절차와 방법에 따라 특정정보의 교류를 적절히 차단하여야 한다(법 제45조제2항).

4) 내부통제기준 포함사항(법 제45조제3항)

내부통제기준에는 다음의 사항을 반드시 포함시켜야 한다(법 제45조제3항).
ⓐ 정보교류 차단을 위해 필요한 기준·절차(제1호).
ⓑ 특정정보의 예외적 교류를 위한 요건·절차(제2호).
ⓒ 특정정보를 활용한 이해상충발생 방지를 위한 사항(제3호).
i) 특정정보의 부문에 관한 사항,[902]
ii) 정보교류 차단방법 및 예외적 교류에 관한 사항,[903]
iii) 이해상충발생이 우려되는 거래 및 그에 따른 대응방안,[904]
iv) 그 밖에 금융위원회가 정하여 고시하는 사항.

---

901) 개인정보보호법, 금융실명법등 정보보호 규제와 금융회사지배구조법상 임직원 겸직 규제 등.
902) 특정정보의 식별 및 설정에 관한 기준 및 방법, 특정정보별 교류 차단대상 부문의 범위 설정, 특정정보 또는 교류 차단대상 부문별 책임자의 지정
903) 정보교류 차단대상 부문 간에 정보교류를 차단하기 위한 방법, 특정정보의 예외적 교류에 해당하는 경우 그 기록작성 및 유지
904) 이해상충 우려가 있는 거래의 특정 및 유형화, 일반사모집합투자업자 및 그 임직원의 자기계산에 의한 금융투자상품 매매 기타 거래에 대한 거래주의 및 거래제한상품 대상목록의 작성·관리 및 그에 따른 상시감시체계 수립·운영, 계열회사와 함께 투자자 기타 고객과 대면하여 안내·상담·투자권유·계약체결등 업무를 처리하기 위한 사무공간을 계열회사와 공동으로 이용하는 경우에 대한 정보교류 차단 및 이해상충방지에 필요한 사항.

5) 내부통제기준 이행·관리(법 제45조제3항)

일반사모집합투자업자는 정보교류 차단을 위하여 다음 사항을 준수하여야 한다(법 제45조제3항, 영 제50조제3항).

ⓐ 정보교류 차단을 위한 내부통제기준 적정성에 대한 정기적 점검,

ⓑ 정보교류 차단과 관련되는 법령 및 내부통제기준에 대한 임직원 교육,

ⓒ 내부통제기준 적정성 및 준수 여부를 점검하는 등 내부통제기준 관련 업무를, 독립적으로 총괄하는 임원(상법 제401조의2 제1항 각 호에서 정하는 자[905])를 포함한다)의 선임 및 지원부서 설치·운영(해당 임원 및 지원부서가 수행해야 할 구체적인 업무를 포함한다),

ⓓ 점포 및 인터넷 홈페이지를 통한 내부통제기준 주요내용 공시,[906]

ⓔ 기타 금융위원회가 정하여 고시하는 사항.

6) 사후 제재

2021년 개정법에서는 정보교류 규제의 실효성 확보를 위해, 행정제재(인가·등록취소, 업무정지등)에 추가하여 형사처벌과 징벌적 과징금을 병과할 수 있도록 하였다.

① 행정제재

집합투자업자가 정보교류 차단에 관한 규정(법 제45조)을 위반하는 경우[907] 금융위원회는 당해 집합투자업자 및 그 임직원에게 조치를 할 수 있다(법 제420조제3항 및 제422조제1항·제2항 관련 별표1).

② 과징금

법 제54조제2항은 '금융투자업자 및 그 임직원이 법 제45조제1항 또는 제2항에 따라 정보교류 차단의 대상이 되는 정보를 정당한 사유없이 본인이 이용하거나 제삼자에게 이용하게 하는 행위'를 금지하며, 이 규정 위반 시 형사처벌과 함께 징벌적 과징금(이익 또는 회피손실액의 1.5배)을 부과할 수 있다(법 제428조제4항).

---

905) 상법 제401조의2 제1항 각 호에서 정하는 자는 다음과 같다: ⓐ 회사에 대한 자신의 영향력을 이용하여 이사에게 업무집행을 지시한 자(업무집행지시자), ⓑ 이사의 이름으로 직접 업무를 집행한 자, ⓒ 이사가 아니면서 명예회장·회장·사장·부사장·전무·상무·이사 기타 회사의 업무를 집행할 권한이 있는 것으로 인정될 만한 명칭을 사용하여 회사의 업무를 집행한 자.

906) 이처럼 내부통제기준의 주요내용을 공시하도록 함으로써 시장에서 각 회사의 내부통제수준을 평가할 수 있게 된다.

907) 법 제45조제1항 또는 제2항을 위반하여 내부통제기준이 정하는 방법 및 절차에 따라 정보의 교류를 적절히 차단하지 아니한 경우, 법 제45조제3항을 위반하여 내부통제기준에 포함하여야 할 사항을 포함하지 아니한 경우, 법 제45조제4항을 위반하여 정보교류 차단을 위해 준수해야 할 사항을 준수하지 아니한 경우.

③ 형사벌칙

법 제54조제2항을 위반하여 법 제45조제1항 또는 제2항의 정보교류 차단의 대상이 되는 정보를 정당한 사유없이 본인이 이용하거나 제삼자에게 이용하게 한 자와 정보교류 차단의 대상이 되는 정보를 제공받아 이용한 자는 5년 이하의 징역 또는 2억원 이하의 벌금에 처한다(법 제444조제6의2호).

제6관 직무 관련 정보의 이용금지

1. 총설

자본시장법 제54조는 제1항에서 금융투자업자(임직원)의 직무 관련 정보 이용금지에 관한 일반적인 포괄규정을 두는 한편, 제2항에서는 정보교류 차단대상 정보의 이용금지규정을 두고 있다.

법 제54조제2항은 2021년 정보교류 규제 개편과 함께 신설된 것인데, 앞에서 본 바와 같이 위반 시 형사처벌(5년 이하 징역·2억원 이하 벌금, 법 제444조제6의2호)과 징벌적 과징금(이익 또는 회피손실액의 1.5배, 법 제428조제4항)[908]의 부과대상이 된다.

법 제54조제1항을 위반한 때에도 형사처벌의 대상이 된다(3년 이하 징역·1억원 이하 벌금, 법 제445조제9호).

(적용범위) 법 제54조는 금융투자업자로부터 업무를 위탁받은 자(법 제42조제10항), 투자권유대행인(법 제52조제6항), 투자회사의 감독이사(법 제199조제5항), 집합투자기구의 일반사무관리회사(법 제255조), 집합투자기구평가회사(법 제260조), 채권평가회사(법 제265조) 등의 기관이나 개인에 대하여도 준용된다,

2. 직무 관련 정보 이용금지

금융투자업자는 직무상 알게 된 정보로서 외부에 공개되지 아니한 정보를 정당한 사유없이 자기 또는 제삼자의 이익을 위하여 이용하여서는 아니 된다(법 제54조제1항).

여기서 '직무상 알게 된 정보'란 금융투자업자(임직원)가 그 직무수행과정에서 지득한 정보 중에서 정보교류 차단의 대상이 되는 정보를 제외한 것으로 이해하여야 할 것이다.

직무상 알게 된 정보라 하더라도 외부에 공개된 정보를 이용하는 것은 문제 되지

908) 징벌적 과징금은 금융투자업자(임직원)로부터 정보를 제공받아 이용한 자에게도 부과되며, 위반행위로 얻은 이익에는 미실현이익도 포함한다.

않으며, 외부에 공개되었는지와 관계없이 '정당한 사유'가 있는 경우에도 문제 되지 않는다.

이 규정의 해석·적용과 관련하여서는 '정보'의 범위를 어디까지 인정할 것인지, '외부에 공개되지 아니한 정보'란 불특정다수인에게 공개되기 전의 정보를 의미하는지, '정당한 사유'란 어떤 경우를 말하는지 등과 관련하여 논란의 소지가 적지 않다.

금융감독원의 검사·제재 사례를 보면. 집합투자업자의 펀드운용본부에서 수집·생성한 투자 관련 정보(예: 채권 저가 거래 정보, 주식 저가 블록딜 정보 등)를 그 고유재산이나 임직원의 이익을 위하여 이용하는 행위에 대해 이 규정을 적용하고 있는 것으로 보인다.

3. 정보교류 차단대상 정보의 이용금지

금융투자업자 및 그 임직원은 법 제45조제1항·제2항에 따라 정보교류 차단의 대상이 되는 정보를 정당한 사유없이 본인이 이용하거나 제삼자에게 이용하게 하여서는 아니 된다(법 제54조제2항).

정보교류 차단대상이 되는 정보는 영 제50조제1항 각 호의 어느 하나에 해당하는 정보로서 불특정다수인이 알 수 있도록 공개되기 전의 것을 말한다(영 제50조제1항 본문).

제7관 자료의 기록유지

1. 금융투자업 영위 관련 자료

일반사모집합투자업자는 금융투자업 영위와 관련한 자료를 종류별(영업, 재무, 업무, 내부통제, 기타)로 구분하여 일정 기간 동안 기록·유지하여야 한다. 규정 별표12에서 영업 관련 자료를 세분하여 최소보존기간을 정하고 있다(법 제60조제1항, 영 제62조, 규정 제4-13조).

일반사모집합투자업자는 기록·유지 대상 자료가 멸실하거나 위조·변조가 되지 않도록 적절한 대책을 수립·시행해야 한다(법 제60조제2항). 그리고 금융감독원의 검사·조사 시 3영업일 이내에 이를 제출할 수 있어야 한다(규정 제4-13조제2항).

규정 별표12에서 정한 최소보존기간 동안 투자자가 자신의 거래 기록물이나 통지기록물을 서면으로 자료요청을 하는 경우 일반사모집합투자업자는 원칙적으로 6영업일 이내에 제공하여야 한다(규정 제4-13조제3항).

2. 장부외거래에 관한 기록·유지

일반사모집합투자업자는 선물·선도·스왑·옵션등 파생상품거래, 채무보증, 기타 재무제표에 표시되지 않는 거래에 관한 기록(당해 거래 계약서 및 부속서류 포함)을 발생 시점을 기준으로 작성·유지하여야 한다(규정 제4-14조제1항).

장부외거래기록은 자산의 성질을 가진 것과 부채의 성질을 가진 것을 구분하여 표시해야 한다(규정 제4-14조제2항). 그리고 거래의 종류·상대방·규모·조건·유지기간, 당해 거래에 따른 일반사모집합투자업자의 부담 및 예상되는 영향, 당해 거래에 이용된 표시통화 및 결제통화, 기타 필요한 사항을 표시하여야 한다. 장부외거래기록은 당해 거래 종료일부터 5년간 보존하여야 한다(규정 제4-14조제3항·제4항).

제8관 임직원의 금융투자상품 매매

1. 규제취지·목적

자본시장법 제63조는 금융투자업자의 임직원이 자기계산으로 '특정금융투자상품'을 매매하는 경우에는 자본시장법령에서 규정하는 절차와 방법에 따르도록 하고, 규제실효성 확보를 위해 금융투자업자에게도 이와 관련한 자체 기준·절차를 제정·운영하도록 하고 있다.

이는 미공개정보이용행위 등 불공정행위를 방지하는 한편, 투자자와의 이해상충을 방지하기 위한 것이다. 자본시장법 제63조는 일반사모집합투자업자 및 그 임직원에게도 적용된다(법 제249조의8).

2. 특정금융투자상품

자본시장법 제63조의 적용을 받는 특정금융투자상품은 다음과 같다:

ⓐ 상장 지분증권(회사 형태의 집합투자기구의 집합투자증권,[909] 우리사주조합 명의로 취득하는 우리사주조합이 설립된 회사의 주식은 제외),

ⓑ 상장 증권예탁증권(ⓐ에 따른 지분증권과 관련된 증권예탁증권에 한정),

ⓒ 주권 관련 사채권[전환사채·신주인수권부사채·교환사채(주권, CB, BW와 교환청구할 수 있는 교환사채권)·전환형조건부자본증권]으로서 ⓐ에 따른 지분증권이나 ⓑ에 따른 증권예탁증권과 관련된 것,

ⓓ 상장 지분증권·상장 증권예탁증권이나 이들을 기초로 하는 지수변동과 연계된 파생결합증권(위의 ⓐ 또는 ⓑ의 증권이 30종목 이상 편입된 지수의 변동과 연계된 파생결합증권은 제외),

---

909) 회사 형태가 아닌 집합투자기구의 집합투자증권도 법 제63조의 적용대상이 아니므로, 집합투자기구의 집합투자증권은 공모펀드·사모펀드를 묻지 않고 법 제63조의 적용을 받지 않는다.

ⓔ 장내파생상품,

ⓕ 상장 지분증권·상장 증권예탁증권이나 이들을 기초로 하는 지수변동과 연계된 장외파생상품(영 제64조제2항).

3. 특정금융투자상품의 매매방법 및 절차

1) 매매방법

일반사모집합투자업자의 임직원은 특정금융투자상품을 매매하는 경우에는, ⓐ 자기명의로 매매해야 하며, ⓑ 하나의 증권회사의 하나의 계좌를 통해서 매매해야 한다. 다만, 영 제64조제3항에서 정하는 경우에는 둘 이상의 증권사[910] 또는 둘 이상의 계좌[911]를 통해서 매매할 수 있다. 예컨대 공모주 청약을 하는 경우에는 둘 이상의 증권회사를 통해 청약할 수 있으며, 조세특례를 받기 위한 경우에는 둘 이상의 계좌를 통해서 매매할 수 있다.

2) 매매절차 등

일반사모집합투자업자의 임직원은 특정금융투자상품을 매매하기 위해 증권사에 계좌를 개설하는 때에는 준법감시인(준법감시인이 없는 경우 감사 등 이에 준하는 자)에게 신고해야 한다(영 제64조제4항제1호). 그리고 준법감시인이 매매 기타 거래에 관한 소명을 요구하는 경우에는 이에 따라야 하며, 내부통제기준으로 정하는 사항을 준수하여야 한다(영 제64조제4항제2호·제3호).

일반사모집합투자업자의 임직원은 특정금융투자상품을 매매한 경우에는 그 매매명세를 분기별로 소속회사에 통지해야 한다. 다만, 투자일임계약에 따라 매매되는 경우에는 통지하지 않아도 된다(영 제64조제2항 단서). 운용전문인력·조사분석인력·투자권유자문인력은 월별로 통지해야 한다(법 제63조제1항제3호).

---

910) 둘 이상의 증권사를 통하여 매매할 수 있는 경우는 다음과 같다(영 제64조제3항제1호, 규정 제4-16조제2항): ⓐ 일반사모집합투자업자의 임직원이 거래하고 있는 증권사가 매매하려는 금융투자상품을 취급하지 아니하는 경우, ⓑ 모집·매출의 방법으로 발행되거나 매매되는 증권을 청약하는 경우, ⓒ 상속·증여(유증 포함), 담보권의 행사, 기타 대물변제의 수령 등으로 취득한 금융투자상품을 매도하는 경우, ⓓ 당해 일반사모집합투자업자의 임직원이 되기 전에 취득한 금융투자상품을 매도하는 경우.

911) 둘 이상의 계좌를 통하여 매매할 수 있는 경우는 다음과 같다(영 제64조제3항제2호, 규정 제4-16조제3항): ⓐ 증권사가 금융투자상품별로 계좌를 구분·설정하도록 함에 따라 둘 이상의 계좌를 개설하는 경우, ⓑ 조세특례제한법에 따라 조세특례를 받기 위하여 따로 계좌를 개설하는 경우, ⓒ 상속·증여(유증 포함), 담보권의 행사, 기타 대물변제의 수령 등으로 취득한 금융투자상품을 매도하는 경우.

4. 임직원의 특정금융투자상품 매매기준 제정등

일반사모집합투자업자는 소속 임직원의 자기계산에 의한 금융투자상품 매매와 관련하여 그 임직원이 따라야 할 적절한 기준 및 절차를 제정해야 한다. 그리고 분기별로 임직원의 금융투자상품의 매매명세를 그 기준 및 절차에 따라 확인하여야 한다(법 제63조제2항·제3항).

5. 관련 이슈

1) 차명계좌를 통한 자기매매

금융감독원의 '차명투자등 임직원 자기매매 판단 가이드라인'에 따르면, 자금출연·매매관여·손익귀속 가능성의 세 가지 요건을 모두 충족하는 경우 일응 임직원이 자기계산으로 매매한 것으로 판단한다. 즉, 본인명의 계좌에서 타인명의 계좌로 자금등이 지급(제3자 경유 포함)되어 타인명의 계좌에서 매매가 이루어지고, 본인이 타인명의 계좌를 통해 직접매매 또는 매매지시·협의를 하였다는 객관적 정황이 확인되고, 타인명의 계좌에서 매매대금이 본인명의 계좌로 입금되거나 객관적으로 손익귀속 가능성이 존재할 경우 임직원 자기매매로 인정한다.

2) 법인을 이용한 차명 자기매매

금융감독원의 '법인을 통한 임직원 자기매매 판단 가이드라인'에 따르면, ⓐ 임직원이 해당 법인에 자금등을 출연하고,[912] ⓑ 해당 법인의 매매에 관여(임직원이 법인주문 직접 제출하거나 법인직원 또는 제삼자에게 주문을 요청)한 경우[913]에는 임직원 자기매매로 인정한다.

제9관 손해배상책임

일반사모집합투자업자는 법령·약관·집합투자규약·투자설명서(법 제123조제1항에 따른 투자설명서를 말한다)에 위반하는 행위를 하거나 그 업무를 소홀히 하여 투자자에게 손해를 발생시킨 경우에는 그 손해를 배상할 책임이 있으며, 관련되는 임원에게도 귀책사유가 있는 경우에는 그 일반사모집합투자업자와 관련되는 임원이 연대하여 그 손해를 배상할 책임이 있다(법 제64조제1항·제2항).[914] 투자매매·중개업과 집합투자업을 함께

912) 매매에 사용된 자금등의 출연 사실이 중요하며, 출자·대여 등의 출연방식과 규모등은 무관하다.
913) 다만, 소극적으로 매매내역등을 사후통지 받는 경우에도, 이면약정 존재 등 구체적 사실관계에 따라 매매한 것으로 볼 수 있다.

영위하는 금융투자업자(일반사모집합투자업을 겸영하고 있는 금융투자회사가 여기에 해당한다)의 경우에는 법 제64조 단서에 특례가 있다.[915]

여기서 법 제123조제1항에 따른 투자설명서는 집합투자증권을 공모하지 않는 일반사모집합투자기구에는 해당 사항이 없다. 그러나 규제취지를 고려할 때 일반사모집합투자업자가 일반사모집합투자증권의 투자권유·판매를 위해 작성한 설명서(즉, 법 제249조의4에 따른 핵심상품설명서)로 이해하여야 할 것이다.

제10관 기타

1. 상호

일반사모집합투자업자는 그 상호 중에 '집합투자', '투자신탁', '자산운용'이라는 문자 또는 이와 유사한 의미를 가지는 외국어문자를 사용할 수 있다(법 제38조제4항). 즉, collective investment, pooled investment, investment trust, unit trust, asset management나 그 비슷한 의미를 가지는 외국어 문자(그 한글표기문자 포함)[916]를 사용할 수 있다(영 제42조제4항).

참고로 영국에서 'unit trust'는 개방형 공모 투자신탁을 의미하며 'investment trust'는 폐쇄형·회사형펀드를 의미한다. 따라서 이러한 문자는 일반사모집합투자업자의 상호로 사용하기에는 적합하지 않을 수 있다는 점에 유의할 필요가 있다.

투자자문사가 일반사모집합투자업을 추가로 등록하는 경우에는 상호에 '집합투자', 등의 문자를 포함시키는 것이 좋으며 '자산운용', '투자자문'과 '자산운용'이라는 문자를 중복하여 사용하는 것(예: ○○자산운용투자자문 주식회사)도 무방하다는 것이 감독당국의 입장이다.[917]

---

914) 자본시장법상 집합투자업자의 영업행위규칙(공통영업행위규칙, 집합투자업자 영업행위규칙)이 법 제64조(손해배상책임)를 통해 결과적으로 집합투자업자가 투자자에 대해 부담하는 의무가 된다는 점에서 법 제64조는 집합투자업자의 신의성실의무(법 제37조)의 내용을 구체화하는 중요한 기능을 수행한다.

915) 다만, 배상의 책임을 질 일반사모집합투자업자가 법 제37조제2항·제44조·제45조·제71조·제85조를 위반한 경우(투자매매업 또는 투자중개업과 집합투자업을 함께 영위함에 따라 발생하는 이해상충과 관련된 경우에 한한다)로서 그 일반사모집합투자업자가 상당한 주의를 하였음을 증명하거나 투자자가 금융투자상품의 매매 기타 거래를 할 때에 그 사실을 안 경우에는 배상의 책임을 지지 아니한다.

916) 이와 비슷한 의미를 가지는 것으로는 investment fund(투자펀드)를 들 수 있다.

917) 금융감독원, 전문사모집합투자업 신규등록신청 업무설명회(2015.10.22.) 참조.

2. 명의대여 금지

일반사모집합투자업자는 자기의 명의를 대여하여 타인에게 일반사모집합투자업을 영위하게 하여서는 아니 된다(법 제39조).

3. 소유증권의 예탁

일반사모집합투자업자는 고유재산운용으로 소유하게 되는 증권등을 예탁결제원에 지체 없이 예탁하여야 한다.

예탁대상 증권등의 범위, 예외적으로 예탁하지 않아도 되는 경우, 외화증권의 예탁 방법등은 영 제63조, 규칙 제7조의2 및 규정 제4-15조에서 규정하고 있다.

4. 일반사모집합투자업 폐지 공고등

일반사모집합투자업자는 일반사모집합투자업 또는 지점 기타 영업소의 영업을 폐지하고자 하는 경우에는 그 뜻을 폐지 30일 전에 전국을 보급지역으로 하는 둘 이상의 일간신문에 공고해야 하고, 알고 있는 채권자에게는 각각 통지하여야 한다(법 제62조제1항).

일반사모집합투자업자는 법 제417조에 따라 일반사모집합투자업 또는 투자자문·일임업의 전부에 대한 폐지승인을 받은 경우, 법 제420조 또는 제421조에 따라 일반사모집합투자업 또는 투자자문·일임업 등록이 취소된 경우에는 자신이 행한 금융투자상품의 매매 기타 거래를 종결시켜야 한다. 이 경우 그 일반사모집합투자업자는 그 매매 기타 거래를 종결시키는 범위에서 일반사모집합투자업자로 본다(법 제62조제2항).

5. 약관 제정·변경의 신고

일반사모집합투자업자는 일반사모집합투자업의 영위와 관련하여 약관을 제정·변경하고자 하는 경우에는 미리 금융위원회에 신고하여야 한다. 다만, 투자자의 권리의무와 관련 없는 사항을 변경하거나 금융투자협회가 제정한 표준약관에 따르는 등의 경우에는 제정·변경 후 7일 이내에 금융위원회와 협회에 보고하면 된다(법 제56조제1항). 일반사모집합투자업자는 약관을 제정·변경한 경우 인터넷 홈페이지 등을 이용하여 공시하여야 한다(법 제56조제2항).

이 규정은 일반사모집합투자업자가 자신이 운용하는 일반사모집합투자기구의 집합투자증권을 직접판매하는 경우 즉, 판매회사 기능을 수행하는 경우로서 집합투자증권 판매와 관련하여 약관을 제정하는 경우 등에 적용될 것이다.

제3장 등록 일반사모집합투자업자에 대한 감독, 검사 등

제1절 명령 및 승인

제1관 명령

금융위원회는 투자자를 보호하고 건전한 거래질서를 유지하기 위하여 일반사모집합투자업자에게 다음과 같은 사항에 대해 필요한 조치를 명할 수 있다(법 제416조, 영 제369조제1항):

ⓐ 고유재산 운용에 관한 사항,
ⓑ 투자자재산의 보관·관리에 관한 사항,
ⓒ 경영 및 업무개선에 관한 사항,
ⓓ 각종 공시에 관한 사항,
ⓔ 영업질서 유지에 관한 사항,
ⓕ 영업방법에 관한 사항,
ⓖ 이해상충방지체계에 관한 사항 등.

제2관 승인

1. 승인대상행위

일반사모집합투자업자는 다음과 같은 행위를 하고자 하는 경우에는 미리 금융위원회의 승인을 받아야 한다(법 제417조):

ⓐ 합병, 분할, 분할합병,
ⓑ 주식의 포괄적 교환·이전,
ⓒ 해산,
ⓓ 일반사모집합투자업 전부의 양도·양수,
ⓔ 일반사모집합투자업 전부의 폐지,
ⓕ 자본감소.

일반사모집합투자업자가 금산법에 따라 다른 집합투자업자등과 합병을 하고자 하는 경우에는 금산법 제4조에 따른 합병인가를 받으면 따로 자본시장법에 따라 합병승인을 받지 않아도 된다(금산법 제5조). 금산법에 따라 합병을 하는 경우에는 합병절차의 간소화, 조세감면 등의 혜택이 주어진다.

2. 절차 등

일반사모집합투자업자는 영 제370조제3항에서 정하는 사항을 기재한 승인신청서를 금융위원회에 제출하여야 한다. 승인신청서에는 일정한 서류(정관, 승인신청사유에 관한 이사회나 주총 의결이 있는 경우 의사록, 승인신청사유 관련 계약서가 있는 경우 그 사본 등)를 첨부하여야 한다(영 제370조제4항).

금융위원회는 신청서 접수일부터 2개월 내 승인여부를 결정하여 문서로 통지하게 된다. 그리고 금융위원회는 승인을 하는 경우에 경영의 건전성 확보와 투자자보호에 필요한 조건을 붙일 수 있다(영 제370조제5항·제7항).

제2절 경영 관련 주요사항 보고

일반사모집합투자업자는 다음과 같은 사유 발생시 지체 없이 금융위원회에 보고하여야 한다(법 제418조):

ⓐ 상호변경,

ⓑ 정관 중 중요내용 변경(사업목적, 지배구조, 발행하는 주식),

ⓒ 임원 선임·해임(사임 포함),[918]

ⓓ 최대주주 변경,

ⓔ 대주주 또는 그 특수관계인의 소유주식이 의결권 있는 발행주식총수의 100분의 1 이상 변동된 때,

ⓕ 일반사모집합투자업 일부의 양수도·폐지,

ⓖ 지점 기타 영업소 신설·폐지,

ⓗ 본점 위치변경,

ⓘ 지점 기타 영업소의 영업중지 혹은 재개,

ⓙ 자본금 증가,

---

918) 금융회사지배구조법 제7조제2항·제3항. 임원 선임·해임·사임의 보고 근거규정이 종전 자본시장법 제418조에서 금융회사지배구조법 제7조제2항·제3항으로 변경되었다.

ⓚ 업무에 중대한 영향을 미치는 소송의 당사자로 된 경우,
ⓛ 외국환거래법에 따른 해외 직접투자를 하거나 해외영업소 기타 사무소 설치한 경우,
ⓜ 해외 현지법인·해외지점·해외사무소에 일정한 사유 발생,
ⓝ 어음·수표의 부도 또는 은행과의 당좌거래 정지·금지 등,
ⓞ 법 제10편(제443조부터 제448조까지)에 따라 처벌을 받은 경우,
ⓟ 파산의 신청이 있거나 해산사유가 발생한 경우,
ⓠ '채무자 회생 및 파산에 관한 법률'에 따른 회생절차 개시신청을 한 경우, 회생절차 개시결정을 한 경우 또는 회생절차 개시결정의 효력이 상실된 경우,
ⓡ 조세 체납처분을 받은 경우 또는 조세에 관한 법령을 위반하여 처벌을 받은 경우.

제3절 검사 및 조치

제1관 총설

금융투자업자에 대한 검사 및 조치에 관한 자본시장법 규정들, 즉, 검사(법 제419조), 조치(법 제420조), 외국 금융투자업자의 지점등에 대한 등록의 취소 특례(법 제421조), 임직원에 대한 조치(법 제422조), 청문(법 제423조), 처분등의 기록 및 공시등(법 제424조), 이의신청(법 제425조)은 일반사모집합투자업자에게도 적용된다(법 제249조의8 제1항).

금융감독원장은 일반사모집합투자업자에 대한 검사업무의 일부를 거래소나 금융투자협회에 위탁할 수 있도록 하고 있는데, 시행령에서는 금융투자협회에 대한 위탁에 대해서만 정하고 있다. 즉, 금융감독원장은 주요직무종사자(운용전문인력등)와 투자권유대행인의 영업행위에 관한 사항, 약관의 준수 여부에 관한 사항등에 대한 검사업무를 금융투자협회에 위탁할 수 있다(법 제419조제8항, 영 제372조).

법 제419조제1항 내지 제3항에서 정하고 있는 한국은행의 공동검사 및 자료제출 요구는 국가·공공단체 업무를 대리하거나 자금이체 업무를 수행하는 투자매매·중개업자에게만 적용되므로 일반사모집합투자업자에게는 해당 사항이 없다.

제2관 검사

일반사모집합투자업자는 그 업무와 재산상황에 관하여 금융감독원장의 검사를 받아야 한다(법 제419조제1항).

1. 검사의 의의 및 법적 성격

금융감독원의 검사는 개별 금융회사의 업무와 경영실태를 분석·평가하고 수행업무의 법령준수 여부를 점검하며 건전 경영지도등을 위한 기초정보나 자료를 수집하는 권력적인 행정조사라고 할 수 있다.

금융감독원의 검사권은 금융회사등의 자발적 협력 및 수인의무에 근거한 임의의 행정조사이므로, 금융감독원 검사원의 자료제출 또는 출석·진술 요구 등에 따르지 않는 경우 과태료 부과나 제재조치를 통해 이를 간접적으로 강제할 수 있을 뿐이다.[919)]

2. 검사권의 내용

금융감독원장은 검사를 함에 있어서 필요하다고 인정되는 경우에는 일반사모집합투자업자에게 업무 또는 재산에 관한 보고, 자료의 제출, 증인의 출석, 증언 및 의견의 진술을 요구할 수 있다(법 제419조제5항).

제재규정에서는 금융감독원의 검사원은 검사업무를 수행함에 있어 필요한 경우 다음의 조치를 할 수 있도록 규정하고 있다: ⓐ 증명서, 확인서, 문답서 및 기타 관계자료와 물건등의 제출,[920)] ⓑ 금고, 장부, 물건 및 기타 보관장소의 봉인,[921)] ⓒ 관계자에 대한 출석·진술 요구, ⓓ 기타 검사상 필요하다고 판단하는 조치(제재규정 제6조제1항).

3. 검사권의 범위와 한계

금융감독원의 검사는 권력적인 행정조사로서 금융회사 및 그 임직원의 권익을 침해할 수 있으므로, 헌법상 적법절차와 법령상 실체적이고 절차적인 제한을 철저히 준수해야 한다.

---

919) 검사를 거부·방해·기피하거나 검사요구자료를 거짓 작성하거나 그 제출을 게을리한 경우 과태료 부과(회사) 및 제재(회사 및 임직원)의 대상이 된다(금융위원회설치법 제41조, 자본시장법 제420조 및 제422조, 제재규정 제17조 내지 제19조).

920) 금융감독원장은 검사 및 상시감시 업무와 관련하여 제출받은 자료·장부·서류 등에 대해 조작이 의심되어 원본확인이 필요한 경우 금융기관의 자료·장부·서류 등의 원본을 금융감독원에 일시 보관할 수 있다(제재규정 제9조제3항). 금융감독원장은 일시 보관하고 있는 자료·장부·서류 등의 원본에 대하여 금융기관이 반환을 요청한 경우에는 검사 및 상시감시업무에 지장이 없는 한 즉시 반환하여야 한다. 이 경우 금융감독원장은 자료·장부·서류 등의 사본을 보관할 수 있고, 그 사본이 원본과 다름없다는 사실에 대한 확인을 금융기관에 요구할 수 있다(제재규정 제9조제4항).

921) 검사원은 금융회사 직원 입회하에 봉인을 할 수 있다(제재규정 제6조, 동시행세칙 제20조). 금융감독원 검사원이 금융회사 임직원의 동의에 따라 봉인 및 수색행위를 하는 것은 적법한 검사업무에 해당한다(서울행정법원 2013. 7. 4. 선고 2012구합35764 판결).

금융감독원의 일반사모집합투자업자에 대한 검사업무와 관련하여서는 금융위원회 설치법, 자본시장법령, '금융기관 검사 및 제재에 관한 규정'(이하 "제재규정") 및 동 시행세칙에서 기본원칙, 검사절차 및 방식, 검사결과의 처리 및 제재등에 관한 사항을 상세히 규정하고 있다.[922] 그리고 검사 실무사항은 금융감독원 내부 매뉴얼등에서 세부적으로 정하고 있다.

한편, 금융감독원 검사업무에는 행정조사기본법은 원칙적으로 적용되지 않지만(동법 제3조제2항제6호), 행정조사의 기본원칙등 일부 규정은 적용된다(제4조, 제5조, 제28조가 적용된다).

(실체적 한계) 검사는 검사목적을 달성하는 데 필요한 범위 내에서 실시하고 다른 목적을 위해 검사권을 남용하여서는 안 되며, 유사·동일한 사안에 대해서는 검사가 중복되지 않도록 하여야 한다(행정조사기본법 제4조).

자료제출 요구 범위도 금융회사의 업무와 재산상황을 대상으로 하여 검사수행에 필요한 최소한의 자료를 요구하여야 한다(제재규정시행세칙 제17조제2항). 그리고 검사에 필요한 자료를 정보통신망을 통해 제출받는 경우 조사대상자의 신상이나 사업비밀 등이 유출되지 않도록 제도적·기술적인 보안조치를 강구하여야 한다(행정조사기본법 제28조제2항).

(절차적 한계) 금융감독원 검사원이 검사하려는 때에는 그 권한을 표시하는 증표를 지니고 이를 관계자에게 내보여야 한다(법 제419조제6항, 금융위원회설치법 제40조제2항). 검사원은 검사업무를 수행함에 있어 복무 및 검사와 관련된 제규정과 검사원복무수칙(제재규정시행세칙 별표1)을 준수하여야 한다.

현장검사과정에서 문답서 및 확인서 작성시 금융회사 임직원이 사실관계를 제외한 전문분야에 한하여 변호사 또는 준법감시인 등의 조력을 받을 수 있도록 해야 한다(제재규정 제8조의3 제1항, 동시행세칙 제27조의2). 그리고 검사업무수행과정에서 금융회사와 그 임직원의 권익보호를 위하여 권익보호담당역을 두어야 한다(제재규정 제10조).

4. 검사의 종류 등

금융감독원의 검사의 종류는 종합검사와 부문검사로 구분되고, 검사의 실시는 현장검사 또는 서면검사의 방법으로 행해진다(제재규정 제8조).

---

922) 제재규정에서는 금융회사의 자체감사 계획수립·실시, 금융사고 발생 시 즉시 보고, 기타 주요 정보사항 보고 등을 규정하고 있다(제재규정 제40조 내지 제42조).

금융감독원은 현장검사를 실시하는 경우에는 원칙적으로 검사목적 및 검사기간 등이 포함된 '검사사전예고통지서'를 당해 검사대상회사에 검사착수일 1주일(종합검사의 경우 1개월) 전까지 통지하여야 한다. 다만, 검사의 사전통지에 따라 검사목적 달성이 어려워질 우려가 있는 일정한 경우[923]에는 그러하지 아니할 수 있다(제재규정 제8조의2).

제3관 검사결과 조치

1. 총설

1) 조치의 의의

제재규정에서는 '재재'를 '금융감독원의 검사 결과 등에 따라 금융기관 또는 그 소속직원에 대하여 금융위원회·금융감독원장이 동규정에 의해 취하는 조치'로 정의하고 있다(제재규정 제3조제18호). 즉, 검사결과에 따른 조치가 곧 제재라는 것이다.

이러한 의미의 검사결과 조치에는 ⓐ 좁은 의미의 제재(제재규정 제17조 내지 제19조에서 정하는 제재) 외에 ⓑ 과징금·과태료와 같은 금전제재, ⓒ 고발·수사기관통보·관련기관통보[924]·변상조치요구·업무방법개선등 요구와 같은 기타 조치가 포함된다(제재규정 제21조).

2) 조치의 감면, 가중, 병과

(조치의 감면) 금융회사 및 그 임직원에 대한 제재를 함에 있어 위법·부당행위의 정도, 고의·중과실 여부, 사후 수습 노력, 공적, 자진신고, 그 밖의 정상을 참작하여 제재를 감경하거나 면제할 수 있다(제재규정 제23조제1항). 예컨대, 제재 감경의 경우를 보면, 내부통제 우수회사에 대한 기관제재 감경의 경우 '정량적 기준'[925]이 마련되어 있으며, 자체적인 위반행위 시정노력이 있는 경우에는 과태료·과징금의 금액이 감경된다(제재규정 제23조·제26조, 별표2·3).[926]

그리고 금융회사 및 그 임직원에 대하여 과징금 또는 과태료를 부과하는 경우에는

---

923) 사전에 통지할 경우 자료·장부·서류등의 조작·인멸, 대주주의 자산은닉 우려등으로 검사목적 달성에 중요한 영향을 미칠 것으로 예상되는 경우 등.

924) 고발, 수사기관에의 통보, 관련 기관에의 통보는 위반행위의 사안이 중대하여 형사처벌이 필요하거나 자본시장법 이외의 법률을 위반한 경우에 취해진다.

925) 내부통제 우수와 관련하여 금융위원장·금융감독원장 표창등 공적이 있는 경우, 동일 또는 유사한 위반행위의 방지를 위한 자체감사 또는 내부통제시스템을 갖추고 있는 등 상당한 주의 및 감독을 한 것으로 인정되는 경우 등.

926) 위반행위 자체시정·치유의 경우 50%, 위반행위 자진신고등 검사에 적극협조의 경우 50%, 금융회사가 제재대상자에게 자체징계등 조치 실시한 경우 50% 감면.

동일한 위법·부당한 행위에 대하여 제재규정 제17조 내지 제19조에 따른 기관제재 또는 임직원 제재는 이를 감경하거나 면제할 수 있다(제재규정 제23조제2항).

한편, 금융감독원장은 금융기관 임직원(제재 이전 퇴직자 포함)의 행위가 법규 미숙지·단순과실등에 의한 경미한 위반행위로 제재수준이 주의에 해당하는 경우에는 준법교육을 이수하는 것을 조건으로 조치를 면제할 수 있다(제재규정 제23조의2).

(면책특례) 금융회사의 업무와 관련하여 제재규정에서 정하는 일정한 경우(벤처기업에 대한 투자 관련 업무 등, 금융위원회가 면책심의위원회의 심의를 거쳐 지정하는 업무)에는 제재하지 아니한다(제재규정 제27조의2 제1항).

그러나 금융 관련 법규 위반행위에 고의 또는 중과실이 있는 경우[927] 등에 해당하는 경우에는 면책되지 아니한다(제재규정 제27조의2 제2항).

(조치의 가중) 금융회사 및 그 임직원에 대한 제재를 함에 있어 위법·부당행위의 반복성·횟수 등을 고려하여 제재를 가중할 수 있다(제재규정 제24조 내지 제26조). 예컨대, 과징금을 부과하는 경우로서 위반행위로 인하여 취득한 부당이득액을 합리적으로 산정할 수 있고 그 부당이득액이 기본과징금보다 큰 경우에는 그 초과차액만큼 가중할 수 있다(제재규정 제23조·제26조, 별표2).

(조치의 병과) 금융감독원장은 '금융회사 또는 그 임직원'의 '위법·부당행위'에 대하여 제재규정 제17조 내지 제19조의 규정에 의한 제재와 동시에 수사당국에의 고발·통보, 과태료 부과를 금융위원회에 건의할 수 있다(제재규정 제29조제1항).

금융감독원장은 '금융회사 또는 그 임원'의 '위법행위'에 대하여 수사당국에 고발 등의 조치를 하는 경우에, 제재규정 제17조 및 제18조의 규정에 의한 제재를 병과할 수 있으며 제재규정 제20조에 의한 과태료의 부과는 하지 아니할 수 있다(제재규정 제30조).

3) 조치절차 등

(경조치와 중조치) 검사결과 조치의 절차는 경조치와 중조치에 따라 다르다.

'경조치'는 제재심의위원회의 심의를 거쳐 금융감독원장이 조치내용을 확정한다. 경조치에는 회사에 대한 기관경고·기관주의, 임원에 대한 문책경고·주의적 경고·주의, 직원에 대한 감봉요구·견책요구·주의요구가 포함된다.

---

927) 다음 두 가지 요건을 모두 충족하는 경우에는 고의 또는 중과실이 없는 것으로 추정한다(제재규정 제27조의2 제3항): ⓐ 임직원과 해당 업무 사이에 사적인 이해관계가 없을 것, ⓑ 해당 업무와 관련된 법규 및 내규에서 정해진 절차상 중대한 하자가 없을 것.

'중조치'는 제재심의위원회의 심의 → 금융감독원장의 금융위원회 조치 건의 → 증권선물위원회의 심의 → 금융위원회 조치 의결의 절차로 진행된다(제재규정 제17조제2항). 중조치에는 회사에 대한 6개월 이내의 업무의 전부 또는 일부의 정지, 임원에 대한 해임요구·6개월 이내의 직무정지, 직원에 대한 면직·6개월 이내의 정직이 포함된다.

(제재심의위원회) 제재규정에서는 금융감독원장의 자문기구로 '제재심의위원회'를 두고 검사결과 조치를 하기 전에 동제재심의위원회의 심의를 거치도록 하고 있다.[928]

제재심의위원회의 회의는 대회의와 소회의로 이원화되어 있는데, 대회의에서 대부분의 조치사안[929]을 심의하고 소회의에서는 일부 경조치사안[930]을 심의한다(제재규정 세칙 제57조제3항, 제57조의2 제3항).[931]

금융감독원장이 제재조치를 하는 때에는 위규행위사실, 관련 법규, 제재예정내용 등을 제재대상자에게 구체적으로 사전통지하고 상당한 기간을 정하여 구술 또는 서면에 의한 의견진술 기회를 주어야 한다(제재규정 제35조제1항).

제재대상자는 제재심의위원회 부의예정안 및 입증자료를 제재심의위원회 개최 5영업일 전부터 개최 전일까지 금융감독원을 방문하여 열람할 수 있다. 다만, 일정한 사유에 해당하는 경우에는 열람이 제한될 수 있다(제재규정세칙 제59조의2).[932]

제재대상자는 본인이나 법률대리인을 통해 제재심의위원회에 출석하여 의견을 진술할 수 있을 뿐 아니라, 시장·업계 전문가등의 참고인이 출석하여 진술할 것을 신청할 수도 있다(제재규정시행세칙 제57조).[933]

---

928) 기관주의(기관), 주의(임원), 주의·견책(직원), 자율처리필요사항, 외국환거래법 제19조 제1항의 경고만 있는 조치안은 제재심의위원회의 심의를 생략할 수 있다. 다만, 조치대상 금융기관 또는 그 임직원이 출석하여 의견진술을 희망하는 경우에는 제재심의위원회에서 해당 조치안을 심의한다(제재규정시행세칙 제56조제1항).

929) 기관: 기관경고 이상, 임원: 주의적 경고 이상, 직원: 감봉 이상, 5천만원 초과 금전 제재(과징금·과태료).

930) 기관: 기관주의 이하, 임원: 주의 이하, 직원: 견책 이하, 5천만원 이하 금전제재(과징금·과태료).

931) 소회의는 3인 이상 출석·전원찬성으로 의결하며 전원합의 미충족시에는 대회의로 회부하게 된다. 대회의는 과반수출석·과반수찬성으로 의결한다. 소회의·대회의 모두 대심방식으로 심의한다.

932) 다음과 같은 경우에는 열람이 거부되거나 제한될 수 있다(제재규정 제35조의3 제3항, 제재규정시행세칙 제59조의2): ⓐ 금융시장의 안정, 수사의 밀행성 필요 또는 증거인멸 우려등 관련 사안의 조사에 심각한 장애가 예상되는 등 열람을 허용하지 아니할 상당한 이유가 있다고 인정되는 경우, ⓑ 신청인 이외의 제재대상자와 관련한 사항, 금융회사가 제출한 자료 중 경영상·영업상 비밀등에 해당하는 자료등, ⓒ 사생활의 비밀침해 또는 명예훼손등 제삼자의 권익을 해칠 우려가 있는 경우, ⓓ 공공기관의 정보공개에 관한 법률상 비공개대상정보인 경우, 개인정보보호법·금융실명법·신용정보법 등 다른 법령상 정보제공이 제한되는 경우, ⓔ 기타 열람을 허용할 경우 금융감독원장의 검사·감독업무에 중대한 장애가 예상되는 등 열람을 허용하지 아니할 상당한 이유가 있다고 금융감독원장이 인정하는 경우.

제재심의위원회 종료 후 금융회사가 요청할 경우 제재실시부서장은 그 제재대상자에 대한 제재심의위원회의 심의결과를 구두로 알려줄 수 있다(제재규정시행세칙 제58조의2).

4) 검사결과의 통보 및 조치, 정리

(검사 처리기간) 검사 종류별로 '검사종료~결과통보'까지의 표준적인 검사처리 기간이 정해져 있다(제재규정시행세칙 별표10). 종합검사는 180일(160일), 부문검사 중 준법성검사는 152일(132일)이고 평가성검사는 90일로 정해져 있다.[934]

금융감독원은 정해진 표준처리기간을 초과한 건에 대해서는 지연사유등을 금융위원회에 보고해야 하므로 특별한 사정이 없는 한 표준처리검사기간에 맞추어 검사처리를 할 것으로 예상된다.

(검사결과의 통보 및 조치) 금융감독원장은 검사결과를 검사서에 의해 당해 일반사모집합투자업자에게 통보하고 필요한 조치(기관조치, 해임조치를 제외한 임원에 대한 조치)를 하거나 당해 일반사모집합투자업자의 장에게 이를 요구(임원에 대한 해임조치, 직원에 대한 조치)할 수 있다(제재규정 제14조제1항).

금융감독원장은 조치를 함에 있어 그 조치대상자가 직원인 경우에는 당해 회사에 조치를 요구하고, 임원인 경우에는 해임조치(해임요구·해임권고)에 한해 당해 회사에 조치를 요구하고(임원의 해임은 당해 회사 주총권한이기 때문이다) 직무정지등 기타 조치는 금융위원회나 금융감독원장이 직접 조치한다. 이처럼 금융감독원장의 조치요구에 따라 당해 기관의 장이 그 소속직원에 대하여 취하는 면직·정직·감봉·견책등 신분상의 제재조치를 '징계'라고 한다(제재규정 제3조제19호).

(조치요구사항에 대한 정리) 일반사모집합투자업자는 금융감독원장의 조치요구사항에 대하여 특별한 사유가 있는 경우를 제외하고는 검사서를 접수한 날부터 일정한 기한(예: 관련 임직원에 대한 인사조치 내용은 2월) 내에 이를 정리하고 그 결과를 기한 종료일부터 10일 이내에 금융감독원장에게 보고하여야 한다(제재규정 제15조제1항).

금융감독원장은 검사결과 조치요구사항에 대한 정리부진 및 정리부적정 사유가 관련 임직원의 직무태만 또는 사후관리의 불철저에서 비롯된 것으로 판단하는 경우에는 책임이 있는 임직원에 대하여 제재절차를 진행할 수 있다(제재규정 제15조제2항).

---

933) 제재심의위원회 이전 단계에서도 위법·부당행위의 관련자 또는 해당 금융기관은 해당 검사반장에게 의견을 진술할 기회를 가진다(제재규정시행세칙 제27조).

934) 개별 검사별 처리 소요기간 산정 시 제재대상자 의견청취, 관련 소송 및 수사·조사등 불가피한 사유로 인해 소요되는 기간은 산입하지 아니한다. 그리고 괄호안은 제재심의위원회 심의대상 제재사항이 없는 경우의 표준적인 검사처리기간이다.

한편, 금융감독원의 검사 시 발견된 위법·부당행위에 대하여 금융감독원장의 제재 요구가 있기 전에 당해 회사가 임의로 임직원에 대한 신분상의 제재나 기타 조치를 하여서는 아니 된다.

5) 조치의 효과

금융회사와 그 임직원이 금융위원회·금융감독원장으로부터 조치를 받게 되면 해당 조치 자체의 불이익과 별개로 추가적인 불이익을 입게 된다.

(임직원의 경우) 조치의 내용에 따라 3~5년간 금융회사의 임원[935] 또는 준법감시인[936]이 될 수 없다. 또한, 금융회사의 임직원이 직무정지(정직) 이상의 조치를 받으면 일정 기간 다른 금융회사의 대주주가 되지 못할 수 있다. 예컨대, 최근 5년 이내에 금융기관 임원으로서 직무정지를 받거나 금융기관 직원으로서 정직 이상의 조치를 받은 사실이 있으면 일반사모집합투자업자의 최대주주가 될 수 없다(규정 제7-41조의2 제2항, 규정 별표3).

(일반사모집합투자업자의 경우) 기관경고 이상의 조치를 받은 경우에는 다른 금융회사의 대주주가 되지 못할 수 있다. 예컨대, 최근 1년간 기관경고 조치 또는 최근 3년간 시정명령이나 중지명령, 업무정지 이상의 조치를 받은 사실이 있으면 일반사모집합투자업자의 최대주주가 될 수 없다[금융투자업규정 제7-41조의2 제2항, 동규정 별표3 1. 가.(6).(가)].

6) 기관제재 조치의 조건부 유예: 양해각서, 확약서

일반사모집합투자업자가 금융관계법규 위반으로 기관주의·기관경고 조치 사유에 해당하는 경우로서, 제재규정에서 정하는 일정한 요건[937]을 충족하는 경우에는, 금융감독원장은 당해 일반사모집합투자업자로부터 개선을 위한 확약서를 제출받거나, 개선대책의 수립·이행을 주요내용으로 하는 양해각서를 체결하고 기관주의 제재(확약서) 또는 기관경고 제재(양해각서)를 취하지 않고 유예할 수 있다(제재규정 제20조의2).[938]

---

935) 임원의 경우 해임일(해임 요구·권고일)부터 5년간, 직무정지·업무집행정지 종료일(직무정지 요구일)부터 4년간, 문책경고일부터 3년간 금융회사의 임원이 될 수 없다. 직원의 경우 면직 요구일부터 5년간, 정직요구일부터 4년간, 감봉요구일부터 3년간 금융회사의 임원이 될 수 없다(금융회사지배구조법 제5조제1항).

936) 문책경고(임원) 또는 감봉요구(직원) 이상에 해당하는 조치를 받은 경우 5년간 금융회사의 준법감시인이 될 수 없다(금융회사지배구조법 제26조제1항).

937) 행위 당시 위법 또는 부당 여부가 불분명하였거나 업계 전반적으로 위법 또는 부당 여부에 대한 인식 없이 행해진 경우였거나, 위법 또는 부당행위에 고의 또는 중과실이 없는 경우로서 제재보다 확약서 이행이나 양해각서 체결에 의한 자율개선이 타당하다고 판단되는 경우.

금융감독원장이 기관제재(경고·주의)에 갈음하는 양해각서 체결·확약서 징구를 할 수 있는 구체적인 경우는 다음과 같다:

ⓐ 조치대상 사안이 제재근거 입법취지에 반하지 않고, 해석·적용상 허용된다고 볼 여지가 큰 경우,

ⓑ 사회적 물의 야기 또는 대규모 소비자피해 등이 없는 사안으로 법규위반으로 최종 결론이 내려졌으나, 행위 당시 금융회사가 합리적인 법해석을 하였더라도 위법·부당 여부가 명확하지 않았을 것으로 판단되는 경우,[939]

ⓒ 행위 당시 위법·부당 여부가 불분명하다고 보기는 어려우나 업계 전반에서 오랜 관행이 형성되어 위법·부당 여부에 대한 인식이 없었다고 판단되는 경우,[940]

ⓓ 위법·부당행위의 고의·중과실이 없고 그 결과도 비교적 경미하여 효과 면에서도 일회성 제재보다는 자율적인 업무개선, 시정유도가 더 효과적이라고 판단되는 경우,

ⓔ 법규위반으로 경미한 소비자피해가 발생하였으나 금융회사가 신속히 소비자 피해 구제·원상회복등의 조치를 한 경우.

양해각서(MOU: Memorandum of Understanding)는 내부통제등 경영상 심각한 취약점과 기관경고 이하 수준의 위규행위에 대해 제재대상 회사의 이사회 구성원 전원의 서명을 받아 체결한다. 기관경고 갈음 양해각서는 검사부서에서 제재심의위원회 대회의에 보고한다.

확약서(Commitment Letters)는 경미한 경영상 취약점이나 기관주의 수준의 위규행위 시정을 위해 제재대상 회사의 대표자 또는 담당 임원으로부터 징구한다. 기관주의 갈음 확약서는 검사부서에서 제재심의위원회 소회의에 보고한다.

해당 회사가 확약서 또는 양해각서의 이행을 완료하면 제재가 면제되지만 불이행 시에는 원 기관제재보다 한 단계 가중된 조치를 받을 수도 있다(제재규정 제24조제3항).

---

938) 종전에는 확약서·양해각서가 금융회사의 경영상 취약점이 있는 경우에만 적용되었으나, 2015년 금융회사에 대한 제재개혁의 일환으로 법규위반행위에 대해서도 활용할 수 있게 되어 관행적이거나 자체시정 가능한 법규위반행위를 스스로 개선할 수 있는 여지가 생겼다.

939) 적용가능사례(예시): 특정행위 전 심도있는 법률자문 및 금융감독원의 실무지침·보도자료 등을 참고하여 위반이 아니라고 상당히 객관적이고 신중히 검토·판단하고 행위를 한 경우.

940) 업계 관행 여부는 권역 내 대부분 금융회사가 동일·유사한 행위를 하였는지 여부, 관행의 합리성 등을 종합적으로 고려하여 판단.

2. 일반사모집합투자업자에 대한 조치 종류 등

1) 등록 취소

금융위원회는 일반사모집합투자업자가 아래와 같은 사유에 해당하면 제249조의3에 따른 일반사모집합투자업 등록을 취소할 수 있다(법 제420조제1항):

ⓐ 거짓 기타 부정한 방법으로 일반사모집합투자업을 등록한 경우,

ⓑ 법 제249조의3에 따른 등록유지요건을 위반한 경우,

ⓒ 업무정지기간 중에 업무를 한 경우,

ⓓ 금융위원회의 시정명령·중지명령을 이행하지 않은 경우,

ⓔ 자본시장법 별표1 "금융투자업자 및 그 임직원에 대한 처분 및 업무위탁계약 취소·변경명령의 사유" 각 호의 어느 하나에 해당하는 경우로서 영 제373조제1항에서 정하는 경우,

ⓕ 금융실명법·형법·특정경제범죄 가중처벌등에 관한 법률 중 영 제373조제3항에서 정하는 규정을 위반한 경우,

ⓖ 일반사모집합투자업 등록일부터 1년 이내에 영업(집합투자재산운용)을 시작하지 아니하거나 영업을 시작한 후 정당한 사유없이 등록한 업무를 6개월 이상 계속해서 하지 아니한 경우(법 제420조제1항제8호, 영 제373조제4항제1호),

ⓗ 업무와 관련하여 부정한 방법으로 타인으로부터 금전등을 받거나 타인에게 줄 금전등을 취득한 경우(법 제420조제1항제8호, 영 제373조제4항제2호),

ⓘ 업무정지조치를 받은 날부터 1개월(업무정지 조치를 하면서 1개월을 초과하는 보정기간을 정한 경우에는 그 기간) 이내에 해당 조건을 보정하지 아니한 경우(법 제420조제1항제8호, 영 제373조제4항제3호).

2) 업무정지 등 기타 조치

금융위원회는 일반사모집합투자업자가 법 제420조제1항 각 호(제6호 제외)의 어느 하나에 해당하거나 별표1 각 호의 어느 하나에 해당하는 경우에는 다음과 같은 조치를 할 수 있다(법 제420조제3항, 영 제373조제5항):

ⓐ 6개월 이내의 업무의 전부 또는 일부의 정지,

ⓑ 신탁계약 기타의 계약의 인계명령,

ⓒ 위법행위의 시정명령 또는 중지명령,

ⓓ 위법행위로 조치받은 사실의 공표명령 또는 게시명령,

ⓔ 기관경고 또는 기관주의,

ⓕ 지점 기타 영업소의 폐쇄 또는 그 업무의 전부나 일부의 정지,
ⓖ 경영·업무방법의 개선요구나 개선권고,
ⓗ 변상요구,
ⓘ 자본시장법을 위반한 경우 고발 또는 수사기관에의 통보,
ⓙ 자본시장법 외의 법률을 위반한 경우 관련 기관이나 수사기관에의 통보,
ⓚ 기타 금융위원회가 자본시장법령 기타 관련 법령에 따라 취할 수 있는 조치.

등록취소의 경우 별표1 각 호에서 정하는 사항 중에서 중한 사항만 취소사유가 되지만, 업무정지등 기타 조치의 경우는 별표1에서 정하는 사항 전부가 조치사유가 된다는 점에 유의할 필요가 있다.

3) 과징금

과징금이란 행정법상의 의무를 위반한 자에게 부과하는 금전적 제재이다.

(과징금 부과대상 위반행위) 자본시장법은 다음과 같은 위반행위를 과징금 부과대상으로 열거하고 있다(법 제428조, 법 제429조, 법 제429조의2):
ⓐ 금융투자업자의 대주주와의 거래등 제한 규정 위반행위,[941]
ⓑ 종합금융투자사업자가 계열회사에게 신용공여를 하거나 계열회사가 운용하는 일반사모집합투자기구에 대하여 전담중개업무를 제공하는 행위,
ⓒ 금융투자업자 및 그 임직원의 정보교류 차단대상 정보 이용행위(법 제54조제2항),[942]
ⓓ 공시의무 위반행위(법 제147조등),
ⓔ 시장질서교란행위(법 제178조의2).

(업무정지 처분에 갈음한 과징금 부과) 금융위원회는 금융투자업자에 대해 법 제420조 제3항에 따른 업무정지처분을 부과할 수 있는 경우에 그 업무정지처분에 갈음하여 업무정지기간의 이익의 범위에서 과징금을 부과할 수 있다(법 제428조제3항, 법 제430조).

---

941) 일반사모집합투자업자가 대주주와의 거래제한등에 관한 규정인 법 제34조제1항제1호·제2호, 제2항을 위반한 경우에는 금융위원회는 그 위반금액의 100분의 40을 초과하지 않는 범위에서 다음과 같이 과징금을 부과할 수 있다: ⓐ 대주주가 발행한 증권을 소유한 경우(제1항제1호): 취득금액, ⓑ 계열회사가 발행한 주식·채권·약속어음을 소유한 경우(제1항제2호): 허용비율을 초과하는 취득금액, ⓒ 대주주(특수관계인 포함)에게 신용공여를 한 경우(제2항): 신용공여액.

942) 금융투자업자(그 임직원) 외에 업무수탁자등(투자권유대행인, 투자회사의 감독이사, 일반사무관리회사, 집합투자기구평가회사, 채권평가회사, 예탁결제원, 협회 등)도 법 제54조 제2항을 위반한 경우 이들 및 정보교류 차단의 대상이 되는 정보를 제공받아 이용한 자에게 그 위반행위와 관련된 거래로 얻은 이익(미실현이익을 포함한다) 또는 이로 인하여 회피한 손실액의 1.5배에 상당하는 금액 이하의 과징금을 부과할 수 있다.

업무정지 처분의 대상이 되는 위반행위의 범위[943]가 상당히 넓으므로 실질적인 과징금 부과대상 위반행위의 범위는 결코 좁다고 하기 어렵다.

과징금의 부과는 해당 규정의 위반행위에 대하여 고의 또는 중대한 과실이 있는 경우에 한하여 부과할 수 있다(법 제430조제1항).

과징금의 부과 및 징수는 금융위원회가 하며, 구체적인 과징금 부과 절차등에 관해서는 법 제431조 내지 제434조의4에서 규정하고 있다.

4) 과태료

과태료란 행정질서 위반행위에 대하여 부과하는 행정질서벌이다. 자본시장법 제449조 및 금융회사지배구조법 제43조에서 과태료 부과대상 위반행위를 열거하고 있다.[944]

과태료는 금융위원회가 부과·징수한다(법 제449조제3항). 과태료의 부과, 징수 및 재판 등에 대해서는 질서위반행위규제법이 적용된다.

3. 임직원에 대한 조치 종류 등

금융위원회는 일반사모집합투자업자의 임원 또는 직원이 법 제420조제1항 각 호(제6호 제외) 또는 별표1 각 호의 어느 하나에 해당하는 경우에는 일정한 조치를 할 수 있다(법 제422조). 임직원에 대한 조치 사유는 일반사모집합투자업자에 대한 업무정지등 조치사유(법 제420조제3항)와 동일하다.

1) 임원에 대한 조치

임원에 대해서는 다음의 어느 하나의 조치를 할 수 있다: ⓐ 해임권고[해임요구, 개선(改選)요구 포함], ⓑ 6개월내 직무정지(업무집행의 전부 또는 일부 정지), ⓒ 문책경고, ⓓ 주의적 경고, ⓔ 주의, ⓕ 자본시장법 위반 시 고발·수사기관 통보, ⓖ 다른 법 위반 시 관련 기관·수사기관 통보, ⓗ 그 밖에 금융위원회가 자본시장법령 기타 관련 법령에 따라 취할 수 있는 조치(과징금·과태료 등).

---

943) 법 제420조제1항 각 호의 어느 하나에 해당하는 경우 또는 금융회사지배구조법 별표 각 호의 어느 하나에 해당하는 경우.

944) 자본시장법 제449조의 경우 제1항에 해당하면 1억원 이하의 과태료가 부과되고 제2항에 해당하면 5천만원 이하의 과태료가 부과된다. 예컨대, 법 제184조제3항을 위반하여 일반사모집합투자기구의 집합투자재산의 보관·관리를 신탁업자에게 위탁하지 아니한 일반사모집합투자업자(법 제449조제1항제41의2호), 법 제249조의7 제3항을 위반하여 전문사모집합투자기구의 집합투자재산의 운용 현황·차입 현황등을 금융위원회에 보고하지 아니한 일반사모집합투자업자(법 제449조제1항제41의3호)에 대하여는 1억원 이하의 과태료를 부과한다.

금융감독원장은 '기관경고'를 받는 금융회사의 관련 임원에 대하여 당해 위법·부당행위에 대한 관련 정도에 따라 해임권고 또는 업무집행정지조치를 취할 것을 금융위원회에 건의하거나 경고조치를 함께 할 수 있다(제재규정 제29조제2항).

2) 직원에 대한 조치

직원에 대해서는 다음의 어느 하나의 조치를 할 수 있다: ⓐ 면직요구, ⓑ 6개월내 정직요구, ⓒ 감봉요구, ⓓ 견책요구, ⓔ 주의요구, ⓕ 자본시장법 위반 시 고발·수사기관 통보, ⓖ 다른 법 위반 시 관련 기관·수사기관 통보, ⓗ 그 밖에 금융위원회가 자본시장법령 기타 관련 법령에 따라 취할 수 있는 조치(과징금·과태료 등).

3) 감독자에 대한 조치

금융위원회는 조치(조치요구) 대상 임직원에 대해 관리·감독의 책임이 있는 임직원에 대해서도 조치(조치요구)를 할 수 있다.

다만, 관리·감독의 책임이 있는 자가 그 임직원의 관리·감독에 상당한 주의를 다한 경우에는 조치를 감면할 수 있다(법 제422조제3항).

4. 외국집합투자업자의 지점등에 대한 등록취소 등에 관한 특례

자본시장법 제249조의3에 따라 일반사모집합투자업을 등록한 외국집합투자업자의 지점 기타 영업소는 등록 일반사모집합투자업자이므로 당해 지점 기타 영업소가 법 제420조제1항 각 호에서 정하는 사유에 해당하면 법 제420조에 따라 등록취소될 수 있다.

또한, 한국에서 그 지점 기타 영업소를 일반사모집합투자업으로 등록한 '외국집합투자업자'에게 다음과 같은 사유가 발생한 경우에도 한국 내 지점 기타 영업소의 일반사모집합투자업 등록을 취소할 수 있다(법 제421조제1항): ⓐ 해산, ⓑ 파산, ⓒ 합병 등으로 인한 소멸, ⓓ 집합투자업 폐지 또는 면허취소, ⓔ 집합투자업 중지·정지, ⓕ 외국법령위반으로 한국 내 지점 기타 영업소의 영업수행이 곤란한 사유가 발생한 경우. 그리고 외국집합투자업자의 지점 기타 영업소는 당해 외국 집합투자업자에게 위와 같은 등록취소사유가 발생하면 지체 없이 그 사실을 금융위원회에 보고하여야 한다(법 제421조제2항).

제4관 청문 등

1. 청문

금융위원회는 일반사모집합투자업자에 대한 등록취소 처분, 임원에 대한 해임요구 또는 직원에 대한 면직요구 조치를 하고자 하는 경우에는 청문을 실시하여야 한다(법 제423조제8호·제9호). 청문의 절차에 대해서는 행정절차법의 규정이 적용된다.

2. 기록, 공시, 조회

금융위원회는 일반사모집합투자업자 또는 그 임직원에 대하여 법 제420조 내지 제422조의 규정에 따라 처분 또는 조치를 한 경우에는 그 내용을 기록하고 이를 유지·관리하여야 한다(법 제424조제1항). 조치대상자가 조치 전에 퇴임(임원)·퇴직(직원)하여 조치를 하지 못한 경우에는 일반사모집합투자업자에게 그 조치내용을 통보하고, 일반사모집합투자업자는 이를 해당 퇴임(퇴직)한 임직원에게 통보하여야 한다(법 제424조제3항).

일반사모집합투자업자는 금융위원회의 조치요구에 따라 그 임직원을 조치한 경우와 퇴직자 조치통보를 받은 경우에는 그 내용을 기록하고 이를 유지·관리하여야 한다(법 제424조제1항·제4항).

금융위원회는 일반사모집합투자업자에 대해 등록취소나 업무정지등의 조치를 한 경우에는 그 사실을 관보 및 인터넷 홈페이지 등에 공고한다(법 제424조제2항).

일반사모집합투자업자 또는 그 임직원(임직원이었던 자 포함)은 금융위원회에 자기에 대한 처분 또는 조치 여부 및 그 내용을 조회할 수 있다(법 제424조제5항). 조회요청을 받은 금융위원회는 정당한 사유가 없는 한 처분 또는 조치 여부 및 그 내용을 조회요청자에게 통보하여야 한다(법 제424조제6항).

3. 이의신청

일반사모집합투자업자에 대한 등록취소·업무정지등 처분등의 조치에 대하여 불복하는 자는 그 처분 또는 조치의 고지를 받은 날부터 30일 이내에 그 사유를 갖추어 금융위원회에 이의를 신청할 수 있다(법 제425조). 금융위원회는 이의신청에 대해 부득이한 사정이 없는 한 60일 이내에 결정을 하여야 한다(법 제425조제2항).

임원에 대한 해임요구와 직원에 대한 조치요구는 금융위원회가 직접 처분하지 않고 당해 일반사모집합투자업자에게 조치를 하도록 요구하는 것이므로 이의신청의 대상에서 제외되어 있다. 그 결과 임원에 대한 해임요구와 직원에 대한 면직요구는 청문의 대상은 되지만 이의신청의 대상이 되지 않는 점에 유의할 필요가 있다.

이의신청은 당해 처분을 한 행정청에 대해 그 처분의 적법성·타당성을 재검토해 줄 것을 요구하는 것이다. 이의신청과 별개로 금융위원회의 처분이나 조치가 위법·부당하다고 판단하는 경우에는 행정심판을 제기할 수 있다(금융위원회 설치 등에 관한 법률 제70조).

제5관 내부통제, 자체감사, 금융사고 보고 등

1. 내부통제

일반사모집합투자업자는 금융사고의 예방등을 위한 내부통제제도를 자체실정에 맞게 수립·운영하여야 하며, 이에는 다음 사항이 포함되어야 한다(제재규정 제39조): ⓐ 영업점 주변에서의 피탈사고와 도난사고 방지를 위한 자체경비 강화대책, ⓑ 어음, 수표 예금증서등의 중요증서와 현금, 중요인장, 채권서류 등에 대한 보관·관리.

2. 자체감사

일반사모집합투자업자는 부당영업행위 및 금융사고의 예방등을 위하여 연간 감사계획을 수립하여 자체감사를 실시하여야 하며, 금융감독원장이 요구하는 경우 연간 또는 분기 감사계획을 제출하여야 한다(제재규정 제40조제1항). 금융감독원장은 필요한 경우 일반사모집합투자업자가 작성·제출한 자체감사계획의 조정을 요구할 수 있다(제재규정시행세칙 제66조제2항).

일반사모집합투자업자는 자체감사 중 긴급을 요하거나 중대한 위법·부당행위를 발견한 때에는 지체 없이 그 내용과 처리의견을 금융감독원장에게 보고하여야 한다(제재규정 제40조제2항).

일반사모집합투자업자는 자체감사결과등으로 발견된 정직 이상 징계처분이 예상되는 직원에 대하여는 다음과 같이 직위해제등의 조치를 취해야 한다: ⓐ 위법·부당행위가 명백하게 밝혀졌을 경우에는 지체 없이 직위를 해제하되 징계확정 전에 의원면직 처리하여서는 아니 된다. ⓑ 직원이 사직서를 제출하는 경우에는 그 경위를 조사하고 관계법령에 의한 고용계약 해지의 효력이 발생하기 전에 징계조치 및 사고금 보전 등 필요한 조치를 취하여야 한다(제재규정 제16조제2항).

3. 금융사고 등 보고

(금융사고 보고) 일반사모집합투자업자는 그 소속임직원이나 소속임직원 이외의 자가 위법·부당한 행위를 함으로써 당해 회사 또는 금융거래자에게 손실을 초래하거나 금융질서를 문란하게 한 경우에는 이를 즉시 금융감독원장에게 보고하여야 한다(제재규정 제41조제1항). 이 경우 회사는 금융사고에 관련이 있는 임직원에 대하여 지체 없이 책임소재를 규명하고 소정절차에 따라 징계 등 필요조치를 취하여야 하며 금융사고 보고를 자의로 지연하거나 숨긴 자에 대하여도 금융사고에 관련이 있는 임직원에 준하여 처리한다(제재규정 제41조제2항).

(주요정보사항 보고) 일반사모집합투자업자는 다음에 해당하는 정보사항을 금융감독원장에게 보고하여야 한다(제재규정 제42조): ⓐ 민사소송에서 패소확정(패소금액이 3,000만원 이상인 경우)되거나 소송물가액이 최직근 분기말 현재 자기자본의 100분의 1(자기자본의 100분의 1이 10억원 미만인 경우에는 10억원) 또는 100억원을 초과하는 민사소송에서 패소된 경우, ⓑ 금융사고에는 해당하지 아니하나 보고할 필요가 있다고 판단하는 중요한 사항 또는 사건.

제4절 조사 등

금융위원회는 자본시장법 또는 자본시장법에 따른 명령이나 처분을 위반한 사항이 있거나 투자자보호 또는 건전한 거래질서를 위하여 필요하다고 인정되는 경우에는 위반행위의 혐의가 있는 자 기타 관계자에게 참고가 될 보고 또는 자료의 제출을 명하거나 금융감독원장에게 장부·서류 기타의 물건을 조사하게 할 수 있다(법 제426조).

제5절 형사처벌

일정한 자본시장법 위반에 대해서는 형사처벌이 가해지며, 이 경우 징역과 벌금을 병과할 수 있다: 법 제443조(징역 1년 이상, 이익·회피손실 3~5배 상당 벌금, 5배 상당 금액이 5억원 이하인 경우 벌금액의 상한 5억원), 법 제444조(징역 5년 이하, 벌금 2억원 이하), 법 제445조(징역 3년 이하, 벌금 1억원 이하), 법 제446조(징역 1년 이하, 벌금 3천만원 이하).

일반사모집합투자업자의 대표자·대리인·사용인 기타 종업원이 일반사모집합투자업자의 업무에 관하여 법 제443조 내지 제446조의 어느 하나에 해당하는 위반행위를 하면, 그 행위자를 벌하는 외에 그 일반사모집합투자업자에게도 해당 조문의 벌금형을 과한다. 다만, 일반사모집합투자업자가 그 위반행위를 방지하기 위하여 해당 업무에 관하여 상당한 주의와 감독을 게을리하지 아니한 경우에는 그러하지 아니하다 (법 제448조).

제6절 청산 감독

주식회사가 해산하면 합병과 파산의 경우를 제외하고는 존립 중에 발생한 일체의 대내적·대외적 법률관계를 종국적으로 처리하기 위하여 청산을 하여야 한다.[945] 상법은 주주가 유한책임을 지는 주식회사에 대해서는 회사채권자보호를 위하여 법정청산절차(상법 제531조 내지 제542조)에 따르도록 하고 있으며, 청산사무에 대한 감독은 법원이 한다.

그런데 자본시장법은 제95조에서 집합투자업을 영위하는 금융투자업자의 청산에 대해 다음과 같은 특별규정을 두고 있다: ⓐ 집합투자업자의 청산사무를 금융위원회가 감독한다, ⓑ 금융위원회는 청산사무 및 재산상황을 검사하거나 재산의 공탁명령 기타 청산감독에 필요한 명령을 할 수 있으며, ⓒ 금융위원회는 인가 취소로 인한 해산 시에는 직권으로, 법원의 명령·판결에 따른 해산 시 또는 청산인이 없는 경우에는 이해관계인의 청구에 의해 청산인을 선임하며, ⓓ 금융위원회는 청산인을 선임한 경우 집합투자업을 영위하는 금융투자업자에게 보수를 주게 할 수 있으며, ⓔ 금융위원회는 직권 또는 이해관계인의 청구에 의하여 청산인을 해임할 수 있다.

945) 합병을 원인으로 해산하는 경우에는 그 권리의무가 신설 또는 존속하는 회사에 포괄적으로 승계되므로 청산이 필요 없고, 파산의 경우에는 채무자 회생 및 파산에 관한 법률에 따라 처리하므로 청산절차를 따를 여지가 없다.

제 4 편

기관전용사모집합투자기구

제1장 총 설

제1절 기관전용사모집합투자기구의 개념

기관전용사모집합투자기구는 '법 제249조의11 제6항에 해당하는 자만을 사원으로 하는 투자합자회사인 사모집합투자기구'이다(법 제9조제19항제1호). 지난 2015.7.24. 자본시장법 개정 시 사모펀드 규제정비 차원에서 종전의 '사모투자전문회사'를 사실상 명칭만 '경영참여형사모집합투자기구'로 변경하였고,[946] 이후 2021년 자본시장법 개정으로 '경영참여형사모집합투자기구'의 운용규제등을 정비하고 투자자 자격제한 등을 강화하여 '기관전용사모집합투자기구'로 재편한 것이다.

종전의 경영참여형사모집합투자기구의 경우 개인투자자도 참여할 수 있지만 경영참여목적 투자로 운용이 제한되었던 반면, 기관전용사모집합투자기구의 경우는 기관투자자등만 참여할 수 있지만 원칙적으로 운용제한은 따로 없다.

기관전용사모집합투자기구도 집합투자기구이므로 상근 임원 또는 직원을 둘 수 없으며 본점 외의 영업소를 설치할 수 없다(법 제184조제7항, 제249조의20 제1항).

제1관 사모집합투자기구

기관전용사모집합투자기구는 사모집합투자기구의 한 유형이다. 따라서 사모방식

---

946) 2015.7.24. 자본시장법 개정 이전에는 제9조제18항제7호에서 집합투자기구를 투자신탁, 투자회사, 투자유한회사, 투자합자회사, 투자유한책임회사, 투자합자조합, 투자익명조합 및 사모투자전문회사의 일곱 가지로 열거하고 있었다. 사모투자전문회사를 제외한 나머지 여섯 가지는 자본시장법에서 허용하는 집합투자기구의 법적 형태로서 각각의 법적 형태에서 공모집합투자기구와 사모집합투자기구 모두 가능하다. 그런데 사모투자전문회사는 투자합자회사 형태의 사모집합투자기구이므로 법적 형태에 따른 집합투자기구의 종류를 열거하는 규정에 포함되는 것은 규정 체계상 맞지 않은 측면이 있었다. 이런 점을 고려하여 2015년 법 개정 시 사모투자전문회사를 경영참여형사모집합투자기구로 명칭을 변경하면서 법 제9조 제19항의 사모집합투자기구 정의조항에서 사모집합투자기구를 정의하면서 그 유형을 경영참여형사모집합투자기구와 전문투자형사모집합투자기구의 두 가지 유형으로 규정하게 되었다.

으로만 집합투자증권(투자합자회사의 출자지분이 표시된 것)을 발행해야 한다.

제2관 기관전용사모집합투자기구

기관전용사모집합투자기구의 투자자(유한책임사원)는 개인(법 제168조제1항에 따른 외국인, 해당 기관전용사모집합투자기구의 업무집행사원의 임원 또는 운용인력을 제외한다)이 아닌 자로서 대통령령으로 정하는 투자자(이하 '기관투자자등')이어야 한다(법 제249조의11 제6항).[947]

일반사모집합투자기구의 경우 개인도 3억원(레버리지 수준에 따라서는 5억원) 이상 투자하면 투자자가 될 수 있는 것과 차이가 있다.

제3관 투자합자회사

자본시장법은 기관전용사모집합투자기구를 상법상 합자회사에 보다 가까운 형태의 투자합자회사로 하도록 규정하고 있다. 합자회사의 경우 출자의 이행·환급·손익분배 등에 있어서 유연성이 인정되며 대리인 문제를 최소화할 수 있는 조직 형태라는 점 등을 고려한 것으로 보인다.[948]

기관전용사모집합투자기구는 법 제9조제18항제4호의 투자합자회사에 해당하지만 투자합자회사에 관한 자본시장법의 규정(법 제213조 내지 제217조) 대부분은 적용되지 않고 해산·청산에 관한 규정만 적용된다(법 제249조의20 제1항). 그 결과 기관전용사모집합투자기구인 투자합자회사는 일반투자합자회사(투자합자회사 형태의 공모집합투자기구 또는 일반사모집합투자기구)와 설립방식, 투자자의 책임 등 많은 부분에서 차이가 있다. 기관전용사모집합투자기구의 경우, 일반투자합자회사에는 적용되지 않는 상법 제217조제1항, 제218조 내지 제220조 및 제280조가 적용되는 반면, 일반투자합자회사에 적용되는 상법 제173조 및 상법 제274조는 적용되지 않는다.

---

947) 기관투자자등의 구체적 범위는 영 제271조의14 제4항에서 규정하고 있다.

948) 경영참여형사모집합투자기구(현재의 기관전용사모집합투자기구)를 조합 형태로 도입하는 것도 검토하였으나 법률관계의 명확성 차원에서 한계가 있어 합자회사 형태로 도입하였다고 한다. 합자회사 형태로 도입하게 된 입법배경등에 대한 자세한 내용은 다음 논문 참조: 박정훈, 사모투자전문회사(Private Equity Fund) 도입배경 및 경과, BFL 제10호(2005.3), 49면 및 50면.
기관전용사모집합투자기구는 조세특례제한법에 따른 동업기업과세특례 적용대상에 해당하므로 법인세 과세대상에서 제외된다(동법 제100조의15 제1항제3호). 미국등 외국에서는 상법상 합자조합과 유사한 LP(Limited Partnership)나 상법상 유한책임회사와 유사한 LLC(Limited Liability Company)처럼 조세목적상 도관(flow through entity)으로 취급되는 조직 형태가 주로 이용된다. LP나 LLC는 조세측면 외에도 투자자들이 비교적 자유롭게 계약으로 투자자 간의 관계를 정할 수 있는 장점도 있다.

제2절 기관전용사모집합투자기구에 대한 적용법규

제1관 총설

기관전용사모집합투자기구에 대해서는 자본시장법 제5편(집합투자기구)[949] 대부분의 규정은 적용이 배제되고 일부 규정만 적용된다.

펀드운용사에 해당하는 업무집행사원은 집합투자업자(금융투자업자)가 아닌 것으로 자리매김되어 있으므로 자본시장법의 금융투자업자의 영업행위규칙(제2편제4장)이 적용되지 않는다. 금융회사를 적용대상으로 하는 금융회사지배구조법도 기관전용사모집합투자기구의 업무집행사원에게는 적용되지 않는다.

즉, 기관전용사모집합투자기구 및 그 업무집행사원은 자본시장법 제249조의10 내지 제249조의23의 규정과 법 제5편 중 일부 규정[950]을 적용받는다.

또한, 기관전용사모집합투자기구는 자본시장법에서 특별히 정한 경우를 제외하고는 상법 및 민법의 적용을 받는다(법 제181조).

제2관 상법 적용 특례

투자합자회사의 상법과의 관계를 규정하는 자본시장법 규정(법 제217조)은 기관전용사모집합투자기구인 투자합자회사에는 적용되지 않는다(법 제249조의20 제1항). 대신 별도의 규정(법 제249조의20 제2항)에서 기관전용사모집합투자기구인 투자합자회사의 상법과의 관계를 정하고 있는데, 이에 따르면 상법 중 일부 규정(제173조, 제198조, 제217조제2항, 제224조, 제274조, 제286조)은 적용되지 않는다. 따라서 기관전용사모집합투자기구의 경우는 ⓐ 회사도 기관전용사모집합투자기구의 무한책임사원이 될 수 있고(상법 제173조 관련),[951] ⓑ 사원의 경업이 허용되므로 업무집행사원은 다수의 기관전용사모집합투자기구의 업무집행사원이 될 수 있으며(상법 제198조 관련), ⓒ 정관으로 회사의 존립기간을 정한 경우 사원은 총사원의 동의 등 상법 제218조 각 호에서

---

949) 자본시장법 제5편(집합투자기구)은 다음과 같이 9개의 장으로 구성되어 있다: 제1장 총칙, 제2장 집합투자기구의 구성 등, 제3장 집합투자기구의 종류등, 제4장 집합투자증권의 환매, 제5장 평가 및 회계, 제6장 집합투자재산의 보관 및 관리, 제7장 사모집합투자기구등에 대한 특례, 제8장 감독 및 검사, 제9장 집합투자기구의 관계회사.

950) 법 제181조, 제183조제2항, 제184조제3항·제4항·제7항, 제185조, 제187조, 제216조제3항, 제238조제1항·제6항, 제240조제1항·제2항, 제242조, 제244조, 제245조, 제246조, 제247조제5항제4호·제5호, 제252조.

951) 회사가 무한책임사원이 될 수 없을 경우 기관전용사모집합투자기구의 자산운용을 담당할 것으로 예상되는 집합투자업자, 증권회사 등 금융기관과 기타 법인이 참여할 수 없다는 점을 고려한 것이다.

정하는 퇴사원인으로만 퇴사하게 된다(상법 제217조제2항 관련, 상법 제218조 참고),[952] ⓓ 사원의 지분을 압류한 채권자에 의한 퇴사청구는 인정되지 않으며(상법 제224조 관련), ⓔ 무한책임사원의 결의의 필요 없이 업무집행사원이 지배인을 선임할 수 있으며(상법 제274조 관련), ⓕ 합명회사로의 조직변경은 허용되지 않는다(상법 제286조 관련).

기관전용사모집합투자기구가 아닌 투자합자회사의 경우 상법을 적용함에 있어 상법 제200조의2(직무대행자의 권한), 제205조(업무집행사원의 권한상실 선고), 제259조(채무의 변제) 및 제277조(유한책임사원의 검사권) 중 '법원'은 '금융위원회'로 본다(법 제217조제1항). 따라서 예컨대 업무집행사원의 권한상실선고와 같은 감독권한을 법원 대신 금융위원회가 행사하게 된다. 하지만, 기관전용사모집합투자기구에 대해서는 이러한 특례규정이 적용되지 않으므로 상법규정에 따라 법원이 감독권한을 행사하게 된다(법 제249조의20 제1항).

제3절 일반사모집합투자기구와의 규제상 주요 차이

기관전용사모집합투자기구와 일반사모집합투자기구는 펀드의 법적 형태, 펀드의 조직 및 운영, 투자자 구성, 투자자의 총수, 운용사 감시장치 등 많은 점에서 차이가 있다.

제1관 법적 형태 등

1. 법적 형태

기관전용사모집합투자기구의 법적 형태로는 투자합자회사만 허용된다. 반면에 일반사모집합투자기구는 투자합자회사 외에 자본시장법 제9조제18항에서 허용하는 기타 법적 형태(투자신탁, 투자회사, 투자유한회사, 투자유한책임회사, 투자익명조합, 투자합자조합)가 모두 가능하다.

2. 투자자 자격

기관전용사모집합투자기구에 투자할 수 있는 투자자는 원칙적으로 기관투자자등으로 제한되고, 개인투자자는 업무집행사원의 임원·운용인력과 일부 외국인에게만 자격이 주어진다.

---

952) 상법상 합자회사는 정관으로 회사 존립기간을 정한 경우에도 부득이한 사유가 있으면 다른 사원의 동의 없이도 언제든지 퇴사할 수 있다(상법 제217조제2항, 제218조).

반면에 일반사모집합투자기구의 경우 개인투자자도 전문투자자에 해당하거나 최저 투자금액(3억원, 5억원) 이상을 투자하는 경우에는 투자 자격이 주어진다.

제2관 운용규제

사모집합투자기구가 일반사모집합투자기구와 기관전용사모집합투자기구로 재편되었고 일견 두 유형의 사모집합투자기구에 펀드운용상의 규제 차이는 없는 것으로 보인다. 다만, 법 제87조(펀드보유주식에 대한 의결권 행사규정)의 적용범위가 다르기 때문에 소위 경영참여목적 사모집합투자기구를 조직·운용하는 것과 관련하여서는 다소 차이가 있다.

앞에서 본 바와 같이 기관전용사모집합투자기구에는 집합투자업자에 적용되는 법 제87조가 적용되지 않으므로 경영참여목적 사모집합투자기구를 조직·운용하는 데에 일응 특별한 제한이 없다. 다만, 상호출자제한기업집단과 관련이 있는 기관전용사모집합투자기구의 경우는 다른 회사를 계열회사로 편입한 경우는 5년(금융전업기업집단의 경우 7년) 이내에 그 지분을 처분해야 하는 제한이 있다(법 제249조의18).

제3관 가입 및 탈퇴

기관전용사모집합투자기구의 경우 정관에 사원(투자자)의 성명·주민번호(상호·사업자등록번호)를 기재하고 총사원이 기명날인(서명)해야 한다(법 제249조의10 제1항). 그 결과 기관전용사모집합투자기구의 경우 투자자가 펀드에 가입하고 탈퇴하려면 원칙적으로 정관변경 등의 절차를 거쳐야 한다.

반면에 일반사모집합투자기구의 경우는 투자자의 성명·주소는 정관·약관 기재사항이 아니며 투자자는 정관·약관에 기명날인하지 않는다.[953] 예컨대 투자합자회사 형태의 일반사모집합투자기구의 경우 무한책임사원 1인(집합투자업자)과 유한책임사원(투자자) 1인만 정관에 기명날인(서명)하고, 다른 투자자는 정관에 기명날인(서명)하지 않아도 된다(법 제213조제1항).

제4관 출자약정

기관전용사모집합투자기구의 경우 펀드에 가입하는 단계에서는 출자약정만 하는 것이 가능하다. 즉, 실제 납입을 하지 않은 상태에서도 기관전용사모집합투자기구의

---

953) 투자합자회사, 투자합자조합, 투자익명조합의 경우는 설립시 집합투자업자 외에 투자자 1인이 정관·조합계약에 기명날인하도록 되어 있다.

사원이 될 수 있다. 실무적으로도 모든 기관전용사모집합투자기구는 출자약정만으로 설립되고 설립 이후 출자약정에 따른 출자요청 및 납입(capital call에 따른 출자) 방식으로 운영된다.

반면에 일반사모집합투자기구의 경우는 출자약정만으로는 사원(수익자등)이 될 수 없고 주금 등을 납입해야만 사원(수익자등)의 자격이 주어진다(법 제196조, 제208조, 제216조 제2항, 제217조의2 등).

제5관 지배구조

일반사모집합투자기구의 경우 그 법적 형태와 관계없이 집합투자재산을 보관하는 신탁업자가 집합투자업자의 운용행위에 대한 감시기능을 수행한다. 투자자는 장부·서류열람청구권을 통해 소극적으로 운용사를 감시하게 된다.

기관전용사모집합투자기구의 경우 집합투자재산을 보관하는 신탁업자는 업무집행사원의 운용행위를 감시하지는 않고 집합투자재산의 평가공정성 및 기준가격산정의 적정성 확인기능만 수행하며, 투자자(유한책임사원)가 직접 운용사에 대한 감시기능을 수행하게 된다. 이를 위해 기관전용사모집합투자기구의 유한책임사원은 장부·서류열람청구권 외에 업무와 재산상황에 대한 검사권 등을 가지게 된다.

제6관 사원 간 계약

기관전용사모집합투자기구의 경우 당해 투자합자회사의 정관에 총사원이 기명날인해야 하므로 사원 간 계약의 내용을 정관에 반영하는 것이 일반적이다.

반면에, 일반사모집합투자기구의 경우 기본적으로 집합투자업자 단독으로 집합투자규약을 작성하고, 투자자는 집합투자기구 설정·설립 후 집합투자증권의 매수를 통해 당해 집합투자기구의 구성원이 된다. 따라서 투자자 간 계약내용이 집합투자규약에 반영되는 것이 어렵게 되어 있다.[954] 다만, 투자합자회사·투자합자조합·투자익명조합은 집합투자규약에 투자자 1인의 기명날인이 있어야 하므로, 연기금등 1인 펀드가 제도적으로 허용되는 투자자는 집합투자업자와의 계약내용을 집합투자규약에 반영하는 것이 가능할 것이다.

---

954) 다만, 실무에 있어서는 연기금등 일반사모집합투자기구 투자자의 의사가 집합투자규약에 반영되는 것이 일반적일 것이다.

제7관 집합투자업자

기관전용사모집합투자기구는 운용사(업무집행사원)가 2인 이상이어도 무방하지만, 일반사모집합투자기구의 운용사는 1인으로 제한된다(법 제249조의14 제1항, 법 제214조제1항).

일반사모집합투자기구의 운용사(일반사모집합투자업자)는 금융투자업자(집합투자업자)에 해당하므로, 금융투자업자를 규제대상으로 하는 법규(자본시장법, 금융회사지배구조법 등)의 적용을 받게 된다. 반면에 기관전용사모집합투자기구의 운용사(업무집행사원)는 금융투자업자(집합투자업자)에 해당하지 않으므로 이러한 법규가 적용되지 않는다.

제2장 기관전용사모집합투자기구의 업무집행사원

제1절 총설

제1관 의의

투자합자회사인 기관전용사모집합투자기구의 업무집행사원은 무한책임사원 중에서 정관에서 업무집행사원으로 정한 자를 말한다(법 제249조의14 제1항).

기관전용사모집합투자기구의 업무집행사원은 일반사모집합투자기구의 집합투자업자에 상응하는 자로서 '펀드운용사(fund manager)'에 해당한다.[955] 기관전용사모집합투자기구의 업무집행사원은 자본시장법상 집합투자업자로 취급되지 않는 점을 고려하여 업무집행사원이라는 상법상의 용어를 그대로 사용하는 것으로 이해된다. 하지만 그 실질은 엄연히 집합투자업을 영위하는 펀드운용사이므로 기관전용사모집합투자기구의 운용사로 부를 수도 있을 것이다.

업무집행사원은 펀드운용사이므로 당연히 기관전용사모집합투자기구의 업무를 집행할 권리와 의무를 가진다(법 제249조의14 제1항).

제2관 자본시장법상 지위

기관전용사모집합투자기구의 업무집행사원이 되어 해당 펀드의 재산을 운용하는 것은 '집합투자업'에 해당하며 해당 펀드의 지분을 판매하는 것은 '투자매매중개업'에 해당하므로 이를 영위하려면 원칙적으로는 미리 금융위원회로부터 해당 금융투자업 인가를 받아야 한다.

하지만 기관전용사모집합투자기구의 업무집행사원이 기관전용사모집합투자기구의 집합투자재산의 운용 및 보관·관리, 기관전용사모집합투자기구 지분의 판매·환매 등의

955) 종전에는 실무에서 경영참여형사모집합투자기구(PEF)의 업무집행사원을 PE회사(private equity firm)라고 부르는 것이 일반적이었다.

업무를 영위하는 경우에는 자본시장법 제11조(무인가 영업행위의 금지)[956]를 적용하지 않는다(법 제249조의14 제4항). 따라서 기관전용사모집합투자기구의 업무집행사원은 집합투자업·투자매매중개업 인가를 받지 않고도 기관전용사모집합투자기구의 업무집행사원이 되어 투자자를 모으고 동 펀드의 재산을 운용하는 것이 허용된다.

기관전용사모집합투자기구의 업무집행사원은 금융투자업(집합투자업, 투자매매중개업)을 인가받지 않고 이를 합법적으로 영위하는 자이다. 다만, 다음에서 보는 바와 같이 기관전용사모집합투자기구의 업무집행사원은 집합투자업을 영위함에도 불구하고 '집합투자업자'에는 해당하지 않는다는 점에서 '합법적인 미인가 집합투자업자'라고 할 수 있다.

제3관 적용법규

1. 자본시장법

자본시장법 제2편(금융투자업) 및 제8편(감독 및 처분)은 '금융투자업자'에게 적용된다. 여기서 '금융투자업자'란 자본시장법 제6조제1항 각 호의 금융투자업에 대하여 금융위원회의 '인가'를 받거나 금융위원회에 '등록'하여 이를 영위하는 자를 말한다(법 제8조 제1항). 앞에서 본 바와 같이 인가에 대한 특례규정(법 제249조의14 제4항)에 따라 금융위원회의 인가를 받지 않고 금융투자업을 영위할 수 있는 기관전용사모집합투자기구의 업무집행사원은 금융투자업을 영위함에도 불구하고 '금융투자업자'에는 해당하지 않는다. 따라서 '금융투자업자'를 규제대상으로 하는 자본시장법 제2편(금융투자업) 및 제8편(감독 및 처분)의 규정은 인가받지 않고 집합투자업 및 투자매매중개업을 영위하는 '합법적인 미인가 금융투자업자'인 기관전용사모집합투자기구의 업무집행사원에게는 적용되지 않는다. 이러한 이유로 기관전용사모집합투자기구에 적용이 배제되는 자본시장법 규정(법 제249조의20 제1항)에 자본시장법 제2편 및 제8편의 규정이 포함되어 있지 않다. 그리고 기관전용사모집합투자기구의 운용자에게는 집합투자업자라는 용어 대신 업무집행사원이라는 용어를 사용한다.

자본시장법은 기관전용사모집합투자기구의 업무집행사원에 대해서는 금융투자업자로 규제하지 않고 별도로 진입규제(금융위원회에 등록)에 관한 사항, 영업행위규칙, 법령위반에 대한 조치 근거규정을 두고 있다. 즉, 기관전용사모집합투자기구의 업무

956) 법 제11조(무인가 영업행위의 금지) 누구든지 이 법에 따른 금융투자업 인가(변경인가를 포함한다)를 받지 아니하고는 금융투자업(투자자문업, 투자일임업, 일반사모집합투자업 제외)을 영위하여서는 아니 된다. 위반 시 벌칙이 있다(법 제444조제1호).

집행사원에 대해서는 기관전용사모집합투자기구 관련 조문(법 제249조의10 내지 제249조의23) 만이 적용된다. 하지만 금융투자업자가 기관전용사모집합투자기구의 업무집행사원인 경우에는 (해당 금융투자업자에 적용되는 '영업행위규제'가 적용되지는 않겠지만) 금융투자업자의 지위에 따른 추가적인 규제가 행해질 수 있다는 점에 유의하여야 한다. 예컨대, 투자매매·중개업자가 기관전용사모집합투자기구의 업무집행사원이 되는 경우 기관전용사모집합투자기구 설립과정에서 기관전용사모집합투자기구에 출자하게 되므로 금융산업의 구조개선에 관한 법률('금산법')에 따라 출자승인을 받아야 한다(금산법 제24조제1항).

2. 금융회사지배구조법

금융회사지배구조법은 적용대상을 금융회사로 하고 있으므로, 금융회사가 아닌 '기관전용사모집합투자기구의 업무집행사원'은 금융회사지배구조법에서 규제하는 사항(자격·선임절차·겸직등 임원 관련 규제, 이사회 구성·운영 관련 규제, 내부통제 및 위험관리 규제, 대주주의 건전성 유지 규제, 소수주주의 권리행사 특례 등에 관한 규제)의 적용을 받지 않는다(예를 들어 기관전용사모집합투자기구의 업무집행사원은 준법감시인·위험관리책임자를 두지 않아도 된다).

제4관 연대책임

기관전용사모집합투자기구의 업무집행사원에게는 자본시장법 제185조가 적용된다(법 제249조의20 제1항).[957]

따라서 업무집행사원은 이 법에 따라 투자자에 대한 손해배상책임을 부담하는 경우 귀책사유가 있는 경우에는 다른 관련 당사자와 연대하여 손해배상책임을 진다(법 제185조). 다만, 다른 관련 당사자가 관여할 일이 거의 없는 기관전용사모집합투자기구의 특성상 업무집행사원이 다른 관련 당사자와 연대하여 손해배상책임을 부담할 경우는 제한적일 것으로 생각된다.

---

957) 법 제185조는 '집합투자업자' 즉, 금융위원회의 인가를 받은 집합투자업자 또는 금융위원회에 등록한 집합투자업자에게 적용되는 규정이므로 이에 해당하지 않는 기관전용사모집합투자기구의 업무집행사원에게는 이 규정이 적용되지 않는다. 하지만 자본시장법은 기관전용사모집합투자기구의 업무집행사원에게 법 제185조가 적용되도록 규정하고 있다(법 제249조의20 제1항).
참고로 자본시장법 제185조는 '집합투자업자·신탁업자·투자매매업자·투자중개업자·일반사무관리회사·집합투자기구평가회사 및 채권평가회사는 이 법에 따라 투자자에 대한 손해배상책임을 부담하는 경우 귀책사유가 있는 경우에는 연대하여 손해배상책임을 진다'고 규정하고 있다.

제2절 업무집행사원이 될 수 있는 자

제1관 총설

자본시장법은 기관전용사모집합투자기구의 업무집행사원이 될 수 있는 자의 자격을 명시하고 있지 않다. 하지만 업무집행사원이 될 수 있는 자는 국내법인이어야 한다. 자본시장법 제249조의15 및 업무집행사원 등록신청서 서식(금융투자업규정 별지 제3호의3)에서 업무집행사원은 내국회사를 전제로 하고 있고, 금융감독원의 실무안내서[958]에서도 국내법인에 한해 업무집행사원이 될 수 있는 것으로 설명하고 있다.[959] 따라서 개인과 외국인은 업무집행사원이 될 수 없는 것으로 이해된다. 연기금도 업무집행사원이 될 수 없다(국가재정법 제63조제3항).

국내법인이면 그 회사 형태는 주식회사 외에도 유한회사·합명회사·합자회사·유한책임회사 모두 가능하다(영 제271조의21 제2항). 금융회사와 달리 다른 업무수행에 대한 제한도 없어서 다른 사업을 영위하는 회사도 업무집행사원이 될 수 있다.

제2관 금융회사

자본시장법상으로는 국내법인인 금융회사는 기관전용사모집합투자기구의 업무집행사원이 될 수 있다. 다만, 금융회사의 경우 해당 금융회사의 설립등을 규제하는 법률에서 인가등을 받은 금융업 외에 다른 업무를 영위하는 것을 규제하므로 이에 따른 제한이 있을 수 있다.

(금융회사등이 업무집행사원인 경우의 운용규제 특례) 금융회사등(자본시장법시행령 제271조의20 제1항에서 정하는 금융 관련 법령[960]에서 정하는 업무를 영위하고 있는 자; 금융투자회사를 제외한 대부분의 금융회사, 자산관리공사등 일부 정책금융기관, 부동산투자회사등 일부 특별법상의 집합투자기구가 여기에 해당한다. 다만, 여전법에 따른 신기술사업금융업자는 여기에 해당하지 않는다)은 해당 법령에도 불구하고 기관전용사모집합투자기구의 업무집행사원이 될 수 있으며, 이 경우 그 업무집행사원은 그 법령에서 제한하거나 금지하는 규정을 위반하지 아니하는 범위에서 업무를 집행할 수 있고, 대통령령으로 정하는 방법으로 기관전용사모집합투자기구의

---

958) 금융감독원이 2023년에 발간한 "기관전용사모집합투자기구 실무안내"〔금융감독원, 기관전용사모집합투자기구 실무안내(2023), 이하 '금융감독원 PEF핸드북'〕

959) 금융감독원, PEF 핸드북, 197면.

960) 은행법, 한국산업은행법, 중소기업은행법, 한국수출입은행법, 보험업법, 상호저축은행법, 여신전문금융업법, 신용보증기금법, 기술신용보증기금법, 신용협동조합법, 새마을금고법, 신용정보의 이용 및 보호에 관한 법률, 한국자산관리공사 설립등에 관한 법률, 한국주택금융공사법, 부동산투자회사법, 선박투자회사법, 산업발전법, 벤처투자촉진법.

집합투자재산을 운용하여야 한다(법 제249조의14 제2항). 따라서 금융회사등이 기관전용사모집합투자기구의 업무집행사원이 되는 경우에는 자본시장법시행령 제271조의20 제2항의 규정에 따라 그 기관전용사모집합투자기구의 집합투자재산을 운용하여야 한다. 즉, 2021년 자본시장법 개정 이전에 경영참여형사모집합투자기구에 적용되던 운용규제[961]가 적용된다.[962]

제3관 금융지주회사

자본시장법시행령 제271조의20 제1항에서 정하는 금융 관련 법령에는 금융지주회사법은 포함되어 있지 않다. 따라서 금융지주회사와 그 자회사 및 손자회사가 기관전용사모집합투자기구의 업무집행사원이 될 수 있는지 여부는 금융지주회사법과 자본시장법의 관련 규정을 살펴보아야 한다.

(금융지주회사) 금융지주회사는 자회사의 경영관리업무 등을 제외하고는 영리를 목적으로 하는 다른 업무를 영위할 수 없기 때문에 기관전용사모집합투자기구의 업무집행사원이 될 수 없다(영 제271조의20 제1항, 금융지주회사법 제15조 및 동법시행령 제11조).[963][964]

(금융지주회사의 자회사) 금융지주회사의 자회사는 자회사 업무와 연관성 있는 금융기관이나 금융업 영위와 밀접한 관련이 있는 일정한 회사를 제외하고는 다른 회사를 지배할 수 없다(금융지주회사법 제19조). 하지만 자본시장법은 위 규정에도 불구하고 금융지주회사의 자회사가 기관전용사모집합투자기구 지분을 취득할 수 있도록 특례규정을 두고 있다(법 제249조의19 제5항). 따라서 금융지주회사의 자회사(은행, 보험회사, 금융투자회사 등)는 기관전용사모집합투자기구의 업무집행사원이 되어 기관전용사모집합투자기구를 지배하는 것이 가능하다.[965]

금융지주회사의 자회사인 금융회사가 기관전용사모집합투자기구의 업무집행사원이

961) 경영참여목적 운용의무, 여유자금 운용방법 제한, 2년 이내 경영참여목적 투자의무, 투자한 지분증권등 6개월 이상 소유의무, 일정 기간 이내 경영참여목적 투자 미부합시 지분증권등 처분의무.

962) 자세한 내용은 제5장제2절제6관 참조.

963) 금융감독원, PEF 핸드북, 131면.

964) 공정거래법상 일반지주회사의 경우 공정거래법 제18조제2항제5호에 따라 금융·보험업을 영위하는 국내회사의 주식을 소유할 수 없고, 기관전용사모집합투자기구는 공정거래법상 금융업을 영위하는 회사로 분류된다. 따라서 일반지주회사는 기관전용사모집합투자기구의 업무집행사원 또는 유한책임사원이 될 수 없다.

965) 기관전용사모집합투자기구의 업무집행사원이 행하는 업무를 하는 것을 목적으로 하는 회사는 금융업 영위와 밀접한 관련이 있는 회사로서 금융지주회사의 자회사가 지배할 수 있는 회사에 포함되어 있다(금융지주회사법 제19조제1항제2호, 동법시행령 제15조제2항 및 제2조제2항).

되는 경우 해당 금융회사가 기관전용사모집합투자기구를 지배하는 것으로 간주되어 해당 기관전용사모집합투자기구는 금융지주회사의 손자회사가 되므로 기관전용사모집합투자기구를 손자회사로 편입한 금융지주회사는 금융위원회에 손자회사 편입 신고를 하여야 한다(금융지주회사법 제18조제1항). 관련하여 금융지주회사법은 기관전용사모집합투자기구가 투자한 기업의 가치를 높여 그 수익을 사원에게 배분하기 위한 목적으로 다른 회사의 주식을 취득한 경우 그 다른 회사는 계열회사에서 제외하고 있으므로(금융지주회사법시행령 제2조제3항제3호), 기관전용사모집합투자기구가 경영권을 인수한 투자대상기업은 금융지주회사의 종손회사에 해당하지 않는다. 그 결과 기관전용사모집합투자기구의 경영권인수 투자는 금융지주회사법상 제한을 받지 않는다.

(금융지주회사의 손자회사) 금융지주회사의 손자회사도 금융지주회사법상 다른 회사를 지배하는 것이 금지된다(금융지주회사법 제19조제2항). 자본시장법은 금융지주회사의 손자회사에 대해서는 기관전용사모집합투자기구 지분취득과 관련한 특례규정을 두고 있지 않으므로 금융지주회사의 손자회사는 기관전용사모집합투자기구의 업무집행사원이 될 수 없는 것으로 보아야 할 것이다(금융지주회사법 제19조제2항 참조).

제3절 업무집행사원의 등록

제1관 총설

기관전용사모집합투자기구의 업무집행사원으로서 기관전용사모집합투자기구의 집합투자재산 운용업무를 영위하려는 자는 일정한 등록요건을 갖추어 금융위원회에 등록해야 한다(법 제249조의15 제1항).[966]

집합투자업자(금융위원회로부터 집합투자업을 인가받았거나 금융위원회에 일반사모집합투자업을 등록한 자)가 기관전용사모집합투자기구의 업무집행사원이 되어 기관전용사모집합투자기구를 설립·운용하려면 집합투자업에 대한 인가·등록과 별도로 '업무집행사원 등록' 절차를 거쳐야 한다.

업무집행사원이 금융위원회에 등록하지 않고 기관전용사모집합투자기구를 운용

966) 2024년말 현재 기관전용사모집합투자기구 업무집행사원(GP)으로 등록한 회사는 437개사인데, 이 중 기관전용사모집합투자기구 업무집행사원 업무만을 영위하는 소위 전업GP가 328개사로 전체의 75.1%이며, 나머지는 기관전용사모집합투자기구 업무집행사원 업무를 겸영하는 금융회사(52사) 및 창업투자회사등(54사)이다. 한편, 기관전용사모집합투자기구 업무집행사원 437개사 중 출자약정금액이 1조원 이상인 소위 대형GP는 40개사이다(금융감독원 보도자료, 2025.7.1.).

하는 경우 3년 이하의 징역 또는 1억원 이하의 벌금에 처해질 수 있다(법 제445조제32의2호). 그에 추가하여, 금융위원회에 등록하지 않고 기관전용사모집합투자기구의 집합투자재산의 운용업무를 영위한 업무집행사원은 자본시장법 제249조의21 제3항에 따른 조치의 대상이 된다(법 별표6 제15의2). 조치의 내용 중에는 해당 기관전용사모집합투자기구(투자합자회사)에 대하여 당해 업무집행사원을 해임할 것을 요구하거나 업무집행사원을 6개월 이내의 기간 동안 직무를 정지시키는 것(직무정지기간 동안 당해 기관전용사모집합투자기구의 업무집행사원으로서 운용업무를 할 수 없게 된다)이 포함되어 있다.[967] 등록을 하지 않았기 때문에 등록취소를 할 수는 없고, 업무집행사원에서 해임하거나 직무를 정지시키는 방법으로 사실상 기관전용사모집합투자기구의 운용업무를 영위하지 못하도록 하는 것으로 이해된다. 그와 동시에 금융위원회는 해당 기관전용사모집합투자기구에 대하여도 6개월 이내의 업무의 전부 또는 일부의 정지, 계약의 인계명령 등의 조치를 취할 수 있다(법 제249조의21 제2항).

제2관 등록요건

등록신청인(기관전용사모집합투자기구의 업무집행사원이 되고자 하는 자)은 아래의 요건을 갖추어야 한다(법 제249조의15 제1항·영 제271조의21 제1항 내지 제5항). 일반사모집합투자업의 등록요건과 비교할 때 가장 큰 차이는 자기자본요건이 대폭 완화되어 있고, 대주주요건, 물적설비 구비요건 및 정보교류 차단체계 구축요건이 없다는 점이다.

1. 자기자본

등록신청인은 등록신청일 현재 자기자본이 1억원 이상이어야 한다. 최근 사업연도말일 기준 자기자본을 기준으로 하며, 최근 사업연도말 이후 등록신청일까지 자본금 증감분이 있으면 이를 포함하여 계산한다.[968] 실무적으로 신설회사의 경우 등록신청일 직전 월 기준으로 재무제표 확인원을 제출해야 하고, 인건비 등 고정비용을 고려하여 1억원에서 약간의 여유를 두어야 한다.

2. 임원

등록신청인의 임원이 금융회사지배구조법 제5조제1항 각 호에 적합하여야 한다.[969]

---

967) 업무집행사원의 임원 및 직원도 조치의 대상이 된다(법 제249조의21 제3항제2호·제3호).
968) 금융감독원, 경영참여형 사모집합투자기구 실무안내서(2016)(이하 '기존 PEF 핸드북', 197면.
969) 임원의 자격요건에 관한 구체적인 내용은 제3편제2장제2절제2관 참조.

임원은 이사 및 감사를 말한다(법 제9조제2항).

금융회사지배구조법상 임원의 자격요건을 충족해야 하는 금융투자업자의 임원에는 이사·감사 외에 집행임원·업무집행책임자가 포함된다. 하지만 기관전용사모집합투자기구의 업무집행사원에게는 금융회사지배구조법이 적용되지 않으므로, 금융회사지배구조법 제5조제1항 각 호의 요건을 충족해야 하는 업무집행사원의 임원은 이사 및 감사로 한정된다.[970] 다만, 업무집행사원 등록신청서 서식에서 금융회사가 아닌 업무집행사원의 경우 등기이사 및 감사가 아닌 사실상 임원[971]까지 포함하여 기재하도록 하고 있고, 실무적으로도 사실상 임원의 서류까지 제출하고 있다.[972]

'임원'이라는 용어는 업무집행사원이 주식회사 형태인 경우에만 해당한다. 업무집행사원인 회사가 합자회사인 경우는 업무집행사원, 유한책임회사인 경우는 업무집행자, 유한회사인 경우는 이사, 합명회사인 경우는 업무집행사원이 금융회사지배구조법 제5조제1항 각 호에서 정하고 있는 자격요건을 충족해야 한다.

3. 투자운용전문인력

등록신청인은 2명 이상의 상근 임직원인 투자운용전문인력을 두어야 한다(법 제249조의15 제1항제3호, 영 제271조의21 제3항). 여기서 투자운용전문인력이란 기관전용사모집합투자기구운용전문인력[973] 또는 증권운용전문인력[974] 또는 부동산운용전문인력[975]을

970) 참고로, 금융회사지배구조법의 적용을 받는 일반사모집합투자업자의 경우는 사실상 일반사모집합투자업 등록 시점부터 이사·감사 외에 업무집행책임자도 임원 자격요건을 충족해야 한다.

971) 자본시장법상 업무집행사원의 등록 유지요건이 적용되는 "사실상 임원"의 범위가 어디까지인지 여부는 명확하지 아니하나, 자본시장법에서 임원의 자격요건에 지배구조법 조항을 적용하도록 하고 있고 지배구조법에서 임원에 관한 정의조항을 두고 있다는 점에서, 지배구조법상 임원의 기준을 적용하여야 할 것으로 보인다. 지배구조법상 임원은 이사, 감사, 상법상 집행임원 및 업무집행책임자를 말하고, 업무집행책임자는 "이사가 아니면서 명예회장·회장·부회장·행장·부행장·부행장보·전무·상무·이사 등 업무를 집행할 권한이 있는 것으로 인정될 만한 명칭을 사용하여 금융회사의 업무를 집행하는 사람"을 말한다(지배구조법 제2조제2호 및 제5호).

972) 금융투자업규정 별지 제3호의3.

973) 다음 어느 하나에 해당하는 자를 말한다: ⓐ 기관전용사모집합투자기구의 업무집행사원의 임·직원으로서 그 집합투자재산을 금융투자상품에 운용하는 업무에 3년 이상 종사한 경력이 있는 자, ⓑ 금융회사등, 기관전용사모집합투자기구 업무집행사원의 임·직원 및 중소기업창업투자회사의 임·직원으로 3년 이상 근무하고 협회가 정하는 교육을 이수한 자.

974) 다음 어느 하나에 해당하는 자를 말한다: ⓐ 금융회사등에서 집합투자재산, 투자일임재산, 기금, 고유재산(자산총액 2조원 이상인 영 제10조제2항제1호부터 제8호까지의 금융기관 및 이에 준하는 업무를 영위하는 외국금융기관의 고유재산 또는 금융투자상품에 대한 투자운용인력별 운용규모가 1,000억원 이상인 고유재산에 한한다)을 금융투자상품에 운용하는 업무에 2년 이상 종사한 경력이 있는 자, ⓑ 기관전용사모집합투자기구의 집합투자재산을 금융투자상품에 운용하는 업무에 3년 이상 종사하고 협회가 정하는 증권운용 관련 교육을

말한다(규정 제7-41조의14, 규정 별표 제2의3). 실무상 투자운용전문인력이 겸직을 할 경우 업무집행사원인 회사에서 "상근"하여야 한다는 점을 유의할 필요가 있다.

업무집행사원이 주식회사인 경우 그 이사는 운용인력이 될 수 있으나 감사는 운용인력이 될 수 없다. 감사는 회사의 이사 또는 지배인 기타 사용인 직무를 겸할 수 없기 때문이다.[976]

4. 내부통제기준

등록신청인은 자본시장법 제44조에 따라 이해상충이 발생할 가능성을 파악·평가·관리할 수 있는 적절한 내부통제기준을 갖추어야 한다.

5. 건전한 재무상태와 사회적 신용

등록신청인이 금융회사[977]인 경우 당해 금융회사는 금산법에 따른 적기시정조치기준을 상회하여야 한다(영 제271조의21 제5항제1호).[978] 등록신청한 금융회사에 적용되는 적기시정조치기준이 없는 경우에는 해당 금융회사와 유사업종을 영위하는 금융회사의 적기시정조치기준을 상회하여야 한다(규정 제7-41조의14).

또한, 등록신청인은 사회적 신용과 관련한 다음 두 요건을 모두 충족해야 한다. 다만, 그 위반 등의 정도가 경미하다고 인정되는 경우는 제외한다(영 제271조의21 제5항 제2호). 첫째 요건은, 최근 3년간 금융 관련 법령, 공정거래법, 조세범처벌법을 위반하여 5억원의 벌금형 이상의 형사처벌을 받은 사실이 없어야 한다는 것이다. 다만, 법 제448조나 해당 법률의 양벌규정에 따라 처벌을 받은 경우는 제외한다. 둘째 요건은, 최근 3년간 금융산업의 구조개선에 관한 법률에 따라 부실금융기관으로 지정되었거나 자본시장법 또는 금융 관련 법령에 따라 영업의 허가·인가·등록 등이 취소된 자가

이수한 자, ⓒ 협회가 시행하는 투자운용인력의 능력을 검증할 수 있는 시험에 합격한 자 등 금융투자상품 투자운용업무를 수행할 수 있도록 협회가 정하는 요건을 갖춘 자,

975) 다음 어느 하나에 해당하는 자를 말한다: ⓐ 감정평가사로서 감정평가분야 또는 부동산 관련 분야에 5년 이상 종사한 경력이 있는 자, ⓑ 부동산 관련 분야 석사학위 이상 또는 부동산 운용업무 관련 교육과정을 이수한 자로서 부동산운용 관련 업무(취득, 관리, 개발, 자문등)에 3년 이상 종사한 경력이 있는 자, ⓒ 금융회사등에서 부동산운용업무에 3년 이상 종사한 경력이 있는 자, ⓓ 건설회사등에서 부동산운용업무에 3년 이상 종사한 경력이 있는 자로서 협회가 정하는 부동산운용업무 관련 교육을 이수한 자, ⓔ 증권운용전문인력으로서 협회가 정하는 부동산운용업무 관련 교육을 이수한 자.

976) 금융감독원, '기존 PEF 핸드북,' 197면. 상법 제411조 참조.

977) 금융위원회의 설치 등에 관한 법률 제38조에 따른 검사대상기관을 말한다.

978) 예컨대, 등록신청인이 집합투자업자인 경우 자기자본이 최소영업자본액(필요유지자기자본+고객자산운용필요자본+고유자산운용필요자본) 이상이어야 한다.

아니어야 한다는 것이다.

법인을 신설하여 업무집행사원을 등록하고자 하는 경우에는 건전한 재무상태 요건과 사회적 신용요건은 실질적으로는 해당 사항이 없을 것이다.

6. 기타 실무적 요건

최초로 업무집행사원 등록을 신청하는 경우에는 기관전용사모집합투자기구의 설립이 무산되어 업무집행사원 등록만 유지되는 것을 방지하기 위한 목적으로, 금융감독원은 투자자들의 출자확약서(Letter of Commitment)를 등록신청 시점에 함께 제출하도록 하고 있다.

제3관 등록절차

등록신청인이 등록신청서를 금융위원회에 제출하면 금융위원회는 1개월 이내에 등록여부를 결정하여 그 결과와 이유를 지체 없이 문서로 등록신청인에게 통지하게 된다.[979] 등록신청서 흠결 시에는 금융위원회가 보완요구를 할 수 있다. 흠결 보완기간, 요건충족 여부를 확인하기 위하여 다른 기관 등으로부터 필요한 자료를 제공받는 데 걸리는 기간, 등록신청인을 상대로 등록검토에 중대한 영향을 미칠 수 있는 내용의 형사소송절차가 진행 중인 경우 그 소송절차가 끝날 때까지의 기간은 1개월의 등록검토 기간에 산입하지 아니한다(법 제249조의15 제2항 내지 제4항, 규칙 제24조의3).

금융위원회는 등록 여부 결정 시 다음과 같은 사유가 없으면 등록을 거부할 수 없다(법 제249조의15 제5항): ⓐ 등록요건 미구비, ⓑ 등록신청서 거짓작성, ⓒ 등록신청서 흠결 보완요구에 대한 미이행.

제4관 등록요건의 유지 및 등록사항 변경보고

1. 등록요건의 유지

금융위원회에 업무집행사원 등록을 한 자. 즉, 등록업무집행사원은 등록요건을 계속하여 충족하여야 한다(법 제249조의15 제6항).

등록 후에 등록유지요건을 갖추지 못한 경우(법 별표6 제15의4)에는 자본시장법 제249조의21 제3항에 따른 조치(업무집행사원 및 그 임직원에 대한 조치)의 대상이 되며, 나아가

979) 실무적으로 업무집행사원의 등록심사는 금융감독원에서 이루어진다. 최근에는 온라인으로 미팅신청을 하면 해당 날짜에 서류를 완비하여 금융감독원과 서류를 검토하는 미팅을 진행하게 되고, 특별한 이슈사항이 없다면 그때로부터 약 한 달 정도 이내에 등록이 완료되는 것이 일반적이다.

등록취소의 대상이 된다(법 제249조의15 제7항제2호).

2. 등록사항 변경보고

법 제249조의15 제1항에 따라 등록한 기관전용사모집합투자기구의 업무집행사원은 등록사항이 변경된 경우 대통령령으로 정하는 경미한 사항[980]을 제외하고는 그 날부터 2주일 이내에 금융위원회에 변경된 사항을 보고하여야 한다. 이 경우 금융위원회는 보고내용에 흠결이 있으면 보완을 요구할 수 있다(법 제249조의15 제8항).

제5관 등록의 취소

1. 직권 취소

업무집행사원이 다음과 같은 일정한 사유에 해당하는 경우에는 금융위원회는 그 등록을 취소할 수 있다(법 제249조의15 제7항, 영 제271조의21 제6항): ⓐ 거짓 기타 부정한 방법으로 등록한 경우, ⓑ 등록요건 유지의무를 위반한 경우, ⓒ 업무정지기간 중에 업무를 한 경우, ⓓ 금융위원회의 시정명령·중지명령을 이행하지 아니한 경우, ⓔ 법 제249조의21 제3항제1호 나목에 따른 직무정지 조치를 받은 날부터 1개월(직무정지의 조치를 하면서 1개월을 초과하는 보정기간을 정한 경우에는 그 기간) 이내에 해당 조건을 보정하지 아니한 경우, ⓕ 업무와 관련하여 부정한 방법으로 타인으로부터 금전등을 받거나 타인에게 줄 금전등을 취득한 경우, ⓖ 같거나 비슷한 위법행위를 계속하거나 반복하는 경우.

2. 신청에 의한 취소

업무집행사원은 운용 중인 기관전용사모집합투자기구가 없는 경우에 금융위원회가 정하여 고시하는 절차에 따라 등록의 취소를 신청할 수 있다(영 제271조의21 제8항).

제4절 업무집행사원의 권한

제1관 대내적 업무집행권

기관전용사모집합투자기구는 정관으로 무한책임사원 중 1인 이상을 업무집행사원으로 정하여야 하며, 그 업무집행사원이 기관전용사모집합투자기구의 업무를 집행할

---

980) 투자운용전문인력의 소속, 직위 및 담당업무를 말한다(영 제271조의21 제9항).

권리와 의무를 가진다(법 제249조의14 제1항).

업무집행사원을 2인 이상 선임한 경우에는 업무집행사원 각자가 업무를 집행할 수 있으나, 다른 업무집행사원이 이의를 제기한 때에는 그 행위를 중지하고 업무집행사원 과반수의 결의에 의하여 결정하여야 한다(상법 제201조·제269조). 업무집행사원을 2인 이상 선임한 경우에도 정관으로 수인의 사원을 공동업무집행사원으로 정한 때에는 그 전원의 동의로 업무집행을 해야 한다(상법 제202조·제269조). 실무적으로도 수인이 공동업무집행사원이 되는 경우 정관에 전원의 동의로 업무집행을 하도록 정하는 경우가 일반적이나, 상법 제269조 및 제202조가 강행규정은 아닌 만큼 정관에서 그와 달리 정하는 것도 가능할 것이다.

제2관 대외적 회사 대표권

정관으로 업무집행사원을 정하였을 때에는 대표권에 관한 정함이 없더라도 당연히 업무집행사원이 회사를 대표한다.

수인의 업무집행사원을 정한 경우에는 각자 대표가 원칙이지만 정관이나 총사원의 동의로 그중 특히 회사를 대표할 업무집행사원을 정할 수 있다(상법 제207조 본문·상법 제269조).

제3관 보수 수취권

기관전용사모집합투자기구는 정관에서 정하는 바에 따라 그 재산으로 업무집행사원에게 보수(운용실적에 따른 성과보수를 포함한다)를 지급할 수 있다(법 제249조의14 제11항). 일반사모집합투자기구의 경우와 달리 성과보수 수취와 관련하여 정관에 반드시 기재해야 할 사항을 법령에서 정하고 있지 않다는 점에서 차이가 있다.[981)]

실무적으로 업무집행사원은 출자약정액 또는 투자잔액을 기준으로 분기 등의 일정 기간 단위로 지급되는 '관리보수'와 기준수익율을 초과하여 발생한 수익의 일정 부분을 수취하는 '성과보수'의 두 가지 보수를 수취하는 것이 일반적이며, 이러한 내용은 정관 및 설립보고서에 기재된다.

제4관 손익 분배권

기관전용사모집합투자기구는 정관으로 업무집행사원에 대한 손익의 분배 또는

981) 일반사모집합투자기구의 경우 집합투자업자는 성과보수 수취와 관련하여 법령에서 정하는 일정한 사항을 반드시 집합투자규약에 기재하여야 한다(법 제86조, 영 제88조제2항).

손익의 순위 등에 관한 사항을 정할 수 있다(법 제249조의14 제3항). 이처럼 업무집행사원에 대한 '이익'과 '손실' 모두에 대해 분배와 순위등에 관한 사항을 정할 수 있으므로 업무집행사원이 유한책임사원에 비해 후순위로 이익을 분배받거나 손실을 우선적으로 부담하는 구조를 취할 수도 있다. 이러한 자유로운 분배구조가 기관전용사모집합투자기구의 가장 큰 장점 중 하나라고 할 수 있다.

관련하여, 업무집행사원은 법 제249조의14 제6항제2호에 따라 원금 또는 일정한 이익의 보장을 약속하는 등의 방법으로 사원이 될 것을 부당하게 권유하는 행위를 할 수 없으므로, 업무집행사원에 대한 손익 분배·순위가 이러한 부당권유행위에 해당하지 않도록 유의하여야 한다. 다만, 일반적으로 업무집행사원의 출자지분율이 매우 낮으므로 업무집행사원이 분배에서 후순위라는 이유만으로 해당 조항 위반이 문제되지는 않을 것이다.

제5절 업무집행사원의 영업행위규칙

제1관 선관주의의무, 충실의무

기관전용사모집합투자기구의 업무집행사원이 업무를 함에는 선량한 관리자의 주의를 기울여야 한다(상법 제269조·제195조, 민법 제707조·제681조).

기관전용사모집합투자기구의 업무집행사원은 법령과 정관에 따라 기관전용사모집합투자기구를 위하여 그 직무를 충실하게 수행하여야 한다(법 제249조의14 제5항).

제2관 불건전영업행위

1. 총설

자본시장법은 제249조의14 제6항 및 영 제271조의20 제4항에서 업무집행사원의 금지행위를 열거하여 규정하고 있는데 대부분이 충실의무의 구체적인 표현이라고 할 수 있는 내용들이다.

부당권유행위(법 제249조의14 제6항제2호), 기관전용사모집합투자기구의 소유자산 명세를 제삼자에게 제공하는 행위(법 제249조의14 제6항제3호)는 업무집행사원의 임직원에게도 적용되며(법 제249조의14 제6항 본문), 이 두 가지의 위반과 사원 전원의 동의가 없는 기관전용사모집합투자기구와의 거래행위 금지위반(법 제249조의14 제6항제1호) 시에는 형사처벌을 받을 수도 있다(법 제446조제47호).

기관전용사모집합투자기구의 업무집행사원이 자신이나 그 관계인의 이익을 위하여

펀드재산을 남용하는 행위(관계인거래 등)가 대표적인 충실의무 위반행위라고 할 수 있다. 자본시장법은 이러한 남용행위를 한 곳에서 통일적으로 규정하지 않고 두 개의 조문에서 분산하여 규정하고 있다. 즉, 업무집행사원과 기관전용사모집합투자기구 간의 거래는 법 제249조의14 제6항제1호에서, 그리고 업무집행사원의 이해관계인과 기관전용사모집합투자기구 간의 거래 등에 대해서는 법 제249조의16에서 규정하고 있다. 편의상 업무집행사원과 기관전용사모집합투자기구 간의 거래는 관계인거래 등에서 함께 보기로 한다.

2. 부당권유행위

업무집행사원 및 그 임직원은 원금 또는 일정한 이익의 보장을 약속하는 등의 방법으로 사원이 될 것을 부당하게 권유하는 행위를 하여서는 아니 된다(법 제249조의14 제6항제2호).[982)]

이익보장약속에 의한 부당권유의 주체는 업무집행사원이고 '이익보장 약속'의 주체 또한 특별한 사정이 없는 한 업무집행사원이라고 할 것이다. 하지만 구체적인 사정에 따라서는 업무집행사원이 아닌 자(유한책임사원등)가 다른 유한책임사원에게 '이익보장 약속'을 하더라도 업무집행사원이 부당권유행위를 한 것으로 평가받을 수도 있다는 사실에 유의하여야 한다.[983)] 실제 일부 투자자가 다른 투자자들에게 수익률을 보장하는 약정을 하였다는 점을 근거로 동규정 위반으로 종전의 경영참여형사모집합투자기구의 업무집행사원 및 그 임원이 금융감독당국으로부터 제재조치를 받은 사례가 있다.[984)]

---

982) 업무집행사원은 기관전용사모집합투자기구 지분을 판매하더라도 투자매매중개업자가 아니므로 투자매매중개업자에 적용되는 판매 관련 규제를 적용받지 않기 때문에 이러한 특례 규정이 필요하게 된다.

983) 종전 경영참여형사모집합투자기구 관련 판결에서 대법원은, "제삼자가 투자자에게 이익보장을 약속하는 것에 그치지 않고, 업무집행사원이 제삼자의 이익보장약속을 전제로 하여 투자자의 투자 내지 자금의 모집을 계획한 후, 실제로 이러한 제삼자의 이익보장을 적극적으로 이용하여 투자자에게 투자를 권유하고 나아가 제삼자와 투자자 사이의 이익보장약정 체결에 직접 관여함으로써 제삼자의 이익보장약속이 외형상 업무집행사원의 투자권유행위와 병행하여 그 권유행위의 일부로 이루어졌다고 평가할 수 있고, 그로 인하여 업무집행사원이 적극적으로 이용한 제삼자의 이익보장약속이 투자자가 업무집행사원의 권유를 받아들여 사원이 될 것인지의 투자판단에 직접적인 영향을 미쳐 실질적으로도 간접투자와 집합투자가 아니라 제삼자에 대한 자금대여를 권유한 것과 같은 결과에 이른다면, 이러한 업무집행사원의 행위는 확정적인 이익보장 아래 사원이 되도록 부당하게 권유하는 행위로서 자본시장법 제249조의14 제6항제2호의 규정을 위반한 행위에 해당한다"고 판시한 바 있다(대법원 2017. 12. 13. 선고 2017두31767 판결).

984) 2015. 6. PEF의 업무집행사원이 투자자에게 사모투자전문회사의 유한책임사원으로 참여할 것을 권유하면서 제3자를 통해 출자지분(300억원)에 대한 원리금 보장을 약속하고, 제3자로 하여금 연 6.5% 수익보장을 내용으로 하는 지분양수도계약을 체결하도록 한 사실에 대하여 감독당국이 제재를 한 바 있다.

한편, 기관전용사모집합투자기구 설립 이후 운용단계에서 손실이 발생하여 업무집행사원이 사후적으로 손실을 보전해 주는 경우도 가정해 볼 수 있는데, 위 법규정에 명시적으로 위반되는 행위는 아니지만 관련 규제의 잠탈 가능성, 집합투자의 본질 등을 고려할 때 위 규정 위반이 문제 될 수도 있다.

또한, 후순위사원 또는 전략적 투자자의 후순위투자 등을 통하여 기관전용사모집합투자기구의 유한책임사원들의 손실가능성을 최소화한 투자구조에 대해서도 동 규정과 관련하여 문제가 제기될 여지도 있다. 그러나 실질적으로 일정한 이익을 보장하는 경우를 제외하고, 투자구조상 원금손실의 가능성이 상당히 낮다는 이유만으로 동규정에 위반된다고 보기는 어려울 것이다.

아직까지 실무상 사례를 찾아보기는 쉽지 않지만, 기관전용사모집합투자기구가 투자매매중개업자에게 지분의 판매(실제로는 기관전용사모집합투자기구 지분의 투자권유)를 위탁한다면, 당해 투자매매중개업자는 기관전용사모집합투자기구 지분의 투자권유와 관련하여서는 자본시장법 제2편제4장에서 정하는 영업행위규칙을 준수하여야 할 것이다. 예컨대, 자본시장법 제49조에서 정하는 부당권유의 금지규정을 준수하여야 한다.

3. 소유자산명세 제삼자 제공행위

업무집행사원 및 그 임직원은 사원 전원의 동의 없이 사원의 일부 또는 제삼자의 이익을 위하여 기관전용사모집합투자기구가 소유한 자산의 명세를 사원이 아닌 자에게 제공하는 행위를 하여서는 아니 된다(법 제249조의14 제6항제3호). 사원 전원의 이익을 위하여, 예컨대 소유자산의 매각을 위하여 매수희망자에게 실사자료로 제공하는 등의 경우에는 사원 전원의 동의는 필요 없을 것이다.

4. 정관 위반 운용행위

업무집행사원은 정관을 위반하여 기관전용사모집합투자기구의 집합투자재산을 운용하는 행위를 하여서는 아니 된다(영 제271조의20 제4항제1호).

5. 불공정조건 거래행위

업무집행사원은 기관전용사모집합투자기구의 집합투자재산을 운용할 때 정당한 이유 없이 일반적인 거래조건을 벗어나는 불공정한 조건으로 거래하는 행위를 하여서는 아니 된다(영 제271조의20 제4항제2호).

6. 정보 이용행위

업무집행사원은 기관전용사모집합투자기구의 집합투자재산에 관한 정보를 업무집행사원의 고유재산 운용에 이용하는 행위를 하여서는 아니 된다(영 제271조의20 제4항제3호). 업무집행사원이 기관전용사모집합투자기구를 통하여 투자한 투자대상기업에 고유재산으로 투자등의 거래행위를 하는 경우 본 조항에 위반될 가능성이 있음을 유의하여야 한다.

7. 자기 또는 제삼자 이익도모행위

업무집행사원은 특정 기관전용사모집합투자기구나 투자목적회사의 이익을 해치면서 자기 또는 제삼자의 이익을 도모하는 행위를 하여서는 아니 된다(영 제271조의20 제4항제4호).

8. 규제회피 행위

업무집행사원은 자본시장법 제249조의11부터 제249조의18까지의 규정[985]에 따른 금지나 제한을 회피할 목적으로 하는 행위로서 장외파생상품거래·신탁계약·연계거래 등을 이용하는 행위를 하여서는 아니 된다(영 제271조의20 제4항제5호).

9. 특정업무 위탁행위

업무집행사원은 다음 어느 하나에 해당하는 업무를 제3자에게 위탁하는 행위를 하여서는 아니 된다(영 제271조의20 제4항제6호, 규정 제7-41조의13 제9항).[986]

ⓐ 투자대상기업의 선정이나 투자목적회사의 설립 또는 선정 업무,

ⓑ 투자대상기업이나 투자목적회사의 지분증권을 매매하는 경우에는 그 가격·시기·방법 등을 결정하는 업무,

ⓒ 기관전용사모집합투자기구 집합투자재산이나 투자목적회사재산에 속하는 지분증권에 대한 의결권의 행사업무,

---

985) 법 제249조의11〔사원 및 출자(유한책임사원의 업무집행사원 업무 관여 금지등)〕, 법 제249조의12〔운용방법(경영참여목적 투자)〕, 법 제249조의13〔투자목적회사(차입한도 규제등)〕, 법 제249조의14(불건전영업행위등), 법 제249조의15(업무집행사원 등록), 법 제249조의16(이해관계인과의 거래제한 등), 법 제249조의17(지분양도 등), 법 제249조의18(상호출자제한기업집단 계열 PEF 등에 대한 제한).

986) 미국의 경우 업무집행사원(GP)이 사모펀드에 자금을 출자하여 성과보수를 받는 역할만 하고, 사모펀드의 실제 운용은 GP 산하의 별도의 운용사(management company)가 관리보수만 받고 수행하도록 하는 구조를 취하는 경우도 있다.

ⓓ 증권, 장내·장외 파생상품, 부동산 등 자산을 매매하는 경우 그 가격·시기·방법 등의 결정업무,
ⓔ 투자대상기업 또는 투자목적회사에 파견 또는 선임할 임원의 선정업무.

업무집행사원의 업무위탁 금지의 범위는 유한책임사원의 업무집행관여 금지의 범위와 동일한데, 해당 업무는 업무집행사원의 본질적 업무에 해당하여 제삼자로 하여금 수행하지 못하게 한다는 의미로 이해할 수 있다. 따라서 위탁의 의미를 엄격히 해석할 필요는 없고, 사실상 당해 업무를 제삼자가 수행한다고 볼 수 있다면, 즉, 당해 업무에 관한 의사결정 권한이 업무집행사원이 아닌 제삼자에게 있다고 인정된다면 동조항에 위반하여 위탁이 있었다고 보아야 할 것이다. 실무적으로는 유한책임사원 이외에도 투자대상회사의 대주주 또는 전략적 투자자와의 계약에 따라 다양하게 기관전용사모집합투자기구와의 역할 분담이 이루어지는데, 그 과정에서 업무위탁 금지 규정이 문제 될 수 있다. 또한, 업무집행사원의 실질적인 의사결정기구라 할 수 있는 투자심의위원회에 업무집행사원 소속 임직원이 아닌 외부인이 참여하게 되는 경우 본 조항 위반이 문제 될 수 있다.[987)]

10. 운용담당 직원과 집행담당 직원의 미분리

업무집행사원은 기관전용사모집합투자기구의 집합투자재산의 운용을 담당하는 직원과 해당 운용에 관한 의사를 집행하는 직원을 구분하여야 한다(영 제271조의20 제4항 제7호 본문). 다만, 다음 중 어느 하나에 해당하는 경우는 운용담당 직원과 집행담당 직원을 구분하지 않아도 된다(영 제271조의20 제4항제7호 단서, 규정 제7-41조의13 제10항).
ⓐ 법 제249조의7 제5항 각 호의 방법으로 집합투자재산을 운용하는 경우,
ⓑ 기관전용사모집합투자기구별로 계좌를 개설하고 계좌별로 이루어지는 매매거래의 경우,
ⓒ 장내파생상품거래의 경우,
ⓓ 거래소 증권시장업무규정에서 정하는 프로그램매매에 해당하는 경우.

11. 비자격자의 운용행위

업무집행사원은 투자운용전문인력이 아닌 자로 하여금 기관전용사모집합투자기구의 운용업무를 하도록 하여서는 아니 된다(영 제271조의20 제4항제8호).

---

987) 다만, 보다 직접적으로 문제 되는 것은 투자운용전문인력으로 등록되지 않은 외부인이 운용을 담당하게 된다는 점일 것이다(영 제271조의20 제4항제8호).

12. 일반사모집합투자기구가 설립·투자한 투자목적회사에 대한 투자

업무집행사원은 기관전용사모집합투자기구의 집합투자재산을 일반사모집합투자기구가 설립 또는 투자한 투자목적회사(해당 투자목적회사가 설립 또는 투자한 투자목적회사도 포함한다)의 증권에 투자하여서는 아니 된다(규정 제7-41조의14 제11항).

제3관 행위준칙 제정

기관전용사모집합투자기구는 업무집행사원이 준수하여야 할 구체적인 행위준칙을 제정하여야 하며, 행위준칙을 제정·변경하는 경우에는 지체 없이 이를 금융위원회에 보고하여야 한다.[988] 이 경우 금융위원회는 보고받은 행위준칙이 법령을 위반하거나 사원의 이익을 해칠 우려가 있는 때에는 그 내용을 변경하거나 보완할 것을 명할 수 있다(법 제249조의14 제7항). 행위준칙을 제정하지 아니한 자 또는 보고를 하지 아니하거나 거짓으로 보고를 한 자는 과태료 부과의 대상이 된다(법 제449조제3항제10호).

행위준칙에는 업무집행사원의 충실의무 및 금지행위(법 제249조의14 제5항·제6항)에 관한 사항이 포함되어야 한다.

업무집행사원의 행위준칙은 기관전용사모집합투자기구 설립보고 시 필수첨부서류이다(규정 제7-41의8 제2항제1호).

제4관 정보제공 및 설명

업무집행사원은 6개월마다 1회 이상 기관전용사모집합투자기구 및 기관전용사모집합투자기구가 출자한 투자목적회사의 재무제표 등을 사원에게 제공하고 그 운영 및 재산에 관한 사항을 설명하여야 하며, 그 제공 및 설명사실에 관한 내용을 기록하고 유지하여야 한다(법 제249조의14 제8항, 영 제271조의20 제5항).

(사모투자설명서) 자본시장법은 업무집행사원이 투자자에게 기관전용사모집합투자기구 투자참여를 권유하는 단계에서의 정보제공에 대해서는 명시적인 규정을 두고 있지 않다.

하지만, 종전 PEF 관련 판례의 입장에 비추어 보면, 기관전용사모집합투자기구 설립·운용자인 업무집행사원은 기관전용사모집합투자기구의 투자대상과 투자방법 및 투자회수구조 등의 중요한 사항에 대하여 정확한 정보를 생산하여 이를 기관전용

988) 행위준칙의 제정 및 보고의 주체가 업무집행사원이 아니라 기관전용사모집합투자기구라는 사실에 유의할 필요가 있다.

사모집합투자기구의 유한책임사원으로 투자에 참여하려는 투자자들에게 제공할 의무가 있고, 이러한 의무를 위반한 경우에는 손해배상책임을 지게 된다는 사실에 유의할 필요가 있다. 기관전용사모집합투자기구의 업무집행사원은 기관전용사모집합투자기구를 설립하고 무한책임사원 겸 업무집행사원이 되어 투자자들에게 유한책임사원으로 출자하여 투자에 참여하도록 권유하는 자이므로, 투자자들이 기관전용사모집합투자기구에 참여하는데 직접적인 이해관계가 있을 뿐 아니라 기관전용사모집합투자기구를 통한 투자에 관하여 제1차적으로 정보를 생산하고 이를 제공하는 지위에 있기 때문이다.[989]

따라서 기관전용사모집합투자기구는 투자자를 모집할 때 당해 기관전용사모집합투자기구에 관한 중요사항을 포함한 '사모투자설명서'(private placement memorandum)를 작성하여 제공할 필요가 있다.

제6절 업무집행사원에 대한 보고, 감독, 검사 및 조치

제1관 보고

업무집행사원(금융회사지배구조법 제2조제1호에 따른 금융회사는 제외)은 각 사업연도의 재무제표를 작성하여 매사업연도 경과 후 45일 이내에 금융위원회에 제출하여야 한다(법 제249조의15 제9항, 영 제271조의21 제10항).

제2관 감독

금융위원회는 금융시장의 안정 또는 건전한 거래질서를 위하여 필요한 경우에는 기관전용사모집합투자기구의 업무집행사원에 대하여 기관전용사모집합투자기구의 운용에 관하여 필요한 조치를 명할 수 있다(법 제249조의14 제12항).

제3관 검사

기관전용사모집합투자기구의 업무집행사원은 금융투자업자가 아니므로 금융

989) 대법원 2016. 10. 27. 선고 2015다216796 판결. 이 판결에 따르면 업무집행사원이 이러한 투자자에 대한 정보제공의무를 위반하여 투자자들의 투자판단에 영향을 주고 그로 말미암아 투자자들에게 손해가 발생하였다면 주의의무를 위반함으로 인한 불법행위책임을 진다. 나아가 이 판결의 논리에 따르면 이러한 책임은 기관전용사모집합투자기구 설립 당시에 유한책임사원으로 참여한 투자자는 물론이고 기존의 유한책임사원으로부터 그 기관전용사모집합투자기구 지분을 양수받은 투자자에 대해서도 지게 될 것이다.

투자업자에게 적용되는 자본시장법상 검사 및 조치에 관한 규정(법 제419조·제420조)이 적용되지 않는다.

이에 따라 자본시장법은 기관전용사모집합투자기구의 업무집행사원에 대한 검사 근거 규정을 별도로 두고 있다. 즉, 금융감독원장은 금융시장의 안정 또는 건전한 거래질서를 위하여 필요한 경우에는 기관전용사모집합투자기구의 업무와 재산에 관하여 기관전용사모집합투자기구 및 그 업무집행사원을 검사할 수 있으며, 이 경우 법 제419조제5항부터 제7항까지 및 제9항을 준용한다(법 제249조의14 제13항).[990]

금융투자업자에 대한 검사는 금융감독원장이 재량으로 그 실시여부를 결정하지만 기관전용사모집합투자기구의 업무집행사원에 대한 검사는 '금융시장의 안정 또는 건전한 거래질서를 위하여 필요한 경우'에 한하여 실시할 수 있다. 하지만 이러한 요건에 해당하여 일단 검사를 실시하게 되면 검사의 방법과 절차등은 금융투자업자에 대한 검사와 동일하다. 즉, 금융감독원장은 검사를 함에 있어 필요하다고 인정하는 경우에는 업무집행사원에게 기관전용사모집합투자기구의 업무 또는 재산에 관한 보고, 자료제출, 증인출석, 증언 및 의견 진술을 요구할 수 있다.

(조사) 금융위원회[991]는 자본시장법 제426조(보고 및 조사)에 따라 자본시장법 또는 동법에 따른 명령이나 처분을 위반한 사항이 있거나 투자자보호 또는 건전한 거래질서를 위하여 필요하다고 인정되는 경우에는 위반행위 혐의자 기타 관계자에게 참고가 될 보고 또는 자료제출을 명하거나 금융감독원장에게 장부·서류 기타 물건을 조사하게 할 수 있다.

제4관 조치

1. 조치사유

금융위원회는 기관전용사모집합투자기구의 업무집행사원이 다음과 같은 일정한 조치사유[법 제249조의21 제1항 각 호(제4호 제외), 법 별표6 각 호]에 해당하는 경우에는 당해 업무집행사원과 그 임직원에 대하여 일정한 조치를 할 수 있다(법 제249조의21 제3항).

990) 종전에는 경영참여형사모집합투자기구 업무집행사원에 대한 직접적인 검사근거규정은 없었고, 경영참여형사모집합투자기구 자체에 대한 검사근거규정도 별도의 독립된 규정은 없었고 투자회사등에 대한 검사규정(법 제252조제2항)이 적용되었었다.

991) 자본시장법 제172조(내부자의 단기매매차익 반환)부터 제174조(미공개중요정보 이용행위 금지)까지, 제176조(시세조종행위등의 금지), 제178조(부정거래행위등의 금지), 제178조의2(시장질서교란행위의 금지), 제180조(공매도의 제한) 및 제180조의2부터 제180조의6까지의 규정을 위반한 사항인 경우에는 증권선물위원회를 말한다.

1) 자본시장법 제249조의21 제1항제1호·제2호·제3호·제5호·제6호·제7호의 어느 하나에 해당하는 경우

ⓐ 각종 보고를 하지 아니하거나(제1호), 거짓 기타 부정한 방법으로 보고·변경보고를 한 경우(제2호),
기관전용사모집합투자기구의 설립보고·변경보고(법 제249조의10 제4항·제6항), 업무집행사원의 특수관계인인 유한책임사원의 지분율이 30% 이상인 경우 관련 정보보고(법 제249조의11 제8항) 등을 하지 아니한 경우 여기에 해당된다.

ⓑ 기관전용사모집합투자기구가 자본시장법 제249조의10 제3항 각 호의 요건을 충족하지 못한 경우(제3호).
기관전용사모집합투자기구가 자본시장법에 따라 적법하게 설립되지 않았거나 그 정관이 법령을 위반하거나 투자자의 이익을 명백히 침해하는 경우 여기에 해당한다.

ⓒ 금융 관련 법령 중 대통령령이 정하는 법령(금융실명거래 및 비밀보장에 관한 법률, 형법, 특정경제범죄 가중처벌 등에 관한 법률)을 위반하여 사회적 신용을 훼손하는 경우(제5호).
영 제373조제3항 각 호의 어느 하나에 해당하는 경우를 말한다(영 제271조의26 제3항). 금융실명거래 및 비밀보장에 관한 법률 제4조제1항 본문을 위반하여 거래정보 등을 제공·누설하거나 요구한 경우 등이 여기에 해당한다.

ⓓ 기관전용사모집합투자기구가 위법행위의 시정명령이나 중지명령을 이행하지 않은 경우(제6호),

ⓔ 업무와 관련하여 부정한 방법으로 타인으로부터 금전등을 받거나 타인에게 줄 금전등을 취득한 경우(제7호, 영 제271조의26 제4항제1호),

ⓕ 기관전용사모집합투자기구가 업무정지의 조치를 받은 날부터 1개월(업무정지의 조치를 하면서 1개월을 초과하는 보정기간을 정한 경우는 그 기간) 이내에 해당 조건을 보정하지 않거나 업무정지의 기간 중에 업무를 한 경우(제7호, 영 제271조의26 제4항제2호),

ⓖ 자본시장법령 또는 관련 법령에 따라 기관전용사모집합투자기구가 준수하여야 하는 의무로서 같거나 비슷한 의무를 계속적·반복적으로 위반하는 경우(제7호, 영 제271조의26 제4항제3호),

ⓗ 금융위원회에 의해 기관전용사모집합투자기구의 등록이 강제로 취소된 경우(제7호, 영 제271조의26 제4항제4호).

2) 자본시장법 별표6 각 호의 어느 하나에 해당하는 경우

자본시장법 별표6(기관전용사모집합투자기구 및 그 업무집행사원에 대한 처분 사유)은 여러 유형의 처분사유를 열거하는 한편, 시행령에서 추가로 처분사유를 정할 수 있도록 하고 있다. 이에 따른 자본시장법시행령 별표10(기관전용사모집합투자기구 및 그 업무집행사원에 대한 처분 사유)에서는 다양한 유형의 처분사유를 열거하고 있다(별표21 제1호·제2호·제3호 포함, 영 제271조의26 제9항).

2. 조치의 종류

1) 업무집행사원에 대한 조치

업무집행사원이 위의 조치사유에 해당하는 경우 금융위원회는 다음과 같은 조치를 할 수 있다: ⓐ 해임요구, ⓑ 6개월 이내의 직무정지, ⓒ 기관경고, 기관주의, ⓓ 업무방법의 개선요구·개선권고, ⓔ 변상요구, ⓕ 자본시장법을 위반한 경우 고발·수사기관 통보, ⓖ 다른 법률을 위반한 경우 관련 기관이나 수사기관에의 통보, ⓗ 기타 금융위원회가 자본시장법령 기타 관련 법령에 따라 취할 수 있는 조치(법 제249조의21 제3항제1호, 영 제271조의26 제5항·제6항).

여기서의 해임요구는 당해 업무집행사원이 업무집행사원으로 되어 있는 기관전용사모집합투자기구(투자합자회사)에 대해 하는 것이다. 즉, 당해 투자합자회사로 하여금 문제의 업무집행사원을 업무집행사원에서 해임하라는 조치이다. 업무집행사원에서 해임되면 단순한 무한책임사원으로서의 지위를 가지게 된다.

여기서의 직무정지는 당해 업무집행사원으로 하여금 자신이 업무집행사원으로 되어 있는 기관전용사모집합투자기구의 업무집행사원으로서의 직무를 정지하는 것을 말한다.

2) 업무집행사원의 임원·직원에 대한 조치

금융위원회는 업무집행사원의 임직원에 대하여 조치를 하거나 이를 요구하는 경우 그 임직원에 대하여 관리·감독의 책임이 있는 임직원에 대해서도 조치를 하거나 이를 요구할 수 있다(법 제249조의21 제3항제2호·제3호, 영 제271조의26 제7항·제8항). 다만, 관리·감독의 책임이 있는 자가 그 임직원의 관리·감독에 상당한 주의를 다한 경우에는 조치를 감면할 수 있다(법 제422조제3항, 법 제249조의21 제4항). 임원에 대한 조치는 금융위원회가 직접 하지만, 직원에 대한 조치는 금융위원회가 당해 업무집행사원에게 해당 조치를 하도록 요구할 뿐이고 직접 조치하는 것이 아니다.

임원에 대한 조치는 다음과 같다: ⓐ 해임요구, ⓑ 6개월 이내의 직무정지, ⓒ 문책경고, ⓓ 주의적 경고, ⓔ 주의, ⓕ 자본시장법을 위반한 경우 고발·수사기관 통보, ⓖ 다른 법률을 위반한 경우 관련 기관이나 수사기관에의 통보, ⓗ 기타 금융위원회가 자본시장법령 기타 관련 법령에 따라 취할 수 있는 조치.

직원에 대한 조치요구 사항은 다음과 같다: ⓐ 면직, ⓑ 6개월 이내의 정직, ⓒ 감봉, ⓓ 견책, ⓔ 주의, ⓕ 경고, ⓖ 자본시장법을 위반한 경우 고발·수사기관 통보, ⓗ 다른 법 위반한 경우 관련 기관이나 수사기관에의 통보, ⓘ 기타 금융위원회가 자본시장법령 기타 관련 법령에 따라 취할 수 있는 조치.

제5관 청문 등

1. 청문

금융위원회는 기관전용사모집합투자기구의 업무집행사원의 임직원에 대한 해임요구 또는 면직요구 조치를 하고자 하는 경우에는 청문을 실시하여야 한다(법 제423조, 법 제249조의21 제4항). 청문의 절차에 대해서는 행정절차법이 적용된다.

2. 처분등의 기록 및 공시

금융위원회는 기관전용사모집합투자기구의 업무집행사원 또는 그 임직원에 대하여 자본시장법 제249조의21의 규정에 따라 처분 또는 조치를 한 경우에는 그 내용을 기록하고 이를 유지·관리하여야 한다. 금융위원회의 조치요구에 따라 업무집행사원이 그 임직원을 조치한 경우 및 퇴임(퇴직)자 조치통보의 경우도 그 내용을 기록하고 이를 유지·관리하여야 한다.

금융위원회는 기관전용사모집합투자기구의 업무집행사원에게 직무정지 등의 조치를 취한 경우 그 사실을 관보 및 인터넷 홈페이지 등에 공고하여야 한다. 조치대상인 임직원이 퇴임(임원) 또는 퇴직(직원)하여 조치를 하지 못한 경우에는 업무집행사원에게 그 조치내용을 통보하고, 업무집행사원은 이를 해당 퇴임(퇴직)한 임직원에게 통보하여야 한다. 업무집행사원 또는 그 임직원(임직원이었던 자 포함)은 처분 또는 조치 여부 및 그 내용을 조회할 수 있다(법 제424조, 법 제249조의21 제4항).

3. 이의신청

기관전용사모집합투자기구의 업무집행사원에 대한 직무정지 처분, 그 임원 및 감독자에 대한 직무정지등의 조치에 대하여 불복하는 자는 그 처분 또는 조치의 고지를 받은 날부터 30일 이내에 그 사유를 갖추어 금융위원회에 이의를 신청할 수 있다. 금융위원회는 이의신청에 대하여 부득이한 사정이 없는 한 60일 이내에 결정을 하여야 한다(법 제425조, 법 제249조의21 제4항).

이의신청과 별도로 금융위원회의 처분이나 조치가 위법·부당하다고 판단하는 경우에는 행정심판을 제기할 수 있다(금융위원회의 설치 등에 관한 법률 제70조).

제3장 기관전용사모집합투자기구의 설립

제1절 총설

제1관 기관전용사모집합투자기구 설립의 특징

기관전용사모집합투자기구가 아닌 투자합자회사(투자합자회사 형태의 공모집합투자기구 또는 일반사모집합투자기구)는 집합투자업자인 무한책임사원 1인과 유한책임사원 1인이 정관에 기명날인 또는 서명하여 설립하고(법 제213조제1항), 설립 후 그 합자회사의 사원이 되는 투자자는 정관에 기명날인하지 않아도 된다. 즉, 설립 시 정관에 기재하는 유한책임사원 외의 유한책임사원(투자자)에 관한 사항은 정관에 기재되지 않는다.

기관전용사모집합투자기구인 투자합자회사는 설립 시 정관에 총사원이 기명날인 또는 서명해야 하고(법 제249조의10 제1항), 사원의 성명·상호, 주민등록번호·사업자등록번호 및 주소가 정관의 기재사항이어서 설립 후 사원이 되는 투자자도 정관에 기명날인 또는 서명해야 하므로 원칙적으로 투자자가 추가될 때마다 정관변경이 요구된다. 기관전용사모집합투자기구는 설립단계에 모든 투자자가 정관에 날인하여 설립되는 것이 일반적이지만, 설립 후에 추가사원이 가입하는 경우도 드물지 않다.

기관전용사모집합투자기구는 상근 임원 또는 직원을 둘 수 없으며 본점 외의 영업소를 설치할 수 없다(법 제184조제7항, 제249조의20 제1항).

제2관 판매회사와의 판매계약 불필요

회사형집합투자기구(투자회사, 투자합자회사 등)는 집합투자증권을 판매하고자 하는 경우 투자매매업자와 판매계약을 체결하거나 투자중개업자와 판매위탁계약을 체결하여야 하며(법 제184조제5항), 이는 일반사모집합투자기구에도 적용된다(법 제249조의8 제1항). 일반사모집합투자기구의 경우 일반사모집합투자업자는 자신이 운용하는 일반사모집합투자기구의 집합투자증권을 투자매매중개업 인가를 받지 않고 직접판매할 수 있지만, 해당 회사형집합투자기구와 판매계약·위탁판매계약은 체결해야 한다.

기관전용사모집합투자기구의 경우는 회사형집합투자기구로 하여금 판매회사와 판매계약·판매위탁계약을 체결하도록 의무화하는 규정이 적용되지 않는다(법 제249조의20 제1항). 그리고 기관전용사모집합투자기구의 업무집행사원에게는 무인가 금융투자업 영위행위 금지에 관한 자본시장법 제11조가 적용되지 않으므로 투자매매·중개업 인가를 받지 않고도 합법적으로 기관전용사모집합투자기구의 지분을 판매·환매할 수 있다(법 제249조의14 제4항).

따라서 기관전용사모집합투자기구의 업무집행사원은 당해 기관전용사모집합투자기구(투자합자회사)와 판매계약·판매위탁계약을 체결하지 않고도 직접 그 지분을 판매(투자권유 포함)할 수 있다. 물론, 업무집행사원이 직접판매하지 않고 당해 기관전용사모집합투자기구가 투자매매중개업자와 판매·판매위탁계약을 체결하고, 당해 투자매매중개업자가 판매하는 것도 가능하나, 실무적으로는 그러한 사례는 찾아보기 어렵다.

제3관 기관전용사모집합투자기구 지분 판매·환매의 특징

1. 총설

자본시장법상 펀드제도에 있어서의 판매와 환매는 투자자가 판매회사를 통해 펀드지분(집합투자증권)을 매수하거나 매도하는 것으로서 이러한 매수 또는 매도에 다른 투자자의 동의를 요하지 않고 집합투자규약의 변경절차도 요하지 않는다. 이는 투자자가 펀드에 가입 또는 탈퇴하는 것이 집합투자증권의 매매만을 통해 이루어지는 것을 의미한다.

그런데 기관전용사모집합투자기구의 경우는 출자지분의 성격이 자본시장법상 투자합자회사보다는 상법상 합자회사의 출자지분에 더 가깝고, 설립에 있어서도 기관전용사모집합투자기구는 상법상의 합자회사와 마찬가지로 통상적으로 설립단계에서 투자자 모집이 종료된다. 이에 따라 기관전용사모집합투자기구의 지분의 판매와 환매는 아래에서 보는 바와 같이 공모집합투자기구나 일반사모집합투자기구와는 많이 다르다. 이런 점을 고려하면 사실 기관전용사모집합투자기구의 경우는 그 지분의 판매와 환매라는 용어는 적합하지 않고 상법상의 합자회사와 마찬가지로 입사와 퇴사라는 용어를 사용하는 것이 오히려 실질에 부합하는 측면이 있다.

2. 판매 관련 특징

기관전용사모집합투자기구의 설립은 회사설립을 목적으로 하는 설립자(사원이 될 자)

들의 설립행위의 이행으로서 이루어지는데, 사원과 출자는 이들이 정관을 작성함으로써 확정된다. 기관전용사모집합투자기구가 설립된 후에 새로이 입사하는 경우에는 기관전용사모집합투자기구와 신규 사원 간의 입사계약이 필요하다.[992] 따라서 기관전용사모집합투자기구의 경우 판매회사가 본인 또는 대리인의 자격으로 기관전용사모집합투자기구 출자지분을 '판매'한다는 것은 적절하지 않다. 판매회사는 단지 기관전용사모집합투자기구 사원 가입을 '권유'하는 역할 정도만 할 수 있을 뿐이다. 이는 자본시장법상으로는 지분증권(투자합자회사의 지분·집합투자증권·금융투자상품)의 투자권유에 해당할 것이다.

(투자권유관련 규제) 투자매매·중개업자가 기관전용사모집합투자기구 지분을 투자권유하는 경우에는 금융소비자보호법 및 자본시장법상 투자권유 관련 규제(법 제49조 부당권유의 금지등)가 적용된다. 그런데 업무집행사원은 금융투자업자가 아니므로 기관전용사모집합투자기구 지분을 투자권유하더라도 이러한 규제가 적용되지 않는다. 대신 자본시장법 제249조의14 제6항제2호의 부당권유행위금지규정(원금 또는 이익보장 등의 방법으로 부당하게 권유하는 행위)이 적용된다. 그 결과 투자권유의 주체가 누군지에 따라 관련 법규의 적용 여부가 달라지게 되는 데 이러한 결론은 불합리하다. 다만, 자본시장법상의 부당권유 규제의 적용 여부와 별개로 업무집행사원이 투자를 권유함에 있어 기관전용사모집합투자기구의 유한책임사원으로 참여하려는 투자자에게 부정확한 정보를 제공한 경우에는 민법상 불법행위에 따른 손해배상책임을 지게 된다.[993]

---

992) 실무적으로는 기관전용사모집합투자기구 설립 후 가입하는 사원의 경우 새로운 사원 가입에 따른 정관변경절차를 거치게 되고, 이때 정관에 날인함으로써 입사계약에 갈음한다고 할 수 있다.

993) 대법원은 구 간접투자자산운용업법에 따른 사모투자전문회사와 관련한 판결에서 "미리 투자대상과 투자방법 및 투자회수구조 등을 결정한 다음 투자를 위하여 구 간접투자자산운용업법(2009.2.4. 시행된 법률 제8635호 자본시장과 금융투자업에 관한 법률 부칙 제2조로 폐지)에 따른 사모투자전문회사를 설립하고 무한책임사원 겸 업무집행사원이 되어 투자자들에게 유한책임사원으로서 출자하여 투자에 참여하도록 권유하는 자(이하 '사모투자전문회사의 설립·운용자'라고 한다)는 투자자들이 사모투자전문회사에 투자 참여하는 데 대하여 직접적인 이해관계가 있을 뿐 아니라 사모투자전문회사를 통한 투자에 관하여 1차적으로 정보를 생산하고 이를 제공하는 지위에 있다. 사모투자전문회사의 설립·운용자는 사모투자전문회사의 투자대상과 투자방법 및 투자회수구조 등의 중요한 사항에 대하여 정확한 정보를 생산하여 이를 사모투자전문회사의 유한책임사원으로 참여하려는 투자자들에게 제공할 의무가 있고, 사모투자전문회사의 설립·운용자가 이러한 의무를 위반하여 투자자들의 투자판단에 영향을 주고 그로 말미암아 투자자들에게 손해가 발생하였다면 주의의무를 위반함으로 인한 불법행위책임을 진다. 그리고 사모투자전문회사의 설립·운용자가 제공한 부정확한 정보로 인하여 투자자가 투자판단에 영향을 받아 손해를 입은 이상, 사모투자전문회사의 설립 당시에 유한책임사원으로 참여한 경우는 물론이고 기존의 유한책임사원에게서 사모투자전문회사의 지분을 양수한 경우에도 마찬가지로 사모투자전문회사의 설립·운용자에 대하여 불법행위책임을 물을 수 있다"고 하여 부정확한 정보의 제공과 관련하여 업무집행사원의 민법상

3. 환매 관련 특징

기관전용사모집합투자기구 지분의 이러한 특성 때문에 그 지분의 환매도 다른 집합투자기구(공모집합투자기구, 일반사모집합투자기구)에서의 환매와 그 의미가 다를 수밖에 없다. 공모 또는 일반사모집합투자기구의 경우는 당해 집합투자기구의 법적 형태가 무엇인지와 관계 없이 환매를 원하는 투자자는 다른 투자자의 동의를 얻을 필요 없이 판매회사에게 환매청구만 하면 된다. 하지만 기관전용사모집합투자기구의 경우는 총사원의 동의를 얻어야 하고 정관변경의 절차를 거쳐야 한다.[994]

제2절 설립요건

기관전용사모집합투자기구는 설립 시 다음의 요건을 모두 갖추어야 한다(법 제249조의10 제3항).

첫째, 자본시장법에 따라 적법하게 설립되어야 한다.

둘째, 그 정관이 법령을 위반하거나 투자자의 이익을 명백하게 침해하지 아니하여야 한다.

제3절 정관의 작성

제1관 총설

기관전용사모집합투자기구의 정관은 작성 후 총사원이 기명날인 또는 서명하여야

불법행위책임을 인정하고 있다(대법원 2016. 10. 27. 선고 2015다216796 판결). 이러한 경우의 손해액과 관련하여, 대법원은 "특정투자를 목적으로 사모투자전문회사를 설립하여 무한책임사원 겸 업무집행사원이 된 자(이하 '사모투자전문회사의 설립·운용자'라 한다)가 투자자들에게 투자참여를 권유하는 과정에서 계획된 투자대상 및 투자방법과 투자회수구조에 관하여 정확한 정보를 제공할 의무를 위반함으로 말미암아 사모투자전문회사의 유한책임사원으로 투자에 참여한 투자자가 입은 손해액은 사모투자전문회사의 지분을 취득하기 위하여 지급한 금전총액에서 지분으로부터 회수하였거나 회수할 수 있는 금전의 총액을 뺀 금액(이하 '미회수금액'이라 한다)이므로, 사모투자전문회사의 설립·운용자가 위와 같은 주의의무를 위반함에 따른 투자자의 손해는 미회수금액의 발생이 확정된 시점에 현실적으로 발생하고, 그 시점이 투자자가 사모투자전문회사의 설립·운용자에게 갖는 손해배상청구권에 대한 지연손해금의 기산일이 된다"고 판시한 바 있다(대법원 2016. 9. 30. 선고 2015다19117, 19214 판결). 이 판결은 간접투자자산운용업법에 따른 사모투자전문회사(투자합자회사)에 관한 것이지만 자본시장법에 따른 종전의 경영참여형사모집합투자기구와 현재의 기관전용사모집합투자기구에도 통용될 수 있을 것이다.

994) 실무에서는 기관전용사모집합투자기구가 투자하는 자산은 유동성이 없는 경우가 대부분이고 그중 일부만을 중간에 처분하는 것도 어려운 경우가 많기 때문에 사원에게 환매청구권을 인정하지 않는 것이 일반적이다.

한다(법 제249조의10 제1항).

기관전용사모집합투자기구의 정관은 사원 간의 관계를 정하는 주된 문서이며, 특히 업무집행사원(GP)과 유한책임사원(LP) 간의 이해관계를 일치시키는 것(alignment of interests)[995]이 중요한 과제라고 할 수 있다. GP와 LP의 이해관계를 일치시키려면 GP의 운용 전문성은 최대한 보장하면서도 사익추구를 최소화할 수 있는 장치 마련이 필요한데, 예컨대 ⓐ GP로 하여금 펀드에 자금을 출자하도록 하는 것, ⓑ GP의 성과보수 수취를 LP의 우선 수익분배 후로 정하는 것, ⓒ GP 교체사유 및 절차를 엄격하게 정하는 것 등이 일반적으로 이용된다.

제2관 필수기재사항

자본시장법은 기관전용사모집합투자기구의 정관에 반드시 기재해야 할 사항을 규정하고 있다(법 제249조의10 제1항).

1. 목적

종전의 경영참여형사모집합투자기구는 '경영권 참여, 사업구조 또는 지배구조의 개선 등을 위하여 지분증권 등에 투자·운용하는 사모집합투자기구'로 정의되어 있었으므로(법 제9조제19호), 그 목적도 이러한 내용으로 제한되었다.

그러나 기관전용사모집합투자기구의 경우 그 집합투자재산의 운용에 관하여는 일반사모집합투자기구의 집합투자재산의 운용에 관한 조항인 법 제249조의7(제3항 및 제6항 제외)이 준용되어 투자대상과 투자방법에 제한이 없게 되었으므로, 그 목적은 해당 기관전용사모집합투자기구의 구체적인 투자전략에 맞게 기재되어야 할 것이다.

2. 상호

기관전용사모집합투자기구에도 상법상 회사의 상호에 관한 규정(상법 제19조)이 적용되므로 기관전용사모집합투자기구의 상호에는 회사의 종류를 의미하는 '합자회사'라는 문자를 포함하여야 한다. 일반적으로 "00사모투자합자회사"라는 상호를 사용하고 있다.

---

995) 참고로, PEF에서의 이해상충 위험 및 방지에 관한 자세한 내용은, IOSCO, Private Equity Conflicts of Interest Consultation Report(2009), 참조.

3. 소재지

기관전용사모집합투자기구의 본점 소재지를 제한하는 규정은 따로 없으므로, 실제 기관전용사모집합투자기구 운용을 담당하는 업무집행사원의 본점 소재지를 기관전용사모집합투자기구의 본점 소재지로 정하는 것이 일반적이다. 업무집행사원의 본점 소재지 외의 장소도 기관전용사모집합투자기구의 본점 소재지로 정할 수 있다.

4. 해산사유

해산사유는 자본시장법에서 정하는 해산사유(법 제202조제1항, 제216조제3항, 제249조의20) 외에 별도로 정관에서 해산사유를 정한 경우에 그 사유를 기재하면 된다.

5. 각 사원의 출자의 목적과 가격 또는 평가의 기준

사원의 출자의 목적은 원칙적으로 금전이어야 하고 예외적으로 객관적인 가치평가가 가능하고 사원의 이익을 해칠 우려가 없는 경우로서 다른 모든 사원의 동의가 있는 경우에 한해 증권으로 출자하는 것이 가능하다(법 제249조의11 제5항).[996] 따라서 사원의 출자의 목적이 증권인 경우에는 그 증권의 평가의 기준도 정관에 기재하여야 한다.

6. 기타

무한책임사원 또는 유한책임사원을 구분하여야 하며, 각 사원의 성명·주민등록번호(법인인 경우 상호 또는 명칭·사업자등록번호)·주소와 정관의 작성 연월일을 기재하여 총사원이 기명날인 또는 서명하여야 한다.

제3관 임의기재사항

1. 총설

기관전용사모집합투자기구의 정관에는 위의 필수기재사항이 아닌 사항도 법령을 위반하거나 투자자의 이익을 명백히 침해하지 않는 범위 내에서 기재할 수 있다(법

996) 감독당국은 이전에는 투자목적회사에 대해서만 현물출자를 인정하고 PEF에 대해서는 현물출자를 인정하지 않았으나, 2015.2. 유권해석을 통하여 비상장법인이 발행한 증권도 독립적인 평가기관의 평가를 거치는 경우 '객관적인 가치평가'가 가능하다고 볼 수 있을 것이므로 PEF에 직접 출자가 가능하다고 입장을 변경하였다[금융위원회, 'PEF 운영 관련 법령해석 안내'(2015.2.10.) 참조].

제249조의10 제3항제2호).

자본시장법은 다음과 같은 일정한 사항에 대해서는 기관전용사모집합투자기구의 정관에 정할 수 있다는 사실(즉, 임의기재사항이라는 사실)을 명시하고 있다: ⓐ 업무집행사원에 대한 보수(성과보수 포함) 지급에 관한 사항(법 제249조의14 제11항), ⓑ 업무집행사원에 대한 손익분배·손익순위 등에 관한 사항(법 제249조의14 제3항), ⓒ 무한책임사원의 지분양도에 관한 사항(법 제249조의17 제1항). 이 밖에도 실무에서는 존속기간,[997] 사원총회에 관한 사항, 의결권에 관한 사항 등을 정관에 기재하는 것이 일반적이다.

2. 업무집행사원에 대한 보수

기관전용사모집합투자기구 업무집행사원에 대한 보수체계는 투자목적·투자전략 등에 따라 다르다. 즉, 기관전용사모집합투자기구는 PEF, 헤지펀드, REF 등으로 조직·운영할 수 있으므로 이러한 펀드의 성격 등에 맞는 보수체계를 정하게 된다.

(글로벌 시장에서의 PEF 보수체계 관행) 펀드마다 다르지만 관리보수(annual management fee)와 성과보수(carried interest or incentive fee)로 구분하여 지급하는 것이 통상적인 관행이다.[998]

관리보수는 여러 가지 기준으로 정할 수 있으나 실무에서는, 투자기간(investment period) 동안에는 펀드 총출자약정금액(total capital commitments)의 일정비율로 하고, 투자물을 매도하거나 처분하는 회수기간(harvesting period) 동안에는 펀드 투자잔액(invested capital)의 일정비율로 정하여, 분기별로 미리 지급하는 것이 일반적이다.[999]

---

997) 종전에는 경영참여형사모집합투자기구의 존속기간을 설립등기일부터 15년 이내로 제한하고 있었다(2021년 개정 전 자본시장법 제249조의10 제1항제5호). 존속기간을 15년으로 한정함으로써 경영참여형사모집합투자기구가 무한히 존속되는 것을 방지하기 위한 것이다. 존속기간 15년은 미국의 사례에서 PEF의 존속기간이 10~12년인 것을 고려한 것으로 보인다(미국의 사례를 보면, 헤지펀드의 존속기간이 통상 20년 이상인 데 반해 PEF의 존속기간은 10~12년인 것이 일반적이다. 투자수익을 재투자하는 헤지펀드와 달리 투자수익을 투자자에게 분배하는 PEF의 특성을 반영하는 것이라고 할 수 있다).

998) 관리보수와 성과보수 외에 투자대상기업 인수과정에서 발생한 거래수수료(transaction fees)를 받거나 투자 후 모니터링 과정에서 피투자기업으로부터 수수료(monitoring or advisory fees)를 받는 경우도 있다.
미국에서의 PEF 운용자의 보수(fees and allocations)에 관한 자세한 내용은 다음 책자 참조: Stephanie Breslow 외 3인, Private Equity Funds(2014), §2:8 of chapter 2.; Thomas P. Lemke 외, Hedge Funds and Other Private Funds (2009-2010 Edition), p.291-p.293.

999) 이처럼 관리보수를 투자기간 종료 전과 종료 후로 구분하고, 특히 종료 후에는 투자잔액을 기준으로 보수를 산출하는 경우, 투자대상자산 중 일부를 매각하면 그만큼 업무집행사원에게 지급되는 관리보수가 줄어들게 된다.

성과보수는 일반적으로 실현된 수익을 기준으로 지급된다. 성과보수는 투자자들이 납입출자금 및 기준수익률(hurdle rate)[1000]에 해당하는 재산을 분배받은 후에 지급받는 방식(waterfall 방식)이 일반적이다.[1001] 성과보수의 산정방식도 펀드마다 다르지만 기준일까지 처분된 모든 투자물의 수익과 손실을 합하여 순수익을 산정하고 그에 기초하여 성과보수를 산정하는 것이 일반적이다(aggregation 방식). 이런 방식으로 산정하더라도 최종수익 산정 시 운용사에 대한 배분이 미리 정한 성과보수를 초과하거나 펀드 투자자들이 특정최저수익을 다 배분받지 못하는 경우가 발생할 수 있다. 이런 경우에는 펀드 투자자들이 초과지급된 성과보수를 환수(claw back)할 수 있는 권리를 가지고, 이러한 환수의 실효성을 담보하기 위한 장치[1002]도 함께 두는 것이 일반적이다.

3. 손익의 분배 및 순위

기관전용사모집합투자기구는 내부관계에 대해서는 상법상 합명회사 및 민법상 조합 규정이 준용되므로 사원 간 손익의 분배에 관한 사항을 정관에서 자유로이 정할 수 있다. 따라서 업무집행사원에 대한 손익분배·손익순위 등에 관한 사항을 정관에서 정할 수 있도록 하는 자본시장법 규정(법 제249조의14 제3항)은 확인적 의미를 가지는 것으로 보아야 할 것이다.

기관전용사모집합투자기구는 정관에서 업무집행사원을 포함한 사원 간의 손익의 분배 또는 손익의 순위에 대해서 정할 수 있지만, 그 내용이 업무집행사원이 원금보장 약속등의 방법으로 유한책임사원이 될 것을 부당하게 권유하는 행위에 해당하지 않도록 유의하여야 할 것이다(법 제249조의14 제6항제2호).

1000) 확정수익률(fixed rate of interest, 예: 8%), 시장수익률(market rate of interest, 예: LIBOR), 공인지수(recognized index) 등이 이용된다.

1001) 이를 구체적으로 보면, 해당 사원의 출자금에 이를 때까지 납입출자금 비율에 따라 재산을 분배하고, 해당 사원(투자자)이 기준수익률(예: 8%)에 이를 때까지 모든 수익을 우선 분배한 후(preferred returns), 업무집행사원이 이후 수익전부를 성과보수율(예: 20%)에 이를 때까지 받고(catch-up), 이후 초과수익의 일정비율을 투자자에게 분배하고 나머지 금액은 업무집행사원에게 성과보수(carried interest)로 분배하는 방식이다. 펀드에 따라 catch-up조항을 두지 않거나 제한적인 catch-up조항을 두는 경우도 있다.

1002) 외국에서는 성과보수 중 일정금액을 escrow 계좌에 예치하도록 하거나 PE회사(업무집행사원)나 그 운용인력이 연대보증하게 하는 등의 방법이 주로 이용되지만, 우리나라의 기관전용사모집합투자기구에서는 그러한 규정을 별도로 두는 경우는 드문 것으로 보인다.

제4절 사원의 자격 및 수

제1관 사원의 자격

1. 무한책임사원

무한책임사원이 되고자 하는 자에 대해서는 자본시장법상 자격제한이 없으며 투자금액 제한도 없다. 개인도 무한책임사원이 될 수 있다.[1003]

상법상 회사는 다른 회사의 무한책임사원이 되지 못하지만(상법 제173조),[1004] 기관전용사모집합투자기구에는 이 규정이 적용되지 않으므로 회사도 기관전용사모집합투자기구의 무한책임사원이 될 수 있다(법 제249조의20 제2항).

국가재정법상 기금관리주체[1005]는 자본시장법상 기관전용사모집합투자기구의 무한책임사원이 될 수 없다(국가재정법 제63조제3항).

기관전용사모집합투자기구의 업무집행사원은 사실상 법인만 가능하므로(법 제249조의15 제1항제1호 등), 업무집행사원이 되고자 하는 무한책임사원은 법인이어야 한다. 앞에서 본 바와 같이 업무집행사원이 되는 무한책임사원은 금융위원회에 일정한 등록요건을 갖추어 등록한 회사여야 한다.

실무상 업무집행사원이 아닌 무한책임사원은 특수한 경우를 제외하고는 그 예를 찾기가 어렵다.

2. 유한책임사원

자본시장법 제249조의11 제6항에서 정하는 일정한 자격을 갖춘 자(적격투자자)여야 한다. 즉, '전문투자자인 적격투자자'이거나 '기타 적격투자자'여야 한다.

기관전용사모집합투자기구가 투자하는 기업(투자대상기업)의 대주주도 당해 기관전용사모집합투자기구의 유한책임사원으로 참여할 수 있다.[1006]

1003) 다만, 개정 자본시장법상 개인은 외국인을 제외하고는 기관전용사모집합투자기구의 유한책임사원이 될 수 없으므로 실제 개인이 무한책임사원이 되는 경우는 거의 없을 것이다.

1004) 상법상으로도 유한책임회사의 경우는 법인도 업무집행자가 될 수 있다(상법 제287조의15). 법인이 업무집행자인 경우 그 법인은 해당 업무집행자의 직무를 행할 자를 선임하고 그자의 성명과 주소를 다른 사원에게 통지하여야 한다. 이렇게 선임된 직무수행자에 대하여는 상법 제287조의11(업무집행자와 유한책임회사 간의 거래) 및 상법 제287조의12(업무의 집행)가 준용된다.

1005) 각 중앙관서의 장과 법률에 따라 기금을 관리·운용하는 자(다만, 기금의 관리 또는 운용업무를 위탁받은 자를 제외)를 말한다(국가재정법 제8조제1항).

1006) 금융위원회, PEF 운영 관련 법령해석 안내(2015.2.10), 종전 경영참여형사모집합투자기구와 관련하여 투자대상기업의 대주주가 당해 PEF의 유한책임사원으로 참여하는 경우에는 업무집행사원의 업무관여 우려가 있어, 투자대상기업의 대주주는 전략적 투자자(SI)

업무집행사원의 대주주도 당해 기관전용사모집합투자기구의 유한책임사원으로 참여할 수 있으나, 다른 유한책임사원 간의 적절한 이해상충방지장치를 마련하여야 하고, 업무집행사원에 대한 업무관여금지 등 자본시장법령상의 행위규제를 준수하여야 한다.[1007]

1) 전문투자자인 적격투자자

전문투자자(법 제9조제5항) 중에서 영 제271조의14 제4항에서 정하는 다음의 자를 말한다(법 제249조의11 제6항제1호).[1008]

① 국가,

② 한국은행,

③ 주권상장법인[금융투자상품잔고 100억원(외부감사대상 주식회사는 50억원) 이상 요건을 갖추어 협회에 기관전용사모펀드 유한책임사원으로 등록한 유가증권시장상장법인 및 코스닥시장상장법인],[1009]

④ 금융기관등(영 제10조제2항제1호부터 제17호의 어느 하나에 해당하는 자),[1010]

⑤ 특수법인등(영 제10조제3항제1호부터 제14호까지의 어느 하나에 해당하는 자),[1011]

⑥ 사모집합투자기구(기관전용사모집합투자기구, 기관전용사모집합투자기구의 유한책임사원이 집합투자증권 전부를 보유하는 일반사모집합투자기구[1012]),

⑦ 특정 외국인(영 제10조제2항제1호부터 제17호까지의 기관에 준하는 외국금융기관,[1013] 외국정부,

로서 투자목적회사(SPC)에 참여할 수 있을 뿐이고 PEF의 유한책임사원으로 참여할 수 없다는 논의가 있었다.

1007) 금융감독원, 기존 PEF 핸드북, 186면.

1008) 전문투자자 중에서 ⓐ 집합투자기구(대부분의 일반사모집합투자기구, 공모집합투자기구), ⓑ 해외증권시장에 상장된 주권을 발행한 국내법인, ⓒ 일정금액 이상 금융투자상품잔고 등의 기준을 충족하는 법인·단체·개인은 전문투자자인 적격투자자의 범위에서 제외된다.

1009) 관련 자료 제출한 날의 전날의 금융투자상품잔고가 100억원(50억원) 이상인 기준을 충족하고 있음을 증명하는 자료를 금융위원회에 제출하여야 하며, 자료를 제출한 날로부터 2년이 지나지 않아야 한다.

1010) 은행, 한국산업은행, 중소기업은행, 한국수출입은행, 농협중앙회, 수협중앙회, 보험회사, 금융투자업자, 증권금융회사, 종합금융회사, 자금중개회사, 금융지주회사, 여신전문금융회사, 상호저축은행 및 그 중앙회, 산림조합중앙회, 새마을금고연합회, 신용협동조합중앙회.

1011) 예금보험공사 및 정리금융회사, 한국자산관리공사, 한국주택금융공사, 한국투자공사, 금융투자협회, 한국예탁결제원, 전자등록기관, 한국거래소, 금융감독원, 신용보증기금, 기술보증기금, 법률에 따라 설립된 기금 및 그 기금을 관리·운용하는 법인, 법률에 따라 공제사업을 경영하는 법인, 지방자치단체.

1012) 법 제249조의11 제6항 각 호의 요건(기관전용사모집합투자기구의 유한책임사원 자격)을 갖춘 자만을 대상으로 설정·설립된 일반사모집합투자기구를 말한다.

1013) 법 제249조의11 제6항제1호, 영 제271조의14 제4항에 의하면 영 제10조제3항에서 정하고 있는 전문투자자 중 제15호 내지 제17호에 해당하는 전문투자자(내국인)는 기관전용사모집합투자기구의 유한책임사원이 될 수 없는 것과 관련하여 외국인의 경우는 어떻게 보아야 할 지가 문제 되는데, 감독당국은 현재 실무적으로 외국인에 대해서만 특례를 인정할 수

조약에 따라 설립된 국제기구, 외국중앙은행, 외국특수법인등, 국내에 6개월 이상 주소·거소를 두지 아니한 외국인인 개인[1014]).

2) 기타 적격투자자

전문성 또는 위험감수능력을 갖춘 다음의 자(법 제249조의11 제6항제2호, 영 제271조의14 제5항, 규정 제7-41조의10)를 말한다. 일반사모집합투자기구의 경우 기타적격투자자에 대해 일정금액(3억원, 5억원) 이상을 투자할 것을 요구하는 최저투자금액요건이 있는 데 반해 기관전용사모집합투자기구의 경우는 이러한 요건은 없다.

① 기관전용사모집합투자기구의 업무집행사원과 관련된 다음의 자(그 업무집행사원이 운용하는 기관전용사모집합투자기구에 1억원 이상 투자하는 경우로 한정한다).

가. 기관전용사모집합투자기구의 업무집행사원의 임원이나 투자운용전문인력,

나. 기관전용사모집합투자기구의 업무집행사원의 모회사(상법 제342조의2 제1항에 따른 모회사[1015])를 말한다),[1016])

다. 기관전용사모집합투자기구의 업무집행사원의 임원이나 투자운용전문인력이 발행주식 또는 출자지분 전부를 보유하고 각각 1억원 이상을 출자한 법인 또는 단체.

② 기관전용사모집합투자기구의 유한책임사원이 출자지분 전부를 보유하는 신기술사업투자조합.[1017])

③ 금융회사등[1018])이 전체 출연금의 100분의 90 이상을 출연한 재단법인.

④ 최근 1년 이상 기간 동안 계속해서 금융상품 월말평균잔고 500억원 이상인 법인.[1019])

⑤ 내국인의 출자지분이 없는 외국법인(기관전용사모집합투자기구에 100억원 이상을 투자하는 경우로 한정한다).

없다는 입장을 취하고 있다.

1014) 내국인인 개인은 해당 기관전용사모펀드 업무집행사원의 임원·운용인력인 자만 유한책임사원이 될 수 있지만, 외국인인 개인은 법상으로는 국내에 6개월 이상 주소·거소를 두지 아니하고 전문투자자 등록을 하면 기관전용사모집합투자기구의 유한책임사원이 될 수 있다.

1015) 다른 회사의 발행주식의 총수의 100분의 50을 초과하는 주식을 가진 회사를 말한다.

1016) 주권상장 여부, 금융투자상품잔고 유무와 상관없이 업무집행사원의 모회사이면 된다.

1017) 법 제249조의11 제6항 각 호의 요건(기관전용사모집합투자기구의 유한책임사원 자격)을 갖춘 자를 대상으로 설립된 신기술사업투자조합을 말한다.

1018) 영 제10조제2항 각 호의 자, 영 제10조제3항제1호부터 제6호까지의 자, 영 제10조제3항 제6호의2, 제7호, 제8호, 제10호 또는 제11호의 자를 말한다.

1019) 금융투자상품 잔고기준 및 업무수행에 필요한 인적·물적 요건을 갖추고 있음을 증명하는 자료를 금융위원회에 제출하여야 하며, 자료를 제출한 날로부터 2년이 지나지 않아야 한다.

⑥ 그 밖에 다른 법률에 따라 설립된 기관 또는 단체로서 기관전용사모집합투자기구 투자에 필요한 전문성 및 위험관리능력을 갖추고 있다고 금융위원회가 인정하여 고시한 다음의 기관 또는 단체.

가. 벤처투자촉진법에 따른 벤처투자모태조합,

나. 한국해양진흥공사법에 따라 설립된 한국해양진흥공사.

다. 농림식품투자조합 결성 및 운용에 관한 법률에 따른 농림수산식품투자모태조합.

제2관 사원의 수

1. 유한책임사원의 수

기관전용사모집합투자기구의 사원은 1인 이상의 무한책임사원과 1인 이상의 유한책임사원으로 구성되어야 하므로(법 제249조의11 제1항), 유한책임사원은 최소한 1인 이상이어야 한다.

업무집행사원을 제외한 사원의 수가 1인인 경우에는 기관전용사모집합투자기구의 해산사유가 되므로(법 제202조제1항제7호, 제216조제3항, 제249조의20 제1항), 업무집행사원을 제외한 사원(유한책임사원, 업무집행사원이 아닌 무한책임사원)의 수가 2인 이상이어야 한다. 기관전용사모집합투자기구 최초 설립시점부터 업무집행사원을 제외한 사원의 수가 2인 이상일 필요는 없고 최초 설립일부터 1개월 이내에만 2인 이상이면 된다(법 제202조제1항제7호 단서, 영 제231조의2 제3호).

특정한 연기금 등의 경우는 1인만 투자자로 참여하더라도 집합투자로 보는 특례 규정이 있다(법 제6조제5항·제6항, 영 제6조제5항·제6항).[1020] 따라서 이러한 연기금 등이 유한책임사원으로 참여하는 경우에는 업무집행사원과 유한책임사원 1인으로 기관전용사모집합투자기구를 설립·운영하는 것이 가능하다.

2. 사원의 총수

사원의 총수는 100인 이하여야 한다(법 제249조의11 제1항). 사원의 총수 계산 시 전문투자자 중 대통령령에서 정하는 자[1021]는 계산에서 제외한다(법 제249조의11 제3항).

1020) 1인 투자자가 허용되는 '기금·공제회등'의 구체적인 범위는 제1편제4장제2절(집합투자의 정의) 참조.

1021) 다음의 자를 말한다(영 제271조의14 제1항).
ⓐ 영 제10조제1항 각 호의 어느 하나에 해당하는 자
ⓑ 영 제10조제3항제12호 또는 제13호에 해당하는 자 중 금융위원회가 정하여 고시하는 자

사원의 총수에는 업무집행사원도 포함된다.

사원의 총수 계산 시 다른 집합투자기구가 그 기관전용사모집합투자기구의 집합투자증권 발행총수의 100분의 10 이상을 취득하는 경우에는 그 다른 집합투자기구의 투자자의 수를 합하여 계산한다(법 제249조의11 제2항, 영 제271조의14 제1항 전단). 이 경우 그 기관전용사모집합투자기구를 운용하는 업무집행사원이 둘 이상의 다른 기관전용사모집합투자기구를 함께 운용하는 경우로서 해당 둘 이상의 기관전용사모집합투자기구가 그 기관전용사모집합투자기구의 집합투자증권 발행총수의 100분의 30 이상을 취득(여유자금의 효율적 운용을 위한 취득으로서 금융위원회가 정하여 고시하는 경우[1022]의 취득은 제외한다)하는 경우에는 그 기관전용사모집합투자기구의 집합투자증권 발행총수의 100분의 10 미만을 취득하는 경우를 포함한다(영 제271조의14 제1항 후단).

제5절 설립등기

기관전용사모집합투자기구는 정관의 필수기재사항 중 일부를 등기하여야 한다.[1023] 등기사항은 목적, 상호, 소재지, 해산사유, 무한책임사원의 상호·사업자등록번호·주소이다(법 제249조의10 제2항). 따라서 기관전용사모집합투자기구는 사원의 출자에 따른 출자금이 증가하여도 이를 등기할 필요가 없다.

유한책임사원에 관한 사항, 즉, 유한책임사원의 성명·주민번호(법인인 경우 상호·사업자등록번호)·출자목적·주소, 출자목적과 가격 또는 평가의 기준에 관한 사항은 정관의 필수기재사항이지만 등기사항은 아니며, 설립보고사항에서도 제외된다.

제6절 설립보고

제1관 총설

기관전용사모집합투자기구는 설립등기를 마친 후 금융위원회에 보고해야 하며, 보고한 사항이 변경된 경우에는 변경보고를 하여야 한다. 금융위원회는 설립보고 및 변경보고 내용에 흠결이 있는 경우에는 보완을 명할 수 있다(법 제249조의10 제5항).

1022) 규정 제1-4조제2항 각 호를 모두 충족하는 경우를 말한다(규정 제7-41조의9 제1항).

1023) 상사회사를 설립하여 등기하려면 납입한 주식금액 또는 출자금액의 0.4%에 해당하는 등록세를 납부해야 하는데, 본점 소재지가 대도시인 경우에는 해당 세율이 3배로 중과된다(지방세법 제28조제1항제6호 가목). 하지만 지방세제한특례법에서 PEF의 경우 등록세 3배 중과규정이 적용되지 않도록 특례를 두고 있다(동법 제180조의2 제2항제1호). PEF는 자본금이 등기사항이 아니어서 법령에서 정한 최저금액(112,500원)의 등록세를 납부하게 된다(지방세법 제1항제6호 가목).

설립보고(변경보고를 포함한다)를 하지 아니하거나 거짓으로 보고한 경우 당해 기관전용사모집합투자기구의 해산명령이나 그 업무집행사원에 대한 해임요구 등의 조치를 받을 수 있으며(법 제249조의21), 1년 이하의 징역 또는 3천만원 이하의 벌금에 처해질 수 있다(법 제446조제43호).

제2관 설립보고 기한

기관전용사모집합투자기구는 설립등기일부터 2주 이내에 금융위원회에 설립보고를 하여야 한다.

다만, 투자자보호 및 건전한 거래질서를 해칠 우려가 있는 다음과 같은 경우(법 제249조의7 제5항 각 호의 방법으로 집합투자재산을 운용하는 기관전용사모집합투자기구로 한정한다)에는 설립등기 후 지체 없이 보고하여야 한다(법 제249조의10 제4항, 영 제271조의13 제5항, 규정 제7-41조의9 제3항):

ⓐ 같은 상호출자제한기업집단에 속하는 계열회사가 출자한 지분의 합계가 기관전용사모집합투자기구 출자총액의 30% 이상인 경우,

ⓑ 상호출자제한기업집단의 계열회사가 업무집행사원인 경우,

ⓒ 업무집행사원의 특수관계인이 기관전용사모집합투자기구 출자총액의 30% 이상을 출자한 경우,

ⓓ 위의 ⓐ 내지 ⓒ에 해당하는 자가 집합투자재산이나 신탁재산에 금융위원회가 정하여 고시하는 금액 이상을 투자한 집합투자재산이나 신탁재산을 운용하는 집합투자업자(투자회사등)나 신탁업자가 사원으로 출자한 지분의 합계가 기관전용사모집합투자기구 출자총액의 30% 이상인 경우.

제3관 설립보고서 기재사항 및 첨부서류

1. 기재사항

기관전용사모집합투자기구 설립보고서에는 다음 사항을 기재하여야 한다(영 제271조의13 제1항, 규정 제7-41조의9 제1항):

ⓐ 자본시장법 제249조의10 제2항에 따른 등기사항,

ⓑ 업무집행사원에 관한 사항,

ⓒ 집합투자재산의 운용에 관한 사항,

ⓓ 종합금융투자사업자에 관한 사항(종합금융투자사업자로부터 전담중개업무를 제공받는 경우로 한정한다),

ⓔ 출자에 관한 사항,

ⓕ 업무집행사원의 보수에 관한 사항,

ⓖ 자본시장법시행령 제271조의19 제2항제2호의 자(소위 '전략적 투자자')가 기관전용사모집합투자기구가 설립한 투자목적회사의 주주 또는 사원인 경우 그 주주 또는 사원에 관한 사항,

ⓗ 법 제249조의7 제5항 각 호의 방법(경영참여투자방법)으로 집합투자재산을 운용하는 경우 그 사실,

ⓘ 집합투자재산을 규정 제7-41조의7 제10항제5호[1024] 또는 제6호[1025]에 따른 법인에 대한 투자로 운용하는 경우 그 사실.

2. 첨부서류

기관전용사모집합투자기구 설립보고서에는 다음 서류를 첨부하여야 한다(영 제271조의13 제2항, 규정 제7-41조의9 제2항):

ⓐ 정관. 다만, 각 사원의 출자목적과 가격 또는 평가의 기준, 사원의 성명·주민등록번호(법인의 경우 상호·사업자등록번호)·주소, 무한책임사원 또는 유한책임사원의 구분에 관한 사항은 제외한다.

ⓑ 업무집행사원에 관한 다음의 서류: 최근 사업연도말 재무제표, 대주주의 성명·주민등록번호(법인의 경우 상호·법인등록번호 또는 사업자등록번호)·소유주식수 등 대주주 내역,

ⓒ 기관전용사모집합투자기구 업무를 제삼자에게 위탁한 경우 그 제삼자와 체결한 업무위탁계약서의 사본. 다만, 해당 사업연도에 같은 내용의 업무위탁계약서 사본을 이미 첨부하여 제출하였으면 그 업무위탁계약서 사본으로 갈음할 수 있다.

기관전용사모집합투자기구재산의 보관·관리업무는 신탁업자에게 위탁하여야

1024) 민간투자법 제2조제1호에 따른 사회기반시설사업의 시행을 목적으로 설립된 법인으로서 다음 각 목의 요건을 모두 충족하는 법인
가. 그 법인이 영위하는 사회기반시설사업이 민간투자법을 제외한 별도의 근거법률에 근거한 사업일 것
나. 그 법인이 추진하는 사회기반시설사업에 대해 근거법률상 주무관청(공공기관 및 민간발주기관을 포함한다)의 인·허가, 등록, 신고 및 이와 유사한 행정절차를 두고 있을 것
다. 그 법인이 추진하는 사회기반시설사업에 대해 주무관청과의 실시협약(이와 유사한 것으로서 해당 사회기반시설사업에 관한 계약을 체결하거나 근거법률에 따라 해당 주무관청이 정한 규정·규칙을 준수하여 사회기반시설사업을 영위하는 경우를 포함한다)을 체결할 것

1025) 규정 제7-41조의7 제10항제5호와 유사한 법인으로서 금융감독원장의 확인을 받은 법인

하므로 재산보관위탁계약서 사본은 반드시 첨부하여야 한다.

ⓓ 업무집행사원의 행위준칙,

ⓔ 기관전용사모집합투자기구재산의 운용업무를 직접 담당할 임직원 내역 및 경력 증명서,

ⓕ 자본시장법시행령 제271조의19 제2항제2호의 자(소위 '전략적 투자자')가 기관전용사모집합투자기구가 설립한 투자목적회사의 주주 또는 사원인 경우 그 주주 또는 사원의 개황: 기업의 연혁·목적·영업실태, 대표자 및 임원에 관한 사항, 재무제표(연결재무제표를 작성하는 기업의 경우 연결재무제표 포함).

제7절 기관전용사모집합투자기구 설립 시 다른 법률에 따른 신고의무 등

제1관 금산법에 따른 출자 승인

2021년 자본시장법 개정 이전의 경영참여형사모집합투자기구(PEF)는 법상 다른 회사에 대한 경영참여투자가 의무화되어 있었기 때문에 그 업무집행사원이 금융회사인 경우에는 PEF 설립단계에서 금산법 제24조에 따른 출자승인을 받도록 되어 있었다.[1026]

2021년 자본시장법 개정으로 기관전용사모집합투자기구는 경영참여투자 외에도 다양한 방법으로 투자할 수 있다(즉, 소위 PEF 외에 헤지펀드, 부동산펀드 등으로도 설립·운용할 수 있다). 따라서 개정법 하에서는 기관전용사모집합투자기구가 정관에서 경영참여 방법으로 투자하는 것으로 되어 있는 경우로서, 그 업무집행사원이 금융회사에 해당하는 경우에는 미리 금산법 제24조에 따라 해당 기관전용사모집합투자기구인 투자합자회사에 대한 출자승인을 받아야 한다.

참고로, 금산법 제24조 위반행위의 사법상 효력에 대하여 법원은 효력규정이 아니라 단속규정이라고 판단하였다.[1027]

1026) 금융위원회의 "금산법 제24조 규제 운용 개선방안"(2010.9.1. 금융위원회 의결)에 따르면, 금융회사가 경영참여형사모집합투자기구의 ⓐ 유한책임사원으로 출자하는 경우에는 출자지분과 관계없이 금산법 제24조의 승인을 받지 않아도 되지만, ⓑ 업무집행사원으로 참여하는 경우에는 출자지분과 관계없이 금산법 제24조의 승인을 받아야 하므로, 업무집행사원은 PEF 출자지분이 5% 미만인 경우에도 미리 금융위원회로부터 출자승인을 받아야 한다. 이는 금산법상으로는 금융회사가 다른 회사에 최소 5% 이상의 출자를 하는 경우에 한해 미리 승인을 받도록 규정되어 있지만, 동규정의 입법취지가 금융회사를 이용한 다른 비금융회사의 지배를 방지하기 위한 것이라는 점에 비추어 볼 때 PEF의 업무집행사원은 보유지분과 관계없이 다른 회사의 경영권참여 결정 등에 있어 유일하게 의사결정을 행사하고 있는 점을 고려한 것이라고 한다.
이와 같은 금융위원회의 입장은 기관전용사모집합투자기구를 PEF로 조직·운용하는 경우에는 여전히 유효할 것으로 생각된다.

제2관 금융지주회사법에 따른 자회사등 편입신고

금융지주회사의 자회사등이 기관전용사모집합투자기구의 업무집행사원이 되는 경우 당해 기관전용사모집합투자기구는 금융지주회사의 자회사등이 되므로(금융지주회사법시행령 제2조제3항), 당해 금융지주회사는 해당 기관전용사모집합투자기구의 설립 등기일부터 30일 이내에 금융위원회에 자회사등 편입신고를 하여야 한다(금융지주회사법 제18조제1항, 동법시행령 제2조·제14조제2항).

금융지주회사법에 의한 자회사등 편입신고를 한 경우에는, 공정거래법에 따른 기업결합신고(동법 제12조제1항)와 금산법에 따른 출자승인(동법 제24조)이 면제된다(금융지주회사법 제18조제1항 단서 및 제5항).

기관전용사모집합투자기구가 금융지주회사의 자회사등으로 편입되더라도 해당 기관전용사모집합투자기구가 투자한 투자대상기업에 대해서는 금융지주회사법상의 지배관계의 성립이 배제되므로(금융지주회사법시행령 제2조제3항제3호), 투자대상기업은 금융지주회사의 자회사등으로 편입되지 않는다.

제3관 공정거래법에 따른 기업결합신고[1028] 등

1. 기업결합신고

기업결합신고 대상회사가 기관전용사모집합투자기구의 설립에 다른 회사와 공동으로 참여하여 최대출자자가 되는 경우에는 기업결합신고가 면제된다(공정거래법 제11조제3항제4호).[1029] 기관전용사모집합투자기구 설립 후 새로이 유한책임사원으로 합류하여 기관전용사모집합투자기구 지분을 20% 이상 취득하게 되는 경우에는 별도의 면제규정이 적용되지 않아 일반원칙에 따라 기업결합신고를 하여야 한다.

1027) 대법원 2003. 11. 27. 선고 2003다5337 판결. 동판결에서 금산법 제24조를 단속규정으로 본 논거는 ⓐ 동규정의 취지는 금융기관의 사기업 지배제한, 관련 시장에서의 경쟁보장, 금융기관의 부실화 예방을 통하여 자본충실화를 기하기 위한 것으로서, 위반행위의 효력까지 부인해야 할 정도로 현저히 반사회성·반도덕성을 지닌 것이라고 할 수 없고, ⓑ 위 규정을 효력규정으로 보아 위반행위를 일률적으로 무효라고 할 경우 주식거래의 안정성을 해칠 우려가 있고 금융기관 간의 건전한 경쟁촉진과 금융업무의 효율성 제고를 통한 금융산업의 균형있는 발전에 이바지한다는 입법취지에 반할 수 있다는 것이다.

1028) 기업결합신고제도는 일정규모 이상의 기업결합이 이루어지는 경우 공정거래위원회에 신고하여 그 경쟁제한성 여부, 즉, 독점이 우려되는지 여부를 심사받게 하는 제도이다.

1029) 2024년 2월 6일 공정거래법 개정으로 기관전용사모집합투자기구 설립에 대해서는 기업결합신고가 면제되었다.

2. 계열회사 편입

공정거래법상 2 이상의 회사가 동일한 기업집단에 속하는 경우 당해 회사는 서로 상대방의 계열회사가 된다(공정거래법 제2조제12호). 기관전용사모집합투자기구의 경우는 당해 기관전용사모집합투자기구는 그 업무집행사원의 계열회사로 편입된다는 것이 공정거래위원회의 입장이다. 따라서 기관전용사모집합투자기구가 투자한 회사도 업무집행사원의 계열회사로 편입되므로, 투자대상회사의 규모가 큰 경우에는 업무집행사원이 소속된 기업집단이 대규모기업집단[1030]으로 지정되어 공정거래법과 자본시장법의 여러 규제를 적용받는 일이 발생할 수 있다. 다만, 금융업 또는 보험업을 영위하는 회사가 동일인이거나 금융업 또는 보험업만을 영위하는 기업집단은 대규모기업집단에서 제외되므로(공정거래법시행령 제38조), 이에 해당하지 않는 경우에 대규모기업집단 지정 이슈가 문제 될 것이다.

제4관 조세특례제한법에 따른 동업기업 과세특례 적용신청

기관전용사모집합투자기구는 조세특례제한법시행령 제100조의16 제1항에 따라 설립일로부터 1개월 이내에 과세관청에 동업기업 과세특례의 적용신청을 할 수 있다.[1031] 따라서 동업기업과세특례의 적용신청을 한 기관전용사모집합투자기구는 법인세 납부의무가 없다(조세특례제한법 제100조의16 제1항).

1030) 공시대상기업집단(자산총액 5조원 이상) 및 상호출자제한기업집단(자산총액 10조원 이상)을 말한다.

1031) 동업기업과세특례제도란 조합·인적회사의 설립을 통한 공동사업 활성화를 세제 측면에서 지원하기 위한 제도로서 동업기업을 도관(pass-through entity)으로 보아 발생한 소득에 대하여 동업기업 단계에서는 과세하지 않고 동업자에게 귀속시켜 동업자 단계에서만 과세하게 된다. 동업기업과세특례제도의 적용대상은 민법에 따른 조합, 상법에 따른 합자조합·익명조합·합명회사·합자회사, 전문적 인적용역을 주로 제공하는 특별법에 따른 일부 조합·합명회사·유한회사 등이다. 자본시장법상의 집합투자기구(투자합자조합·투자익명조합·투자합자회사)는 적용대상에서 제외되지만, 기관전용사모집합투자기구(투자합자회사)만 유일하게 적용대상에 포함된다(조세특례제한법 제100조의15 제2호·제3호).

제4장 기관전용사모집합투자기구의 사원, 출자, 지분 등

제1절 총설

기관전용사모집합투자기구는 법 제249조의11 제6항에 해당하는 자만을 사원으로 하는 투자합자회사인 사모집합투자기구이다(법 제9조제19항제1호).

일반 투자합자회사는 자본시장법의 특례규정등을 통해 사실상 투자신탁이나 투자회사와 큰 차이가 없는 반면에 기관전용사모집합투자기구인 투자합자회사는 상법상 합자회사의 성격을 더 많이 유지하고 있다. 이에 따라 기관전용사모집합투자기구의 내부관계와 외부관계에는 상법규정이 적용되는 경우가 적지 않다.

제2절 유한책임사원의 지위

제1관 감시권 및 동의권

1. 총설

기관전용사모집합투자기구의 유한책임사원은 기관전용사모집합투자기구의 업무집행에는 관여할 수 없지만 사원으로서 일정한 권한을 가진다. 자본시장법 및 상법에서 명시적으로 인정하고 있는 유한책임사원의 권한은 업무집행사원의 재산운용에 대한 감시권 및 동의권이다.

(감시권) 감시권에 대해서는 상법[1032]과 자본시장법에서 중첩적으로 규정하고 있어 특별법적 관계에 있는 자본시장법 규정만이 적용된다.

1032) 상법상 합자회사의 유한책임사원은 영업연도말에 있어서 영업시간 내에 한하여 회사의 회계장부·재무상태표 기타 서류를 열람할 수 있고 회사의 업무와 재산상태를 검사할 수 있다(상법 제277조제1항). 다만, 중요한 사유가 있는 때에는 언제든지 법원의 허가를 얻어 열람과 검사를 할 수 있다(상법 제277조제2항).

자본시장법상 기관전용사모집합투자기구의 유한책임사원의 감시권에 대한 특례 규정(법 제249조의14 제9항·제10항)은 상법과 달리 기관전용사모집합투자기구 외에 기관전용사모집합투자기구가 출자한 SPC도 대상으로 하고 있으며, 장부서류 열람권과 업무등 검사권을 구분하여 요건을 달리 정하고 있다. 그리고 유한책임사원의 감시권과 관련하여 매6개월마다 1회 이상 업무집행사원으로 하여금 사원에게 기관전용사모집합투자기구 또는 기관전용사모집합투자기구가 출자한 투자목적회사의 재무제표등을 제공하고 그 운영 및 재산에 관한 사항을 설명하도록 규정하고 있다(자본시장법 제249조의14 제8항, 영 제271조의20 제5항). 이는 유한책임사원의 감시권이 실질적으로 기능할 수 있도록 해주는 장치라고 할 수 있다.

(동의권) 기관전용사모집합투자기구의 유한책임사원은 상법 및 자본시장법의 규정에 따라 일정한 동의권을 가진다. 이러한 동의권은 업무집행사원의 이해상충행위에 대한 것을 제외하고는 주로 사원의 교체 또는 제명, 조직·정관의 변경 등에 관한 것이다.

상법상 합자회사의 총사원의 동의를 얻도록 규정하고 있는 정관의 변경(상법 제204조)·회사의 해산(상법 제227조제2호)·회사의 합병(상법 제230조)과 사원 과반수의 결의를 요하는 사원의 제명선고의 청구(상법 제220조)의 경우 유한책임사원은 동의권을 가진다.

자본시장법에서 명시적으로 규정하고 있는 동의권으로는 금전 이외의 증권으로의 출자에 대한 동의권(법 제249조의11 제5항), 업무집행사원과의 거래 등 업무집행사원의 금지행위와 관련된 동의권(법 제249조의14 제6항제1호 및 제249조의16 제1항제3호, 영 제271조의22 제2항제2호 등), 무한책임사원의 지분양도에 대한 동의권(법 제249조의17 제1항)이 있다.

2. 장부서류 열람청구권

업무집행사원이 아닌 사원은 영업시간 내에 기관전용사모집합투자기구 또는 기관전용사모집합투자기구가 출자한 투자목적회사(SPC)의 재산에 관한 장부서류의 열람이나 등본 또는 초본의 교부를 청구할 수 있다(법 제249조의14 제9항).

상법은 장부서류의 열람을 원칙적으로 영업연도말에 한해 할 수 있도록 하면서 중요한 사유가 있으면 법원의 허가를 얻어 언제든지 열람할 수 있도록 하고 있는데 반해, 자본시장법은 중요한 사유 유무와 상관없이 언제든지 영업시간 내에 장부서류를 열람할 수 있도록 하고 있다.

3. 업무·재산상황에 대한 검사권

업무집행사원이 아닌 사원은 업무집행사원이 업무를 집행할 때 현저하게 부적합하거나 업무수행에 중대한 위반행위가 있는 경우에는 기관전용사모집합투자기구 또는 기관전용사모집합투자기구가 출자한 투자목적회사(SPC)의 업무와 재산상황을 검사할 수 있다(법 제249조의14 제10항).[1033)]

상법은 영업연도말에는 제한없이 업무·재산상태를 검사할 수 있도록 하고 중요한 사유가 있으면 언제든지 법원의 허가를 얻어 검사를 할 수 있도록 하고 있다. 이에 반해, 자본시장법은 영업연도말인지 여부와 관계없이 그리고 법원이나 금융위원회의 허가 없이도 업무집행사원의 업무수행이 현저하게 부적합하거나 중대한 위반행위가 있는 경우에는 검사할 수 있도록 하고 있다.

제2관 업무집행사원에 대한 권한상실선고 청구권

업무집행사원이 업무를 집행함에 있어 현저하게 부적임하거나 중대한 의무에 위반한 행위가 있는 때에는 법원은 사원의 청구에 의하여 업무집행권한의 상실을 선고할 수 있다(상법 제269조·제205조). 권한상실선고제도는 회사의 운영에 있어서 장애사유를 제거하는 데 목적이 있는 것이지 회사를 해산상태로 몰고 가자는 것이 아니므로 업무집행사원이 1인인 경우에는 업무집행사원의 권한상실선고가 허용되지 않는다(대법원 1977. 4. 26. 선고 75다1341 판결). 따라서 유한책임사원의 업무집행사원에 대한 권한상실선고 청구권은 업무집행사원이 2인 이상인 기관전용사모집합투자기구의 경우에 의미가 있다.

제3관 업무관여 금지

1. 총설

상법상 합자회사의 유한책임사원은 회사의 업무집행이나 대표행위를 하지 못한다(상법 제278조). 학설은 상법 제278조를 임의규정으로 보고 대표권을 제외한 업무집행권은 정관이나 내부규정으로 유한책임사원에게 부여할 수 있는 것으로 보는 것이 통설이며,[1034)]

1033) 종전 PEF의 경우에는 유한책임사원이 이러한 검사를 하려면 미리 금융위원회의 승인을 얻어야 했지만, 2021년 자본시장법 개정으로 금융위원회 승인없이 검사를 할 수 있게 되었다.

1034) 대표권은 외부관계에 관한 규정이어서 강행규정이지만, 업무집행은 내부관계에 불과하여 이에 관한 규정은 임의규정이므로 정관 또는 총사원의 동의로 유한책임사원도 업무집행권을 가질 수 있다는 것이 통설적인 해설이다.

판례도 동일한 입장이다.[1035]

하지만 자본시장법은 기관전용사모집합투자기구의 유한책임사원이 기관전용사모집합투자기구의 집합투자재산인 주식 또는 지분의 의결권 행사 및 대통령령으로 정하는 업무집행사원의 업무에 관여하는 것을 금지하는 명시적인 규정을 두고 있다(법 제249조의11 제4항). 자본시장법상의 기관전용사모집합투자기구는 집합투자를 위한 수단이고. 투자자가 집합투자재산의 운용에 관여하는 것은 집합투자의 본질에도 반한다는 점을 고려한 것이다.

자본시장법은 유한책임사원의 관여가 금지되는 업무에 대해서는 업무집행사원이 이를 제삼자(유한책임사원 포함)에게 위탁하는 것도 금지하고 있다(법 제249조의14 제6항제4호, 영 제271조의20 제4항제6호). 따라서 상법 제278조에 대한 학설과 판례의 입장에도 불구하고 자본시장법에서 유한책임사원이 관여하지 못하도록 명시하고 있는 업무집행사원의 업무는 정관이나 내부규정으로 유한책임사원에게 그 집행권을 부여하지 못할 뿐 아니라 이를 유한책임사원에게 위탁할 수 없으며, 나아가 유한책임사원의 관여도 금지된다고 보아야 할 것이다.[1036]

2. 업무관여가 금지되는 업무집행사원의 업무

대통령령 및 관련 감독규정에서 정하고 있는 유한책임사원의 관여가 금지되는 업무집행사원의 업무는 다음과 같다(영 제271조의14 제3항, 영 제271조의20 제4항제6호, 규정 제7-41조의13 제9항):

ⓐ 투자대상기업의 선정이나 투자목적회사의 설립 또는 선정업무,
ⓑ 투자대상기업이나 투자목적회사의 지분증권을 매매하는 경우에는 그 가격·시기·방법 등을 결정하는 업무,
ⓒ 기관전용사모집합투자기구의 집합투자재산이나 투자목적회사(SPC)의 재산에 속하는 지분증권에 대한 의결권의 행사업무,
ⓓ 증권·장내외파생상품 및 부동산 등 자산을 매매하는 경우 그 가격·시기·방법 등을 결정하는 업무,
ⓔ 투자대상기업 또는 투자목적회사에 파견 또는 선임할 임원의 선정업무.

1035) 대법원 1977. 4. 26. 선고 75다1341 판결.
1036) 유한책임사원이 기관전용사모집합투자기구의 업무집행이나 대표행위를 할 경우 업무집행사원으로 등록하지 않고 집합투자업을 영위하는 것에 해당하는지 여부도 문제 될 수 있다.

3. 관련 이슈

유한책임사원이 업무집행사원에게 업무와 관련하여 구체적인 업무지시를 하는 것이 업무관여에 해당한다는 것은 명확하지만, 실제 업무관여에 해당하는지에 대해 의문이 있는 경우가 적지 않으므로 이를 몇 가지 범주로 나누어 살펴보기로 한다.

첫째, 정관에서 투자목적과 투자대상·투자방법을 정하여 업무집행사원이 그 정해진 범위 내에서만 투자를 할 수 있게 하는 것은 업무관여에 해당하지 않는 것으로 보아야 할 것이다.

둘째, 이해관계인 간에 이해상충 소지가 있는 경우에는 유한책임사원의 감시권 보장을 통한 이익보호 차원에서 사실상의 업무관여가 허용되는 것으로 보아야 할 것이다. 기관전용사모집합투자기구와 관계인(업무집행사원 및 그 이해관계인) 간의 거래에 대해서는 자본시장법에서 원칙적으로 금지하면서 사원 전원의 동의를 얻은 경우 예외적으로 허용하고 있다. 업무집행사원의 업무수행이 자본시장법에서 명시적으로 금지하는 관계인거래에 해당하지 않더라도 업무집행사원과 유한책임사원 간 또는 유한책임사원 상호간[1037] 이해가 상충하는 경우에 유한책임사원의 의사를 묻는 절차를 거치도록 정관에서 정하는 것은 가능하다고 보아야 할 것이다.

셋째, 유한책임사원으로 구성되는 자문위원회(Advisory Board)를 두고, 동 자문위원회가 기관전용사모집합투자기구의 운용등과 관련된 중요사안을 논의하더라도 그 논의결과가 업무집행사원과 기관전용사모집합투자기구를 구속하지 않고 단순히 권고적 효력만 가지는 경우에는 '업무관여'에 해당하지 않는 것으로 보아야 할 것이다.

넷째, 기관전용사모집합투자기구 내에 투자의사결정등을 수행하는 투자심의위원회를 두는 경우에 유한책임사원 또는 유한책임사원이 지정하는 자가 동 투자심의위원회의 구성원으로 참여하는 것은 유한책임사원의 업무관여에 해당하는 것으로 보아야 할 것이다.[1038]

자본시장법 제249조의11 제4항을 위반하여 유한책임사원이 기관전용사모집합투자기구의 집합투자재산인 주식 또는 지분의 의결권 행사에 영향을 미친 사실이 인정되는 경우에도 의결권 행사의 효력까지 부인되는 것은 아니라고 할 것이다. 다만, 동규정에 위반하는 경우 금융위원회는 당해 기관전용사모집합투자기구에 대하여 업무정지 등의 조치를, 업무집행사원에 대해서는 해임요구 등의 조치를 취할 수 있다. 형사벌칙은 없다.

1037) 특정한 유한책임사원이 당해 기관전용사모집합투자기구·투자목적회사나 투자대상기업과 거래를 하는 경우 다른 유한책임사원과 이해가 상충할 수 있다.

1038) 금융감독원, PEF 핸드북, 186면.

제4관 기관전용사모집합투자기구와의 거래 제한

업무집행사원이 아닌 사원은 다른 사원 과반수의 결의가 있는 때에 한하여 자기 또는 제삼자의 계산으로 회사와 거래를 할 수 있다(상법 제269조·제199조). 따라서 유한책임사원은 기관전용사모집합투자기구와 거래를 하려면 미리 다른 사원 과반수의 동의를 얻어야 한다.[1039] 참고로 업무집행사원이 해당 기관전용사모집합투자기구와 거래를 하려면 사원 전원의 동의를 얻어야 한다(법 제249조의14 제6항제1호).

제3절 사원의 책임

제1관 무한책임사원

기관전용사모집합투자기구의 무한책임사원은 기관전용사모집합투자기구의 채무에 대하여 회사채권자에게 직접·연대·무한의 책임을 진다. 따라서 기관전용사모집합투자기구의 재산으로 회사의 채무를 완제할 수 없는 때에는 각 무한책임사원은 연대하여 각자의 재산으로 기관전용사모집합투자기구의 채무전액을 변제할 책임이 있다(상법 제269조·제212조).

무한책임사원이 주식회사인 경우 기관전용사모집합투자기구의 채권자에 대하여 부담하는 책임은 무한책임으로서 그 출자금액을 초과하여 채권자들의 모든 채권이 만족될 때까지 당해 주식회사의 재산으로 책임을 지게 된다. 그러나 당해 주식회사의 책임이 당해 주식회사의 주주들에까지 미치는 것은 아니다. 주식회사가 무한책임을 부담한다고 하여 그 회사의 주주들이 추가 출자의무를 부담하게 되는 것은 아니다.

기관전용사모집합투자기구가 투자목적회사(SPC)를 통하여 투자하는 경우, 당해 기관전용사모집합투자기구는 그 투자목적회사의 주주(주식회사) 또는 사원(유한회사)으로서 주식지분 또는 출자지분에 한하는 유한책임만을 부담하게 된다. 이처럼 기관전용사모집합투자기구가 투자목적회사를 통해 투자하는 경우에는 기관전용사모집합투자기구의 무한책임사원의 책임은 사실상 유한책임사원의 책임과 같게 된다. 따라서 투자목적회사를 통한 투자는 기관전용사모집합투자기구에 무한책임사원으로 참여하는 자에게는 투자위험을 최소화하는 수단으로 기능하게 된다.

1039) 기관전용사모집합투자기구와 유한책임사원 간의 거래 제한을 포함하여 관계인거래 규제 전반에 대해서는 제4편제5장제5절 참조.

제2관 유한책임사원

기관전용사모집합투자기구의 유한책임사원도 직접 회사채권자에 대하여 책임을 부담하지만 그 부담의 범위는 출자액을 한도로 한다.[1040] 여기서의 출자액은 정관에서 정한 출자가액을 의미하므로, 이미 이행한 부분이 있을 경우에는 그 부분을 공제한 나머지 정관상의 출자가액을 한도로 회사채무에 대한 책임을 부담한다(상법 제279조제1항). 정관상 출자가액을 전부 이행한 경우에는 더 이상의 책임을 부담하지 않는다. 유한책임사원이 기관전용사모집합투자기구에 이익이 없음에도 불구하고 배당을 받은 때에는 그 배당받은 금액은 변제책임을 정함에 있어 가산하여야 한다(상법 제279조제2항).

유한책임사원이 타인에게 자기를 무한책임사원으로 오인시키는 행위를 하거나 그 책임의 한도를 오인시켜 타인이 그러한 오인으로 인하여 기관전용사모집합투자기구와 거래를 한 경우에는 무한책임사원과 동일한 책임을 부담하게 된다(상법 제281조).

제4절 출자

제1관 총설

출자란 기관전용사모집합투자기구의 사원이 기관전용사모집합투자기구의 목적사업을 운영하는 데 필요한 고유의 재산을 구성할 금전 등을 제공하는 것을 말한다. 사원의 출자의무는 기관전용사모집합투자기구 설립행위, 즉, 정관의 작성에 의해 발생한다(법 제249조의10 제1항제4호). 기관전용사모집합투자기구 설립 후에 새로이 입사하는 자에 대해서는 정관으로 그 신입사원의 출자에 관해 새로이 정해야 하며, 기존 사원의 출자액을 변경할 때에도 정관변경의 절차를 거쳐야 한다. 출자의무의 불이행은 일반 채무불이행의 효과를 발생시킬 뿐 아니라 한편으로 당해 사원의 제명사유가 되며(상법 제269조, 제220조제1항제1호), 업무집행사원의 경우는 업무집행권 상실의 원인이 되기도 한다(상법 제269조·제220조제1항제1호·제205조).

자본시장법은 금융회사의 기관전용사모집합투자기구 출자에 대한 특례규정 기타 출자와 관련한 보고나 제한을 하는 규정을 두고 있다. 금융회사의 업무집행사원 지위에서의 기관전용사모집합투자기구 출자와 관련하여서는 금융산업의 구조개선에 관한 법률도 적용된다.

1040) 다만, 사원 간 약정으로 환혜지 정산을 위한 경우 등 특수한 경우에는 출자약정액을 초과하여서도 출자이행청구에 응함으로써 추가출자를 하여야 하는 의무를 부담하기도 한다.

제2관 출자의 목적 및 방법

1. 금전출자의 원칙

자본시장법은 기관전용사모집합투자기구의 출자의 목적을 원칙적으로 금전으로 한정하고, 다른 모든 사원의 동의가 있는 경우에 한해 증권으로 출자하는 것을 허용하고 있다.[1041] 증권으로 출자하는 경우에는 당해 증권의 객관적인 가치평가가 가능해야 하고 사원의 이익을 해칠 우려가 없어야 한다(법 제249조의11 제5항).

2. 출자약정

기관전용사모집합투자기구의 사원은 투자하고자 하는 금액에 대해 출자를 약정(capital commitment)하고 이후 업무집행사원이 출자요청(capital call)을 하는 때에 자금납입을 하는 출자약정방식(소위 'capital call' 방식)으로 출자할 수 있다(법 제249조의11 제9항, 영 제271조의14 제10항). 이러한 출자약정방식의 출자를 통해 당장 투자에 쓰이지 않는 자금(idle money)을 펀드에서 보유하지 않아도 되므로 불필요하게 투자수익률이 낮아지는 것을 방지할 수 있다.

기관전용사모집합투자기구가 정관에서 출자약정방식으로 출자하는 것으로 정한 경우, 업무집행사원은 투자대상기업에 투자를 하거나 관리보수 기타 비용 지급 등의 사유로 기관전용사모집합투자기구에 자금이 필요한 경우에 출자이행을 요청하고, 출자이행요청을 받은 사원들은 정관에서 정해진 기간 내에 자금을 납입해야 한다.

출자약정방식의 경우에는 사원이 출자약정(capital commitments)에 따른 출자이행(capital contributions)을 거부하거나 출자를 할 수 없게 되는 문제가 발생할 수 있다.[1042] 업무집행사원이 이러한 사원을 상대로 소송을 제기할 수도 있지만, 이런 경우를 대비하여 출자의무에 응하지 않는 사원이 소유한 기관전용사모집합투자기구 지분 전부를 다른 사원이 양수받을 수 있도록 하는 등의 다양한 대응방안을 미리 정관 등에 마련해 두고 업무집행사원이 상당한 재량권을 가지고 적절한 방안을 선택할 수 있도록 하는 것이 일반적이다.

1041) 비상장법인 지분도 독립적인 평가기관의 평가를 거친 경우에는 기관전용사모집합투자기구에 출자할 수 있다(금융위원회, 보도자료, 2015.2.10.).

1042) 특히, 프로젝트펀드(project fund)의 경우 출자약정액은 투자예정액에 관리보수 등 일부 비용을 더한 금액에 불과하여 어느 한 사원이 출자의무를 이행하지 않으면 당해 기관전용사모집합투자기구가 계약상 채무불이행에 빠질 수 있고, 그에 따라 계약금을 몰취당하는 경우도 발생할 수 있다.

3. 유한책임사원의 최소출자가액

기관전용사모집합투자기구의 경우 원칙적으로 유한책임사원의 최소출자가액 규제가 없다. 다만, 업무집행사원의 임원·운용인력 등[1043]이 해당 기관전용사모집합투자기구의 유한책임사원으로 참여하는 경우에는 1억원 이상을 투자하여야 한다(영 제271조의14 제5항제1호).

참고로, 일반사모집합투자기구의 경우 전문투자자가 아닌 적격투자자에 대해서는 최소투자금액이 3억원(레버리지를 200% 이상 사용하는 펀드는 5억원) 이상으로 설정되어 있다.

제3관 금융회사등의 출자 특례

1. 한국산업은행 및 중소기업은행

한국산업은행과 중소기업은행은 그 설립목적에 부합하는 범위에서 기관전용사모집합투자기구에 출자할 수 있다(법 제249조의11 제7항).

2. 상호출자제한기업집단 소속 금융회사

같은 상호출자제한기업집단에 속하는 금융회사가 기관전용사모집합투자기구에 출자하는 경우에는 당해 기관전용사모집합투자기구 출자총액의 30%를 초과하여서는 아니 된다(법 제249조의11 제9항, 영 제271조의14 제9항). 출자한도 30% 산정 시 같은 상호출자제한기업집단에 속하는 무한책임사원(업무집행사원 포함)인 금융회사와 유한책임사원인 금융회사의 출자지분을 합산한다.

예외적으로 기관전용사모집합투자기구의 투자대상기업이 오로지 외국법령에 따라 설립된 회사(설립 중인 회사 포함)인 경우에는 30%를 초과하여 출자할 수 있다(법 제249조의11 제9항, 영 제271조의14 제10항).

3. 금융지주회사의 자회사

금융지주회사의 자회사는 금융지주회사법 제19조에도 불구하고 사모집합투자기구의 지분을 취득할 수 있다(법 제249조의19 제5항). 금융지주회사법 제19조에 따르면,

---

1043) 업무집행사원 관련자로서 최저출자액 1억원 이상인 유한책임사원은 다음과 같다.
ⓐ 기관전용사모집합투자기구의 업무집행사원의 임원이나 투자운용전문인력
ⓑ 기관전용사모집합투자기구의 업무집행사원의 모회사
ⓒ 기관전용사모집합투자기구의 업무집행사원의 임원이나 투자운용전문인력이 발행주식 또는 출자지분 전부를 보유하고 각각 1억원 이상을 출자한 법인 또는 단체

금융지주회사의 자회사는 '금융기관등'(당해 자회사의 업무와 연관성이 있는 금융기관이나 금융업의 영위와 밀접한 관련이 있는 회사로서 금융지주회사법시행령에서 열거하고 있는 금융기관 또는 회사)[1044]이 아닌 다른 회사를 지배하는 것이 금지된다. 따라서 자본시장법 제249조의19 제5항은 금융지주회사의 자회사가 사모집합투자기구를 지배하는 경우 즉, 업무집행사원으로서 사모집합투자기구에 출자하는 경우에 의미가 있다고 할 수 있다.

4. 은행 및 보험회사

은행이 기관전용사모집합투자기구의 업무집행사원 또는 무한책임사원이거나 유한책임사원으로서 출자총액의 100분의 30을 초과하여 지분을 보유하는 경우 당해 기관전용사모집합투자기구는 은행의 자회사로 간주된다(은행법 제37조제2항, 은행업감독규정 제49조의2 제1호).

보험회사가 기관전용사모집합투자기구의 업무집행사원 또는 무한책임사원이거나 유한책임사원으로서 그 출자총액의 100분의 30을 초과하여 지분을 보유하는 경우에는 당해 기관전용사모집합투자기구는 보험회사의 자회사로 간주된다(보험업법 제115조제1항, 보험업감독규정 제5-13조의4).

제4관 출자 관련 보고, 이면약정 금지

1. 업무집행사원의 특수관계인인 유한책임사원이 30% 이상 출자 시 감독당국 보고

기관전용사모집합투자기구는 그 업무집행사원의 특수관계인인 유한책임사원의 출자지분이 30% 이상인 경우 그 해당일부터 3영업일 이내에 당해 유한책임사원에 관한 정보 등 일정한 사항을 금융위원회에 보고하여야 한다(법 제249조의11 제8항, 영 제271조의14 제6항 내지 제8항, 규정 제7-41조의9 제5항). 보고사항은 다음과 같다.

ⓐ 해당 유한책임사원의 연혁·목적·영업실태 등 사원의 개황, 대표자 및 임원에 관한 사항(사원이 법인인 경우 한정), 재무제표(연결재무제표 작성기업의 경우는 연결재무제표 포함),

ⓑ 사원별 출자금액,

ⓒ 당해 기관전용사모집합투자기구의 영 제271조의20 제4항제6호 각 목의 업무에 따른 투자구조,

1044) 기관전용사모집합투자기구의 재산운용 등 그 업무집행사원이 행하는 업무를 하는 것을 목적으로 하는 회사는 금융지주회사의 자회사가 지배할 수 있는 '금융기관등'에 포함되어 있다(금융지주회사법 제19조제1항제2호, 동법시행령 제15조제2항·제2조제2항제4호).

ⓓ 당해 기관전용사모집합투자기구의 투자대상기업의 개황[연혁·목적·영업실태, 대표자 및 임원에 관한 사항, 재무제표(연결재무제표 작성기업의 경우는 연결재무제표 포함)],

ⓔ 기타 금융시장의 안정 또는 건전한 거래질서를 유지하기 위하여 필요한 것으로서 금융위원회가 정하여 고시하는 사항(2024년말 현재까지 고시사항 없음).

2. 규제회피 목적의 출자 관련 이면약정 등 금지

기관전용사모집합투자기구의 사원은 ⓐ 원금 또는 일정한 이익보장 등의 방법에 의한 부당권유행위 금지규정(법 제249조의14 제6항제2호), ⓑ 동일 상호출자제한기업집단 소속 금융회사의 기관전용사모집합투자기구 출자 30% 제한규정(영 제271조의14 제9항), ⓒ 금융회사의 대주주변경승인규정(금융회사의 지배구조에 관한 법률 제31조제1항) 등에 따른 규제를 회피할 목적으로 사원 간에 출자한 지분을 장래에 양수 또는 양도하기로 하거나(양수 또는 양도할 수 있는 권리를 부여하는 경우 포함) 투자에 따른 손실을 보전해 주기로 하는 이면계약등에 따라 출자비율, 출자방법 및 손익의 분배 등을 정관과 달리 정하여서는 아니 된다(규정 제7-41조의9 제6항).

이 규정은 위에서 열거한 ⓐ 내지 ⓒ의 규정을 잠탈하기 위한 목적으로 사원 간 별도의 약정을 하는 것을 금지하는 것이므로, 그러한 목적이 없는 사원 간 지분의 양수도에 관한 합의는 얼마든지 가능하다고 할 것이다.

제5절 지분의 양도 등

제1관 지분의 양도

지분의 양도는 사원권을 당사자 간의 계약에 의해 이전하는 것을 말한다. 지분을 전부 양도할 경우에는 양도인은 사원자격을 잃고, 양수인은 사원일 때에는 그의 지분이 커지고 사원이 아닐 때에는 사원으로 입사하게 된다. 사원들 간에 지분의 일부가 양도된 경우에는 지분의 분량적 증감만 있을 뿐이나, 사원 아닌 자가 지분의 일부를 양수하면 양수인이 사원으로 입사하게 된다.[1045]

기관전용사모집합투자기구의 무한책임사원은 원칙적으로 출자한 지분을 타인에게 양도할 수 없지만, 정관으로 정한 경우에는 사원 전원의 동의를 얻어 타인에게 양도할 수 있다(법 제249조의17 제1항). 업무집행사원인 무한책임사원이 지분 전부를 양도하고

1045) 이철송, 157면.

그 양수인이 새로운 업무집행사원으로 입사하는 경우는 사실상 기관전용사모집합투자기구의 운용자 교체에 해당하게 된다.

기관전용사모집합투자기구의 유한책임사원은 무한책임사원 전원의 동의를 받아 지분을 타인에게 양도할 수 있다(법 제249조의17 제2항). 이 경우 양도의 상대방은 법 제249조의11 제6항 각 호에서 정하는 투자자여야 한다(법 제249조의17 제5항).

기관전용사모집합투자기구 지분의 양도는 원칙적으로 분할하지 않고 양도하여야 하나, 사원총수가 100명을 초과하지 아니하는 범위에서는 지분을 분할하여 양도할 수 있다. 이 경우 사원총수 100명 계산 시 전문투자자 중에서 시행령 제271조의14 제2항에서 정하는 자는 제외한다(법 제249조의17 제3항).

한편, 무한책임사원의 지분을 유한책임사원에게 양도하거나 그 반대의 경우도 모두 가능하다.[1046] 이 경우 지분 양도시 거쳐야 하는 절차는 양도인 기준으로 판단하여야 할 것이고, 지분 양도 후 해당 지분의 성격은 원칙적으로 양수인 기준으로 판단하여야 할 것이다.[1047]

제2관 지분의 압류와 입질

1. 지분의 압류

합자회사 사원의 채권자가 그 사원의 지분을 압류하는 것은 가능하지만 그 환가(換價)나 전부(轉付)에 다른 사원 전원의 동의를 얻어야 하므로 실효성이 현저히 떨어지게 된다. 이런 점을 고려하여 상법은 합자회사 사원의 지분을 압류한 압류채권자를 보호하기 위한 다음과 같은 규정을 두고 있다:[1048] ⓐ 지분의 압류는 사원이 갖는 장래의 이익배당청구권·지분환급청구권에 대하여도 효력이 있다(상법 제269조·제223조). 따라서 압류채권자는 이러한 청구권을 행사할 수 있는 시기마다 전부명령(轉付命令)이나 추심명령(推尋命令)을 얻어 채권을 행사할 수 있다. ⓑ 합자회사가 임의청산 시 재산처분방법을 정하려면 사전에 압류채권자의 동의를 얻어야 한다(상법 제269조·제247조제4항). 이러한 상법상 합자회사 지분의 압류 관련 규정은 기관전용사모집합투자기구에도 적용된다.

1046) GP와 LP의 지위 변경이 가능하므로(금융위원회, 보도자료, 2015.2.10.), 무한책임사원 및 유한책임사원 간 지분 양도도 당연히 가능할 것이고, 실무상으로도 그러한 거래가 이루어지고 있다.

1047) 예컨대, 기관전용사모집합투자기구의 업무집행사원이 분배순위에서 후순위일 경우, 정관상 다른 정함이 없는 이상 업무집행사원이 유한책임사원으로부터 양수한 지분도 분배순위에서 후순위가 될 것이다.

1048) 이철송, 164면.

2. 지분의 입질

합자회사 지분의 입질(入質)에 대해서는 상법에 명시적인 규정이 없지만, 기관전용사모집합투자기구의 지분도 민법 일반규정에 따라 권리질의 목적이 될 수 있다고 보아야 한다. 대법원도 종전의 간접투자자산운용업법상 사모투자전문회사의 유한책임사원 지분에 대한 질권설정에 관하여 권리질권설정에 관한 민법 제346조에 기하여 지분양도의 방법으로 자신의 지분에 관하여 질권자와 질권설정계약을 체결하고 질권설정에 대하여 무한책임사원 전원의 동의를 얻으면 이로써 질권설정의 효력이 발생하는 것으로 보고 있다.[1049] 종전의 간접투자자산운용업법 제144조의14 제3항도 "사모투자전문회사의 유한책임사원은 무한책임사원 전원의 동의를 얻어 출자한 지분을 분할하지 아니하고 타인에게 양도할 수 있다"고 규정하여 현행 자본시장법 제249조의17 제2항과 동일하게 규정하고 있었으므로 위 대법원 판결의 결론은 현행법 하에서도 유효한 것으로 판단된다.

제6절 사원의 입사 및 퇴사

제1관 입사

기관전용사모집합투자기구(합자회사) 성립 후에 출자하여 사원자격, 즉, 지분을 원시적으로 취득하는 것이 입사다. 입사는 정관의 절대적 기재사항의 변동을 가져오므로 정관변경 절차를 거쳐야 한다(법 제249조의10 제1항제4호·제7호·제8호, 상법 제179조·제270조).

1049) 대법원 2015. 4. 23. 선고 2014다218863 판결. 이 판결에서 대법원은 "사모투자전문회사의 유한책임사원 지분에 대한 질권설정에 관하여 구 간접투자자산운용업법, 상법 등 관련 법률에 달리 규정이 없는 한 이에 대하여 질권을 설정하기 위해서는 권리질권의 설정에 관한 민법 제346조에 기하여 지분양도에 관한 방법에 의하여야 하고, 지분양도에 관하여는 간접투자자산운용업법 제144조의14 제3항이 규정하고 있으므로 이에 따라 사모투자전문회사의 유한책임사원이 자신의 지분에 관하여 질권자와 질권설정계약을 체결하고 질권설정에 대하여 무한책임사원 전원의 동의를 얻으면 이로써 질권설정의 효력이 발생한다. 그런데 사모투자전문회사의 유한책임사원의 지분에 대한 질권설정 시 제삼자에 대한 대항요건에 관하여는 관련 법률에 별도의 규정이 없고, 이와 유사한 성질을 가지는 합자회사의 유한책임사원 지분권, 합명회사사원 지분권, 조합원의 지위 양도에 관하여 제삼자에 대한 대항요건을 요구하는 규정도 존재하지 아니하며, 사모투자전문회사의 유한책임사원 지분권은 인적회사의 사원권으로서 지명채권과는 성질을 달리하는 이상 지명채권에 대한 질권설정의 대항요건에 관한 민법 제349조제1항이 유추적용될 수도 없으므로, 질권자로서는 사모투자전문회사의 유한책임사원과 질권 설정계약을 체결하고 이에 더하여 무한책임사원 전원의 동의를 얻어 질권 설정의 효력이 발생하였다면, 이에 더하여 별도로 그 질권으로써 제삼자에 대항하기 위하여 추가적인 대항요건을 갖출 필요는 없다"고 판시하였다.

이와 관련하여 사원이 정관의 기재사항이고 법 제249조의10 제1항에서 총사원이 기명날인 또는 서명하여야 한다는 규정으로 인해 새로운 사원의 입사에 대해서는 총사원의 동의를 얻어 정관을 변경해야 하는 것인지에 대해 논란이 있을 수 있다. 하지만 정관변경에 총사원의 동의를 필요로 하는 것으로 규정한 상법규정(상법 제269조, 제204조)은 임의법규로 해석하는 것이 타당하고,[1050] 법 제249조의10 제1항에서 총사원이 기명날인 또는 서명해야 한다는 규정의 취지도 기관전용사모집합투자기구 설립 시 모든 사원이 날인해야 한다는 의미이지 설립 후 새로운 사원의 입사에 대하여도 동의를 해야 하는 것으로 해석할 필요는 없다고 생각된다. 특히, 기관전용사모집합투자기구의 경우 업무집행사원이 아닌 유한책임사원이 추가로 가입하는 것은 다른 유한책임사원들 입장에서는 지분율에 변동이 생기는 것 외에는 특별한 영향이 있다고 보기 어렵고, 정관에서 별도의 동의를 필요로 하지 않는다고 정하는 경우에는 이미 해당 사원의 동의가 있다고 볼 수 있다. 실무적으로는 새로운 사원의 입사에 대해서는 업무집행사원과 추가로 입사하는 사원만 날인하는 방식으로 정관을 변경할 수 있도록 규정해 두는 경우가 많다.[1051]

기관전용사모집합투자기구 성립 후에 가입한 사원은 그 가입 전에 생긴 기관전용사모집합투자기구 채무에 대하여 다른 사원과 동일한 책임을 진다(상법 제269조·제213조). 그리고 회사 성립 후 입사하는 경우에도 자본시장법상 사원의 자격·수에 관한 규제가 적용된다는 점에 유의하여야 한다.

제2관 퇴사

1. 총설

퇴사란 기관전용사모집합투자기구의 존속 중에 특정사원이 그 사원으로서의 지위를 절대적으로 상실하는 것을 말한다. 퇴사하는 사원은 회사에 대하여 지분 환급 청구권을 가진다. 다만, 기관전용사모집합투자기구의 투자재산이 유동성이 없다는 점에서 정관에서 퇴사사원에 대한 환급은 기관전용사모집합투자기구 청산시점 등에서 이루어진다는 규정을 두는 경우가 많다. 지분의 환급은 출자의 종류 여하에 불문하고 금전으로 하는 것이 원칙이나(상법 제269조·제196조, 민법 제719조제2항), 정관에서 정하는 바에 따라 현물로 분배하는 것도 가능할 것이다. 특히, 기관전용사모집합투자기구가

1050) 정동윤, 회사법, 법문사(1999), 792면. 최기원, 신회사법론, 박영사(2000), 1168면 및 1169면.
1051) 실무적으로는, 일정한 기간 중에는 업무집행사원의 결정으로 유한책임사원을 추가로 가입하게 하거나 출자약정액 증액이 가능하도록 정하고, 그 이후에는 사원총회 특별결의 또는 사원 전원 동의를 거쳐야 하는 것으로 정하는 경우가 많다.

상장주식에 투자하거나 유한책임사원이 투자대상기업을 인수하고자 하는 계획이 있는 경우 유한책임사원에게 현물분배를 가능하게 할 필요성이 크고, 실무적으로도 정관에서 정하는 바에 따라 사원에게 현물로 분배할 수 있도록 하는 규정을 두는 경우가 적지 않다.

합자회사 사원의 퇴사는, ⓐ 사원의 자유로운 의사에 따라 퇴사하는 경우(임의퇴사), ⓑ 사원의 의사와 무관하게 법정사유가 발생하면 당연히 퇴사하는 경우(당연퇴사) 및 ⓒ 회사채권자가 퇴사시키는 경우로 구분할 수 있다. 하지만 기관전용사모집합투자기구에는 상법 제224조(지분압류채권자에 의한 퇴사청구)가 적용되지 않으므로(법 제249조의20 제2항), 기관전용사모집합투자기구의 경우는 임의퇴사와 당연퇴사만 인정된다.

2. 임의퇴사(다른 사원의 동의를 요하지 않는 퇴사)

상법상 합자회사는 ⓐ 정관으로 회사의 존립기간을 정하지 아니하거나 정관으로 어느 사원의 종신까지 존립하도록 한 경우, 사원은 6월 전에 예고한 후 영업연도말에 한하여 다른 사원의 동의를 받지 않고 퇴사할 수 있으며(상법 제269조·제217조제1항), ⓑ 사원이 부득이한 사유가 있을 때에는 다른 사원의 동의를 받지 않고 언제든지 퇴사할 수 있다(상법 제269조·제217조제2항).

2021년 개정 전 자본시장법에서는 경영참여형사모집합투자기구 정관에 회사의 존속기간을 설립등기일로부터 15년 이내로 정하도록 규정하고 있었으므로(개정 전 법 제249조의10 제1항제5호), 경영참여형사모집합투자기구에 대하여는 상법 제269조 및 제217조제1항이 적용될 여지가 없었고 상법 제217조제2항의 적용은 명시적으로 배제되어 있었으므로(개정 전 법 제249조의20 제2항) 경영참여형사모집합투자기구의 경우 사원의 임의퇴사는 허용되지 않는 것으로 해석되었다.

그런데 2021년 개정된 자본시장법에서는 기관전용사모집합투자기구에 대하여 정관에서 존속기간을 정하도록 규정하고 있지 않음에도 불구하고(법 제249조의10 제1항 제5호 삭제) 사원의 퇴사와 관련하여서는 여전히 상법 제217조제2항의 적용만을 명시적으로 배제하고 있어(법 제249조의20 제2항), 정관으로 존립기간을 정하지 아니하거나 어느 사원의 종신까지 존립하도록 한 기관전용사모집합투자기구의 경우는 상법 제269조 및 제217조제1항에 따른 임의퇴사가 허용된다고 인정될 가능성이 있다.

기관전용사모집합투자기구의 성격상 어느 사원에 대하여 다른 사원의 동의와 무관하게 퇴사할 수 있는 권리를 부여하는 것은 타당하지 않은 것으로 보이는바, 입법론적으로는 기관전용사모집합투자기구에 대하여는 상법 제217조의 적용이 전부 배제

되도록 법을 개정할 필요가 있다.[1052] 다만, 실무적으로는 정관에서 퇴사사유를 한정적으로 정하고 있어 유한책임사원도 임의퇴사를 할 수는 없는 구조로 운영되고 있다.

3. 당연퇴사

무한책임사원은 ⓐ 정관에 정한 사유의 발생(자격상실 사유 등), ⓑ 총사원의 동의, ⓒ 사망, ⓓ 성년후견개시, ⓔ 파산, ⓕ 제명으로 인하여 퇴사한다(상법 제269조·제218조[1053]). 업무집행사원인 무한책임사원도 총사원의 동의를 얻으면 퇴사할 수 있다.

유한책임사원은 위의 무한책임사원 당연퇴사 사유 중 법률적으로는 사망한 경우 퇴사하지 않고 그 상속인이 그 지분을 승계하여 사원이 되며(상법 제283조제1항), 성년후견개시심판을 받아도 퇴사되지 않는다는 점 외에는 무한책임사원과 같은 사유로 퇴사하는데(상법 제284조), 개인은 유한책임사원이 될 수 없으니 상법상 당연퇴사 사유는 사실상 무한책임사원의 경우와 동일할 것이다.

(제명) 제명은 어느 사원의 자격을 그 의사에 반하여 강제적으로 박탈하는 다른 사원들의 자치적 의사결정을 말한다.[1054] 상법에서 정하는 일정한 제명사유(상법 제269조·제220조)가 있는 때에 다른 사원 과반수의 결의에 의하여 법원에 제명의 선고를 청구할 수 있으며, 법원의 판결에 의하여 제명의 효과가 발생하게 된다. 법원의 제명선고 절차는 제명사원의 권리보호를 위한 강행규정으로서 이러한 절차를 거치지 않고 사원의 결의만으로 제명이 가능하도록 규정한 정관규정은 무효다(춘천지법 2009. 5. 13. 선고 2008가합481 판결).

제명사유는 ⓐ 출자의무 불이행, ⓑ 회사의 업무집행 또는 대표행위에 관하여 부정한 행위가 있는 때 혹은 권한 없이 업무를 집행하거나 회사를 대표한 때, ⓒ 기타 중요한 사유가 있는 때이다(상법 제269조·제220조).

제명사유 중 출자의무 불이행은 유한책임사원 축출에, 업무집행·대표행위에 관한 부정한 행위는 업무집행사원의 교체에 실질적으로 중요한 의미를 가진다.

1052) 참고로, 자본시장법상 투자합자회사 형태의 집합투자기구의 경우에는 상법 제217조의 적용이 전부 배제된다(법 제217조제2항).

1053) 일반적인 합자회사의 경우 경업금지에 관한 상법 제198조 위반도 제명사유가 되지만, 자본시장법은 기관전용사모집합투자기구에 관하여 상법 제198조를 배제하고 있다(법 제249조의20 제1항).

1054) 이철송, 160면.

제7절 정관변경 등

제1관 정관변경

기관전용사모집합투자기구의 정관변경에는 총사원의 동의가 있어야 한다(상법 제269조·제204조). 정관변경에 총사원의 동의를 요하는 상법 제204조를 회사의 내부관계에 관한 임의규정으로 보아 정관의 규정으로 그 요건을 완화할 수 있다고 보는 것이 다수설이다. 앞에서 본 바와 같이 신입사원의 입사와 같은 사원변동에 관한 정관의 변경에 대해서도 원칙적으로는 사원 전원의 동의가 필요하다고 보아야 할 것이나,[1055] 정관에서 정하는 바에 따라 개별 사원의 동의 없이도 가능하다고 보아야 할 것이다.

실무적으로는 오탈자 수정, 사원의 지분양도 및 변경, 출자약정금 변경, 사원의 상호·주소의 변경 등 경미한 사항은 총사원의 동의 없이 업무집행사원이 정관을 변경할 수 있도록 하는 규정을 두는 경우가 많다.

제2관 기타 사항

정관변경 외에도 사원의 동의를 얻어야 하는 경우가 있다. 예컨대, 업무집행사원과 기관전용사모집합투자기구 간 거래는 총사원의 동의를 요하며, 증권으로 출자하고자 하는 사원은 다른 사원 전원의 동의를 얻어야 한다. 기관전용사모집합투자기구는 사원총회라는 기관이 없으므로 회의 형식을 취하지 않고 개별적인 동의를 얻어도 되며, 동의는 요식행위가 아니므로 구두에 의한 동의도 무방하다.

제8절 합병, 조직변경

제1관 합병

기관전용사모집합투자기구는 다른 회사(다른 기관전용사모집합투자기구 포함)와 합병할 수 없다(법 제249조의17 제4항). 이처럼 상법상 인정되는 합자회사 간 합병을 기관전용사모집합투자기구에 대해서는 허용하지 않는 이유는, 기관전용사모집합투자기구가 합병될 경우 펀드의 당초 설립목적 등이 다른 개별펀드의 특성을 훼손할 우려가 있고 결과적으로 투자자인 유한책임사원의 보호에 문제가 발생할 소지가 있기 때문이다. 그리고 기관전용사모집합투자기구 간 공동투자를 인정하고 있고 기관전용사모집합

1055) 이철송, 156면.

투자기구가 투자목적회사에 함께 투자할 수 있음을 감안할 때 기관전용사모집합투자기구 간 합병을 인정할 실익이 별로 없다는 점도 또 다른 이유이다.[1056]

제2관 조직변경

합명회사로의 조직변경에 관한 규정인 상법 제286조는 기관전용사모집합투자기구에는 적용되지 않는다(법 제249조의20). 따라서 기관전용사모집합투자기구는 합명회사로 조직변경을 할 수 없다.

1056) 박정훈, 사모투자전문회사의 개념 및 도입배경과 간접투자자산운용업법 주요 개정내용 해설, 투신 제48호(2004.12), 11면.

제5장 기관전용사모집합투자기구의 집합투자재산 운용

제1절 총설

앞에서 본 바와 같이 2021년 자본시장법 개정으로 사모집합투자기구제도가 전면 개편되어, 사모집합투자기구는 일반사모집합투자기구와 기관전용사모집합투자기구로 구분되고, 양자는 투자자구성·펀드조직 운영구조·운용사규제 등에서 차이가 있지만 펀드운용에 대한 규제는 기본적으로 동일하게 되었다. 즉, 기관전용사모집합투자기구의 집합투자재산 운용방법에 대해서는 일반사모집합투자기구의 집합투자재산 운용방법에 관한 규정(법 제249조의7. 다만, 제3항 및 제6항은 제외)이 준용된다(법 제249조의12 제1항).

법 제249조의7에서는 일반사모집합투자기구의 집합투자재산 운용과 관련하여 레버리지한도·개인등에 대한 자산대여 금지·부동산 조기처분등을 제한하는 것을 제외하고는 투자대상이나 운용방법에 대하여 별다른 규제를 하지 않는다. 따라서 일반사모집합투자기구와 기관전용사모집합투자기구 모두 다양한 유형의 사모펀드(소위 헤지펀드, 부동산펀드(REF), PEF 등)로 조직·운용할 수 있다.

종전에 경영참여형사모집합투자기구에 대해서만 적용되던 투자목적회사(법 제249조의13)는 일반사모집합투자기구와 기관전용사모집합투자기구 모두에 적용되는 것으로 되었다.

그리고 기관전용사모집합투자기구의 집합투자재산 운용과 관련하여 관계인거래 등에 관한 규제(법 제249조의14 제6항제1호, 제249조의16 제1항)가 있으며, 상호출자제한기업집단계열 기관전용사모집합투자기구등에 대해서는 추가적인 규제(법 제249조의18)가 적용된다.

은행 기타 금융회사등이 업무집행사원인 기관전용사모집합투자기구의 경우 그 집합투자재산을 종전의 PEF와 같이 경영참여목적 투자로만 운용하도록 하는 특례 규정이 있다(법 제249조의14 제2항, 영 제271조의20 제1항 내지 제8항).

제2절 기관전용사모집합투자기구의 집합투자재산 운용 관련 규제내용

제1관 총설

기관전용사모집합투자기구의 집합투자재산 운용방법에 관하여는 일반사모집합투자기구의 집합투자재산 운용방법에 관한 규정인 법 제249조의7(제3항 및 제6항은 제외[1057])을 준용한다. 다만, 금융회사등이 업무집행사원인 기관전용사모집합투자기구에 관해서는 영 제271조의20 제2항 및 제3항에서 집합투자재산의 운용방법에 대한 특례를 규정하고 있다(법 제249조의14 제2항).

법 제249조의12 제2항에서 따로 정하고 있는 기관전용사모집합투자기구의 레버리지 사용 현황 보고등에 관한 내용은 감독당국 보고에 관한 내용이므로 후술하기로 한다.

제2관 레버리지 사용 관련

기관전용사모집합투자기구는 그 집합투자재산(법 제249조의13에 따른 투자목적회사의 재산을 포함한다) 순자산총액의 100분의 400 이내에서 레버리지를 사용할 수 있다(법 제249조의7 제1항, 영 제271조의10 제1항). 금전차입금등을 합산한 금액의 한도가 400%이므로 금전차입이나 채무보증만을 400%까지 하는 것도 가능하다.

대통령령에서 정하는 특정한 기관전용사모집합투자기구의 경우에는 레버리지 한도가 더 크게 설정되어 있다.[1058]

제3관 부동산 처분 관련

집합투자재산을 국내 부동산에 운용할 때는 취득 후 1년 이내에 처분(국내 부동산을 취득한 투자목적회사가 발행한 주식·지분을 처분하는 것을 포함한다)하는 것이 제한되며, 나대지를 취득하여 부동산개발사업 시행 전에 처분하는 것은 원칙적으로 금지된다.

1057) 법 제249조의7 제3항은 일반사모집합투자기구의 레버리지사용 현황등의 보고에 관한 규정인데, 기관전용사모집합투자기구의 경우 법 제249조의12 제2항에서 따로 규정하고 있다. 법 제249조의7 제6항은 일반사모집합투자기구가 취득한 주식에 대해 의결권 행사제한 규정(법 제87조)의 특례를 정하고 있는데, 기관전용사모집합투자기구의 경우 법 제249조의20 제1항에서 법 제186조제2항의 적용을 배제함에 따라 의결권 행사제한 규정(법 제87조)이 아예 적용되지 않는다.

1058) 투자자보호 및 집합투자재산의 안정적 운용을 해칠 우려가 없는 경우로서 대통령령으로 정하는 기관전용사모집합투자기구의 경우에는 '파생상품 위험평가액·채무보증액·담보제공액의 합산금액' 또는 '차입금 총액'이 각각 순자산 총액의 400%까지 가능하도록 하고 있다(법 제249조의12 제1항, 제249조의7 제1항 단서). 하지만 현재까지 대통령령에서 이러한 기관전용사모집합투자기구의 범위를 정한 바는 없다.

다만, 다음과 같은 경우는 예외적으로 처분이 허용된다(법 제249조의7 제2항제1호·제2호, 영 제271조의10 제5항·제6항).

ⓐ 부동산개발사업에 따라 조성하거나 설치한 토지·건축물 등을 분양하는 경우,
ⓑ 기관전용사모집합투자기구가 해산되는 경우,
ⓒ 부동산개발사업을 하기 위하여 토지를 취득한 후 관련 법령의 제정·개정 또는 폐지등으로 인하여 사업성이 뚜렷하게 떨어져서 부동산개발사업을 수행하는 것이 곤란하다고 객관적으로 증명되어 그 토지의 처분이 불가피한 경우.

제4관 금전등 대여 관련

집합투자재산을 개인등에게 직접 대여하거나 이를 회피하기 위한 목적으로 대부업자등과의 연계거래등을 이용하는 행위가 금지된다(법 제249조의7 제2항제3호),

집합투자재산을 금전의 대여로 운용하는 경우 차주의 차입목적이 부동산·특별자산 취득등이 아닌 경우에는 투자자가 국가·한국은행 및 전문투자자 중 대통령령으로 정하는 자로 제한된다(법 제249조의7 제2항제4호).

제5관 경영참여방법 투자 관련

기관전용사모집합투자기구를 다른 회사에 대한 경영참여방법으로 운용하는 경우[1059]에는 15년 내에 그 지분증권을 제삼자에게 처분하여야 한다(법 제249조의7 제5항).

이러한 제한은 재산운용방법이 경영권 참여 투자로 한정되어 있던 사모투자전문회사 때부터 대기업의 지배력 확장 및 금융자본과 산업자본의 분리 등의 특수문제와 입법목적의 실효성을 보장하기 위하여 존속기간이 15년 이내여야 한다는 형태로 존재하고 있었는데,[1060] 자본시장법이 개정되면서 일반사모집합투자기구의 집합투자재산 운용방법이 기관전용사모집합투자기구에도 준용되면서 경영참여방법으로 운용하는 경우에만 지분증권을 제삼자에게 처분해야 하는 형태로 남게 되었다.

1059) 다른 회사에 대한 경영권 참여, 사업구조 또는 지배구조의 개선 등을 위하여 법 제249조의7 제5항 각 호의 어느 하나에 해당하는 방법으로 투자하는 것을 말한다.

1060) 2021년 개정되기 전 자본시장법 제268조제1항제5호, 오영표, "사모투자전문회사(PEF)에 대한 규제에 관한 연구", 성균관대학교 석사학위 논문, 2010, 30쪽.

제6관 금융회사등이 업무집행사원인 경우의 운용방법 특례

1. 총설

영 제271조의20 제1항제1호부터 제14호까지에 따른 법률[1061]에서 규정하고 있는 업무를 영위하는 자(여신전문금융업법에 따른 신기술사업금융업자는 제외[1062])가 업무집행사원인 경우, 기관전용사모집합투자기구의 집합투자재산을 영 제271조의20 제2항에서 정하는 바에 따라 운용하여야 한다. 따라서 이러한 자가 업무집행사원인 기관전용사모집합투자기구는 아래 2 내지 6에서 정하는 방법으로 그 집합투자재산을 운용하여야 한다(영 제271조의20 제2항, 규정 제7-41조의13).[1063] 이는 기본적으로는 2021년 4월 20일 개정 전 자본시장법상 경영참여형사모집합투자기구의 집합투자재산 운용방법과 동일하다고 할 수 있다.

(산업은행, 중소기업은행, 한국자산관리공사에 대한 특례) 영 제271조의20 제2항에도 불구하고 산업은행, 중소기업은행 또는 한국자산관리공사는 영 제271조의20 제3항 각 호에서 정하는 기준[1064]을 모두 충족하는 경우에는 법 제249조의12 제1항에 따른

1061) 영 제271조의20 제1항제1호부터 제14호까지에 따른 법률은 다음과 같다.
1. 은행법
2. 한국산업은행법
3. 중소기업은행법
4. 한국수출입은행법
5. 보험업법
6. 상호저축은행법
7. 여신전문금융업법
8. 신용보증기금법
9. 기술보증기금법
10. 신용협동조합법
11. 새마을 금고법
12. 신용정보의 이용 및 보호에 관한 법률
13. 한국자산관리공사 설립 등에 관한 법률
14. 한국주택금융공사법

1062) 여전법에 따른 신기술사업금융업자는 그 성격이 펀드운용사(벤처캐피탈)이므로 신기술사업금융업자가 기관전용사모집합투자기구의 업무집행사원인 경우에는 법 제249조의12 제1항에 따른 방법으로 집합투자재산을 운용할 수 있도록 하는 것이다.

1063) 금융투자업규정에서 일정한 경우 예외를 허용하고 있다(규정 제7-41조의13 제5항).

1064) 영 제271조의20 제3항 각 호에서 정하는 기준은 다음과 같다. 정책적 목적(기업구조조정 등) 달성을 위해 다른 집합투자기구에 출자하는 등 금융위원회가 정하여 고시하는 방법으로 집합투자재산을 운용하는 경우로서 금융위원회의 승인을 받은 때에는 제2호의 기준으로 한정한다.
1. 집합투자재산을 법 제249조의7 제5항 각 호의 방법으로 운용할 것
2. 투자목적, 투자전략, 운용방법 및 투자대상자산의 종류에 관하여 금융위원회가 정하여 고시하는 다음의 요건을 갖출 것(규정 제7-41조의13 제8항)
가. 투자목적, 투자전략 및 운용방법이 정부의 정책적 목적달성을 위해 필요하고, 영

방법으로 기관전용사모집합투자기구의 집합투자재산을 운용할 수 있다(영 제271조의20 제3항).

2. 운용방법의 제한

기관전용사모집합투자기구의 집합투자재산을 경영참여투자등 영 제271조의20 제2항제1호에서 정하는 다음과 같은 방법으로만 운용하여야 한다.

ⓐ 법 제249조의7 제5항 각 호의 방법으로 하는 투자.

ⓑ 다른 회사의 의결권 있는 발행주식과 주권 관련 사채권의 전환권·신주인수권 등의 행사로 취득할 수 있는 의결권 있는 발행주식[1065]의 합계가 그 회사의 의결권 있는 발행주식총수의 100분의 10 이상이 되는 투자.

ⓒ 장내파생상품 또는 장외파생상품에 대한 투자로서 다음의 어느 하나에 해당하는 투자.

가. 투자대상기업(기관전용사모집합투자기구 또는 기관전용사모집합투자기구가 주주 또는 사원인 투자목적회사가 ⓐ 또는 ⓑ의 방법으로 투자한 기업을 말한다)이 발행한 증권에 대한 투자위험을 회피하기 위한 투자,

나. 환율변동에 따른 위험을 회피하기 위한 투자.

ⓓ '사회기반시설에 대한 민간투자법'에 따른 사회기반시설투융자회사가 발행한 증권에 대한 투자.

ⓔ 투자목적회사의 지분증권에 대한 투자.

ⓕ 그 밖에 가목부터 마목까지의 투자에 준하는 것으로서 금융위원회가 정하여 고시하는 다음의 어느 하나에 해당하는 투자(규정 제7-41조의13 제2항).

가. 투자대상기업의 금전채권에 대한 투자(법 제249조의7 제5항 각 호의 방법으로 투자하는 경우만 해당한다),

나. 투자대상기업이 보유하는 부동산(지상권·지역권·전세권·임차권·분양권등 부동산 관련 권리를 포함한다) 또는 금전채권 등에 대한 투자,

---

제271조의20 제1항제2호 또는 제3호의 법률에서 정한 설립목적에 부합할 것

나. 주요투자대상자산이 위 가의 목적을 달성하는 데 적합할 것

다. 위의 가, 나 및 영 제271조의20 제3항제1호의 요건(경영참여방법 투자)을 갖추고 있음을 증빙하는 서류를 금융위원회에 미리 제출할 것

1065) 다음의 기준 및 방법에 따라 산정한 발행주식을 말한다(규정 제7-41조의13 제1항).

1. 투자비율은 투자하는 날을 기준으로 계산할 것.
2. 투자대상기업이 발행한 의결권 있는 발행주식을 취득하기 위해 주권 관련 사채권의 전환권·신주인수권등을 실질적으로 행사할 수 있을 것.
3. 주권 관련 사채권에 투자하는 날에 전환권·신주인수권등의 권리가 확정되지 않는 경우에는 그 권리행사로 취득할 수 있는 주식을 의결권 있는 발행주식에 포함하지 않을 것.

다. '사회기반시설에 대한 민간투자법'에 따른 사회기반시설에 대한 투자,
라. 조세특례제한법 제24조제1항제1호 각 목의 어느 하나의 자산에 대한 투자.

3. 여유자금 운용방법의 제한

위 (1)과 같은 방법으로 운용하고 남은 집합투자재산도 영 제271조의20 제2항 제2호 각 목에서 정하는 방법[1066]으로만 운용하여야 한다.

4. 2년 이내 경영참여목적 투자의무

사원이 출자한 날부터 2년 이내에 출자한 금액의 100분의 50 이상을 영 제271조의20 제2항제1호 가목·나목·라목 또는 마목(투자목적회사가 가목·나목 또는 라목에 따른 투자를 목적으로 하는 경우로 한정)의 방법으로 운용하여야 한다(영 제271조의20 제2항제3호).

5. 투자한 지분증권등 6개월 이상 소유의무

영 제271조의20 제2항제1호 가목 또는 나목의 투자를 하는 경우 투자대상기업이 발행한 지분증권 또는 주권 관련 사채권을 취득한 날부터 6개월 이상 소유하여야 한다(영 제271조의20 제2항제4호).

6. 일정 기간 내 경영참여목적 투자 미부합 시 지분증권등 처분의무

다른 회사의 지분증권등을 최초로 취득한 날부터 6개월이 경과할 때까지 영 제271조의20 제2항제1호 가목[1067] 또는 나목[1068]에 부합하지 않는 경우에는 이미

1066) 영 제271조의20 제2항제2호 각 목의 규정 내용은 다음과 같다.
가. 법 제83조제4항에 따른 단기대출
나. 다음의 금융회사에의 예치
ⓐ 영 제79조제2항제5호 각 목의 금융회사(이에 준하는 외국금융회사 포함)
ⓑ '우체국예금·보험에 관한 법률'에 따른 체신관서
다. 기관전용사모집합투자기구의 자산총액에서 부채총액을 뺀 가액의 100분의 30 이내에서 법 제4조제1항 각 호의 증권을 제외한 증권에의 투자
라. 그 밖에 가목부터 다목까지의 방법에 준하는 것으로서 금융위원회가 정하여 고시하는 다음의 방법(규정 제7-41조의13 제4항): ⓐ 원화로 표시된 양도성예금증서, ⓑ 영 제79조제2항제5호에 따른 어음(기업어음증권은 제외), ⓒ 투자대상기업에 대한 금전의 대여

1067) 법 제249조의7 제5항 각 호의 방법으로 하는 투자.

1068) 다른 회사의 의결권 있는 발행주식과 주권 관련 사채권의 전환권·신주인수권 등의 행사로 취득할 수 있는 의결권 있는 발행주식의 합계가 그 회사의 의결권 있는 발행주식총수의 100분의 10 이상이 되는 투자.

취득한 그 다른 회사의 지분증권등 전부를 다른 자(그 기관전용사모집합투자기구와 출자관계를 가지고 있거나 같은 자로부터 출자에 의한 지배를 받는 자는 제외한다)에게 6개월 이내에 처분하고 금융위원회에 지체 없이 보고하여야 한다(영 제271조의20 제2항제5호).

제3절 투자목적회사

제1관 총설

2021년 자본시장법 개정으로 사모집합투자기구 규제체계가 개편됨에 따라 종전의 '경영참여형사모집합투자기구 투자목적회사'를 '사모집합투자기구 투자목적회사'로 확대 개편하였다. 즉, 법 제249조의13의 투자목적회사는 기관전용사모집합투자기구는 물론이고 일반사모집합투자기구도 이용할 수 있다.

사모집합투자기구가 특정기업이나 특정자산에 투자하는 경우 위험분산이나 세금 절약 등 여러 가지 목적으로 투자목적회사를 통해 투자하는 것이 필요할 수 있다. 특히, 투자대상기업에 대한 경영참여목적 투자를 하는 경우 관련 당사자의 이해관계를 조정할 필요가 있고 투자대상기업별 거래구조 내지 위험을 투자건별로 구분하고 분산할 필요가 있다.[1069] 해외기업에 투자하는 경우에는 해당 국가의 법률·조세제도 등에 부합하는 투자구조가 요구되는 경우도 있다. 이러한 현실적인 다양한 필요 때문에 사모집합투자기구가 직접 투자대상기업에 투자하지 않고 별도의 투자기구(vehicle)를 두는 투자구조를 취하는 경우가 적지 않다. 자본시장법은 이러한 실무상의 필요성을 고려하여 투자목적회사제도를 두고 있다.

자본시장법에서 투자목적회사제도를 두고 있는 목적은 이처럼 투자목적회사를 활용한 사모집합투자기구의 활동을 지원하는 것과 함께 투자목적회사를 남용한 탈법의 가능성을 차단하기 위한 것이다.[1070] 이에 따라 자본시장법은 투자목적회사의 요건 등을 구체적으로 정하고 있다.

사모집합투자기구의 투자목적회사에 대한 출자는 금산법상 승인대상이 아니지만 그 투자목적회사를 통해 다른 회사에 법 제249조의7 제5항 각 호의 방법으로 투자하는 경우 경영참여목적 사모펀드에 해당하며 금산법상 승인대상이 된다.[1071]

1069) 자본시장법상 투자목적회사는 모든 사원이 유한책임만 부담하는 주식회사나 유한회사 형태로 조직되므로 투자위험이 투자목적회사 단계에서 유한책임화 될 수 있다. 따라서 하나의 기관전용사모집합투자기구가 여러 투자대상기업에 투자하는 경우에 각 투자건별로 투자목적회사를 통해 투자를 하면 위험을 별도 관리할 수 있게 된다.

1070) 박정훈, 앞의 논문, 51면.

1071) 금융위원회·금융감독원·금융투자협회, 사모펀드 제도개편 관련 주요 질의응답(2021.12).

한편, 법 제249조의13에 따른 투자목적회사가 그 업무를 하는 경우는 집합투자로 보지 아니한다(영 제6조제4항제3호).

제2관 투자목적회사 유사법인 이용금지

1. 총설

일반사모집합투자업자 또는 기관전용사모집합투자기구의 업무집행사원은 자본시장법 제5편(집합투자기구) 제7장(사모집합투자기구)의 규제를 회피할 목적으로 법 제249조의13에 따른 투자목적회사가 아닌 법인으로서 이와 유사한 목적 또는 형태를 가진 법인을 설립 또는 이용(그 법인이 발행한 지분증권에 투자하는 행위를 포함한다)하는 행위를 하여서는 아니 된다(법 제249조의7 제2항제5호 본문).[1072]

2021년 개정법에서 종전의 'PEF투자목적회사 제도'를 '사모집합투자기구 투자목적회사 제도'로 확대개편하면서 투자목적회사 유사법인 이용금지 규정도 신설한 것이다.[1073]

2. 예외[1074]

1) 외국투자대상자산 취득목적의 외국법인

외국투자대상자산의 취득을 목적으로 설립된 외국법인(외부감사법시행령 제3조제1항에

1072) 따라서 2021년 개정법 하에서는 사모집합투자기구가 영 제80조제1항제1호 사목 또는 타목에 따른 부동산투자목적회사 또는 특별자산투자목적회사를 설립 또는 이용하는 것은 허용되지 않는다. 즉, 부동산이나 특별자산 투자를 위해 투자목적회사를 설립 또는 이용하고자 하는 경우에는 원칙적으로 법 제249조의13에 따라야 한다.

1073) 이에 따라 자본시장법상 집합투자기구의 투자목적회사제도는 공모집합투자기구의 투자목적회사(영 제80조제1항제1호 사목 또는 타목에 따른 부동산투자목적회사 또는 특별자산투자목적회사)와 사모집합투자기구의 투자목적회사(법 제249조의13에 따른 투자목적회사)로 이원화되었다고 할 수 있다.

1074) 법령, 유권해석(금융위원회) 및 비조치의견서(금융감독원)에 따르면 사모집합투자기구는 다음에 해당하는 투자목적회사 또는 투자목적회사와 유사한 법인의 지분을 취득하는 것이 가능하다.
ⓐ 법 제249조의13의 요건을 갖춘 투자목적회사,
ⓑ 외국투자대상자산의 취득을 목적으로 설립된 외국법인(영 제271조의10 제11항),
ⓒ 다른 법령의 요건을 갖추어 설립된 법인으로서 금융위원회가 정하여 고시한 법인(규정 제7-41조의6 제10항제3호 및 제4호),
ⓓ 「사회기반시설에 대한 민간투자법」에 따른 민간투자사업법인,
ⓔ 「부동산개발업의 관리 및 육성에 관한 법률」 제4조에 따라 부동산개발업을 등록한 특수목적법인(조세특례제한법 제104조의31 제1항의 프로젝트금융투자회사에 한함),
ⓕ 「사회기반시설에 대한 민간투자법」에 따른 사회기반시설사업을 영위하는 시행법인으로서 금융감독원이 정하는 일정한 요건을 충족하는 법인.

따른 종속회사에 상당하는 외국회사 포함)으로서 국내에 투자하거나 소유하고 있는 자산을 합한 금액이 총자산의 100분의 30 미만인 외국법인을 설립 또는 이용하는 행위는 허용된다(법 제249조의7 제2항제5호 단서, 영 제271조의10 제11항). 이러한 외국법인의 경우 법 제249조의13(투자목적회사)의 요건 및 법 제249조의7(일반사모집합투자기구의 집합투자재산 운용방법등)에 따른 레버리지 한도규제와 15년 이내 지분처분 의무가 적용되지 않으며, 금산법상 승인대상도 아니다.[1075]

여기서 '외국투자대상자산의 취득을 목적으로 설립된 외국법인'이란 외국투자대상자산 취득 등을 위해 법 제249조의13에 따른 투자목적회사와 유사한 목적 또는 형태로 설립된 외국법인을 의미한다. 따라서 사업장 등 물적·인적 설비를 갖추고 사업을 영위하는 실체를 갖춘 외국법인을 포함하는 것은 아니다. 사모집합투자기구가 실체를 갖춘 외국법인의 지분을 10% 이상 취득하는 경우 경영참여목적 사모집합투자기구에 해당하며, 15년 이내에 지분처분 의무가 발생한다.[1076]

2) 다른 법률에 따라 설립된 투자목적회사

다른 법률에 따라 설립된 투자목적회사의 경우도 사모집합투자기구가 설립·투자하기 위해서는 원칙적으로 자본시장법 제249조의13의 요건을 모두 갖추고 관리·감독을 받아야 한다.

다만, 금융감독당국은 유권해석등을 통해 다른 법률에 따른 투자목적회사 중 일부에 대해 아래와 같이 예외를 인정하고 있다. 따라서 이러한 예외가 인정되는 투자목적회사는 ⓐ 해당 법률에서 정한 요건에 의해 설립·운영될 수 있으며, ⓑ 법 제249조의13에 따른 투자목적회사가 아니지만 사모집합투자기구가 투자할 수 있으며, ⓒ 법 제249조의13(투자목적회사)의 요건 및 법 제249조의7에 따른 레버리지 한도가 적용되지 않으며, ⓓ 이러한 법인에 대한 지분투자는 15년 이내 처분의무가 적용되지 않으며, ⓔ 사모펀드가 이러한 법인의 지분을 취득하는 것은 금산법상 승인대상에서 제외된다.[1077]

(금융위원회 유권해석[1078]에 따른 예외) 금융위원회는 다른 법률에 따라 설립되고 해당 법률의 목적달성을 위하여 관리·감독 되는 법인 중 다음과 같은 법인에 대해 예외를 인정하고 있다.

1075) 금융위원회·금융감독원·금융투자협회, 사모펀드 제도개편 관련 주요 질의응답(2021.10).
1076) 금융위원회·금융감독원·금융투자협회, 사모펀드 제도개편 관련 주요 질의응답(2021.10).
1077) 금융위원회·금융감독원·금융투자협회, 사모펀드 제도개편 관련 주요 질의응답(2021.12).
1078) 금융위원회·금융감독원·금융투자협회, 사모펀드 제도개편 관련 주요 질의응답(2021.12).

ⓐ '사회기반시설에 대한 민간투자법'에 따른 민간투자사업법인,

ⓑ '부동산개발업의 관리 및 육성에 관한 법률' 제4조에 따라 부동산개발업을 등록한 특수목적법인[조특세법 제104조의31 제1항의 프로젝트금융투자회사(소위 PFV)에 한함].

(금융감독원 비조치의견서[1079]에 따른 예외) 금융감독원은 비조치의견서를 통해 「사회기반시설에 대한 민간투자법」에 따른 민간투자사업법인은 아니더라도 동법에 따른 사회기반시설사업을 영위하는 시행법인으로서 일정한 요건[1080]을 충족하는 경우에는 법 제249조의7 제5항에 따른 15년 이내 처분의무 및 투자목적회사 관련 규제를 적용하지 않는다고 한 바 있다.

제3관 적용법규 등

1. 적용법규

투자목적회사에 대하여는 자본시장법에서 직접 규정하거나 준용하는 사항을 제외하고는 상법의 주식회사 또는 유한회사에 관한 규정이 적용된다(법 제249조의13 제2항).

투자목적회사의 설립 또는 기설립된 투자목적회사의 지분을 취득하는 것은 감독당국에 대한 보고대상일 뿐 인허가나 등록을 요하는 사항이 아니다(법 제249조의10 제6항).

2. 과세

기관전용사모집합투자기구는 조세특례제한법상 동업기업과세특례의 적용대상이므로 법인세 납부의무가 없지만, 투자목적회사는 이러한 특례의 적용대상이 아니므로 원칙적으로 법인세가 과세된다. 다만, 투자목적회사는 자본시장법에 따른 회사형집합투자기구나 자산유동화법에 따른 유동화전문회사등과 마찬가지로 배당가능이익의 90% 이상을 배당하는 경우에는 그 금액을 당해 사업연도의 소득금액에 공제하므로(법인세법 제51조의2 제1항제2호) 실질적으로는 법인세가 과세되지 않는 것과 다르지 않다.[1081]

1079) 금융감독원 비조치의견서(2022.2.3.)

1080) ⓐ 해당 사업에 관한 별도의 근거법률(유료도로법 등)이 존재하고, ⓑ 해당 사업에 대해 근거법률상 주무관청의 인허가, 등록, 신고 등 행정절차가 존재하며, ⓒ 해당 사업에 대해 주무관청등과의 실시협약등을 체결하거나 근거법률에 따라 주무관청등이 공고·고시한 규정·규칙을 준수하여 해당 사업을 영위하고, ⓓ 시행법인에 투자하는 사모집합투자기구라는 사실을 사모집합투자기구 설정·설립 보고서 및 집합투자규약에 명시할 것.

1081) 회사형집합투자기구, 투자목적회사, 유동화전문회사는 일반사업법인과는 다르게 영업을 위한 별도의 물적시설이나 종업원을 두지 않는 일종의 명목상의 회사(paper company)로서 투자도관으로서의 성격이 강한 점을 고려한 것이다.

제4관 투자목적회사의 요건

1. 주식회사 또는 유한회사일 것

투자목적회사는 주식회사 또는 유한회사여야 한다. 이는 사모집합투자기구가 주식회사 또는 유한회사의 주주 또는 사원으로서 유한책임을 부담하도록 하기 위한 것으로 이해된다.

투자목적회사로 설립되는 주식회사·유한회사에 대해서는 자본시장법에 특별한 규정이 없으면 상법의 주식회사·유한회사에 관한 규정이 적용된다. 다만, 자본시장법은 투자목적회사에 출자하는 기관전용사모집합투자기구가 출자약정방식(capital call)으로 출자할 수 있는 투자합자회사라는 점을 고려하여 투자목적회사 설립등기 시 자본금의 액 등을 등기하지 않아도 되도록 관련 상법규정의 적용을 배제하고 있다(법 제249조의13 제7항).[1082]

2. 특정법인·특정자산등에 대한 효율적인 투자를 목적으로 할 것

여기서의 특정법인에는 투자목적회사도 포함되므로 복층구조의 투자목적회사를 통한 투자도 가능하다(법 제249조의13 제1항제3호 가목 참조). 투자목적회사가 투자목적회사의 사원, 주주가 될 수 있으므로 자본시장법상 복층형 투자목적회사도 허용되는 것이다. 다만, 금융감독원의 실무상 3개 이상의 다층형 투자목적회사는 허용되지 않는다는 입장이다.

3. 사원·주주의 자격, 투자비율 등

1) 자격

투자목적회사의 사원·주주가 될 수 있는 자는 법령에서 정하는 다음의 자로 제한된다(법 제249조의13 제1항제3호, 영 제271조의19 제2항).

ⓐ 사모집합투자기구 또는 그 사모집합투자기구가 투자한 투자목적회사,

ⓑ 투자목적회사가 투자하는 회사의 임원·대주주,

ⓒ 투자목적회사에 대해 신용공여(법 제34조제2항에 따른 신용공여)를 한 금융기관[1083]

1082) 구체적으로는 투자목적회사가 주식회사 형태인 경우 설립등기 시 자본금의 액, 발행주식의 총수 및 그 종류와 각종 주식의 내용과 수를 등기하지 않아도 된다(상법 제317조제2항 제2호·제3호). 유한회사 형태인 경우 자본금의 총액, 출자1좌의 금액을 등기하지 않아도 된다(상법 제549조제2항제2호·제543조제2항제2호 및 제3호). 설립등기 시 등기하지 않은 사항들에 대하여는 당연히 그 변경사항에 대한 변경등기도 필요하지 않을 것이다.

으로서 출자전환 등을 한 자.

ⓓ 다음 요건을 모두 충족하는 자,[1084]

i) 금융회사등[1085]이 아닐 것,

ii) 국내에서 직접 임직원, 영업소 그 밖에 사업을 하기 위하여 통상적으로 필요한 인적·물적 설비를 갖추고 통계법에 따라 통계청장이 고시하는 한국표준산업분류표에 따른 제조업등의 사업을 하는 자일 것

iii) 투자목적회사에 투자한 기관전용사모집합투자기구의 업무집행사원 또는 일반사모집합투자기구의 집합투자업자와의 합의 또는 계약 등에 따라 해당 투자목적회사가 투자하는 기업의 경영에 공동으로 참여할 것,

iv) 그 밖에 투자자의 보호와 금융시장의 안정 또는 건전한 거래질서 유지를 위하여 필요한 사항으로서 금융위원회가 정하여 고시하는 요건(영 제271조의19 제2항제2호).[1086]

2) 출자비율

사모집합투자기구(투자목적회사)의 투자목적회사에 대한 출자비율이 50% 이상이어야 한다(법 제249조의13 제1항제3호, 영 제271조의19 제1항).

이는 사모집합투자기구가 투자목적회사에 대한 지배권을 행사할 수 있도록 하여 사모집합투자기구 본연의 투자목적을 달성할 수 있도록 제도화한 것이다.[1087]

여러 사모집합투자기구가 동일한 투자목적회사에 투자하는 경우 그 투자목적회사에 대한 출자지분이 50% 이상이어야 하므로 사모집합투자기구별로 각각 투자목적회사 지분을 50%씩 취득하는 방식으로 다른 사모집합투자기구가 설립한 투자목적회사에 투자할 수 있다. 다만, 적격기관투자자(법 제249조의11 제6항)로 구성된 기관전용사모집합투자기구가 투자자 전원의 동의[1088]를 얻은 경우에는 여러 기관전용사모집합

1083) 금융위원회의 설치 등에 관한 법률 제38조에 따른 검사대상기관을 말한다.

1084) 표준산업분류에 따른 제조업 등의 사업을 하는 자로서 투자목적회사에 투자한 사모집합투자기구의 업무집행사원 등과의 합의·계약 등에 따라 해당 투자목적회사가 투자하는 기업의 경영에 공동으로 참여하는 자를 말하며, 실무에서는 이러한 자를 일반적으로 '전략적 투자자(Strategic Investor, SI)'라고 부른다.

1085) 금융회사, 연기금, 국가 및 지방자치단체, 금융관계기관등을 말한다. 구체적으로는 다음과 같은 자가 금융기관등에 해당한다: 한국은행, 영 제10조제2항제1호부터 제17호까지의 규정에 해당하는 자(a), 영 제10조제3항제1호부터 제14호까지의 규정에 해당하는 자(b), 영 제10조제3항제18호 가목부터 다목까지의 규정에 해당하는 자, (a) 또는 (b)에 준하는 외국인, 이상의 어느 하나에 해당하는 자 또는 같은 상호출자제한기업집단에 속하는 금융회사가 설립하였거나 사실상 지배하는 회사 또는 법인.

1086) 2025년 6월말 현재 금융위원회가 정한 바 없다.

1087) 변제호 외 5인, 자본시장법 제2판, 지원출판사(2015), 933면 및 934면.

투자기구 간 합산하여 동일한 투자목적회사에 50% 이상 투자하는 것이 가능하다.[1089]

(다른 사모집합투자기구가 설립한 투자목적회사에 투자하는 방법) 일반사모집합투자기구는 일반사모집합투자기구가 설립한 투자목적회사, 기관전용사모집합투자기구는 기관전용사모집합투자기구가 설립한 투자목적회사에 투자하여야 한다. 다만, 해당 일반사모집합투자기구가 기관전용사모집합투자기구의 유한책임사원이 집합투자증권의 전부를 보유하는 일반전용사모집합투자기구인 경우는 예외가 허용된다.[1090]

이는 일반사모집합투자기구와 기관전용사모집합투자기구 간 상이한 투자자보호 규제를 우회하는 것을 방지하기 위한 것이다.

4. 주주·사원의 수 100인 이내

투자목적회사는 그 주주·사원인 사모집합투자기구의 투자자 수와 사모집합투자기구가 아닌 주주·사원의 수를 합산한 수가 100인 이내여야 한다(법 제249조의13 제1항 제4호). 이는 사모집합투자기구가 투자목적회사를 이용하여 공모규제를 잠탈하는 것을 방지하기 위한 것이다.

다만, 주주·사원의 총수(100인) 계산 시 전문투자자 중에서 일정한 자[1091]는 제외한다(법 제249조의13 제5항, 법 제249조의11 제3항).

5. 명목상 회사일 것

투자목적회사는 상근 임원을 두거나 직원을 고용하지 않아야 하고 본점 외에 영업소를 설치하여서는 아니 된다(법 제249조의13 제1항제5호).

제5관 투자목적회사 재산의 운용 등

1. 재산운용의 위탁 및 재산의 보관·관리

투자목적회사는 그 회사의 주주나 사원인 기관전용사모집합투자기구의 업무집행사원 또는 일반사모집합투자기구의 집합투자업자에게 그 회사의 재산의 운용을 위탁하여야 한다(영 제271조의19 제5항).

1088) 투자구조를 안내하고 투자자금을 납부(이행) 받은 경우 동의로 인정.
1089) 금융위원회 행정지도(사모펀드의 투자목적회사 공동투자에 관한 가이드라인, 2022.1.1.).
1090) 규정 제4-63조제15호, 규정 제7-41조의14 제12항. 영 제271조의14 제4항제5호 나목.
1091) 자본시장법시행령 제271조의14 제2항 및 금융투자업규정 제7-41조의9 제2항에서 정하는 자를 말한다.

일반투자자 대상 일반사모집합투자기구가 출자한 투자목적회사는 일반투자자 대상 일반사모집합투자기구의 재산을 운용하게 되므로, 투자자보호를 위해 일반투자자 대상 일반사모집합투자기구와 동일하게 신탁업자에 대한 재산의 보관·관리업무 위탁의무 및 신탁업자의 운용감시의무가 적용된다(법 제249조의13 제6항).[1092]

2. 운용방법 등

투자목적회사는 법 제249조의7 제1항·제2항 및 제4항부터 제7항까지의 방법(기관전용사모집합투자기구가 주주 또는 사원인 투자목적회사의 경우 같은 조 제6항의 방법은 제외한다)으로 투자목적회사의 재산을 운용하여야 한다(영 제271조의19 제6항).

3. 레버리지[1093]

사모집합투자기구가 투자한 투자목적회사도 법 제249조의7 제1항에 따른 레버리지 한도를 준수하여야 한다. 따라서 사모집합투자기구의 레버리지비율 계산 시 투자목적회사의 레버리지를 포함하여 계산하여야 한다.

레버리지비율의 산정은 해당 사모집합투자기구의 순자산을 기준으로 하되 투자목적회사의 레버리지를 포함하여 계산하여야 한다.[1094]

4. 지분증권에 대한 평가방법

투자목적회사는 법 제238조제1항에 따라 그 재산을 평가해야 한다. 즉, 원칙적으로 시가로 평가해야 하고 대통령령으로 정하는 경우에는 공정가액으로 평가할 수 있다.

다만, 기관전용사모집합투자기구가 주주 또는 사원인 투자목적회사가 법 제249조의7 제5항 각 호의 방법으로 지분증권에 투자하는 경우 그 지분증권에 대한 평가는 영 제260조제1항제1호에 따른 방법으로 평가할 수 있다(영 제271조의19 제7항).

5. 이익분배

투자목적회사에는 집합투자기구의 이익금의 분배에 관한 규정(법 제242조)이 준용

1092) 금융위원회·금융감독원·금융투자협회, 사모펀드 제도개편 관련 주요 질의응답(2021.10.).
1093) 금융위원회·금융감독원·금융투자협회, 사모펀드 제도개편 관련 주요 질의응답(2021.12.).
1094) 즉, 분모는 사모펀드의 순자산(총자산에서 총부채를 차감한 금액)으로, 분자는 사모펀드의 차입등 금액과 투자목적회사의 차입등 금액의 합계액으로 한다.

된다(법 제249조의13 제5항).

따라서 투자목적회사는 이익금을 금전 또는 신규발행 지분증권으로 분배하여야 하며, 이익금을 초과하여 금전을 분배하는 것도 가능하다.

6. 상호출자제한기업집단계열 기관전용사모집합투자기구등에 대한 투자제한

투자목적회사에는 상호출자제한기업집단계열 기관전용사모집합투자기구등에 대한 투자제한 규정(법 제249조의18)이 준용된다(법 제249조의13 제5항).

따라서 투자목적회사가 상호출자제한기업집단 계열회사에 해당하는 경우에는 계열회사가 발행한 지분증권을 취득하는 것이 금지된다. 그리고 계열회사로 편입한 투자대상기업을 원칙적으로 5년 이내에 해당 상호출자제한기업집단 계열회사가 아닌 자에게 처분하여야 한다.

제6관 일반투자자를 대상으로 하는 일반사모집합투자기구가 주주 또는 사원인 투자목적회사에 대한 특례

일반투자자를 대상으로 하는 일반사모집합투자기구가 주주 또는 사원인 투자목적회사에 관하여는 법 제184조제3항·제4항, 제249조의8 제2항제5호를 준용한다. 이 경우 "집합투자재산"은 "투자목적회사의 재산"으로 본다(법 제249조의13 제6항).

따라서 투자목적회사는 그 재산의 보관·관리업무를 신탁업자에게 위탁해야 하고(법 제184조제3항), 집합투자업자는 자신이 운용하는 투자목적회사의 재산을 보관·관리하는 신탁업자가 되어서는 아니 된다(법 제184조제4항).

그리고 투자목적회사의 재산을 보관·관리하는 신탁업자는 법 제247조에 따라 투자목적회사의 재산을 운용하는 집합투자업자를 감시하여야 한다(법 제249조의8 제2항제5호).

제7관 기업결합신고

투자목적회사를 설립하는 단계에서도 당해 투자목적회사의 설립에 참여하는 당사자들의 자산총액 또는 매출액 규모에 따라 공정거래위원회에 기업결합신고를 해야 하는 경우가 발생할 수 있다.

투자목적회사가 투자대상기업이 발행한 의결권 있는 주식 20%[1095] 이상을 소유하게 되는 등 공정거래법 제11조제1항에서 정하는 사유에 해당하는 경우에는 공정

1095) 투자대상기업이 주권상장법인인 경우에는 15%이다(공정거래법 제11조제1항제1호).

거래위원회에 투자대상기업의 지분취득에 관한 기업결합신고를 하여야 한다(공정거래법 제11조).[1096]

제4절 상호출자제한기업집단계열 기관전용사모집합투자기구등에 대한 규제특례

제1관 개요

자본시장법은 상호출자제한기업집단이 기관전용사모집합투자기구를 통해 사실상 다른 회사를 계열회사로 신규로 편입하거나 또는 기존의 계열회사에 대한 지분 확대 수단으로 남용하는 것을 방지하기 위한 규정을 두고 있다. 즉, 자본시장법 제249조의18 제1항·제2항은 기관전용사모집합투자기구를 이용하여 사실상 다른 회사를 계열사로 신규 편입하는 것을 방지하기 위한 것이고, 동조 제3항·제4항은 기관전용사모집합투자기구를 이용하여 기존의 계열회사에 대한 지분을 확대하는 것을 제한하기 위한 것이다.[1097]

이러한 규제의 적용을 받는 기관전용사모집합투자기구에는 ⓐ 상호출자제한기업집단 계열회사인 기관전용사모집합투자기구와 ⓑ 상호출자제한기업집단 계열회사가 무한책임사원인 기관전용사모집합투자기구가 포함된다. 여기서 '상호출자제한기업집단 계열회사인 기관전용사모집합투자기구'란 당해 기관전용사모집합투자기구의 업무집행사원이 상호출자제한기업집단 계열회사인 경우를 말한다.

1096) 공정거래법 개정으로 기관전용사모집합투자기구 설립에 대해서는 기업결합신고가 면제되었음에도 불구하고 투자목적회사의 경우는 여전히 기업결합신고가 면제되지 않고 있다.

1097) 자본시장법은 대기업집단이 기관전용사모집합투자기구를 통해 경제력 집중이나 불공정거래 행위를 하는 것을 방지하기 위한 다음과 같은 여러 가지 제도적 장치를 마련하고 있다. 첫째, 대기업집단계열사가 기관전용사모집합투자기구를 지배하게 될 경우 기관전용사모집합투자기구가 당해 대기업집단계열사 지분증권을 취득하는 것을 금지한다(법 제249조의18 제3항). 둘째, 대기업집단계열사가 지배하는 기관전용사모집합투자기구가 다른 회사 지분을 취득하여 계열회사로 편입한 경우 5년 이내에 그 지분을 처분하도록 한다(법 제249조의18 제1항). 셋째, 특정대기업집단 소속 금융계열회사들은 합산하여 동일 기관전용사모집합투자기구에 대해 30% 이상 투자할 수 없다(법 제249조의11 제9항, 영 제271조의14 제9항). 넷째, 산업자본이 무한책임사원이거나 지분 10% 이상을 보유한 유한책임사원등인 기관전용사모집합투자기구는 은행지분을 4% 이상 취득할 수 없다(은행법 제2조제1항제9호 라목, 제16조의2 제1항).

제2관 계열회사로 편입된 투자대상기업의 조기 처분

1. 원칙: 5년 이내 처분

상호출자제한기업집단의 계열회사인 기관전용사모집합투자기구 또는 상호출자제한기업집단의 계열회사가 무한책임사원인 기관전용사모집합투자기구가 다른 회사를 계열회사로 편입한 경우[1098]에는 편입일로부터 5년 이내에 그 다른 회사의 지분증권을 그 상호출자제한기업집단의 계열회사가 아닌 자에게 처분하여야 한다(법 제249조의18 제1항).

다른 회사에 외국기업(외국법령에 따라 설립된 기업: 법 제9조제16항제4호)은 제외된다.

2. 금융전업상호출자제한기업집단: 7년 이내 처분

'금융전업상호출자제한기업집단의 계열회사인 기관전용사모집합투자기구' 또는 '금융전업상호출자제한기업집단의 계열회사가 무한책임사원인 기관전용사모집합투자기구'가 다른 회사를 계열회사로 편입한 경우에는 편입일로부터 7년 이내에 그 다른 회사의 지분증권을 그 금융전업상호출자제한기업집단의 계열회사가 아닌 자에게 처분하여야 한다(법 제249조의18 제2항).[1099]

(금융전업상호출자제한기업집단)[1100] 상호출자제한기업집단으로서 그 계열사 중에서 '기관전용사모집합투자기구등'을 제외한 계열회사 전체의 자산총액(금융업·보험업 영위 계열사의 경우 자본총액과 자본금 중 큰 금액)에 대한 금융업·보험업 영위하는 계열사 전체의 자본총액(자본금이 더 큰 경우 자본금)의 비율이 75% 이상인 상호출자제한기업집단을 말한다.

여기서 '<u>기관전용사모집합투자기구등</u>'이란, ⓐ 기관전용사모집합투자기구, ⓑ 기관전용사모집합투자기구가 투자한 투자목적회사, ⓒ ⓑ에 해당하는 자가 투자한 투자

1098) '다른 회사를 계열회사로 편입한 경우'란 2 이상의 회사가 동일한 기업집단에 속하게 되는 경우를 말하는데, 동일한 기업집단에 속하는 회사들은 서로 상대방의 계열회사가 된다. '기업집단'이란 동일인이 사실상 그 사업내용을 지배하는 회사의 집단을 말한다(공정거래법 제2조제11호 및 제12호). 사업내용의 지배를 판단하는 지분율 요건(동일인 관련자가 지분 30% 이상을 소유하고 최다출자자인 경우) 또는 영향력 요건(대표이사 임면, 임원 50% 이상 임면, 주요의사결정이나 업무집행에 지배적 영향력을 행사하거나 임원겸임·거래관계·채무보증·대차관계 등으로 지배관계가 인정되는 경우) 중 어느 하나에 해당되면 계열회사 관계가 인정된다(공정거래법시행령 제14조).

1099) 자본시장법시행령 제271조의23 제2항이 정하는 방법에 따라 금융위원회의 승인을 받는 경우에는 처분기한을 3년 이내에서 연장할 수 있다.

1100) 법 제249조의18 제2항에 해당하는 상호출자제한기업집단을 말하며 '금융전업상호출자제한기업집단'이라는 용어는 이해의 편의를 위하여 저자가 사용한 것이다.

목적회사, ⓓ ⓐ~ⓒ에 해당하는 자가 투자한 투자대상기업(기관전용사모집합투자기구·투자목적회사가 법 제249조의7 제5항제1호 또는 제2호의 방법으로 투자한 기업을 말한다), ⓔ ⓓ에 해당하는 자가 지배하는 회사를 말한다(법 제249조의18 제2항, 영 제271조의23 제1항).

제3관 기존 계열회사 등이 발행한 지분증권의 취득 금지

상호출자제한기업집단의 계열회사인 기관전용사모집합투자기구 또는 상호출자제한기업집단의 계열회사가 무한책임사원인 기관전용사모집합투자기구는 그 계열회사 중 '투자목적회사 및 투자대상기업'을 제외한 다른 계열회사가 발행한 지분증권을 취득하는 것이 금지된다(법 제249조의18 제3항).

금융전업상호출자제한기업집단의 계열회사는 다음 어느 하나에 해당하는 행위를 해서는 안 된다(법 제249조의18 제4항): ⓐ '기관전용사모집합투자기구등'이 '기관전용사모집합투자기구등'이 아닌 계열회사의 지분증권을 취득 또는 소유하는 행위, ⓑ '기관전용사모집합투자기구등이 아닌 계열회사'가 기관전용사모집합투자기구(투자목적회사)가 투자한 투자대상기업 또는 그 투자대상기업이 지배하는 회사의 지분증권을 취득 또는 소유하는 행위.

제5절 관계인거래등에 대한 규제

제1관 총설

불건전영업행위에서 본 바와 같이 기관전용사모집합투자기구의 관계인거래 등에 관하여는, ⓐ 업무집행사원과 기관전용사모집합투자기구 간 거래는 법 제249조의14 제6항제1호에서, ⓑ 업무집행사원의 이해관계인과 기관전용사모집합투자기구 간 거래는 법 제249조의16 제1항에서 규정하고 있으며,[1101] ⓒ 법 제249조의16 제3항 및 제4항에서 업무집행사원등이 발행한 증권을 기관전용사모집합투자기구에서 취득하는 것을 금지하거나 한도규제를 한다.

기관전용사모집합투자기구의 관계인거래와 관련하여서는 자본시장법에 따른 관계인거래규제 외에 상법상에 따른 관계인거래규제도 적용된다는 점에 유의하여야 한다. 즉, 기관전용사모집합투자기구 투자자(유한책임사원·무한책임사원)와 기관전용사모

1101) 일반사모집합투자기구의 경우와 마찬가지로 기관전용사모집합투자기구의 관계인을 업무집행사원과 기타의 자(이해관계인)로 이원화하여 별도의 조문에서 관계인거래를 규정하고 있다.

집합투자기구 간의 거래는 자본시장법에서는 규제대상이 아니지만 상법의 관계인 거래 규제의 대상이 된다.

기관전용사모집합투자기구 관계인거래 관련 규정은 기관전용사모집합투자기구와 관계인의 공동거래(공동투자)에는 적용되지 않는 것으로 보아야 할 것이다.[1102] 관계인과의 공동거래는 실무적으로는 어느 업무집행사원이 운용하는 기관전용사모집합투자기구가 이미 투자한 투자대상회사에 해당 업무집행사원이 운용하는 다른 기관전용사모집합투자기구로 새로이 투자하거나 복수의 기관전용사모집합투자기구가 공동투자를 하는 경우가 주로 문제 될 수 있다. 거래의 특성상 이해상충의 소지가 있는 경우(예컨대, 동일한 업무집행사원이 운용하는 복수의 기관전용사모집합투자기구가 동시에 하나의 투자대상기업에 투자하는 경우) 사원총회결의 등의 절차를 거치도록 정관에 정하는 것이 바람직하다. 나아가, 법이나 정관상 특별한 제한이 없다고 하더라도 업무집행사원은 개별 사안별로 충실의무에 따라 이해상충의 문제가 없도록 거래하여야 할 것이다.[1103]

업무집행사원 또는 업무집행사원의 이해관계인과 기관전용사모집합투자기구 간 거래 등에 관한 규정 위반에 대해서는 형사처벌 규정이 있다(법 제446조제47호, 법 제444조제19의5호).

한편, 자본시장법에서 명시적으로 제한하지 않는 거래유형이라고 할지라도 본질적으로 이해상충의 요소가 있는 거래를 함에 있어서는, 정관상 이해상충과 관련된 규정을 준수해야 할 것이고, 업무집행사원 입장에서는 선관주의의무 및 충실의무에 따라 이해상충이 없도록 기관전용사모집합투자기구의 집합투자재산을 운용하여야 한다.

제2관 기관전용사모집합투자기구와 관계인 간 거래

1. 업무집행사원과 기관전용사모집합투자기구 간 거래

상법상으로는 업무집행사원도 다른 사원 과반수의 결의만 있으면 회사와 거래할 수 있지만, 자본시장법은 기관전용사모집합투자기구의 투자펀드로서의 특성을 고려하여 펀드운용사에 해당하는 업무집행사원과 펀드 간의 거래에 대해서는 보다 엄격하게 규제하고 있다.

1102) 제2편제8장제2절제2관2. 관계인과의 '거래' 부분 참조.

1103) 기관전용사모집합투자기구의 정관에는 법상 관계인거래에 대한 제한 이외에도 다양한 이해관계인거래에 대한 제한규정을 기재할 수 있으며 그런 경우 유한책임사원이 지명하는 자로 구성되는 자문위원회나 사원총회 특별결의에 의한 승인을 받고 해당 거래를 진행하도록 정하는 경우가 많다.

즉, 업무집행사원은 기관전용사모집합투자기구와 거래를 하려면 사원 전원의 동의를 얻어야 한다(법 제249조의14 제6항제1호). 여기서의 '거래'는 기관전용사모집합투자기구재산의 운용과 관련한 거래로 제한되지 않고 각종 서비스계약을 포함한 모든 거래로 보아야 할 것이다. 아래 업무집행사원의 이해관계인과 기관전용사모집합투자기구 간 거래의 경우와 달리 '기관전용사모집합투자기구의 집합투자재산을 운용할 때'라는 제한 문구가 없기 때문이다.

2. 업무집행사원의 이해관계인과 기관전용사모집합투자기구 간 거래

업무집행사원은 기관전용사모집합투자기구의 집합투자재산을 운용할 때 이해관계인과 거래를 하는 것이 원칙적으로 금지되나 법령에서 정하는 일정한 경우에는 예외가 허용된다(법 제249조의16 제1항).

업무집행사원은 예외적으로 허용되는 이해관계인과의 거래가 있는 경우 또는 이해관계인의 변경이 있는 경우 그 내용을 해당 기관전용사모집합투자기구의 집합투자재산을 보관·관리하는 신탁업자에게 통보하여야 한다(법 제249조의16 제2항).

1) 이해관계인

기관전용사모집합투자기구와의 거래가 제한되는 업무집행사원의 이해관계인에 포함되는 자는 다음과 같다(영 제271조의22 제1항):

ⓐ 업무집행사원의 임직원과 그 배우자,

ⓑ 업무집행사원의 대주주와 그 배우자,

ⓒ 업무집행사원의 계열회사(대통령령에서 정하는 계열회사 제외).

① 계열회사

(대통령령에서 정하는 계열회사 제외) 업무집행사원의 계열회사 중에서 다음에 해당하는 계열회사는 업무집행사원의 이해관계인에서 제외된다(영 제271조의22 제1항제3호).

ⓐ 해당 업무집행사원이 그 집합투자재산을 운용하는 기관전용사모집합투자기구가 투자한 투자대상기업 또는 투자목적회사,

ⓑ 앞의 ⓐ의 투자대상기업이나 투자목적회사에 대하여 자본시장법시행령 제271조의10 제17항 각 호의 방법으로 공동운용함으로써 그 투자대상기업이나 투자목적회사에 투자한 다른 기관전용사모집합투자기구 및 그 업무집행사원,

ⓒ 기타 금융시장의 안정 또는 건전한 금융거래질서를 해칠 우려가 없는 회사로서 금융위원회가 정하여 고시하는 회사[1104)]

(복수의 기관전용사모집합투자기구) 동일한 업무집행사원이 운용하는 복수의 기관전용사모집합투자기구는 각자 업무집행사원의 계열회사로서 상호 이해관계인에 해당한다.

② 30% 유한책임사원

기관전용사모집합투자기구 출자지분이 30% 이상인 유한책임사원은 업무집행사원의 이해관계인에 포함되지 않으므로 자본시장법에 따른 관계인거래규제는 적용받지 않지만 상법(상법 제269조·제199조)에 따른 관계인거래규제는 적용받는다는 점에 유의하여야 한다.

2) 이해관계인과의 거래 금지

업무집행사원은 기관전용사모집합투자기구의 집합투자재산을 운용할 때 이해관계인과 거래행위를 하여서는 아니 된다(법 제249조의16 제1항).

여기서의 '거래'는 '기관전용사모집합투자기구의 집합투자재산을 운용할 때'라는 제한 문구가 있으므로 기관전용사모집합투자기구의 집합투자재산의 운용과 관련한 거래로 한정되는 것으로 보아야 할 것이다.

3) 예외적으로 허용되는 경우

'업무집행사원의 이해관계인'과 기관전용사모집합투자기구 간 거래에 대해서는 아래와 같은 두 가지 유형의 예외가 인정된다.

업무집행사원은 이러한 예외규정에 따라 그 이해관계인과 기관전용사모집합투자기구 간 거래를 하는 때에는 그 내용을 기관전용사모집합투자기구 집합투자재산을 보관하는 신탁업자에게 즉시 통보해야 한다. 이해관계인의 변경이 있는 경우에도 신탁업자에게 즉시 통보해야 한다(법 제249조의16 제1항 단서·제2항).

① 다른 사원 전원이 동의한 경우에는 예외적으로 거래가 허용된다(영 제271조의22 제2항제2호).[1105)]

1104) 2024년말 현재까지 정한 바 없다.

1105) 참고로, 일반사모집합투자기구의 경우는 다른 투자자 전원 동의는 운용사의 이해관계인과 펀드 간 거래의 예외적 허용사유가 아니다(법 제84조제1항, 영 제85조).

사원의 전원 동의와 관련하여 정관에 특정한 거래에 대해서는 사원의 전원 동의가 아닌 사원총회 특별결의등 동의요건을 완화하는 것이 가능한지 문제 될 수 있다. 사원들이 해당 정관내용에 동의하고 기관전용사모집합투자기구의 사원이 되었을 것이므로 그러한 정관규정 자체는 유효한 것으로 보는 것이 타당하다고 생각한다.[1106]

② 법령에서 정하는 다음의 거래는 다른 사원 전원의 동의를 받지 않아도 예외적으로 허용된다(법 제249조의16 제1항 각 호, 영 제271조의22 제2항제1호·제3호).

ⓐ 증권시장 등 불특정다수인이 참여하는 공개시장을 통한 거래,
ⓑ 일반적인 거래조건에 비추어 기관전용사모집합투자기구에 유리한 거래,[1107]
ⓒ 영 제85조 각 호의 어느 하나에 해당하는 거래,[1108]
ⓓ 기타 금융시장의 안정 또는 건전한 거래질서를 해칠 우려가 없는 거래로서 금융위원회가 정하여 고시하는 거래.[1109]

3. 기관전용사모집합투자기구와 사원(업무집행사원이 아닌 사원) 간 거래

업무집행사원이 아닌 사원(투자자)이 자기 또는 제삼자의 계산으로 기관전용사모집합투자기구와 거래하려면 다른 사원 과반수의 동의를 얻어야 한다(상법 제269조·제199조).

여기서의 거래는 기관전용사모집합투자기구의 운용과 관련된 거래를 포함한 모든 거래를 의미하는 것으로 보아야 할 것이다.

1106) 이렇게 해석하지 않으면 실질적으로는 사원들의 이익에 부합하는 관계인거래에 대해서도 1인의 사원만 반대해도 실행할 수 없게 되는 문제가 발생할 수 있기 때문이다.

1107) 공모집합투자기구나 종전의 전문사모집합투자기구의 관계인거래 예외적 허용사유 중 "일반적인 거래조건에 비추어 집합투자기구에 유리한 거래"(법 제84조제1항제3호)와 관련하여, 금융위원회는 '집합투자기구에 불리하지 않은 공정한 거래를 포함하는 포괄적 개념으로' 해석한 바 있으며(2009.4.3.), 금융감독원은 '거래의 필요성이 인정되고, 거래상대방 선정절차의 합리성·공정성, 거래조건의 적정성등이 인정되고 이를 의심할 만한 특별한 사정이 없으며 이를 뒷받침할 만한 객관적인 자료가 있는 경우로서 집합투자기구와의 이해상충의 우려가 없는 거래로 평가될 수 있다면 집합투자기구에 유리한 거래에 해당할 수 있다는 취지의 비조치의견서를 낸 바 있다(2017.6.2.). 이러한 유권해석 및 비조치의견서은 기관전용사모집합투자기구의 경우에도 유추적용할 수 있을 것으로 생각된다.

1108) 제2편제8장 관계인거래 제2절제2관 3. '이해관계인'과의 거래에 대한 예외 부분 참조.

1109) 2024년말 현재까지는 금융위원회에서 고시한 내용이 없다.

제3관 업무집행사원 등이 발행한 증권등의 취득 제한

1. 업무집행사원이 발행한 증권의 취득 금지

업무집행사원은 기관전용사모집합투자기구의 집합투자재산을 운용할 때 기관전용사모집합투자기구의 계산으로 자신이 발행한 증권을 취득하여서는 아니 된다(법 제249조의16 제3항). 여기에는 아무런 예외가 없다.

2. 업무집행사원의 계열회사 등이 발행한 증권 등의 취득 한도 제한

업무집행사원은 기관전용사모집합투자기구의 집합투자재산을 운용할 때 자신의 계열회사 또는 당해 기관전용사모집합투자기구 출자총액의 30% 이상을 보유한 유한책임사원의 계열회사가 발행한 증권등을 기관전용사모집합투자기구 집합투자재산의 5%를 초과하여 취득하는 것이 금지된다(법 제249조의16 제4항, 영 제271조의22 제3항 내지 제6항).

1) 증권등

여기서의 증권 등에는 계열회사등이 발행한 증권 외에, 계열회사등이 발행한 지분증권과 관련한 증권예탁증권, 원화표시 양도성예금증서, 기업어음증권 외의 어음, 대출채권·예금 기타 금융위원회가 정한 채권(債權)이 포함된다(영 제271조의22 제4항).

2) 업무집행사원의 계열회사

앞에서 본 바와 같이 업무집행사원의 계열회사와 기관전용사모집합투자기구 간 거래의 경우에는 투자펀드로서의 특성 및 경영참여목적 투자방법등을 고려하여 투자대상기업·투자목적회사등을 규제대상 계열회사의 범위에서 제외하는 특례규정이 마련되어 있다(영 제271조의22 제1항제3호). 반면에 업무집행사원의 계열회사가 발행한 증권등을 기관전용사모집합투자기구가 취득하는 경우에는 명시적인 특례규정이 없다. 이는 입법 실수로 보이므로 입법적 보완이 필요하다.

3) 30% 유한책임사원의 계열회사

업무집행사원의 계열회사 외에 당해 기관전용사모집합투자기구의 출자총액의 30% 이상을 보유한 유한책임사원의 계열회사도 규제대상에 포함된다는 점에 유의할 필요가 있다(영 제271조의22 제6항).[1110] 이러한 규제는 30% 이상을 보유한 유한책임사원의 경우 사실상 업무집행사원과 마찬가지로 이해상충 문제가 발생할 수 있다는 전제에서 도입된 규제로서 조금은 과도한 측면이 있다. 한편, 이러한 규제 취지상 단일 유한책임사원 기준으로는 30% 미만이지만, 다른 계열회사와 합하여 30% 이상의 출자 지분을 가지는 경우에도 역시 해당 유한책임사원의 계열회사에 대한 투자가 제한된다고 보아야 할 것이다.

4) 예외

업무집행사원(30% 유한책임사원)의 계열회사가 발행한 증권등의 취득제한에 대해서도 아무런 예외가 없다. 그러나 업무집행사원의 이해관계인과 기관전용사모집합투자기구 간의 거래에 대하여 일정한 예외(사원 전원 동의등)를 허용하는 것과는 형평성에 어긋나고 사원 전원의 동의가 있는 경우까지 그러한 투자를 제한할 실익이 없다는 점에서 입법적인 개선이 필요한 것으로 생각한다.

1110) 자본시장법은 '30% 유한책임사원' 자신이 발행한 증권등을 취득하는 것에 대해서는 명시적인 규정을 두고 있지 않다. 기관전용사모집합투자기구가 이러한 '30% 유한책임사원'이 새로이 발행하는 증권등을 취득하거나 '30% 유한책임사원이 보유하고 있는 자사주를 취득하고자 하는 경우에는 상법(제269조, 제199조)에 따라 미리 다른 사원 과반수의 동의를 얻어야 한다.
이처럼 30% 유한책임사원 자신이 발행한 증권등을 취득하는 것에 비해 그 계열회사가 발행한 증권등을 취득하는 것을 더 강하게 규제하는 것은 타당성이 부족하므로 입법적인 개선이 필요하다.

제6장 공정거래법 등 적용특례 등

사모집합투자기구가 투자를 통해 다른 회사의 사업내용을 지배하는 지주회사가 되거나 상호출자제한기업집단에 해당하게 되는 경우 관련 법(공정거래법, 금융지주회사법)의 적용을 받게 된다. 자본시장법은 이러한 규제 중에서 경영참여목적 사모집합투자기구(자본시장법 제249조의7 제5항 각 호의 방법으로 투자하는 사모집합투자기구)에 맞지 않는 규제(지주회사 규제, 의결권 행사 규제등)에 대해서는 특례규정을 두고 있다.

이러한 특례규정은 기관전용사모집합투자기구와 일반사모집합투자기구 모두에 적용된다.

제1절 공정거래법 적용특례

제1관 총설

자본시장법은 사모집합투자기구의 투자펀드로서의 성질에 맞지 않는 공정거래법의 일부 규제(지주회사 관련 규제와 의결권 행사 관련 규제)에 대해서는 적용을 배제하거나 특례를 규정하고 있다.

이처럼 적용배제 특례가 인정되는 규정 이외의 공정거래법 규정은 사모집합투자기구에도 적용된다. 예컨대, 기업결합신고(공정거래법 11조), 대규모 내부거래의 이사회 의결 및 공시(공정거래법 제26조) 등이 그것이다.

기업결합과 계열편입은 밀접한 관계가 있다. 일반적으로 계열편입 사실을 별도로 신고할 필요는 없으나, 공시대상기업집단에 속하는 회사는 계열편입사유가 발생한 경우 30일 이내에 공정거래위원회에 (기업결합신고와 별도로) 계열편입신고서를 제출해야 한다(공정거래법시행령 제20조제3항).

제2관 지주회사 규제 관련

공정거래법은 자산총액이 5천억원 이상인 회사로서 자회사의 주식(지분 포함)가액 합계액이 자산총액의 50% 이상인 회사를 지주회사로 정의하고(동법 제2조의7, 동법시행령 제3조제1항 및 제2항), 지주회사에 대해 행위제한 등 각종 규제를 하고 있다. 따라서 자산총액이 5천억원 이상인 사모집합투자기구가 경영참여목적 투자를 하면 많은 경우에 공정거래법상 지주회사에 해당하게 되어 동법상의 지주회사 규제를 적용받게 된다. 그러나 이러한 규제를 기업 인수·합병을 통한 투자수익 획득을 목적으로 하는 사모집합투자기구에 적용하게 되면 펀드의 정상적인 작동이 어려워진다.[1111]

이런 점을 고려하여 자본시장법은 공정거래법상 지주회사에 관한 규정은 사모집합투자기구 또는 투자목적회사가 자본시장법 제249조의7 제5항제1호 또는 제2호의 요건을 충족하는 경우 그 요건을 충족한 날부터 10년이 되는 날까지 적용하지 않도록 특례규정을 두고 있다(법 제249조의19 제1항). 뒤에서 보듯이 금융지주회사법상 금융지주회사에 관한 규정에 대해서도 동일한 취지의 특례규정을 두고 있다.

다만, 사모집합투자기구나 투자목적회사가 그 요건을 충족한 날부터 2주 이내에 금융위원회에 그 사실을 보고해야 하고, 금융위원회는 이를 공정거래위원회에 통보해야 한다(법 제249조의19 제2항). 전자문서의 방법으로 보고할 수 있으며 증빙자료(투자대상기업에 대한 출자내역 및 그 증빙서류, 임원의 파견 또는 선임과 관련한 합의·계약 등을 한 경우 그 관련 서류)를 첨부하여야 한다(영 제271조의24 제1항, 규정 제7-41조의16).

제3관 의결권 행사 및 기업집단 현황 공시규제 관련

1. 의결권 행사 규제 관련

공정거래법 제25조제1항은 상호출자제한기업집단에 속하는 회사로서 금융업 또는 보험업을 영위하는 회사는 취득 또는 소유하고 있는 국내 계열회사 주식에 대하여 원칙적으로 의결권을 행사할 수 없도록 규정하고 있다.[1112] 따라서, 상호출자제한기업

1111) 사모집합투자기구가 지주회사 규정을 적용받게 되면, ⓐ 모든 자회사에 대하여 지분 40%(상장사는 20%) 이상을 소유해야 하고, ⓑ 자회사를 소유하고 있는 회사를 인수하는데 일정한 제한이 있으며(2년 내 자회사 매각의무), ⓒ 금융자회사와 비금융자회사를 함께 소유하는 것이 금지되는 등의 규제를 받게 된다.

1112) 자본시장법상 집합투자기구 보유 주식에 대한 의결권 행사제한 규정(제87조)은 기관전용사모집합투자기구에는 적용되지 않는다(제249조의20 제1항에서 제186조 적용배제, 제186조에서 투자회사등에 대해 투자신탁·투자익명조합의 집합투자업자에 대한 의결권 행사제한 규정인 제87조를 투자회사등에 준용).

집단 소속 기관전용사모집합투자기구가 투자한 기업이 계열회사에 해당하는 경우에는 위 규정에 따라 그 의결권 행사가 제한된다.

(금융전업상호출자제한기업집단[1113]의 경우) 자본시장법은 금융전업상호출자제한기업집단에 속하는 '기관전용사모집합투자기구'(또는 그 기관전용사모집합투자기구가 투자한 투자목적회사)가 소유하는 투자목적회사 또는 투자대상기업[1114]의 지분증권에 대하여 의결권을 행사하는 경우에는 위 공정거래법 제25조제1항의 의결권 행사제한 규정이 적용되지 않도록 특례규정을 두고 있다(자본시장법 제249조의20 제3항). 따라서 금융전업상호출자제한기업집단 소속 기관전용사모집합투자기구(투자목적회사)는 그 계열회사에 해당하는 투자대상기업의 주식에 대해 제한 없이 의결권을 행사할 수 있다.

2. 공시규제 관련

공정거래법은 공시대상기업집단[1115]에 속하는 회사로 하여금 기업집단 현황 및 비상장회사등의 중요사항을 공시하도록 하고 있다(동법 제27조 및 제28조).

(금융전업공시대상기업집단[1116]의 경우) 자본시장법은 이러한 공시에 대한 특례를 규정하고 있다. 즉, "공시대상기업집단 계열회사 전체(법 제249조의18 제2항 각 호의 자는 제외)의 자산총액(금융업 또는 보험업을 영위하는 회사의 경우 자본총액 또는 자본금 중 큰 금액으로 한다)에 대한 금융업 또는 보험업을 영위하는 회사의 자본총액 또는 자본금 중 큰 금액의 합계액의 비율이 100분의 75 이상인 (공시대상기업집단의 계열회사인 기관전용사모집합투자기구 또는 금융전업공시대상기업집단의 계열회사가 무한책임사원인) 기관전용사모집합투자기구"에 대해서는 "당해 기관전용사모집합투자기구와 같은 공시대상기업집단에 속하지 않는 유한책임사원"의 현황과 관련된 사항은 공시하지 않을 수 있도록 규정하고 있다(법 제249조의20 제4항, 영 제271조의25 제2항). 공정거래법 제27조 및 제28조의 적용 자체를 배제하는 것이

1113) 법 제249조의18 제2항에 해당하는 상호출자제한기업집단을 말한다.

1114) 다만, 투자대상기업이 '상호출자제한기업집단에 속하는 기관전용사모집합투자기구' 또는 그 기관전용사모집합투자기구가 투자한 투자목적회사의 공정거래법 제9조제1항에 따른 특수관계인(동일인 및 그 친족에 한정한다)이 주식을 소유하고 있는 기업은 제외한다(법 제249조의20 제3항 괄호).

1115) 공정거래법 제31조에 따른 공시대상기업집단을 말한다(법 제249조의20 제4항). 2025년 5월 1일 현재 공시대상기업집단(자산총액 5조원 이상)은 92개이며 이 중 46개는 상호출자제한기업집단(명목GDP의 0.5%인 자산총액 11.6조원 이상)으로 지정되었다(공정위 보도자료, 2025.5.1.).

1116) 영 제271조의25 제2항에 해당하는 공시대상기업집단을 말하며 이해의 편의를 위해 저자가 사용한 용어다.

아니므로 금융전업공시대상기업집단 소속 기관전용사모집합투자기구도 동규정에 따른 공시의무는 이행하되 공시사항 중에서 유한책임사원 관련 일부사항만 공시하지 않을 수 있을 뿐이다.

공시하지 않아도 되는 유한책임사원 현황 관련 사항은 다음과 같다: ⓐ 명칭·사업내용·재무 현황 등 일반 현황, ⓑ 당해 기관전용사모집합투자기구에 대한 출자지분 현황, ⓒ 당해 기관전용사모집합투자기구에 대한 출자지분이 1% 이상 변동된 경우 변동내용 등(영 제271조의25 제1항).

제2절 금융지주회사법 적용특례

제1관 총설

금융지주회사법은 '주식 또는 지분의 소유를 통하여 금융기관 또는 금융업 영위와 밀접한 관련이 있는 회사를 지배하는 것을 주된 사업으로 하여, 1 이상의 금융기관을 지배하는 회사로서 자산총액이 5천억원 이상이고 자회사(금융지주회사에 의해 지배받는 회사)의 주식(지분)의 합계액이 해당 회사의 자산총액의 50% 이상이면서 같은 법 제3조에 따라 금융위원회의 인가를 받은 회사'를 금융지주회사로 정의하고(동법 제2조제1항제1호, 동법 시행령 제2조제4항·제5항), 금융지주회사의 운영·업무 및 자회사 편입 등에 대해 여러 가지 규제를 하고 있다. 따라서 원칙적으로 사모집합투자기구(투자목적회사) 및 그 업무집행사원·집합투자업자가 금융지주회사에 해당하는 경우에는 금융지주회사법에 따른 각종 규제를 받게 된다.

하지만 자본시장법은 '사모집합투자기구등'(사모집합투자기구, 투자목적회사, 당해 기관전용사모집합투자기구의 무한책임사원 또는 일반사모집합투자기구의 집합투자업자 중 '상호출자제한기업집단 계열회사 또는 금융지주회사'가 아닌 자)에 대해서는 금융지주회사법의 적용을 일정 기간 동안 면제하는 특례규정을 두고 있다. 즉, '사모집합투자기구등'이 법 제249조의7 제5항 제1호·제2호의 요건을 충족하는 경우에는 그 요건 충족일부터 10년이 되는 날까지 금융지주회사법에 따른 금융지주회사로 보지 아니한다(법 제249조의19 제3항). 이러한 금융지주회사법 적용특례는 금융회사를 직접 지배하는 사모집합투자기구나 투자목적회사는 물론이고 사모집합투자기구를 통해 간접적으로 금융회사를 지배하게 되는 업무집행사원이나 집합투자업자에게도 적용된다.[1117] 업무집행사원이나 집합투자업자가

1117) 따라서 자산총액이 5천억원 이상인 기관전용사모집합투자기구나 투자목적회사가 지배하는 금융기관의 주식 합계액이 당해 기관전용사모집합투자기구나 투자목적회사의 자산총액의 50% 이상이 되더라도(즉, 금융지주회사에 해당하더라도) 10년간은 금융지주회사로 보지

이러한 특례를 적용받으려면 상호출자제한기업집단 계열회사 또는 금융지주회사가 아니어야 한다.

다만, 자본시장법은 '사모집합투자기구등'을 금융지주회사로 보지 않는 기간(10년) 동안에도 '사모집합투자기구등'의 지배를 받는 금융회사가 금융지주회사의 자회사로서 받는 운영상의 규제는 적용받도록 관련 일부규정을 준용하고 있다(법 제249조의19 제3항 및 제4항). 준용되는 규정의 범위는 '사모집합투자기구등'이 은행을 지배하는 경우와 은행이 아닌 금융기관만을 지배하는 경우가 다르다(영 제271조의24 제2항).

금융지주회사법상의 금융지주회사 규제에 대한 특례는, ⓐ 업무집행사원·집합투자업자도 특례적용대상이 된다는 점과 ⓑ 사금고 방지규정등 일부규정은 준용된다는 점에서 공정거래법상 지주회사 규제에 대한 특례와 차이가 있다.

제2관 사모집합투자기구(투자목적회사)에 준용되는 규정

(1개 이상 은행을 지배하는 경우 준용되는 규정) 사모집합투자기구 또는 투자목적회사가 1개 이상의 은행을 지배하는 경우에는 금융지주회사법 제45조(동일차주에 대한 금융지주회사 및 자회사등의 신용공여 합계액에 대한 제한), 제45조의2(은행지주회사의 주요출자자에 대한 신용공여한도), 제45조의3(주요출자자가 발행한 주식의 취득한도), 제45조의4(주요출자자의 부당한 영향력 행사 금지) 및 제48조(자회사등의 행위제한)가 준용된다(법 제249조의19 제3항, 영 제271조의24 제2항).

(비은행금융기관만을 지배하는 경우 준용되는 규정) 사모집합투자기구[1118] 또는 투자목적회사가 은행이 아닌 금융기관만을 지배하는 경우에는 금융지주회사법 제45조(동일차주에 대한 금융지주회사 및 자회사등의 신용공여 합계액에 대한 제한) 및 제48조(자회사등의 행위제한)만 준용된다.

않는다. 또한, 자산총액이 5천억원 이상인 기관전용사모집합투자기구 업무집행사원인 회사가 어느 기관전용사모집합투자기구의 업무집행사원이 되는 경우로서 당해 기관전용사모집합투자기구를 포함하여 지배하고 있는 금융기관 등에 출자한 지분가액의 합계액이 당해 업무집행사원인 회사의 자산총액의 50% 이상이 되더라도(즉, 금융지주회사에 해당하더라도) 10년간은 당해 업무집행사원인 회사를 금융지주회사로 보지 않는다.

1118) 기관전용사모집합투자기구의 무한책임사원 또는 일반사모집합투자기구의 집합투자업자 중 상호출자제한기업집단 계열회사 또는 금융지주회사가 아닌 자를 포함한다(영 제271조의24 제2항 단서).

제3관 업무집행사원·집합투자업자에 준용되는 규정

금융지주회사법 제45조의2부터 제45조의4가 준용되며, 이 경우에는 '은행지주회사의 주요출자자'는 '업무집행사원·집합투자업자' 또는 '업무집행사원·집합투자업자의 대주주'로 본다(법 제249조의19 제4항).[1119]

1119) 따라서 예컨대 ⓐ 은행이 기관전용사모집합투자기구의 업무집행사원(업무집행사원의 대주주)에게 신용공여를 하거나 업무집행사원(업무집행사원의 대주주)이 발행한 지분을 취득하는 때에는 금융지주회사법 제45조의2 또는 제45조의3의 규정을 준수해야 하며, ⓑ 기관전용사모집합투자기구의 업무집행사원(업무집행사원의 대주주)은 은행에 대하여 금융지주회사법 제45조의4에서 규정하는 부당한 영향력 행사를 하는 것이 금지된다.

제7장 집합투자재산의 평가·보관 등

제1절 기관전용사모집합투자기구 집합투자재산의 평가

기관전용사모집합투자기구는 지분을 계속적으로 판매·환매하지 않으므로 그 보유자산을 정확하게 평가하지 않더라도 투자자가 불공정하게 가치를 희석당하는 문제가 발생할 위험은 거의 없다. 하지만 투자자산에 대한 가격평가는 업무집행사원의 성과보수 산정과 관련되고, 신규펀드 자금모집과 투자자에 대한 운용보고서상의 운용성과 산정에 있어서도 중요하다.

기관전용사모집합투자기구에는 자본시장법 제238조(집합투자재산의 평가 및 기준가격의 산정등) 제1항 및 제6항이 적용된다(법 제249조의20 제1항). 제1항은 집합투자재산의 평가방법에 관해 정하고 있고, 제6항은 기준가격의 산정방법을 정하고 있다. 집합투자재산 평가위원회 구성·운영 등에 관한 사항은 적용되지 않는다.

제1관 집합투자재산의 평가방법

기관전용사모집합투자기구의 업무집행사원은 기관전용사모집합투자기구 집합투자재산을 시가에 따라 평가하되, 평가일 현재 신뢰할 만한 시가가 없는 경우에는 공정가액으로 평가해야 한다(법 제238조제1항).

1. 원칙: 시가평가

시가란 증권시장(해외시장 포함)에서 거래된 최종시가 또는 장내파생상품시장(해외시장 포함)에서 공표하는 가격을 말한다. 기관전용사모집합투자기구가 보유하는 자산은 원칙적으로 시가 즉, 시장에서 형성된 가격으로 평가해야 한다. 자본시장법령에서 인정하는 시가평가의 방법은 다음과 같다.

ⓐ 증권시장(해외증권시장 포함)에서 거래된 최종시가(해외증권의 경우 전말의 최종시가) 또는 장내파생상품이 거래되는 파생상품시장(해외파생상품시장 포함)에서 공표하는 가격(해외파생상품의 경우 전날의 가격),

ⓑ 증권시장(해외증권시장 포함)에서 시세가 형성된 채무증권의 경우 둘 이상의 채권가격평가회사가 제공하는 가격정보를 기초로 한 가격[1120](영 제260조제1항제2호 및 제3호),

ⓒ 기관전용사모집합투자기구가 자본시장법 제249조의12 제1항에 따라 준용되는 법 제249조의7 제5항제1호 또는 제2호에 따라 취득한 지분증권의 경우 취득가격(영 제260조제1항제1호).

2. 예외: 공정가액평가

평가일 현재 신뢰할 만한 시가가 없는 경우에는 업무집행사원이 자산의 종류별로 법령에서 정하는 일정한 사항을 고려하여 충실의무를 준수하고 평가의 일관성을 유지하여 평가한 공정가액으로 평가하여야 한다(법 제238조제1항, 영 제260조제2항).

공정가액으로 평가해야 하는 자산에 대한 평가는 1년에 한 번 이상하여야 한다(영 제260조제2항 후단).

공정가액평가 시 반드시 고려해야 할 사항은 다음과 같다.

ⓐ 투자대상자산의 취득가격,

ⓑ 투자대상자산의 거래가격,

ⓒ 투자대상자산의 가격에 대하여 평가 전문가(채권평가사·회계법인·신용평가사·감정평가업자·인수업 영위 투자매매업자·이에 준하는 자로 인가등을 받은 자·이에 준하는 외국인)가 제공한 가격,

ⓓ 환율,

ⓔ 집합투자증권의 기준가격이다.

3. 부실화된 자산에 대한 평가

'부실화된 자산'에 대해서는 금융투자업규정(별표18 "집합투자재산 보유 부도채권등 부실화된 자산의 분류 및 평가기준")에서 부실단계에 따라 구체적인 평가방법을 따로 정하고 있으므로

1120) 국내증권시장에서 평가기준일이 속하는 달의 직전 3개월간 계속하여 매월 10일 이상 시세가 형성된 경우에는 평가기준일의 최종시가를 기준으로 2 이상의 채권평가회사가 제공하는 가격정보를 기초로 한 가격으로 하고, 해외증권시장에서 시세가 형성된 경우에는 둘 이상의 채권평가회사가 제공하는 가격정보를 기초로 한 가격으로 한다.

이에 따라 평가해야 한다. '부실화된 자산'이란 보증기관의 보증이나 담보가 없는 채무증권·투자계약증권·파생결합증권·증권예탁증권으로서 발행인·거래상대방의 부도·회생절차개시신청·파산절차의 진행 등으로 인하여 원리금의 전부·일부의 회수가 곤란할 것이 명백히 예상되는 자산을 말한다(규정 제7-35조, 별표18 제1조).

제2관 기준가격의 산정방법

기관전용사모집합투자기구는 집합투자재산의 평가결과에 따라 자본시장법시행령 제262조제1항에서 정하는 방법[(자산총액-부채총액)/지분증권총수]으로 집합투자증권의 기준가격을 산정하여야 한다(법 제238조제6항). 다만, 집합투자재산 기준가격의 공고·게시에 관한 규정(법 제238조제7항)은 기관전용사모집합투자기구에 적용되지 않으므로 정관등에 따라 자율적으로 기준가격의 공시주기 등을 정할 수 있다.[1121]

제2절 집합투자재산의 회계처리

기관전용사모집합투자기구에는 집합투자재산의 회계처리등에 관한 규정인 자본시장법 제240조제1항 및 제2항이 적용된다(법 제249조의20 제1항).

기관전용사모집합투자기구는 집합투자재산에 관하여 회계처리를 하는 경우 금융위원회가 증권선물위원회의 심의를 거쳐 정하여 고시한 회계처리기준에 따라야 한다. 금융위원회는 위 회계처리기준의 제정을 한국회계기준원에 위탁하고 있으므로 한국회계기준원에서 제정한 집합투자재산 회계처리기준에 따라 회계처리를 하여야 한다(기업회계기준서 제5003호).

기관전용사모집합투자기구에는 자본시장법 제240조제3항이 적용되지 않으므로 기관전용사모집합투자기구재산(투자합자회사재산)에 대해 회계감사를 받지 않아도 된다.

제3절 손익의 분배

제1관 이익금의 분배

기관전용사모집합투자기구의 이익금의 분배에 대해서는 자본시장법 제242조가 적용된다(법 제249조의20 제1항 참고). 따라서 기관전용사모집합투자기구의 이익금은 금전 또는 새로 발행하는 지분증권으로 분배하여야 한다. 그리고 이익금의 분배방법 및

1121) 금융위원회 유권해석(2018.1.16.).

시기는 정관에서 정하는 바에 따른다(영 제266조제2항). 이익금을 초과하여 분배할 필요가 있는 경우에는 정관에 그 뜻을 기재하고 이익금의 분배방법 및 시기 기타 필요사항을 미리 정하면 이익금을 초과하여 금전으로 분배할 수 있다(영 제266조).

이와 관련하여 기관전용사모집합투자기구가 이익금을 현물로 분배하는 것이 가능한지가 문제 될 수 있다. 실무적으로는 기관전용사모집합투자기구가 해산 전에도 현물로 이익금을 분배하는 경우가 종종 있는 것으로 보인다. 다만, 법 제242조 문언상으로는 기관전용사모집합투자기구는 금전 또는 새로 발행하는 지분증권으로만 분배가 가능하고 법에서 달리 예외를 규정하고 있지 않으므로[1122] 해산 전 현물분배는 제한되는 것으로 보인다.

제2관 사원에 대한 손익의 분배·손익 순위

손익이란 순자산총액(적극재산에서 소극재산을 공제한 것)이 자본금 즉, 사원의 출자액을 초과할 때 그 초과액이 이익이며, 부족할 때 그 부족액이 손실이다.

자본시장법은 기관전용사모집합투자기구가 정관으로 업무집행사원에 대한 손익의 분배 또는 손익의 순위 등에 관한 사항을 정할 수 있도록 하고 있다(법 제249조의14 제3항).

기관전용사모집합투자기구는 정관에 다른 정함이 없으면 출자액에 비례하여 손익을 분배하며, 이익 또는 손실 중 하나에 대해서만 비율을 정했을 때에는 그 비율이 양자에 공통한 것으로 추정한다(상법 제195조 및 제269조, 민법 제711조). 다만, 유한책임사원은 출자액을 한도로 하여 손실을 부담한다.

제4절 업무 관련 자료의 기록·유지

기관전용사모집합투자기구에는 자본시장법 제187조가 적용된다. 따라서 기관전용사모집합투자기구는 그 업무와 관련한 자료를 종류별로 다음과 같이 기록·유지해야 하며, 자료가 멸실·위조·변조되지 않도록 적절한 대책을 수립·시행해야 한다(영 제214조, 규정 제7-7조: 별표17).

1122) 법 제242조제1항 단서에서는 집합투자기구의 특성을 고려하여 대통령령으로 정하는 집합투자기구의 경우에는 집합투자규약이 정하는 바에 따라 이익금의 분배를 집합투자기구에 유보할 수 있다고만 규정하고 있고 금전 이외의 현물로 분배할 수 있는 예외는 규정하고 있지 않다. 다만, 기관전용사모집합투자기구에 법 제242조를 그대로 적용할 실익이 있는지는 의문이다.

[자료 종류별 보존기간]

자료 종류	보존 기간
집합투자재산명세서	10년
집합투자증권기준가격대장	10년
집합투자재산운용내역서	10년
사원총회 의사록	10년
재무제표 및 그 부속명세서	10년
업무위탁등의 계약서 및 관련 자료	3년
금융위원회·금융감독원·국세청 등 감독기관에 제출하거나 감독기관으로부터 접수한 자료	5년

* 사원총회의사록은 사원총회를 두는 경우에 한해 적용된다.

제5절 집합투자재산의 보관·관리

제1관 집합투자재산의 보관·관리 위탁

기관전용사모집합투자기구는 그 집합투자재산의 보관·관리를 신탁업자에게 위탁해야 한다(법 제184조제3항).

기관전용사모집합투자기구의 업무집행사원 및 그 계열회사, 기관전용사모집합투자기구의 계열회사는 당해 기관전용사모집합투자기구의 집합투자재산을 보관·관리하는 신탁업자가 되어서는 아니 된다(법 제184조제4항, 제246조제1항).

제2관 신탁업자의 주의의무

기관전용사모집합투자기구 집합투자재산을 보관·관리하는 신탁업자는 선량한 관리자의 주의로써 집합투자재산을 보관·관리하여야 하며, 투자자의 이익을 보호하여야 한다(법 제244조).

제3관 신탁업자의 업무제한 등

1. 구분 관리 등

기관전용사모집합투자기구의 집합투자재산을 보관·관리하는 신탁업자는 기관전용사모집합투자기구재산이라는 사실과 위탁자를 명시하여, 자신의 고유재산·다른 집합투자재산·제삼자로부터 보관위탁받은 자산과 구분관리하여야 한다(법 제246조제2항). 그리고 기관전용사모집합투자기구재산 중 증권등(영 제268조)은 고유재산과 구분하여

기관전용사모집합투자기구별로 예탁결제원에 예탁하여야 한다(법 제246조제3항).

기관전용사모집합투자기구의 업무집행사원은 기관전용사모집합투자기구 명의로 전산시스템에 의해 객관적이고 정확하게 관리할 수 있는 방법(예탁결제원의 펀드넷시스템)으로 투자대상자산의 취득·처분등의 대상이 된 자산의 보관·관리에 필요한 지시를 신탁업자에게 하여야 하며, 신탁업자는 이 지시에 따라 증권의 인수·인도와 대금의 지급·수령을 동시에 결제하는 방법으로 이행하여야 한다(법 제246조제4항, 영 제268조제3항).

2. 금지행위

1) 고유재산등과의 거래금지

기관전용사모집합투자기구의 집합투자재산을 보관·관리하는 신탁업자는 자신이 관리하는 기관전용사모집합투자기구재산을 자신의 고유재산·다른 집합투자재산·제삼자로부터 보관위탁받은 재산과 거래해서는 아니 된다(법 제246조제5항).

다만 자본시장법시행령 제268조제4항에서 정하는 다음의 경우는 예외가 허용된다: ⓐ 기관전용사모집합투자기구 여유현금을 정관에 따라 고유재산과 거래하는 경우, ⓑ 금융기관에의 예치, ⓒ 단기대출, ⓓ 외국통화 매입·매도(환헤지 위한 선물환거래 포함), ⓔ 환위험 회피목적의 스왑거래(기초자산이 외국통화), ⓕ 환매기간 30일 이내의 RP거래.

2) 이해관계인의 고유재산과 거래금지

기관전용사모집합투자기구의 집합투자재산을 보관·관리하는 신탁업자는 자신이 관리하는 집합투자재산을 자신의 이해관계인의 고유재산과 거래하여서는 아니 된다(법 제246조제6항).[1123] 아무런 예외가 허용되지 않는 점에 유의할 필요가 있다.

기관전용사모집합투자기구의 집합투자재산을 보관·관리하는 신탁업자는 집합투자재산에 관한 정보를 자기 고유재산의 운용, 자기가 운용하는 집합투자재산의 운용, 자기가 판매하는 집합투자증권의 판매를 위하여 이용하여서는 아니 된다(법 제246조제7항).

제4관 평가의 공정성 여부 등 확인

기관전용사모집합투자기구의 집합투자재산을 보관·관리하는 신탁업자에 대해서도 자본시장법 제247조(운용행위감시등)의 일부 규정(제5항제4호 및 제5호)이 적용된다(법 제249조의20

1123) 집합투자업자의 운용지시에 따라 수탁회사(국내은행)가 취득하고자 하는 증권(자본시장법 제4조의 채무증권·파생결합증권에 포함되는 ELS·ELB·DLS·DLB)이 "수탁회사의 계열 증권사가 그 고유재산과 관련하여 발행한 증권"이라면 자본시장법 제246조제6항이 적용된다.

제1항). 일반사모집합투자기구의 경우와 동일하다(법 제249조의8 제1항). 따라서 기관전용사모집합투자기구의 집합투자재산을 보관·관리하는 신탁업자는 업무집행사원이 행한 기관전용사모집합투자기구 집합투자재산의 평가가 공정한지 그리고 기준가격 산정이 적정한지 여부를 확인하여야 한다. 신탁업자가 이러한 확인을 위하여 필요한 경우 집합투자업자에게 관련된 자료의 제출을 요구할 수 있도록 하는 규정(법 제247조제6항)은 적용되지 않으므로 실효성에 다소 의문이 제기된다.

제8장 기관전용사모집합투자기구의 해산·청산

제1절 총설

기관전용사모집합투자기구가 해산하면 존립 중에 발생한 일체의 대내적·대외적 법률관계를 종국적으로 처리하기 위해 청산을 해야 한다. 다만, 파산으로 해산한 경우에는 파산관재인이 채무자 회생 및 파산에 관한 법률의 규정에 따라 처리하게 된다.

자본시장법은 투자합자회사의 해산·청산에 관한 규정을 따로 두지 않고 투자회사의 해산·청산에 관한 규정인 법 제202조 및 제203(청산감독인 및 청산인회에 관한 사항을 규정하는 법 제202조제3항 및 제4항, 제203조제2항은 제외)을 준용한다(법 제216조제3항). 자본시장법상 투자합자회사 해산·청산에 관한 규정은 기관전용사모집합투자기구에도 적용된다(법 제249조의20 제1항, 제216조). 따라서 기관전용사모집합투자기구의 해산·청산은 법정청산방식으로 이루어지게 된다.

집합투자기구는 자본시장법에서 특별히 정한 경우를 제외하고는 상법 및 민법의 적용을 받는다(법 제181조). 따라서 기관전용사모집합투자기구(투자합자회사)의 청산과 관련하여 자본시장법 제202조 및 제203조에서 정하고 있지 않은 사항에 대해서는 합명회사의 청산에 관한 규정(상법 제245조 내지 제267조)이 적용된다.

상법상 합자회사의 경우 청산인의 선임·해임등과 관련하여 법원이 권한을 가지는 것과 달리 기관전용사모집합투자기구(투자합자회사)의 경우는 금융위원회가 이러한 역할을 수행한다.

제2절 해산

제1관 해산사유

기관전용사모집합투자기구는 자본시장법에서 정하는 일정한 사유에 해당하면 해산한다(법 제216조제3항, 제202조제1항). 투자합자회사는 업무집행사원이 동일한 다른 투자합자회사와 합병하는 것이 가능하지만(법 제216조제3항, 제204조제1항), 기관전용사모집합투자기구는 다른 회사(다른 기관전용사모집합투자기구 포함)와 합병하는 것이 전면 금지된다(법 제249조의17 제4항). 따라서 기관전용사모집합투자기구의 합병은 해산사유에 해당하지 않는다.

기관전용사모집합투자기구의 해산사유는 다음과 같다(법 제249조의20 제1항, 제216조제3항, 제202조제1항).

ⓐ 정관에서 정한 해산사유(존속기간 만료 등)의 발생,

ⓑ 사원총회의 해산결의. 사원총회를 두지 않는 경우에는 총사원의 동의로 해산하는 것으로 보아야 한다.

ⓒ 파산,

ⓓ 법원의 해산명령 또는 해산판결.
해산명령은 주로 공익적 이유에서 회사의 존속을 허용할 수 없을 때 법원이 해산을 명하는 제도로서, 이해관계인이나 검사의 청구 또는 법원의 직권으로 할 수 있다(상법 제176조).
해산판결은 부득이한 사유가 있는 때에 사원이 법원에 회사의 해산을 청구하면 이에 대해 법원이 해산판결을 내리는 제도로서(상법 제241조제1항, 제269조). 이는 회사의 존속으로 인한 단체적 구속이 오히려 사원의 이익을 해칠 때에는 회사를 해산함으로써 사원의 손실을 방지해 주는 제도이다.
한편, 자본시장법은 기관전용사모집합투자기구가 허위 설립보고 등을 한 경우에는 금융위원회로 하여금 당해 기관전용사모집합투자기구의 해산을 명할 수 있도록 규정하고 있으므로(법 제249조의21 제1항), 금융위원회의 해산명령으로도 기관전용사모집합투자기구는 해산하게 된다.

ⓔ 업무집행사원을 제외한 사원의 수가 1인이 된 경우.
다만, 다음과 같은 경우에는 업무집행사원을 제외한 사원의 수가 1인이어도 해산하지 않아도 된다(법 제216조제3항, 제202조제1항제7호, 영 제231조의2). 첫째, 사원이 법 제6조제6항 각 호의 어느 하나에 해당하는 경우. 둘째, 사원이 영 제231조의2 제1의2호 내지 제1의4호에 해당하는 자인 경우. 셋째, 기관전용사모집합투자기구 최초설립일부터 1개월이 경과하지 않은 경우. 넷째, 업무집행사원을 제외한 사원총수가 1인이 된 날부터 1개월이 경과하지 않은 경우.

제2관 해산등기 및 해산보고

기관전용사모집합투자기구는 해산한 경우 청산인에 관한 사항을 등기하여야 한다. 업무집행사원이 청산인이 되는 때에는 해산일부터 2주일 이내에, 청산인이 선임된 때에는 그 선임일부터 2주일 이내에 등기하여야 한다(법 제216조제3항, 제202조제2항).

기관전용사모집합투자기구가 해산하는 경우 청산인은 해산일부터 30일 이내에 해산사유 및 연월일, 청산인을 금융위원회에 보고하여야 한다(법 제216조제3항, 제202조제1항).

제3절 청산

제1관 청산인 선임 및 해임

1. 청산인 선임

청산인이란 법정청산절차에서 청산사무를 집행하고 법이 정한 바에 따라 청산 중의 회사를 대표하는 자로서 해산 전 회사의 업무집행사원에 대응하는 지위라고 할 수 있다. 자본시장법은 기관전용사모집합투자기구 해산사유에 따라 청산인 선임방법 등을 달리 정하고 있다.

기관전용사모집합투자기구가 ⓐ 정관에서 정한 해산사유 발생, ⓑ 사원총회의 해산결의, ⓒ 업무집행사원을 제외한 사원 수 1인으로 해산하는 경우에는 정관이나 사원총회에서 달리 정한 경우 외에는 업무집행사원이 청산인이 된다(법 제216조제3항, 제202조제5항).

기관전용사모집합투자기구가 ⓐ 법원의 해산명령·해산판결로 해산하는 경우, ⓑ 상법 제193조제1항에 따라 설립무효의 판결 또는 설립취소의 판결이 확정되어 청산하는 경우, ⓒ 청산인이 없는 경우에는 이해관계인의 청구에 의해 금융위원회가 청산인을 선임한다(법 제216조제3항, 제202조제6항).

기관전용사모집합투자기구가 금융위원회의 해산명령에 따라 해산하는 경우에는 금융위원회가 직권으로 청산인을 선임한다(법 제216조제3항, 제202조제7항).

2. 청산인의 해임

청산인이 업무를 집행함에 있어 현저하게 부적합하거나 중대한 법령 위반이 있는 경우에는 금융위원회는 직권으로 또는 이해관계인의 청구에 의하여 청산인을 해임할 수 있다. 금융위원회는 청산인을 해임한 경우에는 직권으로 새로운 청산인을 선임할 수 있다(법 제216조제3항, 제202조제8항).

제2관 청산사무의 집행

1. 재산목록 및 재무상태표 작성 등

청산인은 취임 후 지체 없이 기관전용사모집합투자기구의 재산상황을 조사하여 청산인으로 취임한 날부터 15일 이내에 재산목록과 재무상태표를 작성하여 그 등본을 금융위원회에 제출하여야 한다(법 제216조제3항 및 제203조제1항, 시행규칙 제21조).

2. 채권자에 대한 최고

청산인은 취임한 날부터 1개월 이내에 기관전용사모집합투자기구의 채권자에 대하여 일정 기간 이내에 그 채권을 신고할 것과 그 기간 이내에 신고하지 아니하면 청산에서 제외된다는 뜻을 2회 이상 공고함으로써 최고하여야 한다. 이 경우 신고기간은 1개월 이상으로 하여야 한다(법 제216조제3항, 제203조제3항).

자금차입, 채무보증 또는 담보제공이 제한되는 기관전용사모집합투자기구의 경우 청산인은 최고절차를 생략한다는 뜻과 채무내용·채무이행방법등 채무와 관련된 사항을 2회 이상 전국을 보급지역으로 하는 일간신문에 공고하고 이를 금융위원회에 지체 없이 보고하는 때에는 채권자에 대한 최고절차를 생략할 수 있다. 다만, 기관전용사모집합투자기구에 중대한 영향을 미칠 수 있는 소송이 계류 중인 경우 등 일정한 경우에는 채권자 최고절차를 생략할 수 없다(법 제203조제4항, 영 제233조제2항).

3. 결산보고서 작성

청산인은 청산사무가 종결된 경우 지체 없이 결산보고서를 작성하여 사원총회의 승인을 얻어야 한다(법 제249조의20 제1항, 제216조제3항, 제203조제5항).

청산인은 그 결산보고서를 공고하고 이를 금융위원회 및 금융투자협회에 제출하여야 한다(법 제216조제3항, 제203조제5항).

4. 재산목록 및 재무상태표 비치

청산인은 재산목록과 재무상태표를 청산종결 시까지 기관전용사모집합투자기구에 비치하여야 한다(법 제216조제3항, 제203조제7항).

제3관 청산인의 보수

청산인은 기관전용사모집합투자기구로부터 보수를 받을 수 있다. 금융위원회가 이해관계인의 청구에 따라 혹은 직권으로 선임한 청산인에 대한 보수는 당해 기관전용사모집합투자기구의 재산규모·청산업무의 난이도 등을 고려하여 금융감독원장이 결정한다(법 제216조제3항, 제203조제6항, 규정 제7-13조).

제9장 보고, 감독 및 검사

제1절 보고

제1관 기관전용사모집합투자기구 설립보고사항의 변경보고

1. 총설

기관전용사모집합투자기구는 설립보고한 사항이 변경된 경우에는 금융위원회에 변경내용을 보고하여야 한다. 정관내용이 변경되더라도 기관전용사모집합투자기구 설립보고서상에 변경사항이 없으면 변경보고를 하지 않아도 된다. 변경보고서 작성 시 변경 이후 기관전용사모집합투자기구 보고서와 함께 "변경대비표"를 첨부하여 제출하여야 하며, 증빙서류도 함께 제출하여야 한다.

설립 변경보고를 하지 아니하거나 거짓으로 보고한 경우 당해 기관전용사모집합투자기구의 해산명령이나 그 업무집행사원에 대한 해임요구등의 조치를 받을 수 있으며(법 제249조의21 제1항제1호), 1년 이하의 징역 또는 3천만원 이하의 벌금에 처해질 수 있다(법 제446조제43호).

2. 보고기한

변경보고는 원칙적으로 보고한 사항이 변경된 날부터 2주일 이내에 하여야 한다. 다만, 경미한 사항이 변경된 경우에는 분기보고 또는 연간보고 할 수 있다(법 제249조의10 제6항 및 제7항, 영 제271조의13 제7항).

그 변경이 있었던 해당 분기의 다음 달 10일 이내에 보고하면 되는 사항은 다음과 같다(영 제271조의13 제7항, 규정 제7-41조의9제4항):

ⓐ 기관전용사모집합투자기구의 소재지,

ⓑ 업무집행사원의 대주주내역,

ⓒ 제삼자와 체결한 업무위탁계약서 사본,

ⓓ 법령개정이나 금융위원회의 명령에 따라 보고한 사항을 변경한 경우 그 내용,
ⓔ 보고사항의 단순한 자구수정,
ⓕ 업무위탁계약을 체결한 경우 신탁업자 또는 종합금융투자사업자(전담중개업무를 제공받는 경우에만 해당) 등의 개요 및 기본정보의 변경,
ⓖ 기타 투자자의 투자판단에 중대한 영향을 미치지 않는 사항.

업무집행사원의 최근 사업연도말 재무제표는 그 변경이 있었던 해당 사업연도말일부터 1개월 이내에 금융위원회에 보고하면 된다(영 제271조의13 제7항 단서).

제2관 레버리지 현황등 보고

기관전용사모집합투자기구는 다음 사항에 관하여 기준일[1124]부터 1개월 이내에 금융위원회에 보고하여야 한다(법 제249조의12 제2항, 영 제271조의16, 규정 제7-41조의11 제1항).
ⓐ 파생상품매매 및 그에 따른 위험평가액 현황,
ⓑ 채무보증 또는 담보제공 현황,
ⓒ 금전차입 현황,
ⓓ 영 제271조의10 제2항 각 호에 따른 실질적인 차입금 현황(증권을 환매조건부 매도하는 경우 그 매도금액, 증권을 차입하여 매도하는 경우 그 매도금액),
ⓔ 법 제249조의7 제1항에 따라 산정한 비율(레버리지비율) 현황,
ⓕ 금전대여 현황,
ⓖ 집합투자재산 운용 현황,
ⓗ 차입 또는 채무보증 현황(법 제249조의13에 따른 투자목적회사의 차입 또는 채무보증 현황을 포함한다).

제2절 감독

금융위원회는 투자자를 보호하고 건전한 거래질서를 유지하기 위하여 기관전용사모집합투자기구에 대하여 그 재산 운용 등의 사항에 관하여 필요한 조치를 명할 수 있다(법 제252조제1항). 이러한 감독명령은 기관전용사모집합투자기구에 대한 검사를 전제로 하지 않는다.

1124) 집합투자재산총액이 100억원 이상인 기관전용사모집합투자기구는 매년 6월 30일 및 12월 31일이고, 집합투자재산총액이 100억원 미만인 기관전용사모집합투자기구는 매년 12월 31일이다(영 제271조의16 제1항).

제3절 검사 등

제1관 검사

기관전용사모집합투자기구에는 금융투자업자에 대한 검사에 관한 규정인 제419조 중 일부규정(제1항, 제5항, 제6항 및 제7항)이 준용된다(법 제252조제2항). 따라서 기관전용사모집합투자기구는 그 업무와 재산상황에 관하여 금융감독원장의 검사를 받아야 한다(법 제419조제1항).

제2관 조치

자본시장법은 제249조의21(기관전용사모집합투자기구에 대한 조치)에서 기관전용사모집합투자기구에 대한 조치내용을 규정하고 있다.

1. 해산명령

금융위원회는 다음의 경우 기관전용사모집합투자기구의 해산을 명할 수 있다(법 제249조의21 제1항). 금융위원회로부터 해산명령을 받은 기관전용사모집합투자기구는 청산하여야 한다. 해산명령을 따르지 아니하면 형사처벌을 받을 수 있다(법 제446조 제52호).

ⓐ 특정보고(기관전용사모집합투자기구 설립보고·변경보고, 업무집행사원의 특수관계인이 30% 이상 지분 유한책임사원인 경우의 보고)를 하지 아니한 경우,

ⓑ 거짓, 그 밖의 부정한 방법으로 특정보고를 한 경우,

ⓒ 기관전용사모집합투자기구가 자본시장법 제249조의10 제3항 각 호에 따른 요건을 갖추지 못한 경우. 즉, 기관전용사모집합투자기구가 자본시장법에 따라 적법하게 설립되지 않았거나, 그 정관이 법령을 위반하거나 투자자의 이익을 명백하게 침해하는 경우에는 해산명령의 대상이 된다.

ⓓ 법 별표6 각 호의 어느 하나에 해당하는 경우로서 대통령령에서 정하는 경우. 구체적으로는 자본시장법 제174조에 따른 미공개중요정보 이용행위, 제176조에 따른 시세조종행위, 제178조에 따른 부정거래행위등의 금지의무를 위반한 경우가 여기에 해당한다(영 제271조의26 제1항).

ⓔ 대통령령이 정하는 금융관련법령[1125] 위반으로 사회적 신용을 훼손하는 등의

1125) 금융실명거래 및 비밀보장에 관한 법률(금융실명법), 형법, 특정경제범죄 가중처벌등에 관한 법률(특경가법)

경우로서 대통령령에서 정하는 경우[1126](영 제271조의26 제2항 및 제3항),

ⓕ 금융위원회의 시정명령 또는 중지명령을 이행하지 아니한 경우,

ⓖ 업무와 관련하여 부정한 방법으로 타인으로부터 금전등을 받거나 타인에게 줄 금전등을 취득한 경우(영 제271조의26 제4항제1호),

ⓗ 금융위원회로부터 업무정지조치를 받은 날부터 1개월 이내에 해당 조건을 보정하지 아니하거나, 업무정지기간 중에 업무를 한 경우(영 제271조의26 제4항제2호),

ⓘ 자본시장법 또는 관련 법령에 따라 기관전용사모집합투자기구가 준수하여야 하는 의무로서 같거나 비슷한 의무를 계속적·반복적으로 위반하는 경우(영 제271조의26 제4항제3호),

ⓙ 업무집행사원의 등록이 취소된 경우(영 제271조의26 제4항제4호).

2. 기타 조치

기관전용사모집합투자기구가 자본시장법 제249조의21 제1항 각 호의 해산명령 사유에 해당하거나(제4호는 제외), 자본시장법 별표6 각 호의 어느 하나에 해당하는 경우에는 금융위원회는 다음 어느 하나의 조치를 할 수 있다(법 제249조의21 제2항, 영 제271조의26 제5항).

ⓐ 6개월 이내의 업무의 전부 또는 일부의 정지,

ⓑ 계약의 인계명령,

ⓒ 위법행위의 시정명령 또는 중지명령,

ⓓ 위법행위로 조치받은 사실의 공표명령 또는 게시명령,

ⓔ 기관경고,

ⓕ 기관주의,

ⓖ 업무방법의 개선요구나 개선권고,

ⓗ 변상요구,

ⓘ 자본시장법을 위반한 경우 고발 또는 수사기관에의 통보,

ⓙ 다른 법을 위반한 경우에는 관련 기관이나 수사기관에의 통보,

ⓚ 기타 금융위원회가 자본시장법령 기타 관련 법령에 따라 취할 수 있는 조치.

1126) 금융실명법 제1항 본문을 위반하여 거래정보등을 제공·누설하거나 요구한 경우, 형법 제355조의 횡령·배임의 죄를 범한 경우, 특경가법 제7조 알선수재의 죄를 범한 경우 등

제3관 청문 등

기관전용사모집합투자기구에 대한 조치에 관하여는 자본시장법 제423조(청문), 제424조(처분등의 기록 및 공시) 및 제425조(이의신청)가 준용된다(법 제249조의21 제4항).

제10장 특수목적 사모집합투자기구

제1절 총설

자본시장법은 기업의 재무안정지원이라는 정책적 목표를 위해 재무구조개선기업에 투자하는 '기업재무안정 사모집합투자기구', 창업·벤처기업 활성화를 위해 '창업·벤처전문 사모집합투자기구'에 대한 특례를 두고 있다.

자본시장법 외의 개별법(산업발전법, 해외자원개발사업법, 해외농업·산림자원개발협력법)에서도 정책적 목적으로 자본시장법상의 사모집합투자기구에 비해 운용등의 사항에 대해 특례를 두는 사모집합투자기구에 대한 규정을 두고 있다. 이들 개별법에서는 해당 사모집합투자기구를 자본시장법상의 기관전용사모집합투자기구로 본다고 규정하는 한편 해당 개별법에서 특별히 정하고 있는 사항을 제외하고는 자본시장법상의 사모집합투자기구 관련 규정이 적용되도록 규정하고 있다(산업발전법 제20조제2항·제4항, 해외자원개발사업법 제13조제3항·제22조제2항, 해외농업·산림자원개발협력법 제11조제3항·제4조제2항).[1127]

자본시장법상 특수목적 사모집합투자기구는 운용상의 규제특례만 있는 반면에, 산업발전법 등 기타 법상 특수목적 사모집합투자기구는 운용상의 규제특례 외에도 그 사원, 업무집행사원 등에 대한 규제특례 사항도 규정하고 있다.

제2절 자본시장법상 특수목적 사모집합투자기구

제1관 기업재무안정 사모집합투자기구

1. 총설

(기업재무안정 PEF) 지난 2008년 글로벌 금융위기 이후 정부는 재무구조개선이 필요한 기업에 PEF를 통해 민간자금을 공급하고 나아가 자본시장을 통한 기업구조

1127) 참고로, 자본시장법은 이러한 개별법에 따른 사모집합투자기구 중에서 '산업발전법'에 따른 사모집합투자기구에 대해서만 집합투자에서 제외하고 있다(영 제6조제1항제4호).

조정을 지원할 목적으로 2010년 3월에 자본시장법을 개정하여 3년 한시법으로 처음 기업재무안정 경영참여형사모집합투자기구(PEF) 제도를 도입하였고, 이후 두 번의 연장을 거쳐 2016년 12월 20일 자본시장법 개정 시 상시화하였다.1128)

정부가 이처럼 기업재무안정 PEF 제도를 따로 도입한 이유는 기존의 PEF 제도(일반 PEF)는 경영참여목적 투자의무로 인해 부실자산 매입이나 메자닌 투자 등 다양한 투자방법을 이용하기 어려울 뿐 아니라 투자대상기업에 대한 금전대여도 제한되어 기업재무구조 개선목적의 투자수단으로 이용하기 어려운 점이 많았기 때문이다.

(기업재무안정 사모집합투자기구) 종전의 기업재무안정 PEF는 2021년 자본시장법 개정으로 '기업재무안정 사모집합투자기구'로 개편되면서 일반사모집합투자기구나 기관전용사모집합투자기구로 설정·설립할 수 있게 되었다.

기업재무안정 사모집합투자기구는 투자대상기업이 재무구조개선기업으로 제한되지만, 경영참여목적 투자가 강제되지 않고 금전대여도 가능하여 다양한 투자구조로 펀드운용이 가능하다는 장점이 있다. 특히, 경영권 양도나 경영권 개입을 원하지 않는 기업도 기업재무안정 사모집합투자기구를 통해 자금을 지원받아 재무구조개선이나 구조조정을 하는 것이 가능하다. 물론 기업재무안정 사모집합투자기구를 통해서도 재무구조개선기업의 지분등을 취득하여 경영참여투자를 할 수도 있다.

2. 기업재무안정 사모집합투자기구의 정의

재무구조 개선기업의 경영정상화 및 재무안정 등을 위하여 집합투자재산을 재무구조개선기업이 발행한 증권등에 투자운용하여 그 수익을 투자자에게 배분하는 것을 목적으로 하는 사모집합투자기구를 말한다(법 제249조의22 제1항).

1128) 금융감독당국은 2017년 4월에 기업재무안정 PEF가 기업구조조정과 관련하여 주도적 역할을 수행할 수 있도록 지원하기 위한 방안을 발표한 바 있다. 금융위원회·금융감독원이 기업구조조정과 관련하여 새로운 구조조정방식을 추가하고 시장여건 및 제도적 애로요인을 해소하기 위하여 공동으로 마련하여 발표한 "신기업구조조정방안"을 말한다. 동방안에는 기업재무안정 PEF 활성화를 위한 지원방안 두 가지도 포함되어 있다. 첫째는, 채권은행이 구조조정채권을 매각한 후 해당 PEF에 LP로 참여할 경우 진성매각(true sale)으로 인정받지 못할 가능성이 있어 채권은행의 LP 참여가 제한되고 있는 문제점을 해소하기 위한 방안이다. 이에 따르면 금융위원회·금융감독원은 채권은행이 LP로 참여할 경우 진성매각에 대한 검토를 신속히 진행하는 절차(Fast-track)를 마련하여 운영하고, 추후 사례를 축적하여 진성매각 인정요건에 대한 지침을 마련하기로 하였다. 둘째는, 기업재무안정 PEF에 매칭(matching) 출자하는 구조조정펀드를 조성하는 방안이다. 즉, 동구조조정펀드 출범 시에는 UAMCO 및 정책금융기관(산은·수은·기은)의 출자약정을 통해 1조원 규모로 시작하고 추후 연기금·시중은행 등 민간투자자의 자발적 참여를 유도하기로 하였다. 한국성장금융이 동구조조정펀드의 운용사가 되어 개별 기업재무안정 PEF에 투자하는 구조를 취하고 있다.

3. 투자대상기업 제한(재무구조개선기업)

기업재무안정 사모집합투자기구의 투자대상은 다음과 같은 재무구조개선기업(금산법에서 정하는 금융기관은 제외한다)으로 한정된다(법 제249조의22 제1항).

ⓐ 기업구조조정촉진법 제2조제7호에 따른 부실징후기업,
ⓑ 채무자 회생 및 파산에 관한 법률 제34조·제35조에 따라 법원에 회생절차개시를 신청한 기업,
ⓒ 채무자 회생 및 파산에 관한 법률 제294조·제295조에 따라 법원에 파산을 신청한 기업,
ⓓ 채권금융기관[1129]의 총채권액 중 50% 이상을 차지하는 채권금융기관이 개별적으로 또는 공동으로 해당 기업에 재무구조개선을 위하여 약정을 체결한 기업(영 제271조의27 제2항),
ⓔ 법인(그 계열사 포함)의 합병·분할·분할합병·주식교환·주식이전·영업양수도(일부양수도 포함)·자산매각·지분양도 등의 방법으로 구조조정 또는 재무구조개선등을 하려는 기업으로서 대통령령에서 정하는 기업(영 제271조의27 제3항),[1130]
ⓕ 기타 기업의 재무구조개선 또는 경영정상화의 추진이 필요한 기업으로서 대통령령이 정하는 요건에 해당하는 기업(대통령령에서 정한 사항 없음).

4. 운용방법 특례

기업재무안정 사모집합투자기구는 사원이 출자한 날부터 2년 이내에 출자한 금액의 100분의 50 이상을 재무구조개선기업이 발행한 증권의 매매 등 법 제249조의22 제2항 각 호에서 정하는 방법으로 운용하여야 한다.

기업재무안정 사모집합투자기구는 원칙적으로 6개월 미만의 기간 중에는 취득한 지분증권을 처분해서는 안 된다(법 제249조의22 제6항).[1131]

1129) 영 제10조제2항의 금융기관(같은 항 제9호, 제11호 및 제12호의 금융기관은 제외한다) 및 다음 어느 하나에 해당하는 금융기관을 말한다(영 제271조의27 제1항): 투자회사, 사모집합투자기구 및 투자목적회사, 한국자산관리공사, 기술보증기금, 한국무역보험공사, 신용보증기금, 예금보험공사 및 정리금융회사, 유동화전문회사, 이에 준하는 외국금융기관.

1130) ◇ 재무제표(외부감사보고서 한정의견 이상)상의 자본금총계가 납입자본금보다 적은 기업
◇ 재무제표(외부감사보고서 한정의견 이상)상의 자본총계에 대한 부채총계의 비율이 업종별 평균부채비율의 1.5배를 초과하는 기업
◇ 어음부도·외상매출금 또는 수출대금의 미회수·보증채무이행의 사유로 인한 손실액이 직전사업연도매출액의 5% 이상인 기업
◇ 6개월 이내에 2 이상의 신용평가회사로부터 회사채 투자부적격 등급을 받은 기업
◇ 사업연도말 재무제표에 따른 영업손실이 최근 2년간 연속 발생한 기업
◇ 위의 어느 하나에 해당하는 기업의 계열회사

(투자목적회사) 기업재무안정 사모집합투자기구가 주주 또는 사원인 경우로서 주주 또는 사원의 출자비율이 100분의 50 이상인 투자목적회사는 법 제249조의13 제1항 제2호에도 불구하고 기업재무안정 사모집합투자기구 운용방법(법 제249조의22 제2항 제1호부터 제4호까지의 방법) 및 그 밖에 대통령령으로 정하는 방법[1132]으로 재산을 운용할 수 있다(법 제249조의22 제3항).

5. 기금의 출자

국가재정법 제13조제1항제2호부터 제5호까지의 기금[1133]을 관리하는 자는 해당 기금 여유자금운용액의 10% 이내의 자금을 해당 기금운용계획에 따라 기업재무안정 사모집합투자기구에 출자할 수 있다.

제2관 창업·벤처전문 사모집합투자기구

1. 총설

창업·벤처전문 사모집합투자기구는 창업·벤처기업 등이 발행한 증권 등에 투자·운용하는 사모집합투자기구이다. 창업·벤처기업 등의 성장기반조성 및 건전한 발전을 위하여 2017.1.1. 자본시장법 개정 시 특수한 경영참여형사모집합투자기구로 도입되었는데, 2021년 자본시장법 개정으로 일반사모집합투자기구나 기관전용사모집합투자기구로 설정·설립할 수 있도록 개편되었다.

창업·벤처전문 사모집합투자기구와 관련하여서는 조세특례제한법에서 다양한 세제혜택을 부여하고 있다.[1134]

1131) 다만, 다음의 경우에는 금융위원회의 승인을 받아 지분증권 취득일부터 6개월 이내에도 처분을 할 수 있다(영 제271조의27 제10항): ⓐ 투자대상기업의 영업이 정지된 경우, ⓑ 투자대상기업이 3개월 이상 조업이 중단된 경우, ⓒ 투자대상기업의 주식에 대한 공개매수에 응하는 경우, ⓓ 기업재무안정 사모집합투자기구의 존립기간 만료 등 해산사유가 발생한 경우, ⓔ 투자대상기업의 합병 등으로 인하여 투자자보호, 금융시장의 안정 또는 건전한 거래질서를 해칠 우려가 있는 경우.

1132) 다음 각 호의 방법을 말한다(영 제271조의27 제8항).
1. 영 제271조의27 제6항 각 호의 방법(기업재무안정 사모집합투자기구의 여유자금 운용방법),
2. 다른 투자목적회사의 지분증권에 대한 투자. 이 경우 해당 투자를 하는 투자목적회사는 법 제249조의22 제3항에 따른 출자비율이 100분의 50 이상이어야 한다.

1133) 국민연금기금, 공무원연금기금, 사립학교교직원연금기금, 군인연금기금이 여기에 해당한다.

1134) 세제혜택은 법인세액공제, 소득공제, 증권거래세 면제다. 첫째, 법인이 창업·벤처전문 사모집합투자기구를 통하여 창업·벤처기업 등의 주식·출자지분을 취득한 경우 주식·출자지분 취득가액의 100분의 5에 상당하는 금액을 해당 사업연도의 법인세에서 공제한다(조세특례제한법 제13조의2 제1항). 둘째, 거주자가 창업·벤처전문 사모집합투자기구에 출자·투자한

2. 투자대상기업: 창업·벤처기업등

창업·벤처전문 사모집합투자기구가 투자할 수 있는 대상은 다음 중 어느 하나에 해당하는 창업·벤처기업등으로 제한된다(법 제249조의23 제1항).

ⓐ 중소기업창업지원법 제2조제2호에 따른 창업자. 단, 해당 창업자가 창업하거나 창업하여 사업을 개시한 중소기업이 중소기업창업지원법에서 정하는 일정한 업종에 해당하는 경우는 제외한다. 창업자란 중소기업을 창업하는 자와 중소기업을 창업하여 사업을 개시한 날부터 7년이 지나지 아니한 자를 말한다(중소기업창업지원법 제2조제2호).

ⓑ 벤처기업육성에관한특별조치법 제2조제1항에 따른 벤처기업,

ⓒ 중소기업 기술혁신 촉진법 제15조에 따른 기술혁신형 중소기업 또는 동법 제15조의3에 따른 기술혁신형 중소기업,

ⓓ 기술보증기금법 제2조제1호에 따른 신기술사업자,

ⓔ 소재·부품전문기업등의 육성에 관한 특별조치법 제2조제2호에 따른 소재·부품전문기업으로서 중소기업기본법 제2조에 따른 중소기업,

ⓕ 기타 성장기반조성 및 건전한 발전이 필요한 중소기업기본법 2조에 따른 중소기업으로서 대통령령이 정하는 기업.

3. 운용방법 특례

창업·벤처전문 사모집합투자기구는 사원이 출자한 날부터 2년 이내에 출자한 금액의 50% 이상을 창업·벤처기업등이 발행한 증권에 대한 투자 등 법 제249조의23 제2항 각 호에서 정하는 방법으로 운용해야 한다(법 제249조의23 제2항, 영 제271조의28).

(투자목적회사) 창업·벤처전문 사모집합투자기구가 주주 또는 사원인 경우로서 주주 또는 사원의 출자비율이 100분의 50 이상인 투자목적회사는 법 제249조의13 제1항 제2호에도 불구하고 창업·벤처전문 사모집합투자기구 운용방법(법 제249조의23 제2항 제1호부터 제3호까지의 방법) 및 그 밖에 대통령령으로 정하는 방법[1135]으로 재산을 운용할 수 있다(법 제249조의23 제3항).

경우 2017년 12월 31일까지 출자·투자한 금액의 100분의 10을 그 출자일·투자일이 속하는 과세연도부터 출자·투자 후 2년이 되는 날이 속하는 과세연도까지 거주자가 선택하는 1 과세연도의 종합소득금액에서 공제한다(조세특례제한법 제16조제1항). 셋째, 창업·벤처전문 사모집합투자기구가 창업자·벤처기업에 직접 출자함으로써 취득한 주권·지분을 양도하는 경우 증권거래세를 면제한다(조세특례제한법 제117조제1항제4호).

1135) 다음 각 호의 방법을 말한다(영 제271조의28 제7항).

4. 보고

창업·벤처전문 사모집합투자기구는 재산운용 현황, 출자 관련 사항, 기타 금융위원회가 정하는 사항을 금융위원회에 보고해야 한다(법 제249조의23 제5항).

제3절 개별법상 특수목적 사모집합투자기구

제1관 산업발전법에 의한 기업구조개선 기관전용사모집합투자기구

기업구조개선 기관전용사모집합투자기구는 종전 산업발전법상의 기업구조조정조합[1136]을 대체한 제도이다.

기업구조개선 기관전용사모집합투자기구는 자본시장법상의 기관전용사모집합투자기구로 보며(산업발전법 제20조제2항), 산업발전법에서 정하는 사항을 제외하고는 자본시장법의 기관전용사모집합투자기구 관련 규정이 적용된다(동법 제20조제4항).

기업구조개선 기관전용사모집합투자기구는 2년 이내에 회사재산의 50% 이상을 산업발전법 제21조에 따른 구조조정대상기업에 경영참여목적 투자[1137]에 해당하는 방법으로 투자하여야 한다(산업발전법 제22조제1항).

기업구조개선 기관전용사모집합투자기구에 대해서는 기금 등의 출자에 관한 특례도 있다. 산업발전법 제24조제1항에서 정하는 특정기금[1138]은 그 기금운용자금 중 10% 이내의 자금을 기업구조개선 기관전용사모집합투자기구에 출자할 수 있다. 그리고 벤처투자 촉진에 관한 법률 제70조제1항에 따른 벤처투자모태조합은 기업구조개선 기관전용사모집합투자기구에 출자할 수 있다(산업발전법 제24조제2항).

---

1. 영 제271조의28 제5항 각 호의 방법(창업·벤처전문 사모집합투자기구의 여유자금 운용방법),
2. 다른 투자목적회사의 지분증권에 대한 투자. 이 경우 해당 투자를 하는 투자목적회사는 법 제249조의23 제3항에 따른 출자비율이 100분의 50 이상이어야 한다.

1136) 종전의 기업구조조정조합은 외환위기 이후 중소기업을 대상으로 하는 민간구조조정기구 도입의 필요성이 커지면서 부실중소기업의 처리 및 구조조정시장 활성화를 위해 한국판 벌처펀드(vulture fund)를 표방하면서 1999년 2월에 산업발전법 개정을 통해 도입된 제도다.

1137) 산업발전법 제22조제1항제1호·제2호.

1138) 공공자금관리기금법에 따른 공공자금관리기금, 국민연금법에 따른 국민연금기금, 대외경제협력기금법에 따른 대외경제협력기금, 외국환거래법에 따른 외국환평형기금, 남북협력기금법에 따른 남북협력기금, 군인연금법에 따른 군인연금기금, 군인복지기금법에 따른 군인복지기금, 주택도시기금법에 따른 주택도시기금.

제2관 해외자원개발사업법에 의한 해외자원개발투자전문회사

해외자원개발투자전문회사는 자본시장법상의 기관전용사모집합투자기구로 본다(해외자원개발사업법 제13조제3항).

해외자원개발법에서 정하는 사항 외에는 원칙적으로 자본시장법의 기관전용사모집합투자기구 관련 규정이 적용된다(해외자원개발사업법 제22조).[1139]

해외자원개발투자전문회사는 해외자원개발사업법 제14조의2에서 정하는 방법으로 해외자원개발사업에 투자해야 한다.

해외자원개발투자전문회사에 대해서는 정부의 자금 지원 등에 대한 특례가 있다(해외자원개발사업법 제11조).

제3관 해외농업·산림자원개발협력법에 의한 해외농업개발투자전문회사·해외산림자원개발투자전문회사

해외농업개발투자전문회사·해외산림자원개발투자전문회사는 자본시장법상의 기관전용사모집합투자기구로 본다(해외농업·산림자원개발협력법 제11조제3항). 따라서 해외농업개발협력법에서 특별히 정하는 사항 외에는 자본시장법의 기관전용사모집합투자기구 관련 규정이 적용된다.[1140]

해외농업개발투자전문회사·해외산림자원개발투자전문회사는 해외농업·산림자원개발협력법 제21조 내지 제22조의3에서 정하는 방법으로 재산을 운용해야 한다.

정부는 이들에게 자금을 융자할 수 있다(해외농업·산림자원개발협력법 제25조).

1139) 자본시장법 제249조의13 및 제249조의18 제1항은 해외자원개발투자전문회사에 적용하지 아니한다(해외자원개발사업법 제22조제2항).

1140) 자본시장법 제249조의13 제1항은 해외농업개발투자전문회사·해외산림자원개발투자전문회사에 적용하지 아니한다(해외농업·산림자원개발협력법 제4조제2항 단서).

제 5 편

외국사모펀드의 국내판매

제1장 서설

글로벌 금융환경 하에서 펀드규제와 관련하여 중요한 의미를 가지는 것으로 외국펀드의 국내판매 이슈가 있다. 이는 외국펀드가 국내자산에 투자하는 이슈와는 다른 것이다. 외국펀드를 국내에 판매하는 경우에는 투자자보호 문제와 그에 따른 운용자 규제와 관련하여 자본시장법상의 펀드 관련 규정의 적용이 문제 된다. 외국펀드의 국내자산투자는 외국인의 국내자산투자에 해당하므로 자본시장법상 증권거래 관련 규제, 부동산 취득 관련 법, 공정거래법, 세법 등의 적용이 문제 된다.

우리나라는 구 증권투자신탁업법에서부터 외국펀드의 국내판매에 대해 규제를 해 왔고, 그 규제의 기본 틀은 큰 변화없이 자본시장법에 계수되어 있으며, 2015년 개정법에서도 외국펀드 국내판매에 대해서는 개정이 없었다. 다만, 자본시장법(2019. 11)과 관련 시행령 및 규정 개정을 거쳐 2020. 5. 27부터 아시아펀드패스포트제도(Asia Region Funds Passport)[1141]가 시행됨에 따라 아시아펀드패스포트 회원국 간에는 '공모펀드'[1142]의 교차판매가 활성화될 것으로 예상된다.

현행 자본시장법상의 외국펀드 국내판매 규제(법 제279조 내지 제282조)는 다음과 같은 특징이 있다. 첫째, 공모펀드와 사모펀드를 구분하지 않고 동일하게 규제한다.[1143] 이는 공모펀드를 전제로 만들어진 구 증권투자신탁업법상의 외국펀드 국내판매 규제의 틀을 간접투자자산운용업법을 거쳐 자본시장법에서 그대로 계수한 데 따른 것이다. 다만, 일부 전문투자자만을 대상으로 판매하는 경우에 펀드 및 그 운용자에 대한 등록

1141) 아시아펀드패스포트는 회원국 공통의 표준화·간소화된 펀드 등록절차를 도입하여 회원국 간 공모펀드 교차판매를 활성화하기 위한 제도로서, 유럽연합의 UCITS를 벤치마킹한 것이다.
2024년말 현재 아시아펀드패스포트 회원국은 5개 국가(한국, 일본, 호주, 뉴질랜드, 태국)이며, 향후 참여를 고려하는 옵저버 국가는 4개국(싱가포르, 대만, 홍콩, 말레이시아)이다.

1142) 정확하게는 금융자산(증권, 예금, 금 예탁증서, 단기금융상품), 파생상품매매 및 증권대여 계약의 방법으로 운용하는 개방형 공모펀드를 말한다(영 제211조의2).

1143) 외국펀드가 공모펀드인 경우에는 법 제3편제1장의 증권신고서 규제도 적용받게 된다.

요건을 대폭 완화하고 있으므로 이를 사실상 사모펀드에 대한 규제 특례로 볼 수도 있지만, 판매 후 운용자에 적용되는 규제는 차이가 없다. 둘째, 외국펀드운용자가 아니라 판매하고자 하는 당해 외국펀드만을 금융위원회에 등록하도록 한다. 금융위원회에 등록한 외국펀드의 운용사에 대해 감독·검사를 할 수 있는 규정을 두고 있지만 실효성에는 한계가 있다. 외국펀드운용자산(AUM)의 상당한 비중이 한국 투자자의 몫이거나 투자자의 상당수가 한국인인 경우는 사실상 자본시장법에 따른 펀드운용업을 영위하는 것과 다를 바 없다는 점을 생각하면 외국펀드만을 등록하도록 하는 규제방식은 문제가 있다. 유럽연합과 미국은 사모펀드의 경우 그 운용자만을 규제대상으로 하므로 외국사모펀드에 대해서도 그 운용자를 규제대상으로 한다.

한편, 외국펀드의 국내판매에 대응되는 것이 국내펀드의 외국판매 이슈이다. 자본시장법등 한국법에 따라 설정·설립된 펀드를 외국에 판매하는 경우에 해당 국가에서 어떤 규제가 행해지는지의 문제가 그것이다.

제2장 외국사모펀드의 국내판매

제1절 총설

제1관 외국사모펀드 국내판매 시 적용규정

자본시장법은 제279조 내지 제282조에서 외국펀드의 국내판매와 관련하여 다음과 같은 내용을 규정하고 있으며, 이들 규정은 외국사모펀드에도 동일하게 적용된다: ⓐ 금융위원회 등록 전 판매 및 광고 금지, ⓑ 등록요건(외국펀드 및 외국펀드운용사 적격요건등), ⓒ 외국펀드의 판매방법, ⓓ 판매 후 운용보고서 제공 등 공시, ⓔ 외국펀드운용자에 대한 검사·감독, ⓕ 외국펀드에 대한 등록취소.

제2관 특정전문투자자 대상 판매 시 특례

외국펀드를 전문투자자 중 대통령령으로 정하는 자(이하 '특정전문투자자')에게만 판매하고자 하는 경우에는 외국펀드등록 적격요건(외국펀드운용자 적격요건 및 외국펀드 적격요건) 등의 규제를 대폭 완화하고 있다. 통상 외국사모펀드를 국내에 판매하고자 하는 경우에는 이러한 특정전문투자자 판매특례에 따르게 된다.[1144]

우리 자본시장법은 외국펀드 국내판매와 관련하여 외국공모펀드와 외국사모펀드로 구분하여 규제하지 않고, 특정전문투자자만을 대상으로 판매하는 경우(이하 '전문투자자판매')와 판매대상에 제한을 두지 않는 경우(이하 '일반투자자판매')로 구분하여 규제하고 있다. 그런데 일반투자자판매용 외국펀드 적격요건은 공모펀드를 전제로 하고 있으므로,[1145] 외국사모펀드는 특정전문투자자 판매용으로 등록하여야 한다. 즉, 국내에서 일반투자자를 상대로 외국사모펀드를 판매하는 것은 허용되지 않는다.[1146] 반면에,

1144) 외국공모펀드도 적격전문투자자 판매특례제도를 활용하여 간편하게 등록을 할 수 있다.
1145) 일반투자자판매용 등록요건에서 당해 외국펀드가 불특정다수인을 대상으로 발행되는 것을 요구하고 있다(규정 별표19 '외국집합투자증권 적격기준' 1.가. 참조).
1146) 국내사모펀드의 경우는 일반투자자(투자금액 1억원 이상)에 대한 판매가 제한적으로 허용

외국공모펀드는 일반투자자판매용이나 전문투자자판매용을 선택하여 판매등록을 할 수 있다.[1147)]

제3관 판매의 개념

외국펀드 국내판매규제에서의 '판매'의 개념에 대해서는 자본시장법에 정의가 없지만, 여기서의 '판매'에는 '매매' 외에 '매매의 중개·주선·대리'가 포함되는 것으로 이해하여야 할 것이다. 나아가 판매를 위한 마케팅(marketing) 즉, 투자권유와 투자광고도 '판매'에 포함되는지에 대해서는 논란의 여지가 있지만 규제취지에 비추어 볼 때 포함되는 것으로 보는 것이 타당해 보인다. 이처럼 판매의 개념을 적극적으로 해석하는 경우에는 외국펀드를 국내에서 판매하기 위한 마케팅도 법 제279조제1항에 따라 당해 외국펀드를 등록한 이후에만 가능하게 될 것이다.

제4관 역권유(reverse solicitation)

외국펀드·외국집합투자업자 측에서 투자권유나 투자광고를 하지 않은 상태에서 국내거주자가 자발적으로 해외에서 외국펀드를 매수하는 경우(reverse solicitation)는 한국 내에서의 판매(투자권유, 매도)행위가 없으므로 당해 외국펀드를 금융위원회에 등록하지 않고도 국내거주자에게 판매할 수 있는 것으로 보아야 할 것이다.[1148)] 이러한 경우는 흔하지 않을 것이므로 투자자가 자발적으로 매수를 요청해 와서 소극적으로 판매만 했다는 사실을 입증할 수 있는 자료를 충분히 확보하고 있어야 할 것이다.

국내거주자의 외국펀드 매수 행위가 해외에서 이루어지더라도 국내에서 마케팅(투자권유, 투자광고)이 행해지는 경우가 문제 될 수 있다. '판매'의 개념에 판매를 위한 마케팅 행위가 포함되는 것으로 보는 경우에는 해당 외국펀드의 등록이 필요하게 될 것이다.

된다.

1147) 즉, 외국공모펀드는 외국에서는 일반투자자에게도 판매하였더라도 한국에서는 전문투자자에 대해서만 판매할 수도 있다는 것을 말한다.

1148) 참고로, 외국투자매매중개업자가 국외에서 국내거주자를 상대로 투자권유 또는 투자광고를 하지 아니하고 국내거주자의 매매에 관한 청약을 받아 그자를 상대방으로 하여 금융투자상품을 매매하거나 그자의 주문을 받아 금융투자상품의 매매를 중개·주선·대리하는 행위는 금융투자업으로 보지 아니한다(영 제7조제4항제6호 나목). 따라서 외국증권사가 국내거주자를 상대로 reverse solicitation 방식으로 국외에서 외국펀드를 판매하는 경우에는 당해 외국증권사는 자본시장법에 따라 투자매매중개업 인가를 받을 필요가 없다.

제2절 외국집합투자기구의 등록

제1관 외국집합투자기구

외국집합투자기구의 집합투자증권을 한국 내에서 판매하고자 하는 경우에는 해당 외국집합투자기구를 금융위원회에 등록하여야 한다(법 제279조제1항). 투자신탁과 같이 법인격이 없는 집합투자기구는 그 외국집합투자업자에게 등록의무가 있으며, 투자회사와 같이 법인격이 있는 집합투자기구는 당해 집합투자기구가 등록의 주체가 된다.

외국집합투자업자란 외국법령에 따라 (자본시장법에 따른) 집합투자업에 상당하는 영업을 영위하는 자를 말한다. 외국집합투자기구란 외국법령에 따라 설정·설립된 투자신탁·투자익명조합·투자회사등을 말하며, 외국집합투자증권이란 (자본시장법에 따른) 집합투자증권과 유사한 것으로서 외국법령에 따라 외국에서 발행된 것을 말한다(법 제279조제1항). 투자신탁의 경우 자본시장법상의 투자신탁과 그 구조가 반드시 동일하지 않아도 유사한 것이면 된다.

법 제279조제1항의 규제취지는 투자자보호등을 위해 자본시장법상의 집합투자기구에 상당하는 외국집합투자기구의 집합투자증권을 국내에서 판매하고자 하는 경우에는 미리 금융위원회에 등록하도록 하고 일정한 규제를 하는 것이다. 따라서 외국집합투자기구의 법적 형태가 자본시장법에서 열거하고 있지 않는 법적 형태(예컨대 독일이나 프랑스의 계약형펀드)라 하더라도 법 제6조제5항에 따른 집합투자의 정의에 해당하면 법 제279조제1항의 적용을 받는 외국집합투자기구로 보아야 할 것이다.

제2관 등록요건

1. 일반투자자 대상 판매적격요건

판매대상에 제한을 두지 않는 경우 즉, 일반투자자에게도 판매하고자 하는 경우에는 영 제301조와 규정 제7-53조 및 규정 별표19에서 정하는 '외국집합투자업자 적격요건'[1149]과 '외국집합투자증권 판매 적격요건'[1150]을 모두 충족하여야 한다. 즉,

1149) 외국집합투자업자 적격요건은 다음과 같다: ⓐ 최근 사업연도말 현재 AUM 1조원 이상일 것, ⓑ 판매대상 외국펀드 종류에 따른 집합투자업 인가업무 단위별 최저자기자본 이상일 것, ⓒ 최근 3년간 금융업 상당 영업과 관련하여 본국이나 국내의 감독기관으로부터 업무정지 이상에 해당하는 행정처분을 받거나 벌금형 이상 상당의 형사처벌 받은 사실이 없을 것, ⓓ 국내에 연락책임자(자격: 집합투자업자, 투자매매중개업자, 법무법인, 회계법인등)를 둘 것.

1150) 외국펀드 적격요건은 다음과 같다: ⓐ OECD회원국(속령 제외), 홍콩, 싱가포르 등의 법률에 따라 발행(예정)될 것, ⓑ 보수·수수료 등 투자자가 부담하는 비용에 관한 사항이 명확히 규정되어 있고 국제관례에 비추어 지나치게 높은 금액으로 설정되어 있지 않을 것, ⓒ

외국집합투자업자와 외국집합투자증권(외국펀드)이 이러한 적격요건을 충족해야만 해당 외국집합투자기구를 금융위원회에 등록할 수 있다.

2. 특정전문투자자 대상 판매적격요건

특정전문투자자만을 대상으로 판매하고자 하는 경우에는 외국집합투자업자와 외국집합투자증권의 등록 적격요건이 다음과 같이 대폭 완화된다(법 제279조제2항 후단, 영 제301조제3항):

ⓐ '외국집합투자업자 적격요건': 최근 3년간 금융업에 상당하는 영업과 관련하여 국내의 감독기관[1151]으로부터 업무정지 이상에 해당하는 행정처분을 받거나 벌금형 이상에 상당하는 형사처벌을 받은 사실이 없어야 한다.

ⓑ '외국집합투자증권 적격요건': 보수·수수료 등 투자자가 부담하는 비용에 관한 사항이 명확히 규정되어 있어야 한다.

이처럼 특정전문투자자만을 대상으로 판매하는 외국집합투자기구의 등록요건의 특례를 받기 위해서는 판매대상 투자자가 영 제301조제2항에서 정하는 전문투자자(국가, 한국은행, 주권상장법인, 영 제10조제2항제1호 내지 제17호에 해당하는 자, 영 제10조제3항제1호 내지 제17호에 해당하는 자)여야 한다. 전문투자자 중에서 '영 제10조제2항제18호에서 정하는 외국금융회사등'과 '영 제10조제3항제18호에서 정하는 외국정부등'을 제외한 모든 전문투자자가 특정전문투자자에 해당한다. 일정한 요건을 갖춘 일반법인이나 개인도 특정전문투자자에 포함된다.[1152]

투자자의 요구에 따라 직간접적으로 환매등의 방법으로 투자금액 회수가 가능할 것, ⓓ 총발행금액의 10% 이상은 한국 외에서 판매될 것, ⓔ 국내 환매방식과 해외 환매방식이 동일하고, 원칙적으로 환매청구 후 15일 이내에 환매가 이루어질 것(부동산펀드등의 경우 최소 분기 단위로 환매될 것), ⓕ 기준가액의 표시통화는 외화일 것, ⓖ 펀드순자산의 60% 이상이 해외자산(외화증권, 외국펀드, 외국부동산, 외국상품)에 투자운용될 것, ⓗ 국내판매를 담당하는 판매대행회사가 외국펀드 또는 외국운용사의 대리인으로 지정되어 있을 것, ⓘ 기타 펀드의 운용제한에 관한 사항 등.

1151) 일반투자자를 대상으로 판매하고자 하는 외국펀드의 경우는 '본국 및 국내의 감독기관'으로부터 받은 행정처분이 요건으로 규정되어 있는 반면에, 적격전문투자자를 대상으로 판매하고자 하는 외국펀드의 경우는 '국내의 감독기관'으로부터 받은 행정처분만이 요건으로 되어 있다. 이는 특정전문투자자를 대상으로 판매하는 외국펀드가 대부분 사모펀드이고, 외국의 경우 사모펀드 자체에 대해서는 규제대상으로 하지 않는 경우가 많다는 것을 고려한 것이다.

1152) 최근의 두 차례에 걸친 규제완화 차원의 시행령 개정(2016.6.27., 2017.5.8.)에 따라 전문투자자에 해당하는 주권상장법인, 일정한 요건을 갖춘 일반법인이나 개인도 적격전문투자자에 포함되었다.

제3관 등록절차 등

외국집합투자기구의 등록에 관하여는 법 제182조(집합투자기구의 등록) 제2항부터 제9항까지의 규정이 준용된다(법 제279조제3항).[1153] 따라서 일정한 등록요건을 충족해야 하며, 등록된 사항이 변경된 경우에는 2주 이내에 그 내용을 금융위원회에 변경등록하여야 한다.

제3절 판매방법 등에 대한 규제

제1관 투자매매·중개업자를 통한 판매

외국집합투자증권을 국내에서 판매하는 경우에는 자본시장법에 따른 투자매매중개업 인가를 받은 투자매매·중개업자(국내 투자매매중개업자)를 통해서 판매하여야 한다(법 제280조제1항). 외국집합투자증권의 매매체결은 물론이고 투자권유(특정투자자를 상대로 외국집합투자증권의 매매체결을 권유하는 것)도 투자매매·중개업자를 통해서 해야 한다. 투자권유에 해당하지 않는 것으로 볼 여지가 있는 일반적 마케팅활동도 투자매매·중개업자를 통해서 해야 하는지는 불분명하다.

(예외) 자본시장법시행령 제7조제4항제6호의2에 따른 외국집합투자증권을 국내에서 판매하는 경우에 대해서는 자본시장법 제280조제1항을 적용하지 아니한다(영 제301조제4항). 즉, 다음과 같은 두 가지 요건(외국펀드요건, 투자자요건)을 모두 충족하는 경우에는, 외국펀드나 그 외국집합투자업자가, 국내에서, 국내투자매매중개업자를 통하지 않고 직접 국내거주자에게 당해 외국펀드를 판매할 수 있다: ⓐ (외국펀드요건) 당해 외국펀드가 외화자산에 70% 이상 운용하는 것으로서 법 제279조제1항에 따라 등록한 외국펀드일 것, ⓑ (투자자요건) 당해 외국펀드를 매수하는 투자자가 당해 외국펀드에 펀드자산의 100%까지 투자하는 국내펀드일 것.[1154]

제2관 판매방법 등

외국집합투자증권을 판매하는 경우에는 영 제303조제5항에서 정하는 방법에 따라야 한다. 다만, 특정전문투자자만을 대상으로 판매하기 위하여 등록한 외국집합

1153) 법 제182조제2항제2호 중 "이 법"은 "외국집합투자기구가 설정·설립된 국가의 법"으로 본다.

1154) 이러한 경우는 금융투자업으로 보지 않으므로(법 제7조제6항제4호, 영 제7조제4항제6의2호). 당해 외국펀드나 그 외국집합투자업자가 자본시장법에 따른 투자매매중개업 인가를 받지 않고도 국내에서 당해 외국펀드를 국내펀드에게 판매할 수 있다.

투자기구의 경우에는 당해 집합투자규약에서 달리 정할 수 있다.

외국집합투자증권의 매매체결은 금융투자협회가 정하는 외국집합투자증권 매매거래에 관한 표준약관에 따라야 한다. 다만, 외국환거래규정 제1-2조제4호에 따른 기관투자자만을 대상으로 외국집합투자증권을 판매하는 경우에는 그러하지 아니하다(규정 제7-56조).

외국집합투자증권의 투자광고에 대해서는 금융소비자보호법 제22조제4항제2호 나목이 준용된다(영 제303조제3항). 외국집합투자증권을 특정전문투자자만을 대상으로 판매하는 경우에는 이 규정은 해당 사항이 없다.

제4절 투자자보호를 위한 공시 등 규제

제1관 자산운용보고서

외국집합투자업자는 해당 외국집합투자기구의 집합투자규약(집합투자규약에 상당하는 것)에서 정한 바에 따라 투자자에게 자산운용보고서를 작성·제공하여야 한다. 집합투자규약에 정한 바가 없는 경우에는 법 제88조에 따른 자산운용보고서를 작성하여 3개월마다 1회 이상 투자자에게 제공하여야 한다(법 제280조제2항, 영 제303조제4항).

제2관 기준가격의 공고·게시

외국집합투자업자(투자회사등의 경우 당해 투자회사등)는 해당 외국집합투자증권의 기준가격을 매일 공고·게시하여야 한다. 다만, 폐쇄형펀드 등의 경우는 당해 외국집합투자기구의 집합투자규약에서 15일 이내의 범위에서 기준가격의 공고·게시기간을 별도로 정할 수 있다(법 제280조제4항, 영 제302조제3항).

제3관 집합투자재산의 장부·서류 열람

외국집합투자증권을 소유한 투자자는 당해 외국집합투자업자(투자회사등의 경우는 당해 투자회사등) 또는 판매회사에 대하여 당해 외국집합투자기구의 집합투자재산에 관한 일정한 장부·서류의 열람이나 등본·초본의 교부를 청구할 수 있다. 이 경우 대통령령으로 정하는 정당한 사유가 없으면 이를 거절하지 못한다(법 제280조제3항, 영 제302조제1항·제2항).

제5절 불건전영업행위 규제

외국집합투자업자에 대하여는 영 제87조제4항제3호 및 제4호가 준용되므로(영 제303조제3항), 다음의 행위를 하여서는 아니 된다: ⓐ 외국집합투자증권 판매회사(그 임직원 및 투자권유대행인 포함)에게 업무와 관련하여 금융위원회가 정하여 고시하는 기준을 위반하여 직접·간접으로 재산상의 이익을 제공하는 행위, ⓑ 외국집합투자증권 판매회사(그 임직원 및 투자권유대행인 포함)등으로부터 업무와 관련하여 금융위원회가 정하여 고시하는 기준을 위반하여 직접·간접으로 재산상의 이익을 제공받는 행위.

제6절 외국집합투자업자등에 대한 감독·검사 등

제1관 외국집합투자업자등에 대한 감독·검사

금융위원회는 투자자를 보호하고 건전한 거래질서를 유지하기 위하여 외국집합투자업자 또는 외국투자회사등에 대하여 해당 집합투자재산의 공시 등에 관하여 필요한 조치를 명할 수 있다(법 제281조제1항).

외국집합투자업자 또는 외국투자회사등은 그 업무와 재산에 관하여 금융감독원장의 검사를 받아야 한다(법 제281조제2항, 제419조제1항, 제5항, 제6항, 제7항, 제9항). 검사를 거부·방해·기피하는 경우에는 당해 외국집합투자기구의 등록취소 처분을 받을 수 있다.

제2관 외국집합투자기구의 등록취소

금융위원회는 외국집합투자기구가 허위등록을 하였거나 외국집합투자업자등이 금융감독원장의 검사를 거부하는 등 법 제282조제1항·영 제304조에서 정하는 사유에 해당하는 경우에는 당해 외국집합투자기구의 등록을 취소할 수 있다(법 제282조제1항). 외국집합투자기구의 등록을 취소하는 경우에는 청문을 실시하여야 한다(법 제282조제2항). 그리고 법 제424조(처분등의 기록 및 공시등) 및 제425조(이의신청)가 준용된다.

제3장 국내사모펀드의 외국판매

제1절 총설

자본시장법등 한국법에 따라 설정·설립된 사모펀드를 미국이나 유럽연합 회원국 등의 외국에서 판매하고자 하는 경우에는 당해 국가의 법률을 적용받게 된다.

미국과 유럽연합은 사모펀드에 대해서는 그 운용자만을 규제대상으로 하고 있다. 따라서 외국사모펀드를 이들 나라에서 판매하고자 하는 경우에는 당해 외국사모펀드의 운용자로 하여금 자국법에 따른 사모펀드운용업 라이선스를 받도록 하고 있다. 우리 자본시장법에서 외국펀드를 등록하도록 하고 있는 것과는 차이가 있다.

글로벌 금융환경 하에서 펀드규제와 관련하여 각국의 규제법 조화의 필요성이 가장 현저하게 요구되는 부문이 바로 외국펀드의 국내판매와 관련한 규제라고 할 수 있다.

제2절 미국

미국 연방투자회사법에 따라 SEC에 등록하지 않은 외국펀드도 미국 내에서 사모방식으로 판매하는 것은 가능하다.[1155]

한국법에 따라 설립된 사모펀드를 미국에서 사모방식으로 판매하려면, 즉, 미국의 1933년 증권법 제5조의 공시규제(SEC 등록신고서 제출 및 법정투자설명서 사용)의 적용을 받지 않으려면 등록면제기준을 정하고 있는 Regulation D의 세 가지 옵션(Rule 504, Rule 505, Rule 506) 중 하나를 선택해서 그에 따라 판매해야 한다. 통상적으로 금액 제한이 없는 Rule 506이 주로 이용되는데, 이 경우에도 비적격투자자(non-accredited investor)에 대해 적용되는 상당히 엄격한 규제(sophistication requirement, 비적격투자자 수 35인 미만,

---

1155) SEC No Action Letter(Aug.27.1984).

비적격투자자에 대한 특정정보 제공등)의 충족이 쉽지 않기 때문에 적격투자자(accredited investor)[1156]에게만 판매하는 것이 일반적이다.

한편, 한국 사모펀드를 미국에서 사모로 판매하는 경우에는 해당 사모펀드의 운용자가 미국의 연방투자자문업자법에 따라 SEC에 등록하는 것이 요구될 수도 있다. 도드-프랭크법에 따라 개정된 투자자문업자법 203(b)(3)에서는 SEC 등록이 면제되는 외국투자자문업자(foreign investment adviser) 요건을 다음과 같이 정하고 있다: ⓐ 미국 내에 영업소(place of business)[1157]가 없고, ⓑ 당해 외국자문업자가 운용하는 사모펀드의 미국 고객·투자자 수가 15인 미만이고, 이들의 투자로 이루어진 펀드자산(AUM)이 2,500만 달러 미만이며, ⓒ 미국에서 일반대중에게 투자자문업자라고 알리거나 미국의 등록 투자회사의 자문업자가 아닐 것.[1158] 따라서 외국사모펀드운용자는 미국에 영업소가 없더라도 자신이 운용하는 사모펀드의 투자자(자문·일임고객 포함) 중에 미국인이 15인 이상이거나 이들의 투자금액이 AUM기준으로 2,500만 달러 이상인 경우에는 SEC에 등록하고 투자자문업자법의 적용을 받아야 한다. 미국의 투자자문업자법은 외국펀드의 미국 내에서의 마케팅 자체를 규제하지는 않으므로 SEC에 외국투자자문업자 등록을 하지 않고도 미국 투자자 수 15인·투자금액 2,500만 달러 기준까지 판매하는 것은 가능하다.[1159] 이러한 투자자 수·금액 기준을 초과하면 투자자문업자법에 따라 외국사모펀드의 운용자는 SEC에 등록하고 동법의 규제를 준수해야 한다.

제3절 유럽연합

유럽연합의 규제는 미국보다 더 엄격하다. 대체투자펀드운용자지침(AIFMD)에 따르면 대체투자펀드 지분의 마케팅과 대체투자펀드운용은 일반적으로 금지되고 동

1156) Securities Act Rule 501(a).

1157) 영업소란 투자자문업자가 정기적·규칙적·주기적으로 투자자문 서비스의 제공, 투자권유, 고객미팅 기타 고객과의 커뮤니케이션을 하는 모든 사무실 및 일반대중에게 위와 같은 행위를 하는 기타 모든 장소를 말한다(IAA Rule 202(a)(30)-1).

1158) 자세한 내용은 IAA Rule 202(a)(30)-1 및 IAA Rule 203(m)-1. 참조.

1159) 참고로, 외국공모펀드를 미국에 판매하고자 하는 경우에는 특별한 경우를 제외하고는 연방증권거래위원회에 해당 펀드를 등록해야 하고 등록을 하려면 사전에 그 등록에 관한 승인을 SEC로부터 받아야 하는데(ICA §7·§8) 이러한 등록승인을 받는 것은 사실상 불가능에 가깝다고 할 수 있다. 이에 따라 외국공모펀드를 미국에서 판매하기 위해서는, 해당 외국공모펀드와 동일한 구조의 펀드(소위 'Mirror Fund')를 미국 투자회사법에 따라 미국에서 설립하여 SEC에 등록하여 판매하거나, 등록의무가 면제되는 사모방식으로만 판매하는 것이 일반적이다. 이처럼 외국공모펀드를 미국 내에서 판매함에 있어서는 공모판매가 제한되거나 비용이 증대되는 등의 문제를 수반하므로 미국 내에서 판매되는 외국공모펀드의 수나 규모는 미미한 수준에 불과하다.

지침에 따라 대체투자펀드운용자 인가를 받은 경우에 한해 허용되는데, 이러한 원칙은 외국사모펀드운용자에게도 적용된다. 예컨대 한국의 사모펀드운용자가 한국법에 따라 설립된 사모펀드를 유럽연합 역내에서 마케팅을 하려면 사전에 동지침에 따라 인가를 받아야 한다. 여기서의 '마케팅'이란, '대체투자펀드운용자의 주도로 혹은 대체투자펀드운용자를 위하여, 유럽경제지역(EEA) 거주자 혹은 등록회사(registered office)를 대상으로 하는 직접 또는 간접적인 판매활동(offering이나 placement)'을 말한다.[1160] 따라서 EEA 투자자가 자신의 주도로 대체투자펀드에 투자하는 것(reverse solicitation 또는 passive marketing)은 이러한 정의에 해당하지 않으므로 동지침에 따른 대체투자펀드운용자 인가를 받지 않고도 가능하다.

대체투자펀드운용자지침 하에서 외국사모펀드운용자는 EEA Passport방식에 따라야 한다.[1161] EEA Passport방식은 특정회원국으로부터 인가를 받으면 EEA Passport를 주는 것으로서 마케팅 외에 EU회원국에서 대체투자펀드를 설립하여 운용하는 것도 허용하며 사실상 AIFMD의 모든 규정을 적용한다.[1162]

유럽연합 AIFMD의 EEA Passport방식에 따르면 펀드 마케팅만을 하려고 해도 사모펀드운용자는 미리 인가를 받아야 하고 AIFMD를 준수해야 한다. 특히, 운용자(AIFM)가 마케팅 인가를 받지 않으면 투자회사(investment firms)나 금융회사(credit institutions)를 통한 AIF 지분 판매도 할 수 없다.[1163]

1160) Article 4(1)(x) of AIFMD.

1161) 2019년 이전에는 '회원국 사모판매규제방식(national private placement regime)'이나 'EEA Passport방식'을 선택하여 인가를 받을 수 있었다. 두 방식은 인가절차, 적용법규 등에 상당한 차이가 있었다. 회원국 사모판매규제방식은 개별 회원국별로 인가절차를 거쳐서 마케팅만을 허용하는 것으로서 일반투자자를 대상으로도 마케팅을 할 수 있었고, AIFMD 규정 중에서 투명성 의무에 관한 chapter Ⅳ(투자자에 대한 공시, 감독당국에 대한 보고의무 등)와 비상장회사 지배권 취득규정만 적용되었다.

1162) Article 37~42 of AIFMD. 외국운용자(TC-AIFM)가 자국법 때문에 AIFMD의 특정 조항을 준수하는 것이 불가능한 것을 확인한 경우에는 당해 외국이 AIFMD와 동일한 규제 목적을 가지고 같은 수준으로 투자자를 보호하는 등 동등한 규정을 제정할 것이라는 것을 입증해야 한다.

1163) Article 6(8) of AIFMD.

◇ 판례색인 ◇

[헌법재판소]

[대법원]

[지방법원]

◇ 사항색인 ◇

[국문 색인]

(ㄱ)

(ㄴ)

(ㄷ)

(ㅂ)

(ㅅ)

(ㅇ)

(ㅊ)

(ㅍ)

[영문 색인]

(A)

(B)

(C)

(L)

(M)

(N)

(O)

(P)

(R)

(S)

(T)

(U)

(V)

[숫자 색인]

(1)

(2)

(3)

제4판

사모펀드 해설

2015년 12월 16일 초판 발행
2018년 03월 19일 전면개정판 발행
2021년 12월 21일 제3판 발행
2025년 10월 02일 제4판 발행

저　자 박삼철, 차태진, 김건, 이화석
기　획 박삼철, 정종률
발행인 鄭鍾律
발행처 知元出版社
서울시 용산구 원효로1가 30-1 프린팅하우스 1층
(휴대폰) 010-6220-5962
(전　화) 02-702-5962
(F A X) 02-998-5962
E-mail : jungjjy@hanmail.net
홈페이지 : www.jwb.or.kr
대체계좌 : 487101-01-392483 국민은행

13320
9 791189 425234
ISBN 979-11-89425-23-4

정가　70,000원